中华人民共和国地方志·福建省上杭县

珊 瑚 乡 志

《珊瑚乡志》编纂委员会 编

方志出版社
Publishing House of Local Records

图书在版编目(CIP)数据

珊瑚乡志 /《珊瑚乡志》编纂委员会编.--北京：方志出版社,2017.9

ISBN 978-7-5144-2553-6

Ⅰ.①珊… Ⅱ.①珊… Ⅲ.①乡镇-地方志-上杭县 Ⅳ.①K295.75

中国版本图书馆 CIP 数据核字(2017)第 244794 号

珊瑚乡志

编　　者：《珊瑚乡志》编纂委员会
责任编辑：王俊

出 版 人：冀祥德
出 版 者：方志出版社
地址　北京市朝阳区潘家园东里 9 号(国家方志馆 4 层)
邮编　100021
网址　http://www.fzph.org
发　　行：方志出版社图书经销中心
电话(010)67110500
经　　销：各地新华书店
印　　刷：龙岩市日升彩印有限公司

开　　本：889 × 1194　1/16
印　　张：34
字　　数：736 千字
版　　次：2017 年 9 月第 1 版　2017 年 9 月第 1 次印刷
印　　数：0001~1200 册

ISBN 978-7-5144-2553-6　定价：288.00 元

学前教育 – 教学
11）第266550号
电话：总编室（0531）82098470
市场部（0531）82098479 82098476（传真）
网址：http://www.hbcbs.com.cn
电子信箱：hbcb@sdpress.com.cn
字数：80千字
版次：2011年12月第1版
印次：2011年12月第1次印刷
定价：398.00元

ppy 智乐杜曼闪卡系列

FLASHCARD FOR RIGHT-BRAIN DEVELOPMENT

（胎教–小学）	三字经	（5个月–6岁）
（出生–3个月）	弟子规	（5个月–6岁）
（出生–1岁）	千字文	（5个月–6岁）
（3个月–4岁）	百家姓	（5个月–6岁）
（学数学第四阶段）	小学生字卡	（幼儿–小学）
（5个月–6岁）	世界名画卡	（出生–6岁）
（1岁–6岁）	百科卡	（6个月–6岁）
（5个月–6岁）	百科配对游戏卡	（1岁–6岁）
（6个月–6岁）	国旗卡	（6个月–6岁）
（5个月–6岁）	国旗国徽配对游戏卡	（1岁–6岁）
（6个月–6岁）	汽车卡	（6个月–6岁）

《珊瑚乡志》编审人员名单

编纂委员会

主　　任　刘华荣(2016年4月调离)　阙镔锋(2016年5月任)
常务副主任　阙镔锋　傅晓刚(2016年4—11月)　梁尚荣(2016年12月任)
顾　　问　胡金祥(2016年9月任)
副 主 任　温寿玉(2016年4月调离)　吴天宝(2016年4月调离)
林亮标　吴家锋(2016年5月任)　丘海忠(2016年5月任)
阙癸东(2016年5月任)
委　　员　蓝瑞洲(2016年12月兼办公室主任)
吴红兰(2016年4月调离)
刘闽强　蓝宁平(2016年4月调离)
李文喜　陈耀钦　黄华辉(2016年5月任)
范秋香(2016年5月任)　阙文靖(2016年5月任)
陈裕源(兼办公室主任,至2016年11月)

编修人员

主　修　刘华荣　阙镔锋　傅晓刚　梁尚荣
总　纂　林汉扬
编　辑　林汉扬　陈贵坤　陈裕源　陈利羊　陈　尧

审查验收人员

上杭县地方志编纂委员会　刘昌发　蓝晓东
中共上杭县委宣传部　丘晓武
上杭县党史研究室　黄尔贤　李荣生
上杭县保密局　刘福淦

序　一

在全面建成小康社会的决胜关键时期，珊瑚乡党委、政府启动乡志编纂工作，适得其时。现《珊瑚乡志》即将付梓出版，为珊瑚复设乡30周年献上一份贺礼，可喜可贺！

珊瑚历史悠久，源远流长，早在夏商周时期就有古越族人在境内繁衍生息。珊瑚山清水秀，环境优美，是国家级生态乡，上杭城区“生态水源地”。巍峨秀丽的圆通山鸟语花香，客家母亲河——汀江纵贯珊瑚，湖光山色令人心旷神怡。珊瑚物华天宝，人杰地灵，早在明朝初叶就涌现出勤政爱民、清正廉洁的海丰知县胡月广，留下“贤父母、古循良”的千古传颂，新中国成立后更是人才辈出。珊瑚是著名苏区，第二次国内革命战争时期，千家村、栗子湖留下毛泽东、朱德、陈毅、叶剑英等伟人足迹，珊瑚扩大红军、扩大少先队成绩荣登《红色中华》，“梦宏居”“思龙堂”等处留存大量彰显厚重红色文化的红军标语。

“功崇惟志，业广惟勤”。珊瑚复设乡时间虽然不长，但在上级党政关心支持下，在历届党委、政府及全乡人民的共同努力下，珊瑚发生了翻天覆地的变化，乡村面貌焕然一新，生态环境有效保护，人民生活蒸蒸日上。

在以龙岩市方志委原主任林汉扬为总纂的全体编修人员共同努力下，《珊瑚乡志》完整地记录了乡村承载的历史文化信息，客观地记录了农村社会历史演变和全面建成小康社会的进程，观点正确，内容丰富，资料翔实，文风淳朴，图文并茂，彰显特色，是一部集思想性、科学性、资料性为一体的历史全书，给珊瑚后人留下宝贵的精神财富。她对弘扬改革开放成果，保护传承传统文化，让百姓承前启后，教化子孙，传承乡俗文化，记得住乡愁、听得见乡音，激发桑梓情怀，具有重要的现实意义和深远的历史意义。

我在珊瑚这方山水土生土长，翻阅乡志，字里行间反映出家乡自然的优美、历史的醇厚、民风的淳朴、人物的层出，倍感亲切，倍感自豪。愿珊瑚广大干部群众特别是青少年以乡志的出版发行为契机，开展多种形式的读志用志活动，让当地的名特优势、传统的道德礼仪、优秀人物的事迹功业激发和培育桑梓情怀，把珊瑚建设得更加美好！

本人德薄能鲜，岂敢作序，然又盛情难却，略叙一得之愚。值此乡志出版之际，向珊瑚乡志编纂委员会成员及林汉扬等编修人员表示由衷的敬意！

政协上杭县委员会副主席　胡金祥

2017 年 4 月 6 日

序　二

国有史，邑有志。"治天下者以史为鉴，治郡国者以志为鉴"。

编修地方志是中华民族的优秀文化传统。作为传统文化的精华，方志文化独树一帜，承载着传承中华文明、弘扬历史传统的重任，是中华民族延续文脉的重要载体。

编修地方志是"守土者之责"。2015年12月，珊瑚乡党委、政府决定编修《珊瑚乡志》，这是贯彻落实习近平总书记"要高度重视修史修志"、李克强总理"修志问道，以启未来"等重要指示的重大举措，也是乡党委、政府的职责所在。经编修人员辛勤笔耕，《珊瑚乡志》修成出版，为珊瑚复设乡30周年献礼，实乃珊瑚人民之喜事！借此机会，谨让我们代表乡党委、乡政府，向《珊瑚乡志》总纂、龙岩市方志委原主任林汉扬和全体编修人员，向关心、支持乡志编修的单位和个人，表示衷心的感谢！

《珊瑚乡志》全面地记述了珊瑚乡政治、经济、文化、社会等百科百业的发展历程，内容丰富，资料翔实，文理贯通，图文并茂，时代气息浓郁，地方特色鲜明，既是认识珊瑚的百科全书，发展珊瑚的资治宝典，也是一部很好的乡土教材。

"史以鉴古今，志以资治理。"经世致用，是方志文化的价值取向。《珊瑚乡志》出版后，要广泛开展读志用志活动，充分发挥其"存史、资治、教化"的功能。乡村干部要从志书中察知风土人情、借鉴前人经验，吸取治乡理政的历史智慧，在建好"生态水源地，美丽宜居乡"，在任重道远的全面建成小康社会、实现伟大"中国梦"的征程中，同心同德，励精图治，创造新业绩，书写新篇章。要通过喜闻乐见的方式，让方志成果进入寻常百姓家，用真实的历史教育人，用身边的榜样感召人，让广大人民群众特别是中小学生了解当地历史之厚重、山水之迤逦、人物之贤达、民风之淳朴，弘扬本地历史文化，让他们形成知乡爱乡的良好风尚，培育爱国、敬业、诚信、友善等社会主义核心价值追求，为振兴珊瑚发奋图强、共创辉煌。

珊瑚的明天一定更加美好！

中共珊瑚乡委员会书记　阙锦锋

珊瑚乡人民政府乡长　梁尚桌

2017年5月9日

凡　例

一、本志以马克思列宁主义、毛泽东思想、邓小平理论、“三个代表”重要思想和科学发展观为指导，贯彻落实习近平总书记系列重要讲话精神和治国理政新理念新思想新战略，坚持辩证唯物主义和历史唯物主义的立场、观点和方法，实事求是、存真求实，全面系统地记述珊瑚乡自然、政治、经济、文化、社会的历史和现状，力求思想性、科学性和资料性相统一。

二、本志贯通古今。记述时限，上限尽可能追溯至事物发端，下讫2015年；少数重大事件和图照适当下延。遵循“详今略古、详近略远”的原则，以记述现代特别是1987年复设珊瑚乡后为重点。记述地域，以2015年珊瑚乡行政区域为准。

三、珊瑚原为海洋生物珊瑚虫群体或骨骼化石。本志中的珊瑚，除有特别说明外，均作为地名。广义的珊瑚（一般为作公社、乡名时），泛指全乡境域；狭义的珊瑚，指今上珊瑚、下珊瑚村。

四、本志采用述、记、志、传、图、表、录等体裁，以志为主。卷首设概述，勾勒珊瑚经济社会发展概貌，总揽全志。大事记采用编年体，并部分借鉴纪事本末体，记述全乡大事、要事。主体分志力求按科学分类，并结合基层社会分工实际，横排门类，纵述史实，一般设章、节、目记述。设附录，辑录与珊瑚历史人物、历史事件有关的重要文献及其他资料。志末设编后记，叙本志纂修之脉络。

珊瑚为第二次国内革命战争时期中央苏区和闽西革命根据地的重要组成部分，毛泽东、朱德等老一辈无产阶级革命家数次到珊瑚；中国工农红军数次驻珊瑚，在驻地书写了大量的标语，其中，“梦宏居”中的标语仍保存完好。红军标语具有十分重要的史料价值和丰富的政治文化内涵。为此，本志特设专记《“梦宏居”的红军标语》，置于《大事记》后。

五、人物志由人物传、人物简介、人物表、人名录组成。坚持“生不立传”的原则，立传人物以对经济社会发展有重要作用或重大影响的已故珊瑚籍人士为主。人物简介主要记载在世人物，选录珊瑚籍任处（团）级及以上职务人员、高级专业技术职务（职称）并已取得较高成就的人员、文化艺术优秀人才、社会名流、著名企业家等。人物表列录明清至民国时期担任乡（科）级及以上职务人员，中华人民共和国成立后珊瑚籍被县级及以上授予荣誉称号或表彰的人员，科级及以上干部，中级及以上专业技术职务人员，获博士、硕士学位人员，革命烈士。

六、本志使用规范的现代语体文记述，行文力求严谨、朴实、简洁、流畅。记述事物、事件和人物，除概述和无题序外，一般据事直书，述而不论，寓观点于记述之中。为方便非客家读者阅读，对民间文学作品中使用的部分方言，必要时作注释。

七、本志纪年，中华民国以前的纪年，先书朝代年号纪年，括注公元纪年；中华民国纪年，括注公元纪年；中华人民共和国成立后用公元纪年。志中所指的年代，凡未加界定者，均指20世纪的年代。本志在各种表格中涉及人物的任职、获奖、专业技术职务评聘和烈士牺牲等时间表述，从基层实际出发，采用通行表示法，如2015年12月表示为2015.12，2015年12月5日表示为2015.12.05。

八、本志对各种组织、机构、法律法规、文件、会议等专有名称使用全称。使用简称的，在适当地方括注于全称之后。中华人民共和国成立（前）后，一般简称为新中国成立（前）后。

对不同时期的团体、机构、职务等名称，均用当时名称。

人物直书姓名，不冠褒贬词语，不在姓名后加身份词；必须说明身份的，首次出现时在姓名前冠以职务（职称）。

历史地名使用当时名称，如地域明确并有今地名与之相对应，括注志书下限时名称。今地名使用上杭县人民政府审定的地名。

九、数字、标点符号的使用等，按国家有关规定执行。中华人民共和国成立前的计量单位一般照实记载，必要时括注法定计量单位；中华人民共和国成立后，一般使用法定计量单位；从读者对象实际出发，本志在记述面积、单位面积产量时，适当使用“亩”。

十、本志所引用的经济社会发展数据，以统计部门公布的法定数据为主，部分采用业务主管部门提供的数据。

十一、本志资料主要来自档案、志书、年鉴、报刊、回忆录等，经鉴别、考证、核实后入志，重要资料注明出处。部分资料引自族谱，必要时注明出处。图片（照）资料除人物照及署名者外，由珊瑚乡党政办公室供稿。主要参考书目见编后记。

珊瑚乡地图

新化
新风
新
化
溪
武 平 县
七里
官 庄 畲 族 乡
璜头
X651
曾泗
华竹
杨梅山水库
九华铺
鸦坵祖上
圆通山
大门背
白水礤下
茶头下
(竹子垄)
圆通寺
犁头子岽
园通顶1041
汀
百文礤
锅峰凹
溪
栗子湖
横滩
大礤
小礤
瑶前
长窖里
老婆礤
山
庙坝
上园
大坪岗
河山下
北
下珊瑚
珊瑚中心小学
才
珊瑚乡
1015
腊石峰
千家村
上珊瑚
上墩
珊瑚卫生院
雷打石
长阴头峰岽
山
下坑
曾坑
江
山寺头
南
溪
溪
南山
三潭头(河西)
芳洋
彩
镇
武 平 县
彩坑
X643
小岭
中
坑 溪
金山电站水库
堡
X651
悦洋
下村
溪
图 例
乡政府
村委会
自然村
县级行政区域界
镇、乡行政区域
学校
医院
X651 县道及编号
一般道路
河流
水库
旅游景点
山峰
街区
比例尺：1：55 000
审图号：闽S〔2017〕65号
福建省制图院 编制
注：本图资料截至2015年12月；行政区域界线仅作参考，不作划界依据。

夏商周时期遗址——珊瑚宫边桥牛笼岗山

牛笼岗遗址出土的陶片

夏商周时期遗址——珊瑚乡溪村新寨子岗山

新寨子岗遗址出土的陶片

（本版图片由上杭县文体广新局 供稿）

自然环境

汀江珊瑚段（2011年6月26日 胡康福 摄）

三胞同根古松树
（2016年10月3日 胡康福 摄）

圆通山雪景（2014年2月14日 胡康福 摄）

湖光山色
（彩坑村三潭头 2011年9月19日 胡康福 摄）

世界濒危动物——褐翅鸦鹃
（2014年8月9日 胡康福 摄于珊瑚杨梅山）

杨梅山瀑布（2011年6月26日 胡康福 摄）

上珊瑚村黄牛坪梯田（2016年10月3日 胡康福 摄）

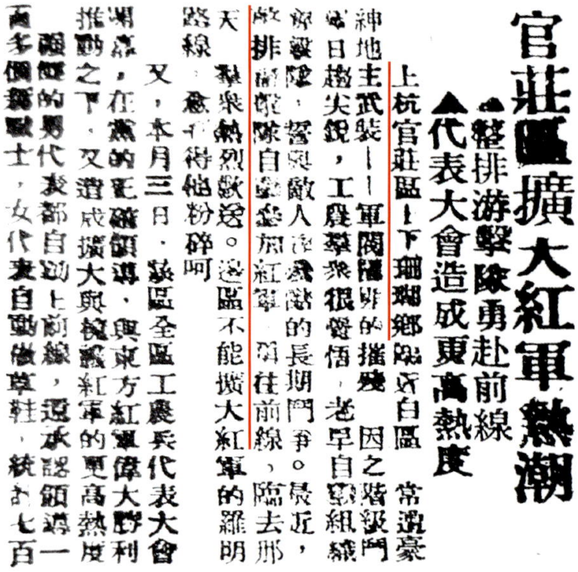

官莊區擴大紅軍熱潮

一整排游擊隊勇赴前線
代表大會造成更高熱度

上杭官莊區——下珊瑚鄉臨近白區 常遭豪紳地主武裝——軍閥陽明的摧殘 因之階級鬥爭日趨尖銳，工農羣衆很覺悟，老早自動組織游擊隊，警覺敵人進攻的長期鬥爭。最近，整排游擊隊自動參加紅軍，開往前線，臨去那天 群衆熱烈歡送。這區不能擴大紅軍的羅明路線，愈不得他粉碎呵

又，本月三日，該區全區工農兵代表大會開幕，在黨的正確領導，與東方紅軍偉大勝利推動之下，又造成擴大與擁護紅軍的更高熱度，踴躍的男代表都自動上前線，還承認領導一百多個新戰士，女代表自動做草鞋，統計七百

1933年11月17日《红色中华》报道下珊瑚扩大红军的情况

回答中央總隊部號召

爲擴大一百五十萬少先隊而鬥爭

上杭官庄，才溪，水浦，舊縣，自五月一日到十六號止，共擴大少先隊六百餘人，其中最有成績的是官庄的珊瑚鄉，三天內發展了二百餘人，給了中央總隊部擴大一百五十萬少先隊的號召，予以洪亮的響應！

各地的少先隊部，你們發展少先隊的成績做得怎麼樣了呀？你們應猛烈的擴大組織 將蘇維埃底下的勞苦青年羣衆都組織起來，武裝起來！爲蘇維埃政權而奮鬥！你們與長汀比一比罷！（[illegible]）

1933年5月29日《红色中华》报道珊瑚乡扩大少先队的成绩

1930年6月10日，毛泽东经栗子湖渡口到才溪做社会调查。1932年6月6日，毛泽东、叶剑英从才溪经栗子湖渡口到千家村。

2015年9月，老红军谢毕真为栗子湖红军渡口题词

"思龙堂"红军标语

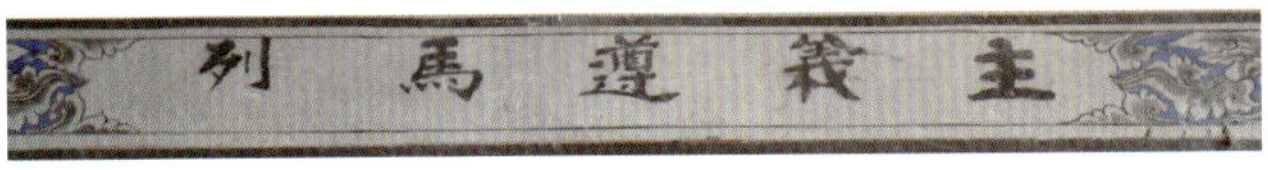

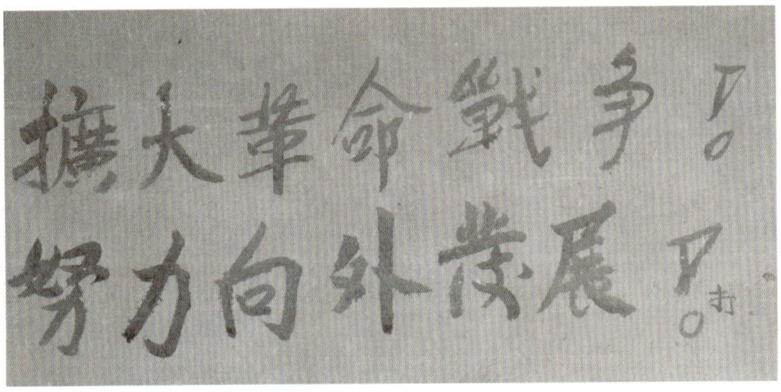

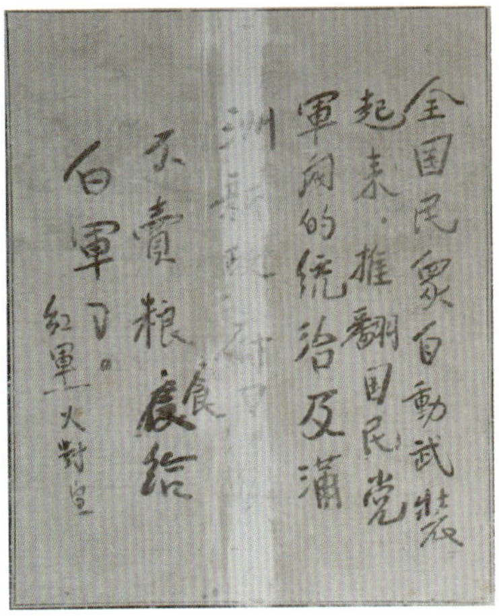

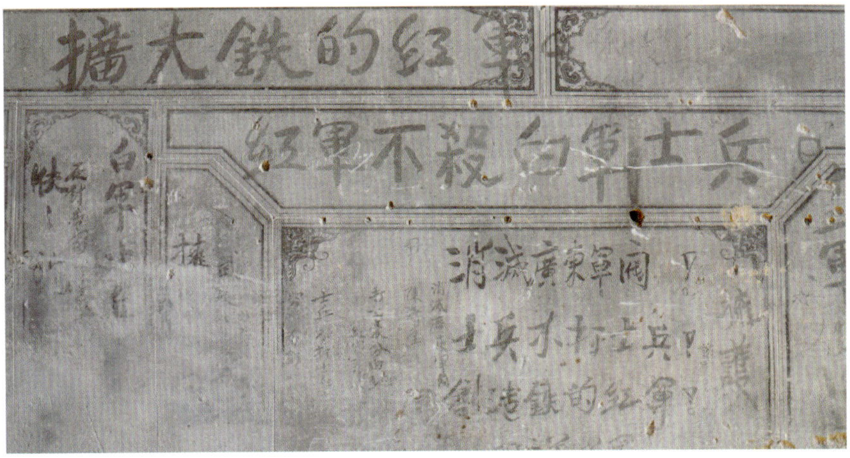

以上为"梦宏居"红军标语

2014年8月6日，省财政厅副巡视员林玉榜（前左二）到珊瑚乡调研

2015年11月21日，上杭县政府县长傅藏荣（右二）到珊瑚乡调研，图为傅藏荣一行走访贫困户

2015年12月17日，省财政厅副厅长赵静（中）到珊瑚乡调研

2016年1月13日，上杭县政府县长傅藏荣（左一）到珊瑚乡走访慰问贫困户

2016年1月14日，龙岩市政协副主席郑玉琳（中）到珊瑚乡慰问贫困户，上杭县政府副县长胡滨（左一）陪同

2016年5月28日，上杭县委书记谢海波（右六）视察横滩取水点

2016年8月12日，上杭县委书记傅藏荣（后）到珊瑚乡调研

2016年7月13日，上杭县政府代县长王波（右一）到珊瑚乡调研

2016年3月17日，龙岩市国税局局长黄培强（右三）到上珊瑚村调研（傅林清 供稿）

2016年9月12日，龙岩市政府副市长、市公安局局长张斌（左二）视察“梦宏居”，上杭县政府副县长、县公安局局长徐卫清（左一）陪同

2016年12月22日，龙岩市人大常委会主任饶作勋（后中）一行到珊瑚乡调研

2017年1月12日，龙岩市政府副市长郭丽珍（左三）到圆通寺调研

大棚育秧

机械化插秧

机械化收割

烤烟生产

茶叶生产（2011年6月26日 胡康福 摄于圆通山）

农 业

槟榔芋种植

百香果种植

生态养牛（胡康福 摄）

油茶种植

豪猪养殖

杨梅山水库大坝（2012年5月5日 胡康福 摄）

2015年9月22日，珊瑚乡承办上杭县西北片区农民文化体育节，图为活动现场（胡康福 摄）

胡益通作品

胡益通作品

陈祥伦作品

胡益通作品

胡益通作品

梁星华作品

陈文祥作品

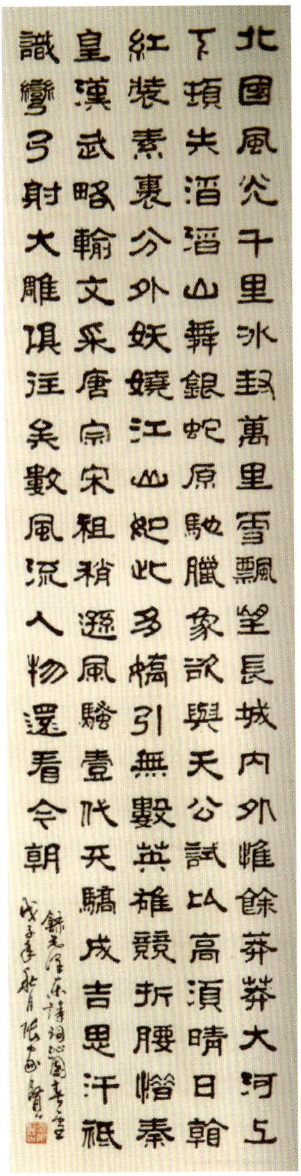

张家贤作品

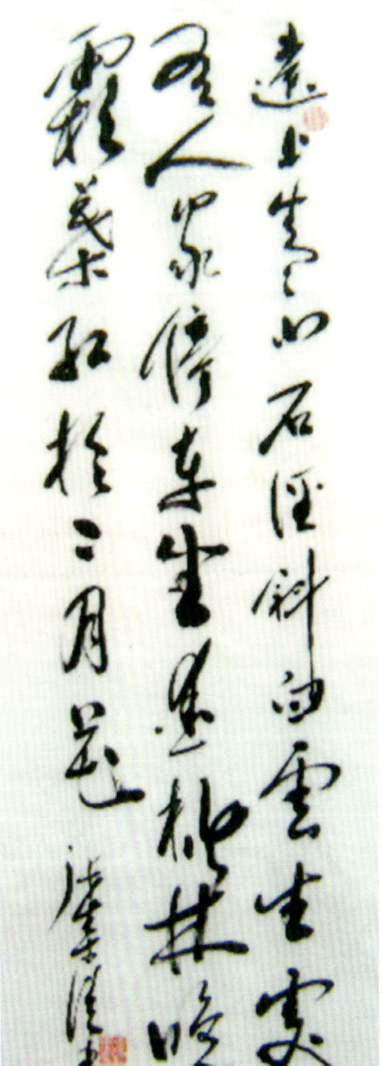

张集从作品

华竹畲族古民居（约建于1700年）

田心里围屋
（初建于1720年左右 2014年10月18日 张兴航拍）

思龙堂（约建于1800年）

梦宏居（建于1903年 2014年4月25日 胡康福 摄）

胡增有众厅（初建于1912年）

珊瑚乡政府大院及院外街道
（2016年10月7日 胡康福 摄）

集镇街道一角
（2016年10月6日 胡康福 摄）

集镇街道夜景（2016年10月6日 胡康福 摄）

珊瑚广场夜景（2015年9月21日 胡康福 摄）

圆通寺

仙师宫

山寺庵

2015年12月4日，珊瑚乡党委、政府召开《珊瑚乡志》编纂工作启动会议。党委书记刘华荣（主席台右三）、乡长阙镔锋（主席台右二），乡人大主席温寿玉（主席台左一）等出席会议。龙岩市方志委原主任林汉扬（主席台左三）、上杭县方志委主任李兰香（主席台左二）到会指导

2016年6月27日，上杭县政协副主席胡金祥（右三）、珊瑚乡党委书记阙镔锋（左二）等，到海丰县政协、方志办调查了解胡月广在海丰任知县时的相关资料（胡康福 摄）

2016年9月，珊瑚乡党委、政府决定聘请上杭县政协副主席胡金祥为《珊瑚乡志》编修顾问。图为党委书记阙镔锋（右）、乡长候选人傅晓刚（左）为胡金祥（中）颁发聘书（11月9日）

2017年3月18日，珊瑚乡党委、政府召开《珊瑚乡志》稿评审会。会议邀请龙岩市、新罗区、上杭县、永定区方志委专家，上杭县党史研究室负责人以及珊瑚有关乡贤等对志稿进行评审

珊瑚乡党委书记阙镔锋（前左四）、乡长梁尚荣（前右二）、分管乡志编修工作的副主任科员蓝瑞洲（前右一）与参加评审会的专家、编修人员、乡贤及行政村负责人合影。专家主要有龙岩市方志委科长游友荣（前右三），新罗区方志委副总编刘可明（前左三），上杭县方志委蓝晓东（前左二），上杭县党史研究室李荣生（前左一）

珊瑚乡党委书记阙镔锋（左四）、乡长梁尚荣（右三）、副主任科员蓝瑞洲（左三）与《珊瑚乡志》总纂林汉扬（右四）、编辑陈贵坤（右一）、陈裕源（左二）、陈利羊（左一）、陈尧（右二）合影

（本版图片由胡康福 摄）

目 录

概　述

（一）

珊瑚乡地处上杭县西北部，位于北纬 25° 11′ 25″ ~25° 15′ 50″ ，东经 116° 16′ 37″ ~116° 22′ 00″ 。东与才溪镇交界，南、西与武平县中堡镇接壤，北与官庄畲族乡毗邻。辖华竹、上珊瑚、下珊瑚、下坑、彩坑 5 个行政村。总面积 43平方公里。乡人民政府驻下珊瑚村杭庄路 8 号，位于北纬 25° 13′ 53″ ，东经 116° 19′ 42″ ，距上杭县城 32 公里。2015 年年底，全乡总人口 8426 人。全乡通行客家方言。

早在夏商周时期，已有古越族人在珊瑚境内农耕渔猎，引火烧陶；尔后有畲族先民在此刀耕火种，架茅以居。宋元时期，南迁汉人渐次进入珊瑚。千百年来，畲族先民与汉人和睦相处，共同开发山区，建设家园。北宋淳化五年（994 年）上杭设县后至元代，珊瑚隶上杭县安丰上里。明至清代，隶平安里、平安区。民国时期，先后属西路第二区、第十五区、第四区。民国 31 年（1942 年）11 月设珊瑚乡。苏维埃时期，隶西四区苏维埃政府。1949 年 10 月，隶平安区人民政府，此后曾独立设珊瑚乡、珊瑚公社。1965 年 4 月—1987 年 6 月，隶官庄公社（乡）。1987 年 7 月，华竹、上珊瑚、下珊瑚、下坑、彩坑 5 个村从官庄乡划出，复设珊瑚乡。

地质属华夏系构造珊瑚向斜褶皱，亦是桃溪旋卷构造的组成部分。地势西北高东南低，由西北向东南倾斜。客家母亲河——汀江流经华竹、下坑、彩坑村，境内长约 10 公里。山脉属武夷山脉南段的延伸分支，境内群山绵延，丘陵起伏。地貌属低丘河谷地类型。700 米以上的山峰 7 座，其中圆通顶为境内最高峰，海拔 1041 米，蜡石岭海拔 1015 米。属亚热带季风气候，温暖湿润。年平均温度 18.7℃~19.3℃，无霜期 290 天，年均降水量 1600~1900 毫米，年平均日照时数 2043 小时。

境内矿藏资源主要有下坑村煤矿，储量达百万吨。圆通山蕴含有铜多金属矿以及石灰石、稀土等。水能资源已开发 945 千瓦。生物资源有国家级保护动物蟒蛇、穿山甲、水獭、豹、虎纹蛙、褐翅鸦鹃、白头鹞等；省级重点保护动物狐、眼镜蛇、眼镜王蛇、鹧鸪等；国家级保护植物水杉、杜仲、野茶树、半荷枫等；省级重点保护植物福建山樱花、江南油杉、罗汉松、樟树等。

珊瑚天蓝、地绿、水净，生态环境优良。森林覆盖率达 75.51%。2009 年，位于下坑村横滩自然村的汀江横滩断面确定为上杭城区新水源取水点。珊瑚乡党委、政府围绕打造“生态水源地”的总体目标，开展国家级、省级、市级生态乡村创建工作，推进生态文明建设。2012年6月，珊瑚乡被福建省环境保护厅授予“福建省生态乡镇（街道）”称号；5个行政村均获“福建省生态村”命名。2014年9月30日，珊瑚乡获环境保护部“国家级生态乡镇”命名。

（二）

珊瑚是中央苏区和闽西革命根据地的重要组成部分。

珊瑚这片土地上，留下了毛泽东、朱德、叶剑英、罗炳辉等老一辈无产阶级革命家和中国工农红军的征战足迹。民国18年（1929年）7月，中国工农红军第四军（简称红四军）第一纵队第一支队支队长王良，率部到千家村（今上珊瑚、下珊瑚），发动群众，宣传土地革命，支持发动“六三暴动”。民国18年（1929年）11月17日，红四军军长朱德率部经武平十方到千家村，批驳了“红旗能打多久”的观点，指出工农红军的这面红旗“是全世界人民都注目的”，“全世界红旗胜利，那就是全人类得到解放的一天”。民国19年（1930年）6月9日，中共红四军前敌委员会书记毛泽东在江西寻乌县开展社会调查后，经武平到千家村，第二天经栗子湖渡过汀江往才溪做社会调查。民国21年（1932年）2月中国工农红军第十二军（简称红十二军）克复武平、上杭后，军长罗炳辉率部到千家村休整，并采取随营学校的形式对官兵进行军事政治培训；罗炳辉吃“沙饭”的故事，受到红十二军广大官兵和人民群众的高度赞誉。同期，福建省军区独立第二团亦驻扎千家村。红军在“梦宏居”“思龙堂”等驻地书写大量标语，宣传中国共产党和红军的性质作用，宣传国内外形势，动员人民群众“拥护中国共产党”“拥护红军”“扩大红军”，反对国民党反动派，反对日本帝国主义侵略中国。民国21年（1932年）6月6日，中华苏维埃共和国临时中央政府主席毛泽东、中华苏维埃共和国中央革命军事委员会总参谋长叶剑英率红军东路军回师赣南途中，从才溪经栗子湖渡过汀江到千家村，出席6月8日在上杭官庄东路军总司令部召开的军事会议。

毛泽东、朱德和红军将士到珊瑚，唤醒了民众的心灵，激励珊瑚人民投身谋求自由幸福的奋斗之路。为了支援革命战争，保卫红色政权，珊瑚掀起一次又一次的扩大红军热潮，数百珊瑚儿女踊跃参加红军和地方游击队，少年儿童踊跃参加少先队。民国22年（1933年）5月29日，中华苏维埃共和国临时中央政府机关报《红色中华》第82期以《回答中央总队部号召》为题，报道官庄、才溪等区扩大少先队的成绩。文中指出：“其中最有成绩的是官庄的珊瑚乡，三天内发展了二百余人。给了中央总队部扩大一百五十万少先队的号召，予以洪亮的响应!”同年11月17日，《红色中华》以《官庄区扩大红军热潮》为题，报道下珊瑚扩大红军、整排游击队勇赴前线的情况。支援前线的工作亦很出色。彩坑妇女满姑等人想方设法运送布匹、食盐等封锁物资到苏区；彩坑赤卫队员张荣玉等人，主动报名参加运输队，从才溪到江西瑞金。张荣宝、张荣玉、张荣珊，被誉为“红色三兄弟”。珊瑚儿女在争取民族独立、人民解放的伟大斗争中，经受了血与火的洗礼和严峻的考验，付出了巨大的代价。88名珊瑚儿女献出宝贵的生命。珊瑚人民，谱写了革命史上鲜红璀璨的篇章。

（三）

珊瑚自然条件优越，农业生产历史悠久。珊瑚人民具有勤劳俭朴、艰苦奋斗、勇于开拓的传统，他们在艰苦的环境中拓荒殖土，兴修水利，发展生产。然而在漫长的封建时代，由于受封建土地所有制束缚，农业生产方式原始，耕作技术落后，生产力水平低下，农民终年辛劳，仍难得温饱。1949年，人均口粮不到100公斤。

新中国成立后，经过土地改革和农业合作化，解放了生产力，农业生产发展较快。1958年后，由于"大跃进"和人民公社化"左"的错误影响，加上自然灾害，粮食生产连续三年歉收，农民生活困难。1962年后，经过调整，纠正错误，农业生产得到恢复和发展。1966年开始的"文化大革命"，实行所谓的政治挂帅，片面强调"以粮为纲"，给农业生产带来巨大损失。自1981年始，全面推行家庭联产承包责任制，建立统分结合的双层经营体制，极大地调动农民的积极性，农业生产迅速发展。2000年后，继续深化农村体制改革，坚持以农业增效、农民增收为着力点，大力调整农业结构，先后建立水稻生产全程机械化示范片，耕作水平不断进步，科技含量不断提升；科学引导特种养殖，扶持发展规模养殖场3家；通过土地流转等方式，逐渐出现一批药材、烤烟、芋头、百香果等作物种植大户，曾获"药材之乡"美誉。2014年始，逐步兴办家庭农场。2015年，全乡粮食总产量达3196吨，比1988年增长17.24%；亩产419公斤，比1988年增长96.71%。

明清及民国时期，珊瑚逐步发展造纸、烧砖瓦、木竹加工、铸锅等工业。上珊瑚、彩坑等村纸业生产条件得天独厚，有土纸槽房（俗称纸寮）二三十间，年产土纸上百吨，通过汀江航运销往广东潮州、汕头并出口东南亚国家和地区。新中国成立后，在社会主义改造过程中，手工业者按自愿原则组织生产合作社。1958年"大跃进"中，珊瑚亦一哄而起"大炼钢铁"，因违背客观规律，劳民伤财。自1969年始，充分发挥水力资源优势，先后建设彩坑电站、九华铺电站、上园电站、杨梅山水库电站、合水口电站、寨（磜）上电站等。2015年，境内有水电站4座，总装机容量905千瓦。珊瑚境内有许多泥水匠木匠等能工巧匠，施工技艺代代相传。民居建筑特别是清中期后的民居建筑，泥水工艺精湛，建筑结构大方，雕刻精美，匠心独运。隶属官庄公社期间，珊瑚二三十人参加官庄建筑公司。1991年，成立珊瑚建筑公司，该公司曾为珊瑚经济的发展做出贡献。随着建筑业改革的深化，2013年公司解体。但珊瑚的建筑装修队伍不断发展壮大，他们独资或合资创办华龙、春宏、卓泰等15家建筑（设计、装修）公司。2015年，珊瑚从事建筑业约800人。

南宋嘉定六年(1213年)，汀州知州赵崇模为改陆运漳（州）盐为水运潮（州）盐，开辟回龙至峰市段航道。南宋端平三年(1236年)，长汀知县宋慈又辟长汀至回龙段航道。明嘉靖三十年(1551年)，汀州知府陈洪范治理回龙滩，汀江航道全线贯通，航运极盛时有"上河

(长汀—上杭)三千、下河(上杭—峰市)八百”之说，成为闽粤赣地区交通大动脉。珊瑚境内有木船四五十艘，近百人从事航运。清代，先后设鲤子湖(今栗子湖，下同)、三潭等渡口，为人们生产、生活提供方便。抗日战争期间，省驿运管理处开辟长汀至上杭航线。北宋淳化五年(994年)上杭设县后，逐步辟建上杭县至汀州府的驿道。该驿道由杉坑(今彩坑)腊子岭入境，九华铺(今华竹)出境，贯穿珊瑚，约于明正德十六年(1521年)修成。该驿道为官方及民间往来汀州、上杭的重要通道。汀江航运的开通和杭汀驿道的建成，对珊瑚经济社会发展发挥重要的促进作用。20世纪30年代，境内始修至武平高梧公路，仅为草创公路，未通车。1958年“大跃进”时，珊瑚掀起修筑乡村公路热潮，但因急于求成，忽视工程质量，所修公路基本不能通车。1975年，建成湖洋通桥至官庄公路(时称杭庄公路),珊瑚的交通状况改善。20世纪90年代初，珊瑚乡党委、乡政府带领珊瑚人民掀起“要致富、先修路”的乡村公路建设热潮，1997年，实现全乡行政村村村通公路。此后逐步实施道路硬化和拓宽改造工程，2009年，实现村村通水泥路。2015年，珊瑚有县道河临线(长汀河田至上杭临城)过境，境内里程17公里；乡村公路主要有8条，全长30余公里。

明清时期，邮驿制度逐步健全。明洪武十年(1377年)，置山湖铺；成化十年(1474年)，置九华铺。清康熙八年(1669年)，三潭头、鲤子湖设塘房。民国26年(1937年)，庙坝设信柜。新中国成立后，珊瑚邮电事业逐步发展。20世纪60年代初，初步实现村村(大队)通电话、通邮路。1993年，开通程控电话。1998年后，相继开通模拟、数字移动电话。2000年，珊瑚乡邮政门市部投入运营。2003年，开办宽带互联网。珊瑚已基本具备功能齐全、质量稳定可靠的现代通信手段。

(四)

由于历史、地理及基础设施等诸多因素影响，20世纪80年代初的珊瑚，人民生活水平低，贫困面大，科技、教育、文化、卫生等各项事业相对落后。1985年，官庄乡(珊瑚隶官庄乡)被福建省确定为龙岩地区45个贫困乡之一。据1986年调查，珊瑚境域人均收入低于200元以下的537户，占农户总数的41.2%，是全县最贫困的地区之一。1987年复设珊瑚乡后，乡党委、乡政府贯彻执行福建省、龙岩地区、上杭县关于扶贫工作的决策部署，设立扶贫领导小组及其办事机构，制定脱贫致富规划，提出争取实现福建省委“三年脱贫、五年摘帽、八年做贡献”的目标。乡党委、乡政府实行资金、项目、效益“三挂钩”，层层落实责任制，扶持贫困户发展生产。至1990年，全乡重点扶持的537户贫困户，已有486户解决温饱问题，其中已有10%的贫困户走上致富道路。

自1991年始，龙岩地区行署办公室、扶贫办公室，福建省地方税务局先后挂钩帮扶珊瑚乡。挂钩单位派出领导和有关人员，在深入调查研究的基础上，协同乡党委、乡政府制定《珊瑚乡1991—2000年扶贫攻坚规划》。挂钩单位一方面加大对水、电、路等基础设施建设扶持力度，帮扶实施“四通”(通路、通电、通信、通水)工程，改善珊瑚发展环境；另一方面，大力扶持贫困户发展生产，并与资源开发、智力开发相结合，努力提高脱贫主体素质，提高自身造血功能，增强发展后劲。在挂钩单位的大力支持下，珊瑚乡先后兴建合水口电站，架设珊瑚至回龙高压线路，解决杨梅山水库电站、合水口电站电量销售问题，投资维修杨梅山水库右干渠；实施住在边远山区的彩坑、河头、横滩等地的村民异地安置搬迁的“造福工程”。1997 年，实施上珊瑚、下珊瑚村中大道拓宽硬化工程，实施彩坑、华竹村“通路工程”。1998 年，乡党委、乡政府按照上杭县委提出的“以扶贫攻坚奔小康统揽农村工作全局”的思路，对全乡确定的贫困户、攻坚户，采取政策、资金、技术“三管齐下”，干部挂钩扶贫“五包”（包脱贫台账建立、包项目的实施、包资金的发放和回收、包项目落实到户、包扶贫资金到位和技术服务到家）等办法，加快贫困户脱贫致富步伐。实施临河线珊瑚段公路拓宽改造工程，铺设从华竹至金山电站沥青路面；延伸通电线路至全乡的每一个自然村落；实施集镇（含上珊瑚村、下珊瑚村）、华竹村“人饮工程”；新建邮电大楼和文化活动中心。当年，全乡 80 户贫困户全部脱贫。1998 年年底，经龙岩市复查验收，实现小康村 5 个，占行政村总数的 100%，小康户 1458 户，占农户总数的 82%，小康指标综合分值 91.2 分，确认全乡基本实现小康。农民群众千百年来吃饱穿暖的愿望得以实现，但总体水平和实现程度较低。

2000—2002 年，实施“小额信贷”扶贫到户工程，帮助 38 户贫困户发展生产。至 2002 年年底，38 户贫困户人均收入达 2326 元，已全部脱贫。2002 年后，贯彻落实《中国农村扶贫开发纲要（2001—2010 年）》及《关于上杭县新一轮扶贫开发意见》，进一步巩固扶贫成果，稳步推进新一轮扶贫开发。2007 年，彩坑村、华竹畲族村被列为省扶贫开发重点村，分别由省财政厅、省委宣传部挂钩帮扶；下坑村被列为县级扶贫开发村，下珊瑚村被列为县级帮扶村。2014 年，上珊瑚村被列为市级贫困村，由龙岩市国家税务局挂钩帮扶。其间，省、市、县分别下派干部任 5 个村党支部第一书记。在省财政厅、省委宣传部、集美大学、省委党史研究室以及市国税局、上杭县广电局、上杭县烟草公司等单位和驻村干部的大力支持帮扶下，乡党委、乡政府带领全乡人民团结奋战，攻坚克难，各村的基础设施进一步完善，贫困户和低收入农户收入增加，生活条件改善，村级经济实力增强。2014—2015 年，乡党委、乡政府认真贯彻落实中央和省、市、县“精准扶贫”的部署，不辱使命、勇于担当，只争朝夕、真抓实干，坚持把脱贫攻坚作为第一民生工程，找准“贫”根、抓住“困”源，因村施策、因户施法，对症下药、精准施治，采取多种措施，全力推进精准扶贫工作，取得明显成效。

经过全乡人民的艰苦努力，珊瑚乡经济总量不断壮大，人民生活水平明显提高，乡村面貌发生巨大变化。1988—2015 年，全乡新建民居 175 万平方米，85%以上的民居已由钢筋混凝土结构的楼房代替土木结构房，住房条件大改善。2015 年，全乡财政总收入由 1988 年的 40.02 万元增加到 596.33 万元，农民人均纯收入由 1988 年的 398 元提高到 11714 元（未剔除物价增长因素）。

（五）

珊瑚人崇文重教。明初，境内设“爱溪书屋”，为境内有文字记载的私人办学之始，对教育发展有开拓之功，培育出胡广（又名胡月广）等一批有识之士。随着社会的发展和人们对教育认识的提高，办学规模不断扩大。清光绪十二年（1886 年），陈宗荣、陈宗华裔孙创办可供师生教学食宿的观东书馆（书屋）。民国初年，政府将观东书屋改设为联英小学。民国 21 年（1932 年），联英初小改设为珊瑚小学。新中国成立后，人民政府接管教育。除珊瑚中心小学外，华竹、下坑、彩坑先后设小学。各村还采取多种形式办学，全面开展扫除青壮年文盲的业余教育。1972 年春，珊瑚小学附设初中班。随着珊瑚乡建制的恢复，教育事业进入一个新的发展阶段。1988 年 1 月成立珊瑚学区；同年冬开始创办珊瑚中学，1990 年秋开始招生；1991 年 9 月起，珊瑚设幼儿园；1991 年开始实施小学义务教育。1991—1993 年，接受福建省龙岩地区（今龙岩市）实施义务教育“六项督导”（教育管理、事业发展、队伍建设、教育经费、校舍设备、德育工作）评估。1993 年，实现小学“一无二有”（校无危房、班班有教室、学生有课桌）。1994—2000 年，接受省、市“两基”（基本普及九年义务教育和基本扫除青壮年文盲）评估验收。进入 21 世纪，珊瑚教育继续巩固“两基”成果，推进双高普九（高水平、高质量普及九年义务教育）。2011 年 10 月，珊瑚中心小学被龙岩市教育局评定为“义务教育标准化学校”。2012 年 9 月，中心小学教师陈育红被中共福建省委、福建省人民政府授予“福建省第三届杰出人民教师”称号。2015 年，珊瑚有中心小学一所，有班级 6 个，学生 202 人，教师 26 人。中心幼儿园一所，教学班 4 个，在园幼儿 156 人，教养人员 16 人。

珊瑚文化源远流长。已发掘面世的牛笼岗、新寨子岗夏商周时期遗址网络格纹陶片，显示出古越族人创造的文化。宋元以后，随着客家人从中原南迁，汀江航道的贯通、驿道的开辟、教育的发展、科举制的推行，中原文化与土著文化、畲族文化逐步融合，文人学子队伍不断壮大，推动文化的发展繁荣。

明崇祯十七年（1644 年），胡应春（字念山）作仙师宫运气签诗 30 首，□签诗 28 首。清顺治七年（1650 年），曾考取明朝进士、做过明朝官员的临济宗僧九一祝发出家到圆通寺，著《圆通山各咏》，部分被收入《杭川新风雅集》。丘复称“读其诗知其非常僧人，盖一奇人矣”。曾任常州知府、布政司参政的长汀濯田人黎士弘，康熙十八年（1679 年）辞官还乡后，曾数次到圆通山并作《寄圆通山半石堂头》《圆通归重寄半石老人》《寄□坪老人》诗。康熙十九年（1680 年）、二十年（1681 年），上杭籍著名诗人刘坊到圆通寺，写诗赞美自然风光和寺庙建筑。光绪九年(1883 年)，曾任福建水师提督的钟宝三隐居圆通山带发修行，晚年撰写《圆通茶经》。圆通寺的宗教文化对珊瑚文化的发展产生较大影响。

清嘉庆五年（1800 年）前后，魏紫作风吹伞亭赋诗。清末民初，胡见新作《珊瑚十二景诗》。第二次国内革命战争时期，红军数次到珊瑚，在“梦宏居”等处书写了大量标语。它们是书写在墙壁上、木板上的史诗，为后人留下了弥足珍贵的红色文化财富。新中国成立后，文化新人不断涌现。特别是中小学教师，创作了许多诗歌、对联、散文等作品。书法美术人才辈出，涌现中国美术家协会会员、国家二级美术师胡益通，中国书法家协会会员梁星华，福建省美术家协会会员陈祥伦，福建省书法家协会会员陈文祥、张家贤，江西省书法家协会会员陈易伦等书画名家。他们的作品多次参加全国或省级展览，并获得较高奖项，具有较为鲜明的艺术风格；其中，胡益通出版有《胡益通写意花鸟画精品集》《胡益通写意紫藤》等，中国美术家协会主席刘大为评价其花鸟画“多有任伯年、华新罗遗风”。2015年8月16日，珊瑚乡举办“清新水源·和谐珊瑚”文学笔会，30多位作家、摄影家的作品为清新、和谐的珊瑚增添亮丽的色彩。

民间文艺丰富多彩。民间文学有故事、歌谣、谚语等，民间音乐有“十番”、五音鼓乐等，民间舞艺有舞狮、龙灯、船灯等。这些民间文艺形式富有珊瑚乡土气息。清末民初，珊瑚的舞狮活动活跃，仅彩坑就有两支舞狮队。20世纪20年代，珊瑚下坊舞狮队在官庄、回龙、珊瑚三乡舞狮比赛中获得第一名。1954年，珊瑚船灯队在上杭县政府举办的全县船灯大赛中获第一名。新中国成立后，人民政府先后设立文化站、广播站、电影队。90年代后，群众性文化娱乐活动更加活跃。进入21世纪，各村逐步兴建文化活动中心、农家书屋，为村民提供良好的文化活动场所。2014年，广场舞悄然兴起；年底，全乡（除卫星接收外）拥有数字电视用户2700个，电视节目增加到100多套，绝大部分村民能享受荧屏之乐。

深厚的文化底蕴，孕育众多优秀人才。早在明天顺六年(1462年)，胡广出任广东省惠州府海丰县知县，任职期间“有为有守”，深得民心，成为一位既受朝廷褒奖又受百姓爱戴的官员、海丰知县中屈指可数的“名宦”。明清至民国时期，珊瑚籍任乡科级以上人员18人。新中国成立后，涌现众多的新一代领导干部、专家学者和各类优秀人才。据不完全统计，珊瑚籍人任处级以上党政军干部18人，其中厅级6人，5人被授予大校军（警）衔；获高级专业技术职务52人；国家级和省级美术家、书法家协会会员6人。他们在政治、经济、文化领域各有建树，为祖国和家乡的社会主义建设做出贡献。

清代至民国时期，民间有少数人从医。珊瑚人胡传奎曾著医宗案24条；陈兆元以擅治伤寒病及跌打损伤、小儿科疾病闻名邻里；胡见新擅长麻痘、小儿等科，曾著《医学录分注》；下坑村人张德润，以医治疑难杂症及狂犬咬伤名噪杭城；陈必正（民国后期至新中国成立后）善用中医为人治病。但由于社会制度的制约，医药卫生事业仍较落后，民间缺医少药，人们饱尝疫病之苦。民国34年（1945年）、38年（1949年），千家村天花暴发，发病率高达20‰，不少人因医治无效而死亡。新中国成立后，卫生事业发展较快。1952年后，未再发生天花；随后又逐步控制白喉、麻疹、百日咳、乙脑、脊髓灰质炎等传染病。1958年年初，珊瑚设保健室。1961年，珊瑚公社设立保健站。1968年，实行农村合作医疗制度，基本改变缺医少药的状况。1988年，基本控制地方性甲状腺肿。1989年1月设立珊瑚乡卫生院。1991年，全乡达到消灭疟疾的标准。1997年，全乡形成以初级卫生保健（简称初保）为“重中之重”的农村卫生工作新格局。1998年始，实施“123健康工程”（即实现人人享有卫生保健；加强卫生人才培养、加强卫生网络建设；重点发展农村、搞好预防保健、振兴中医药），继续深化初保工作内涵。2007 年 11 月始，实行新型农村合作医疗制度，解决人民群众因病致贫、返贫以及弱势群体看病难的问题，保证人民群众的身心健康。2015 年，乡卫生院有病床 10 张，卫生技术人员 10 人，均比 1991 年增加一倍；全乡还有乡村医生 10 人。随着人们生活水平的提高和医疗卫生条件的改善，人口平均预期寿命由 1949 年的 51.6 岁延长至 2015 年的 76 岁。计划生育工作持续开展并逐步走向制度化。1993—2015 年，人口出生率、自然增长率总体呈下降趋势，人口增长过快的势头得到有效控制，但随之出现人口老龄化趋势。

明清时期，朝廷开设武科考试，珊瑚部分民众投师学艺，清光绪年间（1875—1908 年），出有武秀才陈贵兴。清末，学校始设体操课。新中国成立后，贯彻毛泽东“发展体育运动，增强人民体质”的指示，群众性的体育活动广泛开展。进入 21 世纪，全民健身活动深入开展。广场舞、健身操在境内逐步兴起。2015 年，全民健身与青运会同行、八闽百村行（上杭站）暨上杭县第十届西北片区农民文化体育节在珊瑚举行，珊瑚代表队获团体总分第一名。

（六）

珊瑚，旅游资源丰富。

圆通山为上杭四大名山（紫金山、双髻山、清源山、圆通山）之一。明成化六年（1470 年），僧宗鉴在圆通山（黄梅山）募修圆通庵并建轮藏。清顺治七年(1650 年)，临济宗僧九一到圆通山，开建丛林，创建宝殿、层楼，阐扬佛理，广布功德，四方僧徒云集，幻机、半石堂头、鬻坪上人等成为圆通寺的高僧。同时，辟有泗洲亭、洗月池、犁云亭、佛子水、冷石泉等名胜。经其苦心经营，圆通寺成为闽西最早的佛教道场、上杭县有名的大寺院之一。清乾隆十五年（1750 年）版《上杭县志》称圆通寺：“宝殿楼阁，闳阔壮丽，饭僧数百众。”清光绪九年（1883 年），曾任福建水师提督的钟宝三退隐在此，从一位叱咤风云的战将成为虔诚的佛门居士，留下许多故事传说。浓厚的宗教文化底蕴，旖旎的自然风光，使圆通山成为闽粤赣边特别是上杭、长汀、武平等地善男信女的旅游朝拜圣地。

珊瑚乡河头自然村的汀江栗子湖，两岸悬崖对峙，怪石嶙峋，百丈深壑，江水碧蓝，风光绮丽，被誉为汀江“小三峡”，湖光山色令人心旷神怡。栗子湖渡口有光荣的历史，毛泽东先后两次经栗子湖渡过汀江。栗子湖，印记了伟人的足迹，见证了岁月的荣光。2015 年 9 月，老红军谢毕真题写“栗子湖红军渡口”。

2009 年，栗子湖下游的横滩，确定为上杭城区新水源取水点。2010 年，福建省政府批复实施横滩饮用水源保护区。2011 年 1 月，日供水 6 万立方米的上杭城区横滩饮用水源建设项目竣工，正式向上杭城区供水。纯洁和甘甜的汀江水，滋养着杭城百姓。

坐落于上珊瑚村溪背的“梦宏居”，建于清光绪二十九年（1903 年），是胡梦甲之别墅。整个建筑有三栋厅堂六摆横屋，伟宇雄浑，气势磅礴；门前月塘拱照，小溪环绕，景色秀丽。红军驻珊瑚期间，在“梦宏居”书写了五六十条标语。一座民居内拥有如此大量的标语，在闽西甚至在全省、全国也是不多见的。这些标语，内容丰富，语言朴实，文体多样，形象生动，喜闻乐见，真实地记录了第二次国内革命战争时期中国工农红军的政治宣传、军事活动以及采取的斗争策略，为后人留下了弥足珍贵的红色文化财富。2010 年 7 月，“梦宏居”被上杭县列为第九批县级文物保护单位。2015 年 1 月 9 日，“梦宏居”被中央苏区（闽西）历史博物馆列入“红色文化研究基地”。

珊瑚保存完好的古民居较多。其中主要有建于清康熙三十年（1691 年）后的九华铺畲族古民居，初建于康熙末年至雍正初年（1720 年前后）的下田心土围屋，始建于清嘉庆五年（1800 年）前后的思龙堂，约建于清同治年间（1862—1874 年）的下坑新屋下围屋，建于清代的下坑村上屋古民居，建于清光绪二十九年（1903 年）的上珊瑚村溪背“梦宏居”，初建于民国元年（1912 年）的上珊瑚村大塘门上胡增有众厅等。这些古民居，建筑设计体现浓厚的民俗文化，建筑技术运用独具匠心，充分反映出客家人的聪明和智慧，显示出传统建筑文化的艺术魅力，反映客家人群体聚居的生活方式，体现客家人勤劳、智慧、团结奋斗、勇于开拓的精神，成为当地历史文化的象征。

纵观古今，回首往事，勤劳勇敢的珊瑚儿女，为挣脱剥削与贫困的枷锁，为新中国的诞生，前赴后继，英勇奋斗。新中国成立后，全乡人民在中国共产党领导下，艰苦奋斗、开拓进取，创造了令人瞩目的成绩，社会面貌发生根本性的变化。但由于诸多因素影响，珊瑚依然属于欠发达地区。农业抗御自然灾害的能力仍较脆弱；第二产业、第三产业相对薄弱；交通条件仍需改善；财政收入虽逐年增长，但仍适应不了经济建设和社会事业发展的需求；与发达地区相比，人们生活水平还不够宽裕。建设全面小康社会，任重道远。

作为海洋生物珊瑚虫群体或骨骼化石的“珊瑚”，光泽艳丽，温润可人，有吉祥富贵之寓意，是平安幸福的象征。勤劳勇敢和富有开拓精神的珊瑚人民，正以自己的聪明才智和辛勤劳动，为建设“生态水源地”“美丽宜居乡”，早日实现伟大的“中国梦”，同心同德，励精图治，书写光辉灿烂的“珊瑚颂”。未来的珊瑚必将像海中的“珊瑚”那样绚丽璀璨！

大　事　记

唐

开元二十四年（736 年），置汀州，设长汀县。今珊瑚境域（简称珊瑚）隶长汀县。

宋

淳化五年（994 年），设上杭县，珊瑚隶上杭县安丰上里。

嘉定六年（1213 年），汀州知州赵崇模为改陆运漳（州）盐为水运潮（州）盐，开通汀江回龙至峰市航道，河头（鲤子湖，今栗子湖）发展为客货中转站之一。

南宋末年（约 1270 年），江州义门陈氏陈三十四郎由濯田陈屋村迁至山湖（后改珊瑚）黄牛坪肇居。

元

大德八年（1304 年），胡千九从胡岭（今长汀童坊镇胡岭村）迁山瑚开基。

至正年间（1341—1367 年），江州义门陈氏陈千圣（十三四郎），从上杭溪南里（今永定县仙师乡）迁山瑚开基。

明

明初，境内设“爱溪书屋”等私塾。

洪武三年(1370 年),蓝念一郎四子千八郎从长汀水口迁竹子垄(今华竹村茶头下)开基。

洪武十年（1377 年），置山湖铺（据清康熙版《上杭县志》）。

洪武十四年（1381 年），上杭县始颁“黄册”（户口版籍），其时，山湖共 2 甲。此为最早的珊瑚户口文字记载。

是年，上杭县改乡、团为里，境域隶平安里。

正统十二年（1447 年），胡广（胡月广）获贡生资格。

景泰年间（1450—1456年），梁子贤从上杭东门徙杉坑（今彩坑）开基。

天顺六年至成化二年（1462—1466年），胡广任广东省海丰县知县。

成化六年（1470年），僧宗鉴在圆通山（黄梅山）募修圆通庵并建轮藏。

成化十年（1474年），置九华铺。

成化二十一年（1485年）夏，水灾。

弘治年间（1488—1505年），高仕政徙夏康（今下坑）开基。同期，饶友和从武平大厢亭里二图大南坑（今永平帽村）迁珊瑚开基。

正德八年（1513年），春旱，秧苗枯死，田地龟裂。

弘治至正德年间（1488—1521年），修筑上杭县通往汀州的驿道。该驿道经珊瑚至官庄。明正德十六年（1521年），上杭佥事周期雍甃山路建风吹伞亭（一作松风亭）。

明嘉靖十八年（1539年）前后，胡广被广东省授为“名宦”，其牌位入祀于海丰先师庙（孔庙）名宦祠。

嘉靖十九年（1540年），在与武平县交界处的檀岭设“隘”。

嘉靖三十年（1551年），汀州知州陈洪范召集石匠炸开回龙险滩，汀江航道（长汀—峰市）全线贯通。

万历年间（1573—1619年），张化孙第十五世孙张日玉（字德，号永定）从通贤衍村（又名王坑，今称文坑）迁入厦康开基。

明代，朱仕达由才溪湖田迁入珊瑚开基。

清

顺治七年（1650年），临济宗僧九一到圆通山，创建宝殿、层楼，辟有泗洲亭、洗月池、犁云亭、佛子水、冷石泉等名胜，还在山上垦田百余亩。经其苦心经营，圆通寺成为县内有名的大寺院之一。其间，九一作《圆通山各咏》七律32首。

康熙八年（1669年），三潭头、鲤子湖设塘房，各有5名塘兵驻守。

康熙十八年（1679）后，曾任常州知府、布政司参政的长汀濯田人黎士弘，到圆通山并作《寄圆通山半石堂头》《圆通归重寄半石老人》《寄罵坪老人》诗。

康熙十九年（1680年）、二十年（1681年），上杭籍诗人刘坊两次到圆通寺，写下《黄梅山拜九一和尚塔兼呈其法嗣幻机大师二首》《辛酉季夏避暑圆通寺四首》，表达对九一僧的敬仰和爱慕，对圆通寺自然风光和寺庙建筑的赞赏和喜爱。

道光八年（1828年），在珊瑚村口庙坝开圩。

道光十一年（1831年），福建省布政使司为监生陈廷杰立“蜚声璧水”牌匾。该牌匾今仍悬挂于“思龙堂”。

道光二十二年（1842年），水灾。

道光二十六年（1846年），水灾。

道光二十七年（1847年）8月12日，因连降暴雨，山洪暴发，汀江水位184.02米。因灾造成彩坑林某（女）连人带房被洪水冲走。

咸丰六年（1856年），水灾。

咸丰十一年（1861年），太平天国起义军（简称太平军）由武平到珊瑚、官庄、回龙一带活动。珊瑚武生陈旺儒、陈国桢、陈承恩率乡民防御。

同治三年（1864年），圆通寺寺殿被太平军烧毁。

光绪三年（1877年），五月大旱，民大饥，斗米钱两千。

光绪三年（1877年），珊瑚陈、胡两姓民众集资修复圆通寺后堂。

光绪六年（1880年），曾任福建水师提督的钟宝三（今临城镇石砌村人）捐资修复圆通寺前堂。

光绪九年（1883年），钟宝三辞职返乡后隐居圆通山带发修行。

光绪十二年（1886年），陈宗荣、陈宗华兄弟的裔孙在千家村（今上珊瑚、下珊瑚境域，下同）中央背屋陈世礼祖祠后创立学校一所，称观东书馆。

光绪二十四年（1898年），上杭县改里为区。境域属西路第四区。

中华民国

民国17年（1928年）

年初，建立中国共产党基层组织——珊瑚支部。

7月，赴莫斯科出席中共第六次全国代表大会的中共福建临时省委书记罗明，为尽快向全省党组织传达好大会精神，由福州而厦门辗转永定到上杭，乘船经珊瑚、官庄到长汀。

民国18年（1929年）

5月，胡集辉、陈达兴、胡冠军、胡上达等早期共产党员参加在官庄余坑梓坑由蓝维仁、练玉辉主持召开的党员大会。

7月初，中国工农红军第四军（简称红四军）第一纵队第一支队支队长王良，率部到千家村。期间，支持发动“六三暴动”。

7月9日（农历六月初三），珊瑚与官庄人民一起举行“六三暴动”，推翻国民党建立的地方政权。

7月12日，官庄、珊瑚境域建立人民政权官庄人民革命委员会（苏维埃政府），境域隶官庄区苏维埃政府。

11月17日，朱德、陈毅、朱云卿等率出击东江后返回闽西的红四军经武平十方高梧到千家村。

民国 19 年（1930 年）

6 月 9 日，毛泽东在江西寻乌县开展社会调查后，带了一个警卫连，经武平到千家村，晚在溪背住宿，第二天经栗子湖渡过汀江往才溪。

民国 21 年（1932 年）

2 月底，中国工农红军第十二军（简称红十二军）克复武平、上杭后，军长罗炳辉率部在千家村休整，驻扎 15 天左右。其间，在“梦宏居”“思龙堂”等驻地写下大量标语。

同期，中堡、武东等地游击队合编的福建省军区独立第二团（聂祖唐任团长）驻扎千家村，并转战官庄一带。

6 月 6 日，毛泽东、叶剑英率红军东路军（红一、红五军团组成）回师赣南（途径龙岩，上杭白砂、才溪）途中，经栗子湖到千家村（8 日，出席在官庄东路军总司令部召开的军事会议）。

7 月 31 日，武平县武北游击队进攻千家村民团，国民革命军第三军新编独立第一旅旅长钟绍葵派援军加入作战，结果全被击溃，钟部及民团死伤十几人。

民国 22 年（1933 年）

5 月 29 日，中华苏维埃共和国临时中央政府机关报《红色中华》第 82 期以《回答中央总队部号召》为题，报道官庄、才溪等区扩大少先队的成绩，指出：“其中最有成绩的是官庄的珊瑚乡，三天内发展了二百余人。给了中央总队部扩大一百五十万少先队的号召，予以洪亮的响应!”

11 月 17 日，《红色中华》第 126 期以《官庄区扩大红军热潮》为题，报道下珊瑚扩大红军、整排游击队勇赴前线的情况。

民国 23 年（1934 年）

3 月，设立中华苏维埃运输管理局福建分局珊瑚检查站。

11 月，中央主力红军长征后，国民党反动派在珊瑚复辟。

是年，为“剿共”军事需要，福建省保安十四团团长钟绍葵令武平、上杭两县开筑龙(上杭回龙) 高 (武平高梧) 公路。实际只修筑高梧至千家村段，仅为草创公路，未通车，水毁后报废。

民国 25 年（1936 年）

年初，上杭县改路为区，区以下设乡联保办事处。4 月始，境域隶第四区（区署驻才溪），设珊瑚乡联保办事处（驻珊瑚）。

民国 31 年（1942 年）

11 月，上杭县取消区级，境域设珊瑚乡。

是年，千家村陈姓人在庙坝先后建起十多家店铺客栈，又逐步形成庙坝圩。

民国 34 年（1945 年）

8 月，千家村天花暴发，发生 40 余例，约占总人口的 20‰。

珊瑚乡与回龙乡、官庄乡合并为平安乡。

民国 35 年（1946 年）

10 月 15 日至当年年底，降水极少，秋旱严重，山田变赤地。

民国 36 年（1947 年）

5 月，行政区划调整，境域隶平安乡。

6 月 15 日，大雨倾盆，水灾，汀江水位 181.18 米，冲毁江河沿岸良田甚多。

民国 38 年（至 1949 年 9 月）

七八月间，中共上杭县委组建工作团（温雪辉任工作团主任）进驻珊瑚。9 月，工作团顺利接管原国民党政权机构珊瑚乡公所。

民国年间，珊瑚发生两次严重虎患。千家村上畲顶上人胡氏（女）被老虎咬死；胡屋第四房人胡某，被老虎咬死吃掉。

中华人民共和国

1949 年

10 月 3 日(农历八月十二日)，在官庄牛岗圩草坪召开数千人大会，宣布成立平安区人民政府，区长吴升，副区长温雪辉。境域隶平安区，设珊瑚、双坑乡；珊瑚乡辖华竹、上珊瑚、下珊瑚村；双坑乡辖下坑、彩坑村。珊瑚乡乡长梁能康，后为陈相承、陈明芬；双坑乡乡长陈衡洲，后为张德辉。

1950 年

2 月，废除田赋制度，始征农业税（公粮）。

9 月，上杭县各区名称以次序冠名，平安区为第十区。

同月，建立中共上杭县第十区委员会。

11 月始，开展土地改革，至次年 7 月基本结束。其间，没收境内地主、富农的土地，尔后按实际人口，好、中、差搭配的原则，把没收的土地分给无地或少地的贫农、雇农，每人平均分得三担八谷田（相当于0.9亩）。

是年，上珊瑚胡明显被评为福建省劳动模范，出席福建省1950年战斗英雄、劳动模范大会。

1951年

3月，倒春寒，连续50多天低温阴雨。

12月3日，区委在党员干部中开展“反贪污、反浪费、反官僚主义”的“三反”运动。

1952年

5月16日，区人民政府发动农民参股，成立平安供销合作社。

1953年

7月，全国开展首次人口普查（以1953年6月30日24时为人口普查的计算标准时间），普查结果：珊瑚乡3014人，其中男1396人，女1618人；双坑乡896人，其中男428人，女468人。

11月，设珊瑚乡，辖华竹、上珊瑚、下珊瑚、下坑、彩坑。

12月，开始实行粮食统购统销。

是年，区召开首届人民代表大会，以无记名投票方式选举区长、副区长。

1954年

春，某晚，正在钉钉子挂蚊帐的上珊瑚下坊村民陈某被雷击身亡。

9月15日，国家实行棉布计划供应，消费者凭证购布。

1955年

2月，国家开始实行义务兵役制。

4月4日，珊瑚抽调民兵参加连城机场（“7962”工程）建设。

至5月18日，珊瑚乡（含下坑、彩坑）有常年互助组61个，季节互助组11个，参加互助组农户654户。

12月，实行粮食“三定”（定产、定购、定销）政策，定产、定购三年不变，定销一年一评。

是年，珊瑚开始建立初级农业生产合作社。

1956年

2月，开始对私人资本主义工商业实行社会主义改造，一部分私营者加入供销社成为职工，另一部分组成合作商店。

4月，平安、才溪、旧县区合并为才溪区，原平安区分为回龙、官庄、珊瑚3个乡。珊瑚乡隶才溪区公所。

春，根据上级部署，掀起大办高级农业合作社热潮。

1957 年

5 月，贯彻中央《关于整风运动的指示》，开展反官僚主义、宗派主义和主观主义的整风运动。7 月转入“反右”斗争，1958 年夏结束。

是年，农业合作化基本完成，加入高级农业生产合作社农户占农户总数的 98%以上。耕地从私有制转变为社会主义集体所有制。

1958 年

3 月，上杭县撤区设乡，境域设珊瑚乡。梁能康任珊瑚乡党总支书记，林荣富任乡长。

同月，县委召开“全民动员，大胆跃进”广播大会后，珊瑚掀起“大跃进”高潮。

4 月，县委推广庐丰乡东一农业社“农村食堂化”做法。此后，珊瑚亦办起公共食堂。

6 月 11 日，开展学习宣传贯彻“鼓足干劲、力争上游、多快好省地建设社会主义”的总路线。

9 月，上杭县调整区乡体制，珊瑚与官庄、回龙合并为平安乡。

10 月，实行政社合一体制，平安乡改为官庄人民公社（简称官庄公社）。境域隶官庄公社，设珊瑚、双坑两个大队。

1959 年

是年，官庄供销社在庙坝设分销处。

1960 年

春，口粮实行低标准，饥荒严重，群众用瓜菜代替粮食（称“瓜菜代”），出现水肿病和人口非正常死亡。8 月，开办以防治水肿病为中心的“营养食堂”，转送病人到县防治中心治疗；12 月，水肿病得到控制；死亡人数逐步减少。

1961 年

1 月，公社党委贯彻中共中央《关于农村人民公社当前问题的紧急指示信》，开展以肃清“五风”（共产风、浮夸风、强迫命令风、生产瞎指挥风、干部特殊化风）为主要内容的整风整社运动。

4 月 1 日，发生罕见雹灾，降雹时间长达 30 分钟，冰雹最大直径约 6 厘米。

6 月，官庄公社分设官庄、回龙、树康、珊瑚公社。珊瑚公社辖华竹、上北、上南、下北、下南、光辉、前进大队。

同月，王炳章任珊瑚公社党委书记，胡景光任社长。

8 月，赖连光任珊瑚公社党委书记。

10 月 28 日，确定以生产队为基本核算单位。

是年，庙坝圩重新开张，逢农历五、十日为圩期，沿用至今。

是年，珊瑚公社设立保健站。

1962 年

7 月，执行中共中央指示，划出 5%的耕地作为社员自留地。

6 月 27 日至 7 月 1 日，普降暴雨，山洪暴发，南山—犁头子滑坡 21 处，几十亩良田被砂石覆盖，下珊瑚村民陈某在插秧时被洪水冲走。

1963 年

春，大旱。上年 7 月至是年 5 月 19 日，总降雨量仅 555 毫米，汀江最枯流量 11.1 立方米每秒，为百年罕见旱灾。

1964 年

4 月，县社会主义教育（简称社教）工作队进驻珊瑚大队开展社教试点。

7 月，全国人口普查，普查结果：珊瑚全社 3951 人，其中男 1962 人，女 1989 人。

是年，回龙至上杭县城开始通行客运机动船（俗称汽船），每日对开一航次，栗子湖、三潭头设停靠点。

1965 年

4 月，珊瑚公社被撤销，并入官庄公社。境域设华竹、上北、上南、下北、下南、光辉、前进大队。

11 月 20 日，社会主义教育工作队进驻各大队，开展“清政治、清经济、清组织、清思想”的“四清”运动，历时 8 个月。

1966 年

6 月始，开展破“四旧”（旧思想、旧文化、旧风俗、旧习惯）、立“四新”（新思想、新文化、新风俗、新习惯），“文化大革命”运动在珊瑚拉开序幕。

同月，官庄公社更名为红庄公社。

1967 年

5 月 24 日，暴雨，山洪暴发，彩坑受灾严重。该村 19 户受灾，损坏楼房 18 间、平房 8 间，被冲毁拦河坝 6 座、大圳 4 条（长约 2000 米），被冲走木桥 5 座、车碓 2 副，道路塌方 86 处。

1968 年

10 月，成立红庄公社革命委员会，各大队成立革命领导小组。

1969 年

10 月，厦门市等地一批知识青年上山下乡到圆通山农场落户。1973 年后陆续回城。

1970年

4月26日，各大队建立合作医疗制度，办起合作医疗站。

是年，手扶拖拉机首次进入珊瑚（圆通山农场）。

1971年

4月29日，红庄公社恢复官庄公社原名。

1972年

春，珊瑚小学附设初中班，境内始有中等教育。

是年，上杭（湖洋通桥）—珊瑚—官庄—回龙公路（时称杭庄公路）动工修建。1975年8月竣工通车，珊瑚交通条件改善。

1973年

6月1日，特大洪水，汀江水位182.34米，横滩、彩坑等地势较低点受灾严重。其中，彩坑倒塌民房19间，道路塌方1000多米，被冲毁拦河坝4座、桥梁3座。

1974年

3月，龙岩地区、上杭县组织首次飞机播种造林，珊瑚为播区之一。

1975年

12月13—16日，普降暴雪，地面积雪10~15厘米，为历史罕见；13日最低气温零下5.8摄氏度，为有气象记录的最低气温。

冬，掀起平整土地热潮。

1976年

1月30日下午，后龙山发生森林火灾，原始森林被烧毁。

9月9日，毛泽东主席逝世，各大队主要干部、学生代表参加官庄公社党委举行的悼念活动。

1979年

11月，开工建设杨梅山水库，1982年12月竣工。水库总库容102万立方米。

是年，贯彻中共中央《关于地主、富农分子摘帽问题和地、富子女成分问题的决定》，经群众评议、县革命委员会批准，给予大多数地主、富农分子摘帽，定为公社社员；地主、富农家庭出身的子女一律定为公社社员。

是年，恢复粮油议购议销业务。

是年，珊瑚恢复中国少年先锋队组织。

1981 年

7 月，官庄公社党委贯彻落实中共中央印发《关于进一步加强完善农业生产责任制的几个问题》的通知，全面推行以家庭联产承包为主要形式的农业生产责任制。

1982 年

3 月，下溪背发生特大火灾，烧毁民房 40 余间。

是年，开展林业“三定”（稳定山林权、划定自留山、确定林业生产责任制）工作。

1984 年

10 月，撤销政社合一的人民公社，恢复乡、村建制。8 日，官庄公社管理委员会改为官庄乡人民政府；各大队改为村民委员会。

是年，光辉村更名下坑村，前进村更名彩坑村。

1985 年

1 月 1 日起，取消生猪派购。

是年，开始普及九年义务教育。

1987 年

7 月，福建省民政厅发出《关于同意上杭县增设珊瑚乡的批复》（闽民〔1987〕159 号），同意从上杭县官庄划出华竹、上珊瑚、下珊瑚、下坑、彩坑等五个村民委员会，另设上杭县珊瑚乡建制，乡人民政府驻下珊瑚村。

10 月 24 日，召开珊瑚乡第一届人民代表大会第一次会议；会议选举梁华桂为乡人大主席团常务主席，王永康为乡人民政府乡长。

11 月，召开珊瑚乡第一次党代会；会议选举钟子炎为中共珊瑚乡委员会书记，陈福昌为党委副书记兼任乡纪律检查委员会（简称纪委）书记。

12 月，经省民族事务委员会和龙岩地区行署批准，境内的蓝、雷、钟姓民众恢复畲族成分。

是年，成立珊瑚乡司法办公室。

1988 年

1 月，经上杭县文物普查，珊瑚境内发现有牛笼岗、新寨子岗（均坐落今上珊瑚村）2 处夏商周时期人类活动遗址。

春，开始颁发居民身份证。

7 月 1 日始，上杭县出台少数民族计划生育优惠政策，允许符合上级政策规定的少数民族一对夫妇生育 2 胎。

冬，开始筹建珊瑚中学，1990 年夏竣工。

是年，创办珊瑚中心幼儿园，园址在中心小学校本部。

1989 年

1月，批准设立珊瑚卫生院。

1990 年

5月，成立珊瑚派出所。

7月，全国人口普查，普查结果：珊瑚乡1442户7258人，其中男3609人，女3649人。

秋，珊瑚中学开始招生。

11月19日，召开珊瑚乡第二次党代会。钟子炎作题为《坚持党的基本路线，为加快珊瑚各项事业的发展而奋斗》的工作报告。确定"抓住农业，咬住林业，大干田头，大战山头；长抓松杉林，近抓茶果桑，短抓粮烟猪，其他各业齐发展"的思路。会议选举乡党委副书记3人（乡党委书记暂缺），纪律检查委员会（简称纪委）书记1人。

12月18日，召开乡第二届人民代表大会第一次会议，会议选举梁华桂为乡人大主席团常务主席，钟维勇为乡人民政府乡长。

1991 年

6月，唐柏园任中共珊瑚乡委员会书记。

是年，开始实施小学义务教育。

是年，全乡达到消灭疟疾的标准。

是年，乡政府在庙坝征地，扩大庙坝圩市场规模。

1992 年

是年，为取得扶贫工作的直接经验，龙岩地区扶贫基金会在珊瑚乡开展社会扶贫试点。

1993 年

2月20—26日，美国国际扶贫发展机构项目发展行政主任安普偕夫人深入珊瑚乡的贫困村考察，拟订援助珊瑚乡医疗设备和水坝建设项目。

8月18日，龙岩地委书记、行署专员黄小晶到珊瑚考察，强调要树立区域经济的战略思想，搞活有地方特色的微观经济。

11月20日，召开珊瑚乡第三次党代会。唐柏园作工作报告。会议选举唐柏园为乡党委书记，黄鹏为乡纪委书记（乡党委副书记兼）。

12月16日，召开珊瑚乡第三届人民代表大会第一次会议；会议选举王灿元为乡人大主席团常务主席，蓝寿标为乡人民政府乡长。

是年，开展乡村门牌设置工作，。

1994 年

8月始，因金山水电站库区淹没原公路，新建金山水电站坝址以上三潭至彩坑段公路。杭庄公路迳口至上杭改道由迳口经水埔至临城。均于1996年12月建成。

是年，珊瑚乡开通程控电话。

1995 年

是年，龙岩地委书记赵觉荣到华竹小学视察，题写“珊瑚华竹小学”校名。

1996 年

4 月，余兆兴任珊瑚乡党委书记。

6 月 11 日下午，乡境出现强雷雨，造成山洪暴发、公路塌方，乡铸钢厂被山洪推倒。

10 月 25 日晚 7~11 时，下珊瑚村“秀容屋下”发生特大火灾，共烧毁房屋 57 间 1084 平方米，受灾 19 户 106 人，直接经济损失 19.7 万元。事故原因不明。灾情发生后，上杭县委书记马承佳专程到珊瑚慰问受灾户；县民政局拨给救灾物资；灾民得到妥善安置。

10 月 23 日，召开珊瑚乡第四次党代会。余兆兴作题为《进一步解放思想，真抓实干，为珊瑚的经济和社会各项事业迅速崛起而奋斗》的报告。会议确定“打基础，抓农业，推进劳务输出”的发展思路，以扶贫攻坚奔小康为主线，加强农业基础地位，配套基础设施建设，改善生产生活条件，有效推进劳务输出，会议选举余兆兴为乡党委书记。

12 月 21 日，召开珊瑚乡第四届人民代表大会第一次会议；会议选举梁贺华为乡人大主席，黄鹏为乡人民政府乡长。

年底，实现全乡村村通电话。

是年，全乡基本消除绝对贫困。

1997 年

9 月 28 日，成立珊瑚乡司法所。

年底，实现行政村村村通公路目标。

是年，成立乡公路工作站，主要负责乡村公路建设、维修、管理工作。2003 年，公路工作站改为交通管理站。

1998 年

9 月始，对珊瑚境内电网实行全面改造。

秋，由香港同胞沈炳麟捐资兴建的彩坑小学“恩美楼”竣工。

12 月，经龙岩市复查验收，珊瑚乡实现小康村 5 个，小康户 1458 户，分别占行政村总数的 100%和农户总数的 82%，小康指标综合分值为 91.2 分，确认全乡基本实现小康。

是年，开通移动通信，接入计算机互联网。

1999 年

1 月，贯彻中共中央办公厅、国务院办公厅颁发的《关于进一步稳定和完善农村土地承包关系的通知》，珊瑚开展第二轮土地延包工作（土地承包期再延长 30 年）。

3 月，黄鹏任珊瑚乡党委书记。

9月6日，隐姓埋名近13年、在逃的上珊瑚村犯罪嫌疑人胡某，在江西省瑞金市日东乡被公安机关抓获归案。

10月12日，召开珊瑚乡第五次党代会。黄鹏作题为《开拓进取，加快发展，为实现跨世纪的宏伟目标而努力奋斗》的工作报告，会议确定2000—2002年珊瑚经济社会发展的思路：大种大养上规模，搞活营销增效益，劳务输出保增收，设施建设促发展。会议选举黄鹏为乡党委书记。

12月16日，召开珊瑚乡第五届人民代表大会第一次会议；会议选举梁贺华为乡人大主席，伍宪芳为乡人民政府乡长。

是年，建成移动通信发射台。

是年，省地方税务局投入30万元，帮助兴建珊瑚乡华竹民族小学。

2000年

9月16日，省漂流探险队一行20人到上杭县举行汀江截流告别纪念漂流探险活动。队员分乘2只皮筏从栗子湖码头下水，历时9小时15分钟漂完上杭、永定县境内56公里河段，到达目的地棉花滩大坝。

是年，珊瑚乡通过省、市教育“两基”（基本实现九年义务教育，基本扫除青壮年文盲）评估验收。

是年，全国第五次人口普查，普查结果：全乡有1669户、6801人，其中男3324人，女3477人。

2001年

7月24日（农历六月初四），上珊瑚村下坊村民陈某被雷击身亡。

10月，在井上垄新建的珊瑚乡特色产品果蔬专业市场正式开业，庙坝圩搬迁至此，圩期照旧。

2002年

2月至5月，降水量极少，春旱，灾情仅次于1963年。

6月17日，暴雨。

6月，谢永华任珊瑚乡党委书记。

9月1日（农历七月二十四日），下坑村村民梁某（女）在接电话时被雷击身亡。

11月　日，召开珊瑚乡第六次党代会。谢永华作工作报告。会议选举谢永华为乡党委书记，副书记3人，黄兆平为纪委书记（乡党委副书记兼）。

12月15日，召开珊瑚乡第六届人民代表大会第一次会议。会议选举梁贺华为乡人大主席，伍宪芳为乡人民政府乡长。

是年，实现全乡5个行政村村村通电话。

2003 年

是年始，乡政府执行上级政策，免除定购粮，免除公益事业粮的上缴。

2004 年

1 月，伍宪芳任珊瑚乡党委书记。

是年始，乡政府执行上杭县政策规定，免征农业税。

是年，珊瑚乡界定生态公益林 1009.1 公顷。

是年，乡人民武装部被龙岩市人民政府、龙岩军分区授予“征兵工作先进单位”称号。

2005 年

10 月 17 日（农历九月十五日），遭暴雨风袭击，上珊瑚竹背自然村有建筑模板被风吹到 50 米外，下珊瑚河山下部分大树被连根拔起；上园自然村发生山体滑坡，变压器、电杆被洪水冲走；部分民房屋面瓦片被卷走。

11 月底，开通华竹、下坑、彩坑三个行政村的有线电视网络，率先在全县实现村村通有线电视。

年底，开始换发第二代居民身份证。

2006 年

5 月，刘喜华任珊瑚乡党委书记。

6 月 1 日晚，因十几天连降大雨，珊瑚中心小学 2 间宿舍因墙角下陷倒塌，造成 3 名学生死亡，多人受伤。事件发生后，福建省人民政府副省长刘德章，龙岩市委书记刘赐贵、市长雷春美（女），上杭县委书记张斯良、县长赖继秋等先后到珊瑚，慰问死者家属，看望受伤学生，指导处理善后学校工作。

6 月 18 日，召开珊瑚乡第七次党代会。刘喜华作题为《增创新优势，谋求新发展，全面推进我乡经济社会各项事业快速发展》的工作报告，会议选举刘喜华为乡党委书记，选举陈连生为纪委书记。

是年，开始实行每亩年均 90 元的种粮和良种补贴。

是年，新建乡敬老院。

2007 年

1 月 25 日，召开珊瑚乡第七届人民代表大会第一次会议。会议选举林水仁为乡人大主席，李文喜为乡人民政府乡长。

7 月下旬始持续高温，最高气温达 39 摄氏度，为有气象记录的最高气温。

9 月，珊瑚设立公办幼儿园。

11 月 1 日起，实施新型农村合作医疗保险。

2008年

3月20日，为加强农村消防安全工作，珊瑚乡成立义务消防队，乡政府副乡长温寿玉任队长，乡武装部部长罗国森、派出所所长张利荣任副队长，成员有胡长春等20人。

9月，珊瑚中学停办。

是年，乡人民武装部被上杭县人民政府、上杭县人民武装部授予“征兵工作先进单位”称号。

2009年

12月9日，上杭县委书记赖继秋、县长邱河清到珊瑚敬老院慰问院民。

是年，全乡5个行政村全部通水泥路。

是年，完成卫生院医技综合大楼建设。

是年，汀江横滩断面上杭城区新水源项目开工建设，2011年元旦竣工通水。

2010年

6月15日，珊瑚遭暴雨袭击，山洪暴发，彩坑等村受灾严重；因灾造成49户民房部分倒塌。灾情发生后，乡党委、乡政府组织紧急转移灾民，指挥群众抗灾自救；及时规划建灾民集中安置点。

10月19日，龙岩市民政局局长王汉高到彩坑村灾后集中重建点调研。

11月8日，上杭县委书记赖继秋到彩坑村灾后集中重建点调研。

11月，全国第六次人口普查，普查登记结果：全乡有1517户4224人，其中男2099人，女2125人（珊瑚户籍人口为7769人，其中男4046人，女3723人）。

2011年

6月3日，召开珊瑚乡第八次党代表会。刘喜华作题为《同心同德谋发展，携手共进促和谐，不断开创珊瑚经济社会科学发展》的工作报告，会议确定到2015年经济社会发展的思路是：围绕打造“生态、民生、诚信、和谐珊瑚”的目标，以科学发展为主题，以加快转变、跨越发展为主线，坚持“先行先试、加快转变、民生优先、党建科学”，全力推动经济社会事业科学发展、跨越发展。会议选举刘喜华为乡党委书记，副书记2人；吴天宝为乡纪委书记（乡党委副书记兼）。

6月15日，乡党委、乡政府成立创建国家级生态乡镇工作领导小组。

12月26日，召开珊瑚乡第八届人民代表大会第一次会议，会议选举曹昌星为乡人大主席，蓝春金为乡人民政府乡长。

2012年

6月，珊瑚乡被授予“福建省生态乡镇（街道）”称号；华竹、上珊瑚、下珊瑚、下坑、彩坑村分别被授予“福建省生态村”称号。

6月，赖永跃任珊瑚乡党委书记。

9月，珊瑚中心小学教师陈育红被福建省委、省政府授予“福建省第三届杰出人民教师”称号。

是年，乡人民武装部被龙岩市人民政府、龙岩军分区评为“基层武装部规范化建设达标先进单位”。

是年，开工建设珊瑚广场、农民公园，2014年竣工。

2013年

10月，刘华荣任珊瑚乡党委书记。

12月，上珊瑚村村民陈桥万（女）注册成立桥万家庭农场。

是年，实施国家水土保持重点项目珊瑚溪小流域水土流失综合治理工程，治理水土流失面积857公顷。

2014年

7月，上珊瑚村民张玉华、陈平夫妇注册成立鸿运家庭农场。

9月，珊瑚乡被环境保护部命名为“国家级生态乡镇”。

12月31日上午，首届道德模范表彰会暨新年文艺演出在珊瑚广场举行。

是年，珊瑚乡开展全县首个乡(镇)级道德模范评选表彰活动,共评选出道德模范10名。

是年，珊瑚中心小学教师陈育红被评选为“2014年度感动福建十大人物”。

2015年

1月9日，中央苏区（闽西）历史博物馆“红色文化研究基地”揭牌仪式在上珊瑚村溪背“梦宏居”举行。中央苏区（闽西）历史博物馆馆长邓泽村，市、县有关部门及珊瑚乡党委、政府领导等参加仪式。

7月，珊瑚乡被龙岩市人民政府征兵办公室授予“征兵工作先进单位”称号。

8月16日，龙岩市作家协会、上杭县文联、上杭县作家协会、上杭县摄影家协会和珊瑚乡党委、政府在珊瑚乡举行联合举办“清新水源·和谐珊瑚”文学笔会，市作家协会主席刘少雄、县作家协会主席林华春等30多名作家、摄影家参会。

8月，珊瑚乡被上杭县委、县政府授予第十二届（2012—2014年度）“文明乡镇”称号。

9月8日，福建省中医药大学党委副书记谭卫星带领学校机关和附属第二人民医院主要负责人等，到挂钩帮扶村华竹畲族村调研。

11月21日，上杭县人民政府县长傅藏荣到珊瑚乡调研。

11月30日，下珊瑚村胡细妹入选福建省11月“好人榜”（孝老爱亲）名单。

12月17日，省财政厅副厅长赵静一行到上珊瑚村调研，参观红色文化研究基地“梦宏居”，看望慰问贫困户，要求用好用活用足国家扶贫政策、强农惠民政策，精准扶贫、帮户扶村，真正把扶贫工作做好。上杭县委常委、常务副县长詹崇仁陪同调研。

是年，陈桥万家庭农场购买全乡第一台联合收割机。

专　记

“梦宏居”的红军标语

第二次国内革命战争时期，毛泽东、朱德、陈毅、叶剑英等老一辈无产阶级革命家在珊瑚留下征战足迹；中国工农红军第四军、第十二军、东路军、福建省军区独立第二团等曾驻珊瑚。其间，红军在驻地书写大量标语。这些标语，宣传了中国共产党的各种政策，多角度、多层次地反映了当时的国内外形势和红军的斗争历程，内容丰富，语言朴实，文体多样，形象生动，喜闻乐见，真实地记录了第二次国内革命战争时期中国工农红军的政治宣传、军事活动以及采取的斗争策略，是根据地斗争史的缩影，是书写在墙壁上、木板上的史诗。

红军标语，犹如燃起的星星火种，为工农劳苦群众照亮了一条谋求幸福的奋斗之路；它又如一声声的呐喊、号角和深切的呼唤，唤醒了民众的心灵。珊瑚人民积极响应中国共产党的号召，高举红旗，英勇奋战，为了支援革命战争，保卫红色政权，珊瑚掀起一次又一次的扩大红军热潮，数百珊瑚儿女踊跃参加红军和地方游击队，少年儿童踊跃参加少先队。《红色中华》第 82 期以《回答中央总队部号召》为题，报道珊瑚扩大少先队的成绩；第 126 期以《官庄区扩大红军热潮》为题，报道下珊瑚扩大红军、整排游击队勇赴前线的情况。这些，从一个侧面充分说明红军宣传的重大作用。

红军在珊瑚书写的标语，主要有“梦宏居”“思龙堂”、九华铺蓝明生厅下等处。2015 年，坐落于上珊瑚村溪背的“梦宏居”，大量标语仍保存完好。

红军标语是重要的革命文物，是不可再生的珍稀文化遗产，不仅可以点燃人们的红色记忆，彰显厚重的红军文化，传递伟大的红军精神，而且还可以感召人们去开创更加美好的未来，实现宏伟的中国梦！

2010 年 7 月，“梦宏居”被上杭县列为第九批县级文物保护单位。2015 年 1 月 9 日，“梦宏居”被中央苏区（闽西）历史博物馆列入“红色文化研究基地”。

一、“梦宏居”简况

“梦宏居”坐落于上杭县珊瑚乡上珊瑚村溪背，建于清光绪二十九年（1903 年），是胡梦甲之别墅。

“梦宏居”占地面积一万余平方米，整个建筑有三栋厅堂六摆横屋，大厅正中有“梦宏居”烫金匾牌一块，大门面向紫金山顶，门框上部石刻“溪山聚秀”，两边石刻楹联“系由安定文宗第，族起晋陵吏部家”。此房以砖木结构为主，主厅宽敞明亮，中厅上方雕梁画栋，地板用红糖、糯米粉、细砂、石灰凝合而成。整个建筑伟宇雄浑，气势磅礴，门前月塘拱照，小溪环绕，景色秀丽。

二、红军标语的主要内容

1.宣传中国共产党的性质和作用

如“主义遵马列，政权归工农”“拥护中国共产党”。

2.宣传工农红军的性质，动员群众参加红军

如“扩大红军”“扩大铁的红军”“创造铁的红军”“拥护红军”“士兵不打士兵”“红军胜利万岁”。

3.宣传实行土地革命

如“打倒地主资本家”“打土豪分田地”“拥护苏维埃政府”。

4.宣传反对国民党反动派

如“打倒国民党”“打倒国民党军”“打倒国民党军阀”“全国民众自动武装起来，推翻国民党军阀的统治及满州新政府!”“消灭广东军阀”“消灭广东军阀陈济堂”“打倒张贞”“打倒钟少（绍）奎（葵）”。

5.宣传反对帝国主义特别是反对日本帝国主义侵略中国

如“打倒帝国主义”“拥护对日作战”“全国群众动员起来，实行对日宣战”“反对帝国主义瓜分中国”“反对帝国主义世界大战”“反对日本帝国主义进攻苏联”“武装保护苏联”。

6.鼓动国民党士兵倒戈起义

主要有《告白军士兵歌》《欢送白军弟兄歌》，和“欢迎白军士兵来当红军”“红军不杀白军士兵”“白军士兵们，你们替军阀进攻革命，于你们到底有什么好处!”等。

其中，《欢送白军弟兄歌》配上简谱，歌词为：

欢送白军弟兄们，红军原是工农军；
不杀白军的士兵，只杀军阀与豪绅。

欢送白军弟兄们，贫农(富)阶级要认清；富人阶级国民党，穷人阶级工农兵。

欢送白军弟兄们，千万苦楚已受尽；
只有分田是出路，回去赶快把田分。

欢送白军弟兄们，军阀压迫真恨心；
回去组织士兵暴，拖枪再来当红军。

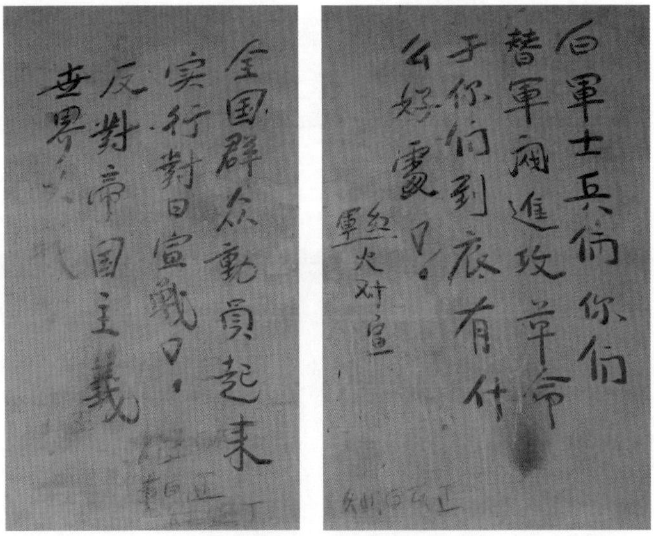

反对帝国主义侵略等标语

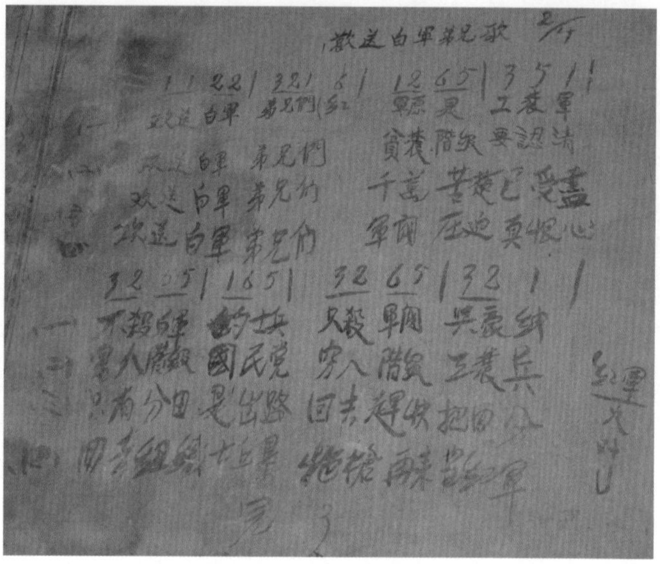
欢送白军弟兄歌

《告白军士兵歌》（四川调）的内容为：

白军士兵你来听，你们都是穷苦人，无职业，才去当兵，哎哟，无职业才去当兵。

你们当兵有几年，身上仍然无文钱，生活上，苦不堪言，哎哟，生活上苦不堪言。

7.教育群众不替国民党军办事

如“不卖粮食给白军”“不替白军带路”“不替白军送信带路”。

8.宣传中共中央的决议

如“向外发展革命战争，夺取中心城市，实现一省数省首先胜利”“扩大革命战争，努力向外发展”。

9. 宣传男女平等，婚姻自主

如“实行男女平等”“男女平权，自由结婚”。

10. 宣传红军的军事政治学习

在“梦宏居”外墙的青砖上，高高地刷着“红军学校”；左厢房二楼西墙上留有“第一课：红军好，工农当红军”字样；在厢房向东的门楣上留下一副对联：“工农红军呱呱叫，军事政治都学到。”

此外，在左摆横屋当年红军战士（学员）住房，留下大量与学习相关的信息。如部分战士的姓名、籍贯：“潘正兴”“何义喜”“温良盛”“黄友连”“王明照”“岩曾选”，“广东省兴宁县黄石陂陶古街”；课程的内容：“第一课　人”“第二课　田”“第三课　时令四方”“第四课　食料”等。

11.宣传共青团

如“共产青年团万岁”。

三、红军标语的主要特点

1. 内容丰富

“梦宏居”红军标语主要宣传中国共产党和红军的一般政治主张、宗旨和政策，同时根据红军面临的任务以及所处的环境，提出针对性很强的宣传口号。如“消灭广东军阀陈济堂”“打倒张贞”“打倒钟少（绍）奎（葵）”以及《欢送白军弟兄歌》《告白军士兵歌》等。

2.形式多样

标语的载体既有外墙，又有内墙，其中经用石灰粉刷的大厅左右墙体最多。而在左边横屋，在门板、门框、柱子、壁橱等处，书写大量的标语。

标语的文体丰富多样，不拘一格。绝大多数标语采用口号式的短句，如“拥护中国共产党”“扩大铁的红军”“打土豪分田地”“拥护苏维埃政府”。有些标语采用楹联式，如“主义遵马列，政权归工农”，言简意赅，通俗易懂，简明有力。有些标语采用歌谣式，如《欢送白军弟兄歌》《告白军士兵歌》，语句生动押韵。

标语的书写材料多样，大量的是使用黑墨水，也有用石灰粉刷、粉笔书写的。

3.书写人员多

书写“梦宏居”红军标语的，既有红四军，又有红十二军；既有文化程度较高的政工人员、宣传员，又有文化水平较低的红军战士。这可以从标语的文字表现形式得到证明。

书写于房柱、壁橱等处的红军标语

4.保存持久

“梦宏居”红军标语，最早的书写于1929年，大部分书写于1932年。虽然已历经八十多年，但大部分标语至今仍保存完好，清晰可见；部分标语由于墙体斑驳，依稀可辨；少数标语则已无法辨认。

四、红军标语的书写时间

“梦宏居”中的大量红军标语为中国工农红军第四军（简称红四军）、中国工农红军第十二军（简称红十二军）所书写，这可以从个别标语旁署有“十二军政治部”“红军第四军”等落款得到证明。然而，所有标语均未标注书写时间。因此，只能从驻扎和途经珊瑚的红军队伍情况、停留时间及其主要任务，结合标语的内容，对标语的书写时间进行综合分析。

据地方志、党史、革命史等史料，第二次国内革命战争时期，红军共有五次到珊瑚。

1929年红四军“七月分兵”时，红四军第一纵队第一支队支队长王良，率部到千家村(今上珊瑚、下珊瑚村，下同)，住在下坊祠堂等处，时间约六七天。此次红军到珊瑚，主要任务是发动群众，宣传土地革命，进行武装暴动。该支队在珊瑚期间，曾在坪埔岗集会，支持发动“六三暴动”，曾枪毙恶棍陈如珠等人。“梦宏居”大厅左墙署有“红军第四军”字样，表明“打倒地主资本家”“打土豪分田地”“拥护苏维埃政府”“扩大红军”等标语，可能由该支队书写，时间为1929年7月。

1929年11月中旬，红四军出击东江失利后，朱德、陈毅、朱云卿等率红四军经广东平远返回闽西，17日经武平十方高梧到千家村。此次红军返回闽西，主要任务是迅速传达中央“九月来信”（9月28日中共中央发给红四军前委的指示信）精神，统一思想认识（18日，朱德、陈毅在官庄鹧鸪坪主持召开红四军前委会议，陈毅传达中央“九月来信”）。由于时间紧迫，此次红军书写标语的可能性极小。

1930年6月9日，毛泽东在江西寻乌县开展社会调查后，带一个警卫连，从武平到千家村，晚在溪背住宿，第二天经栗子湖渡过汀江往才溪。因时间短，警卫连的性质任务特殊，此次红军书写标语的可能性也极小。

1932年5月29日，毛泽东在漳州接到中华苏维埃共和国中央革命军事委员会（简称中革军委）命令，要东路军开赴赣南同侵入的粤军作战。6月5日，毛泽东同中革军委总参谋长叶剑英就各军整顿期限和召开军事会议问题，致电朱德、王稼祥：东路军各军“须于六至八号三天内整理完毕，准备九号出动”。“八号下午二时在官庄总司令部开军事会议……”6月6日，毛泽东、叶剑英率东路军回师赣南途中，从才溪经栗子湖到千家村。6月8日，毛泽东、朱德、王稼祥、叶剑英等在官庄总司令部召开军事会议。从部队面临的任务及其紧急程度和逗留时间分析，此次红军书写标语的可能性亦极小。

1932年2月下旬红十二军克复武平、上杭后，因形势发展，约在2月底至3月初，军长罗炳辉率部到千家村休整，驻扎15天左右。同期，福建省军区独立第二团（中堡、武东等地游击队合编而成，聂祖唐任团长），亦驻扎千家村。从标语内容产生的时间、历史背景看，大量标语是此次红军驻珊瑚时所作。如“主义遵马列，政权归工农”，产生于1931年。当年7月的一天，毛泽东到兴国县城岗乡观察地形，准备在这一带打好第三次反“围剿”的第二仗，并应邀为乡党支部经常开会的书院大门写了这副对联。上联讲中国共产党的指导思想，下联讲工农革命的政权建设。这说明，“梦宏居”中“主义遵马列，政权归工农”这条标语，书写时间应为1931年7月之后。

1931年，日本悍然发动“九一八”事变。4个多月内，辽宁、吉林、黑龙江三省全部沦陷。日本扶植成立国民政府和中国共产党及国际社会均不予承认的所谓“满洲政府”（1932年3月1日—1945年8月18日）。日本占领中国东北三省后，中国人民开始了武装反抗日本帝国主义侵略的斗争。“梦宏居”内“拥护对日作战”“全国群众动员起来，实行对日宣战”“反对帝国主义瓜分中国”等标语，书写时间应为1931年9月之后。“全国民众自动武装起来，推翻国民党军阀的统治及满州新政府”“推翻满州政府”等标语，书写时间最早为1932年3月。

1930年12月，在南昌召开的国民党党政军高级官员会议上，蒋介石决定将张贞部的番号改称陆军第四十九师，张贞任师长。南京政府为利用张贞进攻红军，任命张贞兼福建“剿匪”司令，并多次参加“围剿”闽西苏区和红军的战争。1932年3月，国民党反动派开始准备对中央苏区进行第四次“围剿”，蒋介石任命粤系军阀代表陈济棠为赣、粤、闽、湘边区“剿匪”副总司令（总司令蒋介石）。陈济棠曾派余汉谋指挥六个师又一个旅担任福建、赣南、粤北地区的“清剿”；派黄任寰的独立一师进驻闽西，参加对江西、福建红军的“围剿”。1932年，钟绍葵投靠广东军阀陈济棠，被改编为国民革命军第三军新编独立第一旅，钟任旅长，成为割据闽西的主要势力。钟绍葵多次率部进攻武北、武西苏区，攻打工农武装，烧杀抢掠，无所不为，给苏区人民造成巨大损失。具有很强针对性的标语“打倒张贞”“消灭广东军阀陈济堂”“打倒钟少（绍）奎（葵）”等，书写时间当为1932年3月。

1932 年 1 月 9 日，中共临时中央通过《中央关于争取革命在一省与数省首先胜利的决议》，要求红军要努力求得将中央苏区闽粤赣、赣东北、湘鄂赣、湘鄂边各苏区联系成整个一片的苏区，并以占取南昌、抚州、吉安等中心城市，作为战略目标。该“决议”的通过，标志着王明“左”倾冒险主义错误的进一步发展，给中国共产党和革命事业造成严重危害。“向外发展革命战争，夺取中心城市，实现一省数省首先胜利”这条标语，明显是错误路线的产物。但是，用历史的观点看，红军当时写这条标语，属于宣传贯穿中央决议，时间应该在 1932 年 1 月之后。

此外，“梦宏居”红军标语还有《告白军士兵歌》《欢送白军弟兄歌》和“欢迎白军士兵来当红军”“红军不杀白军士兵”“白军士兵们，你们替军阀进攻革命，于你们到底有什么好处?”等内容。红军书写这些标语，体现出比较特殊的地域性。在苏区时期，珊瑚经常处于红白区域的边缘，常遭豪绅地主武装、军阀的摧残。这些标语，就是直接书写给国民党官兵看的，时间应该在第一次反“围剿”（1930 年 11 月—1931 年 1 月）之后，因为《告白军士兵歌》产生于第一次反“围剿”期间。

综上所述，“梦宏居”中的大部分标语由红十二军书写于 1932 年 3 月，少数标语由红四军书写于 1929 年 7 月。

第一章 建 置

珊瑚境域（以下简称境域）古属闽越地，周时属“七闽”，秦属闽中郡，汉属晋安郡。西晋太康三年（282年）始，境域隶属新罗县。南朝宋泰始四年（468年）新罗县废，境域先后属晋平郡、南安郡龙溪县。唐开元二十四年（736年）置汀州，设长汀县，境域隶属长汀县。北宋淳化五年（994年），升上杭场为上杭县，境域始属上杭县管辖。

第一节 位置·境域

珊瑚乡地处上杭县西北部，位于北纬25° 11′ 25″（彩坑村与武平县中堡镇悦洋村交界处）~25°15′50″（华竹村与官庄畲族乡璜头村交界处），东经116°16′37″（上珊瑚村与武平县中堡镇大坪村交界处）~116°22′00″（彩坑村与才溪镇同康村交界处）（四至经纬度由福建省制图院提供）。乡人民政府驻下珊瑚村杭庄路8号，位于北纬25°13′53″，东经116°19′42″；距上杭县城22公里。

珊瑚乡东连才溪镇，南、西与武平县中堡镇接壤，北与官庄畲族乡毗邻。辖华竹、上珊瑚、下珊瑚、下坑、彩坑5个行政村。总面积43平方公里。

第二节 建置沿革

宋代，境域隶安丰里（时安丰里分安丰上里、安丰下里，珊瑚境域属安丰上里）。元沿宋制。明洪武十四年(1381年)，上杭县改乡、团为里，境域隶平安里。

清光绪二十四年(1898年)“戊戌政变”后，实行新法，改里为区。境域属西路第四区。

民国5年(1916年)，隶西路第二区。

民国10年（1921年），隶西路第十五区。

民国18年（1929年）7月12日，官庄、珊瑚境域建立人民政权官庄人民革命委员会(苏维埃政府)。此后，境域先后隶官庄区、西二区、才溪区苏维埃政府。民国19年（1930年），为适应战争形势，上杭、武平两县合并成立杭武县苏维埃政府，境域隶第七区(才溪)苏维埃政府。民国21年（1932年）—民国22年（1933年）冬，隶上杭县苏维埃政府（先后驻白砂、大乾头、科子里、水西渡等地）官庄区。民国 23 年（1934 年）6 月，隶上杭与连城县的新泉联合成立的新杭县（县苏维埃政府先后驻通贤的白石坑、竹子寨、旱溪里、叶坪山、障云岭等地）才溪区。民国 24 年（1935 年）1 月，隶新杭、长汀县合并成立的新汀杭县（驻通贤障云岭的燕子塔）才溪区。

民国 20 年（1931 年），为 5 路 12 区，西路为第八、第九区。境域隶西路第九区。

民国 25 年（1936 年）初，改路为区，区以下设乡联保办事处。境域隶第四区（驻才溪），设珊瑚乡联保处，驻珊瑚，所辖乡村有珊瑚、九华铺、横滩下、厦康、彩坑、三潭头、竹子垄。

民国 31 年（1942 年）11 月，取消区级，境域为珊瑚乡

民国 36 年（1947 年）5 月，行政区划调整，境域隶平安乡。

1949 年 5 月，成立中国人民解放军闽西义勇军临时行动委员会上杭分会。珊瑚隶平安乡支会。中共上杭县委则成立 10 个工作团。第六工作团辖官庄、回龙、珊瑚等乡。

1949 年 9 月 17 日，上杭县人民民主政府成立。10 月，成立平安区（官庄）人民政府，境域隶平安区，设珊瑚、双坑乡，珊瑚乡辖华竹、上珊瑚、下珊瑚村，双坑乡辖下坑、彩坑村。

1950 年 9 月，上杭县各区名称以次序冠名，平安区为第十区。

1953 年 11 月始，设珊瑚乡，辖华竹、上珊瑚、下珊瑚、下坑、彩坑。

1956 年 4 月，区、乡合并成立区公所，境域隶才溪区公所。

1958 年 3 月，上杭县撤区设乡，境域设珊瑚乡。

1958 年 9 月，上杭县调整区乡体制，珊瑚与官庄、回龙合并为平安乡。

1958 年 10 月，实行政社合一，平安乡改为官庄人民公社（简称官庄公社）。境域设珊瑚、双坑两个大队。

1961 年 6 月，珊瑚从官庄公社分出设珊瑚公社，辖华竹、上北、上南、下北、下南、光辉、前进大队。

1965 年 4 月，珊瑚公社撤销，并入官庄公社。境域设华竹、上北、上南、下北、下南、光辉、前进大队。

1968 年 10 月，成立红庄公社革命委员会；1971 年 4 月 29 日，红庄公社复称官庄公社。1980 年 7 月 1 日，革命委员会改为管理委员会。

1984 年 10 月，撤社设乡，改大队为行政村。境域隶官庄乡。同年，光辉村更名下坑村，前进村更名彩坑村。

1987 年 7 月，华竹、上珊瑚、下珊瑚、下坑、彩坑 5 个村从官庄乡划出，复设珊瑚乡。

2015 年 12 月，珊瑚乡仍辖华竹、上珊瑚、下珊瑚、下坑、彩坑 5 个行政村。

第二章　环境·资源

珊瑚乡境内地质构造体系为华夏系构造，地势西北高东南低，由西北向东南倾斜，群山绵延，丘陵起伏，山脉属武夷山脉南段的延伸分支。地貌属低丘河谷地类型。汀江贯穿全境，水资源丰富，矿产资源主要有煤、石灰石、稀土等。属亚热带季风气候，年平均温度 19℃，无霜期 290 天，年均降水量 1600~1900 毫米。2015 年，森林覆盖率达 75.51%，生态公益林 1009.1 公顷，林木蓄积量 17.57 万立方米，有多种国家级、省级保护野生动物及植物。珊瑚生态环境优越，2011 年 1 月，汀江横滩成为上杭城区新水源取水点。2012 年 6 月，珊瑚乡获福建省环境保护厅“省级生态乡镇”命名，5 个行政村均获“省级生态村”命名（闽环保然〔2012〕34 号）。2014 年 9 月，珊瑚乡获环境保护部“国家级生态乡镇”命名（环境保护部公告 2014 年第 65 号）。

第一节　地质·地貌

一、地　质

（一）地　层

珊瑚境内地层露出较大的有新生界第四系，岩性为河床冲积堆积物，下部为砾石层，上部为亚砂土层，分布在乡境内汀江岸边的村庄；有中生界侏罗系上统南岩组以火山碎屑岩为主，岩性为深灰、灰白、灰缘、紫红色凝灰质砂岩，沙砾岩、细砂岩、有时夹凝灰岩、页岩及硅质岩，境内分布在下坑横滩一带；有古生界泥盆系中统南靖群下组岩性为上段紫灰色薄层状泥质粉砂岩，下段为灰白—黄白色石英砾岩平少量中粒石英砂岩及紫灰色粉砂岩，境内主要分布在上珊瑚村、下珊瑚村一带。

（二）侵入岩

珊瑚境内侵入岩主要发生在燕山晚期第一阶段，第四次侵入，岩性为细粗花岗岩。

（三）构　造

珊瑚境内地质构造体系为华夏系构造，由走向北东的复式褶皱、压性或扭压性断裂和变质带组成，并有花岗岩体与其伴生。

二、地　貌

（一）地势·山岭

珊瑚地势西北高东南低，由西北向东南倾斜，坡度 15~35 度。山脉以汀江为界，境内山脉均属西侧，武夷山脉南段的武平县梁野山分支，境内的圆通山—蜡石岭—南山组群系由梁野山过中堡章丰大凹入珊瑚境，呈北—西南走向。境内四周群山绵延，丘陵起伏。海拔700米以上的山峰有7座。其中，圆通山圆通顶海拔1041米，为境内最高峰；蜡石岭海拔1015米，犁头子岽海拔913.6米，豺狗岽海拔874米，长阴头峰岽海拔874米，水走山海拔726米，南山海拔723米。

附：乡政府及各行政村村部所在地海拔高度

下珊瑚村（乡政府驻地）310米　上珊瑚村310米　华竹村250米

下坑村240米　彩坑村220米

（二）类型·分布

全乡地貌属低丘河谷地类型，是典型的中低山丘陵。乡境海拔140~310米，切割深度10~50米。丘陵起伏，山低坡缓，坡度15~20度。地势较开阔，原生植被破坏较为严重，水土流失较少。

第二节　土壤·植被

一、土　壤

（一）类　型

乡境土壤属水和土大类，3个亚类，4个土属，9个土种。

1982年珊瑚片区土壤分类系统面积一览表

表2-1　单位：亩

大类	亚类	土属	土种	面积	占（%）	主要分布
水和土	储育型水和土	灰泥田土属	黄底灰泥土	227	3.13	下珊瑚157　光辉70
			青底灰泥土	87	1.20	上珊瑚87
			乌黄泥田	40	0.55	上珊瑚40
	淹育型水和土	黄泥田土属	灰黄泥田	2826	38.99	华竹268　上珊瑚892　下珊瑚1045 光辉179　前进397　圆通山45
			浅灰黄泥田	3212	44.32	华竹223　上珊瑚1215　下珊瑚1359 光辉243　前进172
			黄泥田	45	0.62	上珊瑚38　前进7
			紫泥田	377	5.20	华竹32　上珊瑚30 下珊瑚162　光辉153
	潜育型水和土	泥田土属	青泥土	356	4.91	华竹185　上珊瑚120　光辉51
		冷浸田土属	冷水田	78	1.08	下珊瑚75　前进3
合计				7248		

说明：1982年，珊瑚隶官庄公社，华竹、上珊瑚、下珊瑚、光辉、前进为大队，圆通山为社办林场

（二）分　布

珊瑚境内土壤分布受地质、地貌、母岩母质、植被、气候和水文等条件影响，具有明显的垂直分布和区域性分布的特点。

1.垂直分布

海拔 600 米以下低山丘陵区为红壤，海拔 600~900 米为黄红壤，系红壤向黄红壤过渡地带，海拔 900 米以上为黄壤。珊瑚境内丘陵低山林地土壤以红壤、黄红壤为主，丘陵盆地林地土壤以红壤、酸性紫色土为主。

2.区域性分布

珊瑚境内土壤区域性分布属河谷盆地区，海拔 250 米以下，大都分布着潴育型和渗育型水稻土。土壤类型呈规律性分布，按潮沙田→灰沙田→灰泥田的顺序排列。

（三）土壤肥力

珊瑚境内林地土壤均属酸性或微酸性，pH 值绝大部分为 4.5~4.9。林地生产力等级及林地利用率均较低。

据 1982 年官庄公社农业土壤普查资料，珊瑚丘陵低山的红壤土、黄红壤土、酸性紫色土，其有机质含量 1%以下的耕地有 17 亩，占耕地面积的 0.27%；1%~2%的有 334 亩，占 5.24%；2%~3%的有 6026 亩，占 94.49%。速效磷含量 5PPM（PPM 为百万分率，5PPM 即百万分之五）以下的耕地有 830 亩，占耕地面积的 13.02%；5PPM~8PPM 的耕地有 1164 亩，占 18.25%；8PPM~15PPM 的有 2219 亩，占 34.79%；15PPM 以上的有 2164 亩，占 33.93%。速效钾含量 50PPM 以下的耕地有 5927 亩，占耕地面积的 92.94%；50PPM~80PPM 的耕地有 274 亩，占 4.30%；80PPM 以上的耕地有 176 亩，仅占 2.76%。pH 值绝大部分为 4.5~6.5。总的看，1982 年珊瑚境耕地土壤有机质含量较好，但大部分耕地缺磷，绝大部分耕地缺钾，土壤肥力低。

1982 年珊瑚片区耕地土壤化学性状一览表

表 2–2　　单位：亩

队　别	有机质含量（%）			速效磷含量（PPM）				速效钾含量（PPM）			
	0~1	1~2	2~3	极缺 5 以下	缺乏 5~8	一般 8~15	丰富 15 以上	极缺 50 以下	缺乏 50~80	一般 80~100	丰富 100 以上
华　竹	17	—	691	106	296	171	135	682	—	26	—
上珊瑚	—	60	2408	312	335	1132	689	2283	145	40	—
下珊瑚	—	33	1803	361	295	573	607	1597	129	40	70
光　辉	—	241	500	51	238	282	170	741	—	—	—
前　进	—	—	579	—	—	61	518	579	—	—	—
圆通山	—	—	45	—	—	—	45	45	—	—	—
合　计	17	334	6026	830	1164	2219	2164	5927	274	106	70

续表 2-2　单位：亩

队别	酸碱度(pH)							水田
	强酸 4.5 以下	酸 4.5~5.5	微酸 5.5~6.5	中性 6.5~7.5	微碱 7.5~8.5	碱 8.5~9.5	强碱 9.5 以上	面积(亩)
华竹	—	—	708	—	—	—	—	708
上珊瑚	—	90	2378	—	—	—	—	2468
下珊瑚	—	255	1581	—	—	—	—	1836
光辉	—	51	690	—	—	—	—	741
前进	—	75	504	—	—	—	—	579
圆通山	—	—	45	—	—	—	—	45
合计	—	471	5906	—	—	—	—	6377

2006 年，上杭县农业局土肥站对珊瑚乡 5 个村有代表性的 66 个地段田块调查分析，开展测土配方施肥土壤测试，结果表明：珊瑚耕地土壤类型主要有灰黄泥田、紫泥田、砂质田、乌黄泥田、冷水田（冷脚烂泥田为主）等，耕层厚度 12~18 厘米，与 1982 年土壤普查对比有变浅趋势，pH 值 5.2，呈酸性并有酸化现象。由于大量施用磷肥，土壤出现磷富集化现象，全乡有效磷平均 37.8 毫克/千克，除局部中等水平外，大部分达到丰富水平，比 1982 年土壤普查有效磷平均 14.1 毫克/千克有大幅度提高；速效钾 41.4 毫克/千克，所有耕地处于缺乏和极缺水平；碱解氮 184 毫克/千克，中等水平；有机质 36.65 克/千克，与 1982 年土壤普查对比没有明显变化。总的看，境内耕地土壤有机质含量较好，大部分耕地出现磷富集，绝大部分耕地缺钾，土壤肥力较高。

二、植　被

珊瑚属县西北部地区，境内多为低山地区，植被主要为常绿针叶林、常绿阔叶林、针阔落叶混交林、竹林及芒、芒萁。此外，还分布有耕地植物和水生植被。

1958 年以前，各行政村均保留有较多的原始森林。1958 年全民“大炼钢铁”，大量砍伐树木烧炭，农村办公共食堂以松杂木作燃料，加上烧砖瓦、烧石灰、作柴火、建房子，村庄附近的山大都成为光头山、荒山，植被遭到严重破坏，下坑村成为水土流失区。1987 年后，珊瑚乡贯彻落实《中华人民共和国森林法》及其实施条例等法律法规，依法治林，开展植树造林，消灭荒山，封山育林，持续抓好改燃（烧煤，使用液化气及电能）节柴工作，重视森林病虫害防治，加强林业治安管理和资源开发利用，植被逐步改善，通过省造林绿化达标验收。2004 年 9 月，全乡 5 个村完成林权体制改革，加快乡林业生态体系和产业体系建设。原生植被保存较好的有杨梅山、南山等地。2008 年后，全乡加强生态公益林管护。森林覆盖率由 1996 年的约 68%提高到 2015 年的 75.51%，林木蓄积量 17.57 万立方米。

第三节 气候・水文

一、气 候

珊瑚属亚热带季风气候，温暖湿润，降水充沛，夏长冬短，降水相对集中，干湿季节分明。季节气候特征明显。12月至次年2月受极地大陆气团控制，盛行西北风，气温较低，降水少、湿度小；冷空气南下时，有时出现阴雨天气，但通常雨量不大；受寒潮侵袭时，可引起剧烈降温或伴有大风、霜冻和结冰。3—6月，是冬季向夏季转换的过渡期，冷暖空气常常相互交（锋）替，天气变化无常。7—9月，盛行东南风，天气晴热，温度较高，光照充足，常出现地方性午后雷阵雨；受台风影响时，有时会造成较大降水。10—11月，是夏季向冬季转换的过渡期，天气晴朗，雨水显著减少。

（一）气 温

1981—2010年，年平均气温19℃，年平均最高气温为2009年的19.8℃，年平均最低气温为1984年的18.1℃。全年最冷月为1月，月平均气温9.5℃，其中最低为1984年1月，月平均气温6.5℃；最高为2006年1月，月平均气温为11.4℃；极端最低气温-5℃，为1991年12月29日。全年最热月为7月，月平均气温25.1℃；最高为2003年7月，月平均气温28.6℃；极端最高气温39.7℃，为1971年7月25日。无霜期年平均290天。有霜期间早霜一般始于12月上旬，晚霜终于2月中、下旬。0℃以上持续期在350余天。1981—1990年，年平均气温18.7℃。1991—2000年，年平均气温19℃。2001—2010年，年平均气温19.3℃。30年间气温总体呈变暖趋势，高温酷热天气增多，雷雨大风等强对流天气增加。

1981—2010年珊瑚年平均气温情况一览表

表2-3 单位：℃

年份	1月	2月	3月	4月	5月	6月	7月	8月	9月	10月	11月	12月	年平均
1981	9.1	11.5	15.9	20.6	20.8	24.4	25.9	27.3	24.7	20.3	15.1	9.4	18.7
1982	10.9	10.4	15.1	18.2	22.4	24.0	26.6	26.3	24.8	21.9	16.5	8.4	18.8
1983	8.0	10.2	12.4	19.4	22.6	25.7	27.5	25.9	25.5	22.6	14.7	9.1	18.6
1984	6.5	8.4	14.3	18.1	21.7	25.3	27.0	26.4	24.0	20.1	16.2	9.5	18.1
1985	8.9	10.4	11.6	17.8	23.9	24.9	25.8	26.5	23.9	21.8	15.8	9.3	18.4
1986	9.1	8.6	13.1	20.7	22.9	25.0	26.3	27.3	24.4	20.8	15.3	11.5	18.7
1987	11.2	13.6	16.3	19.2	22.1	24.9	26.4	26.5	23.6	21.0	16.3	10.3	19.3
1988	10.8	9.8	11.6	17.0	23.4	26.2	27.8	26.1	23.9	21.5	14.6	10.5	18.6
1989	9.5	11.1	15.0	19.1	21.4	24.8	27.0	26.6	25.2	21.3	15.5	10.2	18.9
1990	10.3	11.8	15.7	17.8	21.9	25.6	27.2	26.4	24.5	20.5	16.7	12.0	19.2

续表 2-3

年份	1 月	2 月	3 月	4 月	5 月	6 月	7 月	8 月	9 月	10 月	11 月	12 月	年平均
1991	10.3	11.9	15.4	19.5	23.2	26.1	27.5	27.1	24.7	19.4	15.2	11.5	19.3
1992	9.0	9.7	12.8	19.8	22.1	24.6	26.4	26.6	25.7	19.5	14.7	13.3	18.7
1993	7.7	12.2	14.7	18.7	22.6	24.5	27.4	26.6	24.0	19.4	16.2	10.0	18.6
1994	10.9	11.3	12.3	21.1	23.3	24.9	26.4	25.9	23.7	19.8	17.1	13.0	19.1
1995	8.7	9.3	14.2	20.2	22.4	25.3	26.1	24.9	24.7	22.0	14.8	10.0	18.5
1996	9.1	8.7	13.9	16.5	22.3	25.6	27.1	25.4	25.2	21.2	17.6	10.8	18.6
1997	9.8	11.0	16.0	19.6	22.8	24.2	25.1	25.7	22.5	20.6	16.0	12.1	18.8
1998	9.3	11.6	15.3	21.6	23.6	24.9	27.3	27.3	24.5	22.1	17.2	13.0	19.8
1999	11.2	12.6	14.8	20.1	20.8	26.1	26.3	25.6	24.7	22.1	16.1	10.1	19.2
2000	10.0	10.0	15.2	19.1	23.3	25.1	26.6	25.7	24.0	22.0	15.5	12.2	19.0
2001	11.3	12.0	15.8	18.7	23.7	24.7	26.2	26.3	25.0	21.7	15.4	10.7	19.3
2002	10.3	13.5	17.5	20.9	23.9	26.3	26.6	25.9	23.6	19.7	15.4	11.4	19.6
2003	9.2	13.6	14.9	20.6	23.7	24.3	28.6	27.6	25.0	19.9	16.0	9.6	19.4
2004	8.9	12.4	14.0	20.2	22.8	25.9	26.4	26.7	24.3	19.1	16.6	10.9	19.0
2005	8.3	11.1	13.1	19.6	23.6	25.1	27.2	26.2	25.8	21.0	17.6	10.1	19.0
2006	11.4	12.5	14.2	19.6	21.8	24.8	27.4	26.8	23.7	23.2	17.2	11.1	19.5
2007	8.8	14.0	15.2	17.7	22.8	25.2	28.0	25.9	24.7	21.7	15.9	12.7	19.4
2008	8.3	7.8	16.0	20.3	22.5	24.5	26.9	26.6	26.3	22.9	16.0	10.5	19.0
2009	8.1	18.0	14.4	19.6	22.9	25.5	27.5	27.9	26.9	22.8	13.5	10.9	19.8
2010	10.9	13.2	15.9	17.2	23.0	24.1	27.8	27.3	25.8	20.6	16.3	10.6	19.4

说明：据上杭气象资料按珊瑚修正值修正

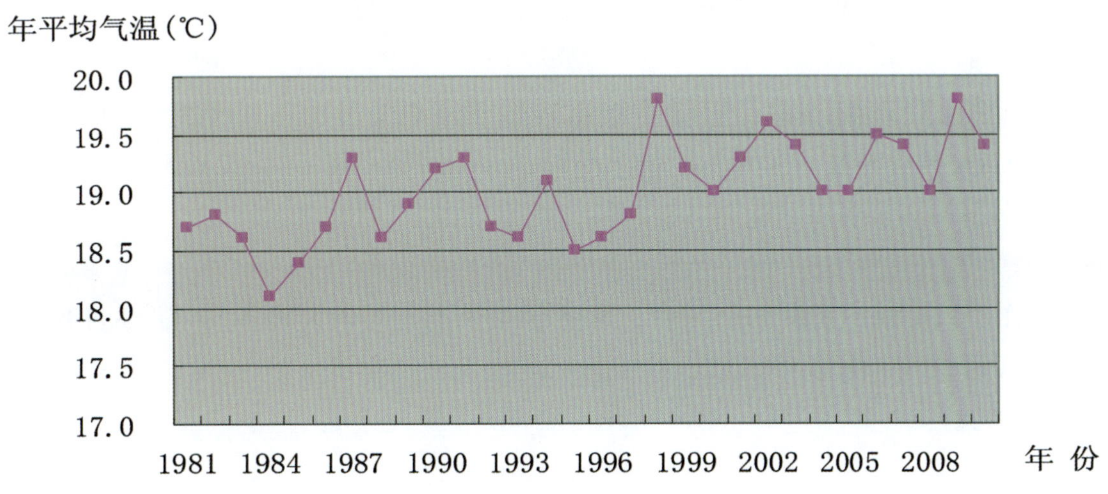

图 2-1　1981—2010 年珊瑚年平均气温变化曲线图

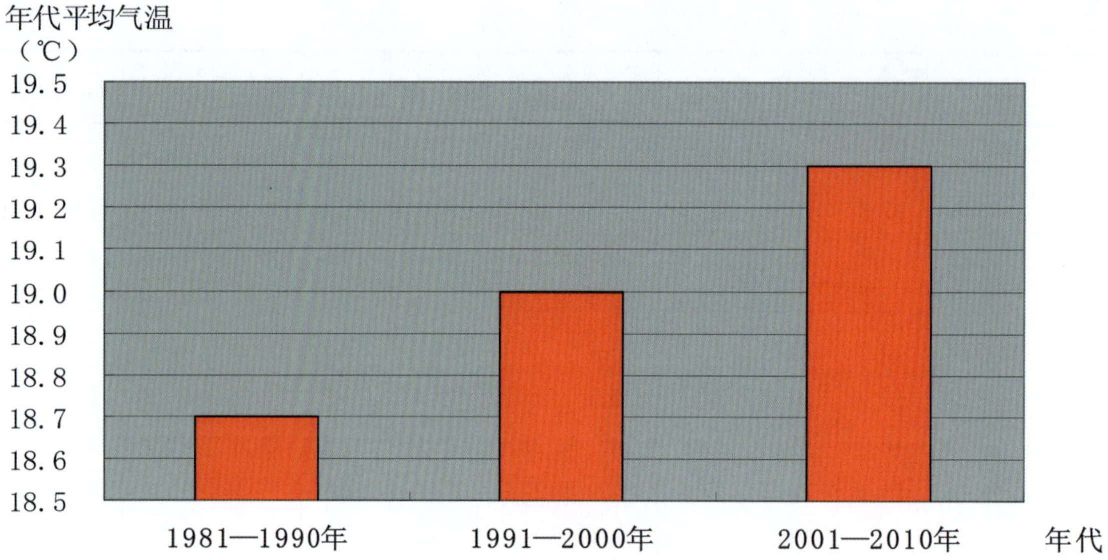

图 2-2 1981—2010 年珊瑚年代平均气温变化示意图

（二）降　水

年平均降水量 1600~1900 毫米。通常上半年降水量逐月增多，5 月至 6 月降水量为全年最多，7 月剧减，8 月又略有增加，10 月起降水量锐减，11 月至 2 月降水量为全年最少。

春雨季（2—4 月）。降水日数多，平均月降水 13 天至 15 天，季总降水量 370~440 毫米，占年降水量的 27%。

梅雨季（5—6 月）。季总降水量 540~650 毫米，占年降水量的 34%左右，平均每 2 天就有 1 天降水，最长连续降水 31 天（1975 年 4 月 30 日至 5 月 30 日）。

台风阵雨季（7—9 月）。季降水量 420~500 毫米，占年降水量的 29%左右，平均月降水 9~14 天。

少雨季（10—1 月）。季总降水量为 180~200 毫米，占年降水量的 10%，平均月降水 6 天至 7 天，最长连续 41 天无降水（1959 年 9 月 21 日至 10 月 31 日）。

（三）日　照

年平均日照时数 2043 小时，年日照率 46.7%。全年以 2 月至 3 月日照时数最少，7 月至 8 月最多，平均月日照时数分别为 2 月 93.7 小时，3 月 99.7 小时，7 月 240.5 小时，8 月 230.7 小时。

（四）风

受太平洋季风影响，春夏东南风多，秋冬西北风多。大风天最多的年份为 1996 年，有 54 天。大风天最少的年份为 1985 年，仅 1 天。

（五）自然灾害

1. 洪　涝

从宋淳熙十六年（1189 年）至 2015 年，境内发生大的洪涝灾害 19 次，其中新中国成立后有 12 次。最严重的是 1973 年 6 月 1 日的洪灾。

清道光二十七年（1847年）8月12日，因连降暴雨，山洪暴发，汀江水位184.02米。因灾造成彩坑村民林某（女）连人带房被洪水冲走。

民国36年（1947年）6月15日，大雨倾盆，水灾，汀江水位181.18米，冲毁江河沿岸良田甚多。

1962年6月27日至7月1日，普降暴雨，山洪暴发，造成南山与犁头子岽滑坡21处，同时南山严高里、石里共四十亩良田被沙石覆盖，无法再开垦。上珊瑚村第四房组部分民房进水严重，下珊瑚村民陈某在插秧时被洪水冲走。

1967年5月24日，暴雨，山洪暴发，彩坑受灾严重。该村19户受灾，损坏楼房18间、平房8间，被冲毁拦河坝6座、大圳4条（长约2000米），被冲走木桥5座、车碓2辆，道路塌方86处。

1973年6月1日，特大洪水，汀江水位182.34米，横滩、彩坑等地势较低点受灾严重。其中彩坑倒塌民房19间，道路塌方1000多米，被冲毁拦河坝4座、桥梁3座。

1990年5月31日至6月1日，特大暴雨，24小时内降水量175.6毫米，汀江水位超警戒线1.59米。

1992年4月25~30日，连降暴雨，河水猛涨，基础设施受损严重。

1994年5月27日，特大暴雨突袭，农业生产遭到毁灭性打击，各项水利工程及桥梁道路严重摧毁，不少民房因水淹倒塌，直接经济损失达120万元。

1995年6月15—17日，连降暴雨，造成稻田受淹、水利设施冲毁，民房倒塌，公路塌方，路基冲坏。

1996年8月7—8日，连遭特大暴雨，境内山洪暴发，多处溜方，公路、桥梁冲毁，交通中断。上园自然村食水坑壁发生泥石流，冲毁粮田10多亩及变压器1台。

1997年8月3日，连降暴雨，雨量达170毫米，水毁严重。

2000年8月25日，受当年第10号强台风的影响，连降暴雨，水毁水利设施19处，渠道5公里，道路多处塌方。

2006年5月，连降暴雨，造成山洪暴发、山体塌方，基础设施受损严重。

2010年6月15日，特大暴雨，村庄受灾严重，农作物受灾减收，不少房屋倒塌，经济损失大。

2. 干　旱

民国28年（1939年），枯水年份，其中12月滴雨未降。

民国35年（1946年），从10月15日至年底的77天内，仅降雨3.7毫米，秋旱严重，山田变赤地。

1954年秋至1955年5月初，降水量极少，1955年夏旱严重，粮食损失大。

1962年7月至1963年5月，降水量极少，受灾面积大。

1963年，发生严重干旱。汀江枯水流量11.1立方米/秒，耕地绝收，人畜饮水发生困难。

1977年2月14日至5月9日的89天内降水少，发生严重春旱。10月6日至12月27日，降水量少于10毫米，出现严重的秋旱。

1991年，全年气温持续偏高，降水量特少，春、夏、秋、冬接连干旱，受旱面积大。

2002年，2—5月降水量稀少，春旱灾情仅次于1963年。

2007年，7月下旬至8月上旬，持续高温，9月14日至12月22日降水量仅11.6毫米，出现夏、秋、冬连旱。

3. 寒　害

春　寒　新中国成立后，有6年出现过较为严重的“倒春寒”，分别是1951年、1970年、1976年、1979年、1986年和2005年，造成大面积烂种烂秧。

雪　灾　1975年12月13—16日，境内普降暴雪，雪深10~15厘米，为历史罕见。

4. 雹　灾

1961年3月10日，1988年3月16日，1989年7月14日，遭冰雹袭击。

5. 雷　击

珊瑚是雷区，发生过多次雷电破坏事件。1954年春、2001年7月24日（农历六月初四），上珊瑚村下坊的陈某父子先后被雷击身亡。2002年9月1日（农历七月二十四日）下午，下坑村农妇梁某在接电话时被雷击身亡。2012年后，下珊瑚部分村民家安装的空气能热水器多次被雷电击坏。

6. 风　灾

1989年5月13日，遭大风袭击，部分民房屋面瓦片被卷走。2005年10月17日（农历九月十五日），遭大风袭击，上珊瑚竹背自然村有建筑模板被风吹到50米外，下珊瑚河山下一些大树被风吹得连根拔起，部分民房屋面瓦片被卷走。

7. 地质灾害

珊瑚乡不是地质灾害易发地，但仍有多处地质灾害点处于不稳定状态，灾害类型以滑坡、崩塌为主。2010年6月15日，发生泥石流地质灾害。

二、水　文

（一）水　系

汀　江　发源于宁化县治平畲族乡境内木马山北坡的汀江，自北而南流经官庄至珊瑚境，境内汀江干流河长约8.5公里，纳华竹溪、南溪、北溪、彩坑溪4条支流，全乡河流集水面积43平方公里。汀江入华竹境后，右纳九华铺溪水，汇合处有大磴滩、小磴滩相继而过，颇多险阻。抵锅锋（旧称镬锋）潭后，右纳珊瑚溪水（北溪），在鲤子湖（今栗子湖）左岸纳下坑溪水（南溪）。受才溪之水南流下为三潭滩，是珊瑚、下坑、才溪三水横流汇合处。三潭滩以下右纳彩坑溪水，流5公里至金山脚下。

华竹溪　发源华竹茶头下，过大门背、九华铺，由锅峰头入汀江。

北　溪（珊瑚溪）　发源于大礤背，经桐树园、上畲至合水口，有马尾支流合，从东出佛子亭下，又5公里入汀江栗子湖。北溪具有水流量较大、落差大的特点。

南　溪（下坑溪）　由山寺庵发源，过山南达大窝口，流入下坑，出墨瓦潭、长窖里与北溪汇合，入汀江栗子湖。

彩坑溪　发源于武平县中堡镇芳洋村，由十窝八坑泉水汇集而成，原溪流经龙头湾、宫边石埆、井坵坛、九曲溪入汀江，全长约8000米。

（二）水位·径流

汀江水位变化受季节、年际影响极大，基本与降水量同步。一年中，76%降水量集中在4—9月，尤以5月、6月更为集中，洪水多发生在这段时间。据多年观测，境内丰水期水位215~218米，枯水期水位214~214.5米。

径流的分配基本与降水一致。一年之内，3月至9月为丰水期，锋面雨及台风雨为洪水的主要来源，其径流量占全年径流量的77%；10月至次年2月为枯水期，其径流量占全年径流量的23%。

第四节　自然资源

一、土地资源

珊瑚多为山地，海拔在220~310米的山地占绝大多数，坡度在15~25度，土质松软、肥沃，宜果宜林、宜牧宜耕。据2005年土地利用变更调查结果，珊瑚乡土地面积4300公顷，其中已利用土地面积4292.14公顷，土地利用率达99.81%。

（一）农用地

全乡农用地面积4045.57公顷，占土地总面积的94.08%。

耕　地　面积496.51公顷，其中水田474.58公顷，旱地21.93公顷。占土地总面积11.55%，以山垄田和梯田为主，大多分布于河谷盆地、山间盆地以及沿河的低丘陵地区。

园　地　面积7.48公顷，其中果园面积2.81公顷，茶园面积4.67公顷，占土地总面积0.17%，主要分布在低山和丘陵区。

林　地　面积3452.92公顷，占总土地总面积80.30%，主要分布在丘陵和山区。

其他农用地　面积88.66公顷，占土地总面积2.06%。

（二）建设用地

全乡建设用地面积246.57公顷，占土地总面积的5.73%。

城乡建设用地　主要为公共管理和公共服务用地2.65公顷，住宅用地102.86公顷，工矿仓储用地0.13公顷，合计城乡建设用地面积105.64公顷，占全乡土地总面积2.46%。

交通运输及水域水利设施用地　面积140.93公顷，其中交通运输用地16.78公顷，水域及水利设施用地124.15公顷，占土地总面积3.28%。

（三）其他土地

全乡其他土地面积7.86公顷，主要为自然保留地，占土地总面积的0.19%，主要分布在低山、丘陵地带。

二、矿产资源

新中国成立后，经地质勘探、矿产普查，下坑村及上珊瑚村后龙山有煤矿资源，1988 年后，下坑村及后龙山煤矿点陆续开展探采作业，但煤质不佳，开采一度中断。2006 年，乡政府引进闽西地质八队及龙岩客商，在下坑村勘探煤矿资源，探明煤矿区分布于下坑村竹头窝、河头至横滩地段，总面积 6.65 平方公里，储煤量达百万吨。

三、水资源

受地形、气候、降雨、植被的影响，全乡地表水资源属次丰水区。汀江干流在乡境内长约 8.5 公里，沿江岸边有 4 条溪涧注入，水流量较大，水力资源较为丰富。

1979 年 11 月，在白水磜溪上游的杨梅山山谷中开工建设杨梅山水库，总库容 102 万立方米。水库以灌溉为主，总灌溉农田 2100 亩，并利用 160 米的落差发电，1985 年建成一级电站，装机 2 台 225 千瓦。1994 年 11 月，建设合水口水电站，装机 320 千瓦。2002 年 7 月，建上园电站，装机 120 千瓦。2003 年 5 月，建成寨（磜）上电站，装机 285 千瓦。

彩坑村因临近汀江和金山库区，形成得天独厚的库湾水资源优势，形成 200 亩的天然库湾，适宜发展水产养殖的库湾 6 个，乡政府出台扶持政策，建成规模化、科学合理的库湾网箱养鱼基地 40.5 万亩。

珊瑚乡地下水资源亦较丰富。上珊瑚陈屋一古井，建于清代，清澈的泉水从岩洞中涌出，甘甜可口。上珊瑚溪背梦宏居一古井，水质甘甜可口。各村均有人工开凿的取水井，供人畜饮用。

四、生物资源

（一）动 物

1. 无脊椎动物

境内无脊椎动物主要有变形虫、辣毛虫、松毛虫、草鞋鞭、萤火虫、软虫、蚜虫、蟑螂、螳螂、蝴蝶、水蛭、蚯蚓、沙蚕、田螺、石螺、蜗牛、蚂蚁、蟋蟀、蜻蜓、蚱蛄、牛蝇、牛虻、灶鸡、虾、蚊、蝇、蚤、蚌等。

2. 脊椎动物

鸟　类　主要有褐翅鸦鹃、白头鹞、啄木鸟、猫头鹰、长尾剑、卦瓜录、布谷鸟、白头翁、角鹞、水鸭、米鸡、屎缸雕、白鹭、老鹰、黄垦、鹧鸪、竹鸡、山鸡、山鸠、灰喜鹊、喜鹊、麻雀、乌鸦、翠鸟、蜂鸟、鹦鹉（俗称八哥）、画眉等。

野鸽子（2015 年 4 月 6 日　胡康福　摄）

兽　类　主要有虎、豹、野猪、豪

猪、山牛、山羊、黄猄、竹鼠、松鼠、野兔、狐狸、黄鼠狼、果子狸、田螺狗等。

爬行类　主要有壁虎、蜥蜴、蟒蛇、南蛇、泥蛇、赤练蛇、金环蛇、银环蛇、青竹蛇、眼镜蛇、眼镜王蛇（俗称过山风）等。

两栖类　主要有虎纹蛙、青蛙、石蛙、蟾蜍、乌龟、甲鱼、雨蛙(俗称青界)、犁头蛙等。

鱼　类　主要有黄鳝、泥鳅、鲢鱼、草鱼、石鲩、白圈、鳗鱼、鲫鱼、鲤鱼、塘鲺（胡子鲶)、黄目圈、石斑鱼、石蝎鱼、七星鱼、黄鱼（俗称黄鸭子)、大刺鳅（俗称角洛朱）等。

珊瑚乡国家级保持野生动物名录及分布情况一览表

表 2–4

序号	中文名	学　名	保护级别	分　布
1	蟒	*Python molurus*	Ⅰ	各　村
2	穿山甲	*Manis pentadactyla*	Ⅱ	各　村
3	水　獭	*Lutralutra*	Ⅱ	各　村
4	豹	*Pantherapardus*	Ⅱ	各　村
5	虎纹蛙	*tiger frog*	Ⅱ	各　村
6	白头鹞	*Western Marsh-Harrier*	Ⅱ	各　村
7	褐翅鸦鹃	*Centropus sinensis*	Ⅱ	各　村
8	草鸮（猫头鹰）	*Tyto capensis*	Ⅱ	各　村
9	鹰	*hawk;eagle*	Ⅱ	各　村
10	大壁虎	*Gekko gecko*	Ⅱ	各　村

说明：褐翅鸦鹃已列入林业部、农业部 1989 年 1 月 14 日发布的《国家重点保护野生动物名录》，列入 1996 年生效的《中国濒危动物红皮书》，列入《世界自然保护联盟》（IUCN）2012 年濒危物种红色名录

珊瑚乡省级重点保护野生动物名录及分布情况一览表

表 2-5

序号	中文名	学名	分布
1	狐	*Vulpes*	各村
2	眼镜蛇	*Naja*	各村
3	眼镜王蛇	*Ophiophagus hannah*	各村
4	白鹭	*Egretta garzetta*	各村
5	普通秋沙鸭	*Common Merganser*	各村
6	白眉山鹧鸪	*Arborophila gingica*	各村
7	家燕	*Hirundo rustica*	各村
8	灰喜鹊	*Cyanopica cyanus*	各村
9	喜鹊	*Pica pica*	各村
10	画眉	*Garrulax canorus*	各村
11	獐	*Hydropotes inermis*	各村
12	草鸮（猫头鹰）	*Tyto capensis*	各村
13	鸿雁（雁鹅）	*Anser cygnoides*	（经过）
14	大刺鳅	*Mastacembelus armatus*	汀江珊瑚段
15	啄木鸟	*Piculus*	各村

（二）植　物

常绿针叶树种　主要有松科的马尾松、黄山松、湿地松；杉科的松木、柳杉；柏科的福建柏等。马尾松是珊瑚资源丰富的树种，多数为天然马尾松林。杉木树种仅次于马尾松，各村都有较大面积的天然、半天然杉木林，但纯林很少，多为混交林。

常绿阔叶树种　主要有壳斗科的米槠、甜槠、苦槠、朝栲、丝栗栲、罗浮栲、闽粤栲、青田栎、石栎等；樟科的樟树、檫树、黄檀木、新木姜、厚壳桂、鸭公树；山茶科的黄瑞木、柃木、木荷；金缕梅科的阿丁枫、蚊母树等；杜英科的杜英、猴欢喜；胡桃科的黄杞；蔷薇科的光叶石楠、桃叶石楠、椤木石楠、江南楸；木兰科的深山含笑、木莲等。

落叶阔叶树种　主要有金缕梅科的枫番；野茉莉科的拟赤杨；漆树科的酸枣；壳斗科的锥栗；胡桃科的枫杨；玄参科的泡桐等。

竹　类　主要有毛竹、麻竹、绿竹、刚竹、石竹、花竹、苦竹等。

野生、半野生果树　主要有豆梨、野柿、芭蕉、酸枣、锥栗、鸡爪梨、桃金娘等。

野生花卉　主要有杜鹃（按花色分为红色、粉红色、白色、紫色、黄色）、山兰花、山含笑、紫玉兰、毛瑞香、栀子花等。

中药材　有黄连、乌梅、金银花、金狗脊、山枝子等 180 余种。较大宗的主要有茯苓、金银花、虎杖、金樱子、山苍子、鱼腥草、淡竹叶、苍耳子、钩藤、车前草、夏枯草、败酱草、仙鹤草等。属省重点品种有女贞子、荆芥、巴戟天、射干、香附子、金线莲、银线莲等40余种。

珊瑚乡国家级保护植物主要有水杉、红豆树、杜仲、野茶树、半荷枫、天竺桂、青檀等，省级重点保护植物有福建山樱花、江南油杉、罗汉松、樟树等。

五、旅游资源

珊瑚乡旅游资源丰富，自然风光有圆通山，风光旖旎，有名闻遐迩的三十六景，冷月泉、佛子水、圆通岩等景致令人流连忘返。圆通山东的杨梅山水库，海拔高，被人称作“天湖”，湖光山色令人心旷神怡。此外，有景色秀丽的汀江风光栗子湖，汀江十八滩之一的横滩，两岸悬崖对峙，怪石嶙峋，百丈深壑，险象环生。金山库区风景秀丽，引人入胜。

(属于人文旅游资源的有保存大量红军标语的“梦宏居”，下田心围屋、思龙堂围屋等)

第五节 环境保护

珊瑚乡地处山区，各项生态环境保护较好，在水环境、大气环境、声环境等方面没有较大的污染源，但农药、化肥的使用，生活污水的排放，农业垃圾、生活垃圾的不断增加，生猪养殖业的发展，对大气、水体、土壤仍有一定程度的污染，环境保护工作逐步得到重视。2005年以后，上杭县委、县政府决定把汀江横滩作为上杭城区第二水源取水点。2010年12月，取水工程竣工验收。珊瑚乡党委、乡政府肩负着保护汀江水源水质的重大使命，采取一系列举措全面加强水源地环境综合整治，改善水环境质量，确保城区水源水质安全。

一、环境保护规划编制

2008年5月，乡党委、乡政府制订《珊瑚乡生态环境治理与保护工作实施方案》，初步形成以实施林业生态建设、水土保持、农业面源污染整治、防洪饮水等四大工程体系，着力建设绿色珊瑚。2008年10月，组织编制《上杭县珊瑚乡环境保护规划》，把生态建设与环境保护纳入全乡经济和社会发展计划。2009年3月，该规划通过县直有关部门和有关专家评审。2009年7月，该规划经乡第七届人大二次会议审议通过。

二、环境质量

（一）水环境质量

1. 地表水环境质量

2012年以后，经上杭县环境监测站监测，珊瑚境华竹溪、北溪、南溪受检指标均达到《国家地表水环境质量标准》（GB3838-2002）Ⅲ类水质标准。彩坑溪因受武平境内生猪养殖业废水排放，部分时段水质受到影响。

2. 集中式水源地水质

乡集中式饮用水源工程承担上珊瑚村、下珊瑚村、华竹村、下坑村的生活饮用水供水，彩坑村生活饮用水由乡政府单独建设人饮工程供水。经检测，珊瑚乡集中式饮用水源地水样各受检项目符合《国家地表水环境质量标准》（GB3838-2002）Ⅱ类水质标准，水质达标率达 100%。经 2011 年 7 月 13 日上杭县疾病预防控制中心抽检珊瑚集镇人饮工程清水池出厂水 1 份，经检测该水样受检项目均符合《生活饮用水卫生标准》（GB5746-2006）的指标要求，水质检测报告编号：SHCDC (b) 201103159。

2011 年珊瑚乡集镇饮用水源地水质监测数据一览表

表 2-6　　单位：毫克/升

pH（无量纲）	7.12	挥发酚	<0.001	六价铬	<0.004
电导率 (ms/m)	1.3	氰化物	<0.004	砷	<0.0002
生化需氧量	2.7	硫化物	<0.02	铜	<0.010
总硬度	24.77	氟化物	0.036	铅	<0.010
溶解氧	8.2	氯化物	0.046	镉	<0.0010
高锰酸盐指数	1.9	硫酸盐	0.629	锌	<0.05
氨氮	0.026	总磷	<0.025	硝酸盐—氮	0.466
简要分析	21 项检测指标值达到国家地表水环境质量（GB3838-2002）Ⅱ类水质标准				

说明：采样日期为 2011 年 10 月 21 日

2012 年珊瑚乡集镇饮用水源地水质监测数据一览表

表 2-7　　单位：毫克/升

pH（无量纲）	6.62	挥发酚	<0.001	六价铬	<0.004
电导率 (ms/m)	4.0	氰化物	<0.004	砷	<0.0002
生化需氧量	0.9	硫化物	<0.02	铜	<0.010
总硬度	8.01	氟化物	0.22	铅	<0.010
溶解氧	8.1	氯化物	0.55	镉	<0.0010
高锰酸盐指数	1.39	硫酸盐	<0.009	锌	<0.05
氨氮	<0.025	总磷	0.054	硝酸盐—氮	0.14
简要分析	21 项检测指标值达到国家地表水环境质量（GB3838-2002）Ⅱ类水质标准				

说明：采样日期为 2012 年 9 月 15 日

2013 年珊瑚乡集镇饮用水源地水质监测数据一览表

表 2-8　　单位：毫克/升

水 温	18	挥发酚	<0.001	铁	<0.03
pH（无量纲）	7.88	氰化物	<0.004	汞	<0.00002
硝酸盐	0.35	氟化物	<0.02	六价铬	<0.004
化学需氧量	<5	氯化物	2.32	砷	<0.0002
溶解氧	7.39	硫酸盐	6.34	铜	<0.010
高锰酸盐指数	1.0	硫化物	<0.02	铅	<0.010
氨 氮	0.210	总 磷	<0.025	镉	<0.0010
硒	<0.0005	总 氮	0.40	石油类	<0.04
五日生化需氧量	1.1	粪大肠菌 群	700	阴离子表面活性剂	0.07
锰	<0.01	锌	<0.05		
简要分析	29 项检测指标值达到国家地表水环境质量（GB3838-2002）Ⅱ类水质标准				

说明：采样日期为 2013 年 8 月 20 日

2014 年珊瑚乡集镇饮用水源地水质监测数据一览表

表 2-9　　单位：毫克/升

水 温	22	挥发酚	<0.0003	铁	<0.03
pH（无量纲）	7.23	氰化物	<0.004	汞	<0.00002
硝酸盐	<0.08	氟化物	0.32	六价铬	<0.004
化学需氧量	14	氯化物	0.85	砷	<0.0002
溶解氧	7.2	硫酸盐	0.53	铜	<0.02
高锰酸盐指数	1.7	硫化物	<0.005	铅	<0.010
氨 氮	0.045	总 磷	0.028	镉	<0.0010
硒	<0.0005	总 氮	<0.05	石油类	<0.04
五日生化需氧量	1.1	粪大肠菌 群	100	阴离子表面活性剂	0.07
锰	<0.01	锌	<0.05		
简要分析	29 项检测指标值达到国家地表水环境质量（GB3838-2002）Ⅱ类水质标准				

说明：采样日期为 2014 年 9 月 15 日

2015年珊瑚乡集镇饮用水源地水质监测数据一览表

表2–10 单位：毫克/升

水 温	12	挥发酚	<0.0003	铁	<0.03
pH（无量纲）	7.30	氰化物	<0.004	汞	<0.00002
硝酸盐	<0.08	氟化物	0.369	六价铬	<0.004
化学需氧量	<15	氯化物	0.473	砷	<0.0002
溶解氧	8.1	硫酸盐	4.96	铜	<0.01
高锰酸盐指数	2.4	硫化物	<0.005	铅	<0.010
氨 氮	<0.025	总 磷	<0.01	镉	<0.0010
硒	<0.0005	总 氮	<0.05	石油类	<0.04
五日生化需氧量	<2.0	粪大肠菌 群	600	阴离子表面活性剂	<0.05
锰	<0.01	锌	<0.05		
简要分析	29项检测指标值达到国家地表水环境质量（GB3838–2002）Ⅱ类水质标准				

说明：采样日期为2015年12月4日

3. 农村饮用水水质

经2011年7月13日上杭县疾病预防控制中心抽检珊瑚乡彩坑村人饮工程清水池出厂水1份，经检测该水样受检项目均符合《生活饮用水卫生标准》（GB5746–2006）的指标要求，水质检测报告编号：SHCDC (b) 201103161。

（二）空气环境质量

2012年以后，经上杭县环境监测站监测（监测点：乡政府），空气监测值二氧化硫、二氧化氮、可吸入颗粒物符合《环境空气质量标准》中的二级标准。

（三）声环境质量

2012年以后，经上杭县环境监测站监测（监测点：乡政府、卫生院、中心小学），珊瑚区域噪声平均等效声在36.5~46.8dB（分贝），声环境质量达到功能区标准。

三、水土保持

（一）水土流失状况

新中国成立后，随着人口的快速增长，大量的砍伐木材，特别是1958年“大炼钢铁”，全民上山烧炭，村庄附近松杂树木基本砍光。“文化大革命”期间，片面强调“以粮为纲”，向“荒山要粮”，加上人口稠密、森林资源少、薪柴紧张，致使山林破坏严重，乱砍滥伐屡禁不止。据1984年调查，珊瑚片区村庄水土流失属一般流失区，其中下坑村属较严重流失区。据2011年全县水土流失遥感调查数据显示，全乡水土流失总面积443公顷，流失率10.3%，其中轻度流失375公顷，中度流失44公顷，强烈流失23公顷，极强烈以上流失1公顷。

（二）水土流失治理

1974年3月，实施飞机播种造林，绿化荒山。1978年，推广省柴灶；至1985年，全乡约80%的农户改装省柴灶。1987年，乡政府成立水土保持工作办公室，负责全乡水土保持工作。对水土流失较严重的下坑村实行封禁治理，制订乡规民约，开展封山育林。1990年起，大量农户使用煤、沼气、液化气和电，逐步代替柴火燃料，房屋建筑逐步减少木材使用，森林资源得到有效保护。1998年后，加大植树造林绿化以及部分村民种植中草药材，水土流失逐步得到有效控制。

2013年，珊瑚乡实施第一批国家水土保持重点建设工程珊瑚溪小流域水土流失综合治理项目，项目总投资432万元，综合治理水土流失面积859.3公顷，其中治理坡改梯23.8公顷，种草57公顷，封禁治理493.2公顷，建设水泥机耕道0.5公里，田间道路1.03公里，碎石机耕道1.17公里，排洪沟1.54公里，蓄水池8口。

四、横滩水源地环境保护

2000年以后，随着县域城市的快速发展，上杭城区供水问题日益突出。为彻底解决这一事关群众切身利益的民生问题，上杭县先后提出多个地点取水方案。2009年，经过省内外专家现场论证，最后确定上杭城区新水源取水点为境内汀江横滩，位于下坑村横滩自然村。取水点距城区32公里，距乡政府8公里。该取水点地处汀江河段干流，距武平县金狮寨、金山大坝、紫金矿区10公里，能够避免武平县悦洋金矿和上杭县紫金山金铜矿开发对城区用水产生的顾虑，该点两岸植被良好，环境优美，有利于水源上下游环境保护，且交通方便。经过上杭县环境监测站较长期的水质调查监测，汀江横滩断面水质达到《国家地表水环境质量标准》Ⅱ类水质。水源地工程设计日供水12万立方米，分两期建设，第一期工程日供水6万立方米，概算投资2.5亿

横滩水源地（2011年4月24日　胡康福　摄）

横滩取水点机房

元，于2009年4月开工建设。新水源输配管道采用国内优质球墨铸铁管和部分钢管，全长31公里，途经珊瑚境内下坑、彩坑2个村（共途经上杭、武平2县,4个乡镇、16个村）。2010年12月26日成功试水，2011年1月正式向城区群众供水。

上杭县政府将城区横滩饮用水源保护区范围事项逐级报请省政府批复实施（闽政文〔2010〕476号），依法划定。其中一级保护区范围：汀江上杭县横滩取水口下游1200米（曾坑溪汇入口北岸为界）至上游2200米（林屋溪汇入口南岸为界）水域及其两侧外延至一重山脊范围陆域；二级保护区范围：汀江上杭县横滩取水口下游4000米（三潭渡口为界）至上游6600米（新风溪汇入口南岸为界）水域及其两侧外延至一重山脊范围陆域（一级保护区除外）。

立于汀江下坑段的饮用水水源一级保护区标志牌

（2011年4月24日　胡康福摄）

城区新水源建设项目实施以后，珊瑚乡党委、政府成立横滩水源保护区环境综合整治工作领导小组，把生态建设、水源保护摆在更加突出的位置。2009年，制定《珊瑚乡横滩水源保护区综合整治实施方案》，采取保护水源环境质量的措施。上杭县环保局在境内流域合水口、栗子湖分别设置水质交接断面，从多年水质监测结果来看，2处水质交接断面达到《国家地表水环境质量标准》Ⅲ类水质比例达95%以上，水环境质量稳中有升。

2013年6月，在彩坑村三潭渡口上游700米处建成汀江三潭水质自动监测站，县环境保护局负责建设监管，力合科技（湖南）有限公司负责维护运营。自动站为二层框架钢筋混凝土结构，占地面积130余平方米，总投资193万元，其中仪器设备93万元。水站设溶解氧、叶绿素、总砷、总氰化物、总锌、总镉、总铅、总铜等12个监测参数及自动留样装置一套。自动站实时在线数据与上杭县环境保护局信息监控中心平台联网，24小时实时监控金山电站库区水质。

水质自动监测站

2011年汀江横滩水源地水环境质量监测数据一览表

表 2-11 单位：毫克/升

采样日期	3月7日	5月4日	7月11日	9月5日	11月2日
水温（℃）	13	20	32	27	22
电导率（ms/m）	8.4	14.0	9.4	13.0	8.7
pH（无量纲）	6.97	7.71	7.12	7.37	6.88
总硬度	18.04	39.84	48.76	36.86	35.87
高锰酸盐指数	2.5	2.7	2.6	2.0	3.5
氨氮	0.210	0.208	0.145	0.080	<0.025
硝酸盐—氮	0.13	0.59	0.70	1.21	0.93
挥发酚	<0.0020	<0.0020	<0.001	<0.001	<0.001
氰化物	<0.004	<0.004	<0.004	<0.004	<0.004
硫化物	<0.02	<0.02	<0.02	<0.02	<0.02
氟化物	0.10	0.11	0.12	0.14	0.17
氯化物	1.20	11.82	7.75	12.4	3.53
硫酸盐	3.54	2.68	2.24	4.83	3.88
总磷	0.068	0.089	<0.025	0.047	0.027
六价铬	<0.004	<0.004	<0.004	<0.004	<0.004
砷	<0.007	<0.007	<0.007	0.0003	<0.002
铜	<0.010	<0.010	<0.010	<0.010	<0.010
铅	<0.010	<0.010	<0.010	<0.010	<0.010
镉	<0.0010	<0.0010	<0.0010	<0.0010	<0.0010
锌	<0.05	<0.05	<0.05	<0.05	<0.05
生化需氧量	1.8	1.2	1.4	1.6	1.0
简要分析	21项检测指标值均达到地表水环境质量（GB3838-2002）Ⅱ类水质标准				

2012年汀江横滩水源地水环境质量监测数据一览表

表2–12 单位：毫克/升

采样日期	1月6日	3月5日	5月8日	7月8日	9月3日	10月31日 日
水温（℃）	10	19	20.5	27	23	22
pH（无量纲）	6.60	7.13	6.83	6.86	6.75	8.36
高锰酸盐指数	1.3	1.9	2.5	2.3	2.4	1.8
化学需氧量	9	8	10	11	9	11
五日生化需氧量	1.1	1.8	2.4	2.1	2.8	2.2
溶解氧	9.4	8.3	6.6	6.0	6.5	10.0
氨氮	0.286	0.084	0.084	0.056	0.067	0.083
挥发酚	<0.001	<0.001	<0.001	<0.001	<0.001	<0.001
石油类	<0.04	<0.04	<0.04	<0.04	<0.04	<0.04
氰化物	<0.004	<0.004	<0.004	<0.004	<0.004	<0.004
硫化物	<0.02	<0.02	<0.02	<0.02	<0.02	<0.02
氟化物	0.13	<0.02	0.15	0.18	0.05	0.18
氯化物	10.66	2.03	11.82	6.73	1.32	1.32
硫酸盐	1.20	0.80	0.58	0.73	0.64	0.73
硝酸盐	1.20	0.80	0.58	0.73	0.64	0.73
总磷	0.079	0.085	<0.025	<0.025	0.097	0.034
总氮	0.72	0.55	0.63	0.53	0.46	0.46
六价铬	<0.004	<0.004	<0.004	<0.004	<0.004	<0.004
砷	<0.003	<0.002	<0.0002	<0.0002	<0.0002	<0.0002
硒	<0.0005	<0.0005	<0.0005	<0.0005	<0.0005	<0.0005
铜	<0.010	<0.010	<0.010	<0.010	<0.010	<0.010
铅	<0.010	<0.010	<0.010	<0.010	<0.010	<0.010
汞	<0.00002	<0.00002	<0.00002	<0.00002	<0.00002	<0.00002
镉	<0.0010	<0.0010	<0.0010	<0.0010	<0.0010	<0.0010
锌	<0.05	<0.05	<0.05	<0.05	<0.05	<0.05
铁	0.38	0.217	0.054	0.149	0.33	<0.03
锰	<0.010	<0.010	<0.010	0.038	0.020	<0.010
阴离子表面活性剂	0.09	0.08	0.07	0.11	0.11	0.07
粪大肠菌群	1000	800	700	800	800	900
简要分析	29项检测指标值均达到地表水环境质量标准（GB3838–2002）Ⅱ类水质标准					

2013 年汀江横滩水源地水环境质量监测数据一览表

表 2–13　单位：毫克/升

采样日期	1 月 9 日	3 月 7 日	5 月 7 日	7 月 5 日	9 月 10 日	11 月 6 日
水温（℃）	12	12	22	26	28	22
电导率（ms/m）	6.4	4.0	4.9	7.2	9.4	9.8
pH（无量纲）	6.70	7.24	6.63	6.52	6.78	6.58
总硬度	34.88	18.04	10.11	17.04	39.84	36.86
高锰酸盐指数	2.5	3.2	2.8	2.1	2.1	2.2
溶解氧	8.6	7.8	8.2	7.5	6.8	7.8
氨氮	0.204	0.342	0.198	0.072	0.105	0.048
硝酸盐—氮	1.22	1.16	0.80	0.001	0.92	1.13
挥发酚	<0.001	<0.001	<0.001	<0.001	<0.001	<0.001
氰化物	<0.004	<0.004	<0.004	<0.004	<0.004	<0.004
硫化物	<0.02	<0.02	<0.02	<0.02	<0.02	<0.02
氟化物	0.15	0.10	0.02	0.04	0.14	0.06
氯化物	12.9	11.35	2.03	5.34	5.59	11.52
硫酸盐	5.20	4.30	7.28	2.62	3.61	3.57
总磷	0.039	0.098	0.031	0.047	0.069	0.060
六价铬	<0.004	<0.004	<0.004	<0.004	<0.004	<0.004
砷	<0.003	<0.002	<0.0002	<0.0002	<0.0002	<0.0002
铜	<0.010	<0.010	<0.010	<0.010	<0.010	<0.010
铅	<0.010	<0.010	<0.010	<0.010	<0.010	<0.010
镉	<0.0010	<0.0010	<0.0010	<0.0010	<0.0010	<0.0010
锌	<0.05	<0.05	<0.05	<0.05	<0.05	<0.05
生化需氧量	2.3	1.6	2.4	2.6	0.9	1.0
简要分析	22 项检测指标值均达到地表水环境质量标准（GB3838–2002）Ⅱ类水质标准					

2014年汀江横滩水源地水环境质量监测数据一览表

表2–14 单位：毫克/升

采样日期	1月6日	3月6日	5月8日	7月6日	9月1日	11月7日
水温（℃）	11	14	22	29	28	21
pH（无量纲）	6.34	6.36	6.53	6.39	6.16	7.08
高锰酸盐指数	2.5	2.0	2.0	2.2	2.0	2.2
化学需氧量	12	15	15	12	11	12
五日生化需氧量	2.1	2.5	2.7	<2.0	2.5	2.6
溶解氧	6.2	6.2	6.0	6.1	5.9	6.6
氨氮	0.193	0.407	0.325	0.168	0.177	2.2
挥发酚	<0.0003	<0.0003	<0.0003	<0.0003	<0.0003	<0.0003
石油类	<0.04	<0.04	<0.04	<0.04	<0.04	<0.04
氰化物	<0.004	<0.004	<0.004	<0.004	<0.004	<0.004
硫化物	<0.02	<0.02	<0.02	<0.02	<0.02	<0.02
氟化物	<0.02	0.30	0.18	0.18	0.18	0.23
氯化物	3.86	5.13	5.31	3.91	7.41	13.31
硫酸盐	10.69	6.22	3.11	2.92	1.19	3.14
硝酸盐	1.02	2.82	0.872	0.786	4.32	0.65
总磷	0.037	0.095	0.097	0.091	0.087	0.087
总氮	0.50	0.50	0.50	0.46	0.46	0.50
六价铬	<0.004	<0.004	<0.004	<0.004	<0.004	<0.004
砷	<0.0002	<0.0002	<0.0002	<0.0002	<0.0002	<0.0002
硒	<0.0005	<0.0005	<0.0005	<0.0005	<0.0005	<0.0005
铜	<0.010	<0.010	<0.010	<0.010	<0.010	<0.010
铅	<0.010	<0.010	<0.010	<0.010	<0.010	<0.010
汞	<0.00002	<0.00002	<0.00002	<0.00002	<0.00002	<0.00002
镉	<0.0010	<0.0010	<0.0010	<0.0010	<0.0010	<0.0010
锌	<0.05	<0.05	<0.05	0.066	<0.05	<0.05
铁	<0.03	0.089	0.159	0.091	0.094	<0.03
锰	<0.010	<0.010	0.048	0.051	<0.010	<0.010
阴离子表面活性剂	0.09	0.08	0.07	0.11	0.11	0.07
粪大肠菌群	900	800	700	800	800	900
简要分析	29项检测指标值均达到地表水环境质量标准（GB3838–2002）Ⅱ类水质标准					

2015年汀江横滩水源地水环境质量监测数据一览表

表 2–15 单位：毫克/升

采样日期	1月5日	3月2日	5月6日	7月7日	9月1日	11月10日
水温（℃）	15	13	17	27	20	22
pH（无量纲）	7.25	6.81	6.38	6.20	6.66	6.53
高锰酸盐指数	1.6	1.6	1.8	2.0	1.3	1.1
化学需氧量	11	12	<15	<15	<15	<15
五日生化需氧量	<0.2	<2.0	2.2	<2.0	<2.0	<2.0
溶解氧	8.9	7.3	7.1	6.8	6.6	6.8
氨氮	0.177	0.412	0.138	0.471	0.281	0.307
挥发酚	<0.0003	<0.0003	<0.0003	<0.0003	<0.0003	<0.0003
石油类	<0.04	<0.04	<0.04	<0.04	<0.04	<0.04
氰化物	<0.004	<0.004	<0.004	<0.004	<0.004	<0.004
硫化物	<0.005	<0.005	<0.005	<0.005	<0.005	<0.005
氟化物	0.02	0.23	0.25	0.17	0.24	0.231
氯化物	11.89	22.8	20.3	1.75	2.55	1.22
硫酸盐	1.01	1.66	2.73	0.75	0.786	0.533
硝酸盐—氮	5.20	8.08	4.73	<0.08	3.17	2.19
总磷	0.076	0.092	0.097	0.089	0.092	0.077
总氮	0.490	0.423	0.465	0.471	0.487	0.489
六价铬	<0.004	<0.004	<0.004	<0.004	<0.004	<0.004
砷	0.0004	<0.0007	0.0002	0.0002	0.0008	0.0004
硒	<0.0005	<0.0005	<0.0005	<0.0005	<0.0005	<0.0005
铜	<0.010	<0.010	<0.010	<0.010	<0.010	<0.010
铅	<0.010	<0.010	<0.010	<0.010	<0.010	<0.010
汞	<0.00002	<0.00002	<0.00002	<0.00002	<0.00002	<0.00002
镉	<0.0010	<0.0010	<0.0010	<0.0010	<0.0010	<0.0010
锌	0.08	<0.05	<0.05	0.078	0.064	<0.05
铁	0.04	<0.03	0.130	0.269	0.082	0.082
锰	<0.010	<0.010	<0.010	0.015	<0.010	<0.010
阴离子表面活性剂	<0.05	<0.05	0.08	<0.05	<0.05	<0.05
粪大肠菌群	200	300	1500	1500	300	800
简要分析	29项检测指标值均达到地表水环境质量标准（GB3838–2002）Ⅱ类水质标准					

第六节 生态乡村创建

从2011年起，珊瑚乡党委、乡政府以打造“清新水源、和谐珊瑚”为目标，启动国家级生态乡镇、生态村（2010年6月之前原名为全国环境优美乡镇）创建工作。乡成立创建工作领导小组，制定详细的实施方案，细化工作任务，强化措施，明确责任，多方筹集生态建设专项资金，实施生态农业、生态林业、生态文化、生态家园建设及汀江水源保护。通过生态创建平台和抓手，乡境环境质量得到持续改善。2012年6月，珊瑚乡获省环境保护厅“省级生态乡镇”命名，境内5个村均获“省级生态村”命名。2014年9月，珊瑚乡获环境保护部“国家级生态乡镇”命名，乡、村生态创建取得明显成效。

一、生态农业建设

自2010年始，全乡逐步形成“龙头企业+协会+基地+农户”的生态农业产业化模式，形成水稻、烤烟、槟榔芋等优势产业。2015年，全乡种植槟榔芋示范片180余亩，烤烟达300余亩，发展生态养牛2家，养鸡5家，养羊3家，养豪猪1家，以绿色有机农业产品为主导的生态农业模式逐渐成为全乡农业生产的主流。

二、生态林业建设

在汀江干流珊瑚段两岸一重山及汀江支流源头汇水区域划定生态公益林1009.1公顷。2008年后，全乡加强生态公益林管护。2008—2015年，全乡通过植树造林后生态公益林达1043.2公顷，非生态林达3238.3公顷。2015年，森林覆盖率75.51%，林木蓄积量17.57万立方米。

三、生态文化建设

2014年11月，上珊瑚村、下珊瑚村先后成立村级环境保护协会，协会以“保护生态环境、美化绿化家园、造福子孙后代”为宗旨，以宣传环保知识、组织环保活动、参与生态建设为主要内容的非营利性民间环保组织。协会通过广泛发动村民，积极参与农村饮用水源保护、治理生活垃圾、整治养殖业污染、发展农林产业等环保事业，倡导保护生态环境要从自身做起、从身边的事做起，积极行动起来，共同建设山清水秀的美丽新农村。

2015年8月16日，龙岩市作家协会、上杭县文联、上杭县作家协会、上杭县摄影家协会和珊瑚乡党委、政府在珊瑚乡联合举办“清新水源·和谐珊瑚”文学笔会，市作家协会主席刘少雄、县作家协会主席林华春等30多名作家、摄影家参会，充分挖掘珊瑚绿色生态文化。同年9月，由上杭县汀江环境保护协会牵头，在珊瑚乡举办“我身边的环保事”征文比赛活动，并对优秀征文作品、笔会作品进行汇编，乡党委、政府编辑出版《清新珊瑚》。

四、生态家园建设

2007 年，横滩竹头窝、樟子坑煤矿开始勘探试开采，投入 150 多万元，挖掘深度 300 米。2010 年，鉴于煤矿开采将直接影响横滩水源水质，乡政府依法关闭并填埋该矿，封堵洞口，恢复植被，新建 200 米防护墙。在下坑至城区新水源横滩路口设立大幅环保宣传广告牌。将汀江沿岸第一重山列入生态公益林管护，在横滩水源一级、二级保护区建立保护设施，设立警示标志牌、建设隔离网、挡护墙、挡护栏，对横滩、河头自然村居住的农户旧厕进行改造，建设垃圾收集池，改造生活污水管网。

2011—2015 年，相继实施农村环境综合整治项目，加强“美丽乡村”示范点建设。生活垃圾治理方面：结合家园清洁行动，注册成立 1 家卫生保洁公司，聘请保洁员 20 余名，推行生活垃圾“户集、村收、乡处理”的市场化运行模式。投入 400 余万元，在下坑村凹子下建设集镇垃圾填埋场及垃圾压缩中转站，购置垃圾运载车 1 辆和垃圾小推车 12 辆，建垃圾池 45 座，购置户外垃圾桶 130 个、户用垃圾桶 2300 个。生活污水处理方面：投资 180 余万元建成集镇北片、南片 2 座生活污水处理站，污水管网铺设 2 公里。河道清理整治方面：实施华竹溪、南溪、北溪河道清理 2.5 公里。在横滩水源点设立水质监测点，种植 30 亩水源涵养林、15 亩草皮。关闭拆除生猪养殖场方面：至 2015 年年底，全乡拆除禁养区存栏 50 头以上的生猪养殖场 53 家、2.1 万平方米，发放政策性拆除补助资金 37.8 万元。

五、生态旅游建设

珊瑚乡党委、政府重视圆通山、特色民居围屋、梦宏居、汀江风光以及民居客家文化、圆通寺佛教文化、梦宏居红色文化等自然、人文旅游资源的开发，加强旅游景点基础设施建设，发展生态、人文旅游。

2014年珊瑚乡创建国家级生态乡镇技术指标完成情况一览表

表2–16

类别	序号	指标名称	指标要求	指标完成情况（%）
环境质量	1	集中式饮用水源水质达标率（%）	100	100
		农村饮用水卫生合格率（%）	100	100
	2	地表水环境质量	达到环境功能区或环境规划要求	达标
		空气环境质量		达标
		声环境质量		达标
环境污染防治	3	建成区生活污水处理率（%）	80	86.2
		开展生活污水处理的行政村比例（%）	70	100
	4	建成区生活垃圾无害化处理率（%）	≥95	97
		生活垃圾资源化利用行政村比例（%）	90	100
	5	重点工业污染源达标排放率（%）	100	100
	6	饮食业油烟达标排放率（%）	≥95	—
	7	规模化畜禽养殖场粪便综合利用率（%）	95	拆除后无规模化养殖场
	8	农作物秸秆综合利用率（%）	≥95	95.2
	9	农村卫生厕所普及率（%）	≥95	96
	10	农用化肥施用强度（折纯，公斤/公顷·年）	<250	171.1
		农药施用强度（折纯，公斤/公顷·年）	<3.0	2.41
生态保护与建设	11	使用清洁能源的居民户数比例（%）	≥50	85
	12	人均公共绿地面积（平方/人）	≥12	12.5
	13	主要道路绿化普及率（%）	≥95	96
	14	森林覆盖率（%）	≥75	75.51
	15	主要农产品中有机、绿色及无公害产品种植（养殖）面积的比重（%）	≥60	61

第三章　人　口

据古文化遗址考证，早在夏商周时期，珊瑚牛笼岗、新寨子岗已有人类活动。唐代以前境内的人类活动无文字记载。由于自然环境优越，唐宋以后，众多客家先民到珊瑚开基立业，繁衍生息。元代后，境内有陈、胡、蓝、张、梁、罗、朱、饶、林等客家和畲族先民定居。

1950—1959 年，境内人口缓慢增长。60 年代中期后，人口出生率、自然增长率总体呈上升趋势，80 年代末 90 年代初达到高峰。1990 年，珊瑚人口自然增长率达 25.92‰。1992 年，人口出生率达 16.74‰。人口增长过快，制约经济和社会的发展。

1988—2015 年，珊瑚历届党委、政府认真贯彻国家的人口政策，贯彻落实上杭县的计划生育措施，以行政手段为主，经济和法律手段为辅，建立利益导向与社会制约相结合，宣传教育、综合服务、科学管理相统一的计划生育工作机制，逐步实现控制人口数量、提高人口质量、促进人口与经济社会协调发展的目标。1993 年后，人口出生率、自然增长率总体呈下降趋势，人口增长过快的势头得到有效控制，但随之出现人口老龄化趋势。

2015 年，珊瑚人口 8426 人。

第一节　人口总量与分布

一、人口总量

宋元时期，迁入闽粤赣边的北方汉族移民后裔逐渐移居珊瑚，珊瑚人口逐步增加，境内有陈、胡、蓝、雷、林、梁、王、罗、朱、潘、石、饶、华、张、周、郭等客家和畲族先民定居。明洪武十四年（1381 年）上杭县始颁“黄册”（户口版籍），其时，珊瑚共 2 甲。明成化八年（1472 年），珊瑚约 117 户 678 人（按珊瑚人口占全县人口的多年平均比率推算，下同）。明成化十八年（1482 年），珊瑚约 79 户 489 人。清顺治八年（1651 年），珊瑚约 82 户 417 人。清雍正元年 (1723 年) 开始推行“摊丁入亩”等政策，人口增加较快。人口数无考。

民国初期，人口较为稳定。第二次国内革命战争时期，国民党对共产党创建的苏维埃地区发动反革命围剿，珊瑚牺牲的烈士 88 人，被迫害和饥饿致死的数百人，造成人口下降。民国 25 年（1936 年），珊瑚约 843 户 3623 人。抗日战争期间，日本军队于 1939 年 6 月侵占广东潮州、汕头地区，疯狂掠夺，民不聊生，揭阳、潮汕一带（主要为妇女儿童）近百人到珊瑚避难定居。

新中国成立初，境内人口缓慢增长。1953年8月，珊瑚人口达3910人（珊瑚乡3014人、双坑乡896人）。

1960年，由于受“大跃进”、人民公社化浮夸风、瞎指挥和自然灾害的影响，粮食减产，人口非正常死亡增加。1964年，珊瑚公社人口3951人。

1969年，70多名知识青年响应党中央、毛泽东主席“上山下乡”的号召，从厦门等地到圆通山农场落户。

60年代中期后，人口逐步出现高增长。1988年，珊瑚乡人口达6901人，比1964年增加2950人，增长74.66%。通过贯彻落实国家计划生育政策，1993年后，人口出生率、自然增长率除个别年份较高外，总体呈下降趋势，人口总量缓慢增长，个别年份甚至出现负增长。2000年，全乡8102人。2009年，全乡7686人。2015年，珊瑚人口8426人。

1988—2015年珊瑚人口情况一览表

表3-1

年份	总户数（户）	总人口（人）		出生（人）			出生率（‰）	死亡（人）	死亡率（‰）	自然增长率（‰）
			#女性		男	女				
1988	1343	6901	3422	130	—	—	—	38	—	13.48
1989	1407	7124	3566	163	—	—	—	40	—	17.54
1990	1449	7213	3601	235	—	—	—	49	—	25.92
1991	1510	7410	3677	138	—	—	—	69	—	13.82
1992	1483	7524	3770	125	—	—	16.74	35	4.69	12.05
1993	1559	7574	3796	89	—	—	11.79	36	4.77	7.02
1994	1623	7799	3852	86	—	—	11.18	29	3.77	7.41
1995	1659	7907	3910	102	—	—	12.99	49	6.24	6.75
1996	1611	7886	3902	159	—	—	20.13	47	5.95	14.18
1997	1612	7868	3895	59	—	—	7.49	45	5.71	1.78
1998	1685	7829	3866	87	—	—	11.08	59	7.52	3.56
1999	1701	7860	3880	96	—	—	12.24	44	5.61	6.63
2000	2018	8102	3983	111	—	—	13.91	33	4.13	9.77
2001	2034	7783	3859	91	59	32	7.43	48	6.04	13.80
2002	1867	7750	3780	66	38	28	8.50	51	6.57	19.30
2003	1864	7742	3764	71	40	31	9.17	32	4.13	5.03
2004	1865	7692	3742	77	44	33	9.98	38	4.92	5.05
2005	1857	7642	3714	79	49	30	10.30	43	5.61	4.69

续表 3–1

年份	总户数（户）	总人口（人）	# 女性	出生（人）	男	女	出生率（‰）	死亡（人）	死亡率（‰）	自然增长率（‰）
2006	1874	7627	3690	75	46	29	9.82	14	1.83	7.99
2007	1924	7636	3686	96	53	43	12.58	34	4.46	8.12
2008	1974	7698	3717	131	74	57	17.09	35	4.57	12.52
2009	2023	7686	3709	84	45	39	10.92	100	13.00	–2.08
2010	—	—	—	—	—	—	—	—	—	—
2011	2227	7712	3691	75	42	33	9.73	68	8.82	0.91
2012	2328	7845	3756	112	69	43	14.40	47	6.04	8.40
2013	2293	8078	3844	279	160	119	35.00	50	6.30	28.80
2014	2295	8242	3906	186	107	79	—	61	—	—
2015	2312	8426	4004	176	93	83	21.10	47	5.60	15.50

说明：

1. 表内资料来自《上杭统计年鉴》

2. 2005—2008 年，已故者的部分家属未及时到乡派出所申报注销死者户口，而集中在 2009 年注销，体现为 2009 年死亡人数大量增加；故该年份人口死亡率、人口自然增长率与其他年份无可比性

3. 2013 年，因往年超计划生育人口集中在该年申报入户口，体现为 2013 年出生人数大量增加；故该年份人口出生率、人口自然增长率与其他年份无可比性

4. 《2011 上杭统计年鉴》中，2010 年人口数据与 2009 年数据完全相同，疑有误，本志未采用

全国人口普查珊瑚人口情况一览表

表 3–2

普查次序（时间）	总户数（户）	总人口（人）合计	男	女
第一次人口普查（1953 年 8 月）	—	3910	1824	2086
第二次人口普查（1964 年 7 月）	1035	3951	1962	1989
第四次人口普查（1990 年 7 月）	1442	7258	3609	3649
第五次人口普查（2000 年 11 月）	1669	6801	3324	3477
第六次人口普查（2010 年 11 月）	1517	4224	2099	2125

说明：1982 年第三次人口普查时，珊瑚隶官庄公社，数据未析出。2000 年第五次人口普查珊瑚户籍人口为 7601 人，其中男 3859 人，女 3742 人。2010 年第六次人口普查珊瑚户籍人口为 7769 人，其中男 4046 人，女 3723 人

二、人口分布

1953 年 8月，珊瑚人口 3910 人，分布在珊瑚乡、双坑乡各村。

1964 年，珊瑚公社总人口 3951 人，其中华竹大队 436 人、上南大队 604 人、上北大队 700 人、下南大队 662 人、下北大队 693 人、光辉大队 415 人、前进大队 402 人，机关企事业单位 39 人，每平方公里 92 人。

1988 年，珊瑚乡总人口 6901 人，分布在华竹、上珊瑚、下珊瑚、下坑、彩坑 5 个村，每平方公里 160 人。

2000 年，全乡 8102 人，分布在 5 个行政村，每平方公里 188 人。

2015 年年底，珊瑚 8426 人，分布在 5 个行政村，每平方公里 196 人。

若干年份珊瑚乡人口分布情况一览表

表 3-3 单位：人

村　别	1988 年	2000 年	2010 年	2015 年
全　乡	6901	8102	7738	8411
华　竹	765	921	836	882
上珊瑚	2186	2603	2533	2681
下珊瑚	2278	2540	2475	2682
下　坑	830	1045	954	1106
彩　坑	748	647	798	1062
乡　直	94	346	141	46

说明：据《上杭统计年鉴》。该年鉴 2016 卷，在“分乡镇人口情况”中，珊瑚乡总人口为 8426 人，在“村级主要经济指标中”，珊瑚乡总人口为 8411 人

第二节　人口构成

一、性别构成

民国时期，战事不断，男性死亡及流失多，造成男性少于女性。这一状况延续至新中国成立初。

据人口普查资料，1953 年 8 月，珊瑚人口 3910 人，其中男 1824 人，女 2086 人，男女性别比（女=100）为 87.44。

20 世纪 50 年代后，男女比例渐趋正常。1964 年，性别比为 98.64。1988 年，性别比为 101.67。

21 世纪初，性别比开始出现偏高趋势，其中，2005 年为 105.76。出生人口性别比，2001 年高达 184.38，2005 年达 163.33，2012 年达 160.47。

2015 年，珊瑚人口性别比为 110.44。

若干年份珊瑚人口性别比一览表

表 3–4　单位：人

年　份	总人口	男	女	性别比（女=100）
1953	3910	1824	2086	87.44
1964	3951	1962	1989	98.64
1988	6901	3479	3422	101.67
1995	7909	3997	3910	102.23
2005	7642	3928	3714	105.76
2011	7712	4021	3691	108.94
2015	8426	4422	4004	110.44

说明：1953 年、1964 年为人口普查数据，其余据《上杭统计年鉴》数据计算

2001—2015 年珊瑚出生人口性别比一览表

表 3–5　单位：人

年份	男	女	性别比	年份	男	女	性别比
2001	59	32	184.38	2009	45	39	115.38
2002	38	28	135.71	2010	—	—	—
2003	40	31	129.03	2011	42	33	127.27
2004	44	33	133.33	2012	69	43	160.47
2005	49	30	163.33	2013	160	119	134.45
2006	46	29	158.62	2014	107	79	135.44
2007	53	43	123.26	2015	93	83	112.05
2008	74	57	137.04				

二、年龄构成

新中国成立前，无人口年龄资料。

1953 年 8 月，珊瑚 3910 人，其中，0~14 岁儿童 1276 人，占人口总数的 32.63%；65 岁及以上 148 人，占人口总数的 3.79%。

1964 年，珊瑚公社 3951 人，其中，0~14 岁儿童共 1396 人，占人口总数的 35.33%，65

岁及以上共 111 人，占 2.81%。

2003 年，珊瑚乡 7742 人，其中 18 岁以下 2237 人，占人口总数的 28.89%；18~35 岁 2615 人，占 33.78%；35~60 岁 1951 人，占 25.20%；60 岁以上 939 人，占 12.13%。

2015 年，珊瑚乡 8426 人，其中 18 岁以下 1755 人，占人口总数的 20.83%；18~35 岁 2540 人，占 30.15%；35~60 岁 2935 人，占 34.82%；60 岁以上 1196 人，占 14.19%。

人口普查年份珊瑚人口年龄结构一览表

表 3-6　　单位：人

年份	总人口	年龄组（岁）								
		0~9	10~19	20~29	30~39	40~49	50~59	60~69	70~79	80 以上
1953	3910	842	841	670	571	386	320	212	55	13
1964	3951	959	760	720	602	439	272	150	44	5
1990	7258	1836	1580	1262	816	569	557	419	175	44
2000	6801	1045	1600	1019	1018	737	542	480	288	72
2010	4224	583	500	485	530	618	606	433	337	132

2003—2015 年珊瑚乡人口年龄结构情况一览表

表 3-7　　单位：人

年份	总人口	18 岁以下	18~35 岁	35~60 岁	60 岁以上
2003	7742	2237	2615	1951	939
2004	7692	2136	2418	2181	959
2005	7642	1986	2437	2249	973
2006	7627	1847	2424	2352	1004
2007	7636	1721	2451	2424	1040
2008	7698	1589	2519	2516	1074
2009	7686	1486	2533	2613	1054
2010	—	—	—	—	—
2011	7712	1444	2454	2746	1068
2012	7845	1423	2534	2775	1113
2013	8078	1576	2531	2834	1137
2014	8242	1717	2485	2870	1170
2015	8426	1755	2540	2935	1196

说明：据《上杭统计年鉴》，该年鉴 2003 年始设人口年龄结构表

三、民族构成

1986 年以前，珊瑚居民的民族成分均为汉族（蓝、雷、钟姓民众未恢复畲族成分）。

1987 年，蓝、雷、钟姓民众恢复畲族成分。

据人口普查数据，1990 年，全乡人口 7258 人，其中汉族 6365 人，占全乡人口的 87.70%，畲族 874 人，占 12.04%，壮族 19 人，占 0.26%。2010 年，全乡普查登记人口 4224 人，其中汉族 3582 人，占登记人口的 84.80%，畲族 623 人，占 14.75%，其他少数民族 19 人，占 0.47%。其他少数民族中，壮族 9 人、黎族6 人、傈僳族 2 人，苗族、藏族、回族各 1 人。

四、职业构成

明清至民国时期，珊瑚境内居民除以种田为主业外，亦从事造纸、泥水匠、木匠、撑船等其他副业。各村因自然条件的不同，所兼营的副业也有所不同。

新中国成立后至 20 世纪 80 年代，境内居民仍以农、林、牧、渔业为主，并从事各种副业。但因资源问题和机器工业的发展、公路运输的发展，从事造纸、撑船的逐步减少。

1990 年，全乡在业人口 3952 人，其中农、林、牧、渔、水利业从业人员 3682 人，占 93.17%；工业、建筑业 93 人，占 2.35%。

据 2000 年人口普查 10%抽样调查，珊瑚在业人口 368 人中，农、林、牧、渔业从业人员 263 人，占 71.47%，工业从业人员 64 人，占 17.39%，建筑业从业人员 44 人，占 11.96%。

据 2010 年人口普查 10%抽样调查，珊瑚在业人口 205 人中，农、林、牧、渔业从业人员 139 人，占 67.80%，工业从业人员 11 人，占 5.37%，建筑业从业人员 33 人，占 16.10%。

五、姓氏构成

(一) 姓　氏

至民国时期，聚居珊瑚的姓氏 17 个：陈、胡、张、蓝、梁、林、詹、高、朱、饶、王、石、潘、罗、华、郭、雷。

2015 年，聚居珊瑚的主要姓氏 11 个，即：陈、胡、张、蓝、梁、林、詹、高、朱、饶、雷。其中，陈姓人口最多，已超 3000 人，胡姓达 1600 余人，张、蓝姓分别达 900 余人，梁姓 600 余人，林姓 200 余人；其他姓氏人口均在 100 人以下。

1979 年实行改革开放的方针政策后，由于婚嫁等原因，落户珊瑚的人口姓氏大量增加。2015 年 12 月，珊瑚户籍人口姓氏达 65 个。除聚居姓氏外，散居人口姓氏 54 个，其中，周姓人口达 100 余人，刘、李姓分别达 70 余人，其余人口较多的依次为王、钟、吴、黄、石、赖，人数在 25~70 人；人数在 10~25 人的姓氏有（按姓氏笔画为序）丁、马、尤、方、丘(邱)、付、兰、卢、伍、华、向、尧、池、汤、何、余、杨、远、邹、陆、官、罗、范、郑、柳、凌、唐、徐、莫、郭、章、龚、曾、温、董、谢、蒙、阙、廖、谭（覃)、潘、黎、戴。

(二) 分　布

聚居珊瑚的 11 个主要姓氏中，陈、胡、张姓分布 3 个村。华竹村聚居姓氏为清一色蓝姓。聚居姓氏最多的村是下坑村。

珊瑚主要聚居姓氏分布情况一览表

表 3-8

村 别	主要聚居姓氏	曾居住过的姓氏
华 竹	蓝	—
上珊瑚	胡、陈、朱	王、罗、潘、石、梁、华、张、林、周、郭
下珊瑚	陈、胡、饶、雷	王、罗、潘、石、梁、华、张、林、周、郭
下 坑	张、高、詹、陈、胡、林	蓝、俞、童、杜
彩 坑	梁、张、林	—

附：珊瑚主要聚居姓氏入迁情况

陈 氏 颍川郡。舜帝是陈姓公认的血缘亲祖。周武王克商，封舜的后裔满在陈丰氏部落故地——陈地（今河南开封以东、安徽亳州以北一带）建立陈国，其子孙一部分以国为姓，满是陈姓的得姓始祖。满死后，周王谥其号为胡，其部分后裔以谥号为姓，满也是胡姓的得姓始祖。满是陈、胡姓的共同始祖。

唐宋间，江西江州陈氏家族（今江西省九江市德安县车桥乡义门村）异常庞大。开基祖陈旺第五代陈青生六子，孙 19 人，曾孙 69 人。至第 13 任家长陈旭时（宋仁宗时）已 15 代未分家，合族（家）人口 3900 余人。他们同吃、同住、同劳动。他们以孝道治家，又立家法、家训、家禁，管理井然。朝廷多次褒奖旌表。“敕义门”、立义柱。宋嘉祐七年（1062 年），文彦博、范师道、包拯、吕诲等人联名上书论江州义门“朝野太盛”。翌年，宋仁宗下诏分拆，义门陈用一大锅从梁上砸下，碎成 291 块。后拈阄分成 291 庄，外加奉旨私置产业 43 庄，又有因任官寄庄者，更庄外立庄。从此，江州义门陈播居 72 州郡。

珊瑚陈氏有两支，均为颍川郡陈实、江州义门开基祖陈旺后裔，堂号“颍川堂”。

一支是江州义门陈第十三任家长陈旭的第三子才仁（一名仁辉、讳群）的后裔。

义门分庄时，陈群（才仁）得东陂庄（今江西省宜黄县东陂岗镇）。宋治平元年（1064 年），陈群徙汀州，居南寨（汀州南郊）。第七代十二郎迁濯田陈屋村。宋朝末年（约在 1270 年前后），陈群第八代陈三十四郎（得姓始祖满第九十一世孙，1239—1311 年）由濯田陈屋村迁徙至山湖（后称珊瑚）黄牛坪肇居。三十四郎尊为入村（入杭）始祖。陈三十四郎生七子，其裔孙先后播居浙、湘、赣（瑞金较多）、粤（梅州较多）、滇、黔、川等省及闽之福、厦、漳、泉、龙岩、三明、南平以及邻县武平、长汀、永定，本县才溪、湖洋、溪口、城区等地。子孙繁衍甚众。至 2015 年，珊瑚陈三十四郎后裔已繁衍 28 代。当地陈姓人口近 4000 人。

另一支是江州义门陈汀州庄陈魁（字参琉）后裔。义门分庄时，陈魁分得福建汀州庄。宋嘉祐八年（1063 年），陈魁偕眷 97 人从江州德安迁宁化石壁开基。宋淳祐年间（1241—1252 年），陈魁六世孙陈梅宗（号七十一郎），迁居上杭溪南里（今永定县仙师乡）开基。约于元至正年间（1341—1367 年），陈梅宗五世孙陈千圣（号十三四郎，字河清），迁珊瑚开基，在塘背建祠宇。至今已繁衍20多代，后裔大都外迁四川、重庆、江西、湖南、浙江、广东、云南等地，当地不足百人。

胡 氏 安定郡。堂号为安定堂。胡姓是妫姓虞舜的后裔。舜的后裔满被周武王封为陈侯，建立陈国、都城宛丘，其后裔一部分以封邑（陈地）为姓，以国为姓，为陈姓。满死后，周王谥其号为“胡”，其后裔一部分以谥号为姓，为胡姓。陈胡两姓同根同源，其始祖都是满。陈姓人胡姓人都是满后裔。

唐朝时,胡氏在安定（时称泾州）繁衍为名门望族。西晋“永嘉之乱”后，中原胡姓族人大举南迁。江西各地成为胡姓的繁衍中心。据《三明姓氏考略》，胡藩（胡满五十七世）的华林胡氏派下、宋资政殿大学士、兵部侍郎胡铨（胡满九十一世），立基于江西吉州芦芗城。胡铨五世孙胡万九（名垹）偕眷迁江西省宁都州上三乡苦竹凹。南宋初，胡万九由江西宁都入闽，卜居于汀州青大里胡家坊（据1998年版《闽杭胡氏族谱》；该谱将青大里胡家坊括注为长汀县南门。《三明姓氏考略》称卜居于汀州府第三街大塘背村。宋代，长汀有青泰里，分上、下；明清时期，青泰上里大部与岩头团合置为青岩里，西部为今童坊镇中南部。童坊、胡岭隶青泰上里、青岩里。编者注）。胡万九生三子：胡五、胡六、胡七。宋绍定三年（1230年），胡五离任监察御史职，偕妻儿自泉州父任由连城道长汀之岩头团（大致为今连城罗坊区域），遇寇梗道而辟兹岭南，定居胡岭（今长汀童坊镇胡岭村），为胡岭开基始祖。元大德八年（1304年），胡五曾孙胡千九（胡满九十八世）举家从胡岭迁徙至佛子凹落脚，再至黄牛坪开基，后又搬至鱼子湖（在上珊瑚井背西北边、楼下西边）。胡千九为珊瑚胡氏开基始祖。

胡氏裔孙繁衍甚众，先后播居浙江、江西、湖南、广东等省及顺昌、邵武、宁化、永安、长汀、武平、永定等县市，上杭梅溪、城区、湖洋、官庄等地。至2015年，珊瑚乡胡氏已繁衍28代，当地胡姓人口近2000人。

张 氏 清河郡。其起源一般认为黄帝的第五子名挥，发明或擅长制造弓箭，皇帝便赐他姓“张”。“挥”便成为张氏的得姓始祖。宋嘉泰四年（1204年），被尊称为“鄞江始祖”的张化孙迁居上杭北乡深坑尾西洋村（今白砂镇西洋村）。

珊瑚张氏有两支，均为张化孙的后裔。

一支是下坑（原名厦康）张氏。入村始祖张日玉，字德，号永定，为张化孙第十五世孙，于明万历年间（1573—1619年）从通贤衍村（又名王坑，今称文坑；下同）迁入开基。已繁衍20多代、近千人。

一支是彩坑张氏，入村始祖张子能，为张化孙第十八世孙，约于明末清初从通贤衍村茶头背迁入开基。已繁衍20多代100多人。

梁 氏 安定郡。嬴伯益之孙非子，善牧，周孝王封予秦邑，称秦嬴。西周时，秦嬴曾孙秦仲父子征讨西戎有功，周宣王封秦仲次子秦庆（康）在夏阳梁山（今陕西韩城市南边），建立梁国，定都少梁，为第一任国君，称康伯。公元前641年，秦穆攻灭梁国，梁伯的后代遂以国为氏，称梁姓，康伯成为梁姓的得姓始祖。

西晋末“永嘉之乱”期间，梁芳举族随晋室渡过长江大衍钱塘（今浙江杭州）合浦（今广西合浦）。南宋宝祐二年（1254年），世居浙江杭州钱塘县琉璃八角井的梁忠，因经商至上杭，爱斯山水之胜，风俗之淳美，遂定居上杭城东门，为上杭梁氏开居祖。

明景泰年间（1450—1456年），梁忠九世孙梁子贤（讳诚，三世和字号均庆后裔）从上杭东门徙珊瑚彩坑寨子背上梁屋开居。子贤生三子：发安、继宗、发宗（迁官庄坝）。继宗于明成化年间（1465—1487年）从上梁屋迁三潭头河东片湖子里开基；二十世昌仁、昌合从河东迁河西藠子岗背（岗背）开基；昌武、君盛裔奕财、奕远迁河西猪仔石下开基。发安之子万材迁下梁屋。已繁衍近20代600多人。因库区移民，大部分迁到上杭城区居住。

另据《梁氏族谱（安定郡忠公系）》，梁忠三世均惠后裔"廷材（十世）公移九华铺竹子垄"（天字号），其子外迁。

蓝　氏　汝南郡。畲族蓝氏族谱基本上认同炎帝神农氏第十世孙帝榆罔之子蓝昌奇为畲族的先祖。蓝姓起源于今陕西蓝田，历秦汉而降，蓝姓主要繁衍于中山郡（今河北定州一带）、东莞郡（今山东莒县一带），汝南郡（今河南平舆一带），三地为蓝姓郡望，即为蓝姓之最早发祥地。汉魏之后，蓝姓逐渐播迁于黄河中下游诸省。蓝姓大举南迁于隋唐间。

珊瑚华竹蓝姓与官庄树人、七里、贵和等地蓝姓同源。据现有谱牒资料，蓝姓入迁官庄、珊瑚主要有三种说法。

一是据1996年蓝滨标（珊瑚乡华竹村人）主修的《蓝氏家谱》载，唐天授元年（690年），蓝明德（蓝昌奇一百零八世）迁建康上元县（今南京江宁区）朱紫坊，为江南开基一世祖。北宋政和七年（1117年），蓝万福（江南十四世）偕眷徙建康句容县（今江苏省句容市）。南宋绍兴十一年（1141年），蓝万福长子蓝吉甫为避金人之乱，入闽居福清县（今福清市，下同）五福乡，为蓝氏入闽开基始祖。绍熙二年（1191年），蓝吉甫长子蓝常新从福清县迁往建宁府（今建瓯市）崇德坊。咸淳元年（1265年），蓝常新长子蓝万一（讳钜夫）迁居宁化石壁。万一生熙一、熙二、熙三。熙三生和一、和二、和三，元大德十年（1307年），兄弟三人俱移长汀城下里坪岭水口白露树下，为蓝氏入长汀的始迁祖。和二生大一。大一生七子，依次取名为念一郎至念七郎。明洪武三年（1370年），念一郎四子千八郎从长汀水口迁竹子垄（今珊瑚乡华竹村）开基。后裔奉千八郎为一世祖。千八郎五世孙蓝福新生二子：蓝葱、蓝菁。蓝葱居竹子垄。当地后裔已繁衍20多代，300多人。清康熙三十年（1691年）、三十三年（1694年）蓝菁八世孙蓝明生、九世孙蓝彩九先后迁九华铺（今珊瑚乡华竹村）开基；清乾隆年间（1736—1795年），蓝菁十二世孙蓝桂、蓝椿兄弟迁九华铺。当地后裔已繁衍20多代，400多人。

二是据《三明姓氏考略》，至宋始，蓝氏开始进入福建、广东一带，并且迅速发展成为客家一族。北宋时，蓝俊徙居于安徽省的凤阳临淮关。南宋淳熙四年（1177年），蓝万福从安徽凤阳迁居江宁府句容县（今江苏省句容县）。蓝万福有四个儿子：蓝吉甫、蓝吉享、蓝吉利、蓝吉庆。宝庆元年（1225年），金捕鱼大举南侵，蓝吉甫逃难时，与父母兄弟中途失散，只身入闽，卜居于福清县五福乡，为蓝氏入闽开基始祖。蓝吉甫有三个儿子：蓝常美、蓝常新、蓝常秀。淳祐六年（1246年），次子蓝常新从福清县迁往建宁府崇德坊。蓝常新有五个儿子，其中长子蓝万一（字巨泰）于咸淳元年（1265年）迁居宁化石壁。蓝万一娶宁化赖氏为妻，生有三子：蓝熙一、蓝熙二、蓝熙三。其中蓝熙三有三个儿子：蓝和一、蓝和二、蓝和三。元泰定三年（1326年），蓝和二举家迁居长汀城下里坪岭水口白露树下，为蓝氏入长汀的始迁迁祖。明洪武元年（1368年），蓝大一从长汀迁徙至武平县大禾堡。蓝大一有七个儿子：长子蓝念一迁居长汀坪岭水口。蓝念一有八个儿子，其中，蓝千八于洪武三年（1370年）迁居上杭竹子垄（今珊瑚乡华竹村）。蓝千九郎原居竹子垄，配黄、杜氏，明洪武五年(1372年)，迁湖洋加庄村。

三是据《三明姓氏考略》《宁化客家姓氏源流》、宁化治平《蓝氏族谱》载，五代后梁太祖年间（907—912年），蓝奎（称蓝老夫子）有四个儿子：长子蓝锦迁居江西临川；次子蓝光居祝家山；第四子蓝耀迁居安福。第三子蓝焕，仕吉州，生二子：长子蓝正移居虔州；次子蓝礼任福建泉州教授。蓝礼有五个儿子：长子蓝知佑居泉州晋江；次子蓝元佑迁居邵武；第三子蓝昌隆从泉州徙居上杭蓝屋驿（新风官庄）牛栏峰。蓝昌隆有九个儿子，其中第三子蓝继德迁居宁化南铺；第八子蓝有善（字宣，号云谷）于后周广顺二年（952年）自上杭蓝屋驿迁居宁化会同里蓝家庄，其后裔分衍福建的清流、顺昌和江西的石城等地。清流余朋《蓝氏族谱》、江西石城蓝家屋《汝南蓝氏五修族谱》亦持此说法。（此说表明徙居官庄、珊瑚蓝氏时间比前两说为早）。

朱　氏　沛国郡。朱姓入闽始祖，据史著典籍及有关地方志和各支族谱记载，均出于唐宰相朱敬则之后，前后分三支从不同时间、不同地点入闽。明代，朱仕达由才溪湖田迁入珊瑚开基，至今繁衍近20代。

高　氏　渤海郡。高氏主要出自姜姓。大多数汉族高姓都奉高傒为得姓始祖。唐中和元年(881年)，高傒的后裔、河南光州固始的高钢(844—936年，字一清)为避“黄巢之乱”，携家迁居福唐郡（治今福州）怀安县凤冈，此地后得名“高宅洋”。后梁开平年间(907—911年)　，高钢被王审知授予从政郎之职。南宋淳熙十年（1183年），高柴的裔孙高旷随朱熹讲学至福建武夷精舍，遂卜居邵武。高旷之孙高文辉迁居宁化石壁。元元贞二年(1296年)，高文辉之子高十郎从宁化石壁村迁上杭城，旋即又迁居上杭胜运里曹田乡(今蓝溪曹田村)，为上杭高氏开基始祖。明弘治年间（1488—1505年，具体年月不详），高十郎八世孙高何贵（百二郎脉）曾迁往江西义宁，后迁珊瑚下坑，生下次子高仕政后，高何贵又迁回蓝溪，高仕政在下坑开基创业。珊瑚下坑高氏尊高仕政为开基始祖，迄今已繁衍20代，后裔大多外迁，留居者仅40多人。

下坑高氏与武平中堡高坊高氏、官庄新风村高氏同根同源。

林　氏　境内林氏属西河郡。出自子姓，形成于西周时期，是商王族比干的后裔。比干是沫邑(今河南淇县)人，商朝贵族，子姓，纣王帝辛的叔父，有贤德，忠心辅佐纣王。但纣王因宠爱妲己，荒淫无道，残害忠良，百姓怨恨，诸侯反叛。比干冒死劝谏，最后惹恼了纣王，被剖腹挖心处死。据唐贞观年间中书令为《林氏正宗源流谱》所写的序文记载，比干被杀时正妃夫人陈氏（有谱作有妫氏）甫孕三月，恐祸及，即将侍婢四人，奔于牧野(今河南淇县西南和卫辉西北)，避纣之难，于长林石室之中，而生男名泉字长恩。至周武王伐纣，夫人乃将泉归周。武王以其居长林而生，遂因林而命氏，赐姓林名坚；林氏受姓始祖是比干之子林坚。这是林姓最重要的一支。

东晋太宁三年（325年），林放后裔林禄奉敕守晋安郡（郡治今福州市），由下邳（今江苏睢宁县）迁家居晋安，为开闽林氏始祖，称闽林一世。其后裔的世系图称晋安世系，亦称闽林世系。据《(闽粤赣）林氏重修族谱》《闽汀武杭林氏族志》《济南郡汀州林氏族谱》等记载，迁入闽西的林姓，大多为林禄的后裔。林禄传十二世士弘,字世荣，为隋末南方农民起义首领，在虔州(今江西省赣州市)称帝，建国楚，建元太平。唐武德五年(622年)被唐军战败，不久病故，其部属离散，后裔为避祸改林姓为柴姓。历后梁至后周，士弘裔孙柴守礼有个妹妹嫁与郭威（后周太祖），被立为皇后。郭威无子，以守礼之子柴荣嗣立为帝。柴荣即五代后周世宗，继郭威帝位五年(955—959年)，在北伐契丹的征途中患病，回京逝世，其子柴宗训七岁即位，半年后“陈桥兵变”禅让于赵匡胤，赵建立北宋。当时柴荣之弟柴穆率子柴惿等起兵反宋，宋太祖遣大军镇压。开宝六年(973年)，宗训从房州偕眷南逃福州避难，居福州济南山，改柴复回林姓，易名判官，称“新济南林氏”。

林宗训曾孙千六郎讳融，宋神宗时为员外郎，仕南昌太守，宋元祐初（1086年），因兵乱，林融夫人巫氏携六子（五一郎、五二郎、六三郎、七郎、八郎、九郎）及六三郎之子万一郎、万二郎、万三郎，从宁化石壁迁长汀河田开居。此后，五一郎、五二郎、六三郎继迁武平、上杭。八郎徙居濯田巷头，九郎迁武平中堡。此一世系，称为“回闽世系”，林宗训为林姓“回闽始祖”。林融则为长汀、上杭、武平等县柴林世系林姓始祖。

九郎裔林祖良六世孙林永春自武平下堡青迳徙武平悦洋开基。林永春九世孙林凤其由悦洋迁珊瑚三潭头河东牛山峪开基。林永春十六世孙林德良、林德模迁三潭头河西藠子岗下开基（《(济南林氏）宗训公→九郎公→永春公后裔孙八世廷裕公房谱》奉林祖良为该支太始祖，林永春为四始祖，林凤其为十二始祖）。三潭头林氏自林凤其始已繁衍十四代，至2012年达120余人。因库区移民，部分迁上杭城区。

饶　氏　出自姜姓，出源主要有二说：据《史记·赵世家》记载，战国时，赵国悼襄王封长安君于饶尧（今河北饶阳一带）；长安君的后裔以封邑为姓。据《古今姓氏书辩证》记载，战国时，齐国一位大夫食采于饶（今山东青州市境内）；其后裔以封邑为姓。饶姓郡望地有平阳、临川。迁分路线始于河北饶阳，继而是江西饶州（今江西省鄱阳一带）。饶元亮奉为江西大始祖。饶元亮第十九世孙饶济宇，原籍江西吉安市永丰县陶唐乡缠岗村，后因出任汀州府推官而入闽，退位后居汀州八角楼前，为汀州饶氏开基始祖。元至元年间（约1278—1282年），饶济宇长子饶日素（一郎）偕妻儿迁武平大厢亭里二图大南坑（今永平乡帽村村）开基。饶日素五子饶武德七世孙饶白生六子，饶白五子饶友和大约于明弘治年间（1488—1507年）迁珊瑚开基，除外迁，已繁衍30余人。

第三节　人口素质

一、寿　命

新中国成立后，医疗卫生事业不断发展，乡有卫生院，村有医疗所，群众的一般疾病医治不出乡，人民健康水平不断提高，人口平均预期寿命延长。1953 年 8 月，珊瑚 70~79 岁 55 人，80~89 岁 12 人，90~99 岁 1 人，70 岁以上人口占总人口的 1.74%。1964 年，70 岁以上人口 49 人,占总人口的 1.24%。

80 年代后，70 岁以上人口占总人口的比重呈上升趋势。据人口普查数据，70 岁以上人口，1990 年占总人口的 3.02%，2000 年占总人口的 5.29%，2010 年占总人口的 11.10%。

人口普查年份珊瑚 70 岁以上人口情况一览表

表 3–9　　单位：人

年份	总人口	70~79 岁	80~89 岁	90~99 岁	70 岁以上人口占总人口的比重（%）
1953	3910	55	12	1	1.74
1964	3951	44	5	0	1.24
1990	7258	175	42	2	3.02
2000	6801	288	70	2	5.29
2010	4224	337	122	10	11.10

二、文化素质

新中国成立前，6 岁以上人口中文盲、半文盲占绝大多数，识字者普遍文化程度不高，初中、高中毕业生屈指可数，大学毕业生凤毛麟角。

新中国成立后，人民政府大力发展教育事业，人口的文化素质逐步提高，文盲、半文盲人数逐年减少。

据人口普查数据，1964 年，珊瑚公社有小学以上文化程度 1174 人，占总人口的 29.71%，其中，小学 950 人，初中 161 人，高中 59 人，大学 4 人；每千人中有大学文化程度 1 人。有文盲、半文盲人口 1838 人，占总人口的 46.52%。

1982 年，官庄公社（珊瑚隶官庄）小学以上文化程度占总人口数的 43.8%，占 6 岁以上人口的 50.94%。

1990 年，珊瑚乡有小学以上文化程度 3918 人，占总人口数的 53.98%，占 6 岁及以上人口的 63.90%，其中，小学 2755 人，初中 827 人，高中 262 人，中专 62 人，大学专科 9 人，本科3人；每千人中有大学文化程度1.7人。全乡有文盲、半文盲人口2212人，文盲、半文盲人口占总人口的30.48%，占6岁及6岁以上人口的36.10%。

2000年，全乡有小学以上文化程度5112人，占6岁及6岁以上人口的80.98%；其中，小学3182人，初中1446人，高中273人，大学专科43人，本科7人；每千人中有大学文化程度7.4人。全乡有15岁及15岁以上文盲人口897人，文盲人口占总人口的13.19%，占15岁及15岁以上人口的18.88%。

2010年，全乡有小学以上文化程度3608人，占6岁及6岁以上人口的93.98%；其中，小学1772人，初中1359人，高中383人，大学专科77人，本科16人，研究生1人；每千人中有大学文化程度24.5人。全乡有15岁及15岁以上文盲人口196人，文盲人口占总人口的13.19%，占15岁及15岁以上人口的5.75%。

第四节　婚姻与家庭

一、婚　姻

明清至民国时期，婚姻多为“父母之命、媒妁之言”的封建包办买卖婚姻；多数为一夫一妻，少数富裕人家则重婚纳妾；不少穷人抱童养媳（平民家庭为幼子抱养别人的女婴或幼女，长到十五六岁时便择岁末圆房完婚），配等郎妹（夫妻数年未生儿子，即抱养别人女婴或幼女，等待弟弟长大后成婚或无子者招赘嗣祧）。亦有“转亲婚”（嫂嫂或弟媳丈夫去世，因家境较好，相处和睦，女方不愿再嫁，经双方家族同意，而转嫁小叔子或大哥）。“打合同”(无力娶妻者或错过最佳结婚年龄依然独身的男人，选有女孩或等郎妹的家庭，愿与其女孩或等郎妹结婚，但不入赘其家，所生子女各家一半)，“一子承两房”（兄弟中一人生子，一人未生，为延续“香火”，兄弟俩便各为该“子”娶一妻，该“子”两妻所生儿女，分别归“兄”或“弟”）等特殊婚姻。早婚现象普遍，女子未满18岁结婚的占大多数。以男娶女嫁为主导，上门入赘为少数，婚嫁对象一般在本地和周边乡（镇）选择。民国20年（1931年）12月、民国23年(1934年) 4月，中华苏维埃共和国中央执行委员会先后颁布《中华苏维埃共和国婚姻条例》《中华苏维埃共和国婚姻法》，规定实行男女婚姻自由自主，一夫一妻；废除一切封建婚姻制度；禁止买卖婚姻、重婚纳妾和抱养童养媳；婚龄为男20岁，女18岁；珊瑚苏区认真贯彻执行。20世纪40年代，日本占领广东后，潮州、汕头一带近百名难民(有的携儿女）入境，在珊瑚安家落户。

1950年，中央人民政府颁布第一部《中华人民共和国婚姻法》，规定男女婚姻自由，不得包办和买卖，实行一夫一妻制，重婚为犯罪等新的婚姻制度。结婚年龄为男20周岁，女18周岁。平安区利用各种形式，广泛宣传，使婚姻法家喻户晓。

1980年，国家颁布新婚姻法（1981年1月施行），除将结婚年龄改为男不得早于22周岁、女不得早于20周岁外，还提倡晚婚、晚育。

2001年4月28日九届全国人大常委会第二十一次会议通过《关于修改〈中华人民共和国婚姻法〉的决定》，对1980年颁布的婚姻法作修正。其中“夫妻应当互相忠实，互相尊重；家庭成员间应当敬老爱幼，互相帮助，维护平等、和睦、文明的婚姻家庭关系”，结婚后“女方可以成为男方家庭的成员，男方可以成为女方家庭的成员”“子女可以随父姓，可以随母姓”等，深受群众拥护。

改革开放后，随着人们特别是男女青年交流交往范围扩大，嫁娶对象的地域亦随着扩大。1981—2015年，百余名云南、广西、贵州、四川、重庆、湖南、湖北、河南、河北、山东、陕西等省的男女青年因婚嫁落户珊瑚，亦有部分珊瑚籍女青年远嫁外省。

二、家　庭

宋、元、明时期，南迁的中原汉人陆续进入珊瑚，家庭规模较小。

清代至民国时期，人们崇尚“四代”“五代”同堂，子女众多，家庭规模较大，十多个人一家的很平常，部分家庭多达二十多人。

新中国成立后，实行一夫一妻制，家庭观念发生变化。20世纪六七十年代后，国家实行计划生育政策，家庭规模随着发生变化。1990年后，家庭规模逐步缩小，四代五代同堂户型已不多见。全乡家庭平均人口，1988年为5.14人，1998年为4.65人；2008年为3.90人；2015年为3.59人。

据人口普查数据，1990年，全乡家庭户1422户，平均每户5.02人。其中一人户66户，占4.64%；二人户101户，占7.10%；三人户172户，占12.10%；四人户225户，占15.82%；五人户324户，占22.78%；六人户248户，占17.44%；七人户128户，占9.00%；八人户66户，占4.64%；九人户46户，占3.23%；十人及以上户46户，占3.23%。单身51户，一对夫妇户29户，二代户750户，三代户452户，四代户24户，其他116户。

2000年，全乡家庭户1635户，平均每户4.07人。一代户179户，二代户868户，三代户565户，四代户23户。

2009年，全乡平均每户3.80人。全家四人及以下的共1300户，占86.09%；五人及以上的共210户，占13.91%。其中一人户352户，占23.31%；二人户387户，占25.63%；三人户329户，占21.79%；四人户232户，占15.36%；五人户133户，占8.81%。六人户55户，占3.64%；七人户11户，占0.73%；八人户9户，占0.6%；十人及以上户2户，占0.13%。一代户627户，占41.52%；二代户581户，占38.48%；三代户284户，占18.81%；四代户18户，占1.19%。

第五节 人口控制

一、生育政策

珊瑚乡执行国家、省、市（地区）、县制定的生育政策。

1973年前为“已经有3个孩子的不能再生”“两个最好、一个不少”。1973年后为“晚、稀、少”（生育晚一点、稀一点、少一点)。1979年后，“提倡一对夫妇生育一个孩子，严格控制二胎，坚决刹住三胎”。

1988年4月29日，福建省第七届人大常委会第2次会议通过《福建省计划生育条例》(1988年7月1日实施)；5月，上杭县委、县政府出台。同年7月1日起，依据《福建省计划生育条例》和《关于计划生育的若干政策规定》，农村执行“一胎半”生育政策,即：夫妻生育第一个是男孩的，应向乡（镇）人民政府申请领取“独生子女证”，享受相关的优待和奖励。若生育第一个是女孩的，间隔4年以后，且女方在25周岁以上，经批准可以生育第二个子女。1987年后，境内少数民族（蓝、钟、雷姓民众恢复畲族成分）执行计划生育优惠政策：允许符合上级政策规定的少数民族一对夫妇生育2胎。有下列情形之一的，由本人申请，乡审核，经县计划生育部门批准，可以有计划安排生育3个孩子：夫妇已有2个孩子，其中1个是非遗传性残疾，不能成为正常劳动力，夫妇都是独生子女的；再婚夫妇一方是初婚，新组成的家庭只有2个孩子的。

1990年，县第十届人大常委会第20次会议通过《上杭县贯彻〈福建省计划生育条例〉实施办法》，推行持证怀孕、凭证生育。

1993年，根据省七届人大常委会第22次会议修改通过的《福建省计划生育条例》，县第十一届人大常委会第17次会议通过修改后的《上杭县贯彻〈福建省计划生育条例〉实施办法》。

1994年，上杭县政府颁布《上杭县流动人口计划生育管理暂行规定》，对流动人口计划生育的管理提出政策要求。

2002年9月1日，《中华人民共和国人口与计划生育法》和《福建省人口与计划生育条例》正式实施，主要是放宽了生育第二个孩子的政策。

2015年10月29日《中国共产党第十八届中央委员会第五次全体会议公报》提出“全面实施一对夫妇可生育两个孩子政策”。根据2015年12月27日第十二届全国人民代表大会常务委员会第十八次会议通过的《关于修改〈中华人民共和国人口与计划生育法〉的决定》修正的《中华人民共和国人口与计划生育法》（2016年1月1日起施行）第十八条 规定，国家提倡一对夫妻生育两个子女。

二、措 施

1987年前，珊瑚计划生育工作由官庄乡（公社）党委、政府统一安排部署。主要是每年集中统一抓几次突击，并把它与经常性工作相结合，计划生育工作开始深入到群众中去。

1987年珊瑚复设乡后，乡党委、政府广泛深入地开展计划生育的宣传教育，逐步转变群众生育观念，采取切实可行的措施，推动计划生育工作的开展，人口增长过快的势头得到有效控制。计划生育工作由乡党委、政府组织领导，重点抓节育措施落实。对施行各种节育手术的对象实行奖励，对只生一个孩子并领取独生子女证的夫妇发给一定数额的奖励金，在就学、就医等方面给予照顾。

1990年后，把落实“三为主”（指计划生育要以宣传教育为主、避孕为主、经常性工作为主）方针作为计划生育工作的主线。全面推行人口与计划生育工作目标责任制，确定党政一把手亲自抓、负总责，分管领导具体抓，每年，乡领导与县签订责任状，把人口控制指标、计生率指标和计划外生育控制指标的完成情况作为考核的主要内容之一。

1991年，开始推行持证怀孕、凭证生育制度，被批准生育的列入生育计划，发给准生证(2002年改为生育证)。对育妇的管理从孕后管理转为孕前服务，定期给予查环查孕，提高避孕节育有效率。

从1993年起，对放环育妇要求定期查环，对持“生育证”孕妇要求定期查孕。

1994年，实行乡副科级以上干部挂钩村计生工作责任制。

自1995年始，各行政村开展创“六好三无”(领导重视，队伍建设好；政策落实好；无早婚，无计划外生育；宣传教育好；技术服务好；无大月份引产；制度建立好；干群关系好)计生合格村活动。大力推行“三结合”（计划生育与发展农村经济相结合，与农民脱贫致富奔小康相结合，与建立幸福文明家庭相结合）工作机制。计生“三户”(独生子女户、二女结扎户、批生二孩户)凭计生“三结合”优惠证享受县、乡制定的优惠待遇。

1995年，人口自然增长率由1988年的13.84‰下降到6.75‰。

从1996年起，实行计划生育“一票否决”制。所有行政村都建立计生村务公开监督栏，把计生政策、生育证发放、“双查”(查环、查孕)对象、出生人口进行公布，接受群众监督。

2000年，贯彻上杭县委、县政府《关于全面实施计划生育村规民约，进一步推进计划生育民主管理的意见》。

由于结婚生育高峰的冲击等原因，2001年、2002年，人口自然增长率又大幅回升。其中，2001年，人口自然增长率13.80‰，2002年达19.3‰。

2002年9月1日《中华人民共和国人口与计划生育法》《福建省人口与计划生育条例》颁布实施后，乡党委、政府进行广泛宣传，并精心制作进村入户计生宣传品。同年12月，贯彻上杭县《关于全面推行“信用计生户”信贷帮扶活动的实施意见》。

2003年，全面启动“信用计生证”信贷帮扶活动。同年，乡成立计生突发事件处理工作小组，建立举报奖励制度。综合治理出生人口性别比升高问题。

2003—2015年，人口出生率、自然增长率总体呈大幅下降趋势，人口增长过快的势头得到有效控制。

2001—2015 年珊瑚乡计划生育情况一览表

表 3-10

年份	政策符合率(%)	领独生子女证(人)	年份	政策符合率(%)	领独生子女证(人)
2001	—	1	2009	—	7
2002	—	12	2010	82	12
2003	—	10	2011	87	14
2004	—	7	2012	81	23
2005	—	8	2013	84	16
2006	—	7	2014	84	16
2007	—	14	2015	85	6
2008	—	21			

说明：本表数据由珊瑚乡计划生育办公室提供

三、管理和服务机构

20 世纪 70 年代初至 1987 年 6 月，珊瑚计划生育工作归官庄公社（珊瑚隶官庄）管理。

1987 年 7 月珊瑚复设乡后，珊瑚乡成立计划生育领导小组，领导小组组长、副组长及成员随乡领导的调整而调整。

2002 年，根据《中共上杭县委、上杭县人民政府关于县乡党政机构改革的实施意见》，珊瑚单独设置计划生育办公室，为正股级事业单位，设主任 1 人。2015 年，乡计生办干部职工共 5 人。林玉进、曹如文、陈桂凤、周红香、桂晨晖先后任计生办主任。

1989 年 9 月，珊瑚乡成立计划生育协会，协助政府贯彻落实人口与计划生育法和相关法律、法规和政策，宣传生殖保健、计划生育等科学知识，推进计划生育群众自治。

自 1991 年始，各行政村按每千人配备 1 名计生管理员，负责宣传计生法律法规，传授节育、优生优育等知识，督促落实节育措施等。2015 年，村级计生管理员 5 人。

1992 年 11 月，设立乡计划生育服务所，配备专职技术员，开展婚育知识培训、查环查孕、检查妇科疾病、宣传生殖保健和避孕知识等。

2015 年，计生服务所工作人员 3 人。

第四章　农　业

农业是珊瑚的主要产业。珊瑚自然条件优越，农业资源丰富，农业生产历史悠久。

宋元时期，珊瑚便有栽种谷类、豆类及大薯、芋头等杂粮。明代以后，又逐渐引进地瓜(番薯)、玉米、马铃薯等作物种植。清乾隆年间（1736—1795 年），境内大量兴建水利，开荒造田，农业生产逐步发展。

在漫长的封建时代，由于受封建土地所有制的束缚，农业生产方式原始，耕作技术落后，生产水平低下，农民终年艰辛劳作仍饔飧不继，温饱不能。

新中国成立后，农民有了真正属于自己的土地，农民生产积极性空前高涨。政府十分重视生产发展，贷款给农民买耕牛、农机具、化肥。不断推广新的耕作技术、新的农业机具，化学肥料，优良品种。耕作水平不断进步，科技含量不断提升，农业产量逐渐提高。农民生活不断改善。2015 年，全乡粮食总产量达到 3196 吨，亩产 419 公斤，人均口粮 366.2 公斤，农民人均纯收入 9840 元。

第一节　生产条件

一、耕　地

新中国成立前，珊瑚境内农民仅占有少量的土地，大部分土地均属地主、富农所有。部分外地有钱人在珊瑚买进耕地又租给当地人耕作。上杭城关一位姓饶的人每年秋季来上畲收地租，下坑张开甲在下珊瑚村境内有数十亩上等田，寺庙也占不少土地。上珊瑚上墩以前叫和尚垄，因为那一片耕地都是圆通山寺庙的。

珊瑚的耕地面积以“担”为单位，一季能收一担（50 公斤）谷子的面积说成“一担谷田”。现实生活中有人说一亩田四担，也有人说一亩三担半。

1950 年土改，颁发土地证，也未曾实际丈量，珊瑚人均分到三担八谷田（相当于 0.9 亩)。当时，耕地按土地肥力分为甲、乙、丙、丁、戊五个等级。1953 年，人民政府鼓励农民开荒扩种，圆通山，山寺头，上畲大磜、小磜等，耕地扩大不少。1990 年后，开拓乡村道路，修水渠，建中学，拓小学，建单位房舍，建农贸市场、私人住宅等，耕地逐年减少，下珊瑚村首当其冲。同时，农民工大量入城，留守者多为老翁老妪，无力耕作，出现偏僻农田抛荒现象。

2015 年年末，全乡有耕地 6315 亩，人均 0.75 亩。

若干年份珊瑚乡耕地面积、人均耕地情况一览表

表 4–1

年份	耕地面积（亩）	人口（人）	人均耕地（亩）
1950	—	—	0.90
1987	6574	6901	0.83
1994	6574	7907	0.95
2008	6574	7698	0.84
2014	6315	8242	0.77
2015	6315	8642	0.75

二、劳动力

珊瑚的劳动力比较充足。农业合作化以前，男壮劳力大部分农忙在家耕地，农闲出门打工，除在本地、周边乡镇外，多往江西赣南一带（俗话出汀州背），几乎都是泥匠、木工。人民公社时期，这些人叫“走副业”，要向队里交副业款，买工分，队里才给他们家人分粮食。1981 年后，实行家庭联产承包责任制，解放了生产力，富余劳动力大多冲出了农业，变成农民工，走南闯北，少部分在家种植养殖。

2015 年，全乡有劳动力 5356 人，每个劳动力承担 1.18 亩耕地。

若干年份珊瑚乡劳动力及负担耕地情况一览表

表 4–2

年份	耕地面积（亩）	劳动力（个）	每个劳动力负担耕地（亩）
1987	6574	4241	1.55
1994	6574	5139	1.28
2003	—	5032	—
2008	—	5034	1.25
2014	6315	5364	1.18
2015	6315	5356	1.18

三、畜　力

境内的农业畜力只有耕牛。农民养牛主要为了耕田。耕牛，是农民主要生产资料。历史上，当地农民多三户五家合养一头牛，合股购买，合作放牧使用，合股户连劳力还合作耕种。新中国成立后，人民政府鼓励农民养牛，贷款给农民买牛，对牛的管理也很严格，宰杀耕牛要经乡长批准。1952 年，珊瑚乡有耕牛 258 头。农业合作化后，农民的耕牛折价入社，集体

也买牛，分配给农民饲养放牧，给予记工分，生产队使用。随着农业机械化的推进，牛耕逐渐被机耕代替，山垄田、梯田，仍用牛耕作。

四、农机具

（一）耕作机具

农业合作化前，农业生产都用传统犁、耙、锄头、铁箍、耘田耙子等农具，生产效率低，劳动强度大。1956 年，农业合作社引进山地犁、双轮双铧犁。

1970 年，上杭县人民武装部部长、县革命委员会主任吕中钰视察圆通山，随后拨了一台东风 12 型手扶拖拉机，由上杭沿汀江船运到鲤子湖码头，经拆解抬到圆通山安装，供知青农场使用。珊瑚境内破天荒第一次使用机器耕作。

1975 年冬，官庄公社在珊瑚设机耕队，公社任命陈占园当队长（下珊瑚村人），机手全部是珊瑚人。在下珊瑚园圃岗建机库、修理房、办公室、会议室等。1976 年，机耕队拥有一台大型拖拉机，八台东风 12 型手扶拖拉机，二台脱粒机，二台小型收割机和一整套修理工具。机耕队耕作由公社统一安排，他们曾在回龙、濯坑、官庄、曾泗、新风等地作业。由于机耕队没有显示太多优越性，两三年后解体。

机耕队解体后，留了 4 台东风 12 型手扶拖拉机在珊瑚，上珊瑚大队、下珊瑚大队各 2 台。随后，除上园、竹子垄不通路外，珊瑚境内各生产队都陆续购买手扶拖拉机，下珊瑚八队率先。拖拉机除耕作外，还作运输工具，送公粮、运肥料。1981 年实行家庭联产承包责任制后，农业机具很快进入个体农户家中，生产队大的农机具也折价转让给农户。1988 年，全乡有手扶拖拉机 17 台，农业机械总动力达 459 千瓦，机耕面积 1682 亩。2005 年，全乡有手扶拖拉机 35 台，农机总动力达 2002 千瓦。自 2006 年始，政府鼓励农民购置各种农机具。如购买手扶拖拉机（含旋耕机）、动力脱粒机、培土机、起垄机、插秧机、收割机等，均可享受政府购机补贴。2013 年，农业机械总动力达 1338 千瓦，机耕面积 2460 亩。出现专业机耕户，为境内农户实行有偿服务。上珊瑚陈桥万农场拥有从播种到收割 16 台（套）价值上百万元的农机具。

（二）收割脱粒农机具

长期以来，稻麦都是用禾镰手工收割。稻谷脱粒沿用木制斗楻甩打，麦子则用人力将麦秆举起甩击石块脱粒，不仅费力费时，而且谷粒、麦粒散失不少，又打不干净。20 世纪 60 年代，开始使用脚踏双人打谷机，并很快得到普及。80 年代，每家每户都有一台双人或单人脚踏打谷机。21 世纪初，许多农户购置电动或以汽油机为动力的打谷机。到 2014 年，外地人开收割机来收割、脱粒，商业化。2015 年，上珊瑚陈桥万家建农场，购买全乡第一台联合收割机，村中大塅大垢耕地能适用。

（三）植保机具

农业合作社时，为农作物除虫防病开始使用单筒压轴式喷雾器和手摇喷粉器。农药常用六六粉等粉剂，对人伤害大。70 年代后，大部分使用背负式喷雾器，水剂，比喷粉好得多，很快得到普及。1981 年后，每家每户都有，不仅用来除虫，还用来除草（喷除草剂），农作物病虫基本得到控制。2014年，开始使电动除虫机，陈桥万农场购置一台遥控式喷雾除虫机(称无人机)。

（四）农用运输

20世纪70年代前都是肩挑。1975年杭庄公路通车，境内逐渐开机耕路。2005年后，机耕路逐渐改用水泥硬化。摩托车、斗车、板车、拖拉机、农用汽车代替了肩挑。

（五）农产品加工机具

境内农副产品加工长期沿用砻、碓（含水碓）和石磨、石臼等。20世纪70年代，华竹、彩坑、下坑、上珊瑚先后建小型水电站，用水轮机带动碾米机。此后，上珊瑚、下珊瑚8队先后购12匹马力（约8.8千瓦）柴油机，带动碾米机。1976年，回龙电站向珊瑚供电，电动机代替柴油机，既降低了成本，又省力又方便。农产品加工机械逐渐发展，大小碾米机、粉碎机、磨浆机、打面机、粉干机等加工机械广泛应用。2005年后，加工机械遍布每个村落。2015年，上珊瑚、下珊瑚村办了两家比较大型的碾米厂，采用剥谷壳式去砂石新型碾米机，深受群众欢迎。

上畲发现的古石磨（直径约73厘米，厚34厘米，上下层合计约重300公斤）

1988—2015年珊瑚乡农业机械情况一览表

表4-3 单位：千瓦

年份	农业机械总动力	其中			小型拖拉机		农用运输车		农用排灌加工机械	农用排灌电动机（台）	实际机耕面积（亩）
		柴油机动力	汽油机动力	电动机动力	数量（台）	动力	数量（台）	动力			
1988	459	238	—	221	17	150	—	26	—	—	1682
1989	—	—	—	—	—	—	—	—	—	—	—
1990	507	292	—	215	13	114	—	26	16	2	1150
1991	381	159	—	222	11	97	—	—	—	2	1192
1992	—	—	—	—	—	—	—	—	—	—	—
1993	671	229	—	442	12	106	4	96	—	3	1150
1994	816	559	—	257	12	—	—	106	—	—	1195
1995	586	370	—	216	14	123	7	711	—	21	1010
1996	653	429	—	224	16	141	8	235	—	4/33	7059

续表 4–3

年份	农业机械总动力	其中			小型拖拉机		农用运输车		农用排灌加工机械	农用排灌电动机（台）	实际机耕面积（亩）
		柴油机动力	汽油机动力	电动机动力	数量（台）	动力	数量（台）	动力			
1998	697	462	—	235	19	186	7	223	—	4/23	7659
1999	958	613	—	345	17	150	10	295	—	4	980
2000	955	613	—	342	17	150	10	295	—	4	980
2001	1074	766	—	308	20	189	12	355	—	4/33	910
2002	1635	775	435	425	35	374	9	270	—	4	1035
2003	1256	777	—	479	18	169	8	224	—	4	890
2004	1884	907	498	479	17	204	8	240	—	4	890
2005	1903	907	498	498	35	556	8	240	8	12	915
2006	1405	907	—	498	16	184	8	240	8	12	—
2007	1438	940	—	498	49	217	8	240	8	12	—
2008	1639	1127	—	455	25	205	3	210	11	11	1800
2009	1315	745	—	570	25	205	3	210	11	32	2360
2010	1385	767	28	590	28	328	16	368	46	—	4920
2011	1005	387	28	590	28	308	16	320	46	—	2200
2012	1210	675	120	415	28	308	15	345	48	—	2200
2013	1326	740	120	466	30	324	14	323	53	15	2460
2014	1367	765	123	479	31	336	—	—	—	13	2341
2015	1455	842	123	500	24	264	15	330	—	—	4410

五、农田改造

农业合作化时期，部分农业社组织过局部性整地，小坵变大坵。

1975 年冬，公社掀起大搞农田基本建设、平整土地热潮。此项工作只能在大村大墩中进行。珊瑚境内得益最多的是下珊瑚，其次是上珊瑚，再次是下坑。

2013 年，上杭县国土资源局投资 135.25 万元在下珊瑚进行高标准农田基本建设。

六、农田水利建设

珊瑚乡兴修水利历史悠久，人们在开发土地资源的同时也利用自然条件兴修水利设施，筑陂圳引水灌溉农田，也有依山谷筑山塘蓄水灌溉等。但大部分是依溪制作土堰，所用材料为土石木，属土木结构，容易被洪水冲毁，需要经常重修。

新中国成立后，人民政府重视水利建设，农业八字宪法，把水放在首位，群众也充分认识到水利是农业的命脉和“有收无收在于水”的道理，将水利放在农业的主要位置，大力修复和新建引水、提水、蓄水等各类工程。20 世纪 70 年代后，多改用水泥、钢筋混凝土、石块筑陂堰，比土木堰牢固。

（一）引水工程

珊瑚境内有 5 条落差较大的山溪流经各村汇入汀江，形成丰富有效的天然灌溉渠。明清时期,修筑数十条源自山窝山涧的陂圳灌溉山区半山区的梯田，主要有上珊瑚的头陂、二陂、三陂、高陂、食水溪陂、寨脚陂，寨颈陂、马石坡、垄子陂等；下珊瑚的窑前陂、大坎陂；下坑的结栏、长窖陂等。

新中国成立后对这些陂圳进行多次的维修。

20 世纪 90 年代始，为提高水的利用系数，对历年已建成的渠道（圳）进行改造，应用混凝土 U 型槽等，新建标准化渠道。

2015 年珊瑚乡部分引水工程情况一览表

表 4–4

渠道名称	所在村	渠道长（米）	灌溉面积（亩）	建成时间	渠道名称	所在村	渠道长（米）	灌溉面积（亩）	建成时间
杨梅山水库左干渠	华竹	1500	250	1984 年	垡　陂	下珊瑚	1200	150	民国
上圳	华竹	1350	200	民国	杨梅山水库左干渠	下珊瑚	3600	350	1984 年
头陂圳	上珊瑚	2500	350	1964 年	寨脚陂	上珊瑚	1800	250	民国
二陂圳	上珊瑚	750	150	民国	大陂圳	下坑	1700	150	民国
三陂圳	上珊瑚	2600	300	民国	猪古陂	下坑	200	200	民国
高陂	上珊瑚	800	200	民国	寨崀陂	彩坑	2100	250	民国
南溪渠	上珊瑚	2100	150	2003	梁尾陂	彩坑	1300	120	民国
食水陂	上珊瑚	1800	400	清朝					

（二）蓄水工程

民国时期，上珊瑚修朴树塘。20 世纪 50—70 年代，先后修建彩坑荒山窝山塘，下珊瑚山湖，上珊瑚上园水库，华竹杨梅山水库。其中，杨梅山水库为小（一）型水库。

杨梅山水库位于珊瑚乡白水礤上游的杨梅山谷中，库区树木茂密，覆盖良好，坝址岩基裸露，两岸山头较高，河床狭窄。1979 年 11 月，工程破土动工，上场劳力 400 人。清基时发现坝址地质有断层裂隙，设计人员因地制宜，用粘土心墙代替原设计的砌石双曲拱坝，节省大量石方和工程造价。施工中，实行定工程数量、质量及完成日期的奖罚办法，施工班组与工地，工地与地、县主管部门分别签订施工合同，加快工程进度。以全国“三八”红旗手陈妹为首的女子打石班，食宿在工地，开山炸石，美名远扬。经两年两个月的紧张施工，完成土石方35.24万立方米（其中石方15万立方米），1981年年底完成大坝枢纽工程，1982年竣工，总投资186万元（其中国家补助54万元）。

水库集水面积3.44平方公里，坝高39米，坝长116米，顶宽5米。设计洪水标准为20年一遇，校核洪水标准为200年一遇。总库容102万立方米，死库容4万立方米，放水涵管113米，放水设备在上游坝前坡用40厘米闸阀控制流量，溢洪洞在库区左侧，左干渠长1.37公里，灌溉七里、横头、华竹、下珊瑚等大队农田；右干渠长3.3公里，灌溉上珊瑚、下珊瑚一部分农田，总灌溉2100亩。水库以灌溉为主，并利用160米的落差发电，1985年建成一级电站，装机2台共225千瓦，投资28.73万元，初步解决珊瑚乡范围内照明、加工用电。

杨梅山水库（张强福 摄）

2015年珊瑚乡水库基本情况一览表

表4–5

水库名称	类　型	所在村	集水面积（平方公里）	坝高（米）	总库容（万立方米）	渠道长度（公里）	灌溉面积（亩）		竣工时间
							设计	实灌	
杨梅山水库	小（一）	华　竹	3.44	39	102	5.4	2100	700	1982
上园水库	—	上珊瑚	—	9	1.0	3.25	—	400	1977年
荒山窝山塘	—	彩　坑	—	9	1.2	2.0	—	120	1956年
山　湖	—	下珊瑚	—	7	1		—	110	1957年
朴树塘	—	上珊瑚	—	—	1.8	2	—	150	民　国

第二节　农业体制

一、封建生产关系

在漫长的封建社会中，境内为封建土地所有制。农民占有极少的土地。为了生存，农民不得不租赁土地耕种，遭受重租剥削。

地主阶级剥削农民的方式主要是地租、雇工和高利贷。

地　租　主要是定额租。农民租种地主的土地，一般是收成的四六分成，地主得六，农民得四；视田地优劣，有的三七分成，有的五五分成。一年分两次交田租，若逢灾年，双方可以协商，但农民得到减免的可能性极少。

雇　工　农民因无地少地或缺耕作农具，只得受雇于地主家当长工或打短工。长工，童工更多。长工，每年正月初七上工，至十二月二十四日散工，受雇期间，耕地耕山、打柴放牧、家务打杂，无所不作；严寒酷暑、刮风下雨、不得空闲，甚至有病还得家人或请人代替。短工也要早出晚归，工资极低，生活极苦。多数雇工无力娶妻，终身为地主奴仆。

高利贷　农民在遭受灾难或青黄不接时，为了生存，无奈向地主富农借钱借粮，数额较大的都要立字据，以田产、房屋，甚至以儿女作抵押。利息极高，比如，农历四五月青黄不接时农民向地主借一斗谷，到六七月夏收后归还要一斗半，到期未还、利上滚利，不少农民因借高利贷而致倾家荡产、背井离乡沦为乞丐，甚至家破人亡。

二、土地改革

1950 年，上杭县成立土地改革委员会，贯彻《中华人民共和国土地改革法》，周密任平安区土改工作队队长，指导土改工作。1951 年春，工作队进村，组织农会没收地主、富农、庙会、蒸尝土地分给农民。珊瑚农民每人分到三担八谷田（相当于 0.9 亩）。1952 年 7 月土改工作结束，颁发土地证，封建土地所有制结束，农民成了土地主人。

三、农业合作化

（一）互助组

1951 年土改后，农民有了真正属于自己的土地，生产积极性空前高涨，农业生产得到发展，农民生活得以改善。但是，因为劳力、耕畜、农具多寡不一，有的农户地多劳力少，或因耕畜、农具短缺，无法及时播种，少数农户由于灾害，又出现变卖土地现象。1953 年，中共中央作出《关于农业生产互助合作的决定（草案）》。于是出现互助组这一新生事物。

互助组有季节互助组和常年互助组两种。

季节互助组　境内传统三五家农户合股购买一头耕牛，轮流饲养，协商使用。季节互助组就是以这种养牛户为基础五七家农户组成一个互助组，春耕插秧、夏收夏种、秋收冬种农忙季节合伙耕作，自带农具互相帮忙。耕作时一般东家供饭。

常年互助组　在“自愿互利”的原则上，相邻的若干家农户组合一起，实行组内劳力、耕牛、农具、土地固定，这种形式叫常年互助组，收成归自己、劳动计报酬，评工记分、多劳多得，年终兑现。

至 1955 年 5 月 18 日，珊瑚乡（含下坑、彩坑）有常年互助组 61 个，季节互助组 11 个，参加互助组农户 654 户。

（二）初级农业社

1955 年，根据中央农村工作第四次互助合作会议精神，珊瑚开始兴办初级农业社。其做法：几个相邻的互助组合并而成。实行土地入股，耕牛农具折价入社，生产资料归集体。农业社有一套组织机构，有社长、副社长、会计、出纳、生产队长和记工员。这些管理人员都是不脱产的，社里给适当工分补贴（一年补贴一定工分）。由农业社有计划的统一安排生产劳动。社员按劳力强弱、技术高低，评工计分。当时珊瑚的初级社，除农业外还有副业，上珊瑚上园农业社，有土纸作坊 4 槽生产土纸，收入可观。在分配上，按规定完成征购任务，上交粮食及留足种子外，其余的收获产品和现金，以入股土地占 30%~40%，劳动工分占 60%~70%的比例分配。

（三）高级农业社

1956 年秋，上杭县掀起初级农业社合并为高级农业生产合作社（简称高级社）高潮。珊瑚亦由若干个初级社合并成一个高级农业社。高级社实行土地归集体，取消土地分红，耕牛、农具全部折价作投资归社，为集体所有。社内设脱产或半脱产的正副社长、会计、出纳、保管等人员，下设生产队，作业组，实行统一经营，分级管理。年终分配以社为核算单位，在扣除公粮和提取 5%公积金、公益金后，其余按劳动工分分配，多劳多得。1957 年，入社农户占农户总数的 98%以上。至此，农业合作化基本完成，耕地从私有制转变社会主义集体所有制。

四、人民公社

1958 年，中共中央颁发《关于农村建立人民公社问题的决议》。10 月，全上杭人民公社化，当时，珊瑚隶官庄人民公社。人民公社政社合一，既是政权组织，又是生产组织。工、农、商、学、兵“五位一体”，山林、土地、耕牛、农具等生产资料为公社集体所有，统一经营农、林、牧、副、渔。劳动管理实行军事化。公社把劳动力组建成团，下设营、排、班；行动战斗化（实行大兵团作战，出现“出工一条龙，收工一窝蜂”现象）、生活集体化，办公共食堂，统一开膳。生产脱离实际，干部在办公室办公桌板上算产量，一亩田几株几穗几粒，大搞“移苗并坵”，创高产，放卫星（浮夸），号称一亩地粮食产量数千公斤。“大跃进”急于求成，违背科学，违背客观规律。工作瞎指挥，刮浮夸风、“共产风”，定高指标、高征购。由于诸多因素，造成粮食连续三年减产，由于口粮严重不足，就搞“瓜菜代”，人们体质普遍下降，水肿病大量发生，出现人口逃荒和非正常死亡的现象。

1961 年，贯彻中共关于国民经济“调整、巩固、充实、提高”的八字方针和《农村人民公社工作条例》草案，对公社规模进行调整，上杭县将原 12 个公社划为 46 个公社，珊瑚单独设公社。1961年冬，贯彻自留地政策，划出少许（5%）耕地为社员自留地，核算单位下放到生产队，有的地方还包产到户，出现“三自一包”（自留地、自由市场，自负盈亏、包产到户），“四大自由”（雇工自由、贸易自由、借贷自由、租赁自由）。粮食和经济得到一定恢复和发展。但好景不长，很快又被纠“正”。自留地变成“资本主义的百货公司”，家庭副业变成“资本主义尾巴”。1973年推行“大寨式”劳动管理制度，搞“标准评分”，甚至还搞政治评分，严重挫伤社员群众生产积极性，出现“生产靠贷款，吃粮靠回销”现象。

1984年，撤社复乡，政社分设，人民公社体制告终。

五、家庭联产承包责任制

1980年秋，中共中央印发《关于进一步加强和完善农业生产责任制的几个问题》，1981年春，珊瑚农民自发把责任田承包到户。1982年春，贯彻中共中央1号文件《全国农村工作会议纪要》，全面落实家庭联产承包责任制，土地所有权仍为集体所有，承包给农民家庭经营，但不得买卖。耕牛农具折价给农民。农民有经营自主权，激发生产积极性，促进生产发展。1984年，中共中央明确土地承包期一般应在15年以上，使农民吃了“定心丸”。各生产队晒谷场、农业机具、仓库等大生产资料也作了处理。1997年8月，中央办公厅、国务院办公厅颁发《关于进一步稳定和完善农村土地承包关系的通知》，表明土地承包期再延长30年。2000年，陆续出现土地流转，主要方式是租赁，逐渐出现一批种植烤烟、芋头、仙草、百香果等作物的大户。

第三节　种植业

一、粮食作物

珊瑚境内种植的粮食作物主要是水稻。其次是地瓜、芋头、大薯、麦子、大豆等。水稻有早、中、晚稻，以早晚稻为主；番薯以晚番薯为主；麦子利用冬闲农田种植；大豆同甘蕃套种，以晚大豆为主。

（一）水　稻

1. 耕作制度

在漫长的封建社会里，农民开垦荒山，开渠引水、种植水稻。初以种植单季稻为主。明代以后，日照充足的大村大塅，在种水稻后的田里再种甘薯、大豆、麦子等杂粮。

20世纪50年代初，地处山区、半山的土地仍以单季稻种植为主，一部分早稻间作晚稻（俗称杰子）为两熟制。塅田是稻杂（地瓜、大豆）两熟制，部分增加冬种油菜、麦子、蚕豆蔬菜作为三熟制。1956年，试行“单季改双季，间作改连作”的耕作制度。20世纪50年代中叶，中央提出“土、肥、水、种、密、保、管、工”农业八字宪法。

60年代，引进矮秆稻种，大力推广连作双季稻。

70年代，实行“三改三化”（即单季改双季、高秆改矮秆、疏植改密植的耕作制度。品种优良矮秆化，育秧卷秧化，密植规格化）的水稻耕作制度，提出“打倒高种、消灭水秧”的口号。双季连作得以发展，稻杂面积逐渐缩小。

80 年代后，发展烤烟生产，稻田耕作制度以连作双季稻加冬种油菜麦子一年三熟制为主，其次是烟—稻一年两熟制。

2002 年，推广免耕栽种水稻技术（早稻收割后不再经犁、耙程序，而是喷上除草剂，三两天后就插上晚稻）。

2003 年后，由于很多农民变成农民工，农村劳动力大量外流，农村用粮大量减少，而水稻单位面积产量又得以提高等原因，双季晚稻种植面积缩小，中稻面积增加。

2. 品种改良

传统水稻以粳、糯二类为主。

20 世纪 50 年代以前，粳稻有细谷子、高脚青、红米谷等，中稻有八月黏，晚稻有汆子、铁脚禾。糯谷早季有红秆糯、白脚糯，中稻有大冬糯等。

农业八字宪法的“种”就是农作物品种的改良。人民政府非常重视农作物品种的改良。20 世纪 60 年代后，水稻品种改良经历了由高秆改矮秆，常规稻改杂交稻，杂交稻改超级杂交稻、优质稻三个阶段的改良。

60 年代，容易倒伏的高秆稻逐渐被矮秆稻代替，主要品种有珍珠矮、爱南特、广场 13 号、601 等。漳州农业局的胡纪攸（上珊瑚树园人）和长汀农业局种子公司的陈振生（上珊瑚下坊人）曾多次为珊瑚引进优良水稻品种。

70 年代，上杭县农业技术人员到海南学习杂交水稻制种技术，并带回种子，此后，产量高、抗病能力强的杂交水稻逐渐代替常规水稻。主要品种有闽优、威优、汕优系列。

自 90 年代始，杂交水稻全面推广，杂交水稻、优质稻并存，主要品种有特优航 1 号、特优 627、特优 125、T78、优 2155，Ⅱ优航 1 号、Ⅱ优航 2 号、奇宝优 527，优质稻宜优系列品种等。

水稻品种三次改良，使水稻亩产量实现三次大幅度的提高。

3. 栽培技术

(1) 育 秧

新中国成立初期，沿袭传统育秧方式，种子不经处理，用普通清水浸种，谷箩稻草温水催芽，秧田不分畦沟，全坵播种，以脚印或树枝隔开品种，播后长期淹水以防鸟害和保温。

1953—1969 年，推广种子过筛，盐水浸种，温汤淋种。1959 年，提倡合式秧田育秧，后推广湿润育秧、烤水秧。1970 年，推广温催芽。1971—1974 年，推广卷秧。1975 年，改为育产秧，二段育秧，其中以烤水秧、湿润育秧、薄膜育秧方式。1988 年始，推广用塑料秧盘育秧，此法育的秧适于抛秧。2000 年以后，农户都用塑料秧盘育秧，晚季采用湿润育秧以利免耕技术的实施。不论采用哪种方式育秧，播种时要稀播、均播，播后用竹扫帚轻压或用土杂肥盖种，以防鸟啄、防冻、防晒裂、防病虫害。秧田施肥掌握施足基肥，施好针肥、壮苗肥、送嫁肥，提倡低氮、高磷、高钾。管水则芽期晴天满沟水，雨天排干水，三叶期后不断水。秧田管理要勤，要灵活，农民十分注重秧苗管理，育壮秧、育好秧，“秧好半年粮”。

(2) 插秧 · 密植

农民的传统习惯为大丛稀植（一般40~50厘米）。1955年始，推广8寸至1尺的适当密植。农业八字宪法的“密”就是适当密植。1958年，脱离客观实际，强调越密越好，还推广移苗并垭，把几十亩的禾苗并成一亩，搞所谓“创高产”，致使粮食大减产，当年的粮食产量低于1949年。1965年引种矮秆稻，提倡合理密植（20~23厘米），采取拉绳定框办法，保证密植质量。1976年始，推行16~20厘米、13~20厘米小丛密植，每丛8~10株（常规品种）。1981年实行家庭联产承包责任制后，密植度掌握在18~20厘米，杂交水稻每丛1株或2株，密植度日趋合理。

(3) 施　肥

1950—1958年，水稻肥主要为农家肥（人粪尿、畜禽肥）、绿肥、稻草回田、草木灰、火烧土、土杂肥、饼肥，此外还有骨粉、石灰等。1959年后，提倡青草绿叶沤肥、圈肥、稻草回田等，以增加土壤有机质；发展养猪、养牛积肥，割稻草、嫩树叶下田，挑塘泥下田改土增肥。1967年始，利用冬闲田播种紫云英肥田；自造5406等细菌肥；但化肥施用量逐年增多，出现忽视有机肥倾向，土杂肥、野生绿肥的积造减少。自1971年始，上杭西山下化肥厂生产氨水，化肥以施用氨水为主，每个生产队都建有若干个氨水池储藏氨水。自1973年始，停用氨水，改用固体氮肥碳氨。1980—2011年，推广微肥，磷酸二氢钾、硫酸镁等作根外施肥。化肥用量增加，农家肥用量减少，产量虽不断提高，地力却在下降。

1950—1959年，为了有效地保持农家肥的肥力，人们将大量的牛、猪粪晒干打碎后，用抓捏塞到每丛禾头下面，爬上泥土封盖，以防肥力流失，俗称“塞粪”。60年代后，人们不再采用这种花工累人的施肥方法。

70年代后，施肥方法推广“三结合”“三为主”，即有机肥与化肥结合，以有机肥为主；基肥与追肥相结合，以基肥为主；前期追肥与后期追肥相结合，以前期追肥为主。技术上掌握“五看”（即看天、看土、看肥、看品种、看苗情），根据不同情况灵活施用。

(4) 病虫害防治

主要病虫害 水稻主要病害有稻瘟、纹枯病、白叶枯病、稻曲病（谷菌）、细条病等，主要虫害有螟虫、稻飞虱、稻叶蝉、稻纵卷叶螟、稻苞虫、稻瘿蚊、稻蝗虫等。

人工防治 1952年前尚无化学农药。病虫害发生后，人民政府动员农民开展人工防治，如拔除被螟虫食蛀的稻秆，摘除虫苞以防漫延、点灯诱蛾等，1970年后，农村逐步普及农业科学技术知识，采取“以防为主，综合防治”的方针，推行“治早、治少、治了”的办法。

农药防治 使用广、销量大的杀虫剂，1952—1969年为六六粉、滴滴涕、乐果、敌敌畏、美曲膦酯（敌百虫）；1970年后有杀虫脒、甲胺磷、叶蝉散、杀虫双等；1984年后引进二嗪农、水胺硫磷、氧化乐果、菊酯杀虫剂等。杀菌剂：1953—1969年有西力生；1970—1983年有稻瘟净、克瘟散、异稻瘟净、拖布津、井冈霉素、稻脚青等。1984年后，引进三环唑、霜疫灵、甲维盐、毒死蜱、异丙威扑虱灵、氯氟氰菊酯等。此外，1959年和1972年曾推广土农药茶枯、硫黄、石灰粉、辣蓼草、雷公藤、断肠草、石蒜、松针、烟骨、煤油、肥皂、白碱等防治病虫害。自2007年始，禁止甲胺磷、甲基对硫酸、久效磷、对硫磷、磷胺等

33种高毒农药使用，在蔬菜、果茶上限用25种农药。

耕作防治 早冬翻土早溶田，消灭越冬螟虫和捞出菌核，压低病虫基数；实行轮作换茬；严格种子消毒、减少菌源；选用抗病加强的品种，培育壮秧，增强抗力；增施磷钾肥，限施氮肥；适时烤田，减少病虫滋生条件。

(5) 杂草防除

农田常见杂草有稗草、鸭舌草、三棱草、野荸荠草等。传统的除草方法，主要靠中耕拔除。新中国成立后，除沿用传统办法外，还结合种子过筛，药物浸种处理掉杂草种子。改善生产条件，大搞农田基本建设，提早溶田。2000年后，人们大量使用除草剂除草，以减轻杂草危害。2010年后，因残留加剧，影响农作物生长，除草剂使用量下降。

(二) 地 瓜

珊瑚有种地瓜的历史，地瓜也叫甘薯、红薯，俗称番薯。

地瓜是当地主要杂粮，种植面积仅次于水稻。历史上有"瓜菜半年粮"的说法。20世纪70年代以前，地瓜多种在早稻收割后的田里。割了早稻，把田整成若干畦，畦中种地瓜，畦面上面再播一些绿豆，畦壁上套种大豆。80年代联产承包责任制后，都种双季稻了，地瓜就移到旱地、山陂地种植。其品种有六十子、地下伏、大叶番薯、红番薯、缺子番薯等，质地优者莫过制作连城地瓜干的红番薯。当地人也制作地瓜干，分生干、熟干。生干当粮食，熟干制作得好的为零食上品。其加工工艺如下：将地瓜洗净、切小块、先晒三两天，放到开水中煮开，捞出，又晒三两天，再蒸，再晒干，收藏，等到起"盐霜白"时吃，又香又甜，味道极佳。

(三) 麦

当地人把麦分为谷麦（有外壳）、米麦（又以皮之颜色分为红麦子和白麦子）、面麦（可制馒头包子面条的）。

历史上珊瑚有种麦的习惯，秋收后种在稻田或地瓜地里，三熟制，为翌年度春荒，喝麦糊、麦粥。种的数量不多，麦根强，耗肥，种麦的田，第二年种稻要多下肥。1981年以后，仅有那些做麦芽糖(饴糖)的人(育麦芽作饴糖的催化剂用)种植。当地麦子产量极低，1980年下坑大队小麦亩产才16公斤。上珊瑚大队麦子亩产才8.5公斤，种麦不合算。

(四) 大 豆

在《黄帝内经》中，大豆被称为"五谷"（粳米、小豆、麦、大豆、黄黍）之一，但珊瑚人从不把大豆作粮食，而当作菜食用。

按品种分，大豆分黄豆、黑豆两类。按季节分春大豆和秋大豆两种。

春大豆多种在荒杂地，种的人不多。历史上秋大豆多与番薯套种，1981年后多种稻田塍上，种不多，大多为自家食用，逢年过节自做豆腐，极少作为商品。黑大豆作保健品吃，炖猪脚、制姜糖（产妇坐月子必吃黑豆姜糖）。

(五) 其他杂粮

主要有玉米、高粱、拳头粟、狗尾粟等，多在荒杂地、菜地套种，为零星种植。

1988—2015年珊瑚乡粮食作物生产情况一览表

表4-6

年份	播种面积（亩）	总产量（吨）	亩产（公斤）	稻谷					
				播种面积（亩）	总产量（吨）	亩产（公斤）	早稻		
							播种面积（亩）	总产量（吨）	亩产（公斤）
1988	12339	2726	221	11426	2678	234	5659	1412	250
1989	11936	2678	224	11498	2646	230	5678	1355	239
1990	12035	2707	225	11465	2658	232	5626	1354	241
1991	11820	2783	235	11309	2735	242	5470	1412	258
1992	10994	2504	228	10307	2440	237	4497	1148	255
1993	11641	2707	233	10774	2608	242	5004	1356	271
1994	12142	3033	250	11317	2948	260	5662	1588	280
1995	15645	—	—	11114	2913	262	5424	1582	292
1996	16917	3058	262	10854	2922	269	5164	1541	298
1997	16135	3149	269	10895	3032	278	5310	1635	308
1998	17320	3710	272	10849	3064	281	14794	5012	339
1999	11743	3219	274	10930	3100	284	5340	1645	308
2000	11600	3170	—	11743	3219	—	—	—	—
2001	11581	3470	—	6265	—	—	—	—	—
2002	11754	3688	196	11028	3511	318	9690	3198	330
2003	11028	3511	318	9690	3198	330	4590	1634	330
2004	11466	3554	310	9940	3222	324	4640	1484	320
2005	11455	3638	318	9957	3246	326	4670	1471	315
2006	11415	3642	319	9958	3258	327	4682	1476	315
2007	8171	2780	340	7402	2548	344	3467	1072	309
2008	6761	1983	293	6359	1897	298	2899	855	395
2009	6828	1943	285	6675	1903	285	3312	930	281
2010	6994	2055	294	6830	2014	295	3257	953	393
2011	9310	—	—	6997	2084	297.8	3333	996	298.8
2012	6987	2561	366.5	6821	2520	369.4	3132	1120	357.6
2013	7221	2730	378.3	7060	2691	381.2	3372	1244	368.9
2014	7406	3081	416	7351	2944	400	3233	1511	467
2015	7627	3196	419	7450	2943	395	4379	1471	336

续表 4-6

年份	稻谷						番薯		
	中稻			晚稻			播种面积（亩）	总产量（吨）	亩产（公斤）
	播种面积（亩）	总产量（吨）	亩产（公斤）	播种面积（亩）	总产量（吨）	亩产（公斤）			
1988	44	10	213	5720	1256	220	256	25	98
1989	100	21	210	5720	1270	222	237	22	93
1990	119	24	202	5720	1280	224	238.5	27.3	114
1991	109	18	165	5730	1305	228	200	21	105
1992	90	19	211	5720	1273	223	225	26	116
1993	50	11	220	5720	1241	217	210	42	200
1994	50	15	300	5605	1345	240	215	35	163
1995	50	11	220	5640	1320	234	200	38	190
1996	50	15	300	5640	1366	242	213	43	200
1997	50	15	300	5535	1382	250	202	42	208
1998	50	15	300	5535	1417	256	205	43	210
1999	50	15	300	5540	1440	260	200	41	205
2000	91	27	297	3482	1034	297	13	5	385
2001	11581	—	—	—	—	—	—	—	—
2002	11754	—	—	—	—	—	—	—	—
2003	11028	—	—	4740	1564	330	380	101	266
2004	714	232	325	1586	1506	328	505	103	204
2005	693	233	336	4594	1542	336	350	87	249
2006	687	241	351	4589	1541	336	349	87	249
2007	537	207	386	3564	1378	387	193	60	308
2008	67	18	269	3393	1024	302	14	6	429
2009	2695	899	334	8276	2676	323	466	111	238
2010	91	27	297	3482	1034	297	13	5	385
2011	99	29	2929	3565	1059	297.1	12	5	416.7
2012	108	41	3796	3581	1359	379.5	14	5	357.1
2013	105	41	3905	3583	1046	392.4	14	6	428.6
2014	107	45	421	3911	1488	380	14	6	429
2015	351	154	349	4028	1587	394	14	7	500

二、经济作物

（一）烤　烟

珊瑚的土质、气候适宜种植烤烟。20 世纪 70 年代，珊瑚开始种植烤烟。当时的政策口号是“以粮为纲、全面发展”，先要保证粮食作物面积，烤烟只能种在旱地、山坡地、开荒地及晚季稻秧田。1970 年，官庄供销社开始收购烤烟。1976 年，官庄公社在珊瑚设烤烟收购点。1984 年后，乡政府重视发展烤烟生产，并把它作为发展农村经济、增加农民收入的主导产业，以“计划种植、主攻质量、提高单产”为指导方针，采取品种良种化、种植区域化、栽培规范化等一系列措施，引导农民多种烟，在资金上给予扶持，生产技术上给予指导。1987 年复设珊瑚乡后，乡政府曾一度采用鼓励加强制的办法发展种烟，加大扶持力度，派技术人员进村入户进行技术辅导，调动烟农积极性，烤烟种植面积逐年增加，出现陈裕和、胡志强、胡琼英、陈勤、郭洪辉、陈耀灿、胡和汉、蓝思福、胡荣何等一批种烟大户。2005 年开始，烟草局实施烟田水利、道路等基础建设项目建设（简称“烟基”工程）。至 2015 年，全乡“烟基”工程投资总额为 316.12 万元，受益烟田面积 3499 亩，建立密集烤房 81 座，烤房建设补助资金 118.94 万元。种植面积 830 亩，烤烟产量达 105 吨。上等烟比例为 54%。

2005—2014 年珊瑚乡“烟基”工程建设情况一览表

表 4–7

年份	烟田水利道路		密集烤烟房（座）	烤房建设补贴资金（万元）
	数量（项）	建设资金（万元）		
2005	—	—	14	18.00
2006	9	14.64	10	15.02
2007	2	13.62	19	36.80
2008	8	83.50	—	—
2009	3	72.40	—	—
2010	1	10.91	7	6.80
2011	3	44.19	—	—
2012	—	—	8	—
2013	1	12.73	10	35.00
2014	—	—	13	7.32
合计	27	251.99	81	118.94

1995—2015 年珊瑚烤烟生产收购情况一览表

表 4–8

年份	种植面积（亩）	总产（吨）	年份	种植面积（亩）	总产（吨）
1995	205	25	2006	620	62
1996	905	89	2007	472	51
1997	337	32	2008	573	76
1998	260	36	2009	495	71
1999	320	30	2010	497	62
2000	320	30	2011	700	100
2001	500	48	2012	810	117
2002	706	94	2013	852	124
2003	600	66	2014	830	105
2004	610	64	2015	608	88
2005	550	55			

（二）药 材

珊瑚的土质气候适于药材生长，山上山下、田头地角、溪边路旁到处都生长野生药材。民国期间，当地百姓徒步肩挑送野生药材到上杭县城收购，品种有天门冬、灵芝、双钩藤、狗脊、鱼腥草、夏枯草、金银花、叶里藏针等几十种。20 世纪 80 年代初期，圆通山发展种植田七、射干、罗汉果等十几种药材。1987 年建乡后，确立“高起点建设、产业化经营”的发展思路，着力发展药材生产，第一期种植杜仲 500 亩，套种射干，栽培郁金香、玫瑰茄、田七、罗汉果等多种药材 200 亩，建立千亩药材基地。1993 年，从泰宁引进新品种速生杜仲 2.2 万株，医药公司派林珍裕等人为 100 多名药农传授种植、管理技术。乡政府对种植户在资金上给予扶持，政策上给予倾斜，给 50 亩以上种植户贴息贷款，并免收有关费用。采用公司加农户形式，分散生产，集中管理，做到规划、供苗、技术指导、品牌销售“四个统一”。下坑村主任张选从全家五个劳力到岐山开荒种药材 32 亩，成为发展药材种植带头人。

1997 年，全乡药材种植面积 750 亩，品种有杜仲、射干、玫瑰茄、白芷、辛夷花、白术、郁金、桔梗等几十个品种。1999 年发展到 950 亩。2002 年，在圆通山、下坑岐山、下珊瑚坪铺岗等地种植药材 600 亩，增加薏米、白花蛇舌草等十多个品种，到 2006 年，药材面积达 1000 亩。珊瑚，被称为“药材之乡”。

由于销路不好、价格波动大等诸多因素影响，2010 年前后，珊瑚的药材种植大幅度减少，至 2015 年已很少人种植。

（三）茶 叶

珊瑚茶叶种植历史悠久，多种在荒坡地、田头地角，农民自种自采自用，或做礼品送人，商品率极低。

圆通山海拔高（圆通顶海拔 1041 米），终年云雾缭绕，土质气候适合于茶叶生长，生产的茶叶质量上乘，久负盛名。明成化六年（1470 年），宗鉴和尚在此建圆通寺。清顺治七年（1650 年），临济宗僧九一到圆通山，在扩建宝殿层楼的同时，开垦周围良田，种植稻谷和茶叶。辟有茶园数十亩，茶禅双馨，年产 500 公斤左右，供僧日用有余。所产“圆通茶”为茶中珍品，驰名县内外。清光绪九年（1883 年），福建水师提督钟宝三到此修行，晚年，撰写《圆通茶经》。

2004 年，珊瑚乡政府融资 20 多万元，首期在圆通山上种植铁观音、毛蟹等优质茶 50 亩。2005 年，引进龙岩客商投资 150 万元，新辟茶园 150 亩。到 2007 年，茶园面积已达 350 亩，承包给安溪茶商采摘加工，签约 3 年，第一年产茶 14 吨。由于山上无电，茶叶须运到十多公里外的珊瑚集镇老粮站加工，采茶工每日往返上山采茶，工效低。2008 年产茶 6 吨。第三年，疏管理，只采摘（“捡白食”）。年终，承包商回安溪，投下 200 万元资金开发的茶山，任其自生自灭。

上珊瑚上畲寨背、下珊瑚西瓜头产的茶质量好。

2015 年，茶叶实有面积 220 亩，产量 4 吨。

1988—2015 年珊瑚茶叶生产情况一览表

表 4-9 单位：亩

年份	实有面积	采摘面积	年份	实有面积	采摘面积
1988	30	—	2002	—	—
1989	40	—	2003	20	18
1990	—	—	2004	50	50
1991	—	—	2005	50	—
1992	119	100	2006	50	30
1993	119	100	2007	50	30
1994	119	100	2008	220	215
1995	—	—	2009	220	200
1996	—	—	2010	200	200
1997	85	80	2011	220	220
1998	85	80	2012	220	220
1999	85	82	2013	220	220
2000	—	—	2014	220	220
2001	—	—	2015	220	220

（四）芋　头

珊瑚历来有种芋头习惯，几乎每家每户都种一些芋头，既当主食，又当做菜用。农妇还在芋卵（头）田里套种蔬菜。俗语“人有人缘，菜有菜园，黄瓜带豆种在芋卵田”。品种有棉花芋、早禾子（亦叫六十子）、槟榔芋（也叫香芋子）、棕芋等。2010 年，下珊瑚陈利琳、陈书球开始引进规模化商品化种植槟榔芋，亩产 150 公斤左右，产值 6000 元，利润 3000 元左右，比种水稻效益高。此外，还有陈德芳、陈德辉、蓝思福等种芋大户。芋头，每年腊月种下，翌年中秋节前收获，长汀、上杭湖洋一带客商开着大卡车到珊瑚收购，价格面议，销往广东一带。2010 年种 460 亩，2012 年种 200 亩，2013 年种 350 亩，2015 年种植 413 亩。

（五）蔬　菜

20 世纪 80 年代前，珊瑚种植蔬菜基本属于自给自足，“房屋前后，种瓜栽豆”，不成规模，商品率极低。芥菜（当地人叫大菜）和萝卜为当地主菜，除鲜吃外还晒（腌）制菜干、萝卜干，常年使用。也有一些农妇常年种菜卖菜，卖菜干，补贴家用，但不多，数额不大。其他品种主要有：白菜类有小白菜、大白菜、花菜、包菜、三月青、四月曼等；绿叶菜类有空心菜、芹菜、菠菜、艾菜、苋菜、甘蓝菜；茄果类有茄子、西红柿、牛角椒、鸡嘴椒、灯笼椒等；瓜类有黄瓜、苦瓜、南瓜、冬瓜、丝瓜、佛手瓜等；豆类有带豆、四月豆、六月豆、冷露豆、狗爪豆、花豆（亦叫南京豆）、迎花豆等；葱蒜姜类有冬葱、月月葱、扁葱、大蒜、韭菜、生姜等；薯类有马铃薯、大薯、药薯等；多年生菜类有冬笋、麻笋、甜笋、苦笋、绿笋、金针菜（黄花菜）。2014 年，引进秋葵（亦叫黄金葵）。20 世纪 80 年代末，珊瑚开始规模化种植小米椒（朝天椒）。市场价格波动较大，高时每公斤 14~16 元，低时每公斤 2~3 元，受其影响，小米椒种植不稳定。

（六）水　果

珊瑚的水果不多。传统水果有桃、李、梨、杨梅、柑橘、橄榄、柚子、香橼、枇杷。20 世纪 80 年代逐步引进奈李、板栗、蜜橘、脐橙、西瓜、葡萄。多为零星种植，不成规模。2014 年，上珊瑚下坊的陈平从广西引进号称“百果之王”、含维生素很高的百香果，种植 60 亩。2015 年，全乡实有水果面积 70 亩，产量 73 吨，每亩产值万元以上，其经济效益比种植水稻高。

三、其他农作物

（一）花　生

当地俗称番豆，在珊瑚种植比较迟，且零星种植未能形成规模，多则一两亩，农民把花生果送去榨油厂榨油供自家食用。

（二）油　菜

农业合作化以前每家每户都种油菜，但不多，二三担谷田，用菜籽换油供自家食用。20 世纪 90 年代，引进大种油菜，产量较高，也曾扩大种植。2000 年后，农民收入增加，食油价格下降，已很少人种油菜。

（三）木　薯

20 世纪 50 年代，木薯传入珊瑚。多在山坡地、开荒地零星种植。将切片晒干、粉碎或生碾碎、落粉，粮食不足时补贴，不做商品。现已无人种植。

（四）焦　芋

当地俗称番芋，20 世纪 50 年代传入，多种在零星荒杂地。60 年代粮食困难时期，曾大量种植用以充饥度荒。用焦芋粉制作粉皮角粉一度成为当地重要副食。80 年代后，种植面积大幅减少。21 世纪，已很少有人种植。

（五）黄麻・苎麻

20 世纪五六十年代，大部分农户都有种植。黄麻用来搓绳索，用以捆绑柴草、牵牛、编草鞋作纲。苎麻用来织线，补衣裳，搓细绳纳鞋底。苎叶有药用价值，农妇用春苎叶做米粄，据说吃了能防腰腿痛。20 世纪八九十年代后，农妇不再做布鞋，不再搓苎叶线缝补衣裳，农家也不搓绳编草鞋，苎麻失去它的价值，农民不再种植。

（六）甘蔗・西瓜

20 世纪六七十年代，珊瑚种过一年的甘蔗，自制食糖，结果得不偿失。现在零星种一些，当水果用。

20 世纪 70 年代中期，广东人到珊瑚承包种过一年的西瓜。

（七）仙　草

2012 年，上珊瑚胡琼英、胡灿新，下珊瑚陈德先等人引进仙草种植，先后种了 3 年，第一年每公斤 14 元，到第二、第三年价格下跌，低价时每公斤 3~4 元，价格波动太大，销路不好。

（八）食用菌

华竹、下坑、下珊瑚荷山下都曾产上乘红菇。除此，境内还有香菇、灵芝、黑木耳、鸡肉菇、姐妹菇、梨菇、辣菇、青面菇、赤面菇、松菇等。

20 世纪 60 年代，珊瑚曾人工栽培银耳，每公斤价格 12~14 元。

1985 年，浙江香菇客商到上珊瑚大磜、小磜种无菌香菇。大量树木被毁，数年后停止。

境内有人栽培凤尾菇、黑木耳、毛木耳蘑菇等，数量不多，未能成为规模，自产自用的多，上市的少。

（九）蚕　桑

1989 年，龙岩地委、行署把桑蚕生产列为老区群众脱贫致富主要项目之一。上杭由县农业开发办牵头，成立蚕桑公司，珊瑚乡由乡经委主任蓝瑞洲具体负责实施。当时向农业银行贷款 3 万元作启动资金，派胡普春、蓝思辉、林兆良等人到浙江技术培训，作为珊瑚蚕桑的技术骨干。在下珊瑚长窖里建立蚕桑示范基地种桑，号称百亩，实际仅有 80 亩左右，建了一大间养蚕房和三间住房。各村农户也种桑养蚕，技术人员入户辅导。一年后，有了收获，出了蚕茧，送上杭县城郊丁家山收购加工（烤茧）。但由于秋旱缺水，桑树供水不足，桑叶供不应酬，蚕茧产量低，经济效益不好。到 1992 年，蚕场停办，农行贷款也无力偿还，珊瑚的蚕桑事业终止。

附：家庭农场选介

1.桥万家庭农场简介

珊瑚桥万家庭农场位于上珊瑚村船寨背，于2013年12月13日登记注册，农场主陈桥万(女)。该农场基地占地面积约2000平方米。该场租赁流转耕地150亩。主要种植有烤烟、优质稻、配套种植花生、黄豆、玉米、油菜，全年实现产值约60万元、利润18万元，全年可帮助本村及周边村劳动力20余人解决就业问题。

该农场成立以后，累计投入资金200余万元，加强农场基础设施建设。至2015年，共购置收割机、起垄机、运输车、手扶拖拉机、发电机、手推式植保机、单架式喷雾器、背负式电动喷雾器、抗旱抽水机、榨油机等16台套。这些农业机械，享受国家政策农机补贴45%。新建了烤房5间（烘干稻谷、烤烟)、工厂化育秧大棚1座，完善了培训室等配套设施。农场积极推广应用水稻插秧技术，积极把农场打造成“五新技术”示范基地（2016年添置无人喷雾器一架)。

水稻工厂化插育秧主要内容有：300平方米 PC阳光板育秧温室，配套成套自动化水稻催芽机、自动化水稻播种机、碎土机、叉车、育秧硬盘、多层育秧盘架、高速插秧机等设备。服务内容包括：育秧，面积1000亩/季；实施作物栽培机耕、植保专业合作化等社会化服务项目；实施推行水稻“五新”（新种、新肥、新药、新技术、新农机具）技术，提供统一品种、统一育秧、统一技术、统一施肥、统一病虫防治为内容的“五统一”和耕、种、收等专业化服务，提高产能区水稻生产社会化服务水平，确保产能区良种覆盖、主推技术应用、测土配方施肥、病虫害专业化统防统治、种管收综合机械化等五新技术推广。

2. 鸿运家庭农场简介

珊瑚鸿运家庭农场位于上杭县珊瑚乡上珊瑚村南山路，紧靠南山观音寺，于2014年7月9日登记注册，由该村村民张玉华、陈平夫妇创办。农场基地面积约1600平方米，距离乡政府所在地2公里处，交通便利，周边生态环境良好，无工业污染，非常适合绿色、无公害生态农业发展。

农场承包租赁流转耕地150余亩，主要种植百香果、优质水稻、烤烟等农作物。配套种养殖花生、玉米、小黄姜、蜜蜂、生态鸡鸭等。年度产值约90万元，创造利润在30万元左右，全年可帮助解决当地劳动力30余人。

该农场成立以来，经常参加农业技术培训，学习别人先进经验，使产品数量和质量大幅提高，逐年加大投入，累计投入资金100余万元加强农场基础设施建设，目前建设有百香果种植基地露天棚架50余亩，温室大棚育苗基地10亩。

第四节　林　业

珊瑚乡地处山区，峰峦叠嶂，林地面积 3452.92 公顷，占全乡总土地面积 80.3%。

一、森林资源

据林业资源信息调查，2015 年，全乡有林地 3350 公顷，人均 13.36 亩，竹林面积 13.54 公顷，灌木林 51 公顷，活立木蓄积量 166200 立方米，人均约 20 立方米。

（一）面积 · 蓄积

2015 年珊瑚乡森林资源分布情况一览表

表 4–10

村　别	有林地（亩）	森林覆盖率（%）	活立木蓄积量（立方米）	生态林面积（亩）
华　竹	7255	76.04	22200	3414
下珊瑚	6995	65.13	20400	3788
上珊瑚	18721	82.46	65200	5221
下　坑	10162	82.5	30400	1628
彩　坑	7012	79.54	28000	1597

（二）结　构

珊瑚乡山地林木针、阔叶林均有，针叶林主要以松、杉为主，阔叶有樟树、荷树、凿树、枫树等。落叶混交林，竹林占 0.041%，覆盖以茅草、芒箕为主。

2015 年年底，珊瑚乡有防护林 896 公顷，特用林 83 公顷，用材林 2194 公顷，薪炭林 30 公顷，经济林 134 公顷，竹林 13.54 公顷，灌木林 51 公顷。珊瑚是国家级生态乡，有生态林 1009 公顷。

2015年珊瑚乡林地结构情况一览表

表4-11　　　　单位：公顷

乡、村	功能区	土地总面积	林地											非林地
			面积	有林地						经济林	竹林	灌木林地	未成林造林地	
				有林地	林分									
					防护林	特用林	用材林	薪炭林						
珊瑚乡	合 计	4283.74	3414.45	3350.25	895.73	83.13	2193.73	29.82		134.28	13.54	50.95	11.91	869.29
珊瑚乡	生态区	1006.14	1006.14	1003.4	895.73	83.13	0	0		12.03	12.5	2.75	0	0
珊瑚乡	商品区	3277.6	2408.31	2346.85	0	0	2193.73	29.82		122.25	1.04	48.2	11.91	869.29
华 竹	合 计	636.46	498.16	483.95	191.08	1.99	248.59	0		42.28	0	4.62	9.59	138.3
华 竹	生态区	205.11	205.11	205.11	191.08	1.99	0	0		12.03	0	0	0	0
华 竹	商品区	431.35	293.05	278.84	0	0	248.59	0		30.25	0	4.62	9.59	138.3
上珊瑚	合 计	1514.41	1274.76	1248.74	457.79	81.14	682.33	0		27.49	0	26.02	0	239.65
上珊瑚	生态区	538.93	538.93	538.93	457.79	81.14	0	0		0	0	0	0	0
上珊瑚	商品区	975.48	735.83	709.81	0	0	682.33	0		27.49	0	26.02	0	239.65
下珊瑚	合 计	716.44	477.22	466.63	20.26	0	428.14	0		18.23	0	8.27	2.31	239.22
下珊瑚	生态区	23.01	23.01	20.26	20.26	0	0	0		0	0	2.74	0	0
下珊瑚	商品区	693.43	454.21	446.37	0	0	428.14	0		18.23	0	5.53	2.31	239.22
下 坑	合 计	821.7	687.83	677.86	107.42	0	513.32	20.14		36.99	0	8.61	0	133.87
下 坑	生态区	107.42	107.42	107.42	107.42	0	0	0		0	0	0	0	0
下 坑	商品区	714.28	580.41	570.44	0	0	513.32	20.14		36.99	0	8.61	0	133.87
彩 坑	合 计	594.74	476.49	473.06	119.19	0	321.36	9.68		9.3	13.54	3.43	0	118.25
彩 坑	生态区	131.69	131.69	131.69	119.19	0	0	0		0	12.5	0	0	0
彩 坑	商品区	463.05	344.8	341.37	0	0	321.36	9.68		9.3	1.04	3.43	0	118.25

（三）珍稀树种

珊瑚乡有国家级保护树种片荷枫、天竺桂、红豆杉、野茶树等，省级保护树种罗汉松、樟树、江南油杉等。

百年、千年古树在上珊瑚上畲、树园较多。上珊瑚黄泥岭下有一株三丫古松树甚是奇特：树头一棵，到一米多高就分成三棵，树围 5.3 米，树高 40 多米，当地百姓把它当神树，为婴孩“契母亲”，取名“松树妹”“松树生”“松仔”等，此等树貌方圆百里仅此一棵。此外，还有乌桕、鸡爪梨、小板栗、紫荆花、红槟子等，上园有两棵数百年树龄的鸡爪梨。

二、山林权属

新中国成立前，珊瑚境内林权大多私有，公有的仅是不多的公尝山、寺庙山、坟地山、桥山、后龙山、水口山等。公尝山用于祭祖开支或族事经费支出，桥山专用于修桥架桥（以前乡村桥梁大多是木桥）。

1951 年颁发土地证。土地证上也有山林，按当时科技水平，山林无法实地丈量，面积也无法确定，只能大概一块，界址只能是溪、河、山顶、山脚、路等。合作化后，山林归农业社、公社（乡）、大队（村）、生产队（村民小组）。1982 年，开展林业“三定”改革，落实山林权属。珊瑚境内无国有林。

三、造林・育林

新中国成立前，珊瑚未有计划地组织植树造林，森林多处于自生自灭的自然生长状态。

新中国成立后，人民政府将林业纳入国民经济计划，贯彻“以营林为基础，普遍护林，大力造林，采育结合，永续利用”的方针，促进林业发展。但由于受到 1958 年“大炼钢铁”和 70 年代初中期乱砍滥伐的严重影响，至 1987 年，珊瑚仍有大面积的宜林荒山。1988—2015 年，全乡共植树造林 23699 亩。其中，2006 年引进龙岩亚古林业公司投资 300 万元，在下珊瑚种植速生桉树，签约 2000 亩，完成种植 2000 亩，2015 年冬因严寒冻死。

1988—2015 年珊瑚乡营林生产情况一览表

表 4–12 单位：亩

年份	造林面积	迹地更新面积	封山育林面积	零星植树(万株)	育苗面积	幼林抚育面积	成林抚育面积
1988	698	866	—	25.779	438.1	130530	—
1989	8391	—	—	3.7	23.72	—	—
1990	7451	—	3400	7.5	5.2	—	—
1991	—	—	4500	1.5	—	11169	—
1992	—	—	—	—	—	—	—
1993	—	—	4500	2	1	1371	—
1994	—	—	3400	2	1	2000	—
1995	—	—	35000	—	—	—	—
1996	668	518	4722	1	—	—	—
1997	125	388	4772	1	—	708	—
1998	407	115	20730	2	—	537	200
1999	101	144	20730	1	—	905	1371
2000	101	—	7500	—	—	—	—
2001	—	—	6159	1	—	300	631
2002	139	68	6159	1	—	330	2424
2003	—	109	3320	1	—	3000	200
2004	—	—	2086	1	—	1000	145
2005	—	300	1632	4	—	3000	500
2006	389	1998	3388	—	—	500	200
2007	—	1408	3388	—	—	2500	30
2008	1550	65	—	—	—	1408	150
2009	—	948	5060	1400	—	—	—
2010	—	796	10421	3640	—	1005	—
2011	—	310	10620	10000	2	—	—
2012	100	—	10421	10421	—	5153	7270
2013	114	—	10421	2000	—	5997	8992
2014	138	—	—	0.13	—	—	—
2015	109	257	1042	2	45	6025	20878

四、森林保护

民国时期，多有乡规民约禁山护林。为禁护千家村后龙山，相传胡荣现（又名胡锦峰）曾演过一出双簧。他暗中叫他的亲房到禁山“后龙山”上去砍柴，又叫人揭发报案，而后大张旗鼓地把砍柴者（亲房）养的猪拖出当众宰杀，四两半斤的分给当地民众，强制那个亲房在大庭广众之中检讨谢罪保证，收到“杀一儆百”的良好效果。

新中国成立后，政府重视森林保护，强化林业法制，禁止乱砍滥伐，千方百计保护森林。然而，1958 年全民炼铁，伐薪烧炭，砍伐之狂，势不可挡。大办食堂，砍树劈柴，无人阻拦。70 年代，千家村后龙山千年大树全被砍光。1985 年，浙江人到上珊瑚磜上种植香菇，千百年树龄的杂木满山光，珊瑚北溪几乎断流。90 年代，在上珊瑚办木器厂（生产棉纺线轴），全砍直径十多厘米的杂木。21 世纪初，上园境内几十棵千年、百年树龄的罗汉松被私卖。

（一）森林防火

1984 年始，政府每年与村委主任签订护林防火责任状，村、组、户订立护林防火公约，落实各项护林防火措施。1988 年后，贯彻落实国务院《森林防火条例》及《福建省森林防火实施办法》，加强宣传教育，悬挂“谁烧山谁坐牢”“进入山场、防火第一”等醒目标语牌，制定村规民约，严格野外用火管理，制止违章用火，消除火灾隐患。2000 年，珊瑚乡制定《森林防火应急预案》，成立护林防火队伍（专业扑火队），购置灭火设施（器具、服装等）、举办防火培训。乡村干部、护林队员逐山头、逐地段建立防火责任区，分片包干，从源头上防止森林火灾发生。一旦发生火灾，乡村干部立即组织人力上山灭火，扑火队奔赴现场灭火。事后，乡村干部等人清理现场，防止死灰复燃。对森林火灾肇事者严惩不贷，视其情节轻重给予惩罚，重者上报司法，依法惩处，轻者罚款，罚放电影。

（二）森林病虫害防治

珊瑚境内，森林病虫主要是松毛虫。新中国成立后，比较严重的发生过三次，第一、二次发生在五六十年代，当时还没有林业站，没有治，自生自灭。第三次发生 1994 年夏天，由林业站组织采用喷撒甲基 1065 药杀，取得良好效果。

（三）划定生态公益林

2004 年，珊瑚乡在汀江干流珊瑚段两岸一重山及汀江支流源头汇水区域划定生态公益林 1009.1 公顷。林业部门按每公顷每年下拨资金 65.7 元作为生态公益林管理经费。生态公益林的生态效益、社会效益得到重视，进一步调动林农保护森林的积极性。

生态林

五、林产品

（一）木 材

1988 年，生产木材 100 立方米。2004 年后，木材生产量较大，均在 1000 立方米以上，其中，2013 年达到 5972 立方米。

（二）毛 竹

珊瑚的竹林主要在上珊瑚和彩坑。历史上，毛竹主要用于生产土纸。土纸生产的鼎盛时期是农业合作化时期，仅上珊瑚上园就有五个造纸作坊（俗称纸寮）。现在，上珊瑚磜上千亩毛竹林绝种了。

（三）松 脂

20 世纪 50 年代，松脂产量高，有的一株大松树，一天能出脂 1.5~2 公斤。进入 21 世纪，平均一株树 0.25 公斤，因为树太嫩、太小。

（四）山苍子

珊瑚境内有大量山苍子树。山苍子嫩叶配制米糊清香可口，还有药用价值。树根、果实、果油都是良药。20 世纪七八十年代供销社大量收购山苍子果，在河头煎制山苍子油卖至医药公司。1988 年珊瑚中心小学师生勤工俭学搞创收，在半天山种山苍子树，第二年挂果便有收成。学校煎山苍子油出售武平等几家香料厂。

（五）油桐 · 棕树

珊瑚油桐历史悠久，民谣“家有千棵桐，一生不受穷”，几乎家家户户都有油桐树。20 世纪 80 年代曾大力发展油桐。收一两百公斤桐子的农户很多。90 年代后萎缩。

珊瑚也有不少棕树。上园、华竹、彩坑周边村较多，俗语“种上千棵棕，家中不会空”。棕树容易种，种在房前屋后，田头地角，易生长，不施肥，不除虫，成本低。棕皮或送供销社收购，也有编棕衣、织棕垫的人上门收购。

（六）油 茶

珊瑚的土质气候适合种植油茶，历史上有“油茶之乡”的美誉。退休人员陈某夫妇在下珊瑚西瓜头种油茶成为示范基地。2009 年，华竹村开发油茶种植 300 亩，至年底全乡林地流转种植油茶 1300 多亩，与福建山宝油茶公司签订为期 40 年的油茶种植承包合同。2010 年，引进福建阡陌纵横农业发展股份有限公司和福建山宝油茶有限公司 2 家企业投资开发万亩油茶种植基地，一期在彩坑村建立育苗基地 300 亩，种植油茶 6800 亩，至年底在华竹、彩坑等村种植油茶 3800 亩。

1988—2015年珊瑚乡主要林产品生产情况一览表

表4-13 单位：吨

年份	木材（立方米）	竹材（万根）	松脂	竹笋干	油桐子	油茶子
1988	100	—	20	—	11	3
1989	—	—	17	—	15	1
1990	—	—	11	—	7	1
1991	—	—	9	—	8	2
1992	—	—		—	10	3
1993	—	—	6	1	11	4
1994	—	—	7	—	15	4
1995	—	—	5	—	13	5
1996	1000	—	110	5	50	4
1997	818	—	80	—	60	6
1998	558	—	—	—	12	5
1999	—	—	10	—	13	5
2000	—	—	—	—	—	—
2001	300	6	91	4	13	5
2002	153	—	3	—	12	6
2003	153	—	13	—	8	—
2004	2118	3	12	1	8	—
2005	1370	7	12	1	8	7
2006	1985	—	—	—	—	—
2007	2409	—	—	7	—	—
2008	2395	1	4	—	1	—
2009	2622	—	5	7	—	—
2010	4929	—	—	—	—	—
2011	5071	—	—	—	—	—
2012	5881	—	2	6	—	—
2013	5972	—	—	8	—	—
2014	—	—	—	—	—	—
2015	7016	—	—	8	—	—

1988–2015年珊瑚乡林业总产值一览表

表 4–14 单位：万元

年份	林业总产值	年份	林业总产值	年份	林业总产值
1988	10	1998	88	2008	179
1989	—	1999	86	2009	268
1990	88	2000	—	2010	328
1991	16	2001	89	2011	381
1992	51	2002	—	2012	610.2
1993	—	2003	75	2013	566.84
1994	—	2004	180	2014	765
1995	—	2005	271	2015	924
1996	62	2006	259		
1997	819	2007	163.93		

说明：林业总产值为当年价

第五节 畜牧业

一、家畜养殖

（一）猪

猪是农民的主要家畜，养猪也是农家主要经济来源之一，有“穷人莫断猪”之说。

新中国成立前，农民缺地缺粮，养猪不多。新中国成立后，政府重视毛猪生产，号召“大养特养其猪”，农村养猪得到发展。1958年，人民公社把社员家庭养猪折价归集体饲养，结果失败。到1960年，猪存栏少，许多农家没有猪肉过年。

20世纪六七十年代，珊瑚境内农户一年才养一头两头猪，有的养一头母猪，一头菜猪。一头菜猪养一年才五六十公斤，传统落后的品种，落后养法，效益极低。猪的品种主要有两头乌子，体小、长得慢、产量低，但肉质好，亦属保护系列优良品种。

1981年，农村生产责任制落实后，农民仓中粮食多了，乡村有畜医站，推广猪的新品种、新的养猪技术，注重防疫，又有商品饲料。农民养猪积极性迅速提高，家家户户都养猪，多的养十几头、几十头，并引进大约克、中约克巴克、杜洛克、苏白等优良品种，改变传统的水料分槽喂养为精、粗、青混合加添加剂或全价饲料生喂，缩短了生长周期，从仔猪产下之日起，一般喂养4~5个月即可长110公斤左右出栏上市，养猪效益提高。

20世纪末，乡政府大力扶持养猪业发展，把发展生猪当作农村主导产业来抓，养猪成了珊瑚的支柱产业。生猪养殖迅猛发展，出现了一批养猪专业户，养猪大户，办了大量的养猪场。繁殖，采用先进的人工取精、人工配种。1993年，全乡生猪出栏5458头。1997年，生猪价格暴跌，为保护农民养猪积极性，乡上组成生猪营销队伍，筹集10万元营销周转资金，与农民签订产销合同。营销队伍走南闯北，将珊瑚生猪源源不断贩往漳州、建瓯和广东揭阳、汕头等地，至年底，销出3000多头。2001年后，养猪业持续稳定发展，至2009年达到高峰，当年生猪出栏15533头，存栏10276头，猪肉产量1155吨。下珊瑚有一养猪户，一年赚了80多万元。

2011年始，汀江横滩断面成为上杭城区新水源取水点，为保护水源环境质量，县，乡政府制定政策，控制养猪规模，治理养殖业污染。2014年，以补偿办法拆除53家1.53万平方米养猪场。

（二）牛

养牛历史悠久，珊瑚养的牛多为黄牛，水牛不多。农民养牛主要为了耕地，“牛是农家宝”主要体现在农耕上。

新中国成立后，农民分得土地，牛显得特别重要，政府向农民发放贷款买牛，鼓励农民养牛。1952年，珊瑚有耕牛258头。农业合作化以前，珊瑚养牛形式大多三几户农民合资购买一头牛，轮流放牧喂养，协商使用。农业合作化时期，农民的耕牛折价归农业社。1981年农业生产责任制落实后，农民又买牛养牛了，到1988年，全乡耕牛存栏427头，1995年存栏834头。随着农业机械化的推进，特别是国家对农民购买农机实施补贴后，机耕逐渐代替牛耕，耕牛数量渐渐减少。到2010年，全乡耕牛仅存32头，2012年，牛肉价格涨到每公斤80~90元，刺激农民发展养牛，出现部分养牛大户、专业户，此时牛主要不是生产资料。上畲的陈庆文，养的多为母牛，繁殖快、效益高。2013年，全乡牛的存栏达244头，2014、2015年继续发展，多的户养几十头，下珊瑚的陈光华、陈书扬在长窖里办生态养牛场，科学养殖，放养圈养结合；华竹的蓝子洲等成为当地的养牛大户。

养牛（长窖里）

（三）羊

20世纪70年代前，珊瑚农民很少养羊，主要是缺乏草场，不具备牧羊条件。70年代，圆通山知青农场曾一度养羊。90年代后，羊肉价格不菲，珊瑚出现养羊热。上畲的陈华文、华竹的蓝永祥、下珊瑚的陈汉英和陈光华、下坑的张家雄先后养羊。2011年，全乡养殖山羊达460多头。

2012 年年末，羊存栏 502 只；2013 年年末，羊存栏 475 只，生态养羊户 3 家。2015 年，羊存栏 458 只。

（四）兔

珊瑚养兔历史悠久。家庭妇女以养兔增加经济收入，以养家兔（肉兔）为主。20 世纪 70 年代，曾一度出现养剪毛兔（长毛兔），剪下的毛送供销社收购。以后又引进大种兔、老鼠兔。80 年代中期，社会上盛传兔吃百草、其肉营养价值高、是保健上等食品，兔价长盛不衰，养兔蓬勃发展。1988—2013 年，下珊瑚陈明长利用中学停办后校舍养兔。2014 年，下珊瑚陈元林接着养，多时存栏 2000 多只。

珊瑚乡若干年份兔子存栏数一览表

表 4–15　　单位：只

年份	出栏数	年份	存栏数
1989	4140	2010	1253
1993	4500	2012	2496
1995	10750	2013	3075
1999	13989	2014	9254
2003	51006	2015	8584
2007	62812		

（五）狗

珊瑚人有养狗的习惯，大多是养家狗，也引进少量猴狗、哈巴狗、狮狗、狼狗、牧羊犬等。20 世纪七八十年代，上珊瑚胡金春曾专业养狗，养几十只，供肉食。

养狗易发生狂犬病，下珊瑚踏下陈某盛、下坑村张广某妻丧命于狂犬病。20 世纪 70 年代，人民公社曾一度明令禁狗，但禁而不止，风声过后，养狗又多起来。至 2015 年，还有不少农户养狗，供看家护院和肉食。狂犬病隐患犹存。

（六）猫

境内农家和小商店多有养猫。猫是老鼠天敌。猫肉还有药用价值和保健功能。猫价格，每公斤 80~90 元。

二、家禽养殖

鸡、鸭、鹅等家禽饲养在当地历史悠久。珊瑚较贫困，不少农户把养鸡养鸭当作家庭经济来源的必要补充。20 世纪 90 年代以前，农民家里的油盐靠卖鸡鸭蛋，孩子的学费靠卖鸡卖鸭。

鸡的品种除当地土鸡，还引进河田鸡、三黄鸡(嘴黄、脚黄、皮黄)、锦鸡、白毛乌肉鸡。

鸭的品种有黄鸭，也叫水鸭，以产蛋为目的，年产蛋 300 粒左右；番鸭（个体重 3~4 公斤、产量高、肉质好）；胡鸭，也叫菜鸭（水鸭与番鸭杂交，生长快，产肉，不下蛋）。

20 世纪五六十年代，上珊瑚陈必庭、胡富珠是孵鸭专业户。他们的传统孵小鸭技术在周边乡镇小有名气，先后孵了 20 多年，每年都孵几万只鸭子。

20 世纪六七十年代，受“左”倾错误影响，“鸡头鸭头不能超过人头”，限制养殖。1981 年后，鸡鸭养殖猛增，鸡肉鸭肉成了家常便菜。到 20 世纪 90 年代，出现专业养殖户。2013 年，珊瑚专业养鸡户 5 家。2014 年，彩坑的梁启琳养鸭、下珊瑚陈永常养鸡场规模较大，多的时候存栏超过 6000 只。

鹅是所有家禽中生长最快的，养两个月就有 3~4 公斤。溪边河畔或有其他水草资源的都可养。下珊瑚庙坝附近农户养得较多。

三、其他养殖

（一）野　猪

2005 年，彩坑村引进福州客商投资 50 万元，办野猪养殖场，仅养一年就停办。

（二）竹　鼠

2010 年，上珊瑚村上塅村民胡清开等三家饲养竹鼠，总笼位 600 个，购进竹鼠种苗 200 多只。2015 年停养。

（三）豪　猪

2014 年，下坑村民张勤从漳州引进豪猪种苗饲养，豪猪抗病能力强、繁殖快（至 2016 年 5 月已发展到近 300 只），价格每公斤 90 元左右。

（四）蜜　蜂

珊瑚有养蜂传统，但规模不大，大部分农户养一两箱。2011 年后，蜂蜜价格 120~140 元/公斤。上珊瑚村胡开清养 40 箱。

（五）山　鸡

2013 年前后，上珊瑚村民陈柏文利用上畲旧屋养殖山鸡。买受精蛋，自家孵化，100 多只。因销路不好，仅养两年就停养。

1988—2015年珊瑚乡养殖业生产情况一览表

表4-16

年份	猪			牛			家禽		禽蛋产量(吨)	肉类总产量(吨)
	当年出栏(头)	存栏(头)	猪肉产量(吨)	当年出栏(头)	存栏(头)	牛肉产量(吨)	存栏(只)	禽蛋肉产量(吨)		
1988	2049	—	188	—	427	—	—	21	—	—
1989	—	5178	414	—	427	—	2400	21	—	—
1990	1955	—	204	—	—	—	11200	25	—	—
1991	2629	—	292	—	—	1	—	27	16	327
1992	3853	2950	—	16	—	2		12	—	—
1993	5458	—	518	41	—	6	5600	18	—	—
1994	5230	—	387	34	—	3	—	34	52	—
1995	5576	826	—	31	834	446	27250	—	—	—
1996	5740	5885	402	85	—	4	29900	64	53	—
1997	6350	5750	508	128	—	13	29700	77	59	—
1998	7184	—	1743	115	—	11	—	73	—	—
1999	8200	4500	574	145	—	16	2000	76	66	—
2000	7148	5728	—	—	1128	—	—	—	—	678
2001	—	—	578	—	570	—	—	—	76	—
2002	8756	4072	612	—	715	738	—	86	—	738
2003	8966	5560	628	135	623	14	2500	76	—	—
2004	9078	5737	—	129	611	635	66127	71	—	—
2005	9126	5875	643	127	605	13	24538	70	—	—
2006	9126	5875	639	127	605	13	24538	70	—	—
2007	7265	6115	530	44	310	24	—	—	—	—
2008	12442	5560	848	16	89	1	14542	36	—	—
2009	15533	10276	1155	31	100	4	22062	51	—	—
2010	5806	4062	438	—	32	1	21982	27	—	—
2011	5273	3592	404	19	49	1	21043	26	—	—
2012	4957	4166	379	23	61	2	15678	24	11	431
2013	9453	7930	470	29	244	3	16744	20	13	507
2014	9745	6141	743	28	244	3	21303	23	—	805
2015	9620	7895	760	47	246	5	12015	44	—	48

第六节 水产业

一、养 殖

（一）池塘养鱼

珊瑚的池塘养鱼历史悠久。20 世纪中叶，上珊瑚胡思斌、下珊瑚陈大棣等人专业养鱼苗，除满足当地需要还销往长汀、武平和才溪、官庄等地。20 世纪八九十年代，官庄圩上卖鱼苗的几乎都是珊瑚人。

1981 年以前，多在厅堂、祠堂门口的池塘养鱼。1981 年后，部分农民用责任田挖池塘养鱼，池塘养鱼逐年增加，生产的鱼基本满足本地需要。

（二）库湾养鱼 · 网箱养鱼

1997 年，金山水电站大坝建成，形成库区，珊瑚彩坑村有 5000 多亩库区水域，库湾养鱼、网箱养鱼应运而生，成为珊瑚一大特色。1999 年，彩坑村对网箱养鱼进行结构调整，把零散、不规范的网箱养鱼集中统一管理，连片经营，当年投放 86 个网箱。2005 年，引进龙岩客商投资 300 多万元，建立 100 多亩库湾养鱼基地，网箱养鱼 100 多箱，投放鱼苗 200 多万尾，当年产鱼 360 吨。2014—2015 年，彩坑村张民桃库湾养鱼 200 多亩，品种以草、鲤、鳙、鲢鱼为主，年产量 200 多吨，销往龙岩、漳州一带。

彩坑村库湾养鱼（2015 年 7 月 11 日 胡康福 摄）

二、捕 捞

汀江在珊瑚境内流长 10 多公里，沿河有 5 条溪涧。1970 年以前，溪河游鱼随处可见。1970 年以后，随着化肥农药的大量使用，溪水污染逐年严重，加之一些不法之徒毒鱼、电鱼、炸鱼，溪涧鱼虾几乎灭绝。1997 年金山水电站库区形成特别是 2009 年横滩塅成为上杭城区新水源取水点后，为净化取水区水质，上杭每年从江西鄱阳湖调入几十万尾鱼苗投放到汀江珊瑚段。汀江珊瑚段的鱼又多又大。下坑村的河头横滩陈华荣兄弟、詹良胜及彩坑张中发兄弟等人从事专业捕鱼，除满足本地需求，还销往官庄、才溪、湖洋、上杭城区和武平的中堡、十方等地。

1988—2015 年珊瑚乡渔业生产情况一览表

表 4–17

年份	淡水养殖面积（亩）			水产品产量（吨）			总产值（可比价）（万元）
		池塘养殖	库湾养殖		捕捞	养殖	
1988	62	52	10	10	4	6	2
1989	62	62	—	10	4	6	—
1990	53	—	—	14		7	21
1991	50	50	—	14	7	7	8
1992	47	47	—	12	6	6	6
1993	334	275	59	10	2	8	9
1994	50	50	—	14	7	7	—
1995	50	50	—	16	8	8	—
1996	52	52	—	25	15	10	80
1997	228	108	123	48	12	36	78
1998	4238	124	4114	185	35	150	224
1999	4274	133	4114	208	45	163	243
2000	—	—	86	265	—	—	—
2001	4247	133	4114	265	219	46	413
2002	4247	133	4114	270	90	180	246
2003	4247	133	4114	238	92	191	288
2004	4247	133	4114	340	150	190	439
2005	4247	133	4247	360	150	210	314
2006	4247	118	4129	370	180	190	418
2007	673	53	616	292	111	149	439
2008	888	88	800	148	28	120	254
2009	888	88	800	150	25	125	229
2010	888	88	800	144	16	128	196
2011	361	88	273	102	12	90	134
2012	361	88	273	123	12	111	203
2013	361	88	273	123	12	111	223
2014	375	96	230	125	19	112	223.1
2015	370	90	230	206	66	140	395

第七节 管理机构

一、农技站

1987 年珊瑚建乡，设立农技站，其职能是负责作物栽培、土壤肥料、经济作物、农业技术推广和能源方面的管理。建立农业新品种、新技术试验示范基地和病虫害测报，及时为农民提供农作物生产各阶段的技术服务，促进农业技术推广应用。珊瑚农技站在相当长一段时间曾经营种子、农药、化肥。该站编制 6 人，实有 3 人，其中农艺师 2 人，农经 1 人。

二、农机站

珊瑚农机站于 1988 年建立。农机站职能主要是对辖内农机驾驶技术培训，农机维修、使用、推广和安全监督等方面管理，为农业生产服务。

三、林业站

1989 年设立珊瑚林业站，编制 3 人，最初设在庙坝，租赁民房办公。不久，林业站在集镇所在地独立建房。林业站受县林业局和乡政府双重领导，担负林政管理、营林生产、护林防火等职责。

四、畜牧兽医站

1987 年珊瑚建乡后成立畜牧兽医站。其职能负责对家禽家畜进行定期防疫。2005 年，为预防禽流感的发生，乡畜牧兽医站人员入村上门为农民禽兽免费注射疫苗。其后每年春秋两季组织人员进村入户给禽畜打针防疫，确保境内禽畜健康。

五、水利工作站

1987 年珊瑚建乡后成立珊瑚水利工作站。其职能负责辖区内防汛抗旱、水土保持、农田水利建设、农村饮水安全和水利科技推广，承担乡内水资源规划、水利工程建设、管理运行维护技术指导等工作，并负责农田水利、人饮项目上报，编制水毁项目修复计划等。

六、烟草站

珊瑚建乡后成立烟草站，2006 年并入官庄烟草站。烟草站实施对境内烤烟种植面积、品种、栽培技术、采摘、烤烟等环节生产管理、技术指导，建立合同制收购、扶持奖励等管理。

珊瑚乡农业管理机构负责人名录

表 4–18

机　构	姓　名	职　务	任职时间
农技站	陈亨和	站　长	1987—1993
	余兆康	站　长	1993—1999
	蓝锦珍	站　长	1999—2002
	丘福山	站　长	2002—2005
	蓝锦珍	站　长	2005—
农机站	蓝启芳	站　长	1988—1995
	谢始荣	站　长	1995—1996
	陈占园	站　长	1996—2006
	胡庆华	站　长	2006—
林业站	蓝万昌	站　长	1989—1994
	范能功	站　长	1994—1998
	林堂洲	站　长	1998—2003
	曹善来	站　长	2003—2007
	丘建能	站　长	2007—2008
	温宗传	站　长	2008—2014
	黄胜生	站　长	2014.10
畜牧兽医站	陈万昌	站　长	1987—
	邱文斌	站　长	—
	林招雄	站　长	—
	蒋　云	站　长	2014
	李珍华	站　长	2014.12—
水利工作站	胡瑞攸	站　长	1988—1990
	钟子汉	站　长	1990—1993
	林树汉	站　长	1993—1996
	胡洪春	站　长	1996.06—2001.01
	陈裕源	站　长	2001.02—2016.05
烟草站	廖嘉斌	站　长	1992—1994
	高友锋	站　长	1994—1998.09
	蓝金隆	站　长	1998.10—1999
	林　贵	站　长	1999.10—2003
	彭国华	站　长	2003—2004
	钟福州	站　长	2004—2006

第五章　工业·建筑业

第一节　工　业

珊瑚的工业始自直接为生产生活服务的零星手工业。明清至民国时期，逐步发展裁缝、打铁、手工造纸、烧砖瓦、木竹加工等，均是手工操作，处于零星状态。

新中国成立后，在社会主义改造过程中，珊瑚手工业者按自愿原则组织生产合作社。1958年“大跃进”中，珊瑚亦一哄而起“大炼钢铁”，社、队纷纷办起土高炉炼铁厂，因违背客观规律，第二年全部停产。1976年回龙电站向珊瑚供电后，珊瑚始有机器加工业。中共十一届三中全会后，国家制定鼓励社队企业发展的方针政策，社（乡）办、队（村）办、联户办、个体办工业企业不断涌现。

但是，由于资源缺乏、交通不便、电力供应不足等因素影响，珊瑚工业一直处于较薄弱的状态。2009年始，汀江横滩断面成为上杭城区饮用水水源点，亦在一定程度制约珊瑚工业发展。

一、电　力

（一）发　电

1. 彩坑水电站

1968年，彩坑大队请上杭县水利局技术人员胡思峰（上珊瑚村人）进行勘察设计后，发动群众，自力更生，开山凿渠，建造水电站。经5年艰苦奋斗，建成浆砌石陂一座，水渠600余米，土木结构厂房两间。1974年元旦，水电站开始发电，装机7.5千瓦。用于照明，碾米、粉碎，解放了劳动力尤其是妇女劳动力。1982年才溪电站向彩坑供电后，彩坑电站停办。

2. 九华铺水电站

20世纪70年代初，华竹大队利用山塘积水，在九华铺建小水电站，装机7千瓦。因山塘库容小，早晨发电用来碾米，晚上发电照明，正常发到晚上八九点钟，雨天可发到11点。1976年回龙电站向珊瑚供电后，九华铺电站停办。

3. 下坑水电站

下坑水电站建于1971年3月，地点在下坑村猪牯石下，装机容量7千瓦，用于本村照明和碾米加工，属集体所制。张辉从、张广□负责发电管理。1980—1984年由各生产队轮流管理发电加工，后因发电机被盗，其余财产折价出售，水电站终止。

4. 上珊瑚水电站

1977 年建成上园水库，库容 1 万立方米，主要是蓄水灌溉农田。引水约 500 米，在上园水口建发电站一座，水轮机功率 75 千瓦，发电机 20 千瓦。主要用来碾米、粉碎，没有变压器，照明效果差。因管墩基础不实坍塌，管墩塌，管裂，设备不配套，五六年后报废。

5. 杨梅山水库电站

1979 年冬动工兴建，1984 年 12 月建成发电，装机容量 225 千瓦，年发电量 110 万千瓦时。时由国家拨款兴建，属国有资产。2014 年，电站卖给龙岩电商。

杨梅山水库电站机房

6. 合水口水电站

又名杨梅山二级电站。1991 年动工兴建，1994 年 12 月竣工发电，装机容量 320 千瓦，年发电量 132 万千瓦时。时由国家拨款兴建，属国有资产。2014 年，电站卖给龙岩电商。

7. 寨上水电站

2001 年动工，2003 年竣工。水库建在寨（磜）上，发电站建在上畲栗子树下溪坝上，装机 285 千瓦，年发电量 85 万千瓦时。私人合伙企业。

磜上电站机房

8. 上园水电站

2001 年动工，2002 年竣工，装机 75 千瓦，年发电量 23 万千瓦时。私人股份制企业。

9. 光伏发电

2013 年 12 月，下珊瑚村村民陈利华投资 4.2 万元，建成上杭县首个家庭光伏发电站。发电站光伏板有 30 平方米，由 20 个太阳能电池板拼接而成，电池板使用最新的节能单晶硅材料制成。发电站每天发电量 20~30 千瓦时，除自用外，剩余的电按国家光伏补贴政策每千瓦时 0.72 元由电力公司回收。

（二）供　电

1976 年，回龙水电站用三条高压线以 10 千伏电压向珊瑚供电。木质电杆，珊瑚自筹。上珊瑚大队、下珊瑚大队各自筹一台变压器，仅供村中心一带用电。不久周边生产队私人购买变压器经营电力，如上珊瑚胡增才的变压器送大平岗一带，下珊瑚陈勤的变压器送瑶前一带，上畲卖谷场买变压器 30 千伏安，买线、电杆，牵高压线。珊瑚中学于 1991 年自买一台

30千伏安变压器。

1999年始，国家对农村电网（简称农网）实行改造，更换大部分老旧电杆、电线、变压器（珊瑚境内有公用变压器11台、专用变压器6台），对供电线路过长的，途中加设高压线，加装变压器。2000年，全面完成农网改造过程，农村用电网安全有了保障。此后，国家投入资金逐年完整农村电网。至2015年，珊瑚有两条高压线路，一条10千伏官—珊（官庄到珊瑚）线，高压线路长32千米，低压线路76千米。全乡公共变压器26台（新增15台），专用变压器6台，总容量5485千伏安，用户2343户。原来的裸线换成绝缘线。

2012年，新增加高压线路一条，麒水线，由碧田变电站送来（不关线路），用电可靠力提高。

（三）用电管理

华竹电站由华竹大队派蓝□杨管发电、收费。上珊瑚电站由上珊瑚大队委托胡洪生等人管发电、收费。农村电网改造前的用电管理不规范，随意性比较大。2000年农村电网改造完成后，珊瑚成立供电所，规范用电管理。2011年第二次农网改造后，电表全部换新的，同网同价，电价每千瓦时0.55元，农民得到实惠，安全用电意识提高。同时，促进电磁炉、电饭煲、电冰箱、电热水器、洗衣机、空调等家用电器的普及。

2014年3月，珊瑚供电所并入官庄供电所，珊瑚为营业所。

珊瑚供电所历任负责人名录

表5-1

姓　名	职　务	任职时间
钟春生	所　长	2000.07
郭华昌	所　长	—
陈利旺	所　长	2002—2008
黄德荣	所　长	2008—

说明：黄德荣亦为官庄供电所所长

二、建　材

（一）砖　瓦

明清时期，珊瑚有多处手工制作、用柴草作燃料烧制砖瓦。华竹，下坑，彩坑，上珊瑚的南山脚、上畲寨背、羊角山的瓦窑垄等地都曾烧过砖瓦，窑址遗迹尚存。其中，烧得最久、规模最大、最出名的为上珊瑚南山下下坊人办的砖瓦厂。

珊瑚南山下烧砖瓦始于清乾隆年间（1736—1795年）。由下坊陈元衡等合股。他们子承父业，代代相传，到第三代盛忠、盛世兄弟时，生产扩大，几个窑轮番烧。生产的瓦片一块有0.5公斤（20世纪80年代后生产的瓦片每块只有3两重），遮盖面积0.06平方米；沟瓦更大，更重；生产的青砖又结实又方正，价格合理，讲信用，珊瑚境内乃至周边乡村都到他们厂购买。他们赚到钱，兄弟盖了砖木结构鸳鸯式上下厅堂。到第五代陈吉星，因为夜里烧窑不小心踩进瓦窑天窗，烧得残疾，后把砖瓦事业交给儿子必福（第六代）打理，自己改行开店铺做生意。20世纪90年代，砖混结构水泥屋面房屋代替土木结构青瓦屋面，柴草烧制砖瓦成为历史。

20世纪90年代初，上珊瑚胡华通利用建房清基泥土烧砖，质量较好。

1995年，由珊瑚乡经委牵头在下珊瑚盐塞下办机砖厂， 1997年10月1日正式投产，为股份制，中（二）机砖企业，年产砖800万块，年创产值160多万元。承包给官庄树人村蓝某。一年后停产。

1995—1997年，乡经委牵头，由乡经委、华竹村、上珊瑚村、下珊瑚村合股创办华竹机砖厂，地点在华竹大门背，后又转让给下珊瑚陈利旺等人。由于华竹村想在砖厂厂址生产纯净水等原因，华竹机砖厂于2014年关闭。

（二）石　灰

1968年，下坑大队利用竹头窝石灰坑的大量石灰石资源，请湖洋师傅到下坑立窑烧石灰，年产100吨，质量上乘，除供本地使用还销往湖洋、才溪、武平中堡等地。后因技术设备、道路未修好及烧窑师傅年老等，1982年，下坑石灰停产。

（三）石灰膏・纸筋灰

20世纪80年代末，珊瑚办起石灰膏纸筋灰作坊。最初是珊瑚学区勤工俭学，解决经费困难，在学区院子里办了个作坊。学区的作坊停办后，珊瑚境内先后办了5家此类作坊。

三、造　纸

历史上，珊瑚各村都有毛竹资源。清代始，珊瑚就用乳竹（竹麻）生产土纸，民国时期发展迅速。1956年农业合作化时期，土纸生产进入鼎盛时期。每个村子，每个农业社都生产土纸。彩坑曾有三四个土纸作坊。上园农业社仅30多户、100多人口，就有4个土纸作坊(俗称纸槽或纸寮)。生产土纸就地取材，成本低、技术含量低、销路好、效益好，成为村民经济收入重要来源。20世纪60年代初经济困难时期，社员口粮不够吃，既砍竹又挖笋补贴口粮充饥，毛竹资源受到严重破坏，土纸生产逐步萎缩，以致最后消亡。

1992年，上珊瑚胡灵现利用大队电站厂房，用稻草茅草生产包装纸，没有电，用柴油机作动力，因技术不过关，生产的纸厚度不均，不到一年纸厂停办。

四、竹木加工

珊瑚有竹木资源。元明清时期，工匠们就地取材，经手工加工，制成桌椅板凳、床柜、锅盖、木楻、饭甑、水桶、木盆、木犁、风车、谷斗、谷仓和畚箕、爬篮、簸箕、竹篮、谷箩等生产生活用品。

1989年，胡洪春引资引来江苏商人在上珊瑚办木器厂，大量收购尾径10厘米左右的杂木生产纱锭，因产品滞销，两年后停产。

五、粮油加工

（一）榨　油

20世纪六七十年代，在下珊瑚乌干坝下广公祠办土法榨油作坊，进行来料加工。广公祠倒塌后，榨油厂迁移到上珊瑚桅杆树下胡氏祠堂内。彩坑纸田岗上也办过榨油厂。

20世纪末，胡华新在珊瑚圩上办过榨油厂（电动），仅办一两年。

（二）碾　米

20世纪70年代，华竹、彩坑大队先后建小型水电站，用水轮机带动碾米机碾米。此后，上珊瑚、下珊瑚8队先后购12匹马力（约8.8千瓦）柴油机，带动碾米机碾米。1976年，回龙电站的电送到珊瑚，电动机代替水轮机、柴油机，农产品加工逐渐发展。大小碾米机、粉碎机、磨浆机、打面机、粉干机等加工机械广泛应用。2005年后，每个村落均有加工机械。

2015年，上珊瑚、下珊瑚村分别办一家较大型的碾米厂，采用剥谷壳式去砂石新型碾米机，深受群众欢迎。

（三）打　面

1976年后，珊瑚先后办起4家打面作坊，供当地消费。2013年前后均停办。

（四）粉干制作

民国时期，珊瑚境内就有多家手工制作粉干的作坊，其中仅彩坑就有10多户。，至2008年先后停办。20世纪70年代后，珊瑚境内先后办过6家机制粉干厂，其中下珊瑚大队神坛头粉干厂和彩坑耕山队纸田岗粉干厂属于集体经济，规模较大，办的时间较长。

六、其他工业、手工业

（一）采　煤

下坑村水口红菇岭有煤炭资源。1985年3月，下坑部分村民及下珊瑚村民陈富新兄弟等人自行上山开采了上百吨煤，经送检热卡可达6千卡以上。当时属勘探性自发开采，持续两三年，因没有开采证，后禁采、停采。

2007年，经批准设立横滩竹头窝、樟子坑煤矿，进行勘探试开采，投入150多万元，挖掘深度300米。鉴于该两处煤矿的勘探开采将直接影响汀江河水环境，特别是横滩取水点的水质，2010年，依法关闭并填埋该矿。

（二）制　陶

20世纪60年代初，珊瑚公社书记赖连光从发展珊瑚经济的愿望出发，请他家乡（上杭湖洋）的制陶师傅到珊瑚烧窑制陶，在下珊瑚的赤岭头试烧一窑砵头、水缸、酒坛，未成功（珊瑚泥土不宜制陶）。

（三）打　铁

20世纪80年代前，珊瑚境内有数家打铁铺，打制犁耙锄头、斧头镰刀、菜刀镬铲等。较有名气的有下珊瑚的银子（银中）、上珊瑚的石东生（胡明祥）和外来的树头师傅。80年代后，铁器用具到商店或市场购买，铁匠师傅改行。

（四）结构性金属制品制造

20世纪80年代，珊瑚境内逐步兴建钢混结构房，开始仍用木窗。下珊瑚陈洪贞在东安路办起第一家铝合金窗户制作，这一新事物很快被村民接受。几年间，境内先后办了上10家铝、钢、铁门窗制作（安装）专业作坊，有的还制作钢架铁皮房屋面、铁楼梯、防盗网。

20世纪90年代初，胡水桥夫妇在下珊瑚开了第一家钢材销售店铺，三年后，他们把加工与销售结合起来，既方便顾客，又提高经营效益。2015年，境内有3家钢材加工(销售)店。

（五）裁　缝

裁缝制衣，历史悠久。珊瑚的裁缝师、理发师遍布周边乡镇及县城，小有名气。民间有“珊瑚两把刀”（剪刀和剃刀）之说。

20世纪50年代前，珊瑚裁缝全是手工操作。通常农家自己买布，请师傅到家里量体裁衣。老年寿衣、嫁妆服饰、洞房被帐都要选择良辰吉日，请师傅到家缝制，东家供饭，计日工资，一般来说师傅要住上十天半月才能完成。50年代后，有了缝衣机，提高了工效，裁缝师傅自开店铺，进行来料加工。80年代改革开放后，服装厂如雨后春笋，成衣生产发展，服装市场遍布城乡，裁缝师傅逐步改行换业。

附：裁缝师傅量体裁衣使用的特殊尺寸表示方法

1. 数字对应符号

1	2	3	4	5	6	7	8	9	10
一或〡	二或〢	三或〣	四或〤	五或〥	六或〦	七或〧	八或〨	九或〩	十

2. 上衣的量体尺寸表示方法

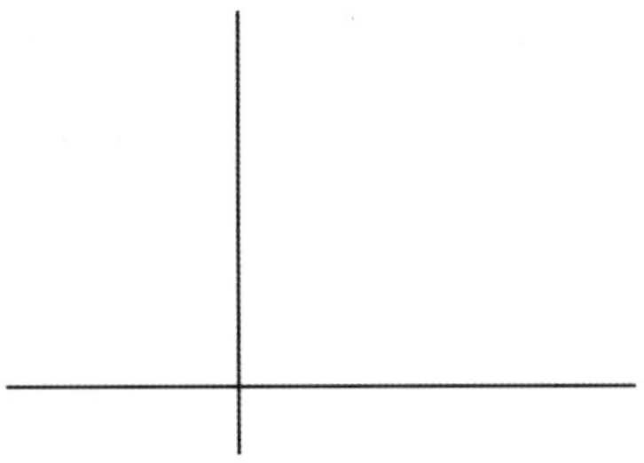

3. 裤子的量体尺寸表示方法

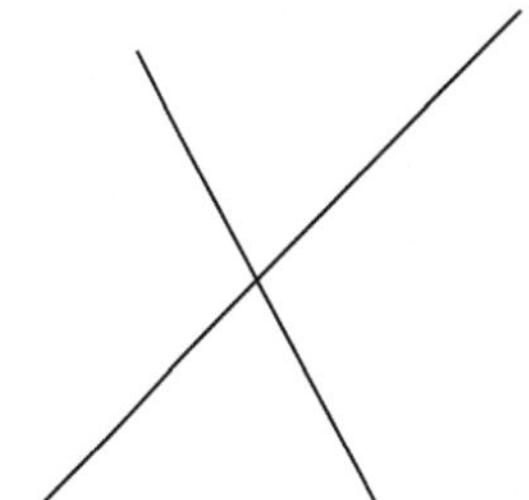

七、飞地工业

珊瑚当地发展工业受交通、资源、环境等诸多因素制约，但现行财税体制和政绩考核机制，迫使政府必须创造当地的生产总值和税源。自2007年始，珊瑚乡按照发展“飞地工业”模式（指坐落于甲地而产值、税收归属乙地的工业集中区或工业项目），有效地解决增加财税收入与当地工业难发展的问题。

2007年，珊瑚乡成功引进深圳亚达光电器材有限公司在上杭县南岗工业园区兴建福建上杭亚达电子科技有限公司。该公司当年实现产值500多万元。此后，珊瑚乡继续扶持该公司扩容升级，发展壮大。

第二节　建筑业

明清至民国时期，珊瑚境内有许多能工巧匠，大多是泥水匠木匠，施工技艺代代相传。珊瑚民居建筑特别是清中期后的民居建筑，泥水工艺精湛，建筑结构大方，石工、木工也处处匠心独运，从房屋的门楣、框檐、台阶到木柱屏扇、窗棂，可见精美的木刻和石雕，活灵活现。

20世纪80年代，建筑结构向钢筋混凝土转化，青瓦平房逐步淘汰，房屋的装饰装修也逐渐成为新兴工种。

1982年，下珊瑚的陈利华组建珊瑚建筑队，人员来自当地泥木工人，共有二三十人。1987年珊瑚复建乡，官庄建筑公司将原珊瑚籍职工划出为官庄建筑公司第五施工队。珊瑚乡政府任命陈发长（原官庄公司会计）为队长。1991年，陈利华建筑队与第五施工队合并，成立珊瑚建筑公司，为4级资质企业，陈发长任经理。注册资金45万元，固定资产29万元，在上杭城区有500平方米基地，建有办公室等简易房6间。公司在永定、长汀、武平、连城等地设有工程处，承揽工程，主营房屋建筑，兼营水电、公路、桥梁、打井等工程。1993年，梁启东任经理。2010年，珊瑚建筑公司与上杭广厦建筑公司合并，成立上杭广厦工程有限责任公司，晋升为三级资质企业。由于资质、资金、经营等诸多因素，公司逐步丧失竞争能力，于2013年解体。

改革开放后，数百珊瑚人外出上杭、龙岩、厦门、广东等地务工，从事建筑装修等，珊瑚建筑业不断发展壮大。其中部分人积累一定资金后独资或合资创办建筑（设计、装修）公司。主要有陈利华创办华龙建设工程有限公司（二级资质）、恒旺建设工程有限公司（三级资质），陈廷武创办宏冠建设工程有限公司（三级资质），陈廷忠创办春宏建设工程有限公司、欣旺建设工程有限公司，陈启有创办卓泰建设工程有限公司，陈福有创办福建华龙建设工程有限公司东莞分公司。此外，陈发龙、陈霖、陈祥忠、胡永权、陈大龙、胡桂福、胡和国等人，分别投资参与建筑设计施工、装潢、工程咨询监理、工程管理等公司。

2015 年，珊瑚从事建筑行业约 800 人。

附：珊瑚籍人士创办的工业、建筑企业选介

1. 龙岩市恒力起重机械有限公司

2004 年，彩坑村三潭人林兆才在龙岩经济技术开发区创办龙岩市恒力起重机械有限公司。

该公司是一家专业制造各类型起重机的生产厂家，闽西唯一起重机制造企业。公司有职工百余人，其中高级、中级专业技术人员 20 多人。团队具有制造、安装和售后服务及时到位的强大力量。公司聘请起重机行业权威专家西南交通大学机械工程研究所的程文明教授和北京起重运输机械研究院作为高级顾问，凭借起重机械的专业水平和成熟技术在起重机械行业迅速崛起，产品供应网络遍及全国各地。福建省水利水电设计研究院多次把该公司产品推荐给西南地区各大型水力发电企业。公司为中国龙工、龙净环保、紫金矿业、马坑矿业等省内上市企业制造了几千台起重设备，产品还出口刚果、赞比亚、越南等国家工矿企业。

该公司以“诚信专业，高效创新”为经营理念。2005 年通过 ISO9001 质量体系认证。2010 年、2011 年、2012 年度龙岩经济技术开发区管委会授予颁发“纳税超一百万元企业”荣誉证书；2010 年 5 月由福建省海峡品牌经济发展研究院授予颁发“福建著名品牌企业”荣誉证书；2014 年 7 月福建省质量管理协会、福建质量管理杂志社推介为“质量安全信誉”单位，成为质量安全信誉联盟单位。生产制造产品由国家质量监督检验检疫总局特种设备安全监察颁发 A 级特种设备生产许可证，具有生产 100 吨及以下桥式、门式起重机资质。历年来上交国家税收 1000 多万元。

恒力公司生产的 QD75t 双梁桥式起重机

2. 福建华龙建设工程有限公司

福建华龙建设工程有限公司成立于 2008 年 5 月 19 日，公司注册资本人民币 2700 万元，企业净资产为 3610 万元，现有各类专业技术人员 195 人，其中高级职称人员 6 人，中级职称 27 人，初级职称工程技术人员 118 人，经济管理人员 3 人。一级建造师 5 人，二级建造师 36 人。现有各类机械设备 132 台/套，机械总功率 4396.5 千瓦，机械设备资产总值 1675.19 万元。

该公司是一家集房屋建筑施工、市政施工、装饰装修设计与施工等的综合性建筑企业。公司取得建筑工程施工总承包二级、市政公用工程施工总承包二级、消防设施工程专业承包二级、钢结构工程专业承包二级、建筑装修装饰工程专业承包二级、工程设计专项资质建筑装饰工程设计乙级、城市及道路照明工程专业承包二级、环保工程专业承包二级、城市园林绿化二级资质。公司下设办公室、施工技术管理科、经营科、预算科、质量安全科、财务科等多个部门，公司总部设在上杭县，在福州、厦门、广东、江西、重庆等地建立分支机构。

华龙公司承建、2013年竣工的才溪中学教学楼

3. 福建春宏建设工程有限公司

福建春宏建设工程有限公司成立于2007年7月18日，法定代表人陈满玉，总经理陈庭忠，注册资本2600万元。该公司是一家集房屋建筑施工，装饰装修设计与施工，市政施工、桥梁道路施工等综合性建筑企业公司。公司资质：市政公用工程总承包二级、建筑工程总承包二级、环保工程专业承包二级、城市及道路照明专业承包二级、消防设施工程专业承包二级、钢结构工程专业承包二级、建筑装修装饰工程专业承包二级等7项资质。

2015年，该公司有各类专业技术人员161人，其中高级职称4人，中级职称29人；工程技术人员156人，其中一级注册建造师4人，二级注册建造师34人；施工管理人员126人。有各类机械设备133台套，机械总功率5449.1千瓦，机械设备资产总值4720万元。

2010—2015年承建的工程造价千万元以上的主要施工项目有：

漳平市八一东路保障性住房小区（黄厝坂廉租房1~3号楼）工程；龙岩市新罗区莲东中小学6号、7号楼工程；长汀县河田中心幼儿园教学楼工程；上杭县工业新城龙腾路道路工程；武平县福利中心综合楼工程；连城县西城文教卫生综合服务区宁南路道路工程；永定县龙潭煤矿公租房3号、4号工程；上杭县才溪下才新村建设工程（一期）工程；晋江市第二实验小学整体配套工程建设。

4. 福建卓泰建设工程有限公司

2012年2月，下珊瑚村人陈启有在龙岩市新罗区创办福建卓泰建设工程有限公司。

该公司是一家集房屋建筑施工、市政施工、装饰装修设计与施工等的综合性建筑施工企业。经建设主管部门核准，公司取得建筑工程施工总承包三级、市政公用工程施工总承包三级、建筑装修装饰工程施工二级、建筑装饰工程设计乙级等资质。

该公司以“企业信誉为生命、质量安全为主线、优质服务为目的”为经营理念，规范、优质、高效的服务,赢得广大客户的好评。

施工代表项目主要有：连城县朋口镇中心幼儿园工程、长汀县营背老年活动中心大楼、连城县新泉中心小学教学综合楼工程、南靖县丰田项目区北二号北三号路市政（含路灯）工程、连城县政府大会堂装修改造工程、漳平市吾祠镇敬老院装修工程、龙岩万达商业城设计与施工工程、龙岩市环保局办公楼装修改造设计与施工工程、福建冠城龙泰置业发展有限公司龙岩办公大楼装修工程、龙岩紫金莲园样板房装修工程、龙岩万达广场A1号楼精装铺及A1号楼招商中心、CD区物管用房施工图设计与施工、龙岩金融商务中心办公用房装修工程装修设计与施工等。

第六章　乡村建设

南宋嘉定六年（1213 年）汀江航运开通，宋元时期南迁的中原汉人陆续迁入，明洪武十年（1377 年）“山湖铺”和明成化十年（1474 年）“九华铺”的设立，促进珊瑚乡村开发。明正德年间（1506—1521 年），上杭经珊瑚通往汀州的驿道开通后，方便官方及民间商贾往来，逐步促进珊瑚开发。清雍正元年（1723 年）全面推行“摊丁入亩”等政策后，为适应人口迅速增加这一状况，清乾隆年间（1736—1795 年）至民国时期，各村建造许多三栋厅、围屋等大型民居，乡村面貌发生较大变化。

新中国成立后，随着人们生活水平的提高，乡村建设不断发展。1987 年 7 月珊瑚复设乡后，乡党委、乡政府持续推进集镇建设、新农村建设、美丽乡村建设、宜居环境建设，乡村面貌发生巨大变化。交通、通信、电力等基础设施不断完善，集镇初具规模，农村新居迅速增加，大部分农户已由砖木结构和钢筋混凝土结构的楼房代替土木结构的低矮平房，住房条件大大改善。2015 年，人均居住面积 30 余平方米，比 1987 年增加 20 余平方米。

第一节　集镇建设

1987 年后，珊瑚集镇范围涉及上珊瑚村、下珊瑚村。乡政府驻地下珊瑚村为珊瑚境域政治、经济、文化中心，随着乡政府、林业站、卫生院、农技站、中学、文化中心、邮政电信等办公大楼的相继建成以及农贸市场、文化广场的建设，集镇建设发展迅速。

一、基础设施

（一）街　道

新中国成立后，珊瑚集镇道路以泥土路、沙路、石砌路为主，道路等级低。1997 年，拓宽改造集镇街道 2 公里，宽 12 米，其中铺设水泥路面 1 公里。1998 年，铺设集镇主干道（河临线段）水泥路面 3.75 公里。2001 年，建设集镇井下垄农贸市场，铺设水泥路面 660 平方米，建设 1 公里绿化带及花圃。2004 年，河临线珊瑚段道路按四级公路标准，铺筑集镇段长 4.4 公里，宽 6 米，厚 20 厘米的水泥路面。2013 年，组织实施集镇道路一期改造，重新铺设集镇段道路 1.5 公里。2015 年，完成上珊瑚村村中大道拓宽改造。

（二）供电 · 照明

珊瑚居民长期使用松明、蜡烛、煤油灯等照明。

1985 年，杨梅山一级水电站建成后，珊瑚集镇部分居民开始使用电灯照明，但仍出现严重缺电的局面。1988—1990 年，乡政府接通从下珊瑚村经乡政府至下坑村高压输电线路，完善低压线路 1500 米，解决乡机关及集镇居民照明加工问题。1991—1993 年，组织建设合水口电站，架设珊瑚至回龙高压线路，与大电网并联，珊瑚普遍实现电灯照明，极大缓解严重缺电的现象。1995—1996 年，35 千伏高压输变电站线路架设工程列入以工代赈项目，使珊瑚由大电网供电。1998 年，上珊瑚村、下珊瑚村主干道开始安装路灯。1999 年后，上杭电力公司分步实施珊瑚农网升级改造工程，更新架设电线，安装变压器、电表，供电照明工作逐步正常化。2002 年，安装上珊瑚村至集镇庙坝段、庙坝至中学路长 2 公里的路灯。随着市场的扩大，街道的增加，路灯逐年增加。2013 年，集镇道路一期改造项目中新建标准化路灯 120 余盏。2015 年，上珊瑚村、下珊瑚村主干道安装路灯 350 余盏，太阳能路灯 230 余盏，在庙坝农民公园及下珊瑚村部安装 2 盏 12 米高的广场灯。

（三）市场建设

1. 农贸市场

新中国成立后至 2000 年，珊瑚圩场设在下珊瑚村庙坝，庙坝圩场的主体部分由一排低矮的店铺，以及庙坝沿公路两侧两排低矮民房组成。1987—1994 年，庙坝圩场通过乡政府征地，扩大市场面积达 900 余平方米，在圩场搭建竹木圩架，赴圩的人们在圩架场及公路两侧摆摊设点，交易农副产品。临近河边的一块开阔地则定为生猪等畜牧产品专门场所。珊瑚圩五日为一圩，逢农历五、十为圩期。

2000 年后，随着珊瑚经济社会各项事业的稳步发展，庙坝圩场发展空间有限，珊瑚乡在政府所在地周边规划新建农贸市场。2001 年冬，将珊瑚庙坝农贸市场搬迁至井下垄集镇农贸市场。2003 年秋，新建圩架子、摊位等市场配套设施，解决占道为市、有市无场的问题。新市场建为铁皮屋顶，市场内建成几排水泥架，并划定商品交易区，路面均为水泥路面，市场面积达 2000 余平方米。搬迁后的新农贸市场宽敞、明亮，顺应市场经济发展的需求。新农贸市场每逢圩日，市场交易十分活跃。

2. 商家店铺

民国时期，珊瑚庙坝设有“悦来”客栈，主要供排筏客、过路客商临时食宿。1963 年，在庙坝圩边建有官庄供销社珊瑚分社，开设多间门市部，主要销售农副产品及日常生活用品。1980 年后，庙坝圩场、横溪子、石门楼下、横圳头周边均有较多店铺集聚，店铺多达五六十家，其中豆腐、酿酒、裁缝等作坊深受群众喜爱。大部分店铺为土木结构的二层青瓦楼房，也有部分低矮的平房。2000 年后，集镇新农贸市场建成，集镇商家店铺不断增加，且多为钢筋混凝土结构，有的为框架结构，集镇面貌焕然一新。2015 年，珊瑚集镇商家店铺达 230 多家。同年，上珊瑚村、下珊瑚村设立阿里巴巴农村淘宝服务站，网上交易日趋活跃。

（四）给排水·防洪

1. 给　水

珊瑚历代乡村居民主要饮用水源取自河水、溪水、井水等，挑用困难，水质大多不符合饮用水卫生标准。1989年，在县水利局帮助下，选定北溪上园水库作水源，通过“以工代赈”及地方配套资金建设过滤池、清水池，铺设管网主管路2575米，日供水512立方米，乡直机关和附近部分村民喝上健康卫生的生活饮用水。1996年，投资10万元建成珊瑚中学人饮工程，铺设管网3公里。1996年后，采取集体与个体一起上的办法，采取多方合作形式，多方筹资，分散选择水源点，自来水蓄水池，分片铺设自来水管道，逐步解决上珊瑚村、下珊瑚村居民饮用水问题。村民陈松祥等人，将水源点取自南山暗寮岗，供约260户居民使用；村民陈占军等人，将水源点取自圆通山半天山，供约150户居民使用；村民胡光生等人，将水源点取自上园水库、大坪岗一带，供约500户居民使用，用户以每立方米0.55元的价格或按人均月费15~18元，每月或每年1次向供水方缴交水费，供水方负责管道的日常维护。2008—2012年，逐步实施人饮工程扩容改造，铺设供水网络。2013年，投入150余万元，改造完善暗寮岗、上园、大坪岗、集镇、半天山供水工程。珊瑚饮用水的改善经历由村民挑井水、河水到喝上自来水的转变，饮用水水质由不卫生到优质、健康水质转变，人饮工程由官办到政府主导、民营主办，再到政府扶持、政策资金补助投入、市场化管理的转变。

珊瑚水厂（胡康福　摄）

2. 排　水

1987年后，由于市场商户少，生活污水都由地面明沟向低处排放。2000年后，随着新农贸市场建设，集镇人口增加，各街道都开挖地下排水沟，以利生活污水和雨水的排放。

3. 防　洪

2000年后，修筑南溪、北溪段防洪堤（土堤），为土堤加砌护坡。2013年，实施珊瑚溪小流域水土流失综合治理工程，其中治理坡改梯23.8公顷，疏通排洪沟1.54公里，实施河道清淤除杂等治理工程。2014年3月，上杭县政府制定《上杭县防洪工程规划报告》（杭政〔2014〕20号），规划实施下珊瑚段北溪规划堤长5222米，下坑段下坑溪规划堤长1421米，均采用复式堤；同年11月，完成清理北溪河道3公里、南溪河道3公里。2015年，投资150万元实施上珊瑚村北溪长990米、护岸高2.5米的生态防洪堤建设，清淤河道2公里。

（五）环境卫生

2007年始，组织实施上珊瑚村新农村建设试点和下珊瑚村集镇家园清洁行动试点村工作。新农村试点村建设的主要内容包括村中空心房改造、排水排污沟建设、拆除填平旧式厕所和新建公厕、垃圾池等等。家园清洁行动主要建立下珊瑚村（集镇）环境卫生保洁机制，编制珊瑚乡垃圾治理专项规划及行动方案。聘请村级保洁员，新建垃圾池等。

2009 年，在下坑凹子下建垃圾焚烧炉和垃圾填埋场及其配套设施。“家园清洁行动”示范村华竹村通过省级验收。着力做好垃圾源的处理和整治，实施“一池三改”（建造沼气池、改猪圈、改厕所、改厨房）。

2010 年，建设完善垃圾填埋场、垃圾池、焚烧炉等设施，添置垃圾专用清运车，垃圾桶等设备，同时聘请专业保洁员。按照“突出重点，集中整治”的思路，开展省级农村家园清洁行动，推行“户集、村收、乡处理”的运行模式。

2012 年，继续开展家园清洁活动，完善卫生保洁机制，新购置垃圾运输车辆 1 辆和垃圾小推车 12 辆，户用垃圾桶 800 只，新建垃圾池 6 座。

2013 年，实施集镇排水沟、沿街亮化、集镇公厕、市场设施完善等。

2014 年，投资 98 万元，建成集镇（南片）生活污水处理站。争取中央预算资金 226 万元，在全乡 5 个村实施环境连片综合整治，购置宣传牌、推车、垃圾箱、垃圾桶等设施。对垃圾处理实行社会化、常态化市场运作，全乡的卫生保洁机制不断完善。

2015 年，投资 300 万元，建设垃圾中转站和集镇（北片）生活污水处理站。投资 120 万元，用于保洁员队伍建设和垃圾收集、运输处置、购置设备等。

（六）绿　化

1987 年后，政府重视集镇及周边地区的绿化。每年植树季节，在道路两旁、溪旁、屋旁、村旁实施绿化。2000 年，学区和中学分别建成“红领巾示范路”和“共青团绿化区”，绿化面积达 5000 余平方米。1987—2012 年，累计植树 3 万余株，绿化面积 2.5 万平方米，三角地带设有花圃，绿化树种主要有香樟、天竺桂、桂花和罗汉松等。2013 年，实施集镇沿街绿化。2014 年，实施下珊瑚村部公园、庙坝公园建设以及通自然村道路绿化亮化等。2015 年，推进上珊瑚村庄绿化，完成集镇农民公园建设及集镇山体公园规划。

二、公共建筑

1987 年珊瑚复设乡后，陆续新建乡政府办公大楼及乡直单位办公设施。

乡政府大院　1988 年秋始建，1990 年元旦基本竣工，占地约 6500 平方米，砖混凝结构，为集办公、住宿于一体的三层综合大楼。此后陆续建设计生服务中心、机关食堂、财政所、司法所等，办公大楼建筑面积 4500 余平方米。

珊瑚中心小学　前身为观东书屋，建于清光绪十二年（1886 年）。民国时期，政府先后改为联英小学、珊瑚小学、珊瑚中心小学。新中国成立后，经多次改建、扩建（参见本志教育章）。至 2015 年年底，珊瑚中心小学校园占地 6460 平方米，建筑面积 4476 平方米。

官庄供销合作社珊瑚分社　1963 年始建，占地 200 平方米，二层土木建筑，建筑面积 400 余平方米。

粮　站　1969 年始建，占地 1287 平方米，建筑面积 671.8 平方米。

信用合作社（今农村商业银行珊瑚支行） 1987年始建，庙坝旁建1栋金融综合大楼，占地230平方米，建筑面积340平方米的。2016年9月，新办公大楼搬迁至集镇文化中心。

农业技术推广站 1987年始建，占地435平方米，建筑面积460平方米。

珊瑚卫生院 1988年始建1座门诊综合楼，建筑面积486平方米。1998年建1座建筑面积348平方米的综合楼，2012年建设1座建筑面积1032平方米的病房综合大楼。卫生院总占地约2600平方米。

林业站 1989年始建，占地500平方米，建筑面积160平方米。

珊瑚中学 1990年始建，校园占地9000平方米，校舍面积4000多平方米。2008年9月，珊瑚中学停办。

供电所 1993年始建，占地620平方米，建筑面积280平方米。

土地管理站 1998年始建，占地120平方米，建筑面积220平方米。

文化中心 1999年始建，占地228平方米，建筑面积684平方米。

邮电大楼 1999年始建，占地500平方米，建筑面积260平方米。

电信大楼 2002年始建，占地256平方米，建筑面积200平方米。

公安派出所 2007年7月购民宅1栋，占地120平方米，建筑面积360平方米。2015年新建办公大楼，占地524平方米，建筑面积780平方米。

敬老院 2007年改建，占地213平方米，建筑面积620平方米。

中心幼儿园 2011年11月始建，占地1095平方米，建筑面积365平方米。

珊瑚广场 2012年6月始建，2013年冬竣工。广场占地11280平方米，建有200米环形跑道（有直跑道70米），篮球场，表演台，配有绿地、休闲亭等。

第二节 村居建设

一、公共设施

（一）村 部

民国时期的“保”，未建专门的办公场所。

新中国成立后至人民公社时期，有的村利用祠堂或其他公共建筑作为办公场地。无公共建筑的村，依靠群众投工投劳自行建大队部。

1995年，上杭县委组织部对新建1个村部给予1万元的补助，5个行政村均修建村部。2007年，投入19万元实施上珊瑚、下坑、彩坑、华竹村村部改建工程。2010年，县委组织部对未建村部或村部破旧的村给予3万元的补助，下珊瑚村利用原小学学区大楼改造为新村部，华竹村、彩坑村、下坑村将原小学校舍改造为村部。2012年，县移民局出资98万元，在罗墩背公路旁拆除原大队部危房，重新建二层半造砖混结构彩坑移民文化中心大楼。

（二）道　路

20 世纪 50 年代，珊瑚的村道除原驿道外，主要为土路，并建有一些石砌路。1960 年后，各村靠群众投工投劳，修筑供拖拉机和板车通行的机耕路。1975 年杭庄公路开通后，交通得到较大改善。1987 年后，陆续修建从珊瑚到各行政村、各行政村到各自然村的公路。1995 年始，逐步实施行政村“通路工程”。1998—2011 年，加强乡村道路硬化工程建设和村道拓宽改造工程，实现全乡各行政村之间通水泥路。2015 年，全乡乡村道路总里程约 45 公里，行政村村部到每个自然村的道路均为水泥路面。

（三）供电 · 照明

20 世纪 70 年代初彩坑、华竹小水电站建成发电，部分村民开始使用电灯照明。

1976 年回龙电站向珊瑚供电，使用电灯照明的村民增加。

1994 年 11 月合水口水电站建成，华竹村、下坑村、彩坑村各村居民普遍实现电灯照明。1999 年始，上杭县电力公司对农村电网实行改造，村民用电有了保障，并实现同网同价。

1998 年后，村主干道开始安装路灯，县移民局出资在彩坑村三潭头至石子良公路上实施“亮化工程”，安装路灯 80 盏，太阳能路灯 30 盏。2015 年，华竹、下坑、彩坑安装路灯 280 余盏，其中太阳能路灯 120 余盏。

（四）供　水

珊瑚、华竹、彩坑、下坑村历代居民主要饮用水源取自河水、溪水、井水等，挑用困难。1990 年后，乡政府将村人饮工程列入为民办实事项目，争取水利补助和以工代赈资金，发动各村群众自筹资金，建起自来水塔，铺设管道，村民均能用上卫生的自来水。1998 年，续建下坑村人饮工程。2001 年，续建华竹村、彩坑村人饮工程。2008 年，完善下坑村河头、横滩自然村人饮工程建设。2013 年以后，完善三潭、彩坑、张屋、九竹、九华大门背供水工程，自来水人口覆盖率达 95%以上。

二、民　居

（一）普通民居

明清及民国时期，农村的民居多是土木结构青瓦屋顶的平房，建筑模式以上下厅配横屋为主。大部分民居，窗开得少，且尺寸小，屋内阴暗。为防匪盗，牛栏、猪舍也建在人居房屋很近的地方，有的甚至楼上住人，楼下栓牛关猪，极不卫生。厕所简陋。

70 年代民居（已弃用）

1970 年后，做上下厅配横屋的民居建筑逐渐减少，代之而起的是一字式的一厅二室或一厅四室的两层土木结构房屋，靠边两端的前方建厨房。门、窗尺寸放大，门上方安有气窗，窗户镶玻璃，室内空气流通，光线充足。

21世纪普通民居

1985年后，随着农民收入水平提高，农民的建房观念逐渐从注重房屋面积向重视房屋质量转变，住房由土木结构向砖木结构、砖混结构转变，房屋设计逐步向楼房庭院式、别墅式过渡，房屋内装饰参照城市商品房，卫生设施齐全，并基本实现通水、通电、通路、通电话、通广播和绿化、美化，基本做到人畜分开、排水通畅、道路平坦、环境卫生，村容村貌大为改观。1988—2015年，90%以上的民居由土木结构翻新改造为砖混结构，有的异地重建，有的拆旧建新，全乡新建砖混结构民居总面积25万平方米。

（二）特色民居

清雍正元年（1723年）全面推行“摊丁入亩”等政策后，珊瑚人口迅速增加，为适应这一状况，清乾隆（1736—1795年）至清末，各村特别是今上珊瑚、下珊瑚建造许多三栋厅、围屋等大型特色民居。

1. 园厅下古民居

地处彩坑村园厅下，清康熙四十年（1701年）梁应玉修建，民居素有“九厅十八井、穿心走马楼”之称。失火烧毁后改建三栋官厅。

2. 九华铺古民居

地处华竹村九华铺。清康熙三十年（1691年），蓝明生从竹子坴迁九华铺。该民居为蓝明生所建。民居坐西向东，青砖黑瓦，占地2000余平方米。民居正中是堂屋，堂屋门前刻有“簾捲春風”（帘卷春风）四字，堂屋分上、中、下三厅，中厅悬挂有“廊桥玉村”横匾。厅堂左边平行排列三摆、右边四摆横屋，厅堂及横屋正面一律青砖垒石而成，其余均采用木质结构建造，每列横屋有一厅四间，每间均有两

民居厅堂（维修后）

层，用木楼板隔开。横屋间设有天井，厅正门一律朝堂屋，堂屋与横屋、横屋与横屋间有巷道相通。第二次国内革命战争时期，红军曾在此驻扎，并书写了不少标语。

3. 下田心土围屋

地处下珊瑚村田心组。分三次建成。上厅为陈功乔（1685—?）所建，约建于清康熙末年至雍正初年（1720 年前后）。下厅建造人及时间待考。后栋围屋建造于民国 19 年（1930 年，陈亨虎生于当年，小名“围屋生”）。整座围屋坐西向东，占地面积 2000 余平方米，为土坯瓦房，以平房为主，后栋二层，高仅 6 米，由黏土垒成。围屋前是碎石铺成的晒谷坪，之外为半月形池塘，旁存两口水井，可积水灌溉、防火。围屋由 37 间房连成一个较大的弧形，弧形以南北子午线为中轴，东西两边对称，前低后高，主次分明，按“一进二厢三厅一围”结构设计，中轴线上的一间是围屋厅堂，厅堂之内分上、中、下三个大厅，这里是围屋人家举办红白等大事的地方，也是众家议事的场所。厅堂左右分两厢，俗称横屋，从两厢向后伸延，筑起围墙形的屋，把正屋包围起来，形成马蹄形后围，以屋前面的半月形池塘和正堂后的围龙屋结合成一个太极形整体，采取“抬梁式”和“穿斗式”相结合形成。厅堂左右各有 18 间房，且一一对称，依次从厅堂两边成弧形展开，内弧长约 100 米，外弧长约 120 米，内弧半径约 18 米，外弧半径约 25 米，内外弧距离约 7 米，这 7 米是每间房前后的深度。每后一间的地面和屋顶都略低于前一间。楼层设有供大家往来的公共通道，便于邻居相互交流和彼此照应。20 世纪 70 年代，围屋居住 20 多户 100 余人。下田心围屋反映客家人群体聚居的生活方式，体现客家人勤劳、智慧、团结奋斗、勇于开拓的精神。

后栋围屋（2011 年 6 月 1 日　赖登榕　摄）

4. 思龙堂围屋

思龙堂位于珊瑚野羊坜与长坜下之间，由陈思龙偕子陈天凤、陈天茂、陈天禄始建于清嘉庆五年（1800 年）前后，历时 3 年建成。总建筑面积约 3000 平方米，是一座有“九厅十八井”之说、别具一格的客家宅院。

思龙堂坐西南朝东北,布局均匀，结构严谨，宏伟壮观。鸟瞰宅院，外形酷似一把巨大的太师椅，两条围龙前部伸过堂屋大门前的半月形水池，围龙部分形成座椅的靠背和扶手。

思龙堂大门前是用鹅卵石铺成金菊状图案的大坪，之外是半月形的池塘。进入正门便是众厅堂屋。渐次为下厅、下天井、中厅、屏风、上天井、上厅，进深依次提高。下厅为回廊，中厅和上厅两侧为阁楼式房间（俗称大屋间），上天井两侧为厢房，古时专供出嫁女子梳妆打扮之用。中厅为主厅，族内红白喜事、紧事要事商议均在此举行。中厅和上厅均为木质柱梁结构，以“抬梁式”和“穿斗式”工艺架构。中厅椽梁不仅做工精细而且图纹美观，中屏是可脱开的扇门，上面有工艺精湛的镂空“福寿康宁”龙凤图文浮雕；地板是石灰、细沙、黄糖、糯米饭、鸡蛋清黏合平压而成，既有现在混凝土的坚硬，又有冬暖夏凉之效果。穿过中屏后厢房屋檐，便进入上厅，迎面就可看到雕刻有花草鸟兽和孝义传家等精美图案的神龛，上厅一般作供奉祖宗及佛事之用。

中厅屏风上方悬挂“蜚声璧水”的烫金牌匾，系清道光十一年（1830年）由福建省布政使司为监生陈廷杰所立。思龙堂被誉为“书香门第”，其中思龙四世孙福兴、贵兴兄弟同期分别考取文、武秀才，故有“文武秀才兄弟占”之说。上厅天子壁悬挂“奕世书香”匾（授匾人及悬挂时间待考）。中厅横梁挂有民国24年（1935年）陈福兴的门生张秉贞、胡锦峰等17人为其八十寿辰所赠的“渭水耆英”纪念牌匾。

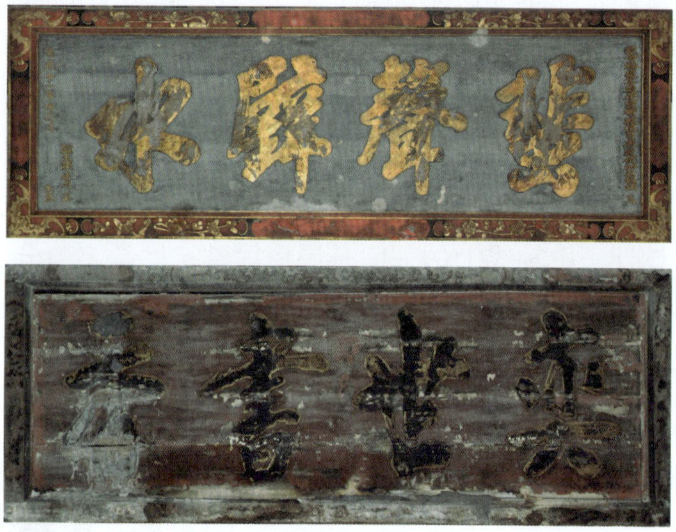
思龙堂牌匾

大宅外围一律青砖垒斗而成。后面是弓形的围龙屋，有如椅子的靠背；前面正中是堂屋，南北两旁分别平行并排三排横屋，围屋与南北两边横屋间设有耳门供白天出入，围屋与横屋有小门可穿通；每列横屋有两厅三井，厅正门一律朝堂屋，堂屋与横屋、横屋与横屋间有巷道相通。正面除众厅堂屋正门外，还有南北各三道侧门。众门一闭，形如堡垒，具有防盗防匪功能。这样的设计，充分反映出客家人的聪明和智慧，显示出传统建筑文化的艺术魅力。

第二次国内革命战争时期，红军多次到珊瑚，思龙堂为红军驻地之一。其中，民国21年（1932年）2月底至3月中旬，红十二军司令部曾设于此。红军在此书写了不少标语。虽时过境迁，但“反对帝国主义进攻苏联”“打倒钟绍葵”等标语仍依稀可辨。

5. 下坑新屋下围屋

地处下坑村新屋下，约于清同治年间（1862—1874年）由张德润所建。围屋坐西向东，占地700余平方米，地形恰似田螺吐丝，前面正中是堂屋，分上、中、下三厅，中厅悬挂有“中和堂”镀金横匾，靠壁供有雕刻精细花草鸟兽的神龛，作供奉祖宗及佛事之用。厅堂左右分别平行排列二摆横屋，后面是弓形的围屋，有如椅子的靠背。该宅外围一律青砖垒石而成，坪地用鹅卵石砌成花形图案。

下坑上屋古民居（内景）

6. 下坑上屋古民居

地处下坑村上头屋下，由张雍纯建

于清代。民居坐西向东，占地面积800余平方米。民居正中是堂屋，堂屋分上、中、下三厅，厅堂左边平行排列二摆、右边一摆横屋，厅堂及横屋正面一律青砖垒石而成，其余均采用木质结构建造，每列横屋有一厅四间，横屋间设有天井，屋与屋间有巷道相通。

7. 溪背“梦宏居”

“梦宏居”坐落于上珊瑚村溪背，建于清光绪二十九年（1903年），是胡梦甲之别墅。占地面积1万余平方米。整个建筑以砖木结构为主，一栋厅堂六摆横屋，主厅宽敞明亮，中厅上方雕梁画栋，地板用红糖、糯米粉、细沙、石灰凝合而成，光亮、坚固、防潮。大厅正中有“梦宏居”烫金匾牌一块，大门面向紫金山顶，门框上有“溪山聚秀”石牌，旁边有石刻对联“系由安定文宗第，族起晋陵吏部家”。整个建筑冬暖夏凉，伟宇雄浑，气势磅礴，门前月塘拱照，小溪环绕，景色秀丽。

第二次国内革命战争时期，毛泽东、朱德等老一辈无产阶级革命家，军长罗炳辉等曾率中国工农红军第四军、第十二军驻珊瑚。其间，“梦宏居”曾是红军驻地，留下大量红军标语。如“主义遵马列，政权归工农”“拥护中国共产党”“拥护苏维埃政府”“打土豪分田地”“扩大铁的红军”“打倒国民党军阀”“消灭广东军阀陈济堂”“打倒钟少（绍）奎（葵）”等。（参见本志专记）

8.大塘门上古民居

位于上珊瑚村大塘门上，为胡增有偕子胡兴孝等建。民国初期，胡增有家境殷实，人丁兴旺，生有八个儿子，各为一房，称之为八房。随着人口的增多，为了便于商议族内大事，同时解决各房子女食宿等生活问题，增有决定建造一所集议事、食宿、活动为一体的多功能众厅。

众厅初建于民国元年（1912年），三年而成，属砖木结构。民国20年（1931年）农历七月初八，因一场大火烧毁。民国24年（1935年）重修，改建横屋两摆，正厅仍旧，历经八年全面竣工。整个众厅建筑占地2000多平方米，坐西朝东，以砖木结构为主，一栋厅堂两摆横屋。厅堂分上、中、下三厅，厅堂大门用大块石板砌成，美观、豪气、古朴，纯手工雕刻精美图案，大门两旁放置石狮子（“文化大革命”期间被破坏），大门上刻有“耕读家风”四字，左右刻有一副对联：书田无税子孙耕，还期后代俭而勤。中厅悬挂“世仰五峰”牌匾，下厅悬挂“家声丕振”牌匾；两旁挂有一副对联：增福启鸿图肯构肯堂真得所，有嗣承祖业苟完苟美复何求。上厅、下厅地板用石灰、细沙、黄糖、糯米饭、鸡蛋清黏合平压而成，中厅地板用石板铺成。上厅、中厅左右两边墙上由下坑张子贞绘制《八仙过海图》。厅堂旁边有相通的八个小厅。

胡增有众厅牌匾

9. 圆通山“知青楼”

1973—1982 年，在圆通山设立知识青年（简称知青）农场，为解决知青住宿问题，在圆通寺旁建一栋土木结构的两层瓦房“知青楼”，共有 14 间。前后有来自厦门、上杭城区及官庄（含珊瑚）的知青共 70 多人在此居住，成为闽西最大的知青点之一。2010 年后，对“知青楼”进行修缮，可供游客住宿。

圆通山“知青楼”

三、新村建设

（一）新农村建设

1. 上珊瑚村新农村试点建设

2007 年，上珊瑚村被定为新农村建设试点村。该村以楼下小区为试点进行空心房改造；实施村部十字路口和村南大道、村北大道拓宽改造，以及竹背至在大坪岗 2 公里村道的硬化工程；完成村部办公大楼加层装修，设立村民法制学校、文化中心，村级医疗诊所；新安装变压器 1 台，改造电力线路 500 米，安装路灯 20 盏，实施村户亮化工程；建设水冲式公厕 1 座，拆除填平旧式厕所 80 个，新建垃圾池 3 个，清除卫生死角 20 多处。

2. 下珊瑚村美丽乡村建设

2012 年，实施下珊瑚村美丽乡村建设，实施村旁、路旁、屋旁、溪旁“四旁”绿化，植树 1100 多株，结合“家园清洁行动”坚持生活垃圾“户集、村收、乡处理”运行模式。

2014 年，投入 50 万元实施下珊瑚村美丽乡村示范村项目建设。拆除空心房杂物房 3600 平方米。实施村部周边环境的美化。主要实施村级组织场所绿化美化，对村部围墙由封闭式改为通透式（约 30 米）、一楼办公室大门改造（8 扇）和村部坪地进行绿化美化，添置群众健身活动小器材；加强村两委工作机制的健全完善和村级便民服务点的健全完善，对各项规章制度和办事流程等进行规范上墙，配置电脑、打印机等必备的工作设施。道路清洁工程方面，完成村中大道 500 米的拓宽硬化和 200 米的道路改造硬化，并实施绿化、亮化。新开一条长 450 米、宽 3.5 米的村内循环道路。农民公园建设方面，完成北片庙坝农民公园建设，总占地面积 1200 多平方米，按农民公园的要求配备设施设备。深入开展环境综合整治，夯实垃圾收集运输设施，发放户用垃圾桶 550 个、安装垃圾收集箱 20 个、建设垃圾池 4 个、购买垃圾小推车 5 辆。投入 150 多个工日，重点对北溪下珊瑚境内流段进行集中清淤清杂；完善环境保洁机制，对全村垃圾清运实行市场化承包管理机制；修缮或新建村庄内排污排水沟 800 米。

3. 上珊瑚村美丽乡村建设

2015 年，实施上珊瑚村“千村整治、百村示范”美丽乡村建设，实施上珊瑚村中道路改造、北溪生态防洪堤建设，对上珊瑚村老年活动室房屋立面修缮，安装 3 盏中华灯。

4. 华竹村美丽乡村建设

2015 年，投入 60 万元实施华竹村美丽乡村示范村建设项目。硬化村中道路，修复危桥一座，新建农民公园一座，新建篮球场一个及村部宣传栏，清理溪道 1500 米，筑砌溪岸 300 米，建造垃圾池 10 个，配备保洁员 3 人，安装太阳能灯 50 盏，新架设电力型路灯，整治破旧空心房、废弃住房 1000 平方米。

（二）金山电站库区移民

1994 年，上杭县开工建设金山水电站。电站是汀江干流上杭境内的第一座梯级电站，设计装机容量 2×2 万千瓦，多年均发电量 1.45 亿千瓦时，工程总投资 2.7 亿元。电站正常蓄水位 214 米（黄海标高），汛期限制水位 210 米，正常蓄水位时水库面积 4.4 平方公里，总库容 0.55 亿立方米。电站水库淹没范围涉及上杭、武平 2 县 4 个乡镇，其中涉及珊瑚乡华竹村、下坑村、彩坑村 3 个行政村。

金山电站建设淹没珊瑚乡彩坑村耕地 208.6 亩，就近后靠安置 76 户 426 人，在后靠的屋背头山上、上家、岭子上、赤路岗上、溪口山上、河边岗上、三潭下、凹垢下等地建房居住；外迁至临城镇城东移民新村 24 户 110 人。淹没下坑村耕地 27.3 亩，就近后靠安置下坑村河头、横滩自然村 15 户 75 人。淹没华竹村耕地 1.5 亩。库区淹没杭庄公路 9.28 公里，1996 年 7 月完成重建。

上杭县有关部门在金山电站库区移民安置工作中，以改善群众生产生活条件，利于群众脱贫致富奔小康为原则，把移民安置与扶贫造福工程有机结合，采取“促开发、办企业、建市场，集中外迁安置与就近后靠相结合”办法，对外迁安置的，从县城规划区内划出 2000 多平方米土地，建立移民新村，划归临城镇城东村管辖，在新村中规划了道路、街道和市场，实现水、电、路“三通”，同时征用耕地、菜地分给移民户，有适量的责任田，解决移民口粮，脱贫致富靠发展第三产业和服务业。移民新村适龄儿童都安排在就近中、小学就读。对就近后靠的移民采取贴息贷款办法，扶持发展种养业，利用水库库湾养鱼，种植板栗、绿竹等，在保护原有耕地的基础上改造中低产田，新开耕地 10 余亩。库区移民安置工作经 2 年多的努力，走出了一条“搬得走、安得下、富得起”的开发性安置之路，移民的生产生活条件得到改善，能保持或略高于迁移前的生活水平，基本实现安居乐业的目标。如从彩坑村迁到城东新村的林远红户，未移民前一家 4 口挤在破瓦房里，迁到新村后，进城做工、经商，住进装饰一新的 3 层砖混房，添置了液化气、彩电、电话、摩托车。1998 年后，上杭县对库区移民乡镇加大帮扶支持力度，移民安置在下坑村河头、横滩 2 个自然村的村民缺电，县移民办多方筹措 20 多万元资金，解决架线供电并开通 3 公里的机耕路。先后帮助彩坑村、下坑村建设人饮工程，对道路进行拓宽改造硬化，安装路灯，建设彩坑村石门牌及村文化中心大楼等。

2006 年 7 月后，上杭县对金山电站库区移民采取发放直补资金政策，按人均每年 600 元给予发放，发放时间从 2006 年 7 月始至 2026 年 7 月止，其中涉及直补政策的彩坑村、下坑村后靠及外迁人口 609 人，淹地不淹房涉及人口 85 人。

（三）“造福工程”建设

1994 年后，珊瑚乡贯彻落实福建省、上杭县关于实施“造福工程”的通知要求，对居住在生产生活条件恶劣、解决“五通”问题难度大，边远偏僻的彩坑、河头、横滩等自然村的村民逐步实施异地搬迁安置。1997 年完成搬迁安置 15 户 91 人，对符合条件的“造福工程”搬迁户给予每人建房补助 600 元，另加每户补助 300 元。

2006 年后，上杭县实施危房改造工程建设，要求“造福工程”搬迁安置应与农村危房改造、新农村建设、地质灾害搬迁、革命基点村搬迁、灾民安置房建设等相结合。列入“造福工程”搬迁对象的，给予每人补助 2500 元，独生子女和二女扎户家庭多给一人份额的补助，计生二女扎户另外补助 500 元，少数民族搬迁对象每人另外增加补助 600 元。到城区购买商品房的“造福工程”搬迁对象，在省、市补助的基础上，县财政给予每人配套补助 1000 元，到集镇安置的每人配套补助 500 元，并由有关部门负责，帮助解决就业培训、推介就业和学生就读等问题。2006—2010 年，珊瑚乡实施“造福工程”、危房改造零星分散安置搬迁 18 户 89 人。

2011 年，上杭县出台“农村危房改造实施方案”，对需要整体搬迁的“造福工程”实施对象，不再另行选址，与农村危房改造一起统一在新村规划点进行新建。2011—2012 年，在下珊瑚村岗背规划造福工程、危房改造集中安置小区，完成征地 7000 平方米，建造住房 21 栋，20 户农户 90 余人搬入小区安置落户。2012—2013 年，珊瑚乡完成“造福工程”、危房改造搬迁安置 91 户 329 人，补助资金 231.05 万元。

2014 年，上杭县又将“造福工程”与扶贫搬迁相结合。2014—2015 年，珊瑚乡完成“造福工程”、危房改造、扶贫搬迁安置 76 户 394 人，补助资金 186.95 万元。

2006—2015 年，珊瑚乡对白水磜下、新桐树园、河头、横滩、长窖里、南山石里、上园、后龙山、大坪岗、彩坑等住在边远山区的村民 230 余户 1000 余人相继实施“造福工程”异地安置搬迁，搬迁地大多为所在村庄居民相对集中区，搬迁后的居民均建成了砖混结构的美观楼房。“造福工程”的实施被受益村民和社会各界誉为德政工程、民心工程。

（四）灾后安置建设

1996 年 10 月下珊瑚村六二组陈宅大院发生一起特大火灾，烧毁民房 57 间 1084 平方米，受灾 19 户 106 人。上杭县人民政府拨出专项经费 5.6 万元给予受灾户就地建房补助，当年年底，受灾户全部迁入新居。

彩坑灾后重建安置点

2000 年“8·25”洪灾后，完成 26 户重灾户灾后重建。其中实施彩坑村梁屋祠堂门口以上防护区里立项灾后重建工程，集中安置 10 户群众，建造砖混结构的三层半楼房。

2005 年，完成 3 户因洪灾房屋倒塌户重建新居。

2006 年五六月间洪灾后，同年 10—11 月实施下珊瑚村下田心段灾后集中安置点建设，规划集中安置 10 户重建户，每户占地面积 100 余平方米。至年底，重建户全部住入新居。

2010 年“6·15”洪灾后，重点实施彩坑村住房集中安置点建设，安置点位于梁屋中心桥，建筑占地面积 1750 平方米，外墙按客家风格统一装修，安置 21 户 90 人。至 2011 年，全乡 49 户分散重建户和彩坑 10 户灾后集中重建户全部搬入新居。

2013—2015 年，先后完成灾后分散重建户 21 户。

第三节　乡村建设管理

一、规划编制与实施

2011 年，珊瑚乡党委、政府委托编制《上杭县珊瑚乡总体规划（2012—2030）》，该规划共 20 部分，将珊瑚乡纳入才南经济片区，以充分承接才南经济的辐射作用，承担才南经济片区的部分功能。规划将珊瑚确定为上杭县农林生产基地，上杭西部生态休闲旅游组团重要节点，生态宜居小城镇，将珊瑚建设成为农业现代化、环境生态化、服务配套设施完善化的生态宜居型城乡。

此次规划根据珊瑚乡集镇用地条件的特点，镇区的空间结构规划为“一带、两轴、三心、四片区”的结构。“一带”指集镇北面沿河流形成的沿河景观带；“两轴”指沿县道 651 线形成的交通发展轴和沿村中路形成的集镇发展轴；“三心”指乡政府、卫生院、文化广场等公共服务设施集聚形成的集镇综合服务中心，上珊瑚文化教育中心，围绕梦宏居形成的历史文化中心。“四片区”指集镇东面商业综合服务区、上珊瑚居住片区、下珊瑚居住片区、集镇北面弹性发展片区。

二、建设用地管理

新中国成立前，土地属私人所有，用地由私人自由支配。

新中国成立初，集体、私人建设用地很少，没有专门的管理制度。1970 年后，凡征用农地，由征用单位与生产队协商同意后补给 3 年产量计算；5 亩以下由上杭县审批，5 亩以上由龙岩地区审批。1980 年后，如经批准使用的农田，按占用面积年产量 3 至 5 倍折算收费。由个人申请、大队审查、公社审批。

民宅建筑不准使用农田，只用荒山杂地。1970 年后，私人建房用地，由个人申请，大队审查，报公社批准。1987 年 1 月《中华人民共和国土地管理法》实施后，由个人填写建房用地申请表，经村民小组、村委会审查签署意见后送乡土地管理站（简称土管站），土管站派员到实地勘察绘图，了解群众意见，如无合理异议，报乡政府审核，上杭县政府审批。2000 年始，根据《福建省实施〈中华人民共和国土地管理法〉办法》，农村居民每户建宅用地面积限额80~120平方米，但3口以下的每户不得超过80平方米，6口以上的每户不得超过120平方米；利用荒坡地、村内空闲地建房或者对原旧住宅进行翻建的，可以适当增加面积，但增加的面积每户不得超过30平方米，超过用地限额指标的不予审批。

三、违法违章建设查处

1987年1月土地管理法实施后，对个人、单位建设用地实行大清理、补办手续、强制拆除违法用地建设的房屋及建筑物。

1988年，清理非法占地建房150户，对这些住户分别进行处理，其中拆除房屋3户5间，恢复原地2亩。

1990年，处理违法占地建房248户。

1992年，查处1982年以后违法建房户60户，处理41户。

2005年，清查出违章建房59户5576平方米，非法占地、违章建房的蔓延势头得到有效遏制。

2007年，制止清理26例违法违章（简称“两违”）建筑，强行拆除2例非法占地建房。

2009年，强制拆除违法违章建筑4户。

2013年，组织强制拆除占用耕地、林地违章建筑6起。

2014年，乡政府组织开展“两违”专项整治行动，及时制止违章建筑10余宗；组织2次集中大规模强拆行动，拆除非法建筑14宗6900平方米。

2015年9月，上杭县政府发出（在彩坑张贴）通告，紫金矿业集团公司拟在彩坑村建设尾矿库，划定村口门楼以内为规划使用的“红线”内，公告明确“红线”内禁止抢建房屋。

四、管理机构

1987年，珊瑚乡成立土地管理站。1995年，土地管理系统实行垂直管理，改为珊瑚乡土地管理所，受上杭县土地管理局和珊瑚乡政府双重领导。土地管理所（站）负责办理乡村各项建设用地的征用审查审批，参与土地调查、登记、统计，建立地籍档案和核发土地证书；依法调解土地纠纷及查处土地违法案件；做好经常性土地监察、检查工作；落实编制乡、村土地利用规划方案及各项土地税费的征收和管理等工作。

珊瑚乡历任土管所（站）负责人名录

表6–1

姓　名	职　务	任职时间	姓　名	职　务	任职时间
林科扬	站　长	1987.08—1995.05	林光明	所　长	2003.06—2008.02
温东春	所　长	1995.06—1997.05	陈先民	所　长	2008.03—2014.02
蓝洪照	所　长	1997.06—2000.11	李维平	所　长	2014.02—
张力辉	所　长	2000.12—2003.05			

第七章　交通·邮电

第一节　交　通

北宋淳化五年（994年）上杭设县后，逐步辟建上杭县至汀州府的驿道（亦称官道）。该驿道由彩坑腊子岭入境，九华铺（今华竹）出境，贯穿珊瑚，为境内最重要通道。民间由官绅倡募、群众集资修桥筑路，使乡村道和官方的驿道交叉衔接。

南宋嘉定六年（1213年），汀州知州赵崇模为改陆运漳（州）盐为水运潮（州）盐，开辟回龙至峰市段航道；南宋端平三年（1236年），长汀知县宋慈又辟长汀至回龙段航道，使潮盐从回龙驳运至长汀；明嘉靖三十年（1551年），汀州知府陈洪范治理回龙滩，汀江航道长汀—上杭—峰市间全线贯通。汀江自明代起航运兴旺，极盛时有“上河三千（长汀—上杭）、下河（上杭—峰市）八百”之说，成为闽粤赣客家地区交通大动脉。20世纪30年代初，曾是中央苏区对外的主要交通线。至20世纪70年代，其航运依然繁荣。汀江珊瑚段河头（栗子湖）为汀江航运的中转点。汀江航运为珊瑚经济社会发展发挥了重要作用。1975年后，由于公路交通的发展及水电建设的影响，水路交通日趋萎缩。

民国23年（1934年），为“剿共”军事需要，福建省保安十四团团长钟绍葵令武平、上杭两县开筑龙（上杭回龙）高（武平高梧）公路。此路计划由回龙起经官庄、千家村（今珊瑚）穿悦洋入寨背再出高梧，与上杭高梧线合。实际只修筑高梧至千家村段，未通车，因质量差，水毁后报废。

新中国成立后，人民政府重视交通事业的发展。1972年，上杭县按“民办公助，民工建勤”原则，动工修建通桥—回龙段的公路（时称杭庄公路），1975年8月竣工通车。该公路贯穿珊瑚全境，改善珊瑚的陆路交通状况。1993年后，珊瑚乡党委、政府以公路“先行工程”建设为契机，组织珊瑚人民掀起“要致富、先修路”的建设热潮。自1995年始，实施行政村“通路工程”，1997年实现村村通公路，珊瑚的交通状况有较大改善。1998—2015年，加强乡村道路硬化工程建设和村道拓宽改造工程，实现各村村部到每个自然村道路均为水泥路面。2015年，珊瑚有县道河临线（线路编号X651）过境，境内里程19.1公里；乡村公路主要有6条，全长约45公里。

一、古　道

古代，为传送官方文书，便于民间商贸交流和群众生产、生活的需要，境内逐步建设驿道和乡村通道。明代，珊瑚境古道主要有驿道一条，石砌路；乡村主要古道大多为泥土路，部分为石砌路。随着杭庄公路贯通及乡村公路的发展，许多古道已荡然无存、踪迹难觅。有的古道虽路况基本如旧，但早已无人问津。

(一) 驿　道

为上杭县通往汀州的官道。由上杭西门经水埔、涧头、武平悦洋铺至彩坑腊子岭入境，再经武平悦洋大湾铺、风吹伞、厦康（今下坑）、山湖铺、九华铺（华竹村）出境，再经官庄、回龙至汀州（长汀）。清康熙版《上杭县志》载，“明正德十六年（1521年），上杭佥事周期雍甃山路建松风亭”。该驿道当在其前后修成。明清时期，该驿道为官方及民间往来汀州、上杭的必经之路。至20世纪70年代中期，仍为交通要道。1975年杭庄公路通车后，该古道逐步被公路所代替。

风吹伞（北）古驿道

风吹伞前后古道是汀杭驿道上最险要路段之一，辖驿道之咽喉，具有重要的战略地位。腊子岭、风吹伞前后古道现存路段基本上保存旧时原貌，是研究古代珊瑚的经济往来、民间交通等方面珍贵的历史佐证。

(二) 普通古道

主要有：上珊瑚—檀岭—武平中堡，上珊瑚—山寺头—武平中堡，珊瑚—河头渡口，珊瑚—下坑—彩坑，庙坝—上园，仙师宫—半天山—圆通山，九华—九竹，九华铺—河头，下坑—河头，彩坑—芳洋，彩坑—三潭，三潭—下坑，彩坑—腊子岭—青迳。这些古道，连接珊瑚各个主要村落。大部分古道用山石或鹅卵石铺成，工程量大。

(三) 古　亭

古道沿途修建有供路人休息的古亭。昔人视修桥、铺路、造凉亭为三大功德，是善举。凉亭竣工之日，在亭梁上写着建造朝代和年月，同时在亭内立碑或钉一块木匾，上书助钱、助工、助料者的芳名，留作纪念。部分古亭内有热心人士施茶水，故亭子又称“茶亭”。在前不着村后不着店的旅途中，一碗茶水对口渴难耐的旅人来说无异于沙漠中的一泓清泉。文人墨客们在小憩凉亭时，常会在亭内写下点“墨宝”，或题壁赋诗，或撰亭联，其中不乏脍炙人口之作，形成一种特殊的文化现象。

风吹伞亭（松风亭）　位于下坑村松风岭汀杭驿道上。清康熙《上杭县志》载，明正德十六年（1521年），上杭佥事周期雍甃山路建松风亭。清同治《汀州府志》作风吹伞亭。民国版《上杭县志》载，珊瑚监生胡映文建风吹伞亭，并施茶田二十余秤；清乾隆甲寅（1794年），其子重修（编者注：因亭子明代已建，胡映文应该是重修）。清宣统元年（1909年），胡映文裔孙又重修（亭的顶梁上有时间和署名）。今仍存，砖木结构。该亭是建在路中央的“路心亭”，两向门，俗称“两头通”。该亭因位于又长又陡的山路之顶，是途经此处的行人感觉最累、最需要歇息之时之地，因而进亭坐息的人特别多。有热心人士施茶水（直至20世纪六七十年代仍有）。魏紫作《风吹伞亭赋诗》，诗中有“到此有茶清可饮，行人何用望梅思”句。仍存，但已失去路亭功效。

风吹伞亭

腊子岭亭　地处彩坑村腊子岭通武平芳洋古道上，清代修建。第二次国内革命战争时期，红军曾经过此亭，又称“红军茶亭”。张桐辉为此亭咏诗：“腊子岭亭立重峰，来往行人歇亭中。凉快清风赠精力，不忘前人修建功。”仍存。

茶头窝里亭　地处彩坑村茶头窝里，清代修建。因年久失修，1995年冬，彩坑村民献工献料重新修建。

望月亭　位于下坑村，西通武平大道，众姓建。

余庆亭　又称木马山亭，位于下坑村，木马山南往粤孔道，与武平分界，陈姓建。仍存。

迎宾亭　位于下珊瑚村，北为上圆通山孔道，清光绪年间（1875—1908年）众姓建。已废。

佛子凹亭　位于下珊瑚村，珊瑚东北汀杭孔道，珊瑚众姓建，有施茶碑记。已废。

出水坑亭　位于下珊瑚村，珊瑚东往汀江河头（栗子湖）孔道，清光绪初陈姓建。仍存。

檀岭亭　位于上珊瑚村，西南通赣孔道，陈、胡二姓建。仍存。

雷打石亭　位于上珊瑚村，后龙山古道上，清光绪间众姓建。仍存，可供来往人员休息。

雷打石亭（胡康福　摄）

观音亭　位于华竹村九华铺，为汀杭孔道。已废。

春风亭　位于华竹村汀杭孔道，众姓建，有施茶碑记。20世纪90年代杭庄公路拓宽改造时废。

此外，清代，胡昙生（十六世）曾捐建涧头渡亭，并施亭田三十余秤。

二、公　路

(一) 县　道

1975年，开通上杭—珊瑚—官庄公路，全长48.54公里，从官庄龙牌起至上杭城区西门，途经回龙、官庄、珊瑚、紫金山、碧田、寨背、通桥、临城等乡村（1994年改道经过碧田、迳口、水埔、临城），其中珊瑚境19.1公里。1988年，珊瑚华竹—紫金山为砂土路面。1999年，铺设紫金山至珊瑚庙坝沥青路面。2004年，珊瑚段道路按四级公路标准，铺筑长4.4公里，宽6米，厚20厘米的水泥路面，集镇段路面得到改造。2007—2008年，投资1100多万元，实施集镇至紫金山段道路扩宽改造，完成水泥路面铺筑15公里。2014年，县交通部门投入280万元，对紫金山至珊瑚集镇段破板路面重铺110处2.05公里。

河临线珊瑚集镇路段

2000年起，根据福建省农村公路线路规划长汀河田至上杭官庄、珊瑚、临城段称为河临线，线路编号X651。2013年，协调配合上级交通部门做好临河线（珊瑚段）二级路地形测绘、方案设计等前期工作。2015年11月，上杭县“十三五”交通规划长汀新桥至上杭官庄、珊瑚、临城段称为新临线，线路编号仍为X651。

2015年珊瑚乡境内县道情况一览表

表7-1

线路编号	线路名称	起　止	境内里程（公里）	技术等级现状	路面类型	桥梁		涵洞（座）
						数量（座）	延米（米）	
X651	河临线珊瑚段	华竹—珊瑚—下坑—彩坑	19.1	紫金山至集镇段四级，集镇至华竹段三级	水泥砼	4	125	20

(二) 境内乡村公路

1975年上杭到官庄（珊瑚）的公路开通后，尤其是1987年后，陆续修建从珊瑚到各行政村、各行政村到各自然村的公路。1995年始，逐步实施行政村通路工程，实现行政村村村通公路。1998—2015年，加强乡村道路硬化工程建设和村道拓宽改造工程，实现各行政村之间通水泥路。

1994年，开通春风亭至圆通山道路7.83公里。

1995年，开通华竹村九华到九竹机耕路。

1997 年，拓宽改造上珊瑚村、下珊瑚村村中大道，开通庙坝到大坪岗机耕路和华竹村机耕路。

1998 年，铺筑下珊瑚村村主干道水泥路面 3750 米，上珊瑚村上园自然村 2 公里道路硬化。县移民局出资在彩坑村从溪口公路边至园厅下改道重建 1 条水泥路路面铺设的公路，全长 2 公里。

1999 年，开通竹背至大坪岗道路 2.77 公里。

2000 年，开通彩坑村至武平中堡镇芳洋村机耕路 4 公里，下坑至河头横滩机耕路 3.7 公里。

2002 年，开通下坑村村中大道，硬化彩坑村 2.1 公里的村中大道。开通华竹村九竹自然村机耕路、珊南机耕路和珊北机耕路。铺设庙坝至珊瑚中学水泥路。

2004 年，完成下珊瑚村村中大道及华竹村春风亭至九竹两条公路拓宽改造，铺筑水泥路面。

2006 年，铺筑华竹村九华自然村村中水泥道路。完成上珊瑚村竹背段和下珊瑚村至坎下道路扩宽改造。开通上珊瑚村至南片自然村道路。

2007 年，实施上珊瑚村村部十字路口和村南大道、村北大道扩宽改造，以及竹背至大坪岗 2 公里村道的硬化工程。完成下坑村村部至河临线接线路段硬化工程 0.3 公里。实施九竹至圆通山约 4.2 公里的道路拓宽硬化工程（属旅游景区专用公路）。

2008 年，完成下坑村河头自然村 0.8 公里、华竹村村部至巷背岗 1.1 公里、华竹机砖厂至大门背 0.6 公里道路硬化工程。实施下珊瑚村“烟基工程”北片机耕路近 2 公里路面铺设项目。上珊瑚村、下珊瑚村 1.5 公里的村中大道列入县级“样板路”进行管理养护。

2009 年，实施华竹九竹自然村道路硬化工程 1.2 公里；实施下坑村村中道路及下坑村至河头机耕道路项目。实施上珊瑚村“烟基工程”0.5 公里。

2010 年，实施下坑村村中大道建设工程，实施“烟基工程”铺筑上珊瑚村村部至寨子陂道路 700 米、下珊瑚村南片坪埔岗道路 480 米。开通华竹九华片湖垢至埔下 1.8 公里机耕道路。

2010—2011 年，实施县移民局库区移民后期扶持项目杭庄公路至河头道路硬化及下坑村横滩至杭庄公路道路硬化 7.1 公里。

2012—2013 年，拓宽硬化华竹杨梅山水库至圆通山景区道路 1.8 公里。县移民局出资拓宽彩坑村村主干大道，从村口至下段的路基从原来路面 3 米拓宽到 5 米，并铺设水泥路面。

2013 年，实施烟基道路硬化 3.6 公里。县移民局出资拓宽改造从彩坑村下段至园厅下道路重修工程及村中道路护堤建设。

2014 年，拓宽硬化圆通山部分景区道路、华竹村村中路、下坑村村中路。

2015 年，完成上珊瑚村村中大道改造 450 米。

（三）出境乡村公路

珊瑚出境主要乡村公路为通往武平中堡的道路。1997 年以后，陆续开通彩坑、下坑至武平县中堡镇的道路。

1997 年，开通彩坑村至武平中堡镇芳洋村机耕路。

2001 年，拓宽硬化河临线彩坑村至武平中堡镇大湾铺道路 2.63 公里。

2004 年，开通下坑村至武平县中堡镇芳洋村机耕路。开通彩坑丰陂形岗至武平中堡芳洋村口茶亭边的路基和水泥路面的铺设工程，连接芳洋村道。

2007 年，拓宽硬化河临线下坑段至中堡芳洋村风吹伞道路 3.2 公里。

2008 年，县移民局出资，开通彩坑村宫边至武平悦洋坑口的机耕路。

2015 年，全乡主要乡村公路（含出境）6 条。乡村道路全长约 45 公里，行政村村部到每个自然村道路均为水泥路面。

2015 年珊瑚乡主要乡村公路情况一览表

表 7–2 单位：公里

起 止	里程	起 止	里程
下珊瑚集镇—上珊瑚上圆自然村	4.50	上珊瑚溪背(沿北溪)—下珊瑚庙坝	2.00
华竹春风亭—杨梅山水库—圆通山	7.83	河临线彩坑段—武平中堡镇芳洋村(出境)	2.63
河临线华竹段—河头—横滩—河临线下坑段	11.00	河临线下坑段—武平中堡镇芳洋村(出境)	3.20

三、水　路

（一）航　道

汀江干流珊瑚段流长约 8.5 公里，汀江在珊瑚境内有险滩 2 处，分别为镬风滩（栗子湖边，二水一横一纵，浪滚如镬）、三潭滩（三潭头三水横流合下）。

汀江航道于南宋至明代分段开拓和整治。南宋嘉定六年（1213 年）已开通回龙—珊瑚—上杭—峰市航线。明嘉靖三十年（1551 年），航线可上达长汀。此后 400 余年，汀江成为闽西最重要的交通命脉。明清至民国时期，河道很少治理，暗礁航障常造成沉船事故。

清朝康熙八年（1669 年），在汀江珊瑚境设有栗子湖、三潭头塘兵房，各设 5 名塘兵驻守放哨，分班轮卫。

1976 年杭庄公路（河临线）通车后，因航运业务少，1980 年冬停航。1986 年 6 月恢复通航。1992 年，除农田木船短程通航外，其余船舶停止通航。1998 年，又恢复通航，上杭城关—珊瑚—回龙 53 公里航道按地方 7 级航道标准建设，通航能力为 50 吨级船舶。境内通航里程为 17 公里。但由于金山电站建设未给船只留下理想的通道，20 世纪末，官庄—珊瑚—上杭航运终止。

（二）渡　口

境内汀江上无一座可供过往的桥梁，人们不得不设渡以弥天工之缺。境内设栗子湖（河头）、横滩、三潭等渡口，属热心于公益事业的乡人捐田集资造船设置，渡口置有渡亭。三个渡口均通往才溪及汀江河东珊瑚辖区，解决上杭、武平邻近乡村群众、客商往来才溪及珊瑚群众到河东生产的困难。

三潭渡口约设于清康熙中期，康熙四十四年（1705 年），彩坑梁应玉施渡船一只。至 1981 年，该渡口费用开支主要由彩坑村负担。

新中国成立后，县、乡政府重视渡口建设和管理，至2003年，珊瑚境内仍设有河头、横滩、三潭渡口，均属县财拨款管理，配有渡船、渡工。随着陆路交通的发展，水路渡运量逐年减少。鉴于三个渡口对岸较少村民居住且处于停渡状态，为规范渡口管理，保障安全，上杭县政府于2014年3月18日撤销河头渡口（杭政〔2014〕29号），2015年8月12日撤销彩坑村三潭渡口（杭政〔2015〕75号），2016年1月22日撤销横滩渡口（杭政〔2016〕4号），渡船均由县交通海事部门调回。

四、桥 梁

（一）古 桥

明清至民国时期，境内桥梁主要有木桥和石拱桥，木桥多以松木为柱、梁，桥面用方木加栓铺设，桥基用石墩。石拱桥多建于驿道，主要有：

下珊瑚合水口石拱桥　又称佛子凹背桥，位于下珊瑚村合水口汀杭驿道，建于清代。该桥长20米，宽5米，高9米。

下坑岭下石拱桥　位于下坑村岭下汀杭驿道，建于清代。采用石板砌筑而成，桥长10余米，高5米，桥面宽2.5米。

神潭角石拱桥　位于华竹村神潭角下，建于清代，桥长8米，高3.8米，桥面宽2.5米，拱桥跨径达4米。2014年12月，桥面拓宽改造，用钢筋水泥加固，桥面宽达3米。

此外，清康熙年间（1662—1722年），彩坑村园厅下梁应玉捐资修建武平中堡三井石拱桥。拱桥长约20米，桥面宽2.6米，高10余米，拱桥全部用条石砌成，仍存。

合水口古桥

（二）公路桥

随着公路交通的不断发展，公路桥梁日渐增多。至2015年，珊瑚境内共有公路桥10座，其中县道4座，乡村主干道6座。

主要公路桥为彩坑大桥，该桥2005年投资80万元完成危桥改建。2009年7月重建，2010年4月竣工，桥面总宽8.5米，净宽7.5米，桥长72.76米，跨径1×16+1×30+1×16米，结构为空心板+T形梁，工程总造价305.58万元。

五、运　输

（一）水上运输

1. 木船运输

汀江航道全线贯通后，航运业日益繁荣。珊瑚沿江村民主要是彩坑（含三潭）村民亦从事航运业。船工农忙务农，农闲撑船，有货时行船，无货时种田。木船以货运为主，对生活用品、农副产品、生产资料进行零星水上运输，兼营客运。其中，三潭90%的男青壮年以撑船为业；彩坑自然村的男青壮年也以撑船为主要职业。清末民初，彩坑有20多只木船，20多位船老板。1975年杭庄公路开通后，木船航运逐步为汽车、拖拉机运输所替代。

2. 机动船运输

1964年，始用客运机动船（俗称汽船），上杭县城—珊瑚—官庄回龙每日对开一航次，三潭头设有客旅上下的码头。沿河公路通车后，船舶客运量下降，1980年冬，因客运业务少而停航。1986年6月恢复隔日往返上杭—珊瑚—官庄客船。1999年，县制定汀江航运规划，实施渡口、码头建设，但未恢复汀江正规通航。珊瑚渡口处仅存对生活必需品、农产品、生产资料进行短途民间零星水上运输。水上运输已基本上由陆路运输所代替。

3. 排筏运输

清代后，汀江河岸边居住的河头、横滩、三潭部分村民常以木头或毛竹扎为一席，制成排筏，使用排筏作为水上运输工具，主要用于捕鱼及运送生活物资。

（二）公路运输

1. 客　运

1975年，上杭县城—珊瑚—官庄公路开通后，开通上杭至官庄客班车，始有每日对开一班。随着人们来往交际的需要，设有过夜班车。2000年始，在原有客运业务的基础上，增辟珊瑚至龙岩19座中巴，每天客班营运。除长途公路客运外，90年代后期，珊瑚境内开始有拖拉机载客，摩托车短途载运客人，又有小型中巴、微型小客车载客，往返于上杭—官庄、上杭—珊瑚等路段。2009年8月，珊瑚乡引进龙洲运输股份有限公司投资近百万元，新增4辆“珊瑚—上杭”客运汽车，从当月25日起开始营运，形成每间隔40分钟一班对开，改善了当地群众出行条件。

2. 货　运

1975年，上杭县城—珊瑚—官庄公路开通后，珊瑚始有公路货运业务，主要由上杭县汽车运输公司承担。1990年后，随着运输市场的逐步放宽，货运量大幅增长，鼓励社会车辆参加运输，集体和个人的汽车亦迅速增加。2015年，全乡有30多部运输车，运输专业户自找货源，零整不限，经营灵活，深受客户欢迎，成为农村交通运输的主要力量。

3. 交通运输辅助业

1990年后，珊瑚客货汽车不断增加，机动车维修业随之逐步发展，有摩托车维修服务店2家，兼营汽车维修部分业务。

六、管 理

（一）航政管理

1956年6月始，由上杭县交通局对船舶实行统一管理，对运输船只和渡口船进行检查和登记造册，建立水上安全管理制度。1959年，组织渡运安全小组，对水运安全进行全面检查，对乡村渡口船舶全面丈量登记、修建，核定船舶吨位、装载人货限额，划定载重水位线，检查每条船营运、渡工两证和船牌号等。渡口管理实行定渡工、定渡口、定载重、定渡船、定客位的“五定”制度，严禁超载和人畜混渡，特别注重汛期的安全行渡，严格规定雨季水位急升期间不准开航，以杜绝事故发生。2003年后，境内横滩、河头、三潭渡口逐步撤销。

（二）公路养护

杭庄公路（河临线）通车后，该公路主干道由县交通局、乡政府选派当地农民组织养路队常年养护，县财拨付一定的养护补助款。2003年以后，按照“建养并举，管养并重”的原则，以公路养护、管理为中心，实施小修养护目标承包责任制；境内主干道路基稳定，路面平整，排水系统流畅，保证常年晴雨通车。对公路沿线逐步实施绿化工程，实行公路绿化和水土流失治理相结合。2012年以后，河临线公路实施安全保障工程建设，在重点路段建设防撞墙，安装护栏，安装道路交通反光镜，划标线，设立村标志，整治边沟，加固挡墙，在学校周边设置道路交通安全标志等，道路安全等级得到提高。

（三）管理机构

1998年，成立乡公路工作站，属乡镇公路管理职能部门，主要负责乡村公路建设、维修、管理工作。业务上受上杭县交通局指导，行政上属乡政府领导。2001年，撤销乡公路工作站，成立乡交通管理站，实行县交通部门与乡政府双重领导，负责管理全乡公路建设、养护、管理和交通安全工作。2007年，乡成立农村公路养护管理站，村成立农村公路养护管理理事会。

第二节 邮 电

明清时期，邮驿制度逐步健全。官办驿传分铺递、驿递。铺递由铺夫、铺兵步递，驿递以马代步。

珊瑚因水路、陆路均居上杭县至汀州府的中点位置，明洪武十年（1377年）置山湖铺(后称珊瑚铺)，明成化十年（1474年）置九华铺，置铺把守邮传。清代，驿铺有调整，但仍设有珊瑚铺、九华铺。因铺递与步递的速度慢，清康熙八年（1669年）发展为专递军情的马递机构—塘（汛）递，文职送文件到铺传递，武职照会发摆塘。清代，境内栗子湖、三潭头设有塘房，为专递军情的马递机构。此外，清代设有珊瑚—武平檀岭驿路。民国初期邮路仍循老驿道，运递邮件全靠肩挑步行；政府公文、信件由专人送递；民间通信则是托人捎带或雇人递送。

新中国成立后，邮电事业逐步发展。邮政业务除函件、包件、汇兑、报刊发行等传统业务外，陆续开办特快专递、商业信函等。1994年，珊瑚乡引进具有现代化水平的数字程控交换机，开通程控电话。1996年年底，全乡安装电话87部，实现村村通电话。1998年后，相继开通模拟移动电话（俗称大哥大）、数字移动电话（俗称全球通）。随着计算机运用领域的不断扩大和通信技术的快速发展，2003年，接入计算机互联网，基本具备功能齐全、质量稳定可靠的现代通信手段。2015年，全乡装有固定电话820余部，移动、联通手机3500余部。

一、邮　政

（一）邮　路

明清时期，境内邮路属过境邮路，由县城出西门后经珊瑚、九华铺，再经官庄出境。

新中国成立后，运递邮件依靠步行投递，上杭—珊瑚—官庄步班邮路为四日班，千家村设信柜。1987年珊瑚建乡后，珊瑚的公文、信件、包裹等由县邮电局委办汽车邮入，班期2次/日，乡投用自行车投递，边远山区由队派邮递员在山区村庄递送邮件。2000—2015年，主要使用摩托车投递。

（二）设　施

民国以前，邮件靠肩挑步行，邮员随身携带雨具、照明工具等。1999年，珊瑚建成乡邮电大楼，二层砖混结构，占地500多平方米，建筑面积260平方米。2000年，开通乡邮政门市部，隶属官庄邮电所管理，逐步解决行政村邮路。乡邮政门市部内设邮政营业厅、报刊分发室、会议室、职工宿舍、厨房等，门市部2000年投入营业。邮电设备逐年完善，先后置有传真机、微机、电脑等设备。

（三）业　务

1. 传统业务

民国时期，主要有信件业务和少量的汇兑业务。新中国成立后，尤其是2000年乡邮电所业务开办后，邮政业务不断扩大，相继开展电汇业务、国内快件业务，兼营报刊零售，开办邮政贺年（有奖）明信片和商业信函（即广告信函）业务。2000—2015年，邮政函件日均办理60余件，但在2014年以后函件呈现下降趋势。包裹年均办理20余件。报刊日均投递120余份，2014年以后，报刊日均投递210余份。2015年，阿里巴巴农场淘宝下珊瑚村服务站挂牌运行，首月销售额突破4万元，包裹数剧增，达到日均办理20余件。

2. 邮政快递

2000年始，珊瑚邮电代办所随即开办特快专递代收货款业务。为适应广大人民群众用邮需要，邮政快递从单一的信函型快递到点对点物品型快递、文件型快递转化，收寄方式从单一的窗口收寄向上门收寄、电话预约收寄转化，业务量及业务收入增加，发展势头良好，月均办理特快专递业务10余件。

3. 其他业务

2000年后，珊瑚邮电所开始发展代办电信业务，代缴移动电话费、固定电话费等。

2006年始，珊瑚邮电所坚持以邮政业务为基础外，兼营服务“三农”（即农村、农业、农民）业务，销售农民急需的化肥、农药、种子及其他农资。

二、电 信

（一）电 报

1989 年 7 月，珊瑚邮电所开办礼仪电报业务。1995 年，开办传真业务。1993 年后，随着程控、移动电话的发展、普及，电报业务锐减，2007 年已无电报业务。

（二）固定电话

1987 年，官庄乡办农话中继杆线为官庄—珊瑚，圆形水泥杆 6 杆程公里，12 线对公里，通信能力、传输速度和质量得到提高。1988 年，乡政府接通从官庄到珊瑚 10 公里长的电话线路，解决乡政府通电话的问题。1996 年，开通程控电话。1996 年，全乡安装电话达 87 部，实现村村通电话。1997 年，全乡安装电话达 182 部。1999 年，全乡安装电话达 300 多部，平均 25 人拥有 1 部电话。2000 年，河头、横滩自然村接通程控电话，至此全乡实现自然村村村通程控电话。2000 年，全乡安装电话达 626 部，平均每 4 户有 1 部电话。2002 年，开通行政村无线电话。2003 年，开通小灵通业务，2009 年，因国家政策原因停止该业务。 2015 年，全乡装有固定电话 820 余部。

（三）无线通信

1994 年，开通无线寻呼业务。1998 年，新建数字基站。2015 年，全乡有移动、联通手机 3500 余部。

移动通信方面：1999 年建立移动通信发射台，改进传输网络，同年 4 月建设并开通第 4 期 GSM（全球移动通信系统）工程，进入移动电话第三阶段。2000 年移动公司新建珊瑚点，建立专营代办营业窗口网点。2015 年有移动基站 6 个，移动通信网络覆盖点 15 个。

联通通信方面：2001 年联通公司新增数字 GSM 基站，新增七频点信号。2002 年联通公司开通珊瑚 CDMA（码分多址）基站（2008 年因运营商重组，该网络并入电信）。2003 年建立联通通信发射台。2015 年有联通基站 1 个，联通通信网络覆盖点 2 个。

互联网建设方面 ：1998 年，接入 ISDN（综合业务数字网）计算机互联网。2000 年，接入 ADSL（非对称数字用户环路）计算机互联网。2015 年，Ftth（光纤直接到家庭）光纤到户，实现 100M 上网冲浪。

三、机 构

明洪武十年（1377 年）设山湖铺，明成化十年（1474 年）设九华铺。

民国 26 年（1937 年），珊瑚设信柜，属上杭局。

新中国成立至 2000 年前，珊瑚邮电业务由官庄邮政所负责办理。1999 年，乡建邮电大楼，设邮政门市部。2002 年，乡电信大楼竣工，设电信代办点。

2000—2015年珊瑚邮电所负责人名录

表7-3

姓　名	任职时间	姓　名	任职时间
蓝建琼	2000.04—2003.06	陈三英	2005.09—2014.03
吴强生	2003.07—2005.08	陈五英	2014.04—

第八章　财税金融 · 商贸服务

第一节　财　政

1987年珊瑚复设乡后，乡成立财政所。此后，珊瑚乡执行上杭县“县对乡（镇）的财政管理体制”，加强财政管理，讲究生财、聚财、用财之道，发挥财政筹集资金、调节经济、监督管理的职能作用，开创全乡财税工作新局面。

2015年，全乡财政总收入596.33万元，比1988年增长13.90倍，年平均增长10.54%；乡财政总支出727万元，比1988年增长24.34倍，年平均增长12.55%。

一、财政体制

1985年以前，珊瑚与官庄历经多次分合，无论是单设还是与官庄合设乡（公社），均未建立一级财政，乡（公社）只是上杭县财政的一个报账单位。所有收入上缴县财政，所需各项行政事业经费，根据县财政部门分配的预算指标控制使用。1985年，为适应农村经济发展的新形势，官庄乡（珊瑚隶属官庄）成立财政所。

1987年珊瑚复设乡后，1988年1月成立珊瑚乡财政所。1988年，执行上杭县制定和实行的新一轮乡（镇）财政管理体制，即按“划分收支、核定收支、核定基数、定额缴补、增收分成（或全留）、分级包干、自求平衡”的原则，一定3年。划给珊瑚乡的预算收入有乡收入范围的农业税、其他特产税、工商税（烤烟产品税、竹木产品税除外）；划给珊瑚乡的支出范围有乡本级的行政管理费，农业、畜牧水产、农机、水利事业费，文化、广播、教育（除高中）、卫生、计生、乡财政事业费。以1987年实际入库数为收入基数，以1988年县财政下达的预算支出数为支出基数；收入基数大于支出基数则定额上缴，支出基数大于收入基数则定额补助。

1991年，上杭县在1988年的基础上对乡（镇）财政体制作小调整：增收分成上把乡（镇）分为全留，留成80%、70%、65%四个类型。珊瑚属全留类型，且一定3年。

1994年国家实行分税制改革后，执行上杭县制定的“划分收支、核定基数、定额缴补、增收分成（或全留）、分级包干、自求平衡”的乡（镇）财政体制。珊瑚乡属超收全留。珊瑚乡固定收入范围为扣除中央、省、地、县固定收入后的工商税（增值税25%）、营业税、个人所得税、城建税、车船税、房产税、屠宰税、印花税、集体企业所得税、农业税、农业特产税（含烤烟、松脂）、其他收入；支出范围有乡级行政管理费、农业水利事业费、文教卫生事业费、其他部门事业费中的乡财政干部经费、其他支出类中的村干部补贴。

1999—2001年，执行上杭县制定的“划分收支、核定基数，递增（减）缴补、超收分成、自求平衡，一定三年”的乡（镇）财政预算管理体制。

2002—2004年，执行上杭县制定的“划分收支，核定基数，定额缴补，超收分成（或全留），自求平衡，一定三年”乡（镇）财政预算管理体制。该体制实行分税目、分项核定的办法核定收入基数，取消逐年递增10%的收入基数，加大乡（镇）超收分成比例，把中小学教师工资收归县管，加大县对乡（镇）转移支付补助力度。为鼓励乡镇增收节支、消赤减债，当年实现财政预算收支平衡的赤字乡镇，实行以奖代补，按乡镇当年实现预算内外结余数额1∶1给予奖励。

2005—2007年，执行新一轮的乡（镇）财政管理体制。

2008—2010年，执行上杭县制定的“划分收支范围，核定收支基数，定额缴补，超收分成或全留，自求平衡，一定三年”的财政预算管理体制。珊瑚属超收全留。

2011—2015年，执行上杭县制定的“划分收支范围，核定收支基数，定额缴补，超收分成或全留，自求平衡，一定五年”的财政预算管理体制。珊瑚属超收全留。

二、财政收入

1988年，珊瑚乡财政总收入40.02万元，其中，预算内收入34.74万元，预算外收入5.28万元。1994年，乡财政收入达116.06万元，比1988年增长1.9倍。1995—2001年，财政收入逐年稳定增长。2000年，全乡财政总收入222.40万元，比1988年增长455.72%，年平均递增15.35%。但2002年、2003年财政收入比2001年大幅下降。2002年，财政收入124.23万元，比2001年下降45.41%，主要是预算内收入从2001年的162.31万元大幅下降到65.98万元；2003年，财政收入135.22万元，比2001年下降40.58%。2011年，预算内收入达404.67万元，比2010年增加159.79万元，增长65.39%。2012—2015年，财政总收入逐年稳定增长。

2015年，全乡财政总收入596.33万元。

1988—2015年珊瑚乡财政收入情况一览表

表8-1 单位：万元

年份	总收入	预算内收入	预算外收入	年份	总收入	预算内收入	预算外收入
1988	40.02	34.74	5.28	1993	70.06	55.04	15.02
1989	49.85	46.44	3.41	1994	116.06	81.95	34.11
1990	52.20	38.09	14.11	1995	131.11	78.40	52.71
1991	67.40	54.69	12.71	1996	132.07	76.45	55.62
1992	68.56	48.94	19.62	1997	146.84	101.48	45.36

续表 8-1

年 份	总收入	预算内收入	预算外收入	年 份	总收入	预算内收入	预算外收入
1998	161.57	108.91	52.66	2007	333.16	221.03	112.13
1999	187.94	140.42	47.52	2008	310.26	186.34	123.92
2000	222.40	151.53	70.87	2009	327.84	201.23	126.61
2001	227.57	162.31	65.26	2010	372.49	244.88	127.61
2002	124.23	65.98	58.25	2011	454.81	404.67	50.14
2003	135.22	82.56	52.66	2012	515.67	459.14	56.53
2004	279.35	72.91	206.44	2013	548.73	492.37	56.36
2005	227.64	77.45	150.19	2014	543.57	510.57	33.00
2006	240.77	134.29	106.48	2015	596.33	525.33	71.00

三、财政支出

民国以前，历代财政支出主要用于军警、衙署、官吏和差役开支。

民国时期，农业筑坝修塘靠私人捐赠，向农民摊派，财政支出大部用于行政费用。建设和民用经费则寥寥无几。

珊瑚财政所成立后，财政坚持收支平衡、量力而行的原则，重视对基础设施、文化、教育等社会公共事业的投入。2004 年，筹集资金 1000 余万元改建金山电站至珊瑚公路。2007 年，投资 56 万元对改建乡集镇供水扩容工程；投资 268 万元改造集镇至下坑村公路。2008 年，投入 70 万元完成珊中公路道路硬化。2009 年，投资 60 万元建设河临线至横滩公路。

2010 年，投入 300 余万元对杨梅山水库进行除险加固；投入 50 万元拓宽硬化河临线至河头道路。2011 年，投入 145 万元完成集镇一期道路改造。2013 年，投入 520 余万元对全乡小农水项目（陂头、渠道）进行改造；争取项目资金 150 万元对圆通山道路拓宽硬化；投入 300 万元用于珊瑚溪小流域水土流失治理；投入 270 万元对五个村人饮工程进行改造；投入 95 万元完成集镇二期道路改造。2013—2014 年，投入 500 余万元完成集镇广场建设。2014 年，投入 110 万元对乡政府职工宿舍进行大修。

1988—2015年珊瑚乡财政支出情况一览表

表8-2 单位：万元

年份	总支出	预算内支出	预算外支出	年份	总支出	预算内支出	预算外支出
1988	28.69	27.54	1.15	2002	160.33	61.88	98.45
1989	52.40	49.94	2.46	2003	187.35	74.28	113.07
1990	53.62	42.66	10.96	2004	268.79	72.16	196.63
1991	65.51	47.12	18.39	2005	178.71	79.63	99.08
1992	65.26	45.81	19.45	2006	221.91	129.38	92.53
1993	62.56	51.23	11.33	2007	313.28	204.98	108.30
1994	108.87	80.06	28.81	2008	305.63	183.90	121.73
1995	118.74	76.88	41.86	2009	323.03	198.70	124.33
1996	152.31	73.22	79.09	2010	364.31	237.10	127.21
1997	164.28	98.35	65.93	2011	404.20	355.24	48.96
1998	196.76	117.26	79.50	2012	479.11	425.91	53.20
1999	200.65	136.50	64.15	2013	502.63	452.93	49.70
2000	224.12	143.28	80.84	2014	492.05	460.35	31.70
2001	275.46	170.30	105.16	2015	727.00	665.00	62.00

说明：财政收支数据由珊瑚乡财政所提供

四、财政管理

1988年成立珊瑚乡财政所，建立乡财政预决算制度，由财政所专职财务管理。国家财政资金的收支预算，由乡政府根据收支范围的划分和经济发展计划编制建议指标，由乡人大会议审议批准执行。

2000年乡政府制定《珊瑚乡村级财务管理暂行办法》，规范村级财务管理。2009年，全面实行村财乡管，成立村会计代理服务中心。

2002年，全面实行“零户统管”，取消乡政府各部门银行账户。2003年税费改革后，逐步扩大转移支付力度。2004年全面取消农业税。

2006年后，落实乡财政“一把手”工程，建立健全目标考核责任制，进一步深化乡财政预算管理改革，推行预算内、预算外综合财政预算，明确划分乡财收支范围，规范津贴补贴，健全目标考核责任制，乡财政运行步入良性循环轨道。

珊瑚财政所历任负责人名录

表 8–3

姓　名	职　务	任职时间	姓　名	职　务	任职时间
郑英霖	所　长	1988—	李庆林	所　长	—
傅汉明	所　长	—	罗开永	所　长	2003—2007.9
郭振明	所　长	—	胡能发	所　长	2007.10—

第二节　税　务

一、工商税

明、清时期，珊瑚主要有货物税、门摊税、印花税、盐税、层铺税、路捐等税种。

民国时期增开征契税、烟酒营业税、屠宰税、改厘金为营业税、屠宰税增加教育附加税三成等税。还实行使用过牌照税，房捐、筵席税及娱乐税、码头金等。

新中国成立后，根据政务院 1950 年 1 月公布的《全国税收实施要则》，开征 14 种税。珊瑚主要征收货物税、门摊税、屠宰税、利息税、印花税、牲畜交易税、车船使用牌照税等税种。70 年代增征教育附加费。至 1987 年，主要征收产品税、营业税、增值税、所得税。

1994 年，实行分税制财政体制改革，建立中央税收体系和地方税收体系。税收收入按税种划分为中央税、地方税及中央和地方共享税，其中关税、消费税为中央税；增值税、所得税、资源税为共享税；其他为地方税。新税制对税种进行调整，将原个人所得税、个人收入调节税、城乡个体工商户所得税合并，建立统一的个人所得税；对企业所得税实行统一的内资企业所得税制度；取消产品税，把原由产品税、增值税、营业税组成的流转税改为由增值税、消费税、资源税和营业税组成，统一适用于内资企业，取消对外资企业征收的工商统一税。对商品的生产、批发、零售和进口普遍征收增值税，并选择部分消费品交叉征收消费税，对不实行增值税的劳务交易和第三产业征收营业税。珊瑚主要征收企业所得税、营业税、个人所得税、屠宰税、车船牌照税、房产税、印花税、城市维护建设税，其中营业税为主要部分。

1991—2015年珊瑚工商税完成情况一览表

表 8-4 单位：万元

年份	国税征收	地税征收	企业所得税	营业税	个人所得税	屠宰税	车船牌照税	房产税	印花税	城市维护建设税	合计
1991		4.34	0.35	3.11	0.02	0.76	0.06	–	–	0.04	4.34
1992		5.20	1.71	2.58	0.01	0.83	0.02	0.03	–	0.05	5.20
1993		4.98	1.37	2.63	0.06	0.70	0.05	–	–	0.14	4.98
1994		1.16	–	0.49	0.17	0.45	0.04	–	–	0.01	1.16
1995	0.30	5.61	0.06	1.30	2.69	1.49	0.06	–	–	0.01	5.91
1996	–	7.50	–	3.58	2.03	1.76	0.08	–	–	0.05	7.50
1997	–	15.74	1.53	7.64	4.05	2.43	0.08	–	–	0.01	15.74
1998	1.25	11.42	1.30	2.29	5.69	1.94	0.05	–	–	0.15	12.67
1999	2.88	20.84	–	12.03	6.48	2.06	0.24	–	–	0.03	23.72
2000	3.76	14.90	–	6.09	5.80	0.65	0.26	–	0.03	2.07	18.66
2001	3.78	15.08	0.92	9.72	4.20	0.20	0.01	–	–	0.03	18.86
2002	4.15	12.32	–	7.87	4.37	–	–	0.02	–	0.06	16.47
2003	4.26	6.40	–	4.28	1.24	–	0.36	–	0.02	0.50	10.66
2004	3.54	6.06	–	4.00	1.96	–	–	–	0.05	0.05	9.60
2005	3.16	1.29	–	0.27	0.96	–	–	–	0.02	0.04	4.45
2006	3.65	3.64	–	2.21	1.34	–	–	–	0.04	0.05	7.29
2007	5.50	2.04	–	1.35	0.62	–	–	–	0.01	0.06	7.54
2008	8.05	16.63	–	15.10	1.39	–	–	–	0.05	0.09	24.68
2009	7.39	10.47	–	7.16	3.06	–	–	–	0.17	0.08	17.86
2010	3.80	27.03	–	20.91	3.24	–	–	1.46	0.65	0.77	30.83
2011	11.18	18.87	–	15.90	2.55	–	–	–	0.25	0.17	30.05
2012	27.21	27.79	–	21.26	3.89	–	–	1.45	0.47	0.72	55.00
2013	10.26	51.64	–	37.53	11.34	–	–	0.72	–	2.05	61.90
2014	11.23	63.53	–	52.59	5.76	–	–	2.14	0.94	2.10	74.76
2015	26.47	43.03	–	35.34	4.23	–	–	1.88	0.59	0.99	69.50

说明：1. 1994年实行分税制财政体制改革，税务部门实行机构分设，成立国家税务局和地方税务局。前者征收的税种包括中央税及中央和地方共享税；后者征收的税种主要是营业税等地方税

2. 2003年1月1日起，福建省停止征收屠宰税

3. 2007年1月1日起，开征车船税，停止征收车船使用牌照税

二、农业税

明代，田赋（即农业税）征收分为两大块，其一为田赋正税即田租，其二为加派或称之为田赋附加税。

清雍正元年 (1723年)，开始普遍推行“摊丁入亩”，丁银和田赋统一以田亩为征税对象。

民国元年（1912年），地丁改称田赋。民国30年（1941年）起，田赋改征实物（稻谷），全部归中央收入。民国35年（1946年）后改征代金。

新中国成立后，田赋征收为农业粮 (俗称公粮)。

1953年12月，珊瑚乡开征新中国成立后第一年度公粮，数额为民国37年（1948年）在册赋额的71.5%。

1958年改革税制，为鼓励增产，实行增产不增税政策，将累进税制改为比例税制，按常年产量的高低，规定相应税率；并规定国家基建田地、水冲沙压田地、苗圃实行减免，社员自留地免税。1958年，粮食征购实行包干办法，参照历年粮食和此后的潜力加以确定，三年不变，由于当时浮夸风盛行，出现高估产、高征购同题。

1963—1964年，粮食征购实行“一年一定”。1965—1970年，实行“一定三年”。1971年始,粮食征购实行“一定五年”。

1958—1980年，征粮任务分配各生产队集体完成。1980年起，按上级税务部门批示对农民征收乡镇统筹粮，主要用于水利、教育、优抚等，按人口每年收22.02公斤。1981年实行家庭联产承包责任制后，按承包土地亩数及农村人口数，分别确定每户的征粮及定购粮；国家为减轻革命老区、贫困乡村负担，实行农业税起征点办法，凡每人年均口粮200公斤以下、收入50元以下的免征。

1985年，福建省对贫困乡实行减免税额办法。

2001年，征粮实行征收实物和折代金“双轨制”至2003年。

1988—2003年，珊瑚共征收农业税134.54万元（原粮折合人民币）。

2004年，取消农业税征粮任务，“皇粮国税”历史终结。

三、特产税

20世纪50年代初期，开征农林特产税，按固定税率6%计征。1988—2007年，全乡共征收各种特产税114.26万元，其中烤烟特产税101.25万元。2008年始，停征各种特产税。

1988—2007年珊瑚乡农业税、特产税完成情况一览表

表8–5　　单位：万元

年份	农业税	特产税				合计
			烤烟税	原木税	其他特产税	
1988	4.10	0.01	—	—	0.01	4.11
1989	5.27	0.05	—	—	0.05	5.32
1990	5.26	0.08	—	—	0.08	5.34
1991	4.58	0.55	0.39	—	0.16	5.13
1992	5.19	1.00	0.93	—	0.07	6.19
1993	5.19	1.09	1.08	—	0.01	6.28
1994	10.16	2.92	2.90	—	0.02	13.08
1995	10.18	0.02	—	—	—	10.20
1996	14.76	3.39	2.12	—	1.27	18.15
1997	12.57	9.35	7.79	—	1.56	21.92
1998	10.58	4.23	3.48	—	0.75	14.81
1999	10.58	4.10	2.08	0.06	1.96	14.68
2000	7.90	6.05	4.96	—	1.09	13.95
2001	9.15	9.10	7.12	0.88	1.10	18.25
2002	9.54	7.27	5.90	0.01	1.36	16.81
2003	9.53	11.25	11.25	—	—	20.78
2004	—	10.88	8.33	2.55	—	10.88
2005	—	8.85	8.85	—	—	8.85
2006	—	13.71	13.71	—	—	13.71
2007	—	20.36	20.36	—	—	20.36

说明：从2003年起，免除烟叶、原木收购环节特产税外的其他特产税。2004年起，免征农业税。2008年始，停征各种特产税

四、税务管理

明代，乡制为里甲制，里甲之职在催征赋粮，解收田赋者为粮长；负责催征赋粮。

清咸丰（1850—1861年）、同治（1861—1874年）年间，创设厘金；税收征收由保甲长负责。

民国时期，农村均实行由当地豪绅承包的包税制。其间，苏维埃时期，区政府设财政科，并成立区人民政府税收委员会，税务员由上杭县苏维埃政府执行委员会指定。珊瑚的税收由官庄关税处负责征收。

新中国成立后，实行“统一领导，分级管理”体制，税法、税率、税种统一由中央政府制订并颁布施行。珊瑚的税收由官庄税务所负责征收。

1987 年珊瑚复设乡后，设立珊瑚税务站，隶属官庄税务所。1994 年国家实行分税制财政体制改革，税务部门实行机构分设，官庄成立国家税务所和地方税务所。前者征收的税种包括中央税及中央和地方共享税；后者征收的税种主要是营业税等地方税。珊瑚的税收分别由官庄国家税务所和地方税务所负责征收。

2001 年冬，由于机构改革，撤销官庄国税所、官庄地税所，珊瑚的税收由上杭县国家税务局才溪分局和上杭县地方税务局才溪分局征收管理。

第三节 金 融

一、机 构

民国 25—27 年（1936—1938 年），珊瑚境域开始组建信用合作社。其时，因时局不稳，经营时间短，业务范围小。

新中国成立后，设立珊瑚信用社。早期负责人有陈占廉、胡东现、陈森贞

1966 年 6 月 7 日，珊瑚与回龙、官庄、树康信用社合并为官庄信用社。珊瑚设分社。负责人有陈富谦。

1970 年，信用社并入官庄公社财贸服务站，后又归并公社财政组。1972 年下半年全面整顿信用社，收回人权、财权和资金使用权。

1987 年珊瑚复设乡后，仍为官庄信用社珊瑚分社。负责人有陈富谦等。

2008 年，官庄信用社珊瑚分社更名为上杭县农村信用合作联社珊瑚信用社。

2010 年 6 月，上杭农村信用合作联社改制为上杭农村商业银行（简称上杭农商行），珊瑚分社更名为上杭农商行珊瑚分理处。

2012 年 10 月，上杭农商行珊瑚分理处更名上杭农商行珊瑚支行。

上杭农商行珊瑚支行

已知珊瑚乡金融机构历任主要负责人名录

表 8-6

姓　名	职　务	任职时间	附　注
黄汉林	负责人	1998—1999	官庄信用社珊瑚分社
钟昌武	负责人	2000—2002.01	
张永斌	负责人	2002.02—2003.02	
饶志军	负责人	2003.03—2005.05	
曹富桥	主　任	2005.06—2010.05	珊瑚信用社
钟昌武	主任　行长	2010.06—	珊瑚分理处、珊瑚支行

二、流通币种

（一）民国以前流通币种

1. 金属货币

明朝通用银锭及“洪武元宝”铜钱。

清朝通用银锭、铜钱。银锭一两以上为整银，称元宝；一两以下为碎银，称散纹。铜钱有历代皇帝年号“通宝”，质好量足，统称制钱，常以 1000 文合散纹 1 两。

光绪十三年（1887 年）后，有“光绪元宝”及“大清银币”银圆。光绪二十二年（1896 年）后，陆续使用银角（俗称银毫、毫子、角子）。光绪三十年（1904 年）起，始用铜圆（俗称铜雷、铜片、铜板），有“光绪元宝”“大清铜币”。

民国初期，混用银圆、银角、铜钱。银圆多为袁世凯头像银圆。民国 6 年（1917 年）后复用铜圆，多为“民国开国纪念”铜币，逐步取代铜钱。民国 21 年（1932 年）7 月始，使用中华苏维埃共和国国家银行发行的铸有中华苏维埃共和国字样的 2 角银币和 1 分、5 分的铜币。红军长征后停止使用。民国 22 年（1933 年）3 月 10 日后，使用孙中山大头像银圆（通称“帆洋”）。袁世凯头像、孙中山头像银圆质较优，统称“光洋”。民国 24 年（1935 年）11 月，民国政府实行法币政策，废止银本位制，禁止银、铜币流通。民国 38 年（1949 年）2 月，纸币急剧贬值，商民拒用，复用银圆、银角、铜圆。

2. 纸　币

明洪武八年（1375 年）后，通行“大明宝钞”。嘉靖元年（1522 年）政府明令停用宝钞。

清咸丰年间（1851—1861 年），行用清政府发行的“户部官票”（银票）和“大清宝钞”（钱票）。同治元年（1862 年），票钞贬值而停用。

从民国 10 年（1921 年）起，开始有中国银行、中央银行和中南银行等“兑换券”与银圆同值流通。苏维埃时期，使用闽西工农银行发行的面额 1 元、2 角、1 角的三种银票。民国 21 年（1932 年）7 月始，改用中华苏维埃共和国国家银行发行的 5 分、1 角、1 元的“银币券”，红军长征后停止使用。民国 31 年（1942 年）4 月始，使用中央银行发行的“关金券”，以1元折合法币20元的比价与法币并行流通。民国34年（1945年）11月，国民政府实行法币政策，废止银本位制，以中央银行、中国银行、交通银行3行(后加中国农民银行）的纸币为法币。民国37年（1948年）8月，国民政府再次改革币制，发行“金圆券”，以1元折合300万元的比价收兑法币。次年1月后，金圆券急剧贬值，商民拒用。同年7月1日，国民政府又恢复银本位制，改用中央银行的“银圆券”，1元折合金圆券5亿元。

（二）新中国成立后流通币种

新中国成立初期，作为法定货币的人民币尚未普及，仍通用银、铜币。1950年1月17日，福建省第八行政督察专员公署公告，禁止银铜币流通。1951年冬，已普遍使用人民币，市场已不用银、铜币。

1955年3月1日起，使用中国人民银行发行的1元、2元、3元、5元和1角、2角、5角及1分、2分、5分的新人民币（第二套人民币)。1957年12月1日始用10元券纸币和1分、2分、5分铝质“硬分币”。

1962年4月20日始，流通第三套人民币。

1987年4月27日始，流通第四套人民币；与第三套相比，增加了50元、100元大面额人民币；面值分别为1角、5角、1元的3种硬币。1992年8月20日后，流通1990年版50元、100元券。

1999年10月1日后，流通第五套人民币。

2011年，流通的人民币为第四套和第五套人民币，以第五套为主，两套人民币同时等值流通。

三、金融业务

（一）民间借贷

珊瑚民间借贷主要形式有拿谷银、拿瓦银、借钱、借谷、凑会、典当等，由互通有无、低利融通发展为高利贷。

新中国成立前贫苦农民遭到难以抗拒的天灾人祸或青黄不接、饥贫交困、借贷无门之时，将未成熟的稻谷低于市价提前卖出，称拿谷银。借谷一般为春借夏还，谷息加五（50%）；也有春借钱夏还谷，利息少则加三，重者加五或加倍，当年还不清，则利上滚利；有的用家产或田抵押，没有按时归还，押品不退。

新中国成立后，限制与取缔高利贷活动。初期，鼓励民间正当借贷，提倡借贷自由，利息双方自定，保障债权。80年代后，随着市场经济的发展，自由借贷被作为银行信贷的补充而复起。形式有仿照银行利率、互借“人情”款、邀凑钱会、老人会等。老人会，属自由邀集，每人按确定的额度先缴会底金，然后按抽签顺序轮流每月聚会一次（由做东者操办一餐酒席)，并缴每月的会金；如有会员中某人患病或发生天灾人祸之事，可以从聚集起来的会金中借出一笔资金作为周转金，不计利息，待后偿还。邀凑钱会至今仍盛行，建房、购房（尤其进城购房）者，多要凑会。凑会确定额度，按月抽标，每人只能中标一次，当众拆看，以所标利息最高者获得款项；也有不计利息的，按抽签顺序归还。

90年代后，亦有私下借助，借贷双方商妥借金、借期、利息等；其利息低则1分、2分3分不等，高则至5分、1角。付息形式有按规定借期，到时本息一同付清，亦有按月或按季付息，到期还清的。进入21世纪后，民间借贷中经常出现部分债务人（指欠别人钱的实体或个人）或因经营状况严重恶化丧失履行债务能力，或因不讲信誉故意逃避债务，从而给债权人造成严重经济损失，造成债权人与债务人的纠纷。

（二）信用社、农商行金融业务

主要业务有人民币存取款、单位及个人贷款和委托收款等。2010年改制后，上杭农商行珊瑚支行（分理处）加强监管，改善服务，扩大存款宣传，优化信贷结构，扩大信贷范围，支持服务“三农”（农业、农村、农民），逐步提高经营效益。2015年，全乡各项存款余额6378万元，比2010年增长1.27倍，年平均增长17.8%，贷款平稳。金融事业对促进珊瑚经济和社会发展发挥积极的作用。

2004—2015年珊瑚信用社、农商行存贷款余额情况一览表

表8-7 单位：万元

年份	存款		贷款	年份	存款		贷款
	合计	其中储蓄			合计	其中储蓄	
2004	600	469	394	2010	2334	1790	1897
2005	610	554	402	2011	2660	2430	1711
2006	926	790	644	2012	3182	2687	1434
2007	1228	1055	906	2013	4447	3538	1656
2008	1475	1300	1360	2014	5298	4260	1786
2009	1918	1704	1993	2015	6378	5089	2503

第四节 商 贸

一、集市贸易

清代，珊瑚曾在瓦子坪设圩，五天一圩，每逢农历四、九日为圩期。圩场不大，交易品种基本上是当地农民自产的鸡、鸭、鹅、兔、禽蛋、生产生活用品、小农具、油炸糕之类小食。除少数官庄、中堡邻乡客商外，主要是当地百姓赶集。相传因一伙人聚赌闹事、敲诈勒索，圩市自行消停。

清道光八年（1828年），珊瑚庙坝开圩。持续时间未详。

民国32年（1943年）前后，陈姓人在庙坝先后建起十多家店铺客栈，接着形成圩市，

仍叫庙坝圩。因社会动荡，战事频繁，经济萧条，庙坝圩处于打打停停状态而最终消停。

1959 年，官庄供销社在庙坝租赁民房店铺设分销处，负责人胡文东。1961 年，国家贯彻“调整、巩固、充实、提高”的方针，农民有了自留地、自留山，农产品逐渐增多，农民一度生活好转，经济一度繁荣，庙坝圩重新开张，仍为五天一圩，定为逢农历五、十日，这圩期一直沿用至今。圩日主要交易当地自产农副产品小食、小农具、竹木器等，较繁荣。但到“文化大革命”期间，受“左”倾思潮影响，农民正当的家庭副业当作“资本主义尾巴”被割，商贩正常的商品流通被当作“投机倒把”加以打击，粮食、猪肉之类不能上市，市场十分萧条，赴圩的人很少，交易商品只有兔子、米糠、芋头叶等。1971—1975 年，全省统一规定星期天为圩天，遇春夏农忙，关闭市场。

1980 年，政府重新肯定集市贸易在国民经济中的地位和作用。1981 年落实农业生产责任制后，生产积极性高，农副产品多，市场开放，集市繁荣。

1987 年，珊瑚复设乡。1991 年，乡政府在庙坝征地，扩大庙坝圩市场规模，构建圩市屋架两摆，可以遮阳避风雨，圩边又新建十几家店铺，庙坝圩空前繁荣，上市品种在原有的百货、棉布、五金、食杂、农副产品基础上进一步开放，增设猪仔行，周边乡镇客商云集，交易额大幅度上升。

2001 年，珊瑚乡政府在乡政府旁边集镇所在地井下垄建农贸市场，铺设水泥地面 660 平方米，绿化带及花圃 400 平方米，完成新场供水供电、环卫等配套设施建设。10 月，正式挂牌“珊瑚乡特色产品果蔬专业市场”，把庙坝圩搬迁到新圩址，圩期照旧。

珊瑚特色产品果蔬专业市场场地比庙坝圩宽阔，圩架高大漂亮，周边商店鳞次栉比，吸引上杭城区、湖洋、官庄，武平十方、中堡，长汀宣成等大量外地客商，交易商品十分丰富，主要有果蔬、家禽、小商品、小食、五金、竹木器、服装、家电、鞋类、猪、牛、狗、羊、鱼、肉类等，基本上能满足当地百姓日常生活需求。特别到农历十二月中下旬，年货品种十分丰富，更是繁荣。

春节前的圩市（拼图，胡康福摄）

二、个体私营商业

新中国成立前，珊瑚的个体私营商店有一二十家，主要集中在千家村庙坝、横圳头、踏下和横街子上，多数豆腐作坊，兼营烟、酒（自酿米酒）、盐、糖、香纸蜡烛，小本经营；药铺2家。彩坑梁香文在三潭头渡口开一小店，经营米酒、油炸糕、豆腐、腊猪肉等。

新中国成立初期，国家对私营商业实行利用、限制、改造的政策。1952—1955年，个体私营商业与供销合作商业并存。人民公社化、“文化大革命”期间，供销合作社、粮站、食品站等国有和集体商业几乎垄断所有生产和生活资料，私营商业几乎消亡。

1981年后，个体商业复苏并快速发展。至2015年，珊瑚私营商店多达100余家，其中钢材商3家、建筑装饰材料（含水泥）商店5家、家电店5家、农资（主要经营农药化肥）6家、农村淘宝2家、烟花爆竹3家、果蔬3家、饲料经营3家、家具2家、茶叶5家、不锈钢、铝合金门窗制作6家、医药店（含乡卫生院）7家，其他都是糖烟酒日用百货、食杂，相当于小超市。

三、供销合作商业

（一）机构·站点

新中国成立以后，人民政府扶持发展供销合作事业。1952年，平安区（官庄）政府发动农民参股成立供销合作社（简称供销社）。

珊瑚的供销合作商业属于官庄供销合作社的一个网点，称珊瑚购销站。各大队（村）设华竹、上珊瑚、下珊瑚、下坑、彩坑、三潭头代销店。

珊瑚购销站最早设在下珊瑚村，原珊瑚乡政府门口北边，新建一座土木结构平房，经营糖、烟、酒、盐等日常生活用品、小农具等，不久，扩大经营、增加人员，搬迁到永兴坊租赁陈相来民房、上下厅房。经营范围扩大，品种增加棉布、百货、五金、犁、耙、农药、化肥等。1959年，珊瑚购销站在庙坝租赁民房店铺，购销站搬到庙坝。1961年，庙坝开圩，1963年下半年在庙坝建造一座新店铺，上下两层楼房，楼下门市部营业，楼上职工住宿、逐渐增建厨房、膳厅、宿舍、仓库等附属房，人员增加，经营范围又进一步扩大，品种增多，负责人胡文东（上杭城关人）。

购销站和代销店于1990年撤销。原珊瑚购销站门市部楼房拍卖给陈彬初（原供销社职工，下珊瑚人），附属房卖给陈利琳，肥料仓库拍卖给陈金火。

珊瑚的供销合作商业（购销站）一直隶属官庄供销社，经济不独立，每月由官庄供销派员到珊瑚购销站各门市部盘点。官庄供销社体制的变更及经营管理体制改革情况，本志略。

（二）生活资料供应

食　盐　食盐是供销合作社经营的主要生活资料之一。新中国成立初，在盐业公司上杭支公司的统一调拨下，按每人每月 0.5~0.75公斤的定量供应给群众，每公斤 0.34元。

火　柴　1960—1964 年，火柴实行凭票供应，户月均3盒，每盒0.02元。

棉布　针棉织品　新中国成立初，在珊瑚上市的棉布品种单调，只有“乌斜”石口布、士林洋、白洋布等。1954年9月起，棉布实行凭票供应，国家干部职工年人均两丈五尺（约8.33米）；农业人口年人均一丈七尺（约5.66米）。絮棉也纳入计划供应范围，1955年，对卫生衫裤、春秋衫裤、线毯、毛巾等主要针棉织品，纳入布票范围，凭票供应。1960年始，纯棉绒制品、袜子、手帕、背心、枕芯、枕套、床单等针棉织品，均凭票供应。1960—1964年，民用定量布票减至年人均两尺五寸（约0.83米）。1965年,民用定量布票提高到年人均五尺（约1.67米），蚊帐布、豆腐布等的收票标准放宽，毛巾、线袜等一些针织小商品，取消凭票供应。1983年，针棉织品、棉布、絮棉先后取消凭票供应。

烟 1959年7月，卷烟供应紧张。供销社对烟民进行登记，定量供应。1961年，卷烟实行凭证供应，月供量人均3包。1963年起，卷烟货源有所增加，采取发证、平价、定量供应与高价敞开供应相结合的办法。1981年，取消烟票。

食 糖 1954年下半年始，食糖按人口发票定期定量供应。供应量每季人均 0.15公斤。1960—1962年，平时除对产妇、水肿病人有少量食糖供应外，无食糖供应；只在春节期间发票供应，人均0.25公斤。1963—1964年，食糖货源有所好转。1965年1月起，红糖免票供应。1987年第三季度起，又恢复食糖凭票定量供应。1988年第二季度取消糖票。此后，未再发行糖票。

煤 油 1955年，煤油实行按户凭购油证限量供应，户月均供应0.25公斤。1963年后，户月均供应0.5公斤。1973年后，煤油放开供应，取消凭证。

（三）农业生产资料供应

新中国成立初，农药属统一平价物资,实行指令性计划管理，由供销社专营。主要经营的农药有六六粉、滴滴涕、杀虫醚等。1970年后,农药品种增加乐果、敌敌畏、杀虫双、克瘟散、稻瘟净、异稻瘟净、多菌灵、稻瘟灵、三环唑、扑虱灵等。1985年前，农药较紧缺，需凭票供应。1990年后，农药有杀虫剂、杀菌剂、杀鼠剂50多个品种。供销社采购有喷雾器、喷粉器，以满足广大农户防治病虫害的需要。

1952年，供销社供应的农具有犁、耙、锄头、铁錘。1970年，增加双人打谷机、单人打谷机等。1976年后，增加供应农用薄膜、塑料农具等。此外，曾供应过蓑衣、斗笠、风车、谷箩、谷笪等。

1960—1970年，供销社供应给生产队的肥料有碳酸铵（俗称“肥田粉”）、过磷酸钙、钙镁磷肥等。由于当时货源紧缺，化肥供应按计划进行，由县农业局根据各公社农作物播种面积下达供肥指标，然后公社逐级下达到生产队，再报供销社按计划供应。1970年后，为了满足农业生产需要，供销社寻找第二货源地以高价购进化肥，再以议价卖给生产队，年供应议价肥料约100吨。1971—1978年，每年调进上杭县化肥厂生产的氨水，供应各生产队。

1981—1997年，化肥仍由供销社发票到农户，凭票供应。供应的肥料有碳酸铵、磷肥、尿素、氯化钾、进口复合肥等。1998年后，化肥市场放开，计划供应逐步取消，个体商户亦经营农业生产资料。

（四）农副产品收购

1952—1954年，国家的征粮由供销社代为收购。

1952—1980 年，供销社先后收购土纸、生猪、油桐子、樟油、桐油、白木粉、野生淀粉、金狗子（蕨根），野生药材薯粮，野生纤维秆，笋壳，谷皮，煤矿坑道用木鱼骨柴，废铜烂铁，旧棉破布等。

1970 年，供销社开始收购烤烟。烟草站成立后，供销社终止收购。

（五）扶持专项生产

1960—1969 年，供销社每年拨款扶持竹林地区社员对竹林进行垦复，促进山上多生笋、多长竹。每建一个土纸糟房，供销社给予 200 元的扶持资金。

1963 年始，供销社每年从江苏、浙江、上海等地调进紫云英、苕子、苜蓿等种子 2~3 吨，扶持生产队种植绿肥。1980 年停止调进。

1971 年 11 月，为储存上杭县化肥厂调进的氨水，官庄供销社出资扶持各生产队建储量为 4 吨左右的小型氨水池，每个氨水池给予 200 元补助。

1978 年，县确定官庄为油桐生产基地，县供销社和官庄供销社从资金、技术、种子、种苗、肥料等方面给子扶持。

1978—1980 年，供销社扶持生产队和社员个人建水车碓加工木粉，每个水车碓扶持资金 200 元。

1978—1980 年，供销社自行生产香菇、茯苓、黑木耳等菌种支持生产队种植。

四、粮油贸易

珊瑚山多田少，粮食长期不能自给，需调进周边县、乡的粮食弥补。民国 19 年（1930 年）10 月，珊瑚苏维埃政府成立油盐米豆合作社，调剂粮食，稳定粮价。

1953 年，国家实行粮食统购、统销。1955 年实行“定产、定购、定销”。1965 年征购实行“一定三年”和“一定五年”不变。1981 年推行家庭联产承包责任制后，粮食连年增产。1985 年粮食统购改为合同定购。1993 年取消粮油定购任务，放开粮油价格和经管。2001 年粮油购销市场化。2004 年取消粮食征购。2006 年开始实行每亩年均 90 元的种粮和粮种补贴。

粮食关系国计民生。粮油贸易经历个体私营、合作社经营、国有经营、多种经济成分并存市场化经营等方式，为全面记述其发展过程，本节重点记述国有粮食部门经营，略记个体私营、供销合作商业粮油贸易方式。

（一）流通体制

明清和民国时期，根据丰年灾年粮食收成情况，粮价由商贩操控，变动频繁、涨落幅度大。清顺治五年（1648 年），三月大荒，米价每斗一两二钱银；康熙十年（1671 年），禾大熟，每斗米 4 钱银；雍正四年（1726 年），春荒，每斗米 280~300 文银；雍正十年（1732 年），每枚银可买 5 斗米。

新中国成立初期，仍实行自由贸易。1952 年 5 月，平安供销合作社开展粮食购销业务。

1953 年 11 月 23 日，中央人民政府政务院发布《关于实行粮食的计划收购和计划供应的命令》（简称统购统销），规定农民应按国家规定的收购价格和分配数量，将余粮卖给国家。农民在完成征购任务后的余粮，可以在国家设立的粮食市场进行交易，不准私商经营粮食。

平安供销合作社负责粮食收购和供应业务。

1965年始,官庄中心粮食管理站(简称官庄粮站)经营粮油议购议销。1966年下半年取消。

1979年始，实行计划管理与市场调节相结合的“双轨制”。粮站恢复经营议购议销业务。

1985年后，粮油购销形成以国有为主、集体和个体并存的多渠道经营模式。

1993年，省政府根据中央精神，决定除农业税征收实物外（公粮)，取消指令性的粮油定购任务；粮食收购根据市场需求和以销定购的原则，由收购经管单位与农民签订经销合同，实行市场议购。1994年，因粮价上涨，重新恢复购粮的收购，并以省定价格挂牌平抑市场粮价。

1998年6月16日，省政府颁发《贯彻国务院〈关于进一步深化粮食流通体制改革决定〉的实施办法的通知》，实行政企分开、中央与地方责任分开、储备与经管分开、新老财务账目分开，完善粮食价格机制 (简称“四分开、一完善")。粮食工作实行行政首长负责制，乡与县签订责任状，既要保证粮食流通体制改革方针、政策的落实，又要确保粮食安全，稳定粮食市场。

2001年7月21日，国务院颁发《关于进一步深化粮食流通体制改革的意见》后，省、市、县政府相继制定粮食购销市场化改革的实施意见。主要内容：取消粮食定购任务；农业税原则上采取征收实物办法。放开粮食购销价格，不再实行粮食收购保护价。全面放开粮食零售市场，常年开放粮食集贸市场，鼓励农民自产自销粮食，凡按规定取得经营资格的单位和个人均可参与粮食购销经营，实行粮食市场经营主体多元化。此后，粮食加工、调运全由个体经营，居民和农村缺粮户的粮食全部由个体粮商供应和集市交易；粮油经营全面放开，实行多渠道经营后，市场活跃，供应充足，品种齐全，价格稳定，方便农民售粮和居民购粮。

(二）粮食市场

1. 自由贸易

明清至民国时期，珊瑚粮食不能自给，需向周边的武平中堡等地购进稻谷、大米、杂粮，价格面议。

民国19年（1930年）10月，珊瑚苏区政府成立粮食合作社，这个由农民募集资金筹办的粮食贸易组织，在抵制商人、地主、富农“低进高出”的剥削，支援红军、改善群众生活等方面发挥了积极作用。

新中国成立后，人民政府重视粮食生产，千方百计改善农业生产条件，农民手中粮食不断增加，农户将余粮上市自由交易。1952年，市场粮价稻谷每50公斤6~12元，大米每50公斤8~17元。

1953年12月实行粮食统购统销后，在粮食统购入库期间，禁止粮油上市。1960年经济困难时期，允许少量粮食在当地市场交易，但在粮食收购期间，仍予以关闭。“文化大革命”期间，自由贸易被当作“资本主义尾巴”割除。

1979年后，粮食实行“双轨制”，除粮食征购入库期间控制粮食上市自由交易外，基本开放粮食市场。1985年起，粮油购销形成以国有为主、集体和个体并存的多渠道经营模式。

2001年，国家开放粮食市场，实行粮食市场经营主体多元化。凡按规定取得经营资格的单位、集体和个体均可参与粮食购销经营，全面开放粮食零售市场，鼓励农民自产自销粮食。同时放开粮食购销价格，由市场供求规律确定价格、自主经营、自负盈亏。

若干年份珊瑚粮食市场销售价格一览表

表 8–8　　单位：元/50 公斤

年份	1952	1960	1985	1990	2000	2005	2010	2015
稻谷	6~12	50~65	25~28	85~95	70~90	90~100	120~135	145~155
大米	8~17	70~90	37~40	140~150	130~150	130~150	180~210	240~250

2. 议购议销

1965 年前，粮油议价议销由供销社系统兼营。1965 年 4 月后，官庄粮站经营粮油议购议销。1966 年下半年，在“左”的影响下，粮油议购议销被视为“资本主义经营方式”而被取消。1979 年后，粮油议购议销恢复，以随行就市、略低于市场价、因地制宜有涨有落为原则。1983 年粮食增产，外粮源源流入，首次出现市价低于国家议购牌价。1984 年 4 月，中央批准平价粮转议销，省提出扩大议销，以相当于或略高于收购价的优惠价供应。2001 年，实现粮食购销自由化、价格市场化。

（三）粮食收购

1952 年 5 月，平安供销合作社开展粮食购销业务。1953 年 12 月起，国家实行粮食统购统销政策，采取自报公议、民主协商办法，根据县下达的统购指标，逐户落实统购数量，由供销合作社负责粮食收购。1954 年，实行以产量为基础，扣除公粮和口粮免征粮额（每人 280 公斤）后，“余粮多者多购，余粮少者少购，无余粮者不购”的原则。

1955 年 12 月，贯彻粮食“三定”（定产、定购、定销）政策。

1972 年起，加价粮逐年增加，加之人口增长而粮食亩产基本不增长，农民人均口粮 150 公斤一 200 公斤，普遍不够吃。

1979 年，粮食收购价提高 20%，加价粮粮价在此基础上上调 30%。

1982 年，加价粮任务按 l979 年核定数，一定五年不变。

l985 年，官庄作为省定贫困乡，定购改为议购，每 50 公斤（下同）由省财政补贴 2.5 元，1986 年，提升为 4 元。

1987 年，在保留贫困乡补贴的同时，开始实行粮食定购与发放预购定金、奖售柴油、化肥的“三挂钩”政策和生产资料价格补贴每 50 公斤 4.5 元。1993 年，贫困乡购粮补贴和增加奖售化肥补贴取消。同年，取消粮油定购任务，放开粮食价格和经营。1994 年恢复国家定购，由于定购价低于市场价，粮食收购难度大，乡组织催粮队深入到户催缴粮食入库。1996 年，继续实行定购粮食粮肥挂钩政策，收购每 50 公斤定购粮奖售优质化肥 12.5 公斤（折成尿素实物量 6.25 公斤)，并在国家定价基础上价外补贴 10 元，粮食定购价已高于市场价。

1997 年，在继续实行粮食定购的同时，认真执行按保护价敞开收购农民余粮政策。

2001 年，进行粮食市场购销市场化改革，取消粮食定购、保护价收购和定购粮粮肥挂钩政策。按早晚稻四六开进行收购。

2004 年始，以粮食储备订单收购合同形式收购粮食，并给予每 50 公斤价外直补 4 元、良种补贴 1 元。2008 年始，直补 10 元。

（四）粮油统销

1. 回销粮供应

珊瑚为缺粮地区。1955 年粮食“三定”时，缺粮部分由国家统销，分月安排，发证供应到户。1974—1980 年，在“统筹兼顾、适当安排”的方针下，实行“一年一定”安排回销粮，对部分缺粮村烈军属困难户、五保户、因天灾人祸的困难户等，每年从国家返销粮中予以解决，由县分期分批把返销的数量下达到公社，然后逐级分配到村、队，通过群众民主评议后安排到户，再造册报公社审批，送粮站发证供应。1981 年后，未再安排回销粮。

1974—1980 年珊瑚各大队回销粮供应数量表

表 8-9　　单位：公斤

队　别	1974 年	1975 年	1976 年	1977 年	1978 年	1979 年	1980 年
华　竹	6150	5250	12120	11775	6950	7450	3377
上珊瑚	22058	13300	33750	12048	33850	22500	8600
下珊瑚	20211	26700	31972	36500	20135	12550	10695
光　辉	8875	6400	10945	5500	5850	2250	2550
前　进	6551	5450	10650	5750	7640	3000	3350

2. 非农业人口粮油供应

新中国成立初，人民政府对地方军政人员实行供给制。1953 年 12 月，执行粮食统购统销政策后，党、政、军机关工作人员，以及学校、工厂、企事业单位和城镇居民按规定标准实行粮油计划供应。粮食部门根据核定数发给购粮凭证，定点按月供应粮油。1955 年 9 月，省人民委员会制定？福建省市镇粮食定量供应实施细则。其供应方法是核定定量，发给粮卡、粮征或票证，定点供应。市镇居民油粮定量根据劳动强度，年龄大小及不同地区，划分为 9 个等级，随人口增减、年龄增大，办理变更手续。1960 年 9 月，开始压缩市镇人口，降低市镇人口粮油供应标准。此后，1963 年、1974 年、1980 年对粮油供应标准作调整。

1993 年起，城镇居民粮油在市场自由购买。1998 年后粮站不再填发粮油证，干部职工、城镇居民粮油供应市场化。

(五) 管　理

民国19年（1930年），西四区（平安）和各乡苏维埃政府设立粮食委员。次年8月后，区、乡均设立粮食调剂局，建立粮食合作社；每个粮食合作社设委员5人、主任1人（常驻）。

新中国成立后，平安区政府设财政组，各乡（村）设财粮委员，负责征收公粮支前和运粮。

1954年，平安区政府内设财政组管理财粮，由区一位主要干部负责，下设官庄、回龙、珊瑚3个粮油购销门市部。1959年，官庄粮油购销部改称官庄粮站，分管回龙、珊瑚粮店。

此后，珊瑚粮店（站）一直隶属官庄粮站，经济不独立，官庄粮站体制的变更及经营管理情况，本志略。

附：农村口粮分配

1949年10月至1953年11月，粮食流通领域沿用自由贸易政策，农民生产的粮食自行支配。1953年12月实行统购统销至1955年实行“三定”（定产、定购、定销），以农户为单位划分为余粮户、缺粮户或自给户。余粮户在完成国家征购任务后的留粮，缺粮户生产的粮食和国家安排的统销粮以及自给户的自产粮食，均由农户自行支配。

1956年农业合作化后，粮食统购统销在“三定”的基础上，实行以农业社为单位平衡余缺，计购定销，农业社的留粮实行统一分配。农业社在进行社内粮食分配的时候，必须保证完成国家核定的粮食征购任务和不突破国家核定的粮食供应指标，同时，必须保证农业社内公用和全体社员的必须食用的粮食。根据上级规定，核定农业社（户）每人全年口粮标准，最高为300公斤（原粮，下同），最低为200公斤（缺粮户），不足部分由国家回销。1957年，农村人均口粮205公斤（国家统购后数量，下同）1958年始，农村粮食实行统一管理，统一安排，分期拨付，口粮到堂（食堂），指标到户，节约归己的办法。口粮分夏秋两季安排，按月按旬拨给食堂；种子按播种计划，按季节拨给包产单位；饲料粮以牲畜头数定量，落实到畜牧场，专粮专用。后期逐步变为口粮、饲料粮直接安排到农户、畜牧场；种子粮、储备粮集中保管。1960年初，为适应农村人民公社三级所有制的生产关系，从夏收开始，推行在生产大队统一领导下，由生产大队、生产队和社员代表“三结合”的粮食管理制度。粮食收获时，由生产大队组织验收委员会，实行逐片验收、统一收割、统一打晒、统一过秤（田头、晒场、仓库“三过秤”）后统一入库的办法，实行大队、生产队“两把锁”的粮食管理制度。口粮、种子、饲料和储备粮都由大队统一管理。农民口粮标准降低。1961年始，改为以生产队为基本核算单位，以生产队为单位组织粮食生产和分配。生产队的粮食分配一般分上、下两季进行 。上季分配时间为早稻收晒完后的农历六月下旬至七月初，以生产队为单位预算分粮。下季分粮时间为秋收后至农历十二月底前，由生产队会计做出“口粮分配”表；其分配原则是，将全年上、下季所收的稻谷、地瓜、麦子、大豆等粮食扣除征购、加价、种子、储备粮后，采取基本口粮和工分、肥料粮相结合的办法。基本口粮占70%，劳动工分、肥料粮占30%。劳动力多、肥料多的，分得的粮食相对就多，这样的农户当时称余粮户；反之，人口多、劳动力少的，分得的粮食相对就少，这样的农户当时称缺粮户。这种分配方式一直持续到1980年。由于各大队、生产队所收粮食有多有少，人均口粮多少不一。集体化时期人均口粮普遍不足。

1981年后，普遍实行家庭联产承包责任制，征购粮由农户交售，完成国家征购任务和集体统筹后的粮食，由各农户自行支配，“交够国家的，留足集体的，剩下都是自己的”，激发农民生产积极性，农业较快发展。1983年，农民人均口粮达360公斤。至2015年，仍实行家庭联产承包责任制，农民粮食多有盈余。

第五节 住宿业·餐饮业·其他服务业

一、住宿业

民国32年（1943年）前后，千家村庙坝先后建了十多家店铺，大部分设客栈。客栈档次低，设备简陋，价格便宜。住宿客人主要为长汀，上杭回龙、官庄、湖洋、城区，武平中堡、十方、岩前，粤东、赣南等地客商，其中划排（俗称爬排）工人较多。

20世纪90年代，庙坝客栈跟不上形势，自行消亡。珊瑚市场新开一家旅馆，配有电视、空调。

二、餐饮业

新中国成立前，上珊瑚横圳头、下珊瑚横街子有豆腐作坊等，庙坝客栈兼豆腐作坊，兼营烟、酒（自酿米酒）、小炒小吃等。

1988年复设乡初期，珊瑚开过一家饭店，经营不得法，很快关闭。90年代，市场上新开两家饭店，菜色好，还承办乔迁、婚嫁等宴席。

2015年，珊瑚集镇有三家饭店，彩坑有一家溪鱼店，别有风味。馒头、包子、小笼包，珊瑚特色的簸箕粄、黄米粄、糍粑、油炸糕也很受欢迎，除圩天满足群众需要，平时这些小食制作者也骑上车，带上半导体喇叭吆喝，走家串户叫卖。

三、其他服务业

（一）理　发

珊瑚理发师特别多，遍布周边乡镇乃至县城。理发俗称“剃头”。20世纪70年代前，珊瑚有“扎头”（订理发生意）之俗。师傅前一年走村串户“扎”第二年的头，价格常以稻谷计算（新中国成立初，剃头三升谷/人·年，剪头一斗谷/人·年），东家要供师傅吃饭，师傅早晨进村，便通知谁家吃饭，一般轮流，便饭而已。秋收后师傅便来收谷。师傅定期（半月左右）到扎头户理发，一般到村中公共场所，如祠堂里作业，理发者自带毛巾、肥皂、脸盆、水。街上也有理发店，店内设备简陋，价格便宜，理一次两毛钱。

20 世纪 80 年代后，人们生活水平提高，为适应各种层次消费者的需求，理发行业引进新颖时尚发型，增设烫发、染发、焗油、拉直、干洗等服务项目，店铺增至十多个，有的改名“发廊”“美容屋”，价目繁多。传统的理发行业逐步演变为美容美发业，传统的“扎头”成为历史。

2015 年，珊瑚乡有理发美容美发店 6 家。

（二）裁　缝

20 世纪 50 年代前，珊瑚裁缝全是手工操作。农民自己买布请师傅到家里量体裁衣。娶亲嫁女、红衫红裤及嫁妆服装，洞房的被帐，老年寿衣的裁制，都要选择良辰吉日缝制，计日工资，东家供饭，常常要十天半个月。

改革开放后，服装市场遍布城乡每个角落，乡村的裁缝师改行改业。

（三）修理业

至 20 世纪 60 年代，日用品修理主要修石磨、补锅、补伞、打锁匙、修电筒、补缸，以后发展到补塑器具、补鞋，师傅多挑着简单工具走村串户。

20 世纪七八十年代，珊瑚开有三四家店铺修钟表、修铝锅、修桶（打白铁）。

2015 年，珊瑚有修摩托、自行车店 3 家，汽车修配店 1 家。

（四）镶牙补齿

下珊瑚村陈亨太，既镶牙补齿，又修钟表。既在官庄开店，又在珊瑚作业。官庄人张氏也每圩到珊瑚镶牙补齿。

（五）照　相

珊瑚的照相业始于 20 世纪 70 年代，先是黑白照相，90 年代引进彩色照。2015 年，珊瑚有照相店 2 家。

（六）计算机服务

1990 年后，珊瑚乡机关、企事业单位计算机逐渐普及，并开始进入寻常百姓家，计算机服务应运而生，主要从事设备维修、软件服务。2015 年，珊瑚计算机服务（修配计算机）2 家。

（七）文印・洗车

2015 年，珊瑚有洗车店 2 家，打印复印店 3 家。

（八）娱乐服务

20 世纪八九十年代，珊瑚办过放映厅。

21 世纪初，珊瑚办过歌厅、舞厅，因客源不多、生意清淡而停业。

第九章　政党 · 社团

民国 17 年（1928 年）初，建立中国共产党珊瑚第一个基层组织——珊瑚支部。胡集辉、陈达兴、胡冠军、胡上达等早期共产党员曾参加民国 18 年（1929 年）5 月在官庄余坑梓坑由蓝维仁、练玉辉主持召开的党员大会。在中国共产党的领导下，珊瑚人民的革命斗争进入一个新的发展时期，开展了轰轰烈烈的土地革命，建立苏维埃政权。民国 23 年（1934 年）10 月红军主力长征后，珊瑚红色苏区被国民党占领，国民党实行白色恐怖，珊瑚共产党组织遭到严重破坏。新中国成立后，珊瑚党组织领导人民进行社会主义革命和社会主义建设，取得显著成绩。中共十一届三中全会后，珊瑚党组织领导人民进行拨乱反正，把工作重点转移到以经济建设为中心的社会主义现代化建设上来，坚持“四项基本原则”，坚持改革开放，经济和社会事业全面发展。1987 年 7 月，恢复乡建制后，乡党委带领珊瑚人民实施脱贫致富奔小康建设。在 1998 年基本实现小康的基础上，推进全面小康建设，积极打造“生态水源地，美丽宜居乡”。

第一节　中国共产党地方组织

一、中国共产党珊瑚基层组织

（一）党员和党的组织

1.党　员

新中国成立后，珊瑚境域设珊瑚和双坑乡，隶属平安区、第十区（官庄）。在区委的领导下，通过清剿土匪、镇压反革命、抗美援朝及“三反”“五反”等运动的考验，吸收了一批优秀分子入党。先后成立珊瑚乡党支部和双坑乡党支部。1958 年 3 月，境域设珊瑚乡，成立中共珊瑚乡总支委员会，有中共党员 20 多人。1961 年 6 月境域从官庄公社划出，设珊瑚公社，成立中共珊瑚公社委员会，有党员 45 人。1965 年 4 月，公社有党员 68 人，其中女党员 7 人。社会主义教育运动中，着重发展贫下中农积极分子入党，1966 年“文化大革命”开始后，广大党员被迫停止组织生活，各级党组织陷入瘫痪状态。1971 年，按照中共九大党章要求和“五十字建党方针”（党组织应是无产阶级先锋分子所组成，应能领导无产阶级和革命群众对于阶级敌人进行战斗的朝气蓬勃的先锋队组织）、“吐故纳新”的指示，开展整顿党的组织，主题是以阶级斗争为纲，形式是“开门整党”，着重是对“四清”（清政治、清经济、清组织、清思想）运动中发展的党员进行教育。粉碎江青反革命集团后，党的组织建设走上正轨，党组织对“文化大革命”期间入党的党员进行思想教育，还吸收一批积极分子入党。1980年，境域内有党员133人。此后，坚持党员标准，本着“成熟一个发展一个”的原则，着重在文教科技界和有开拓精神的经济能人中发展一批积极分子入党。

1987年，从官庄乡划出华竹、上珊瑚、下珊瑚、下坑、彩坑5个行政村，复设珊瑚乡，成立中共珊瑚乡委员会，辖各村支部。珊瑚乡党委继续加强党的组织建设。1989年，贯彻落实《中共中央关于加强党的建设的通知》，严格把好“入口关”，确保党员质量。1990年，全乡有党员187人，其中女党员10人。

1992—1993年，贯彻执行《中国共产党发展党员工作细则（试行）条例》，制定党员发展计划，重点抓好边远山区多年不发展党员、党员年龄结构不合理的支部的党员发展工作。1994年，全乡有党员212人。

1995年7月，贯彻落实《龙岩地区1995—2000年培养选拔女干部和发展女党员工作规划》，进一步在妇女中发展党员。1998年，贯彻龙岩市委组织部《关于坚持标准，保证质量，进一步做好发展党员工作的通知》，强调必须按照党章规定的标准吸收新党员，要求每个支部每年发展1名以上新党员。是年，全乡有党员229人，其中女党员15人，畲族党员28人。

2000年，进一步严格入党手续，实行发展党员预审制度。此后，乡党委及各基层党支部每年都有计划地安排培养在有文化、守纪律的经济能人中的积极分子入党，注重发展少数民族积极分子和女青年积极分子入党。2005年，全乡共有党员319人。其中女党员32人，畲族党员46人。

2015年，全乡党员329人，其中女党员41人，畲族党员42人。

2.乡级组织

1950年9月，建立中共平安区（第十区）委员会，区下设乡（村）党支部。境域设珊瑚乡和双坑乡，隶平安区。

1953年11月始，华竹、上珊瑚、下珊瑚、下坑、彩坑为珊瑚乡，成立珊瑚乡党支部。

1956年4月，撤并区乡，合官庄、回龙、珊瑚、三康乡隶才溪区委。

1958年3月，境域设珊瑚乡，成立中共珊瑚乡总支委员会。

1958年9月，合官庄、回龙、珊瑚乡为平安乡，境域隶平安乡党委。

1958年10月，平安乡改为官庄人民公社（简称官庄公社），境域隶官庄公社党委。

1961年6月，官庄分设珊瑚、回龙、树康公社，成立珊瑚公社党委。

1965年4月，珊瑚公社并入官庄公社，隶官庄公社党委。

1987年7月，重设珊瑚乡，成立珊瑚乡党委，辖各行政村和乡直单位党支部。

3.村级、乡直单位党组织

1950年9月，建立中共平安区（官庄）委员会。区下设乡（村）党支部。

1958年10月，实行政社合一，平安乡改为官庄公社，境域设珊瑚、双坑两个大队党支部，隶官庄公社党委。

1961年6月，珊瑚公社党委辖华竹、上南、上北、下南、下北、光辉、前进七个大队党支部。

1965 年 4 月，撤销珊瑚公社党委，并入官庄公社党委，境域设华竹、上南、上北、下南、下北、光辉、前进 7 个大队党支部。

1968 年 10 月，各大队成立“革命领导小组”（简称“革领组”），代替党支部的领导，境域设华竹、上珊瑚、下珊瑚、光辉、前进大队革命领导小组。

1970 年 9 月，重建官庄公社党委。境域相继重设华竹、上珊瑚、下珊瑚、光辉、前进 5 个大队党支部。

1984 年 10 月，撤社建乡。改大队为行政村，境域设华竹、上珊瑚、下珊瑚、下坑、彩坑 5 个行政村党支部，隶官庄乡党委。

1987 年 7 月，复设珊瑚乡，成立珊瑚乡党委，下辖华竹、上珊瑚、下珊瑚、下坑、彩坑 5 个行政村党支部。

1988 年，全乡设 7 个党支部。

1992 年，全乡共设 10 个党支部。

2000 年，乡直单位党员数增加，全乡设 12 各党支部。

2015 年，全乡辖 11 个党支部（即华竹、上珊瑚、下珊瑚、下坑、彩坑村支部，乡机关支部、中心小学支部、政法支部、农林支部、卫生院支部、非公企业支部）。

若干年份珊瑚乡（公社）党的基层组织和党员情况一览表

表 9–1

年份	党支部(个)	党总支(个)	党员(人)	年份	党支部(个)	党总支(个)	党员(人)
1958		1	20 多人	1997	10	0	245
1961	7	0	45	1998	10	0	260
1965	7	0	68	1999	11	0	263
1987	7	0	175	2000	12	0	269
1988	7	0	183	2001	12	0	279
1989	8	0	185	2003	11	0	302
1990	8	0	187	2004	11	0	314
1991	10	0	193	2005	11	0	319
1992	10	0	205	2011	10	0	347
1993	10	0	205	2013	11	0	337
1994	10	0	212	2014	11	0	328
1995	10	0	229	2015	11	0	329
1996	10	0	239				

中共珊瑚乡（公社）委员会（总支）历任书记、副书记名录

表 9–2

名　称	职　务	姓　名	任职时间	附　注
珊瑚乡党总支	书　记	梁能康	1958.05—1958.09	
珊瑚公社党委	书　记	王炳章	1961.06—1961.08	
		赖连光	1961.08—1965.03	
	副书记	黄世镜	1961.06—1965.03	
珊瑚乡党委（第一届）	书　记	钟子炎	1987.12—1990.11	
	副书记	陈福昌	1987.12—1990.08	兼纪委书记
珊瑚乡党委（第二届）	书　记	唐柏园	1991.06—1993.11	
	副书记	钟维勇	1990.12—1993.11	乡长
		蓝寿标	1990.12—1993.11	
		王灿元	1990.12—1993.11	
珊瑚乡党委（第三届）	书　记	唐柏园	1993.12—1996.03	
	副书记	蓝寿标	1993.12—1996.03	乡　长
		罗树贵	1993.12—1996.03	
		黄　鹏	1994.09—1996.03	兼纪委书记
珊瑚乡党委（第四届）	书　记	余兆兴	1996.04—1999.03	
	副书记	黄　鹏	1996.05—1999.03	乡　长
		蓝荣发	1996.05—1999.10	
		蓝少其	1996.05—1999.10	
		钟发奎	1996.05—1999.10	
珊瑚乡党委（第五届）	书　记	黄　鹏	1999.03—2002.06	
	副书记	伍宪芳	1999.03—2002.06	乡　长
		蓝荣发	1999.10—2002.06	
		林晓雄	1999.07—2002.07	
		林水仁	1999.07—2002.07	
		曹昌星	1999.07—2002.07	兼武装部长
珊瑚乡党委（第六届）	书　记	谢永华	2002.06—2004.01	
		伍宪芳	2004.01—2006.05	
	副书记	伍宪芳	2002.06—2003.12	乡　长
		曹昌星	2002.07—2005.08	正科级干部
		蓝荣发	2002.06—2006.05	
		黄兆平	2002.08—2006.06	兼纪委书记
		李文喜	2004.01—2006.06	乡　长

续表 9-2

名称	职务	姓名	任职时间	附注
珊瑚乡党委（第七届）	书记	刘喜华	2006.05—2011.06	
	副书记	李文喜	2006.07—2009.07	乡长
		黄兆平	2006.07—2010.02	
		龚富先	2006.08—2008.01	
		温寿玉	2010.02—2011.05	
		吴天宝	2010.02—2011.05	
		温文学	2010.02—2011.01	乡长
珊瑚乡党委（第八届）	书记	刘喜华	2011.06—2012.05	
		赖永跃	2012.06—2013.10	
		刘华荣	2013.10—	
	副书记	阙镔锋	2013.06—	乡长
		吴天宝	2011.06—	兼纪委书记
		林亮标	2011.06—	兼武装部长

（二）党的代表大会

新中国成立后至1987年重建珊瑚乡以前的党的代表大会（简称党代会）均查无资料。

1987年11月，召开珊瑚乡第一次（按复设乡后计算）党代会，钟子炎作工作报告。会议选举党委书记1人，副书记1人。（纪律检查委员会书记由副书记兼任）。

1990年11月19日，召开珊瑚乡第二次党代会。钟子炎代表党委作题为《坚持党的基本路线，为加快珊瑚各项事业的发展而奋斗》的工作报告。确定“抓住农业，咬住林业，大干田头，大战山头；长抓松杉林，近抓茶果桑，短抓粮烟猪，其他各业齐发展”的思路。会议选举乡党委副书记3人（乡党委书记暂缺），纪律检查委员会（简称纪委）书记1人。

1993年11月20日，召开珊瑚乡第三次党代会。唐柏园代表党委作工作报告，会议选举乡党委书记1人，副书记2人，纪委书记1人。

1996年10月14日，召开珊瑚乡第四次党代会。应到代表57人，实到代表56人。余兆兴代表党委作题为《进一步解放思想，真抓实干，为珊瑚的经济和社会各项事业迅速崛起而奋斗》的报告。会议确定“打基础，抓农业，推进劳务输出”的发展思路，突出以扶贫攻坚奔小康和确保两个增收这条主线，加强农业基础地位，配套基础设施建设，改善生产生活条件，有效推进劳务输出。会议选举党委书记 1 人，副书记 4 人，纪委书记 1 人。

1999 年 10 月 12 日，召开珊瑚乡第五次党代会。应到代表 101 人，实到代表 99 人。黄鹏代表乡党委作题为《开拓进取，加快发展，为实现跨世纪的宏伟目标而努力奋斗》的工作报告，会议确定 2000—2002 年珊瑚经济社会发展的思路：大种大养上规模，搞活营销增效益，劳务输出保增收，设施建设促发展。会议选举党委书记 1 人，副书记 5 人，纪委书记 1 人。

2002 年 11 月 13 日，召开珊瑚乡第六次党代会。谢永华代表乡党委作工作报告。会议选举党委书记 1 人，副书记 3 人，纪委书记由一位副书记兼任。

2006 年 6 月 18 日，召开珊瑚第七次党代会。应到代表 101 人，实到代表 101 人。刘喜华代表乡党委作题为《增创新优势，谋求新发展，全面推进我乡经济社会各项事业快速发展》的工作报告。会议选举乡党委书记 1 人，副书记 2 人，纪委书记 1 人。

2011 年 6 月 3 日，召开珊瑚乡第八次党代表会。刘喜华代表乡党委作题为《同心同德谋发展，携手共进促和谐，不断开创珊瑚经济社会科学发展》的工作报告。会议确定到 2015 年经济社会发展的目标是：围绕打造“生态、民生、诚信、和谐珊瑚”的目标，以科学发展为主题，以加快转变、跨越发展为主线，坚持“先行先试、加快转变、民生优先、党建科学”，全力推动珊瑚乡经济社会事业科学发展、跨越发展。会议选举党委书记 1 人，副书记 2 人（纪委书记由 1 名副书记兼任）。

（三）党委（党总支）的主要活动

1.开始全面建设社会主义时期

1961 年 6 月，建立中共珊瑚公社委员会。公社党委成立后，贯彻中央关于对国民经济实行“调整、巩固、充实、提高”的方针。公社党委总结“大跃进”工作的失误和教训，部署贯彻中共中央《关于农村人民公社当前政策问题的紧急指示信》，开展以肃清“五风”（共产风、浮夸风、强迫命令风、生产瞎指挥风和干部特殊化风）为主要内容的整风整社运动。贯彻落实《人民公社工作条例（六十条）》，重申“三级所有，队为基础”，纠正“一平二调”（平均主义的供给制、食堂制，对生产队劳动、财务无偿调拨）的错误，实行退赔兑现，按政策规定分给社员自留地，允许社员经营家庭副业，推行“三包一奖”（包工、包产、包投资、超产奖）“四固定”（土地、劳力、农具、牲畜固定）的责任制，调动农民的生产积极性。

1963 年 3 月，公社党委召开公社、大队、生产队三级干部会议，学习贯彻《农村人民公社工作条例》。5 月，公社召开扩大会议，传达县委扩大会议精神，突出抓阶级斗争。12 月，贯彻中共中央《关于目前农村工作中若干问题的决定（草案）》和《关于农村社会主义教育运动中一些具体政策的规定（草案）》。1964 年，组织干部群众学习毛泽东著作，同时，开展农业学大寨，学雷锋、学焦裕禄等，使干部群众焕发出建设社会主义的精神力量，推动工农业生产的发展。

1965 年，县派社会主义教育（简称社教）工作队到珊瑚进行社教，开展“四清”（即清政治、清经济、清组织、清思想）运动。

2.“文化大革命”时期

1966年5月21日，上杭县社教工作总团召开各分团书记会议，部署开展“文化大革命”，学习中共中央《五一六通知》，境域迅速开展“文化大革命”。7月，各学校、企事业单位、各大队相继成立“红卫兵”“赤卫队”“战斗队”组织，揪斗所谓“黑帮”“牛鬼蛇神”，各级党组织处于瘫痪状态。8月14日，县委“万人集会”宣传贯彻中共八届十一中全会精神、中共中央《关于无产阶级文化大革命的决定》后，社会上开展所谓破“四旧”（旧思想、旧文化、旧风俗、就习惯）、立“四新”（新思想、新文化、新风俗、新习惯）活动。其间，造反派大辩论发展为大武斗。1968年10月，各派促成大联合成立官庄公社革命委员会（境域隶属官庄公社），各大队成立革命领导小组。此后，造反派在上珊瑚、光辉两个大队召开批斗大会，两个大队各有1名群众被造反派“专政”乱棍乱石打死。1969年上半年，根据县委部署，开始“整党建党”工作，恢复大多数党员的组织生活。1970年，贯彻毛泽东“深挖洞、广积粮、不称霸”的指示，开展农业备战备荒。1972年始，发动群众，筹集资金，组织修建湖洋通桥至官庄回龙的杭庄公路（1975年10月建成通车，境内5个大队全部受益）。1974年官庄公社党委根据上级部署开展“批邓（小平），反击右倾翻案风”运动。1976年9月8日毛泽东逝世，官庄公社党委设灵堂举行吊唁仪式，数千名干部群众参加吊唁。这一时期，虽然“文化大革命”使各项事业遭受到严重损失和挫折，但广大人民群众依然利用当时高度集中的农村经营管理体制，组织人力、物力、财力进行水利水电、平整土地、改造低产田、机耕路等基础设施建设。如上珊瑚、下珊瑚、光辉大队的大面积平整土地和上珊瑚、下珊瑚村中大道建设，取得一定成绩。

3.社会主义现代化建设时期

1976年10月，粉碎江青反革命集团，宣告“文化大革命”结束。1978年12月中共十一届三中全会召开。1979年冬至1984年冬，组织兴建上园水库和杨梅山水库。1981年下半年，境域内党组织在官庄党委的领导下，贯彻落实中共中央印发的《关于进一步加强完善农业生产责任制的几个问题》的通知，全面推行以家庭联产承包为主要形式的农业生产责任制，促进农业生产的发展。1982年，境域内粮食亩产达284公斤，比1980年亩增76公斤。

1985年，组织实施第七个五年计划（1986—1990年），实施教育事业发展规划，普及九年义务教育。官庄乡（含珊瑚境域内的华竹、上珊瑚、下珊瑚、下坑、彩坑5个村）1985年被福建省确定为龙岩地区45个贫困乡之一。珊瑚境域内的贫困现象更为突出。官庄乡党委、政府把脱贫致富工作作为一项中心任务摆上议事日程。设立扶贫领导小组及其办事机构，制定扶贫规划，逐步解决贫困户的温饱问题，提出争取实现福建省委“三年脱贫、五年摘帽，八年做贡献”的目标。1986年，境域内村党支部开展村级整党工作。1987年7月，复设珊瑚乡，重建中共珊瑚乡委员会，珊瑚乡党委着力加强党的基层组织建设，着力加强物质和精神文明建设，维护社会稳定，促进珊瑚经济和社会事业健康快速发展。1987年，全乡社会总产值163.9万元。

1988年开始，根据龙岩地区和上杭县的统一部署，珊瑚乡党委、政府在巩固1985—1987年扶贫成果基础上，实行资金、项目、效益“三挂钩”，层层落实责任制，扶持贫困户发展生产。至1990年，全乡重点扶持的537户贫困户，已有486户解决温饱问题，其中已有10%的贫困户走上致富道路。

1991—1993年，珊瑚乡党委、政府，组织制订“八五”“九五”脱贫致富规划和“提前六年翻两番，提前两年达小康”的奋斗目标，制订实施方案，修订国民经济和社会发展十年规划。加强基础设施建设，组织建设合水口电站，架设珊瑚至回龙高压线路，与大电网并联。1993年，全乡社会总产值达717.7万元。

1994年，以“增粮增收保供给，脱贫致富奔小康”为农村工作主线；贯彻福建省、上杭县《关于实施“造福工程”的通知》，对住在边远山区的彩坑、河头、横滩等地条件成熟的村民实施异地搬迁安置的“造福工程”。1995年，按照上杭县委提出的“以扶贫攻坚奔小康统揽农村工作全局”的思想，加快农村贫困户脱贫致富奔小康步伐，改传统的分散式扶贫为开发式扶贫。乡党委、政府把实现行政村村村通公路列为为民办实事项目，开始实施行政村“通路工程”。1996年始，继续实施扶贫攻坚，并把它当作奔小康的重要内容。至年底，全乡已基本消除绝对贫困。1998年，全乡80户贫困户已全部脱贫。年底，经龙岩市复查验收，实现小康村5个，小康户1458户，分别占行政村总数和农户总数的100%和82%，小康指标综合分值91.2分，确认全乡基本实现小康。

1999年，在基本实现小康的基础上，继续推进扶贫开发和小康建设。

2000—2002年，实施“小额信贷”扶贫到户工程。帮助38户低收入发展生产，脱贫致富。

2003年，贯彻落实《关于上杭县新一轮扶贫开发意见》，重点扶持贫困户和低收入农户增加收入，扶持贫困村发展经济，并以改善生产生活条件为目标。

2003—2006年，着力加强党的基层组织建设，加强对非公企业党组织的建设。以开展保持共产党先进性教育活动为契机，主要加强乡村道路硬化工程和村道拓宽改造工程建设。2006年，开展党员结对扶贫活动，引导党员致富能手与困难党员户结对帮扶。

2007年，以“基础强乡、科教兴乡、产业带乡、生态美乡”为载体，实施项目带动战略，认真组织实施上珊瑚村新农村建设试点村和下珊瑚村家园清洁行动试点村工作。

2008年，乡党委围绕县委构建“产业、基层设施、县域城市、民生”四大体系，积极开展“解放思想，先行先试”的主题实践活动，积极发展优势产业和大抓基础设施建设。该年完成投资1000多万元的河临线珊瑚集镇至金山电站道路拓宽改造工程。

2009年，乡党委突出“保增长、保民生、保稳定”，重抓新农村建设，项目建设和生态建设。开工建设汀江河横滩段上杭城区新水源项目。

2010年，围绕县委县政府一系列决策部署和农业农村工作重点，紧扣“稳定农业、突出项目、保护生态、完善设施、改善民生、促进和谐”的工作思想，抢抓机遇，加快转变，推动发展。以创建“省级生态乡”和保护第三水源为重点，扎实抓好生态环境保护。加大环境保护宣传力度和资金投入力度；按照“突出重点，集中整治”的思路，开展省级农村家园清洁行动，推行“户集、村收、乡处理”的运行模式，建立农村生活垃圾处理长效机制和卫生保洁机制。

2011年，深入开展“学习实践科学发展观”“争先创优”等系列活动，围绕“全力以赴抓项目，统筹兼顾重生态，以民为本保民生，加快转变促发展”的工作思路，抢抓机遇，求实创新。组织实施“下珊瑚村岗背集中安置小区”建设，至2012年，已有20户农户搬入小区安置落户。上珊瑚村“梦宏居”列入县级文物保护单位。

2012年，乡党委围绕打造“生态珊瑚、民生珊瑚、诚信珊瑚、和谐珊瑚”的目标，攻坚克难，锐意进取，以项目建设为抓手，不断完善基础设施建设步伐。开工建设农民文化广场、中心幼儿园、卫生院门诊大楼等工程。是年，获得“省级生态乡镇”和全乡5个行政村“省级生态村”的命名。

2013年，乡党委围绕建设“水源之乡，美丽珊瑚”目标任务，凝心聚力，真抓实干。致力于项目建设，不断增强发展后劲，组织实施集镇道路一期改造，进一步完善广场、停车场、排污排洪沟、沿街绿化亮化及公厕等设施建设，集镇面貌焕然一新。组织实施全乡全覆盖的农村饮水安全项目，至2014年7月工程全面竣工，总投资270万元，受益人口5000多人。组织实施珊瑚溪小流域水土流失综合治理工程，总投资428万元，治理水土流失面积857公顷。下珊瑚村生活污水处理场开工建设。

2014年，乡党委坚持以科学发展观为统领，深入贯彻落实党的十八大、十八届三中、四中全会精神和习近平总书记的系列重要讲话精神，按照上级部署，开展党的群众路线教育实践活动，转变干部作风，“串门走亲”、“行百里路、进百家门、亮身份、办实事、树典型”，有效解决服务群众“最后一公里”问题，密切党群、干群关系。开展全县首个乡镇级道德模范评选表彰活动，评选出首届道德模范10名。是年，荣获国家级生态乡命名。

2014年12月31日，在珊瑚广场举行首届道德模范表彰会

2015年，乡党委自觉践行“三严三实”（严以修身、严以用权、严以律己，谋事要实、创业要实、做人要实）要求，深入开展“纠正不良习气，树立清风正气”活动。围绕“生态水源地，美丽宜居乡”的目标，创新举措取得可喜成果。是年，被授予龙岩市“平安和谐乡”、上杭县第十二届文明乡镇。

二、纪律检查

1987年建乡后，成立中共珊瑚乡纪律检查委员会（简称纪委）由一名党委副书记兼任纪委书记。之后，每次换届均与党委换届同步进行，选出纪委委员5~7人，纪委书记1人。1987—2015年，纪委共换届八次。2015年，珊瑚乡纪委有书记1人，副书记1人，委员5人。

乡纪委的主要任务是对辖区内的党员、干部进行党风党纪教育，对领导干部进行廉洁自律教育，查处违法违纪案件，维护党风党纪，确保党组织的纯洁性。

珊瑚乡纪律检查委员会成立以后，围绕党在各个时期的中心工作，先后开展整党、民主评议党员、清理干部建私房、查处各类违纪案件等工作。1995—2015 年，共查处党员干部各类违纪案件 22 起。违纪案件中因违反计划生育政策受处分的 2 人，工作失职受处分 5 人，违反交通规则受处分的党员 1 人，参与赌博受党纪处分的 4 人，其他违纪受党纪处分的 10 人。

珊瑚乡历任纪委书记名录

表 9–3

姓　名	职　务	任职时间	姓　名	职　务	任职时间
陈福昌	书记（兼）	1987.12—1990.08	黄兆平	书记（兼）	1999.08—2006.06
林达书	书　记	1990.12—1993.11	陈连生	书　记	2006.07—2011.06
黄　鹏	书记（兼）	1993.12—1996.09	吴天宝	书记（兼）	2011.07—
廖金明	书　记	1996.10—1999.07			

三、组织建设

（一）党员干部学习教育

新中国成立后至 1955 年，党员干部教育，主要通过召开支部会、党小组会、组织党员学习。1956 年始，进行马列主义、毛泽东思想理论学习教育。1959 年，公社建立党校，着重对党员进行每年 1~2 次的培训。内容主要是党性教育，社会主义教育和全心全意为人民服务教育。“文化大革命”时期，党员教育处于瘫痪状态。1972 年后，各支部建立“三会一课”（党支部大会、支委会、党小组会、上党课）制度。1978 年中共十一届三中全会后，公社党校活动恢复，党委重视对党员培训，每年安排一批机关党员干部到县委党校培训；村级换届选举后，村党支部、村委会班子主要成员中的党员干部也参加县委党校培训；对农村党员，每年分期分批在乡党校培训。2000 年始，对入党积极分子分批次集中到县委党校培训。不断开创“网络党校”“农村党员远程教育”等平台，分期分批进行培训。

党员干部学习教育的主要内容：80 年代，主要学习十一届三中全会精神和“一个中心，两个基本点”（即以经济建设为中心，坚持四项基本原则，坚持改革开放）的教育。90 年代初，对党员干部进行有中国特色社会主义理论教育。1996 年始，在党员干部中开展以讲学习、讲政治、讲正气（简称“三讲”）为主要内容的党性党风教育活动。2001 年，在乡、村和基层所站深入开展“三个代表”重要思想学习教育活动。2005 年，开展保持共产党员先进性教育活动。2007 年始，乡党委贯彻落实科学发展观，结合珊瑚“水源之乡”的实际，决心打造“生态珊瑚、民生珊瑚、诚信珊瑚、和谐珊瑚”，实现“生态水源地，美丽宜居乡”的目标。

（二）党员干部选拔培养和管理

新中国成立初，境域隶属官庄、才溪区委。区委重视领导干部培养选拔，按照德才兼备的要求，选拔发展党员。1978 年起，按照“年轻化、专业化、知识化”要求培养党员和选拔干部。

1987年重建珊瑚乡后，乡党委贯彻落实1984年12月中共中央批转中央组织部、中央宣传部《关于加强干部培训工作的报告》加强干部培训。

2000年，建立严格的党员、干部年度考核制度。

2001年，建立党员、干部测评制度。

2004年，建立党员、干部选拔任用公示监督制度。

此后，对干部、党员的选拔任用，走上了制度化、规范化的程序。

（三）离退休干部管理

1991年，珊瑚乡成立离退休干部管理服务站（简称退管站），各村建立学习组，加强对离退休人员的学习管理。

珊瑚乡历任党委组织委员名录

表9-4

姓　名	任职时间	姓　名	任职时间
林书培（兼）	1987.12—	赖　燕	2002.08—2006.04
赖增发	1991.01—1996.04	吴红兰	2006.05—2016.05
林水仁（兼）	1996.05—2002.07		

四、宣传教育

新中国成立后，党的宣传思想，主要是宣传马克思列宁主义、毛泽东思想，宣传党的路线、方针、政策，宣传共产主义道德风尚和英雄模范人物的先进事迹，宣传进步思想和先进文化等。

1987年重建珊瑚乡后，珊瑚乡党委高度重视宣传思想工作，党委设有宣传委员，具体抓宣传教育工作。积极开展“坚持一个中心，两个基本点”的宣传教育。1992年3月始，重点宣传邓小平视察南方重要讲话精神。1993—1995年，重点宣传中国特色社会主义理论，贯彻《爱国主义教育实施纲要》。1996—1998年，贯彻中共十四届六中全会精神，加强精神文明建设的宣传；开展“讲学习、讲政治、讲正气”的“三讲”宣传。1997年，开展香港回归祖国的宣传活动。1998年7月始，大力宣传优秀共产党员王灿荣（曾任上珊瑚村党支部第一书记）的先进事迹，号召党员干部向王灿荣学习。1999年，开展澳门回归祖国的宣传活动。

2000年始，开展“三个代表”重要思想理论宣传，明确新时期治党理政的要求，增强党组织的凝聚力和党性与活力。

2005年始，全面贯彻《公民道德实施纲要》和公民道德“二十字”（即爱国守法、明礼诚信、团结友善、勤俭自强、敬业奉献）基本规范要求，全面提高人们的思想道德水准和政治素质。

2008—2011 年，学习宣传贯彻科学发展观，深入学习贯彻胡锦涛总书记到福建，到上杭古田视察时重要讲话精神。

2012—2015 年，重点开展学习宣传党的十八大和十八届三中、四中、五中全会精神以及习近平总书记的一系列重要讲话精神，围绕建设“机制活、产业优、百姓富、生态美”新上杭和建设“生态水源地，美丽宜居乡”的新珊瑚目标任务加大宣传力度，营造浓厚氛围。

珊瑚乡历任党委宣传委员名录

表 9-5

姓　名	任职时间	姓　名	任职时间
林达书	1987.12—1990.11	温云远	2002.07—2006.12
刘加荣	1992.06—1996.05	蓝瑞洲	2006.12—2016.05
王建芬	1996.06—2002.07		

五、统一战线工作

1987 年重建珊瑚乡后，乡党委重视统战工作。1990 年，配备统战干事 1 人，负责统战日常事务工作。1992 年起，乡党委设统战委员。

1996 年开始，乡党委对境域内的圆通寺和山寺庵等寺庙做好登记注册，加强检查监管，纳入正常管理。同时，对寺庙和寺庙周边的旅游开发，也列入政府的项目开发计划。对圆通山和圆通寺，投入大量资金，开通并硬化进山公路，架设高压线路，新建供水工程等完善基础设施建设，同时引进外地商人投资开发“禅农结合”的旅游项目。

珊瑚乡党委历任统战委员名录

表 9-6

姓　名	任职时间	姓　名	任职时间
刘加荣	1992.06—1996.05	温云远（兼）	2002.07—2006.12
郭立传	1997.01—1999.08	蓝瑞洲（兼）	2006.12—2016.05
王建芬（兼）	1999.08—2002.07		

六、精神文明建设

1987年建乡后，乡党委高度重视精神文明建设，开展各种宣传教育和创建活动，取得较好成果。

建乡初期，在全乡上下开展“五讲”（讲文明、讲礼貌、讲卫生、讲秩序、讲道德）、“四美”（心灵美、语言美、行为美、环境美）、三热爱（热爱中国共产党、热爱祖国、热爱社会主义）的宣传教育活动。

1988年，开展有理想、有道德、有文化、有纪律的“四有”新人教育。

1996年，宣传贯彻《中共中央关于加强社会主义精神文明建设若干重要问题的决议》《上杭县“九五”期间社会主义精神文明建设规划》，积极推动精神文明建设步伐。宣传贯彻中共中央《公民道德建设实施纲要》，开展“社会公德、职业道德、家庭美德”为主要内容的群众性精神文明创建活动。

2000—2005年，以贯彻《公民道德建设实施纲要》为契机，开展创建文明乡、文明村、文明户活动，大力倡导“爱国守法、明礼诚信、团结友善、勤俭自强、敬业奉献”的基本道德规范。

2006年始，开展“家园清洁行动”实施农村环境卫生综合整治活动。每年投入不少于150万元，用于保洁队伍建设和垃圾收集、运输处置、设施设备建设，实现生活垃圾“户集、村收、乡处置”模式。2011—2015年，围绕打造“生态水源乡”品牌，成立上珊瑚村、下珊瑚村村级环境保护协会，制定协会章程和公约；举办“我身边的环保事”有奖征文，开展“清新水源，美丽珊瑚”文学笔会采风活动，出版《清新珊瑚》一书。完成境域内53家50头以上规模生猪养殖场的关闭拆除任务。2012年荣获“福建省生态乡镇”命名，2014年荣获国家级“生态乡镇”命名。2013年，中心小学教师陈育红被评为“福建省第三届杰出人民教师”，2014年，陈育红又荣获福建省最美基层人物—最美教师（提名奖）。2015年，下珊瑚村民胡细妹入选福建省“好人榜”“孝老爱亲”榜单。成功承办“全民健身与青运会同行暨上杭县西北片区农民文化体育节”。珊瑚乡和彩坑村分别被评为县第十二届文明乡、文明村。其间，加强对外宣传，珊瑚的红色文化、廉政文化、绿色文化、古色文化、和合文化得到进一步挖掘，珊瑚的知名度、美誉度提高。

第二节　中国国民党地方组织

一、组织状况

民国14年(1925年）秋，官庄建立国民党组织，为上杭县党部第二区分部（境域隶属官庄)。

民国18年（1929年）7月—民国23年（1934年）10月，境内建立红色苏维埃政权。民国23年（1934年）11月，国民党复辟，统治珊瑚。

民国29年（1940年），建立三民主义青年团（简称“三青团”）组织。

民国36年（1947年）冬，“三青团”并入国民党组织。

民国38年（1949年）9月，境内国民党组织解体。

二、主要活动

民国20年（1931年）7月，国民党军阀钟绍葵、钟汉辉部在粤系军阀陈济棠的支持下，向苏区大举进犯，官庄民团钟家子积极配合行动，从官庄回龙到珊瑚的下坑，汀江两岸全部被国民党占领。他们所到之处，大肆烧杀抢掠。民国22年（1933年）10月，国民党军和地方民团对汀江两岸的官庄、珊瑚大肆烧杀抢掠，三四岁的小孩和十七八岁的青年妇女被抓到武平当牲畜一样贩卖。民国23年（1934年）10月5日，国民党第83师两个连配合地方军阀钟绍葵和官庄、回龙、珊瑚的地方民团向苏区大举进攻。同年11月下旬，国民党在官庄、珊瑚复辟后，对苏区进行残酷烧、杀、抢、夺。

民国38年9月，境内国民党组织解体。

第三节　社团组织

一、工　会

（一）组织机构

1949年新中国成立后，境内成立中国教育工会基层委员会。

1966年，“文化大革命”期间，工会组织瘫痪，工会活动停止。

1973年冬，开始恢复工会组织。

2000年，珊瑚成立工会联合会。

2015年年底，珊瑚乡有基层工会组织10个，工会会员405人。

（二）主要活动

1990年《中华人民共和国工会法》颁布后，工会工作逐步走上正轨，组织机构不断完善，会员不断发展。

2000年，珊瑚乡成立工会联合会（简称乡工会）。乡工会认真贯彻《中华人民共和国工会法》和《中国工会章程》，积极组建工会组织，发展工会会员。除做好行政村、乡直单位、个体劳动者工会组织和会员发展工作外，还重点发展非公企业的工会组织和会员发展。认真做好为职工维权，做好职工与企业的劳动合同、工资协商合同的签订工作，指导建立“职工之家”，为职工办好事、办实事、送温暖。福建华龙工程有限公司荣获省总工会“模范职工之家”和市“职工之家”称号。

二、青少年组织

（一）组织机构

第二次国内革命战争时期，境内成立少先队组织，组织状况待考。

新中国成立后，珊瑚境内成立了新民主主义青年团珊瑚乡支部和双坑乡支部，隶属新民主主义青年团平安区（官庄）工委。1957 年，新民主主义青年团改称中国共产主义青年团(简称共青团)。1958 年 10 月成立人民公社后，设公社团委。1987 年珊瑚重建乡后，设珊瑚乡团委。全乡辖 6 个团支部。2015 年年底，珊瑚乡团委下辖 8 个团支部，团员 141 人。历任团委书记有：吴瑞洪、林希、蓝卫坪、蓝建琼、曹如文、朱鑫琰、廖文羽等。

1950 年 10 月，境内成立少年儿童组织；1953 年 6 月改称中国少年先锋队（简称少先队）组织。“文化大革命”期间，少先队改为“红小兵”，1979 年恢复少先队组织。

（二）主要活动

第二次国内革命战争时期，珊瑚青少年积极响应中国共产党的号召，踊跃参加红军、赤卫队，参与打土豪、分田地、保卫苏维埃政权等。民国 22 年（1933 年）5 月 29 日，中华苏维埃共和国临时中央政府机关报《红色中华》第 82 期以《回答中央总队部号召》为题，报道官庄（含珊瑚)、才溪等地扩大少先队的成绩。“其中最有成绩的是官庄的珊瑚乡，三天内发展了二百余人。给了中央总队部扩大一百五十万少先队的号召，予以洪亮的响应!”

1963 年始，共青团响应毛泽东号召，开展“向雷锋同志学习”等活动。

中共十一届三中全会以后，团组织围绕培养有理想、有道德、有文化、有纪律的“四有”新人，对青少年进行思想政治教育、爱国主义教育、集体主义教育，社会主义和革命传统教育，激励青少年增强民族自尊心和自信心，树立正确的人生观、世界观和价值观，努力培养社会主义事业的接班人。请老红军、老革命、老赤卫队员讲革命斗争故事，进行革命传统教育，开展“五讲四美”“三热爱”为中心的文明礼貌活动，实施“青年科技工程”，组织青年实用技术培训，扶持科技致富，勤劳致富。开展“新长征突击手”活动；开展“敬老节”活动等。少先队组织开展养成教育，争当“三好学生”“优秀少先队员”活动。20 世纪 50 年代始，各小学在一年级新学期入学后的 10 月 13 日，举行少先队入队仪式，新入队的少先队员系上鲜艳的红领巾，在队旗下宣誓，然后唱《中国少年先锋队队歌》。从这天起至六年级，就成为中国少年先锋队队员了。上学时，必须系上红领巾。这一时期，少先队开展“爱祖国、爱人民、爱劳动、爱科学、爱护公共财物”活动。60 年代，开展学雷锋、王杰、焦裕禄、张高谦、刘文学、草原英雄小姐妹等英雄活动。1979 年恢复少先队组织后，开展“儿童们团结起来，做新中国的新主人，做共产主义接班人”等系列活动。1988 年，贯彻落实《小学生守则》和《中小学生日常行为规范》。1990 年后，组织学习《邓小平文选》、邓小平建设有中国特色社会主义理论，“三个代表”重要思想，开展“致富思源，富而思进”教育。贯彻落实《爱国主义教育实施纲要》，组织实施《公民道德建设实施纲要》；以迎接香港、澳门回归，进入新世纪，北京申奥成功，中国加入世界贸易组织等为契机，开展爱国主义教育。

三、妇女组织

（一）组织机构

1950年，境内设立乡（村）妇女代表会（简称妇代会），隶平安（官庄）区妇女联合会（简称妇联）。“文化大革命”期间，妇女组织陷于瘫痪。1974年开始恢复公社妇联。1987年，重建珊瑚乡后，乡妇联设主席1人，村设妇代会，设主任1人。2015年，全乡辖5个妇代会组织。1987年始，历任妇联主任（主席）有：蓝满金、丘凤玉、钟冬香、蓝玉华、胡胜、吴荣春、吴红兰、何武英、陈桂凤、周红香等。

（二）主要活动

新中国成立后，珊瑚境内的广大妇女、积极响应党和政府的号召，踊跃参加土地改革，清匪反霸、巩固政权等各项运动。在合作化、人民公社化的生产运动中，在宣传贯彻新中国成立后第一部婚姻法及拥军优属、扫除文盲的活动中，珊瑚妇联组织带领广大妇女积极参与，做出显著成绩。

中共十一届三中全会后，党的工作重点转移到以经济建设为中心，广大妇女充分发挥聪明才智，投身经济建设，争做“四有”（有理想、有道德、有文化、有纪律）新人，开展“四自”（自尊、自强、自信、自立）教育和“双学双比”（学文化、学技术、比成绩、比贡献）活动，积极开展创“五好文明”家庭，为构建和谐社会，创建平安珊瑚，充分发挥了妇女“半边天”的作用。1980年，下珊瑚村陈妹荣获省“三八红旗手”称号。2015年，下珊瑚村民胡细妹入选福建省好人榜“孝老爱亲”榜单。

四、科学技术协会

1987年复设珊瑚乡后，成立科学技术协会（简称科协）。1988年设科技副乡长后，科协主席由科技副乡长兼任，同时配备1名专职干部。

珊瑚乡科协非常重视引进先进科学技术，加强科普宣传和科学技术交流。2003年，积极组织参与县政府举办的“水业论坛”“财税论坛”，乡科协推荐交流的《发展乡镇供水产业的思考》一文获优秀论文奖。2009年，组织有关村干部和油茶种植专业户赴广东平县参观学习油茶种植经验。2015年，结合珊瑚本土实际，实施“精准扶贫”措施，邀请福建中医药大学教授到乡举办“名贵中药材种植”讲座，培训药材种植户。

五、计划生育协会

1989年10月，珊瑚乡成立计划生育协会（简称计生协会），理事会设会长、常务副会长和秘书长。由乡分管计划生育工作的党委副书记（或副乡长）担任会长，热心计生工作的副科级干部任常务副会长，另由一名青年干部任秘书长，理事会成员若干人。村级设计划生育协会小组，由德高望重的老同志担任协会小组长。是年，全乡5个行政村均建立计划生育协会小组。1992年10月—1993年，全乡开展会员登记发证工作。计生协会同乡级党委换届选举同步进行。1989—2015年，珊瑚乡计生协会进行过8次换届选举。

乡计生协会成立后，主要是协助乡政府计生部门开展计划生育法律法规、优生优育、生殖健康、科学知识和预防疾病等宣传教育。动员和组织广大群众参与计生工作，抓好乡村计生协会“三联创”活动，抓好“一流村”“合格村”计生协会的创建，开展计生“三结合”(即计生工作与发展农村经济相结合，与帮助农民勤劳致富奔小康相结合，与建设文明幸福家庭相结合）等，兑现计划生育扶助奖励政策，促进计生工作顺利开展。乡计生协会每年举行“5·29”全国会员活动日和“世界人口日”纪念活动。

附：政协珊瑚乡工作委员会

2010年9月，中国人民政治协商会议上杭县珊瑚乡工作委员会（简称政协珊瑚乡工委）成立，主任由乡党委分管政工的副书记担任，副主任由乡党委统战委员担任。

政协珊瑚乡工委在县政协及珊瑚乡党委领导下，认真履行“政治协商、民主监督、参政议政”职能，组织委员视察调研、收集社情民意、撰写政协提案、开展民主监督，反映社会各界的意见和建议，为珊瑚乡及全县经济社会发展积极献言献策，2010—2015年共提出建议、意见21条。其中，2014年，委员蓝瑞洲、陈大勇提出《关于要求县道河临线晋级改造开工建设的建议》得到县政府采纳，被上杭县政协评为2014年度优秀提案。

第十章　政　权

宋元明清时期，珊瑚均未设立基层政权机构（里、团、区、乡）。宋代，境域隶上杭县安丰上里。元沿宋制。明洪武十四年（1381 年），上杭县改乡、团为里，境域隶平安里。清光绪二十四年（1898 年）“戊戌政变”后，实行新法，改里为区。境域属西路第四区。

民国 5 年（1916 年）至民国 24 年（1935 年），先后隶上杭县西路二区，西路第十五区。民国 25 年（1936 年）初，设珊瑚乡联保办事处，隶上杭县第四区（区署设才溪）。民国 31 年（1942 年）11 月，取消区级，境域为珊瑚乡。民国 36 年（1947 年）5 月，行政区划调整，境域隶平安乡。

民国 18 年（1929 年）7 月，建立人民政权——苏维埃政府。至民国 24 年（1935 年）1 月，境内出现过国民政府与苏维埃政府两种政权并存的局面。

1949 年 10 月 3 日，成立上杭县第十区（官庄）人民政府，珊瑚隶官庄。1951 年后，实行人民代表大会制，历届政府通过人民代表大会民主选举产生，新中国成立初期称人民政府，1955 年改称人民委员会，1958 年 10 月称人民公社，1968 年 10 月，改为革命委员会，1984 年复称人民政府。

第一节　新中国成立前的基层政权

一、宋元明清时期

宋、元、明、清时期，珊瑚境域未设立独立的行政建置。宋代，境域隶上杭县安丰上里。元沿宋制。明洪武十四年（1381 年），上杭县改乡、团为里，境域隶平安里。清光绪二十四年（1898 年）“戊戌政变”后，实行新法，改里为区。境域属西路第四区。乡村管理主要靠基层自治。元朝以“社”作为基层自治组织。明朝以“里甲制”与“里老制”作为基层自治的二元管理机制。清朝基层社会自治制度为“保甲制、族正制、乡约制”。康熙四十七年（1708 年），保甲制进一步完善，“凡州县乡域，十户立一牌头，十牌立一甲头，十里立一保长”，作为治安、防盗、户籍等事务的管理机构。

二、民国时期

(一) 国民党政权

民国5年（1916年），隶西路第二区。民国10年（1921年），隶西路第十五区。民国23年（1934年），境域设九华铺、上珊瑚、下珊瑚、下坑、彩坑等五保。民国25年（1936年）初，上杭改路为区，区以下设乡（镇）联保办事处，境域隶第四区（驻才溪），设珊瑚乡联保办事处（驻下珊瑚），辖珊瑚、九华铺、横滩下、夏康、彩坑、三潭头、竹子垄。民国31年（1942年）11月，取消区级，境域为珊瑚乡，民国36年（1947年）5月，行政区划调整，境域隶平安乡（官庄）。

(二) 苏维埃政权

民国18年（1929年）7月至民国24年（1935年）1月，出现苏维埃政权与国民党政权并存的局面。

民国18年（1929年）7月12日，官庄、珊瑚境域建立人民政权官庄人民革命委员会（苏维埃政府）。珊瑚境域设九竹乡、上珊瑚乡、下珊瑚乡苏维埃政府，均先后隶官庄区、西二区、才溪区苏维埃政府。上珊瑚乡苏维埃政府主席胡集辉（胡冠军），九竹乡苏维埃政府主席蓝应良，下珊瑚乡苏维埃政府主席陈占茂。华竹蓝发生曾任官庄区苏维埃政府裁判部长。

民国19年（1930年），为适应战争形势，上杭、武平两县合并成立杭武县苏维埃政府，境域隶第七区（才溪）苏维埃政府。

民国21年—22年（1932—1933年）冬，隶上杭县苏维埃政府（先后驻白砂、大乾头、科子里、水西渡等地）官庄区。

民国23年（1934年）6月，隶上杭与连城县的新泉联合成立的新杭县（县苏维埃政府先后驻通贤的白石坑、竹子寨、旱溪里、叶坪山、障云岭等地）才溪区。民国24年（1935年）1月，隶新杭、长汀县合并成立的新汀杭县（驻通贤障云岭的燕子塔）才溪区。

苏维埃时期，区、乡苏维埃政府发动苏区人民参军参战，组织赤卫队，开展“打土豪、分田地”斗争，组建合作社，掀起发展生产、支援红军热潮。民国22年（1933年）11月17日，中华苏维埃共和国临时中央政府机关报《红色中华》第126期刊载《官庄区扩大红军热潮》一文，报道官庄区下珊瑚乡整排游击队自愿参加红军、勇往前线的情况。

第二节　地方人民代表大会

一、代　表

1951年5月，根据中央人民政府政务院1950年12月通过的《乡（行政村）人民代表会议组织通则》，开展民主建政，召开群众大会，推荐各界人民代表，出席乡各界人民代表会议。选举产生乡长和乡政府委员。乡各界人民代表会议代表任期一年，各选区（村）的代表推荐代表主任1人，在乡政府领导下，联系代表开展各项工作。

1953年，乡成立选举委员会，主持选举工作，进行普选。乡人民代表候选人三榜确定后，按选区由选民以举手（或投豆）方式直接选举人民代表。

1958年10月后，由公社的人民代表大会（亦称社员代表大会）选举社长、副社长。公社管委会委员由公社党委指派工人、农民、青年、妇女、武装等方面的代表组成。后来，代表大会由公社、大队、生产队三级干部扩大会议取代。“文化大革命”期间，乡人民代表大会（简称人代会）被“三代会”（工人代表、贫下中农代表、红卫兵代表大会）所代替，选举工作中断。

1984年9月，恢复人民代表大会制度。乡人民代表大会代表按照选举法规定，由乡党委按选区分配代表名额并提出部分候选人（其余候选人由选民直接选举），在全体选民中投票选举产生。

二、代表大会

1951年，乡各界人民代表会议每3个月召开一次。10天开一次乡政委员会，15天开一次各委员会会议检查督促工作落实情况，开展批评与自我批评，收集群众对乡政府的要求和意见。

1953年，召开首届人民代表大会，听取乡政府工作报告，审议财政收支，代表还对辖区内的工农业生产、政法、文教卫生和群众生活等问题提出议案意见。乡人民代表大会以无记名投票的方式选举乡长、副乡长。

1961年10月，召开珊瑚公社人民代表大会，胡景光作政府工作报告，选举社长1名，副社长1名。

1963年7月，召开珊瑚公社人民代表大会，胡景光作政府工作报告，大会选举社长1名，副社长1名。

1987年10月24日，召开珊瑚乡第一届人民代表大会，到会代表45人，王永康作政府工作报告，梁华桂作人大工作报告，选举乡人大主席团常务主席1人，选举乡长1人，副乡长2人。

1990年12月18日，召开珊瑚乡第二届人民代表大会，到会代表46人，钟维勇作题为《同心同德、励精图治、艰苦奋斗、振兴珊瑚》的政府工作报告，梁华桂作人大工作报告，大会选举乡人大主席团常务主席1人，选举乡长1人，选举副乡长2人，科技副乡长1人。

1993年12月16日，召开珊

瑚乡第三届人民代表大会，到会代表47人，蓝寿标作题为《讲求实效、扎实工作，推动我乡各项工作向前发展》的政府工作报告，王灿元作人大工作报告。大会选举乡人大主席团常务主席1人，乡长1人，副乡长2人，科技副乡长1人。

1996年12月21日，召开珊瑚乡第四届人民代表大会，到会代表47人，黄鹏作题为《坚定不移抓基础，齐心协力奔小康》的政府工作报告，梁贺华作人大工作报告。大会选举乡人大主席1人，乡长1人，副乡长2人，科技副乡长1人。

1999年12月16日，召开珊瑚乡第五届人民代表大会，到会代表46人。伍宪芳作政府工作报告，梁贺华作人大工作报告，大会选举乡人大主席1人，乡长1人，副乡长2人。

2002年12月15日，召开珊瑚乡第六届人民代表大会，到会代表45人。伍宪芳作政府工作报告，梁贺华作人大工作报告，大会选举乡人大主席1人，乡长1人，副乡长2人，科技副乡长1人。

2007年1月25日，召开珊瑚乡第七届人民代表大会，到会代表47人。李文喜作政府工作报告，林水仁作人大工作报告，大会选举乡人大主席1人，乡长1人，副乡长2人，科技副乡长1人。

2011年12月26日，召开珊瑚乡第八届人民代表大会，到会代表46人。蓝春金作政府工作报告，曹昌星作人大工作报告，大会选举乡人大主席1人，乡长1人，副乡长2人。

2015年12月26日，珊瑚乡召开八届人大六次会议

三、乡人大（主席团）机构及其主要活动

（一）机 构

1987年下半年，根据上杭县选举委员会《关于乡镇人民代表大会设主席团的意见》，乡设立人大主席团，为常设机构，配比专职常务主席。

1996年，根据《中华人民共和国地方各级人民代表大会和地方各级人民政府组织法》规定，乡人大主席团常务主席更名为乡人大主席，乡人大主席由乡人大代表大会从代表中选举产生，任期与乡人民代表大会每届任期相同。人大主席团常务主席和人大主席人选，必须由县级组织考核认定后提出候选人，乡人民代表大会选举产生。

（二）主要活动

1988年6月28日，福建省第七届人民代表大会常务委员会第三次会议通过《关于乡镇人民代表大会主席团工作的暂行规定》，第一次明确规定乡（镇）人大大主席团的职权。此后，珊瑚乡人大主席按照“暂行规定”，依法主持本届本级人民代表大会会议，并负责筹备和召集下一次本级人民代表大会会议。在乡人民代表大会闭会期间，坚持2个月举行1次会议，主要内容是研究人大工作，联系代表活动，听取和审议乡人民政府工作报告和本级财政预算执行情况。讨论、决定本行政区域内的重大事项，监督、支持乡人民政府开展工作，检查代表议案、建议的落实办理情况。研究做好上级人大及其常委会委托办理的事宜等。

1991年8月，乡人大主席团建立人大代表议政室，聘请7位乡人大代表为代表联络组联络员。

1997年，开展“先进人民代表学习组”“优秀人民代表”评选活动。9月，乡人大主席团围绕“上、下珊瑚村村中大道拓宽改造”项目，组织人大代表深入调研，形成《立即停止上珊瑚、下珊瑚村村中大道两旁批建住宅、村中大道拓宽至12米宽的决定》，责成乡人民政府及时调整实施方案，该项目实施后得到人民群众的普遍欢迎和支持。

2001年，乡人大主席团组织评议乡政府和基层所站工作，重点评议农技站、林业站、卫生院、水利工作站等窗口单位，收到意见、建议20多条。经过主席团归纳整理，把它转发给各职能部门整改落实，此次评议解决了一批群众关心的热点问题，收到良好效果。

2004年5月，乡人大主席团在听取部分代表反映上珊瑚南片水厂股东内部纠纷的情况后，立即派出代表深入了解情况，召开专题会议研究对策，代表们认为，股东内部矛盾处理不当，势必影响水厂的正常供水运行，直接影响群众的生活。因此，主席团形成《关于及时调解处理上珊瑚南片水厂股东内部矛盾的意见》。乡党委、政府根据主席团的建议，组织乡、村联合调解组，帮助南片水厂清算账目，厘清权属，解决了矛盾纠纷。

2009年秋，上杭城区第三水源项目在下坑村横滩自然村汀江河段开工建设。乡人大主席团立马围绕这一县重点项目开展调研，形成了一系列较具针对性的建议意见，如发展绿色种养、关闭拆除生猪养殖场、加强生活污水处理、加大宣传力度提高全民生态环保意识等，为制订《珊瑚乡横滩水源保护区综合整治方案》提供很好的依据。

2012年，乡人大主席团创新工作机制，在全乡建立和推广“选民说事”制度。“说事制度”的四步工作程序是:第一步是选民说事。规定每月15日为“说事日”，由人大代表在各村村部负责接待群众，由群众向代表反映问题和提出意见。第二步是集中议事。各代表小组召开会议，对群众所说的事情和反映的问题进行集中讨论，整理归类，根据讨论的情况提出处理意见。第三步是及时办理。按照代表小组讨论的意见形成书面材料转交乡人民政府及相关部门处理。第四步是定期评事。由人大代表向群众通报问事、说事、议事、办事情况，并对办理结果进行评议，改进今后工作。通过实施说事制度，群众反映问题和代表了解民情的渠道更加畅通，提高群众参政、议政的积极性，有力推动各项工作的开展。

2014年，乡人大主席团依法开展对民生问题的监督。针对群众关注的“民生一号工程”——教育、村集体财务管理、养殖业污染治理等方面，深入开展工作调查，分别听取交管站、中心小学、财政所、畜牧兽医站的专题情况汇报及乡政府半年工作情况汇报，提出审议意见。针对群众关心的环境保护问题，听取乡政府关于环境卫生综合整治工作的情况汇报，提出做好生态乡村规划与创建家园清洁行动、加快集镇污水处理及生态湿地建设、加强乡域水源保护等建议，推动民生工程实施进程。

2015年，乡人大主席团紧紧围绕“创建信用乡村，推进诚信环境建设”这一活动开展调研，在各代表小组取得大量的第一手资料的基础上，列举出种种不诚信的现象，如银行贷款不还、互助会滥会、购物款长期拖欠、网上购物收货不付款、拖欠农民工工资等，并深究不讲诚信的根源，提出对策与建议，形成《创建信用乡村，推进诚信环境建设》的调研报告，供乡党委、政府决策参考。

珊瑚乡第一届至第八届人大主席团常务主席、主席名录

表10-1

届 别	职 务	姓 名	任职时间
第一届	常务主席	梁华桂	1987.09—1990.12
第二届	常务主席	梁华桂	1990.12—1993.07
第三届	常务主席	王灿元	1993.07—1996.04
第四届	人大主席	梁贺华	1996.04—1999.12
第五届	人大主席	梁贺华	1999.12—2002.12
第六届	人大主席	梁贺华	2002.12—2006.08
第七届	人大主席	林水仁	2006.08—2010.08
第八届	人大主席	曹昌星	2010.12—2012.05
		阙镔锋	2012.05—2013.05
		温寿玉	2013.05—2016.05

第三节 地方人民政府

一、珊瑚乡（公社）政府

1949年10月3日，成立平安区（官庄）人民政府，境域隶平安区，设珊瑚乡人民政府和双坑乡人民政府。珊瑚乡辖华竹、上珊瑚、下珊瑚3个村，乡政府驻下珊瑚。双坑乡辖下坑和彩坑2个村，乡政府驻彩坑。

1953年11月，华竹、上珊瑚、下珊瑚、下坑、彩坑合并为珊瑚乡。乡政府驻下珊瑚村。

1956年4月，区、乡合并成立区公所，境域隶属才溪区公所。

1958年3月，撤区设乡，境域设珊瑚乡，乡政府驻下珊瑚村。

1958年9月，调整区乡体制，合官庄、回龙、珊瑚为平安乡人民政府。

1958年10月，实行政社合一，称官庄人民公社（简称官庄公社），境域设珊瑚大队和双

坑大队。

1961 年 6 月，根据《人民公社工作条例》六十条精神，调整公社体制，官庄公社分设官庄、回龙、树康、珊瑚公社，组建管委会。珊瑚公社管委会辖华竹、上北、上南、下北、下南、光辉、前进 7 个大队。

1965 年 4 月，撤销珊瑚公社，并入官庄公社。境内设华竹、上北、上南、下北、下南、光辉、前进大队。

1968 年 10 月，成立红庄公社革命委员会；1971 年 4 月 29 日，红庄公社复称官庄公社。1980 年 7 月 1 日，“革命委员会”改为“管理委员会”。

1984 年 10 月，撤社设乡，改大队为行政村。境域隶属官庄乡。

1987 年 7 月，华竹、上珊瑚、下珊瑚、下坑、彩坑 5 个村从官庄划出，复设珊瑚乡；10 月 24 日，正式成立乡人民政府，延续至 2015 年 12 月。

1997 年，县委、县政府对乡（镇）党政机关进行机构改革，根据各乡（镇）人口、土地面积、工农业总产值等指标情况，把全县 22 个乡（镇）分为一、二、三类，分别核定其人员编制数量。珊瑚乡为三类乡（镇），核定行政编制人员 24 名，事业编制人员按行政人员编制的 10%核定。乡政府内统一设置 6 个正股级综合性办公室，即综合办公室、农业办公室、财经办公室、社会事务办公室、乡村建设办公室、计划生育办公室。

2002 年，乡（镇）党政机关再次进行机构改革，全县 22 个乡镇划分二类。珊瑚乡为二类乡（镇），设置 4 个综合性办公室，即党政办公室、经济发展办公室、农业办公室、计划生育与社会事务办公室。乡党政领导干部职数核定 9~11 名。

珊瑚乡（公社）人民政府历任负责人名录

表 10–2

名　称	职　务	姓　名	任职时间	附　注
珊瑚乡政府	乡　长	陈衡洲	1949.10—1953.11	
双坑乡政府	乡　长	梁能康	1949.10—1953.11	
		张德辉	1953.11—	
珊瑚乡政府	乡　长	陈相承	1953.11—1956.04	
		陈明芬		1956 年 4 月合并为才溪区公所
珊瑚乡人民委员会（1958.03—1958.09）	乡　长	林荣富	1958.04—1958.09	1958 年 9 月合官庄、回龙、珊瑚为平安乡
	副乡长	蓝赞新	1958.04—1958.09	兼治安
珊瑚公社管委会（1961.06—1965.04）	社　长	胡景光	1961.06—1965.04	1965 年 4 月并至官庄公社
	副社长	梁能康	1961.06—1965.04	
珊瑚乡人民政府（第一届）	乡　长	王永康	1987.11—1990.11	
	副乡长	梁贺华	1987.11—1990.11	
		陈增初	1987.11—1990.11	

续表 10–2

名 称	职 务	姓 名	任职时间	附 注
珊瑚乡人民政府（第二届）	乡 长	钟维勇	1990.12—1993.12	
	副乡长	梁贺华	1990.12—1993.12	
		许荣文	1990.12—1993.12	
珊瑚乡人民政府（第三届）	乡 长	蓝寿标	1993.12—1996.04	
	副乡长	梁贺华	1993.12—1996.12	
		胡洪春	1993.12—1996.05	
		蓝尚信	1993.12—1996.05	
珊瑚乡人民政府（第四届）	乡 长	黄 鹏	1996.04—1999.03	
	副乡长	蓝瑞洲	1996.05—1999.12	
		丘国才	1996.05—1999.06	
		肖兴招	1996.09—1999.09	
珊瑚乡人民政府（第五届）	乡 长	伍宪芳	1999.03—2002.12	
	副乡长	蓝瑞洲	1999.12—2002.12	
		张 浩	1999.06—2002.06	
珊瑚乡人民政府（第六届）	乡 长	伍宪芳	2002.12—2004.01	1999.03—1999.11 主持乡政府工作
		李文喜	2004.01—2006.12	
	副乡长	蓝瑞洲	2002.12—2006.06	
		蓝福辉	2002.09—2006.12	
		胡庆煌	2002.09—2006.12	
珊瑚乡人民政府（第七届）	乡 长	李文喜	2007.01—2009.07	
		温文学	2010.02—2011.07	
	副乡长	温寿玉	2006.12—2010.02	
		陈德连	2006.12—2011.12	
		赖剑锋	2008.01—2011.07	
珊瑚乡人民政府（第八届）	乡 长	蓝春金	2011.05—2013.05	
		阙镔锋	2013.06—2016.05	
	副乡长	刘闽强	2011.01—2016.05	
		蓝宁平	2011.05—2016.05	

二、政务纪要

（一）经济恢复和社会主义改造时期

1950年冬，党和政府组织土改队领导农民进行土地改革，没收境内地主、富农的土地平均分给农民，并颁发土地证，调动了农民发展农业生产的积极性。1951年始，组织全民办夜校、学文化、开展扫除青壮年文盲活动；宣传贯彻《中华人民共和国婚姻法》，废除封建婚姻制度。

1952年后，境域内迅速掀起互助合作运动，以“自愿结合、等价互利”的原则，组织农业生产互助组。至1955年年底，参加互助组的农户占农户总数的85%以上。乡政府根据过渡时期总路线的要求，引导农户走集体化道路，把条件成熟的互助组转为初级农业生产合作社（简称初级社）。1956年，珊瑚按上杭县人民政府要求，将初级社并社转高级农业生产合作社（简称高级社）。至1957年，全乡入社农户占农户总数的98%以上。土地改革、互助合作运动，改变了生产关系，解放了生产力，农业生产稳步发展。1957年的粮食总产量、农业总产值分别比1949年增长53.5%和54.4%。

（二）开始全面建设社会主义时期

1958年，贯彻执行中共八届二中全会通过的社会主义建设总路线（鼓足干劲、力争上游、多快好省地建设社会主义）。10月，成立官庄人民公社（境域隶官庄人民公社），实行政社合一体制；按组织军事化、生活集体化和行动战斗化的要求，公社把劳力组建成民兵团，下设营、连、排、班；大办公共食堂，提出“放开肚皮吃饱饭，鼓足干劲多生产”；抽调大批劳动力大炼钢铁，忽视农业或其他副业的生产，造成粮食的大幅减产；为完成炼铁任务，消耗大量木炭，森林遭到毁灭性破坏；农业生产为达到上级“社社创造三千斤队，队队创造亩产万斤以上的水稻、十万斤以上地瓜”等指标，实行“移苗并坵”和所谓的“合理密植”（晚稻每亩不得少于35000丛，每丛不得少于10株；地瓜实行双行密植，每亩插藤不少于5000株）等不切实际的做法，竞放高产“卫星”（1亩地产上千公斤粮食）。由于急于求成，出现高指标、瞎指挥、浮夸风、“共产风”和无偿平调集体、个人资金、物资的现象，造成人力、物力的巨大浪费。1959年继续刮浮夸风、“共产风”。这些“左”倾错误的延续和当时的自然灾害及国际影响，使农村经济发生严重问题，粮食产量和生猪存栏数连年减少，导致1960年出现春荒，发生较严重的营养性水肿病、人口非正常死亡以及人口外流等严重问题，直至年底才得到控制。1961年后，贯彻“调整、巩固、充实、提高”的方针和《人民公社工作条例》（六十条），推行“三包一奖”（包工、包产、包投资、超产奖）、“四固定”（土地、劳力、农具、牲畜固定）的责任制，调动农民的生产积极性，经济逐渐恢复。1961年冬，创建珊瑚庙坝农贸市场，俗称庙坝圩。1964年，开展农业学大寨，掀起农田基本建设热潮。

（三）“文化大革命”时期

1966年开始“文化大革命”，实行所谓的政治挂帅，劳动计酬也实行“政治评分”，挫伤人民群众的生产积极性。公社、大队受到冲击，社会混乱，严重影响工农业生产。

1968年10月，成立红庄公社革命委员会（官庄改称红庄，境域隶属红庄公社），“抓革命、促生产”。1970年1月，组织开展“农业学大寨”，贯彻“以粮为纲”，确定统一以星期日为圩期。把私人开荒种地收归集体、限制农户养鸡鸭头数、禁止农民找其他副业等称之为割“资本主义尾巴”，导致农业生产单一化。是年，建立农村合作医疗制度，境内全部大队都设立合作医疗站，配备“赤脚医生”。

1971年后，农业生产推行“三改三化”（高秆改矮秆、单季改双季、稀植改合理密植；矮秆良种化、育秧卷秧化、密植规格化）措施。1972年，发动群众投工投劳、献工献料，修建杭庄公路官庄路段（含珊瑚路段，1975年建成通车。）。同年，珊瑚小学创办附设初中班(1980年初中班停办，并入官庄中学)。1973年始，大搞农田水利建设，平整土地，改造低产田，大面积推广杂交水稻。

1974—1975年，开展所谓“批林批孔”、“批邓（邓小平），反击右倾翻案风”运动，生产力受阻，工农业生产停滞不前。

“文化大革命”期间，境内社会经济虽然蒙受巨大损失，但仍然取得进展，交通、基础建设和教育卫生方面都取得一定成就。

（四）社会主义现代化建设时期

1979年冬至1984年冬，组织兴建上园水库和杨梅山水库。水库建成蓄水后，改善了华竹、上珊瑚、下珊瑚和官庄横头四个村计3500多亩粮田灌溉状况。杨梅山水库建有坝后电站，装机225千瓦。年发电100万千瓦时，供境域内生产生活用电。

1981年，贯彻落实中共中央印发《关于进一步加强完善农业生产责任制的几个问题》的通知精神，各生产队全面实行家庭联产承包为主要形式的责任制，促进农业生产的发展。1982年，境域的粮食亩产284公斤，比1980年亩增76公斤。同年进行林业核定山林权、划定自留山、制定林业生产责任制（简称林业“三定”）工作。

1985年，官庄乡（境内隶属官庄乡）被福建省定为龙岩地区45个贫困乡之一。珊瑚境内的贫困现象更为突出。据1986年调查，人均收入低于200元以下的537户，分布在5个行政村，占总农户数的41.2%，是全县最贫困地区之一。1987年复设珊瑚乡后，乡政府把脱贫致富工作作为中心任务之一，采取有力措施，逐步解决贫困户的温饱问题。1987年，全乡社会总产值163.9万元。

1988年始，根据龙岩地区和上杭县的统一部署，珊瑚乡政府在巩固1985—1987年扶贫成果的基础上，层层落实责任制，扶持贫困户发展生产。至1990年，全乡重点扶持的537户贫困户，已有486户解决温饱问题，其中有10%的贫困户走上致富道路。1989年，创办珊瑚中学。

1991—1993年，组织制订“八五”“九五”脱贫致富规划实施方案，修订国民经济和社会发展规划。加强基础设施建设，组织建设合水口电站（总投资150万元，装机320千瓦，年发电100万千瓦时），架设珊瑚至回龙高压线路，与大电网并联，解决杨梅山水库电站、合水口电站年发电230万千瓦时的销售问题，既增加乡财收入，又解决群众生产生活用电。架设上珊瑚村至上园自然村的高压线路，解决该自然村不通电问题。龙岩地区地税局还专门为珊瑚乡设立奖教奖学基金，1993、1994、1995年连续三年为珊瑚乡品学（教）兼优的学生、教师颁发证书和奖金。1993年冬，成立“珊瑚乡金山电站库区移民办公室”，配合县移民办开展金山电站库区移民工作。

1994年，贯彻福建省、上杭县《关于实施“造福工程”的通知》，对住在边远山区的彩坑、河头、横滩等地条件成熟的村民实施异地搬迁安置的“造福工程”。1995年，加快农村贫困户脱贫致富奔小康的步伐，改传统的分散式扶贫为开发式扶贫。把实现行政村村村通公路列为为民办实事项目，开始实施行政村“通路工程”。1996—1998年，继续实施扶贫攻坚，并把它当作奔小康的重要内容。拓宽改造境内杭庄公路（庙坝至林业站铺上水泥路面，至金山电站的15公里铺上沥青路面）；拓宽硬化上珊瑚、下珊瑚村中大道；开展村容村貌整治；开通程控电话、建设通讯基站等。对全乡确定的“贫困户”，采取资金、政策、技术“三管齐下”的扶贫措施。1998年，全乡80户贫困户已全部脱贫。年底，经龙岩市复查验收，确认全乡基本实现小康。

1999年，在基本实现小康的基础上，继续推进扶贫开发和小康建设。

2000—2003年，实施“小额信贷”扶贫到户工程。帮助38户低收入农户发展生产。2001年冬，在乡政府旁边井下垄集镇所在地新建农贸市场，铺设水泥地面660平方米，绿化带及花圃400平方米，完成供水供电等配套设施建设；10月，正式挂牌“珊瑚乡特色产品果蔬专业市场”，将珊瑚农贸市场（圩场）从庙坝搬迁至井下垄。2003年，重点扶持贫困户和低收入农户增加收入，扶持贫困户发展经济；投资30多万元兴建南溪引水工程；秋，新建圩架子、摊位等市场配套设施。同年，首次实施国立农业综合开发珊瑚片区中低产田改造项目。

2004—2006年，继续加强基础设施建设，改善生产生活条件。2004年，投资90多万元兴建珊瑚中心小学教学大楼。2005年，投资80万元，完成彩坑大桥危桥改建和临河线彩坑至珊瑚段路肩边沟改造工程。实施有线电视网络升级改造，于11月底全面开通华竹、下坑、彩坑三个行政村的有线电视网络，率先在全县实现村村通有线电视网络。2006年，投资55万元，动工新建乡敬老院。

2007年始，实施项目带动战略，组织实施上珊瑚村新农村建设试点和下珊瑚村集镇家园清洁行动试点村工作。建立下珊瑚村（集镇）环境卫生保洁机制，编制珊瑚乡垃圾治理专项规划及行动方案。聘请村级保洁员，新建垃圾池等。是年，制订《珊瑚乡关于扶持发展茶叶种植业的实施意见》，圆通山产茶1000公斤，茶叶质量上乘，产值20万元。彩坑村利用金山电站库区，大力发展库湾养殖、网箱养鱼。投资1100多万元，实施全长15公里的集镇至金山电站的河临线拓宽改造。投资110万元，实施珊瑚至中堡3.2公里的道路硬化工程。投资50万元，完成九竹至圆通山、下坑村部至临河线路段计4.5公里的硬化工程。投资100多万元，兴建中心小学综合楼、师生宿舍楼、天桥等。

2008年，继续加强基础设施建设。完成华竹村大门背、巷背岗和下坑村河头自然村等通自然村公路硬化工程；实施下珊瑚村北片机耕路2公里公路面铺设工程；实施集镇人饮扩容改造和下坑村河头、横滩自然村的人饮工程。提高新型农村合作医疗保障水平，当年参合率为93%，发放大病医疗救助19077元，各类社会救济82896元，城乡低保287295元，发放库区移民后续扶持资金 44.76 万元，发放粮食综合直补资金 51.8 万元；实施“造福工程”搬迁 5 户 21 人。全面完成 5 个行政村 1009.1 公顷生态公益林机制改革任务，维护林农的利益，调动林农管林护林的积极性。是年，珊瑚乡被县政府授予“信用乡”，5 个行政村全部被授予“信用村”称号。

2009 年，重抓新农村建设、项目建设和生态建设。全面完成集镇规划设计和 5 个行政村的村镇规划测设工作；投资 100 万元在全乡 5 个行政村实施农村饮水安全项目，受益人口 2025 人；投资 250 万元新建彩坑大桥；投资 35 万元实施华竹自然村道路硬化、下坑村至河头机耕路开通工程；投资 13 万元建一垃圾焚烧炉和垃圾填埋场配套设施。制定《珊瑚乡横滩水源保护区（城区水源点）综合整治实施方案》。拆除和关闭养猪场 11 家；着力做好垃圾源的处理和整治，结合开展“家园清洁行动”，实施“一池三改”（建造沼气池、改猪圈、改厕所、改厨房），采取以奖代补的形式，健全和完善乡村环境卫生长效管理机制和垃圾处理保洁机制。加强水源地一级保护区的整治和保护，设立水质监测点一处，收集并填埋一级保护区内的全部生活垃圾，设置保护隔离网。是年，完成“造福工程”搬迁 13 户 68 人。“家园清洁行动”示范村华竹村通过省级验收。同年，珊瑚中学停办。珊瑚乡生源安排在上杭五中和官庄中学就读。汀江河横滩上杭城区新水源项目开工建设（2011 年元旦竣工通水）。

2010 年，加强基础设施和生态环境建设。投资 428 万元的杨梅山水库除险加固工程动工兴建，至 2012 年 5 月全面竣工。投资 57 万元，实施杭庄公路至河头自然村 2.2 公里道路硬化工程。投资 36 万元，实施上珊瑚村村部至寨子陂、下珊瑚村南片坪埔岗计 1.2 公里的机耕路硬化工程。按照“突出重点，集中整治”的思路，开展省级农村家园清洁行动，推行“户集、村收、乡处理”的运行模式，建立农村生活垃圾处理长效机制和卫生保洁机制。做好“6·15”灾后重建工作，至年底，全乡 49 户分散重建户和 10 户集中重建户全部搬入新居，累计共发放重建补助资金 112.58 万元。

2011 年，组织实施投资 620 万元的中央“小型农田水利建设”项目（5 个行政村），至 2013 年全面竣工，共建设标准化渠道 114.9 公里，陂头 22 座，除险加固山塘 1 座，改善全乡农田灌溉条件。组织实施“下珊瑚村岗背集中安置小区”建设，至 2012 年，已有 20 户农户搬入小区安置落户。进一步完善彩坑集中安置点的基础设施建设。当年，11 户安置户全部搬入新居。

2012 年，围绕乡党委打造“生态珊瑚、民生珊瑚、诚信珊瑚、和谐珊瑚”的决策部署，以项目建设为抓手，加强基础设施和生态环境建设，投资 180 万元，开工建设占地 7050 平方米的乡文化体育广场一期工程；投入 120 万元，建成建筑面积 1400 平方米的中心幼儿园；投入 300 万元，开工建设占地面积 258 平方米的卫生院综合门诊大楼；投资 98 万元，启动彩坑村文化活动中心建设项目；投入 80 万元，实施华竹村土地整治（旧村复垦）项目。全年发放扶贫小额贷款 21 万元，落实“造福工程”搬迁 16 户补助 48 万元，落实计划生育贴息贷款、创业贴息贷款等 17 万元。继续深化生态乡、生态村创建活动，继续开展家园清洁活动，完善卫生保洁机制，全面实行生活垃圾“户集、村收、乡处置”运行模式，新购置垃圾运输车辆 1 辆和垃圾小推车 12 辆，户用垃圾桶 800 只，新建垃圾池 6 座。完成造林 3099 亩，加强生态公益林管护，对汀江两岸一重山实施全面封山育林，有效保护生态环境。是年，珊瑚乡被授予“福建省生态乡镇（街道）”称号；5个行政村均被授予“福建省生态村”称号。

2013年，紧紧围绕“水源之乡，美丽珊瑚”的建设目标，凝心聚力，真抓实干，致力项目建设，增强发展后劲。投资800万元，实施集镇道路一期改造和文化体育广场、停车场、排水沟、沿街绿化、亮化、集镇公厕、市场设施完善等8个规划建设项目，集镇面貌焕然一新。协调配合上级交通部门做好河临线（珊瑚段）二级路地形测绘、方案设计等前期工作。组织实施土地整治（旧村复垦）80亩。投资428万元，实施国家水土保持重点项目珊瑚溪小流域水土流失综合治理工程，治理水土流失面积857公顷，其中“坡改梯”23.8公顷，封禁493.2公顷，水土保持林283公顷，种草57公顷。投入276万元，实施覆盖全乡农村饮水安全工程，建成10个供水工程即三潭、彩坑、张屋、暗寮岗、上园、大坪岗、集镇、半天山、九竹、九华大门背供水厂（站），受益人口5676人。投入80万元，组织实施杨梅山水库至圆通山景区2.1公里道路拓宽硬化工程。争取78万元，实施烟基道路硬化3.6公里。投入135万元，实施下珊瑚村高标准基本农田建设项目，项目规模560亩，新增耕地21亩。调优调强种植业结构，推广“五新”技术，种植优质稻1.06万亩，烤烟860亩，小米椒、槟榔芋等经济作物300亩。实现耕地流转1020亩，林地1300亩。是年，珊瑚桥万家庭农场登记注册。同年，完成造福工程危房改造75户257人，补助资金183.05万元。做好“农村五保幸福园”建设，出台孤儿救助办法。

2014年，按“提质一产、扩量二产、扶持三产”的思路，进一步优化产业结构。实现农业总产值1.42亿元，增长18.2%。注册家庭农场6家，注册农业专业合作社1家，引导发展生态养牛2家，生态养鸡5家，生态养羊3家。新注册卫生保洁公司1家。生态环境持续优化。推进养殖业污染治理，完成全乡53家规模生猪养殖场的关闭拆除任务，拆违面积达1.53万平方米。投资98万元，建成集镇（南片）生活污水处理场。争取中央预算资金226万元，在全乡5个村实施环境连片综合整治。“美丽乡村（集镇）”建设稳步推进。编制珊瑚乡总体规划（2012—2030年）。总投入500多万元，实施集镇道路二期建设、下珊瑚村部公园、庙坝公园建设，清理北溪河道3000米，清理南溪河道3000米。以及通自然村道路硬化绿化亮化等。民生民计不断改善。全年发放养老金110万元，低保金87.48万元，医疗补助62.3万元，“三农”综合保险理赔11万元，发放种粮补贴、农资综合补贴、农机购置补贴、库区移民后续扶持直补资金、扶贫小额贷款、计生贴息贷款等资金146.2万元。创新贫困户帮扶机制，落实精准扶贫“九到户”（生存救助、就业辅导、生产扶持、住房建助、医疗援助、就学资助、科技帮助、社会捐助、结对帮助），争取省财政厅、市国税局、市司法局、市经贸局对口挂钩帮扶。全年完成危房改造49户276人，补助资金137.5万元。是年，“梦宏居”被中央苏区（闽西）历史博物馆授牌“红色文化研究基地”；珊瑚荣获“国家级生态乡镇”命名。

2015年，围绕“生态水源地、美丽宜居乡”的目标，创新举措，扎实工作。全乡培育家庭农场13家，新型职业农民3名，农民专业合作社2家。投资50万元拓宽硬化圆通山景区道路1.5公里，实现通圆通山公路全线硬化。投资60万元完成集镇广场二期及农民公园建设。投资500万元的上珊瑚村高标准农田建设项目动工兴建。投资170万元的派出所办公楼主体工程竣工。全面完成上珊瑚村、彩坑村新一轮农村电网改造。围绕保护横滩“生态水源地”，分别成立上珊瑚村、下珊瑚村环境保护协会，举办“我身边的环保事”有奖征文，开展“清新水源、美丽珊瑚”文学笔会采风活动，出版《清新珊瑚》。投资300万元建设垃圾中转站和污水处理场。围绕建设“美丽宜居珊瑚”，完善集镇区域规划。投资150万元，实施上珊瑚村北溪生态防洪堤建设。投入55万元，完成上珊瑚村村中大道改造。全年共发放养老金157.8万元，低保金104万元。累计发放各种惠农补贴、库区移民后续扶持资金、扶贫和计生贴息等资金148.3万元。全年完成危房改造、灾后重建和安居工程58户201人，补助资金121万元。全乡164户贫困户干部挂钩帮扶全覆盖。是年，成功承办“全民健身与青运会同行暨上杭县西北片区农民文化体育节”。珊瑚乡及彩坑村分别被评为上杭县第十二届文明乡和文明村。

附：上杭县委工作团接管国民政府乡公所

民国38年(1949年)5月22日，国民党闽西地区军政负责人在上杭通电起义，上杭宣告和平解放。同时，组建中国人民解放军闽西义勇军临时行动委员会，23日成立上杭分会，行使县人民政府职权。但平安区（今官庄、珊瑚）的政权仍为国民党建立的回龙、官庄、珊瑚乡公所，而且，平安区除东部才溪是解放区外，北部长汀羊牯、西北部武平小澜、桃溪，西南部的中堡、悦洋一带仍为国民党反动残余势力土匪武装控制。7月4日，国民党军第十二兵团(即胡琏兵团)七十五师王靖之部由长汀窜扰上杭，成立所谓“上杭县政府”。闽西义勇军临时行动委员会上杭分会被迫转移。8月27日胡琏兵团撤逃，上杭全境解放。

6月，中共上杭县委组建由温雪辉任主任、吴光华任副主任的工作团进驻平安区。工作团既是政工队，又是武工队。一方面宣传群众，另一方面组织发动群众、剿匪反霸。工作团分兵两路，一路取道才溪、曾泗直插千家村（珊瑚)，另一路是经通贤往回龙，然后在官庄会合。工作团通过各种渠道同国民党乡公所主要人员接触，向他们宣传人民解放军大举南下、上杭县城解放的消息，宣传将功赎罪、立大功受奖的政策，鼓励乡公所人员转向人民一边，交出乡公所的枪支弹药等。经过一段时间较为细致的工作，大约至八九月间，工作团顺利接管回龙、官庄、珊瑚三个乡公所，先后收缴长短枪50多支，子弹1000多发。

第十一章　公安·司法行政

1987年7月前，珊瑚大部分时间隶属官庄，公安、司法行政工作由官庄相关机构负责。

1987年珊瑚恢复乡建制后，先后成立珊瑚司法所（办）、珊瑚派出所。司法机关履行各自的职责，协调配合，发扬社会主义民主，健全社会主义法制，实行社会治安综合治理，打击刑事犯罪和经济犯罪，为维护政治安定、社会稳定，促进经济和社会发展提供有力的司法保障。

2007年12月，珊瑚司法所被上杭县司法局授予2007年度“法治宣传教育先进单位”。2011年1月，珊瑚派出所被上杭县公安局评为2010年度“公安保卫工作先进单位”。

本志重点记述珊瑚复设乡后的公安、司法行政工作。

第一节　公　安

一、机　构

1961年，珊瑚人民公社配备1名公安特派员。1987年7月珊瑚复设乡后至1988年2月，由1名民警负责珊瑚公安工作。1988年2月至1990年5月，由1名公安特派员负责珊瑚公安工作。1990年5月，成立珊瑚派出所。

2015年，派出所有民警3人，协警2人。

珊瑚派出所

二、惩治反革命

镇反、剿匪　新中国成立初，匪患严重，影响社会治安。1949年冬，官庄工作团主任及保卫战士，从官庄坐船赴上杭城开会，经珊瑚栗子湖渡口时，遭遇武平中堡两股土匪共60多人的伏击。工作团主任及保卫战士打死打伤土匪5人，在船工的帮助下冲出伏击圈，化险为夷。数天后，工作团主任开完会从上杭坐船回官庄，经珊瑚黄竹潭时，遭遇50多名土匪劫船伏击，工作团主任与同船从上杭往长汀的友军、驻三潭公安班战士一起，打死土匪5人，打伤8人，击退土匪后返回官庄。

1950年12月至1951年10月，第十区（平安区，珊瑚隶平安区）根据《惩治反革命条例》和“镇压与宽大相结合”“坦白从宽，抗拒从严”“首恶必办、胁从不问、立功赎罪、立大功受奖”的政策，全面开展镇压反革命活动，打击作恶多端、民愤极大、坚持反动立场的土匪、恶霸和反动党团骨干等。其间，珊瑚籍原国民政府庐丰乡乡长、恶霸陈相彝，恶霸张仰国等被处决。

打击现行反革命　1961年，上珊瑚村陈某、胡某，下珊瑚村陈某等十几人与蒋介石叫嚣“反攻大陆”遥相呼应，秘密组织反革命组织“反共救国军”，进行造谣煽动等反革命活动，被公安机关破获后，反革命集团成员全部被依法判处管制。

三、打击刑事犯罪

1962年2月，珊瑚公社成立对敌斗争委员会，加强打击刑事犯罪工作。

1983—1986年，遵照中共中央《关于严厉打击严重刑事犯罪活动的决定》，在境内开展严厉打击严重刑事犯罪斗争，实行“从重从快”“一网打尽”的方针，逮捕和收审一批刑事犯罪分子。

1987年3月31日，上珊瑚村胡某到武平县中堡镇远富村山场盗砍树木被发现后，用手斧砍断护林员石某大腿动脉致其死亡。此后，胡某在逃。1999年9月6日，在江西省瑞金市日东乡被公安机关抓获归案。

1990年，破获1起中心小学彩色电视失窃案，将犯罪嫌疑人缉拿归案。

1994年，破获一起团伙抢劫案，将犯罪嫌疑人胡某某、张某某、张某某缉拿归案。

1995年，侦破一起抢劫案，将犯罪嫌疑人李某某、胡某某缉拿归案。

1996年4月始，全乡开展严厉打击严重刑事犯罪活动。

2005年3月，侦破一起利用职务之便，贪污、盗窃银行现金80多万元的案件，公安机关乘胜追击，将犯罪嫌疑人饶某从长乐国际机场缉拿归案，当场缴获被盗现金40多万元。同时破获一起非法经营（未经国家批准，做庄销售“六合彩”）案中案，并将犯罪嫌疑人缉拿归案。

2009年，立刑事案件9起，破6起，移送起诉2人，打击处理3人。

2010年，破获刑事案件2起，移送起诉1人。

2011年，破获刑事案件3起，移送起诉3人。其中，破获一起故意杀人案，将犯罪嫌疑人詹某、蓝某缉拿归案。

2012年，破获刑事案件3起。

2013年，立刑事案件7起，破获2起。

2014年，立刑事案件3起，破获1起，移送起诉1人。

2015年，破获刑事案件14起，移送起诉3人。其中，开展食品药品打假“利剑行动”，破案8起。

四、户政管理

（一）户口登记管理

1950年，平安区（境内隶平安区）政府加强户政管理工作，核实人口逐户造册登记。1951年，在农村进行人口统计。1952年，进行户口登记。

1956年1月，国务院规定，农村户口由政府文书代管。3月，农村户口以农业社为单位造册一式二份，自存一份，报乡政府一份，户口变动，报乡政府核准。

1958年1月《户口登记条例》颁布后，在农村除暂住外，实行申报制度，以生产队为单位按户造册一式两份，大队、公社各存一份。户口变动由大队办理，上报公社核准。户口管理走向正规化、制度化。

1980年，农业户口由公社管理。1985年，农村以户为单位发给户口簿。

1986年后，为适应改革开放需要，户口管理实行以治安管理为中心、户口管理为基础的方法。

1988年，户籍管理由原乡政府办公室管理转为公安特派员管理（珊瑚尚未成立派出所），设立户籍室，由乡政府派一名工作人员负责，经费由财政负担。

1993年，派出所根据"一户一籍、一村一册、一村一员、一户一牌"的农村户口城市化管理的要求，对全乡户口登记项目全面进行清理整顿，确保登记内容准确无误，确保户口底册与户口簿、村级户口册和实际人数相一致。

1998年6月，派出所户籍人口信息实行计算机管理。

2002年5月1日起，实行户籍制度改革，取消农业人口与非农业人口的户口性质划分，统一登记为居民户口。

2005年始，进一步放宽户口准入条件，简化审批程序，实行县内迁移由迁入地派出所"一所式"直接办理，取消准迁证和迁移证。

2009年，稳妥推进户籍制度改革，进一步简化手续，降低门槛，推行"假日服务窗口"。2010年，开展第六次人口普查前户口整顿工作；创新户籍管理，再次简化手续，降低门槛，推行宾客式服务，推进网上户口迁移，促进人口合理有序流动。

2011—2015年，进一步加强户籍和人口管理，派出所每个干警负责1000人以上人口管理，做到底数清、情况明，熟悉率达90%以上。

（二）年终人口统计

1990年珊瑚派出所成立后，年终人口统计由派出所负责。初为人工统计，后实现人口信息计算机管理。

（三）颁发居民身份证

1988年上半年，开始颁发居民身份证，次年全面铺开。2005年底，开始颁发第二代居民身份证。

五、治安管理

(一)禁毒·禁赌

民国18年(1929年),西四区(境内隶西四区)苏维埃政府明确规定"禁烟"(禁鸦片、海洛因等)。新中国成立后,珊瑚境内未发生制毒、贩毒事件,未发现吸毒人员。

新中国成立前,珊瑚赌博盛行,不少赌徒倾家荡产,造成社会动荡不安。新中国成立后,人民政府多次发出布告严禁赌博。此后至80年代中期,珊瑚境内没有出现公开赌博现象。80年代后期,随着交通、经济的迅速发展,赌博之风死灰复燃。有的在公共场所赌博,有的甚至串通外地庄家利用境内荒山野岭聚众赌博。2009年,由于个别赌徒参与龙岩、长汀等地的赌博,在珊瑚境内非法高利息筹集赌资,造成巨额资金无法追回,损失惨重。2000年,利用香港"六合彩"开奖码进行赌博的非法活动传入珊瑚,并迅速蔓延,参赌人数众多,影响面大。对此,乡党委、乡政府高度重视,强化组织领导,落实工作责任制,公安机关紧紧围绕"打头断线、摧毁网络、端窝查点、彻底根除"的工作目标,按照重点整治、依法推进的原则,依法打击"六合彩"骗赌活动。1989—2015年,境内共端掉赌窝8个,抓获赌徒106人,分别给予刑事、行政等各种处罚。其中,1997年3月,摧毁一赌博窝点,胡某等4名赌徒被当场抓获,归案后,对胡某进行收容劳动教养1年处罚,其余3人处以罚款。2015年,破获开设赌场案1起。

(二)公共秩序管理

1988—1994年,根据"全党动员、部门配合、齐抓共管、群防群治"的方针,围绕"打击、防范、管理、建设、教育、改造"等主要内容,全面推行"谁主管谁负责"原则,动员和组织社会各方面的力量,把社会治安综合治理工作(简称综治工作)各项措施落实到基层,从而预防减少犯罪,保持全乡政治安定和社会稳定。公安机关对公共场所、特种行业进行清理整顿;查禁黄色书刊、黄色录像,加强文化市场管理;开展打击卖淫嫖娼、拐卖妇女儿童、聚众赌博等"六害"活动,扫除社会丑恶现象,净化社会环境。签订"四长"(乡长、村委会主任、村民小组长、户长)治安责任状,将"谁主管谁负责""看好自家门、管好自家人、办好自家事"为内容的治安责任层层分解,落实到户。1994年,乡政府成立社会治安综合治理领导小组,配齐专抓综治工作的党委副书记和综治办干部。

2003年,全乡5个行政村建立治安中心户长制度,推荐51名治安中心户长。治安中心户长起"五员"(调解员、巡逻员、宣传员、信息员、帮教员)的作用。全年发生治安案件1起,查处1起,治安拘留1人。2004年,到珊瑚中学、珊瑚中心小学上法制课、法制讲座,受法制教育100人次。2011年,共设置综治固定标语5幅,宣传栏12期,发放依法治乡宣传材料1500份。

2006—2015年,全乡共发生治安案件108起,查处108起,治安处罚50人,其中罚款27人,拘留14人。

（三）枪支和民用爆炸物品管理

1. 缉　枪

2009 年 8—9 月，开展缉枪专项行动，在上珊瑚村取缔一个非法制造鸟铳窝点，收缴鸟铳2 支，涉案人员胡某被判处有期徒刑 4 年。2009—2015 年，共收缴非法枪支 5 支。

2. 民用爆炸物品管理

1997 年，查获非法加工烟花爆竹案 1 起。

2015 年，派出所加大对安全生产等法律法规及各种安全常识的宣传教育力度。利用圩天上街宣传，发放宣传资料 600 多份，出版宣传栏 3 期。派出所联合安监站等部门对辖区内的 2 家液化气供应点、6 家烟花爆竹经营点和其他危化品经营场所进行安全检查，督促建立各项管理措施和管理台账，发放整改通知 16 份。

六、监督改造

1952 年，对历史上有罪恶但无现行破坏活动的反革命分子，采取思想教育与监督劳动相结合的方法进行管制，生活给予出路。

1953 年，贯彻省公安厅《关于整顿管制工作指示》，对已审定的反革命分子以及土改中评定的地主、富农分子和坏分子（统称“四类分子”）实行管制。

1956 年，遵照《农业发展纲要》的有关规定，根据“四类分子”表现好坏，经群众评议、政府批准，表现好的吸收为农业社正式社员，表现一般的为候补社员，表现差的继续管制。

1963 年，结合社会主义教育运动，对“四类分子”进行评审，有自觉改造、悔改表现的，经评议和批准，可以摘掉管制分子帽子，恢复其公民权。

1979 年，贯彻中共中央《关于地主、富农分子摘帽问题和地、富子女成分问题的决定》，对“四类分子”逐个进行评审，经群众评议、县革委会批准，大多数给予摘帽，定为公社社员。地主、富农家庭出身的子女一律定为公社社员。

1983 年，根据有关规定，给“四类分子”全部摘帽，1985 年后改为村民。

七、失足青年帮教

2010 年以前，“失足青年”帮教工作由派出所管理。2007—2010 年，珊瑚派出所分别组织帮教力量帮教失足青年 15 人，帮教对象中全部停止犯罪活动半年以上。

八、治保会建设

1951 年始，第十区（官庄，境域隶官庄）逐步建立起治安保卫委员会（简称治保会）。1956 年后，以农业生产合作社为单位设立治保会。1958 年公社化后，以生产大队为单位建立治保会。“文化大革命”期间，治保会受到冲击。1978 年，治保会逐步恢复。1980 年，根据公安部通知，对治保会进行整顿。1987 年珊瑚恢复乡建置后，结合村委会换届选举，充实治保会，全乡 5 个行政村，每个村都建立治保会，治保人员报酬亦逐步得到解决。2000 年后，治保会协助党政帮教失足青少年，维护社会治安。2011 年，治保主任、综治协管员和调解主任实行“三结合”。

1990—2015 年珊瑚派出所主要负责人名录

表 11-1

姓　名	职　务	任职时间	姓　名	职　务	任职时间
蓝隆林	所　长	1990.05—2003.02	蓝德仁	所　长	2006.12—2007.12
陈华清	所　长	2003.03—2005.04	张利荣	所　长	2007.12—2015.03
张敬乔	所　长	2005.05—2006.12	曾昭能	所　长	2015.03—
陈华清	指导员	2005.05—2006.01			

说明：珊瑚复设乡后至派出所成立前，1987 年 10 月至 1988 年 2 月，林香正负责珊瑚公安工作；1988 年 2 月至 1990 年 5 月，蓝隆林任公安特派员

第二节　司法行政

一、机　构

民国 18 年(1929 年) 10 月，上杭县苏维埃政府根据《苏维埃政府组织法》，在西四区(今官庄乡，境域隶官庄）苏维埃政府内设裁肃委员会，负责公安司法工作。民国 20 年(1931 年)，区内设政治保卫科；乡政府内设调解委员会，乡调解委员会成员，由各村调解委员民主选举 5~7 人组成。民国末期，珊瑚（隶平安乡）胡锦峰为平安乡乡民调解委员会成员之一。

1982 年，成立官庄公社司法办公室（境域隶官庄公社)。

1987 年，珊瑚恢复乡建制后，成立珊瑚乡司法办公室，配备专职司法助理员，人员经费由乡财解决，业务受县司法局指导和监督。司法办的主要工作为普及法律常识，管理、指导基层调解委员会工作，调解疑难的民间纠纷和简易的生产经营性经济纠纷；开展公正联络，开展部分律师业务和扶助工作，应聘担任乡镇企业及村（居）委会的常年法律顾问，参与社会治安综合治理，促进两个文明建设。

1997 年 9 月 28 日，根据司法部和省、市司法部门关于组建乡镇司法所的精神，成立珊瑚乡司法所，配备工作人员。

2002 年，根据司法部《关于进一步加强基层司法所建设的意见》和福建省编委办公室《关于重新核定全省乡（镇)、街道司法助理员专项编制的通知》精神，明确司法所为县司法局的派出机构。

2003 年，乡司法所人员、工资、经费上归县司法局管理。2004 年，乡司法所建立首席人民调解员制度，聘请 6 名首席调解员。

2012 年 2 月，珊瑚司法所被上杭县司法局授予“2011 年度全县司法所绩效评估工作一

等奖”。

二、人民调解

1954年3月22日，中央人民政府政务院颁布《人民调解委员会暂行组织通则》，建立统一的人民调解制度。乡、村均设立调解委员会。1956年撤区并乡后，农业合作社设立调解小组。1958年后，人民公社和生产大队设调解委员会。1960年，人民调解组织通过发动群众制定和实施爱国公约，及时和妥善处理了不少民间纠纷。“文化大革命”期间，人民调解组织被污蔑为“阶级调和的修正主义工具”，受到错误批判。1978年，贯彻“依靠群众、调查研究、调解为主、就地解决”的民事方针，各大队整顿或重新成立新的调解委员会组织（一般由5~7人组成），每个生产队至少应设一名调解委员。乡村人民调解组织加强纠纷的预防和疏导工作，努力化解矛盾，维护社会治安稳定。1978年10月13日，成功调解上珊瑚村胡某某与下珊瑚村陈某某离婚案。1979年5月20日，成功调解下坑村张某与高某林地纠纷案。

1984年，全国司法行政工作会议提出“调防结合，以防为主”的人民调解工作方针，把预防民间纠纷激化作为人民调解工作的重点。基层调解组织认真贯彻这一方针，努力实现“两提高”（提高纠纷调解率、提高调解成功率）、“三下降”（民间纠纷下降、因民间纠纷引起刑事案件和自杀案件双下降）和“四落实”（组织落实、思想落实、工作落实、报酬落实）。1984年5月18日，成功调解上杭县公交公司汽车拉倒华竹大队电线杆一案。1985年2月11日，成功调解上珊瑚村李某与陈某离婚案。1987年8月23日，成功调解下珊瑚村蓝某与陈某房屋纠纷案。

1989年，国务院颁布了《人民调解委员会组织条例》，专门对人民调解工作进行规范。2003年4月，成立珊瑚乡人民调解委员会（简称调解委），由分管政法的乡党委副书记任主任，司法所所长任副主任，成员有派出所、综治办、妇联等单位的负责人。同年，全乡5个行政村均成立村级人民调解委员会。在乡党委、政府的统一领导下，理顺关系，规范工作机制，进一步加大人民调解工作的指导力度，积极开展民间纠纷调解，努力把各类矛盾纠纷消除在基层，消灭在萌芽状态。2003年，全乡共调解处理各类民间纠纷47件，村调解委调处31件，乡调解委调处7件，司法所调处9件。2011年1月1日《中华人民共和国人民调解法》实施后，人民调解工作进一步实现有法可依，步入法制化、规范化的发展轨道。为规范人民调解活动，及时解决民间纠纷，维护社会和谐稳定，坚持“以法喻人”“以理服人”“以情动人”，践行以人为本、服务民生理念，实现人民调解工作结果合法、合理、合情，获得当事人和社会的认同，把矛盾纠纷化解在萌芽状态，力争做到“小事不出村，大事不出乡”。

2001—2015年，全乡共发生各类矛盾纠纷387件，调解成功355件。

附：调解成功典型案例选

1. 调解水事纠纷案

2004年5月，上珊瑚村南片水厂股东内部产生矛盾纠纷，造成上珊瑚、下珊瑚两个行政村及集镇400多户2000多人的供水不正常，时断时续，影响村民及乡直单位正常工作生活。

乡人大主席团十分重视这一事件，立即派出代表深入调查，了解到造成纠纷的原因是股东内部出资不均、水费收缴不够透明等。乡人大主席团形成《关于及时调解处理上珊瑚南片水厂股东内部矛盾的意见》。乡党委、乡政府根据主席团建议，组织由乡调解委员会牵头，司法所、派出所、包村工作队和村“两委”组成的乡村联合调解组，帮助南片水厂清算从投资建厂至水厂建成投产后收缴水费账目，一件件一笔笔重新核算认定。调解组根据股东经营的实际情况和矛盾双方的焦点问题，对水厂资产进行重新评估，提出此后水厂产权和经营权归一方所有的调处方案。双方几经磋商，同意产权及经营权归属用抓阄的方法确定。之后，未获得产权和经营权的一方得到应有的补偿。此次调处，既依规依法，又合情合理，双方均心悦诚服。

2. 调解坟墓纠纷案

2013 年 4 月清明节，华竹村蓝姓宗族一行七八十人到上祖蓝某公墓地祭祖，发现墓地侧旁新建一座坟墓。蓝某裔孙群情激奋，认为破坏了该家族风水，无视和欺辱蓝某子孙。于是，他们七手八脚将新下葬的蓝某某的墓碑推翻砸碎，并扬言要将尸骨抛弃河里。对方闻讯后，一面迅速将情况向乡、村报告，一面组织家族成员想进行报复。乡司法所、派出所接到报案后，迅速组织一个由包村领导、包村工作队、司法所、派出所和村“两委”人员组成的调解队伍，赶赴该村介入调处纠纷。调解组了解情况后，根据此次矛盾纠纷的特殊性，防止当面调解时事态进一步扩大，决定采用背靠背的调解方式，根据蓝某的裔孙人多势众、蓝某某裔孙相对弱势的情况，调解组重点分头去做蓝某裔孙的思想工作，另派出一小部分人去做对方的思想工作。由于对双方思想工作做得深入细致，情理法理兼施，蓝某某的裔孙意识到自己在人家坟墓侧旁建新坟的做法错误，表示歉意。同时，蓝某的裔孙中许多人也萌发同情心，认为蓝某某的裔孙较少、经济力量薄弱。调解人员因势利导，提出化解矛盾的良策：由蓝某裔孙中声望较高的长者牵头捐款，将所捐款项用于支持对方迁移坟墓。蓝某裔孙将捐款 4000 多元交给对方。对方欣然接受，将坟墓迁到别处。至此，一场将升级的矛盾纠纷得以平息。

3. 调解因房屋装修触电身亡案

2013 年 10 月，下珊瑚村陈某聘请陈师傅和周某（女）为其装修房屋。在施工中，周某因疏忽踩上破损电线触电，事故发生后，房东陈某协助陈师傅及时将周某送往医院，经抢救无效死亡。房东陈某支付全部医疗费及丧葬费合计 15000 多元。后因赔付问题，双方未达成一致意见。司法所工作人员多次进行调解，明确双方的事故责任，并动之以情，晓之以理，同时说服房东三番五次到死者家里向其亲人赔礼道歉，送上礼物，安抚亲人。司法所人员也多次到死者家属家里说明情况，安慰家属，达成谅解。最后双方达成协议：由房东陈某一次性赔付周某家属 135000 元，双方均认为合理。周某家属当场表态，此后不再以任何理由向房东陈某索要钱物，两家和好如初。一场可能激化的纠纷成功化解。

三、法制宣传教育

1949年10月，新中国成立后，第十区（官庄，境域隶属第十区），运用各种会议、宣传栏、广播等形式，广泛开展《中华人民共和国土地改革法》《中华人民共和国惩治反革命条例》《中华人民共和国婚姻法》《中华人民共和国宪法》等法律法规的宣传教育活动，增强干部群众的法制观念。“文化大革命”期间，法制遭破坏，法制宣传被迫中断。

中共十一届三中全会后，法制宣传教育重新摆上重要议事日程。1981年起，运用各种宣传手段，大力宣传社会主义法制。

1986年起，贯彻中共中央、国务院批转中央宣传部、司法部《关于在全体公民中基本普及法律常识的五年规划》精神，按照省、地、县的统一部署，实施“一五”普法。全面开展普及“十法一例”（宪法、刑法、经济合同法、继承法、刑事诉讼法、民法通则、民事诉讼法、婚姻法、森林法、土地管理法、兵役法和治安管理处罚条例）教育工作。1987年珊瑚恢复乡建制后，成立普及法律常识领导小组，采取举办培训班、法律讲座、出宣传栏、黑板报、文艺宣传等形式，向有接受教育能力的公民普及法律法规常识，使公民掌握基本法律法规常识，增强法制观念。

1991年始，实施“二五”普法。乡成立普法宣传领导小组，在司法办设立办公室，具体负责宣传贯彻并实施“二五”普法规划。重点对象是干部、青少年、农民。内容是以土地管理法、义务教育法、未成年人保护法、农业法、妇女权益保护法、水法、森林法等法律法规为重点。采取面授、在职学习、干部包片等形式学习、宣传法律知识。

1996年始，实施“三五”普法。以青少年为重点对象，主要进行宪法、刑法、预防未成年人犯罪法等法律的宣传教育。发挥学校教育的主渠道作用，完善学校为主，社会、家庭相配合的“三位一体”法制教育体系。组织中学生参加上杭县举办的“新千年中学生消防知识竞赛”。

2001年始，实施“四五”普法。深入行政村宣讲土地管理法、村民委员会组织法、福建省计划生育条例、福建省村集体财务管理条例等法律法规。严格按照《关于进一步加强学校法制教育工作的意见》，抓好青少年法制教育的落实。组织学生观看“反对邪教，崇尚文明”图片展。健全法律援助和“148”热线等法律服务。2002年，开展综治活动宣传，举办法制宣讲课，进行普法测验。此后，每年组织全乡公职人员进行学法统一考试，并将成绩列入干部考核内容。

2006年始，实施“五五”普法。深入行政村宣讲宪法、刑法、选举法、村民委员会组织法、计划生育条例等法律法规，举办骨干培训班，利用村民法制学校这一农村法制宣传和普法载体，以“三贴近”（贴近生产、贴近生活、贴近实际）的方式，扎实开展法制宣传教育。组织派出所、司法所、关工委深入中小学开展法制讲座，组织学生学习宪法、国徽法、义务教育法、未成年人保护法、预防未成年人犯罪法等法律法规，使广大中小学生受到教育。组织全乡干部、村支部书记、村委会主任（简称村主干），农村“六大员”（即社会治安综合治理协管员、计划生育管理员、国土资源规划建设环保协管员、公共卫生员、文化协管员和农民技术员）学习龙岩市普法办主编的《干部学法读本》。全乡 100 多名干部全部参加并顺利通过年度学法考试。2007 年 12 月，珊瑚司法所被上杭县司法局评为“二 00 七年度法治宣传教育先进单位”。

2011 年始，实施“六五”普法。重点宣传普及宪法、刑法、物权法、未成年人保护法等 18 部法律法规。接受普法教育的干部群众 6000 多人次，司法所通过集中授课、知识问答、现场咨询、发放资料等形式，开展各种法律咨询、法制宣传活动 46 次。培训村“两委”干部 200 多人次，参加法律知识统考 613 人次。

2012 年，结合换届选举，调整充实乡普法宣传和依法治理领导小组。组织乡直（办）单位干部职工、小学教师、村干部、农村“六大员”进行学法考试。采取多种形式开展法制宣传教育，出黑板报、发放宣传品、张贴宣传标语等。

2013 年，结合重点项目建设，宣传水法、水土保持法，增强广大人民群众的水土保持等法律意识。

2014—2015 年，围绕乡党委、乡政府“生态水源地、美丽宜居乡”的建设目标，大力宣传环境保护法、土地管理法、森林法等，提高群众的生态环保意识。

四、法律服务

2002 年始，充分利用“148”法律服务热线优势，接受群众法律求救电话，接访群众，与妇联、残联等部门密切配合，派出人员为受援人员提供法律援助，认真负责办理各类法律援助案件，不断提高服务水平。

2003—2015 年，乡司法所为群众办理法律援助案件 17 件（其中残疾人援助案件 6 件），解答法律咨询300 多人次，代写法律文书 8 件。

五、刑释解教人员安置帮教

珊瑚司法所把开展刑释解教人员（刑满释放、解除劳动教养人员）的安置帮教工作作为改善治安状况、维护社会稳定的重要举措，与公安等有关部门密切配合，把帮教工作与脱贫奔小康工作相结合，与精神文明建设相结合，与创建安全文明片区工作相结合，与社会治安综合治理相结合，通过帮教安置，保证刑满释放人员的重新犯罪率控制在 5%以内，保证释解人员家庭人均生活水平达到当年全乡人均生活水平。

2006 年 12 月，珊瑚司法所被上杭县社会治安综合治理委员会评为“2001—2005 年刑释解教人员安置帮教工作先进单位”。

2010—2015 年，安置帮教对象均得到妥善处理。

六、社区矫正

2011 年 11 月，社区矫正(指符合法定条件的犯罪置于社区内，由专门的国家机关在有关部门、社会组织和志愿者的协助下，在刑事判决、裁定或决定确定的期限内，矫正其犯罪心理和行为恶习的非监禁刑罚执行方式）工作从派出所移交到司法所。当时，珊瑚司法所接收社区矫正人员 8 名；至 2015 年 12 月底，共接收社区矫正对象 40 人。

珊瑚司法所严格执行最高人民法院、最高人民检察院、公安部、司法部联合制定的《社区矫正实施办法》，建立社区矫正小组，落实责任，规范工作流程，对矫正人员“日定位、周听声、月报告、季评查、年考评”，有效防止脱管、漏管现象；认真落实社区矫正、安置帮教的帮扶措施，确保不出现重新犯罪。

1987—2015年珊瑚司法所（办）负责人名录

表11–2

姓　名	职　务	任职时间	姓　名	职　务	任职时间
张民华	司法助理员	1987.10—1989.12	蓝福辉	所　长	1997.08—2000.12
蓝耀仟	司法助理员	1989.12—1993.05	钟树铭	所　长	2000.12—2007.03
蓝福辉	司法助理员	1993.08—1997.07	邱甫华	所　长	2007.03—2016.01

第十二章 民 政

明清时期，赈灾救济，鳏寡孤独收养等“惠政”“恤政”，由地方长官掌管，亦由地方热心公益事业的绅士倡办慈善机构进行管理。晚清始设专管户口、惠政、储积、救灾事务官员。

民国时期，国民政府颁过一些优抚、赈济条文，但执行不力，经费由地方自筹，兼之贪官污吏中饱私囊，因而成效甚微，形同虚设。苏维埃时期（1929—1934 年），区乡苏维埃政府设有革命互济会，优待红军委员会，管理支前优抚、救灾救济、婚姻登记、军事支差、禁烟禁赌等工作。当时因战事紧张，民政与军事融为一体。

新中国成立后，人民政府重视和加强民政工作，区设民政助理员，乡（村）设民政委员。1971 年，官庄公社（境内隶官庄公社）设民政干事。1980 年，公社成立民政办公室。1987 年 7 月恢复珊瑚乡建制后，成立乡民政办公室。民政业务主要有救灾救济、优抚安置、社会福利、农村养老保险、基层群众自治组织建设、行政区划，地名、社团、婚姻登记和殡葬管理，收容遣送等工作。

进入 21 世纪，珊瑚民政工作坚持“以人为本、为民解困、为民服务”的宗旨，优抚安置体系、社会福利体系、社会救助体系、社会保障体系不断完善，民生幸福指数提升。

本章第七节记述扶贫和小康建设。

第一节 救灾 · 救济

一、救 灾

明清时期，官府设平仓、义仓，民间设社仓等。以官粮或官民捐谷储存，遇灾害饥荒之年实行赈济。地方上热心慈善人士还自行设摊施粥。民国时期，赈济多为钱物。

新中国成立后，人民政府重视灾害救济，对灾害实行防治结合，努力做到“不荒芜一亩地，不饿死一个人”；按“生产自救、节约度荒、群众互助、以工代赈、辅以必要救济”的方针，开展救灾工作。

1963 年春夏，珊瑚发生严重旱灾。珊瑚公社成立抗旱领导小组，公社干部进驻大队、生产队率领群众抗击灾害，寻找水源，开山凿井，夜以继日轮值戽水，把灾害损失减少至最低程度。

1998 年 8 月 3 日，珊瑚遭遇特大洪涝灾害，全乡倒塌房屋 30 多间，农作物受灾面积

2000多亩，桥梁冲毁10几座，直接经济损失2000多万元。乡党委、乡政府领导全乡人民抗击洪涝灾害，乡主要领导亲临抗洪救灾第一线，指挥干部群众抗击自然灾害。灾后，帮助恢复生产，重建家园。

2000年8月25日，珊瑚乡遭受特大暴雨袭击。彩坑、上珊瑚、华竹受灾特别严重。乡主要领导带领包村干部，第一时间赶到现场，组织转移群众，抗击洪涝灾害。此次灾害，造成全乡倒塌房屋170多间，通信、交通设施遭到严重破坏，直接经济损失5000多万元。灾后，乡主要领导亲自挂钩重灾区上珊瑚、彩坑、华竹村，深入灾后重点帮扶重灾户，结合造福工程，重建家园、恢复生产。珊瑚乡党委、乡政府被龙岩市委、市政府授予“抗击2000年‘8·25’洪灾先进单位”。

2006年5月下旬，由于珊瑚连降暴雨，洪水泛滥，全乡受灾3300人，倒塌房屋80多间。6月1日晚，珊瑚中心小学学生宿舍楼倒塌，3名学生被压身亡。县长赖继秋闻讯后立即赶赴现场紧急处置这一突发事件。把受伤、受惊学生全部送往县医院抢救，由县领导带队连夜分别深入遇难学生家中慰问，并发放5000元慰问金。省政府常务副省长刘德章、市委书记刘赐贵、市长雷春美（女），县委书记张斯良、县长赖继秋等，先后到珊瑚察看灾情，到珊瑚中心小学现场办公，筹措资金120多万元，拨付中心小学新建一座教学大楼和学生宿舍楼，进一步改善办学条件。遇难学生家属得到补偿。

2010年6月15日，暴雨袭击珊瑚，全乡受灾187户1100多人。倒塌房屋120多间。农作物受灾面积1200多亩。交通、通讯、水利等基础设施损害严重，直接经济损失3500多万元。其间，乡党委、乡政府组织包村干部进村入户，转移群众和财产，把灾害损失降至最低程度。灾后，乡党委、乡政府一方面发动群众尽快恢复生产，重建家园；另一方面，积极争取上级资金、物资支持，帮助群众战胜困难。在彩坑村和下珊瑚岗背两地规划建好灾民集中安置区，除建设集中安置区的路、电、水、通信设施外，还每户给予外墙装修的材料和工资费用，彩坑集中安置区还实行统一设计和统一外墙装修。

二、救　济

明清时期，官府除临时性赈灾外，并无专项钱粮用于经常性的社会救济。

民国29年（1940年），各乡、保都设有义仓积谷。民国时期，对于灾害贫困除地方机关设筹救济外，民间也有自动捐赠救济的。

新中国成立后，人民政府把每年的春夏荒救济、冬季救济、孤老残疾救济、五保户救济以及其他特殊困难救济等工作当作一项重要任务。1959—1961年，由于受“大跃进”“浮夸风”的影响，农业歉收，许多农民缺粮断炊，不得不以瓜菜或野生植物充饥，因严重营养不良，“四病”（水肿、妇女闭经、子宫下垂、小儿疳积）大量发生，造成人口非正常死亡。据调查，上珊瑚大队某生产队总人口为37人，从1960年5月至1961年5月的一年之中，非正常死亡人数多达7人。其间，政府一直把救灾防荒、治病、生产自救当作中心任务，拨出大量救济物资（黄豆、红糖、米糠等做成营养粉）和救济款，帮助受灾贫民解决生活困难和为“四病”患者增加营养，拯救生命，保护劳力，支持发展农业生产。

“文化大革命”期间，民政工作受到严重影响，但在每年春夏交接（俗称青黄不接）期间，上级政府都拨出一定数量的粮、款，以解决春夏荒缺粮问题，以其中“回销粮”（政府拨出一部分粮食，以平价的方式销售给困难群众）最普惠，解决大部分群众的粮荒问题。

中共十一届三中全会后，经济体制发生变革，农村经济工作得到新的发展，社会困难救济工作也发生改变，对于有一定劳动能力的贫困户采取群众帮助、国家和集体在资金、物资和技术等方面扶持发展生产，把救济和扶持生产结合起来，使他们逐步摆脱贫困，走上富裕道路。

2003年,上杭县民政局下拨珊瑚乡救济款,重点解决特困户、计生困难户、残疾困难对象。

第二节 优抚·安置

一、支 前

民国18年(1929年) 9月20日，朱德指挥红四军攻打上杭时，珊瑚苏区群众在苏维埃政府号召下，参加吴富连（官庄畲族乡人，后任红四方面军妇女先锋团政委，闽西三位红军长征女战士之一）带领的担架队，把伤员从上杭运到白石角（今官庄畲族乡红石村）治疗。

珊瑚妇女用特殊的方式如利用上山砍柴、把食盐和药品装进竹杆（挑柴草的竹制工具），巧妙把封锁物资运往苏区，支援前线，送往苏区或游击队。有一天晚上，彩坑村游四秀、美子和满姑三人，把布匹、食盐偷偷运出时，遭到在大陂头坛上的反动民团伏击，美子和满姑被民团当场打死，游四秀被打伤后乘黑夜逃生。

民国22年（1933年）4月，为支援上级苏维埃政权和红军开展对敌斗争，珊瑚乡苏区的赤卫队员和群众踊跃报名参加运输队，如彩坑村的张荣玉、梁能桔、梁能平、梁斐文、梁兴文等人，从才溪出发，经长汀到达江西瑞金（后均参加红军）。

二、优 待

（一）革命烈士家属、革命军人家属优待

新中国成立后，人民政府高度重视革命烈士家属、革命军人家属的优待工作。政府组织群众为无劳力或缺劳力的革命烈士家属、革命军人家属代耕、代种、代收。1951年4月后，贯彻落实福建省人民政府制定颁布的《福建省1951年优待代耕工作方案》和《福建省革命烈士家属、革命军人家属代耕试行办法》。

1953年后，代耕办法转变为由互助组或农业社承包的责任制。人民公社化时期，优待的主要形式是优待劳动日（劳动分工）；优待标准，以当地社员的收入水平，优抚对象的经济状况和集体经济基础来确定。一般把享受优待劳动日数量记入烈士军属劳动手册，参加统一分红。农业高级社时期，优待劳动日折合的粮款，由高级社公益金开支。1958年公社化后，优待劳动日负担由大队统筹平衡，由大队公益金开支。实行家庭联产承包制后，优待金按责任

田面积每亩上缴（现役军人家属免缴）2.5 公斤干谷，再由政府统筹。1994 年始，改为现金优待。

（一）未列入定补烈属的优待

实行家庭联产承包制后，对未列入定额补助（简称定补）的烈属，每人每年发放优待款 100~150 元。

2011 年始，对全乡 15 位年满 60 周岁的烈士子女发放老年生活补助，每人每月 130 元。2015 年，提高到每人每月 300 元。

（二）参加炮击金门及对越自卫反击战的退伍军人优待

2008 年始，珊瑚乡对参加 50 年代炮击金门及 1979 年对越自卫反击战的退伍军人共 5 人，给予每月 302 元的生活补助。2011 年起，对参加对越自卫反击战退伍的军人 5 人，给予每月 1843 元的生活补助，同时给予缴纳社保、医保。

（三）年满 60 周岁退伍军人的优待

2011 年，全乡 60 周岁以上的退伍军人有 29 人，政府对他们实行优待，按军龄长短计算，军龄 1 年每月 10 元，以此类推。2015 年，提高到军龄 1 年每月 15 元。

三、抚　恤

（一）抚恤对象

1987 年，珊瑚乡优抚对象有烈士 88 人，因公牺牲 1 人，失散红军 4 人。

2002 年，全乡开展优抚对象普查，进行重新登记。其中含第二次国内革命战争时期因受李立三、王明“左”倾机会主义严重影响，在进行所谓“肃清社会民主党”运动中被错杀的革命干部、革命军人和革命群众。

2015 年，全乡仍有“三属”（烈士家属、因公牺牲军人家属、病故军人家属）2 户，伤残军人 2 人。

（二）抚恤标准

1951—2015 年，珊瑚根据国家制定的优抚条例和福建省、上杭县人民政府制定的抚恤标准，对自民国 17 年（1928 年）革命暴动到新中国成立前革命战争中牺牲病故或因战、因公致残人员，给予抚恤。

国家抚恤分烈士抚恤、牺牲病故抚恤、残病抚恤和“两红”（在乡退伍老红军战士、红军失散人员）、“三属”定补。1980 年 6 月起，烈士抚恤、牺牲病故抚恤，改为革命烈士抚恤、因公牺牲（不称烈士）抚恤和病故抚恤三种。

烈士抚恤　1952 年，人民政府对烈士家属发给抚恤金 120 元。1958 年，每月 6~10 元。1984 年起，增至每月 12~20 元。2004 年，每月抚恤金 285~310 元。2013 年，抚恤标准为每人每月 612 元。2015 年，其抚恤标准增加至每人每月 1397 元。

牺牲病故抚恤　1950 年、1951 年为粮食，按级别和牺牲、病故的不同，其抚恤标准也不同，最低为每年 225 公斤，最高为 600 公斤；1953 年改为货币，最低为每年 110 元，最高为 550 元；1980 年，国家再次调整，烈士抚恤金最高为 1000 元，因公牺牲和病故抚恤最高为

600 元、700 元。

伤残抚恤 残废抚恤按伤残性质（因战、因公、因病）残疾轻重和丧失劳动能力程度分为四等二级，发给分类“残疾光荣证明书”进行抚恤优待。对二等以上革命残废军人实行终身抚恤。残废抚恤金的发放，分在职、在乡两种，其标准经过 1953 年、1978 年、1987 年、2000 年、2002 年和 2003 年多次调整。2003 年 7 月 1 日起，抚恤金最高标准为每人每年 9960 元，最低为 1390 元。2015 年，抚恤金最高标准为每年 12529 元，最低为每年 11469 元。

“两红”“三属”定补 “两红”“三属”抚恤定补标准（农村），2000 年前，在乡退伍红军老战士为 900 元；2000 年、2002 年分别为 1100 元、1160 元；2004 年 10 月 1 日起为 1310 元。相应年份红军失散人员分别为 213 元、260 元、270 元、380 元。2000 年前，烈士家属、因公牺牲军人家属为 183 元，2000 年、2002 年分别为 225 元、250 元，2004 年 10 月 1 日起为 300 元，相应年份病故军人家属分别为 173 元、220 元、245 元、285 元。

（三）烈士褒扬

2013 年，上杭县对零散烈士墓进行维修补助，珊瑚乡有 88 位烈士墓由烈士家属进行维修，每位烈士墓前立一块墓址碑（该墓碑由上杭县人民政府统一制作），以鉴定烈士墓的地点，每位烈士墓发放维修补助 2000 元，全乡共发放 176000 元。

四、安 置

2011 年，政府对实行义务兵役制前的退伍复员军人实行货币安置，标准为 484 元/人·月。

实行义务兵役制后的退伍军人，20 世纪 50 年代至 70 年代初，一般由上级安排到厂矿企业就业；70 年代中期后，一般自行就业。

第三节 社会福利·社会保障

一、“五保”人员供养

（一）分散供养

新中国成立之后，人民政府对孤老残疾实行农业社包养（即包口粮和生活费用）。1958 年人民公社化后，对孤老残疾实行“五保”（保食、保住、保穿、保医、保葬）。“五保”对象中一部分人分散供养。1987 年，珊瑚恢复乡建制后，有散居“五保户”52 户（人），其中华竹 8 户、上珊瑚 16 户、下珊瑚 11 户、下坑 9 户、彩坑 8 户。1989 年，对“五保户”普查发证。1991 年，对“五保户”实行供养统筹，年人均口粮 250 公斤，生活费 125 元。1992 年始，根据上级有关文件精神，乡人大会议通过采取全乡每份责任田增收 1 公斤原粮，干部职工每人年收 2 元等办法筹集统筹资金。统筹资金由乡有关部门负责收取后，统一汇缴乡民政基金专户专用。1994 年，“五保户”年人均口粮 275~300 公斤，生活费 455 元。1995 年，散居“五保户”人均供养口粮281公斤，生活费545元。1996年，“五保户”人均粮食308公斤，生活费597元。1997年，统筹“五保户”口粮人均300公斤以上，生活费1220元。2004年，“五保户”实行全额补助，每人每月补助83元。2010年，分散供养“五保户”供养标准为每月190元。2011年，全乡散居“五保户”62户（人）供养标准为每月202元。2015年年底，全乡散居“五保户”65户，其中华竹7户、上珊瑚24户、下珊瑚13户、下坑9户、彩坑7户，供养标准提高到537元/人·月。

（二）集中供养

1988年10月，珊瑚乡在岗背创办敬老院，当时有孤老残疾院民10人。2008年5月，在饶屋背后新建一所敬老院。敬老院占地2200平方米，建筑面积518平方米，床位26张，是年有院民11人。院民人均年生活费1270元，比散居五保户高105元。2015年年底有院民7人，人均生活费每人每月645元。

二、居民最低生活保障

2004年3月起，执行上杭县《农村居民最低生活保障制度实施细则》，对年人均收入在1000元以下的农户实行最低生活保障制度（简称低保）。珊瑚乡于当年3月把全乡235户330人列为低保对象，当年共发放低保金114620元。

2011年，全乡享受农村最低生活保障118户350人，其中华竹18户53人，上珊瑚35户45人，下坑18户54人，彩坑15户45人，全年共发放低保金229740元。

2012年，落实农村最低生活保障117户356人，发放低保金267840元。

2013年，落实126户363人，共发放低保金436680元。

2014年，落实202户362人，共发放低保金537480元。

2015年，落实186户313人，共发放低保金470880元。

三、社会养老保险

1990年，乡农村社会养老保险业务由民政办办理。1996年，珊瑚乡贯彻上杭县人民政府《关于进一步做好农村社会养老保险工作的通知》，深入做好宣传发动工作，动员国家干部、个体户、专业户、富裕户带头投保。

2010年，上杭县列为首批新型农村社会养老保险（简称新农保）试点县，当年珊瑚乡参加新农保的有3352人，其中缴费到账的3249人，待遇领取996人，每人领取金额55元。2011年年末，参保3284人，其中缴费到账3220人，待遇领取1066人，每人领取金额从55元至74.86元不等；2012年年末，参保3262人，其中缴费到账的3051人，待遇领取1134人，每人领取金额从70元至147.39元不等；2013年年末，参保3224人，其中有缴费到账的2935人，待遇领取1191人，每人领取金额从75元至163.76元不等；2014年，参保3183人，其中有缴费到账的有2957人，待遇领取1264人，每人领取金额从90元至140元不等；2015年年末，参保人数3135人，其中有缴费到账的有3015人，待遇领取1356人，每人领取金额从100元至241.4元不等。

从 2010 年 8 月始，对全乡 80 周岁以上的老人，每人每月发放 100 元的高龄补贴。

四、村主干补贴

2004 年 7 月始，为解决农村基层干部的生活困难，政府对新中国成立以后担任村（大队）支部书记、主任（大队长）9 年以上的人员实行每月定额补助。补助标准为：任期 9~10 年的补助 50 元/月；11~12 的补助 55 元/月；13~24 年的补助 60 元/月；25 年以上的补助 75 元/月。2015 年，全乡有 11 人享受补助。

第四节　婚姻登记管理

明清时期，结婚凭据是"红婚字"

民国 20 年（1931 年），《中华苏维埃共和国婚姻条例》颁布实施，规定男女结婚，需到区乡苏维埃政府登记领证，以取得法律保护。

新中国成立后，于 1950 年 5 月颁布实施《中华人民共和国婚姻法》，规定结婚、离婚、复婚均应依法办理申请登记和领证手续。是年，福建省政府颁布《婚姻登记暂行办法（草案）》，规定：凡符合规定结婚条件要求结婚的男女双方，持户籍管理单位出具的证明到区（乡）人民政府或市县人民政府民政局（科）口头申请登记，领取结婚证书。离婚、复婚、再婚履行同样登记手续，领取证书。1955 年 9 月后，执行内务部公布的《婚姻登记办法》，此后，婚姻登记工作先后由乡人民委员会、人民公社管理委员会、乡人民政府办理，具体由文书承办。

1980 年，国家颁布新婚姻法（1981 年 1 月 1 日施行），除将结婚年龄改为男不得早于 22 周岁，女不得早于 20 周岁外，还提倡晚婚、晚育。

1986 年 5 月，乡政府文书参加上杭县民政局举办的婚姻登记人员培训班，经学习考核后领取婚姻登记员证书。

1992 年，婚姻登记由乡政府文书办理转为乡民政办办理。

1994 年后，实施民政部颁发的《婚姻登记管理条例》。凡申请办理结婚登记的青年男女，除持村出具的证明外，还须到上杭县妇幼保健站进行健康检查，女方到县计生服务所进行优生检测，再回乡办理结婚登记手续。

2001 年 4 月 28 日九届全国人大常委会第二十一次会议通过《关于修改〈中华人民共和婚姻法〉的决定》后，执行修正后的婚姻法。该法的第八条规定："要求结婚的男女双方必须亲自到婚姻登记机关进行结婚登记。符合本规定的，予以登记，发给结婚证，取得结婚证，即确认夫妻关系。未办理结婚登记的，应当补办登记。"

2003 年 10 月始，实施《婚姻登记条例》。同年 10 月 1 日起，取消凭村级出具证明办理婚姻登记的办法，改由申请结婚（离婚）登记的男女凭双方户口簿和身份证办理登记手续。

2005年始，贯彻福建省民政厅《关于婚姻登记有关问题的通知》，婚姻登记工作进一步规范。

2010年1月1日起，婚姻登记工作由上杭县民政局办理。

1987—2009年珊瑚乡婚姻登记情况一览表

表12-1

年份	结婚（对）	离婚（对）	年份	结婚（对）	离婚（对）
1987	6	—	1999	63	2
1988	30	—	2000	61	4
1989	33	—	2001	56	0
1990	37	—	2002	54	1
1991	46	2	2003	50	1
1992	35	4	2004	40	2
1993	40	2	2005	54	4
1994	47	1	2006	67	3
1995	57	2	2007	87	11
1996	58	1	2008	78	11
1997	65	1	2009	91	10
1998	33	2			

第五节　村民自治

1987年，全国人大常委会颁布《中华人民共和国村民委员会组织法（试行)》，决定在全国农村实行村民自治。1988年，《福建省实施〈中华人民共和国村民委员会组织法〉（试行）办法》颁布实施，村民自治开始走上法制化和规范化的轨道。

1987—2015年，珊瑚乡进行10次村民委员会（简称村委会）换届选举。珊瑚乡根据上级的指示精神，均成立村委会换届选举工作领导小组。换届选举工作依照规范分八个阶段进行：一、选举动员准备；二、选民登记；三、推选村民代表、村民小组长；三、产生候选人；五、投票选举；六、建章立制；七、岗前培训；八、检查、总结、验收。投票方式由开始时的流动票箱（即由选举工作人员拎着票箱深入到每家每户收集选票）向一个小组或一个自然村设立集中投票点过渡；选民投票开始时以家长一人投票发展为选民个人或委托代理人投票。

1988年村委会换届选举后，迅速做好建章立制工作。建立村民会议和村民代表会议制度，保证村民和村民代表能有效参与和决定本村大事，建立健全村民对村委会成员的评议制度。全村村民代表和全村党员大会每年年终时举行一次，对村委会主要成员进行“优秀、良好、一般”的评议。

1991 年，进行第二届村委会换届选举。全乡 5 个村民委员会达到第一轮示范标准。

1994 年，进行第三届村委会换届选举。新的村委会建成后，重点建立民主管理，民主决策和民主监督制度。进一步完善村民大会或村民代表大会制度；制定村委会工作职责，干部工作守则和村规民约；制定“两公开一监督”（村务公开、财务公开，群众监督）制度；制定和完善村财务管理制度，建立村民理财和监督小组，定期或不定期对村集体经济收支情况进行审查、监督。这些制度的建立和完善使村民自治工作逐步规范化。

1997 年，进行第四届村委会换届选举。2000 年，进行第五届村委会换届选举。本次村委会换届选举工作实行试点先行、严格程序、依法实施、发扬民主、正确引导、整体推进、全面提高。2003 年，进行第六届村委会换届选举。2006 年，进行第七届村委会换届选举。2009 年，进行第八届村委会换届选举。

2012 年，进行第九届村委会换届选举。此次选举，全乡参选人数 5115 人，全乡 5 个村委会一次选举成功。

2015 年，进行第十届村委会换届选举。全乡参选人数 5717 人，参选率 88.3%，选出主任 5 人，副主任 1 人。

2015 年村委会换届选举培训

第六节 其他民政事务

一、地名管理

1979 年，官庄公社（境内隶属官庄公社）会同上杭县地名普查小组对辖区内的地名进行全面普查。普查结果刊登在 1980 年出版的《上杭县地名录》，珊瑚有大队、自然村、山峰、河流、谷地、名胜古迹等地名共 34 条。

1995 年，设置全乡 1700 余户门牌。1997 年，设置全乡 5 个行政村名称标志。

1979年珊瑚境域各大队、自然村名称一览表

表 12–2

大 队	自然村	汉语拼音	驻 地	俗称或曾用名
华 竹		huá zhú	阿丘子	九华、九竹合称
	大门背	dà mén bèi		
	九华铺	jiǔ huá pù		
	白水磜下	bái shǔi zhài xià		
	茶头下	chá tóu xià		
	上 凹	shàng ào		
	下东坑	xià dōng kēng		
下珊瑚		xià shān hú	下珊瑚	
	千家村（下）	qiān jiā cūn		
	合水口	hé shǔi kǒu		
	瑶 前	yáo qián		
	庙坝圩	miào bà xū		
	河山下	hé shān xià		
上珊瑚		shàng shān hú	上珊瑚	
	上珊瑚	shàng shān hú		
	上 塅	shàng duàn		
	上 园	shàng yuán		
	大坪岗	dà píng gāng		
	老婆磜	lǎo pó zhài		
	千家村（上）	qián jiā cūn		上珊瑚
下 坑		xià kēng	下 坑	光 辉
	下 坑	xià kēng		
	锅峰凹	guō fēng ào		
	栗子湖	lì zǐ hú		
	长窖里	cháng jiào lǐ		
	横 滩	héng tān		
彩 坑		cǎi kēng	彩 坑	前 进
	彩 坑	cǎi kēng		杉 坑
	三潭头	sān tán tóu		

1979年珊瑚各渡口、知青场名称一览表

表12–3

名 称	汉语拼音
栗子湖渡口	lì zǐ hú dù kǒu
三潭头渡口	sān tán tóu dù kǒu
圆通山知青场	yuán tōng shān zhī qīng chǎng

附：三个小自然村落的变迁

1. 桐树园

桐树园位于千家村西部，离千家村约3公里，面积约1平方公里。清道光七年（1827年）前后，珊瑚胡氏十八世胡淮泗从胡屋迁徙到此开居，称老桐树园或老屋下。历六代，到民国32年（1943年）前后，23世胡维箴、胡维容、胡维书搬迁到上畲鸡拦排开居，谓之新桐树园。搬迁原因：一是老桐树园太小，耕地很少，要到村外耕作；二是当时土匪太多，常被抢劫，不得安宁。20世纪70年代初，他们的后裔胡瑞攸、胡凤攸、胡荣美，迁回老桐树园建房居住。90年代中期，胡瑞攸、胡凤攸兄弟迁到上珊瑚村中胡屋购建房屋定居，胡荣美又迁回新桐树园。老桐树园房屋逐渐坍塌，田园荒废。

新桐树园由于屋后山太陡、太高，2009年后曾发生山体滑坡冲坏房屋，有关部门定为地质灾害危险区。政府动员、鼓励、扶持该地村民迁移。至2015年，仅剩一户人家尚未迁走。

2. 小 磜

小磜位于千家村西部，是一个十分偏僻的小山村，与武平县中堡镇新湖（吉湖）村、新化（蕉磜）村毗邻。面积约3平方公里，山地面积大，多阔叶林。大山之中一小盆地，耕地面积13.8亩，苎叶窝全是竹林，原属珊瑚陈氏八世祖陈始礼产业。清道光七年（1827年）前后，珊瑚陈氏十八世陈新九等人从上珊瑚塘里搬迁到小磜居住，开荒种地，并建湖塘纸寮，常年生产土纸。民国时期，武平北部山区一带土匪经常到小磜等地抢劫，不仅抢粮、抢物还抢人。陈通茂妻子胡氏，背着儿子佩珍，胡氏当场被土匪杀死，佩珍被土匪抢去，后又被转卖。老虎也经常出没，吃猪吃牛还吃人，弄得人心惶惶。民国27年（1938年）前后，二十二世陈正有、陈正添兄弟从小磜搬回上珊瑚塘里居住。1958年春，时任珊瑚高级农业社副社长（不脱产）的陈正有带妻子儿女搬迁到小磜居住。1962年，陈正有又带妻儿从小磜搬回上珊瑚。此后，小磜剩纸寮一家，由上园人生产土纸，直至20世纪70年代。此后，小磜再没有居民，房屋逐渐坍塌，田园荒废。

3. 大 磜

大磜在小磜的北边，中间仅隔一道山梁，距离0.5公里左右，耕地面积和小磜也差不多，竹林比小磜少。清道光七年（1827年）前后，珊瑚陈氏十七世陈立三（宗华公裔）从下珊瑚石门楼下搬迁到大磜开居，垦荒耕山，历六代。民国27年（1938年），陈永禄、永安、永福、永樟（二十二世）这一代人又搬回千家村，搬迁原因与小磜相同。永福、永安先借陈成昌的房子阿梨屋下（在黄泥岭子下）居住，接着在上坳碑石子下建房居住。永禄、永樟在和尚垄（今上段）建房居住，民国32年（1943年）前后，永禄、永樟的上下厅堂是上坳第一家房屋。永禄、永樟、永福、永安成为千家村上坳第一批居民。

陈永禄等4户搬回千家村后，大礤仅剩纸寮一家，由上园人生产土纸，一直到20世纪70年代。

二、殡葬改革

2001年1月1日，上杭县人民政府颁布《上杭县殡葬改革条例》，大力宣传殡葬改革，提倡移风易俗，改土葬为火葬。2001年1月1日起，珊瑚被列为“火葬区”，当年火葬率就达100%。

珊瑚乡扶持以村级为单位建骨灰堂，为村民提供骨灰存放服务。每建一所骨灰堂民政部门补助资金2万~3万元。至2015年年底，全乡共建骨灰堂3所。

三、残疾人事务

1990年，珊瑚乡成立残疾人协会（1994年改称残疾人联合会）。

1992年，开展残疾人普查和康复扶贫调查。

1998年，珊瑚乡残疾人协会按照“有办公场所、有专职人员、有联系网络、有服务载体”的要求进行建设，配备专职干部（民政办主任兼协会理事长），落实办公场所（民政办公室）建立残疾人服务分社和助残志愿者联络站。上杭县残联积极扶持残疾人就业，珊瑚乡有10户残疾人无偿得到就业扶持，每户得到扶持资金5000元。有16户残疾人家庭获得危房改造补助金，每户15000~30000元。

2015年，全乡办有三级、二级、一级“残疾证”的残疾人共有336人。其中二级、一级残疾人235人，民政部门每月发给50元生活补助金。

2015年，珊瑚乡有22个残疾人被列为低保对象。

第七节　扶贫和小康建设

中共十一届三中全会后，国家对农村扶贫救济工作实行改革，把救济款用于扶助贫困户发展生产，使其增加收入，脱贫致富。1983年，农村扶贫改为“双扶”（扶持贫困户和扶持优抚对象）。1984年，贯彻落实龙岩地委、行署《关于农村开展“双扶”工作的意见》和《关于扶持贫困边远老区和革命基点村的决定》。

1985年，官庄乡（境域隶属官庄乡）被福建省确定为龙岩地区45个贫困乡之一。造成贫困的主要原因:一是在第二次国内革命战争时期遭受国民党反动派严重摧残；二是地处山区，交通闭塞，信息不灵，市场经济意识淡薄；三是基础设施落后，资金和技术贫乏。珊瑚境内的贫困现象更为突出，据1986年调查，珊瑚境域低于200元以下收入的537户，占农户总数的 41.29%，分布在境内的 5 个行政村。珊瑚是当时全县最贫困地区之一，扶贫攻坚任务艰巨。

1987 年，珊瑚复设乡后，乡党委、乡政府高度重视，把脱贫致富工作作为一项中心任务摆上议事日程，设立扶贫领导小组及其办事机构，制定扶贫规划，提出争取实现福建省委“三年脱贫、五年摘帽、八年做贡献”的目标。

1988 年始，根据龙岩地区和上杭县的统一部署，珊瑚乡人民政府在巩固 1985—1987 年扶贫成果基础上，实行资金、项目、效益“三挂钩”，层层落实责任制，扶持贫困户发展生产。1990 年，上杭县财政局挂钩上珊瑚村，解决村部搬迁资金（从桅杆树头下搬到横圳头）。至 1990 年，全乡重点扶持的 537 户贫困户，已有 486 户解决温饱问题，其中已有 10%的贫困户走上致富道路。

1991—1993 年，龙岩地区行署办，扶贫办挂钩扶贫珊瑚乡。行署办、扶贫办派出领导和有关人员，协同珊瑚乡政府在深入调查研究的基础上，制定出珊瑚乡 1991—2000 年扶贫攻坚规划。一方面大力扶持贫困户生产与资源开发、智力开发相结合，提高自身的造血功能。另一方面，大力加强基础设施建设，从源头上治穷。在行署办的协调支持下，兴建合水口电站（投资 150 万元，装机 320 千瓦，年发电 100 万千瓦时），架设珊瑚至回龙高压线路，与大电网并联，解决杨梅山水库电站、合水口水电站年发电 200 万千瓦时的销售问题，又解决境内生产生活用电。投资维修杨梅山水库右干渠等。

1994 年，珊瑚乡被省定为省直单位定点扶贫挂钩乡。1995 年始，定点扶贫挂钩单位省地税局连续三年不但在项目、资金上大力支持珊瑚乡，而且每年派一名德才兼备的干部挂职珊瑚乡（1995 年派出陈禹、1996 年派出李德明、1997 年派出龚凤龙）驻乡帮扶，该三名干部以高度的责任感帮助珊瑚乡实施扶贫攻坚规划，协调项目、资金。在省地税局的大力支持下，贯彻落实《龙岩地区扶贫攻坚规划》，按照上杭县委提出的“以扶贫攻坚奔小康统揽农村工作全局”的思路，加快贫困户脱贫致富奔小康步伐。对全乡确定的贫困户、攻坚户，采取政策、资金、技术“三管齐下”的办法。干部挂钩扶贫“五包”（包脱贫台账建立、包项目的实施、包资金的发放和回收、包项目落实到户、包扶贫资金到位和技术服务到家）制度。组织实施住在边远山区的彩坑、河头、横滩等地的村民“造福工程”异地安置搬迁。对符合条件的“造福工程”搬迁户按人均 600 元（省补 300 元、地区补 100 元、县补 100 元、乡村配套 100 元、对少数民族户，上杭县财政局配套补助 300 元）的标准给予补助。从 1996 年始，大力实施“四通”工程（通路、通电、通信、通水）。1996 年冬，全乡开通程控电话，当年装电话 218 部，结束珊瑚无电话的历史。1997 年，实施上珊瑚、下珊瑚村中大道拓宽硬化工程，实施彩坑、华竹通村公路工程。1998 年实施临河线珊瑚段公路拓宽改造工程，铺设从华竹至金山电站全长 16.5 公里的沥青路面。延伸各自然村通电线路，覆盖全乡的每一个村落。实施集镇（含上珊瑚村、下珊瑚村）人饮工程，实施华竹村人饮工程。新建邮电大楼和文化活动中心。至此，已基本搭建好珊瑚的基础设施架构，结束了珊瑚零基础设施的贫困落后局面。

1998 年，全乡 80 户贫困户已全部脱贫。年底，经龙岩市复查验收，实现小康村 5 个，小康户 1458 户，分别占行政村总数和农户总数的 100%和 82%，小康指标综合分值 91.2 分，确认全乡基本实现小康。

2000—2002年，实施“小额信贷”扶贫到户工程。帮助38户贫困户发展生产（“小额信贷”的主要做法：4户贫困户或低收入户和1户专业户组成1个联保小组，5个以上小组或以村、乡为单位组成一个联保中心，进行互保互助，每户贷1000—5000元，用于发展家庭种、养、加工业；贷期一年，按月还款，财政贴息）。经过几年努力，至2002年年底，38户贫困户人均收入达2326元，已全部脱贫，其中有7户种养户已走上致富道路。

2003年后，贯彻实施《中国农村扶贫开发纲要（2001—2010年）》进一步巩固扶贫成果，稳步推进新一轮扶贫开发。2003年，重点扶持贫困户和低收入户就业培训，全乡培训劳动就业人员230人次，向泉州、厦门等地劳务输出160余人。通过劳务输出的部分家庭成员在泉州厦门找到了稳定工作，从此告别贫困。2006年，开展党员结对帮扶活动，引导党员致富能手与困难党员结对帮扶。2007年，彩坑村被列为省扶贫开发重点村，由省财政厅挂钩帮扶，省下派省党史研究室干部陈晶到该村任第一支部书记。财政厅领导多次到珊瑚乡调研，指导扶贫开发工作。在财政厅的大力支持下，共投入资金120多万元，拓宽改造进村公路1公里，扶持网箱养鱼10箱，库湾养鱼45亩，通过帮扶，该村有7户41人脱贫，其中3户走上规模养殖的道路。同年，华竹畲族村被省列为省扶贫开发重点村，由省委宣传部挂钩帮扶，省下派集美大学干部陈杰到该村任党支部第一书记。在省委宣传部和集美大学的支持帮助下，该村拓宽改造村中大道和大门背通自然村公路，重新装修村部。同年，下坑村被列为县级扶贫开发村，县下派县广电局干部何承寿担任该村第一支部书记。下珊瑚村被列为县级帮扶村，县下派县烟草公司蓝乾汉同志任该村第一支部书记。在县烟草公司等单位的支持下，开通下珊瑚南片机耕路等。2008年，实施“造福工程”搬迁5户21人。2009年，完成“造福工程”搬迁13户68人。2010、2011年“造福工程”与灾后重建相结合，在彩坑集中安置点和下珊瑚岗背集中安置点共安置31户153人。2012年，发放扶贫小额贷款21万元，落实“造福工程”搬迁16户53人，补助金额48万元。2013年，完成“造福工程”危房改造75户257人，补助资金183.05万元。2014年，上珊瑚村被列为市级贫困村，挂钩帮扶单位龙岩市国税局派出傅林清任该村党支部第一书记。傅林清驻村后，立足村情，与乡党委、乡政府和上珊瑚村“两委”共同研究扶贫攻坚和经济社会发展路子，积极争取上级大力支持，重抓基础设施建设，助推生态文明和精神文明建设，引导该村走红色旅游、生态乡村旅游发展之路。至2016年，争取有关部门下拨帮扶资金累计868万元，该村组织实施重点项目15个（村部修缮、自然村亮化、“烟基”道路硬化、村主干道硬化、“梦宏居”修缮、村中道路拓宽改造、老年活动中心修缮、北溪路生态防洪堤建设等），改变了上珊瑚村的落后面貌。

2014年2月始，珊瑚乡党委、乡政府贯彻龙岩市委《关于推进精准扶贫打赢脱贫攻坚战的实施意见》和《龙岩市“十三五”扶贫开发专项规划》和上杭县委、县政府关于精准扶贫的文件精神，启动精准扶贫工作。乡成立以党委书记任总指挥、乡长任常务副总指挥的脱贫攻坚“战役”指挥部，下设办公室，负责扶贫攻坚日常事务。至2015年，通过“五查五看”（查家庭收入、看经济来源，查家庭资产、看消费水平，查家庭劳力、看劳动观念，查居住条件、看生活环境，查致贫原因、看贫困程度），“三次公示”（村级初审公示、乡镇审核公示、县级复审公告），确定全乡贫困村1个（上珊瑚村），贫困人口206户570人。乡党委、乡政府根据贫困状况，研究制订脱贫攻坚的目标任务和措施办法，通过推行精准扶贫工作模式，实施脱贫措施，力争到2018年国定扶贫标准的农村贫困人口全部脱贫，到2020年省定扶贫标准的农村贫困人口全部脱贫，实现1个贫困村整村脱贫，与全县同步实现全面小康。

2015年，全年完成“造福工程”危房改造58户201人，补助资金148.3万元。

附：国家贫困标准和低收入标准

1986年，国家制定的绝对贫困标准为206元，该标准以每人每日2100大卡热量的最低营养需求为基准，再根据最低收入人群的消费结构来进行测定。后来此标准随物价调整，到2007年时为785元。

2000年，国家制定的低收入标准为865元，到2007年年底，调整为1067元。

2008年，绝对贫困标准和低收入标准合一，统一使用1067元作为扶贫标准。此后，随着消费价格指数等相关因素的变化，标准进一步上调至1196元。

2011年，中央决定，将农民年人均纯收入2300元（2010年不变价）作为新的国家扶贫标准，更多低收入人口纳入扶贫范围。

2015年，国家扶贫标准为农民年人均纯收入2855元。

1987—2015年珊瑚乡民政办负责人名录

表12-4

姓　名	职　务	任职时间	姓　名	职　务	任职时间
蓝荣发	主　任	1987—1990	胡宁春	主　任	2003—2012
林　宏	主　任	1990—2001	胡洪春	主　任	2012—2015
蓝梅庭	主　任	2001—2003	胡长春	主　任	2015—

第十三章　军　事

珊瑚乡地处上杭、武平县边界地带，毗邻才溪、官庄和武平中堡。汀江和上杭至汀州古驿道贯穿全境，为闽粤赣边交通要冲；境内崇山遍布，丘陵河谷交错，地形复杂，便于屯兵和游击战争。故为兵家要地。

珊瑚是闽西革命根据地的重要组成部分。第二次国内革命战争时期，毛泽东、朱德、陈毅、叶剑英等老一辈无产阶级革命家在此留下征战足迹；中国工农红军第四军、第十二军等曾驻珊瑚；红军在“梦宏居”等处留下大量的宣传标语；珊瑚儿女踊跃参加红军和地方游击队，其中 88 位献出自己宝贵的生命。英勇的珊瑚人民在争取民族独立、人民解放的伟大斗争中做出积极的贡献。

新中国成立后，珊瑚人民贯彻执行中央关于民兵建设的方针政策，广大民兵在剿匪反霸、巩固人民政权、维护地方治安、发展工农业生产等方面，发挥重要作用。1987 年后，落实党管武装原则，乡党委加强对武装工作的领导，坚持以新时期军事战略思想为指导，保质保量完成征兵工作任务，努力开创民兵和预备役工作新局面。2004 年，乡人民武装部被龙岩市政府、龙岩军分区授予“征兵工作先进单位”称号。2008 年，乡人民武装部被上杭县政府、上杭县人民武装部授予“征兵工作先进单位”称号。2012 年，乡人民武装部被龙岩市政府、龙岩军分区评为“基层武装部规范化建设达标先进单位”。

第一节　机构・驻军

一、机　构

明洪武十年(1377 年) 设山湖（珊瑚）铺，成化十年（1474 年）设九华铺。

清康熙八年（1669 年)，栗子湖、三潭头设塘房。

民国时期，珊瑚乡曾设立兵役协会和兵役咨询处。

1987 年，珊瑚乡设立人民武装部，属地方建制，受乡党委、政府和县人民武装部双重领导，配备干部 2 名，负责兵役和民兵预备役等工作。

1988—2015年珊瑚乡人民武装部部长名表

表13-1

姓　名	任职时间	附　　注
陈福昌	1988.06—1990.07	党委副书记兼
林耀南	1990.08—1993.05	
李文祥	1993.06—1996.07	
蓝少其	1996.08—1997.06	党委副书记兼
曹昌星	1997.07—2002.08	
赖建亮	2002.09—2007.01	
罗国森	2007.02—2011.04	
林亮标	2011.05—	党委副书记兼

二、驻　军

明设立的山湖铺、九华铺，各有铺兵3名，把守邮传。

清康熙八年（1669年）设立的栗子湖、三潭头塘房，每处由游击府拨兵5名，分班轮戍。

清咸丰十一年（1861年），太平天国起义军（简称太平军）由武平到珊瑚、官庄一带活动。

清同治三年（1864年），太平军入境，圆通寺寺殿被太平军烧毁。

民国18年（1929年）7月，中国工农红军第四军（简称红四军）第一纵队第一支队支队长王良率部到千家村（珊瑚），住在下坊祠堂等处，住了六七天，曾在坪埔岗集会。其间，枪毙了恶棍陈如珠等3人。

民国18年（1929年）11月中旬，红四军出击东江失利后经广东平远返回闽西；17日，朱德、陈毅率红四军前委机关等经武平十方到千家村。

民国19年（1930年）6月9日，毛泽东在江西寻乌县开展社会调查后，带一个警卫连，从武平经袁畲、中堡到千家村，晚在溪背宿营，第二天经栗子湖渡过汀江往才溪。

民国21年（1932年）2月底至3月中旬，中国工农红军第十二军（简称红十二军）克复武平、上杭后，军长罗炳辉率部转移到千家村休整，驻扎时间约15天。驻军有红十二军军部和第三十六师等，具体人数不详。同期，中堡、武东等地游击队合编的福建省军区独立第二团（聂祖唐任团长），曾驻扎千家村，并转战官庄一带，具体人数不详。

民国21年（1932年）6月6日，毛泽东、叶剑英奉命率红军东路军回师赣南（途经龙岩，上杭白砂、才溪）途中，到千家村（据《毛泽东年谱》《叶剑英年谱》记载，6月8日，毛泽东、朱德、王稼祥、叶剑英等在上杭官庄东路军总司令部召开军事会议）。

民国38年（1949年）5月，国民党军队胡琏兵团路过千家村。

第二节 兵 役

一、兵役制度

（一）征兵制

民国22年（1933年）6月17日，国民政府颁布第一部兵役法，规定从民国25年（1936年）起实行征兵制，施行“三丁抽一、五抽二”“独子免征”“在校学生缓征”的办法征集兵员。适龄青年都要参加抽签，以中签号码确定入伍先后，民间俗称“抽壮丁”。由于民国政府腐败，加上征兵数额日增，富裕人家为逃避兵役，可以用钱贿赂乡长保长，求得缓征或雇用他人冒名顶替。而穷苦人家，即使独子也难免被征。而政府在难以完成征兵名额时，强征强派，甚至乱抓无辜顶替，民间俗称“抓壮丁”。

（二）志愿兵役制

第二次国内革命战争时期，苏区实行志愿兵役制。珊瑚人民积极响应中国共产党的号召，为了支援革命战争，掀起一次又一次的扩大红军热潮，数百珊瑚儿女踊跃参加红军和地方游击队。

民国19年（1930年），梁周义自愿要求参军，在珊瑚乡苏的介绍下，到县参加游击队。后补充到红十二军（军长罗炳辉）编入34师第二团当战士，曾4次参加革命战争，红五军团攻打南雄后，因身体患病，在瑞金红军医院治疗。后因反“围剿”形势需要，疏散回家休养。

民国22年（1933年）4月，彩坑村的张荣玉、梁能桔，梁能平、梁斐文、梁兴文等人，参加运输队从才溪出发到达江西瑞金后均参加红军。梁能桔有文化，被安排在红四军政治部工作，其余四人被编入36师102团第二连当战士。

民国22年（1933年）11月17日，《红色中华》第126期以“官庄区扩大红军热潮”为题，报道下珊瑚扩大红军、整排游击队勇赴前线的情况。

新中国成立后至1954年，仍沿用志愿兵役制。广大青年为保卫新生的人民政权，积极响应政府号召，踊跃报名参加人民解放军，报名人数往往超过应征人数的数倍。

（三）义务兵役制

1955年7月30日，《中华人民共和国兵役法》颁布施行。该法以义务兵役制取代志愿兵役制；规定依照法律服兵役是中华人民共和国公民的义务。同年，有珊瑚青壮年男子参加中国人民解放军。

1978年3月，五届全国人大常委会第一次会议批准《关于兵役制问题的决定》后，实行义务兵和志愿兵相结合的制度。

1984年5月31日，六届全国人大二次会议通过修订后的《中华人民共和国兵役法》，实行以义务兵役制为主的义务兵与志愿兵相结合、民兵与预备役相结合的兵役制。

1998年12月，九届全国人大常委会第六次会议审议通过《中华人民共和国兵役法修正案》，规定国家实行“义务兵与志愿兵相结合、民兵与预备役相结合的兵役制度”。

二、兵员征集

兵员征集一般要经过兵役登记、宣传发动、体检、政审、定兵、交兵等阶段。

实行义务兵役制后，乡人民武装部在全乡范围内对适龄青年进行兵役登记；将征集对象的年龄、文化程度、身体状况及家庭情况摸底造册，为年度征兵提供依据。

征兵工作开始后，乡成立征兵工作领导小组，研究部署当年征兵工作。召开村党支部书记、村主任、民兵营（连）长会议，通报当年征集兵员的任务、要求，各村送检人数和送检时间。乡、村两级运用广播、宣传标语、文艺演出等进行征兵工作宣传。

体检分初检和复检。初检由乡组织，乡卫生院按要求对适龄青年分别进行身高、体重、视力、听力、血压、血液等检查。初检后，由县统一组织初检合格人员复检，在县医院进行。

政审主要审查应征青年个人的政治表现、文化程度、入伍动机及亲属的政治、历史，确保兵员质量。

定兵由乡征兵工作领导小组召开会议，在合格青年中择优确定初步人选，由县征兵办研究确定并发给应征青年入伍通知书。

交兵之日，由各村“两委”、民兵营（连）组织欢送队伍，敲锣打鼓把应征青年送到乡政府，由乡武装部组织把应征入伍青年送县征兵办。

1987年后，珊瑚征兵工作任务常年超额完成且无一例退兵现象，经费保障每年4~5万元以上列入财政预算，并逐年增长。2004年，乡人民武装部被龙岩市政府、龙岩军分区授予“征兵工作先进单位”称号。2008年，乡人民武装部被上杭县政府、上杭县人民武装部授予“征兵工作先进单位”称号。

三、预备役登记

预备役制度始于1955年兵役法颁布实施后。1980年，恢复预备役登记制，对35岁以下从部队退役的官兵进行预备役登记，其中将28岁以下退伍军人编入基干民兵服一类预备役，其余编入普通民兵服二类预备役。

附：军人世家

1.上珊瑚村胡耀庆，土地革命时期参加红军，在江西赣州战斗中牺牲，革命烈士。其弟胡耀田也当红军，革命烈士。胡耀庆之子胡才英，1951年应征入伍，1957年从部队光荣复员回乡；其弟胡德荣，1959年应征入伍，1964年复员回乡。胡才英二儿子胡志坚于1990年应征入伍，多次立功，军校毕业后任部队军官。胡才英孙子胡天福、胡天禄分别于2005年、

2006年应征入伍，均为一级士官退伍。胡耀庆一家四代七人是军人。

2. 彩坑村村民梁华桂，1959年参军，1964年复员回乡。1972年12月，梁华桂把大儿子梁开兴送入军营。二儿子梁福兴于1976年3月、三儿子梁发兴于1978年3月先后入伍。2001年12月，梁华桂的孙子梁茂源光荣应征入伍，成为家中第五个军人。

第三节 民 兵

一、新中国成立前的民兵

（一）国民政府时期的民兵

国民政府时期的民兵称国民兵。民国26年（1937年），国民政府规定将18~30岁不服常备兵役的国民编为国民兵（称壮丁队、后备队），民国34年（1945年）9月后，撤销国民兵。

（二）苏维埃时期的群众武装组织

苏维埃时期，珊瑚有一批进步青年参加赤卫队、赤卫军、游击队等群众武装组织。

二、新中国成立后的民兵

（一）领导体制

1950年，民兵由农会领导指挥。

1952年后，民兵工作实行地方党委和军事系统双重领导的体制。珊瑚片区民兵工作隶属官庄公社组织和领导。

1987年后，根据上级规定，把乡人民武装部部长纳入乡党委系列，进一步落实党管武装原则，加强党对武装工作的领导。

（二）组织建设

1952年11月，中央军委和政务院共同颁布《民兵组织暂行条例》，统一民兵组织的名称、编组、民兵条件等。1953年下半年，珊瑚片区全面普及民兵制。男性16周岁至40周岁、女性16周岁至35周岁的公民到所在村报名，经批准后参加民兵组织，各村都建立民兵组织，普遍设立民兵营，配备枪支弹药。1956年春至1957年年底，按照1955年7月颁布《中华人民共和国兵役法》的规定，把民兵制度与预备役制度合二为一，对适龄公民进行预备役登记，进行民兵与预备役人员合编。1981年始，对民兵组织进行调整，按规定只编基干民兵和普通民兵，取消武装基干民兵。

1985年始，根据上级规定，基干民兵数量按10%的比例压缩。1994年，组建民兵应急分队。1997年，压缩基干民兵数量，扩大应急分队，民兵组织按要求降低年龄、压缩范围、减少人数、提高质量。

2000—2015年，通过民兵整组，先后组建拥有基干民兵连、普通民兵连、应急分队的民兵组织，其中 28 岁以下退伍军人全部编入基干民兵组织。5 个行政村均设立民兵营（连），每村均配备 1 名民兵营（连）长。

乡武装部逐年完善办公室、资料器材室、民兵活动室、国防教育阵地和必要的办公设施、器材。在办公用房紧张的情况下，调剂器材室 1 间，添置器材架 2 个、新增背囊 5 套、新式迷彩服 15 套、旧式迷彩服 20 套、脸盆 20 个、锄头 20 把、铁锹 20 把、手电 20 把、手套 50 双、迷彩鞋 35 双。

（三）民兵训练

革命战争时期的民兵训练，主要学习掌握使用武器。

1981 年始，进行民兵训练改革，减少训练任务，精简训练内容。步兵压缩队列、刺杀和战术训练，突出射击、投弹、爆破和单兵战术。实行“二改一”办法，把两年一个周期 30 天的训练任务改为一年 30 天一次训完，做到当年入队，当年训练合格。训练方法由小型分散训练改为乡集中训练。

2000—2015 年，以应急作战准备为牵引，进行战备训练。

（四）政治教育

1990 年后，结合民兵训练、民兵整组和“八一”、征兵等，对民兵进行以党的基本路线、国防教育、时事政策、形势战备、民兵性质和职能为主要内容的政治教育。

2000—2015 年，重点进行台海形势教育，增强民兵做好军事斗争准备的使命感；进行爱国主义教育，激发民兵预备役人员的爱国主义精神，在保卫祖国、维护统一、促进社会稳定中做贡献；进行兵役法规、民兵地位作用和性质任务的教育，增强依法参加民兵组织的光荣感和责任感。

（五）重要活动

1955 年 4 月，抽调支前民兵参加连城机场（“7962”工程）国防工程建设。

1966 年，抽调民兵参加回龙水轮泵工程建设。

1969 年 7 月，抽调民兵参加连城机场飞机洞（“8491”工程）国防工程建设。

1972 年，组织民兵参与民办公助的上杭—珊瑚—官庄公路建设。

1987—2015 年，组织民兵参与社会治安综合治理，在重要节假日、森林防火、抗洪救灾、火灾期间，积极协助政府完成社会各项事业。

2015 年 11 月，珊瑚乡承办上杭县西北片区农民文化体育节活动，抽调民兵 40 人，共同维护活动秩序，确保农民文化体育节顺利举行，圆满结束。

第四节　主要兵事纪略

一、防御太平军战斗

清咸丰十一年（1861 年），太平军由武平到珊瑚、官庄、回龙一带活动。珊瑚陈旺儒(从九品)、陈国桢（五品衔），率乡民防御，力不敌，均被伤死。同治八年（1869 年）详请，给陈旺儒、陈国桢云骑尉世职。同年，武生陈承恩率乡民防御有劳，同治八年（1869 年）给六品军功。

二、“六三”暴动

民国 18 年(1929 年）7 月 9 日（农历六月初三），珊瑚人民在红四军第一纵队第一支队支持配合下，参加由官庄林万旺、林云利、蓝荣养、林怀新等领导组织的人民暴动（史称“六三”暴动），一举歼灭国民党军钟汉彬部，推翻国民党建立的地方政权。

三、武北游击队进攻千家村民团战斗

民国 21 年（1932 年）7 月 31 日，武平县武北游击队进攻千家村民团，钟绍葵（时为国民革命军第三军新编独立第一旅旅长，割据闽西的主要势力）派援军加入作战，结果，全被击溃，钟部及民团死伤十几人。

四、栗子湖、三潭渡口战斗

1949 年八九月间，官庄工作团主任温雪辉及保卫战士，从官庄坐船赴上杭开会，经栗子湖渡口，遭遇武平中堡吴占华、石三子两股土匪 60 多人。温雪辉及保卫战士打死打伤土匪 5 人，在船工蓝殿洪等人的帮助下，冲出伏击圈，化险为夷。

数天后温雪辉从上杭坐船返回官庄经三潭渡口时，遭遇 50 多名劫船土匪。温雪辉等人与同船从上杭往长汀的友军以及驻三潭公安班战士一起，打死土匪 5 人，打伤 8 人，击退这股土匪后返回官庄。

五、其他战斗

民国 18 年—22 年（1929—1933 年），珊瑚境内曾发生数次珊瑚乡游击队、赤卫队与地方民团的战斗，在有效打击民团的同时，多名游击队员、赤卫队员壮烈牺牲。发生战斗的地点主要有千家村呆婆岭、和尚垅、火烧坪、埔云岗、塘里，下坑长窖里，彩坑等地。（参见本志第十九章人物第三节人物表·革命烈士名表）

第十四章 教 育

明清时期，珊瑚教育逐步发展。明初，境内设“爱溪书屋”等私塾。清光绪十二年(1886年)，陈宗荣、陈宗华裔孙创办观东书馆。清末，胡氏裔孙创办五峰书馆，私塾基本普及。

民国初期，政府将观东书屋改设为联英小学（初小)。民国21年（1932年)，联英小学改设为珊瑚小学（完小)。民国27年（1938年)，彩坑村曾设短期小学。民国28年（1939年)，珊瑚小学改设为珊瑚中心学校。

新中国成立后，人民政府接管教育。除珊瑚小学外，华竹设珊东初级小学，下坑设珊南初级小学，彩坑设彩坑初级小学。完小及初小增设幼儿班，在边远自然村增设教学点（分班)。各村除设全日制学校外，还采取多种形式办学，如办半日制、简易小学等，全面开展扫除青壮年文盲的业余教育。1968年开始，三所初小先后升级为完小。随着小学毕业生的增多，为加快发展中学教育，1972年春，珊瑚小学附设初中班，校名更为珊瑚学校。1980年后，贯彻“调整、改革、整顿、提高”的方针，从人力、物力、财力上加强普及小学教育工作。1982年下半年，珊瑚附设初中班停办，校名随之复称珊瑚小学。随着1987年7月珊瑚乡建制的恢复，1988年1月成立珊瑚学区，珊瑚小学复称珊瑚中心小学。1988年冬，开始创办珊瑚中学。1988年9月起，珊瑚中心小学附设中心幼儿园。1990年秋季，珊瑚中学开始招生。1991年9月，珊瑚中心小学北校区内独立设民办中心幼儿园。1991年，开始实施小学义务教育。1991—1993年，接受福建省龙岩地区实施义务教育“六项督导”（教育管理、事业发展、队伍建设、教育经费、校舍设备、德育工作）评估。1993年，实现小学“一无二有”(校无危房、班班有教室、学生有课桌椅)。1994—2000年，接受省、市“两基”（基本普及九年义务教育和基本扫除青壮年文盲）评估验收。同时，随着学龄儿童数减少，小学逐年撤点并校。进入21世纪，珊瑚教育继续巩固“两基”成果，推进“双高普九”（高水平、高质量普及九年义务教育)。2003年9月，撤销珊瑚学区，珊瑚中心小学行使原学区行政管理职能。2007年9月，独立设公办珊瑚中心幼儿园。2008年9月，珊瑚中学停办。

2015年，珊瑚有中心小学1所，班级6个，学生202人，教师26人。中心幼儿园1所，教学班4个，在园幼儿164人，保教保育人员16人。

第一节 私塾·书馆

一、私 塾

明初，有爱溪书屋（地址：今人叫老广公祠）。生于明永乐七年（1409年）、后任广东惠州府海丰县知县的胡月广，小时曾就读于爱溪书屋。至清末，私塾在珊瑚相对普及。民国时期已村村有私塾，较大的村设有数处。

私塾的办学经费靠公费（如祭祀的蒸尝）和捐助。书舍、学馆、多为私家厅堂或祠堂、庙宇。办学形式大致有：由落第秀才或童生在自家设馆，教授外来及本地的子弟，称私塾；由大户人家聘请塾师在家教授自己的子弟，称家塾；由族长利用祠堂等公房，聘请学识较高的名儒教授本姓子弟，称族塾；由社会上关心教育的人士主办，收集学费或米、谷，聘请塾师教授贫寒子弟，称村塾。

私塾的学制没有固定，入学年龄不受限制，招生名额可灵活掌握，多则二三十名，少则五六名。

所教教材分为启蒙识字和开讲读经两类：启蒙识字班（俗称“少学”）用《三字经》《千字文》《百家姓》《四言杂诗》《弟子规》《元初一（一年使用杂字)》《幼学琼林》《增广贤文》《人家日用》《千家诗》《朱夫子治家格言》等；其中，《元初一》为武平举人林宝树创作的客家群众的训蒙读物。开讲读经班用“四书”（《大学》《中庸》《论语》《孟子》)、“五经”（《诗经》《尚书》《易经》《春秋》《左传》）等。

教学方法，学童上学先教识字，识至千字左右才教读书本。读书时由教师领读，学生跟读，以熟读背诵为主。午晚放学时学生要先背出所规定的课文才可以回家。写字从笔画较简单的如“上大人，孔乙已，化三千……”开始，先是描红，按着仿影，再后临帖，进而看书写字；先写小楷，再写寸楷。进入读经时教师才开讲，并开始教写作，先教对“对子”，后教写诗。写作多为八股文，写诗是学写试帖诗。

塾师的待遇低，每个学生一年只交几斗谷（1斗谷约7.5公斤)，每逢端午节、重阳节、孔子诞辰，学生家长会请先生吃一顿饭；有些地方先生的一日三餐由学生家长轮流供应。

新中国成立后，人民政府停办私塾，一些合格的塾师被吸收到人民教师队伍中。

二、书 馆

清光绪十二年（1886年），陈氏宗荣、宗华裔孙用公尝资金在珊瑚背屋陈始礼、陈始达祠后创建名为“观东书馆”（一作观东书屋）、可供师生教学和食宿的私塾学堂一座。有大小房间29间。有学生100多人，较多时达200多人。

胡氏裔孙在大塘门上与第四房交界处创办五峰书馆，创办时间不详（新中国成立后，馆址曾作农会、大队办公场所)。

书馆开设的课程与教学同私塾相仿，只是人数更多，教学更正规而已。

第二节 幼儿教育

一、园班设置

新中国成立之前，少数幼儿在小学一年级附读。新中国成立初期至70年代后期，幼儿班附设在各小学，幼儿教育一直滞后于中小学教育。

1988年9月起，中心小学校本部附设中心幼儿园，有幼儿班2个，招收临近校本部的幼儿，教养员2个，幼儿30多人。上珊瑚、下珊瑚村其余幼儿在分校幼儿班学习；华竹、下坑、彩坑村幼儿在其所在村小学附设幼儿班学习。

1991年9月，中心小学校本部开始独立设置民办中心幼儿园。教养员4人均由村派，上级核拨部分工资。有2个班共70余位幼儿就读。

2007年9月，设立公办中心幼儿园，园舍及活动场地暂由珊瑚中心小学提供。当时有公办教师1人，村派教养员3人，小中大共3个班。之后逐年扩大，至2015年年底，全乡有独立的中心幼儿园1所，教学班4个，在园人数164人，幼儿教师和保育员等共有16人。

若干年份珊瑚乡幼儿教育情况一览表

表14–1

年 份	班级数（个）	在园幼儿数（人）	教职工（人）			
			总 数	公 办	自 聘	保 安
2007—2008	3	96	4	1	3	—
2008—2009	3	108	4	1	3	—
2009—2010	3	114	5	2	3	—
2010—2011	3	123	8	3	4	1
2011—2012	3	126	9	3	5	1
2012—2013	3	132	10	4	5	1
2013—2014	3	154	14	6	6	2
2014—2015	3	129	15	6	7	2
2015—	4	164	16	6	8	2

二、学 制

20世纪80年代前，幼儿一般接受一年学前教育后就进入小学学习。之后，逐渐过渡到读完小大班后进入小学学习。2007年9月设珊瑚中心幼儿园建制后，按小、中、大年龄段分班，学制三年，入学年龄一般3.5周岁，满6周岁即进入小学就读。

三、教　学

20世纪70年代前后，主要有识字、唱歌、舞蹈、画画、游戏等教学活动；80年代后开设语言、计算、常识、音乐、画画、游戏等。90年代后分为健康、语言、科学（常识和计算)、唱歌、美术（绘画和手工)、游戏。教学一直采用福建省编印的幼儿教材，开足五大领域课程，对幼儿进行体、智、德、美诸方面全面发展的教育，促进幼儿身心健康和谐发展。

幼儿园不进行考试，除日常教学外，经常开展各项娱乐活动，如亲子运动会等，并坚持每学期定期向幼儿家长进行幼儿综合素质汇报，中心小学亦根据五大领域课程，每学年末对即将入小学学习的幼儿进行考核验收，使幼儿园教育与小学教育的衔接走向规范化。

“六一”文艺演出

四、珊瑚中心幼儿园简介

珊瑚中心幼儿园创办于1988年9月，园址在中心小学校本部内。招收中心小学校本部附近幼儿，园内设有大班、小班各一个。

1993年，因中心小学教学楼改造，幼儿园搬至中心小学北校园东。中心小学为幼儿园提供了两间教室和约200平方米的活动场地，条件略有改善，但因当时师资严重不足，只设大班、小班各一个。

2003—2007年，为减轻中心小学经济负担，将幼儿园承包给私人。由于村中大道把中心小学分成南北两半，2004年因需建跨路天桥连接路南路北的教学区和生活区，幼儿园搬至原珊瑚学区（今下珊瑚村部)，由于场地限制，仍设大班、小班各一个。

2007年9月，幼儿园收回中心小学统一管理，并升格为公立园。由此，幼儿园又由原学区搬回中心小学北生活区东面，设大、中、小三个班级。

2010年2月，由于中心小学划给幼儿园使用的原教学楼被鉴定为C级危房，幼儿园又再度暂时搬回原学区。

2012年9月，珊瑚中心幼儿园由“新华都”捐资在原中心小学北教学楼东面拆楼新建独立园。全园总占地面积达1400余平方米，校舍建筑面积1120平方米，户外活动场地511平方米，还有部分绿化地，建校门、围墙。内设有活动室、衣帽间、盥洗室、寝室、办公室、厨房、保安室、安全卫生管理室等用房，环境优美。如今面向全乡5个行政村招收适龄幼儿，分设大、中、小班，在园幼儿数近150人。

珊瑚中心幼儿园以“孩子开心，家长放心，是我们永远的追求”为办园宗旨，以“亲和、勤奋、健康、快乐”为发展方向。全力倡导 “把信心留给自己，把爱心献给孩子，把放心给予家长，把衷心献给事业”的职业理念，注意时时以幼儿园教师的职业道德规范要求衡量教师的教育行为。为更有效地贯彻《3~6 岁幼儿学习与发展指南》和《幼儿园工作规程》精神，努力挖掘乡土文化，经常开展有特色的教学活动。如针对竹子是每家每户都能提供的一种常见植物，竹子清香淡淡、临风而立却虚心有节这一特征，深入开展以“竹”“竹制品”等为主载体的幼儿学习与生活实践活动，利用竹文化熏陶幼儿的心灵。老师们用竹制品做户外玩具器械、教具、学具，将其贯穿于幼儿一日生活。区角、游戏道具、户外体育器械、玩具等都用竹制成。让幼儿通过观赏、摆弄竹制品，知道竹制品是日常生活用品中常见的环保制品。

珊瑚中心幼儿园

2014 年 12 月，珊瑚中心幼儿园通过上杭县达标园的评估，被评定为“县级示范性幼儿园”“早教示范基地”。

珊瑚中心幼儿园历任园长（负责人）名录

表 14–2

姓 名	任职时间	附 注
陈冬英	1991.09—2001.08	民办幼儿园负责人
陈三英	2001.09—2003.08	民办幼儿园负责人
胡仙梅	2003.09—2004.08	承包负责人
陈三英	2004.09—2007.08	承包负责人
陈琼英	2007.09—	公办幼儿园园长

第三节 小学教育

一、学校设置

民国初期，政府将“观东书屋”改成联英小学（初小，胡崇峰曾任校长）。因校舍不足，民国14—15年（1925—1926年）曾委托下坑村（学校地址石坑背，负责人张极昌）办了两届。民国21年（1932年），国民政府将千家村的联英初小改设成珊瑚小学。民国27年（1938年），彩坑曾设立短期小学。民国28年（1939年），珊瑚小学改设成珊瑚中心学校。

新中国成立后，人民政府接管国民学校。新中国成立之初，除珊瑚中心小学外，华竹开办珊东初级小学，下坑开办珊南初级小学，彩坑开设彩坑初级小学。并设有华竹九竹分班、彩坑三潭分班，分别招收低年级学生。1953、1954年，珊瑚中心小学因恢复“四二学制”，原计划1953年毕业的学生分成1953年、1954年各毕业一部分，造成六年级因学生数少，不便独立开班，便并入官庄中心小学就读。1958年9月后，因乡、公社体制调整，学校名称随之变更。1958年10月，珊瑚中心小学更名为珊瑚小学。1961年秋，珊瑚小学更名为珊瑚中心小学。1963年9月，增设上园一、二、三年级三复式教学班。1964年9月，增设下坑河头一、二年级双复式教学班。1965年4月珊瑚归并至官庄公社后，珊瑚中心小学又改称为珊瑚小学。1965年9月，增设下田心一、二年级双复式教学班。1968年始，三所初小又先后升格为完小，校名分别为上杭县官庄公社华竹小学、上杭县官庄公社光辉小学、上杭县官庄公社前进小学。至此，当时的珊瑚片（华竹、上珊瑚、下珊瑚、下坑、彩坑）便有了4所完小，5个教学点。

1972年2月，随着学制改革，小学初中七年（小学五年初中二年）一贯制的推行，珊瑚小学附设初中班，校名更名为珊瑚学校。珊瑚片小学毕业生考上初中的全部到该校就读。因校舍不足，1973年小学毕业考上初中的学生到官庄中学就读。小学初中共设11个班，学生300余人，教职工23人。1974年9月至1981年8月，珊瑚片毕业的小学生除推荐上杭一、二中就读外，考上初中的又全部到珊瑚学校就读。1975年9月，因“珊瑚学校”校舍不足，无法容纳生员，增设上珊瑚、下珊瑚分校，供学前儿童和一、二年级学生就读。1982年8月，珊瑚学校附设初中班停办，校名复称为珊瑚小学，珊瑚片小学毕业生考上初中的复到官庄中学就读。1984年，光辉小学、前进小学分别更名为下坑小学、彩坑小学。1984年，下坑河头分班因师资不足停办，学龄儿童到下坑小学就读。

1987年7月，珊瑚再次从官庄乡分出，恢复珊瑚乡建制。1988年1月设珊瑚学区。珊瑚小学再次更名为珊瑚中心小学。学区管辖4所完小、5个教学点（珊瑚中心小学、华竹小学、下坑小学、彩坑小学、上珊瑚分校、下珊瑚分校、田心分班、九竹分班、三坛分班）。1989年9月，在长窖里开设河头分班，学生学籍归中心小学管理。1990年9月，撤销上珊瑚、下珊瑚分校。上珊瑚、下珊瑚村一、二年级学生归珊瑚中心小学就读。此时，珊瑚中心小学规模达 19 个教学班，800 余学生，教职工 39 人。1998 年因缺师资，河头分班停办，生源纳入中心小学。

2000 年后，由于人口出生率降低，学龄儿童随父母外出就读的人数增多，辖区内各校招生数和在校生数逐年减少，学区根据实际情况，为合理配置和利用教育资源，提高办学效益，报经县教育局审批同意后，2002 年 9 月，华竹、下坑、彩坑中高年级学生到中心小学就读，各小学教学点低年级学生到各校本部就读。2003 年 9 月，按上级部署撤销学区，原学区职能由珊瑚中心小学行使。2005 年秋，彩坑小学撤并。2007 年 9 月，华竹小学撤并。2010 年 9 月，下坑小学撤并。至此，全乡仅剩完小 1 所，即珊瑚中心小学。

2015—2016 学年，珊瑚中心小学有班级 6 个，学生总数 202 人，教师 26 人（其中往外交流 3 人）。

2001—2015 年珊瑚乡小学教育情况一览表

表 14–3

年份	校点数（个）	班级数（个）	学生总数（人）	招生数（人）	毕业数（人）	学龄儿童入学率（%）	教职工数（人）	教师职称（人）	
								小学高级职称	小学中级职称
2001	7	34	966	151	123	100	54	20	2
2002	7	32	876	125	189	100	51	19	3
2003	5	24	724	63	182	100	42	16	3
2004	6	23	590	60	179	100	41	13	3
2005	4	18	544	73	113	100	37	17	3
2006	4	15	490	65	95	100	35	16	2
2007	4	16	384	51	122	100	31	13	2
2008	4	9	384	51	132	100	25	10	1
2009	4	9	297	54	59	100	25	10	1
2010	4	9	273	51	37	100	29	10	1
2011	2	7	255	39	50	100	34	10	1
2012	2	7	242	45	43	100	30	16	1
2013	2	7	210	32	48	100	28	13	1
2014	2	7	199	40	34	100	25	14	1
2015	2	7	198	36	35	100	26	11	1

二、学　制

清末旧制高等小学，学童7岁入学，初等班学制五年，高等班学制四年。

民国11年（1922年）起，施行“四二学制”即初小四年，高小两年。

新中国成立后，小学沿用初小四年，高小两年的学制。1952年，政务院《关于改革学制的决定》颁布后，试行“初小三年，高小两年”的“五年一贯制”。1953年秋，教育部通知“五年一贯制”暂缓施行，恢复“四二学制”。“文化大革命”期间，贯彻“学制要缩短”的指示，全日制小学施行五年制。1969年，学校招生由秋季改为春季。1971年1月，当时的前进小学因提前一年实行五年制，该校五年级学生与其他学校六年级学生一同毕业。为使教育普惠学童，珊瑚中心小学还试行过半日制教学。1973年，恢复为秋季招生。1983年，国家教委通知小学恢复六年制，一直沿用至今。

三、课程・教材

（一）课　程

清末，小学堂除保留读经外，增设修身、国文、算术、历史、地理、格制、农业、体操、图画、书法等十余科。初小每周30节；高小每周36节，每节1小时。

民国时期，初小开设国语、算术、常识、图画、音乐、体育六门课程；高小加设公民(社会)、历史、地理、自然、劳作等课程。

新中国成立之初，初小开设语文、算术、图画、音乐、体育五门课程；高年级加设自然、历史、地理等课程。

1955年，增设手工劳动，改音乐为唱歌。

1963年起，设语文、算术、常识、劳动、思想品德（周会）。

“文化大革命”期间，文化课以语文、算术为主，图画、唱歌、体育次之，加设政治课、生产知识课、劳动课，其中劳动课占去大量课时，直接参加生产劳动。

1978年，开设政治、语文、数学、自然常识、体育、音乐、图画、班（队）会。

1981年9月起，算术改为数学，自然常识易名自然，增设劳动、卫生，四、五年级政治课取代思想品德，恢复地理、历史。

1988年9月起，开设思想品德、语文、数学、自然、体育、音乐、劳动、综合、地方、班（队）会，图画改为美术，地理、历史合并为社会。

2002年起，除语文、数学、体育、音乐、美术、劳动、班（队）会、地方外，一、二年级思想品德改为品德与生活，三到六年级思想品德与社会合并为品德与社会，自然改为科学，增设英语、信息技术、综合实践活动。2010年起，增设经典和写字。

附设初中班1972年起开设政治、语文、数学、工业基础知识、农业基础知识、历史、地理、英语、体育、音乐、美术。

1976年起开设政治、语文、数学、历史、地理、英语、体育、音乐、美术，改工业基础知识、农业基础知识为物理、化学。

（二）教　材

民国时期的小学教材，一般用国民政府教育部审定的商务印书馆印制的教材。

新中国成立后至1966年，采用全国统编教材。

“文化大革命”期间，1967—1968学年，语文没有统编教材，学生主要学习《毛主席语录》和“老三篇”（《为人民服务》《纪念白求恩》《愚公移山》）等。算术以学珠算为主。1968年后，语文、算术采用省编试用教材，体育、图画、音乐没有教材，只开设课程。音乐课唱语录歌和革命样板戏中的歌曲；图画课学画“大批判专栏”的刊头画或插图等。劳动课占去大量时间，直接参加“学农”等“勤工俭学”体力劳动。

1980年后，除地方课使用龙岩地区教育局组织编写的教材外，都用全国统编教材。

1985年后，随着九年义务教育的普及，学校根据上级教育部门统一规定，《品德》《语文》《数学》《音乐》《美术》采用人民教育出版社出版的教材；《综合实践活动》是上海教育出版社出版的教材。地方课采用福建少儿出版社的《海西家园》。

2002年始，《品德与生活》《品德与社会》《语文》《数学》，一、二、三年级的《音乐》，一、二、三、四年级的《美术》均采用人民教育出版社版本；四、五、六年级的《音乐》采用人民音乐出版社版本，五、六年级的《美术》采用岭南美术出版社版本；《英语》《信息技术》《劳动》采用福建教育出版社版本；《科学》采用教育科学出版社版本；《综合实践活动》采用上海科技教育出版社版本；地方课仍采用《海西家园》。

2011年推行新课标后，《品德与生活》《品德与社会》《语文》《数学》《美术》，一至五年级的《音乐》，为人民教育出版社的出版的义务教育课程标准实验教科书。六年级的《音乐》采用人民音乐出版社的；《英语》《信息技术》《劳动》采用福建教育出版社的；《科学》采用教育科学出版社的；《综合实践活动》采用上海科技教育出版社的；地方课采用自编校本教材《珊瑚韵》。

此外，2008年以后，根据县教育局安排，还加强国学经典的学习，如《大学》《中庸》《论语》等片段，《三字经》《弟子规》《笠翁对韵》《孝经》、古诗词等，其意在培养学生对古典文学的兴趣，传承中华灿烂文化，从中学习做人处事的方法、道理，发扬中华民族传统美德。

四、教学·教研

民国时期，小学教学语文以 识字、背书、写字（尤其是毛笔字）为主，算术教学注重珠算，教学方法多是“注入式”“填鸭式”。常识则照本宣科；图画用铅笔画简画；音乐就是教唱歌；体育也进行一般技能训练。午晚放学前，学生还要留下背书和认出用红笔写在手背上的生字，或做完算术练习作业（此法还可让学生家长验证子女有无逃学），书背不出或作业未完成的学生以及违纪的学生会被老师用戒尺打手心。

1952年，开始学习苏联教育家凯洛夫的教育思想。课堂上强调按“组织教学—复习旧课—讲授新课—巩固新课—布置课外作业”五个环节的教学方法。1961—1965年，较注重“双基”（基础知识传授、基本技能训练），重视文道结合。其间，1962年根据教育部颁布的

《全日制小学暂行工作条例》（即40条），整顿教学秩序，小学教育逐步步入正轨，但教育方法仍比较陈旧、基本上是按部就班，极少有教师从事教学研究。

“文化大革命”期间，教学强调政治挂帅，“学生以学为主，兼学别样，也要学工、学农、学军，也要批判资产阶级”。造成教学秩序混乱，学生上学形同虚设，教师无法正常教学。

1977年恢复高考制度后，特别是中共十一届三中全会以后，教育通过“拨乱反正”，正本清源，确定了“以教师为主导，学生为主体”的原则，提倡推行“精讲多练、讲练结合”的教学方法，注重培养学生良好的学习习惯。80年代后，学校成立教研组，加强先进教学理论、模式、方法的学习，教师综合素质有了极大提高，不少教师在教学的同时努力进行教育科学研究。1988年成立珊瑚学区后，教育科研工作抓得更加扎实。教师开始在市以上教育刊物发表教学论文。90年代初期，中心小学语文科开展“索引导学法”课题研究，取得预期成果，其论文刊发在1994年《福建教育》第5期上。

计算机教学

进入21世纪后，教师们深入研读各科《课程标准》，学习先进教学经验，转变教学理念，坚持“以人为本”，实施“自主、合作、探究”的合作学习模式，有效地促进教学质量的提高。随着2013年“班班多媒体”的开通，教学手段也有新的提升。

“六一”活动中展示兴趣小组成果

2008年始，学校深入开展“书香校园”经典诵读活动，每天安排15分钟晨读《大学》《中庸》《论语》等片段及《三字经》《弟子规》《笠翁对韵》《孝经》和古今诗词等，同时，开展美术、书法、舞蹈、篮球、乒乓球、象棋等各种兴趣小组活动。每逢“六一”元旦等重大节日，学校必举行经典诵读、写字、文体表演赛等，大大丰富课余生活，培养孩子们的个性特长。2010年，学校图书馆被福建省教育厅审定为“福建省小学示范图书馆”。2011年、2013年，均获得上杭县中小学文艺会演农村组二等奖。2015年，获上杭县中小学生合唱比赛农村组三等奖。

“六一”文艺演出

在抓好常规教学的同时，教师们注意练好自己的内功，坚持写读书笔记，坚持校本教研活动，取得明显的效果。1998年，综合实践课“可爱的家乡”被上杭县教师进修学校推为培训课例。2015年，综合实践课“走进梦宏居”受到市教育局普教室专家充分肯定。课题研究也有长足发展。2009—2011年，语文科课题“农村小学提高朗读教学有效性研究”获县二等奖。2011—2014年，数学科课题“农村小学学生计算能力培养策略的研究”获县三等奖。语文科2014年小课题“农村小学生习作素材的积累与有效利用研究”被市教育局普教室评定为“优秀课题”。2015年，语文科配合“特色学校建设”开展的小课题“开发乡土资源，丰富习作积蓄”研究也获市教育局普教室好评。

五、思想品德教育

20世纪60年代前，学校思想品德教育主要通过教师发掘教材的思想性，以课堂教学方式向学生进行革命传统教育、“五爱”（爱祖国、爱人民、爱科学、爱劳动、爱公共财物）教育。

1963—1966年，通过开展学雷锋活动（读雷锋日记，讲雷锋故事，师生走出校门到社会上做好事），引导学生学习和发扬雷锋热爱人民，永做革命螺丝钉精神从而对学生进行思想品德教育，并还通过开展学习刘胡兰、黄继光、董存瑞、邱少云、张高谦等英雄人物事迹的活动，引导学生树立热爱祖国、不怕牺牲的精神。

“文化大革命”期间，主要是通过学习《毛主席语录》和毛泽东的《为人民服务》《纪念白求恩》《愚公移山》（时称“老三篇”），学习之后写心得体会，开讲用会；学习英雄模范人物事迹、精神等形式进行思想品德教育活动。

1977年后，特别是中共十一届三中全会以后，国家教育委员会逐步制定《小学生守则》《小学生日常行为规范》。学校在贯彻落实守则、规范的同时，以“五讲四美三热爱”（即：讲文明、讲礼貌、讲道德、讲卫生、讲秩序；心灵美、语言美、行为美、环境美；热爱祖国、热爱人民、热爱中国共产党）为核心内容，对学生进行思想品德教育。

1991年后，在继续贯彻落实《小学生守则》《小学生日常行为规范》的基础上，主要以“坚持三个面向（教育要面向现代化、面向世界、面向未来），培养四有新人”（有理想、有道德、有文化、有纪律）为载体的主题教育活动，同时要求结合各科教材有机渗透思想教育。

2005年始，在使《小学生守则》《小学生日常行为规范》成为常规化思想品德教育的基础上，主要开展“著名苏区好学生”为主题的教育活动。

2009年10月起，遵循胡锦涛总书记在中国少年先锋队建队60周年大会上对全国少先队员提出的“要争当热爱祖国、理想远大的好少年；勤奋学习、追求上进的好少年；品德优良、团结友爱的好少年；体魄强健、活泼开朗的好少年，时刻准备着为建设富强、民主、文明、和谐的社会主义现代化国家贡献智慧和力量”的号召，学校主要开展“四好少年”的专题教育活动。

2011年始，学校总结以往经验，积极开展“美德少年”创星争先活动，并有效强化“著名苏区好学生”为主体的教育活动，借此抓好学生的养成教育。同时，注意以关注留守儿童为抓手，培养学生自主能力和同伴互助精神。

2012—2015年，坚持以社会主义核心价值观塑造师生灵魂，根据2014年习近平在庆祝六一时对教育部门开展德育工作提出的让学生从小“记住要求、寻找榜样、从小做起、接受帮助”“十六字”新要求，学校坚持以新版《中小学生守则》为依托，结合本校实际，以创建“挖掘乡土文化，继承传统美德”特色学校为载体，建立“心理咨询室”、少先队广播，规范升旗仪式，加强国旗下讲话的针对性，创设以《雷锋的故事、日记》《教育方针》《我们的榜样》《可爱的家乡》《我们的风采》《我们的成果》为主要栏目的围墙文化和“中华传统美德”的楼道文化（“围墙文化”“楼道文化”是指以围墙或楼道布置有积极意义的内容，对学生施以教育）；坚持开展“书香校园”经典诵读活动。丰富多彩的校园文化和浓郁的书香陶冶着师生情操，形成良好的“立德树人”氛围。同时，继续有效强化关注留守儿童工作，培养学生独立自主能力和互助合作精神。

六、小学简介

（一）珊瑚中心小学

上杭县珊瑚中心小学前身为创办于清光绪十二年（1886年）的观东书馆，迄今已有100多年的历史。1972年冬，附设初中班，改称为珊瑚学校。1982年初中班停办后称为珊瑚小学。1988年1月复称为珊瑚中心小学。20世纪90年代中叶学校最多班级时，有19个班，教职工39人，学生800余人。

校标

1988年1月成立珊瑚学区后，珊瑚中心小学校舍设备条件发生根本变化。1988—2015年，上级共拨款约400万元用于校舍建设。2015年，学校占地面积为6460平方米，建筑面积为4476平方米。校园因路分为南北二区。南为教学、办公之用，北作生活、运动之区。2008年始，二区以天桥相连。

2015年，学校现有在校学生200余人，6个教学班级，教职工26人。其中，特级教师1人，中学高级教师1人，福建省第三届“杰出人民教师”1人，市名师2人，县杰出人民教师1人，市县骨干教师3人。

百年风雨，栽桃育李，学子数千。学校坚持走素质教育之路，面向全体学生，促进学生全面发展，让学生学有所长。“文化大革命”前，这里走出的知名校友有胡亮光、陈嘉珍、陈景长、张锦辉、陈祥寿、陈加仁、陈光荣、陈先通、陈品玉等数十名。1977年恢复高考招生制度后，考取大中专的逾400

“希望之星”赠书仪式

人，其中博士生 6 人。众多行政官员、专家学者、致富能手，各级各类人才从这里迈出校门，走向全国，融入世界，为国家的建设、社会的发展做出积极的贡献。

学校长期以来浓厚的教研氛围，有效促进教师们的专业成长，从 20 世纪 90 年代至今，除已在市以上教研刊物交流发表教学论文 100 多篇外，从这里起步的教师已被评为特级教师的有 3 人，小学中学高级教师 6 人，市级名师 8 人。

上杭县委、县政府分别授予上杭珊瑚中心小学 2002—2003 年度，2009—2011 年度，2012—2014 年度“文明学校”；2010 年 4 月，学校图书馆被福建省教育厅评为“福建省小学示范图书馆”。2011 年 10 月，龙岩市教育局授予上杭县珊瑚中心小学“义务教育标准化学校”；2015 年 3 月荣获上杭县教育局“2013—2014 学年中小学绩效考核暨素质教育目标管理评估（小学组）”三等奖。

（二）华竹小学

新中国成立初，华竹设立珊东初级小学。校址先在九华铺民生公祠，后迁彩九公厅堂里。1950 年，迁至大门背厅堂后，又搬至鸦丘子上立升公祠改称九竹初小（一至三年级）。1962 年，在九华铺的彩九公厅堂增设九华分班。1964 年，官庄教育辅导站根据当地人口分布情况，决定小学校本部设在九华铺山口门上，分班设在九竹大坪里。1968 年，九华校本部扩大为完小，更校名为华竹小学。

1989 年下半年始，由时任华竹村委书记蓝思煌、村主任蓝子珍积极牵头，利用争取到的市教委下拨的“八一”洪灾救助款 1 万元及他方支持，在九华北面岭下公路边征地建砖木结构校舍，学校迁至新址。1990 年，集资将大坪里的九竹分班，迁至竹子垄的楼子下（仓背坑）的蓝菁祠与蓝葱祠之间。90 年代是华竹小学鼎盛时期。校本部设有 7 个班（含附设幼儿班），学生达 100 余人，教职工共 9 人。1995 年，时任龙岩地委书记赵觉荣到校视察，亲自题写“珊瑚华竹小学”校名。1996 年，通过多渠道集资 20 多万元，将砖瓦房教室改建成一栋占地面积近 200 平方米的砖混结构教学楼，并建了校门、围墙，校园内设有篮球场、乒乓球台等。图书、仪器等教学设备基本符合“六项督导”要求。

2000 年后，学校生源严重不足。2002 年 9 月，九竹分班并入校本部就读。2005 年 9 月，撤并华竹小学中高年级学生到中心小学就读。2008 年秋季，华竹小学被撤并，全村小学生就读珊瑚中心小学。

（三）下坑小学

民国 25 年（1936 年），国民政府在胡屋岗张开芳私人小厅办起一、二年级复式班。民国 30 年（1941 年），张广烘、张仰中（校长）做通张姓村民思想工作，筹资建校。民国 35 年（1946 年），学校迁至张家祠堂前。新中国成立初，改为珊南初级小学。1964 年，因教室泥墙裂缝，在张鹤润家厅堂上课。1964 年，创设“河头分班”（一、二年级复式），地点在河头胡锦通家楼厅。1966 年春起，分班实行“走教”（上午横滩詹氏宗祠，下午河头陈增起厅）。1969 年，官庄教育辅导站与大队一同研究决定征用农户粪寮、闲屋，新建一所完小。学校有教室 4 间，住房 4 间，厨房 1 间，均为泥墙，占地总面积达 1600 平方米，校名为光辉小学。全校教师 5 人，学生 100 余人，二、三年级为复式教学。1984 年，随着村名恢复，校名更为下坑小学。

1997年12月，村集资兴建一栋坐北朝南建筑面积为269平方米的两层砖混结构教学楼。张瑞从捐款1000元用于建造大门等。校园有了围墙，校内操场面积1347平方米。设有篮球场、乒乓球台等。图书、仪器等教学设备基本符合“六项督导”要求。当年，学校有7个教学班（含附设幼儿班），学生120多人，教师7人。

2000年后，学校生源严重不足。2005年9月，下坑小学中高年级学生撤并到中心小学就读。2010年下半年，下坑小学被撤并，全村小学生就读珊瑚中心小学。

（四）彩坑小学

民国27年（1938年），彩坑曾设立短期小学（公办）。1950年春，人民政府在梁屋宗祠办起彩坑初级小学（一、二年级复式），有包括武平中堡饶屋在内的10多个学生。三年级以上学生到悦洋或珊瑚就读。1961年夏天，学校移至梁屋太金生书堂（私塾）。1963年秋，学校先后移至祠堂“新厅下”“圆厅下”、华生楼上等处。1969年，办起五年制完全小学，校名为前进小学。在“上塅”（原大队部）由大队组织各生产队出工出材兴建了三间泥墙教室和两间学生宿舍。由于校舍不足，前进小学1970年四年级的学生、1971—1973年四至五年级的学生，1974年五年级的学生到珊瑚小学就读。1976年冬，由大队学校共同牵头在张屋上坪征地，生产队投工投劳建土木结构教室4间，学生宿舍2间，厨房、膳厅各1间，校园占地面积650平方米。1977年冬投入使用。

1984年秋，随着村名恢复，校名更为彩坑小学。

1990年秋，组织派梁华福到校任校长，梁亮明（时任彩坑村干部）等人牵头，村合力动员群众拆除梁屋罗墩风水庙，分摊责任田，捐工捐资在大榕树下建5间砖木结构标准教室，并开辟有50米直跑道和200米环形跑道的大操场。

1995年冬，因金山水电厂蓄水库区会淹没新建校园，移民部门补偿、教育局下拨部分资金，其余由乡政府、教育局联系香港同胞沈炳麟捐资20.4万元，历时两年多，至1998年秋，在本村河头纸钱岗（上岗）新建起近800平方米的主体工程三层砖混结构教室12间，以及厨房、膳厅、厕所等附属房近100平方米，还建了校门、围墙。校园内设有250米环形跑道、篮球场等体育活动场地，还按“六项督导”基本要求配置图书、仪器等教学设备。主楼依香港同胞沈炳麟意愿以其母亲芳名命名为“恩美楼”。

恩美楼

2000年后，学校生源严重不足。2003年秋开始，中高年级学生到中心小学就读。2005年秋，因建金山水库，彩坑移民至上杭城区，彩坑小学就此撤并。此后，彩坑的学生（含部分未移民的）基本上到上杭城关各学校就读。

第四节　中学教育

一、学校设置

1972年春，珊瑚小学附设初中班，学制两年，春季招生。1973年恢复秋季招生。1978年恢复初中三年学制。1982年秋附设初中班停办。其间1973年春，因校舍不足，珊瑚附设初中班不招新生，当年小学毕业考上初中的珊瑚学生到官庄中学就读。

1988年，珊瑚乡开始筹办珊瑚中学（初中）。乡政府成立以副乡长陈增初任组长的中学筹建组。1988年年底完成选址，基本完成征地并开始推土。1989年1月，由陈贵坤（副校长，主持工作）、胡庆梅等人组建中学基建组。政府拨款10万元作为启动资金，配套10吨平价钢材指标。1990年夏，9间教学楼、3间房间及师生厨房、教师膳厅、师生公厕建成，当年招生。

珊瑚中学校园总面积11860平方米，校舍面积2945平方米。1992年，学生204人，6个教学班，教职员工20人。2003年，学生612人，11个教学班，教职员工30人。2007年，学生283人，6个教学班，教职员工20人。

二、教　学

珊瑚中学，采用的是全国统编教材。开设的课程有政治、语文、数学、物理、化学、历史、地理、外语、生物、体育、卫生、音乐、美术、劳技、信息技术等科目。

1993、1994年，珊瑚中学中考六科成绩中数理化等四科成绩连续两年进入全县前六名。其中1994年在校学生250人，考入中专和重点高中43人。1994年起，周边的官庄、旧县、湖洋等乡镇都有送学生来珊瑚中学就读。1998年，中考上县重点中学一中线5人。2004年，中考上县重点中学一中线的就有11人，超过全县农村中学的平均水平。

1994年，珊瑚中学获上杭县委、县政府初中毕业班“四率”达标先进单位奖。1994年，获龙岩地区农村独立初中“四率”评比第四名。2003年7月，获中共上杭县委“先进基层党组织”称号。2004年7月，获“2003—2004年度上杭县初中目标管理考评三等奖”。

1992年，校长罗元春获龙岩地区教育局“优秀教师”称号。1995年，校长胡发俊获省教育厅“先进工作者”称号。

1990年秋至2008年春，珊瑚中学毕业了16届2000多名初中毕业生。其中陈书贵获取俄亥俄州克里夫兰大学医学生物学博士学位，胡国锋获取香港中文大学经济学博士学位。

2008年秋，珊瑚中学停办。

若干年份珊瑚中学基本情况一览表

表 14–4 单位：人

年份（秋季）	班级数（个）				学生数				教职工数	教师数
	合计	初一	初二	初三	合计	初一	初二	初三		
1990	1	1	0	0	53	53	0	0	8	17
1991	4	3	1	0	123	—	—	0	13	11
1992	6	2	3	1	204	—	—	44	20	17
1993	8	3	2	3		—	—	—	—	—
1994	8	3	3	2	250	—	—	—	24	—
2001	10	4	3	3	511	186	172	153	31	29
2002	10	4	3	3	534	188	183	163	28	25
2003	11	4	4	3	612	250	182	180	30	27
2004	10	3	4	3	605	184	241	180	29	26
2005	10	2	3	5	520	114	176	230	23	19
2006	7	2	2	3	355	76	110	169	21	19
2007	6	2	2	2	283	99	75	109	20	18

第五节　职业教育与扫除文盲

一、职业教育

1958 年，官庄创办农业中学，至 1968 年停办。其间，1958 年 9 月至 1961 年 5 月，1965 年 4 月始，珊瑚两度隶官庄，珊瑚少数学生到官庄农业中学就读。

1987 年 7 月，珊瑚又从官庄分出恢复乡建制。至 2015 年，未再办职业学校。学生主要靠境外乡镇或城市办的职业学校接受职业教育。

二、扫除青壮年文盲

1950 年 3 月，千家村利用祠堂、大厅或其他闲置房办起 10 个扫盲班，2 个速成识字班，学员达 400 多人。1956 年后，各村都相继办起扫盲班、速成识字班。教员由村里聘请高初中毕业生和社会知识青年担任。学员学的主要课程是《常用字》，也教唱一些现代歌曲等。上课时间一般利用晚上，时称夜校。那时候，学员们的学习劲头足，白天干活，晚饭后，点着松光火（松明子）、竹篾火把或东洋灯（煤油灯）去上夜校。“文化大革命”期间，各生产队均办有政治夜校，一边读《毛主席语录》，一边学文化，主要学习生产生活相关文字和知识。

1985年，珊瑚隶属官庄乡，当年上杭县组织人员对青壮年扫盲情况进行检查验收，官庄青壮年文盲脱盲率为79.8%。1987年7月，珊瑚恢复乡建制。1994—1997年，根据上级部署，珊瑚乡开展扫除青壮年文盲工作，教材使用县统编教材，小学教师兼职扫盲，珊瑚青壮年脱盲率达93.8%。

到2000年，全乡基本扫除青壮年文盲，并通过市、县教育部门的评估验收。2008年，启动新一轮的扫盲。根据新的情况，由各小学安排教师采用集中办班、送教上门、包教包会等多种形式。至2010年第六次人口普查时，全乡50周岁以上人口文盲率降到2%以下，15周岁至50周岁文盲率降到1%以下。

第六节 教 师

一、队 伍

明清时期，一般的民间私塾教师由家族聘请秀才、贡生等担任。民国时期，教师实行聘任制。小学校长由县政府委派，教师由校长聘请，教师主要是当地的师范、中学毕业生。

新中国成立后，人民政府对民国时期在职的教师经审查后合格的大部分继续留用，还吸收一些中学和高小毕业生当教师。后来，随着普师、幼师、师专、师大毕业生的分配，教师队伍得到充实。20世纪50年代，还择用初高中生为代课（含顶编代课）、民办教师。20世纪六七十年代，学生数猛增，而师范、师专毕业生较少，师资队伍严重不足，学校录用大量的民办教师，师资结构变化较大。1979年底，停止录用民办教师。1980年起录用了不少临时代课教师。

中共十一届三中全会以后，国家重视教师队伍建设。鼓励民办、代课教师考入师范院校就读或通过函授、进修、自学考试等提高学历层次。1981年起，对中小学民办教师进行业务培训、考核。依据考核成绩，逐年择优吸收转为公办教师；凡考核不合格，不胜任工作的予以辞退。1987年7月，珊瑚乡仍有小学民办教师6人。至1995年年底，民办教师已全部转正。至此，珊瑚中小学结束使用民办教师的历史。20世纪五六十年代录用的顶编代课教师基本已直接转为公办教师；1980年后录用的代课教师除部分考入大中专院校就读的其余按约解雇。

2015—2016学年，珊瑚中心小学小学教师26人，其中，小学中学高级教师1人，小学高级教师11人，一级教师10人，未参加评级的4人，全部具有相应教师资格，全部教师获得信息技术证书。幼儿教师和保育员等共16人（其中公办教师6人，自聘保育员8人，保安2人）。

若干年份珊瑚乡小学教师获市级及以上教育教学成果奖一览表

表 14–5

姓 名	获奖时所在学校	获奖名称	获奖时间	颁奖单位
陈芳英	珊瑚中心小学	龙岩市小学科学课堂教学观摩评比活动三等奖	2013.05	龙岩市教育局
汤发权	珊瑚中心小学	2014 年第四届“中国人寿杯”少年儿童绘画作品展龙岩市优秀少儿美术指导老师	2015.01	龙岩市教育局
陈福文	珊瑚中心小学	指导学生获龙岩市第六届规范汉字书写大赛小学二组（硬笔类）二等奖	2015.01	龙岩市教育局
陈育红	珊瑚中心小学	指导学生获龙岩市第六届规范汉字书写大赛小学二组（硬笔类）三等奖	2015.01	龙岩市教育局
谢玉祥	珊瑚中心小学	指导学生获龙岩市第六届规范汉字书写大赛小学二组（硬笔类）三等奖	2015.01	龙岩市教育局
汤发权	珊瑚中心小学	指导学生获龙岩市“中国人寿杯”绘画作品展二等奖	2015.01	龙岩市教育局

若干年份珊瑚乡小学教师论文（市级及以上）发表（或获奖）情况一览表

表 14–6

姓 名	论文题目	时间(期)	级别	发表(或获奖)刊物
黄毕年	让学生自己诊断自己	1993.6	CN	小学教学研究
李赠华	写字课型四种	1993.11	CN	上海教育
	“改旧导新”作文训练初探	1997.5	CN	教师之友
胡和春	“在仙台”备课要点	1988	CN	小学教学研究
	“手”自学能力训练设计	1988	CN	小学语文教师
	作文教学要做好四个转化	1988	CN	上海教育
	“手”自学能力设计	1988	CN	小学教学
	“落花生”精微美	1988	CN	小学教学研究
	农村小学教研工作的现状与对策	1988	CN	小学教学研究
	作文教学的命题改革	1988	CN	小学语文教学
	开动感官，获得美感	1989	CN	教师之友
	应用心理规律改进命题方法	1989	CN	小学教学研究
	对高年级语文复习的几点看法	1989	CN	小学教学研究
	以“孩子”为焦点导读“穷人”	1990	CN	教学研究

续表 14-6

姓　名	论文题目	时间(期)	级别	发表(或获奖)刊物
陈育红	“三改一评”改进作文批改	1987.4	CN	四川教师之友
	复式班作文教学“四性”	1989.4	CN	小学语文教学
	表扬的学问	1988.3	CN	浙江教育
	让学生多写劳动作文	1990.1	CN	浙江教育
	作文教学“内耗”反思	1990.12	CN	福建教育
	重视积累，提高实效	1994.1	CN	小学教学研究
	“索引导学法”实验概略	1994.5	CN	福建教育
	“索引导学法”程序	1995.1	CN	福建教育
	积学储实，造就一代创新人才	1998.8	CN	陕西教育
	激活学习兴趣，推进普通话教学	1999.9	CN	中学语文教学
	根据语文学科特点，强化科技知识教育	1999.12	CN	福建教育
	小学作文教学艺术	1993.13	CN	云南教育
	略读教育科研的主动参与和论文撰写	2000.1	CN	语文教学之友
	“索引导学法”初探	2000.7	CN	福建特级教师名师论教
	教研十忌	2000.9	CN	福建教学研究
	实学活考，化苦为乐	2004.5	CN	福建特级教师名师论教
	对答卷背后“水土流失”现象的反思	2008.11	CN	小学语文教学
	举“三”反“一”又何妨	2011.11	CN	小学教学研究
	以趣促练，提质增效	2013.2	CN	福建教育研究
	刍议写字的有效教学	2013.6	CN	福建教学研究
	破解“泛积累”，提升利用力	2014.3	CN	中国教师与教育教研
	浅读学困生的解“困”之道	2015.1	CN	福建特级教师名师论教
	开发乡土资源，丰富习作积蓄	2015.4	CN	福建教育研究
	“先学后教”勿忘“有效导学”	2015.11	CN	福建教学研究

续表 14–6

姓 名	论文题目	时间(期)	级别	发表(或获奖)刊物
胡坤开	培养儿童勤俭节约的意识	1994.11	CN	班主任之友
	《野炊》作文教学设计	1994.10	CN	全国三等奖
	下水文《我和奶奶》	1995.10	CN	福建省三等奖
	概括段意五法	1996.1	CN	学习报
	小学生应养成良好的写作习惯	1996.10	CN	小学生作文辅导
	时机 艺术 效果——家访三部曲	1997.5	CN	闽西日报
陈利洲	指导学生引用古诗	1988.11	CN	上海教育
	以学生习作指导学生习作	1989.2	CN	小学教学研究
	语文作业设计要“三个针对”	1989.5	CN	小学教学研究
	《曼谷的小象》的审美教学	1989.9	CN	教学月刊
胡铨通	活跃思维，发展智力	1991.11	CN	教师之友
	主动参与，创新发展	2003.9	CN	教师之友
	开而弗达—三角形面积教学设想（与胡炜合作）	2001.5	BN	获陕西教育《教坛新论》论文评比优秀奖
	培养自主与意识，激发学生学习兴趣	2003.6	市级	市论文汇编 14 期；获市论文评比一等奖；获《小学教学参与》举办的第三届“面向新世纪”全国小学论文大奖赛二等奖
陈福文	“五用”学生资源 造就精彩课堂	2009.9	CN	学生之友
	加强实践，训练语感，提高效益	2011.5	省级	省二等奖
	把握校本教研基本特征，促成课程改革稳健推进	2012.11	市级	市级汇编
	挖掘乡土文化 开发校本课程资源	2013.4	CN	学生之友
	阅读教学中语感培养四法宝	2014.4	省级	省一等奖 省汇编
	顺乎规律，倡导仿写	2014.4	市级	市一等奖 市汇编
	利用教材资源，体悟语言规律，提高语用能力	2015.1	CN	吉林教育

续表 14-6

姓　名	论文题目	时间(期)	级别	发表(或获奖)刊物
陈　尧	小学数学探究性学习初探	2007.6	市级	市教育学会论文汇编
	教学和谐情为桥	2008.5	市级	市教育学会论文汇编
	在数学课中如何创设悬念情境来激发学习兴趣	2009.5	市级	市教育学会论文汇编
	低年级数学如何引导学生收集信息	2011.5	市级	市教育学会论文汇编
胡庆生	小学生课外古诗阅读例读	1999.10	国家级	全国“烛光杯”论文赛二等奖
	挖掘教材潜力，发挥德育功能	1998.5	市级	市论文赛二等奖
	我和周老师	1995.3	国家级	全国教师下水文赛二等奖
	趣诵诗文巧育文	2013.7	CN	学生之友
蓝远英	五重，让古诗教学富有诗意	2005.1	CN	语文学习报
	有效积累，提高学生的语文素养	2008.5	市级	汇编
	加强口语表达，培养思维能力	2010.4	CN	提前读写报
	拓宽渠道，引导学生与文本有效对话	2012.5	CN	小学语文教学
	语文课堂教学创新例读	2012.12	省级	汇编并获一等奖
王媛华	活中求实，动中求质	2012.9	市级	汇编
陈冬香	还文本一个正确价值	2013	CN	学生之友
梁晓龙	当好四员　力促发展	2013.4	省级	教育学会
	抓好简算教学的四个“着力点”	2013.11	市级	教育学会
胡　忠	强化语文实践　促成能力提高	2013.6	市级	汇编
陈启通	感乎其心　表情于声——新课标下语感培养策略谈	2014.6	市级	汇编
胡水祥	让数学课堂洋溢生活的芬芳	2013.6	市级	汇编
蓝桥春	让数学教学插上情感的翅膀	2014.4	省级	教育学会
	奏好三部曲　师生同发展	2014.7	省级	教育学会
	让生活为数学注入生机	2015.6	CN	新时代教育
谢玉祥	以画激趣引说写——低年级写话教学尝试	2014.4	市级	教育学会
何水英	教学中的“数与代数”	2014.4	省级	教育学会
蓝松锋	依托实践　诱导发问	2015.10	CN	中小学教学研究

说明：珊瑚中学教育教学成果及教师论文奖缺资料

二、待 遇

（一）政治待遇

新中国成立前，学校教师实行聘任制，教师职业不稳定，也没有政治地位。新中国成立后，党和政府重视教育。教师的地位提高，有不少教师光荣加入中国共产党。有的被选为党代表或人民代表。中共十一届三中全会以后，对新中国成立后历次政治运动中受打击、迫害造成冤假错案的教师落实政策，给予平反昭雪，恢复名誉，恢复工作；对超过退休年龄、符合退休政策和身体欠佳教师给予办理退休。1985 年，国家规定每年 9 月 10 日为教师节，此后学区牵头（2003 年后，由珊瑚中心小学牵头）每年适时召开会议，乡党委、政府派领导参加会议，对评选的优秀教师进行奖励表彰，对困难教师进行慰问。

（二）经济待遇

民国前，珊瑚的私塾先生薪水微薄，有穷人教社学（明、清时期的地方小学）之说，先生的薪水是以谷代薪，一般每个先生一年 20 桶至 30 桶稻谷（200~300 公斤），由学生家长按学生人数分摊负责。民国时期，小学老师的报酬由乡公所征收的税收中提取支付。

新中国成立初，小学教师实行实物工资制，每月折合大米计算，人均 70 公斤左右。1952 年，实行工资分制，每月 110~130 个工资分；每个工资分折合人民币 0.22 元上下浮动。1956 年，实行工资改革，分教师级、行政级，按定级领薪，小学教师月平均工资 43.22 元。1960—1979 年，对教师工资进行部分调整。小学民办教师每人月工资 18 元（其中 2 元生产队记工分），中学民办教师每人月工资 21 元（其中 2 元生产队记工分）。1981 年，公办教师工资全面提高，人均月增 7 元。1985 年，实行职务工资加工龄、教龄补贴的工资制度，人均月增资 20 元左右。1987 年后，实行教师职称评聘制度，教师按职称拿工资。2006 年 7 月，进行工资制度改革，规定教师工资不低于当地国家公务员工资的标准，教师工资大幅度提高。2011 年，中小学教师人均月工资普遍在 3500 元以上。除此之外，教师还享受国家公费医药、县财政医疗补助、住房补贴及每月 50 元山区补贴。满 30 年教龄的退休教师其退休金按 100% 发放。2014 年 11 月后，满 35 年教龄的教师退休金由社保发放领取原工资 90%。

第七节 设施与经费

明清时期，一般借用祠堂、公厅或贤人绅士或进步团体捐建的专门学堂为办学点。一般没有规范的教室和黑板，有的桌椅由学生自带。私塾学堂“观东书馆”初创时，陈宗荣裔孙建有上下两厅，上厅为两层楼（楼厅设有魁星点斗，供学童初入学时朝拜），造回廊式教师宿舍及教室共 21 间，厕所 1 间。陈宗华裔孙在“观东书馆”南又建厅堂 3 座、房间 3 间，在“观东书屋（馆）”左角建厨房 1 间。

民国时期兴办的珊瑚联英小学以观东书馆为校舍，学校总占地面积约为 1400 平方米，学校体育活动场地用陈氏始礼、始达鸳鸯祠前面的空坪。这是当时当地最完整的可供师生教学与食宿的寄宿制小学。

1955—1988年，珊瑚中心小学所在地上珊瑚村、下珊瑚村，先后发动村民捐工献料，建起了土木结构的教室及教师宿舍等。

1955年，在鸳鸯祠背后新建泥墙教室3间。“文化大革命”期间，拆除“观东书馆”所有建筑及鸳鸯祠，南北两边新建2栋一层土木结构教室7间，西南边建一层同顶东西对开式教师宿舍12间，南边西向建同顶南北反开式教师宿舍4间；在校门村道北边征地兴建了一座大礼堂，校园占地面积增加到2849.9平方米。

1971年，学校在南校园以东围墙为西墙建初中教室2间，学生宿舍1间。1976年，又在大礼堂的东西两侧由上珊瑚、下珊瑚大队摊工摊料分别建土木结构教师宿舍2间，初中班教室2间。1985年由官庄学区下拨款项，拆除大礼堂西边教师宿舍2间，初中班教室2间，新建砖混结构两层教室4间。1988年下半年，集资及教育局补助部分将原学校南边西向同顶反开式教师宿舍4间和东向土木结构教室4 间拆除，新建上下两层土木结构师生宿舍16间。

1989年开始，通过政府拨款，群众捐工捐资等形式，对学校土木房结构的教学用房及生活用房等实施改造。同时，对部分校址作了必要的调整（或扩容或撤并或迁移），以顺应学校发展的需要。1991—1993年，接受福建省龙岩地区实施义务教育“六项督导”评估。1993年，实现小学“一无二有”。学校的体育设施和器材，教育仪器，图书和自然实验仪器，基本达到Ⅱ类、Ⅲ类学校的要求。

1989年开始，珊瑚中心小学通过用学校学农基地换地、征地等办法，向校门村道的北面拓宽3800余平方米。拆除大礼堂、下珊瑚六一队谷场、上珊瑚联新队谷场等。通过群众集资、上级补助，共投入20多万元，历时7年，分期建造起建筑面积为501平方米的三层共21间砖混结构教室。从此，珊瑚中心小学以村中大路为中轴，路南称南校区（今为教学区），路北称北校区（今为生活区）。1991年珊瑚中心小学有校园面积7860多平方米。1996年，学校发动当地群众捐资，改建南校区西南边同顶对开式教师宿舍，变单层为两层，变12间为15间，并将北向第2层整合出96平方米的教师会议室。2002年，学校争取到县政府拨款，拆除南校区北边和西边一层泥墙旧教室7间，新建一栋建筑面积1680平方米，总造价80多万元的5层框架结构教学楼。

因连续多次遭受强台风、强降雨袭击所致，2006年6月1日晚9点30分左右，南校区南边土木结构东边一间（二层）学生宿舍倒塌，导致3名女生死亡。灾情发生后，时任上杭县委书记的赖继秋等人当晚第一时间赶到现场了解情况，部署处理善后问题。政府及社会各界广泛关注。后由政府牵头，省、市公安系统、省建设银行等单位捐资共120万元，拆除北校区西1985年建造的砖混结构两层4间教室（已属危房），新建一栋建筑面积699平方米的3层框架结构学生宿舍楼；拆除在南校区东面1980年建的初中教室及学生宿舍，新建一栋建筑面积633平方米的3层框架结构综合楼。2006年7月拆除南校区南边的1988年建的土木结构师生宿舍及在此之前建的所有土木结构房。

2007年11月9日，厦门集美大学工程机械学院捐赠珊瑚中心小学电脑20台。2010年，上级拨款 20 万元，当地胡金祥、陈利泰、陈利众、陈武彩等 21 名有识之士捐资近 2 万元，建一座横跨村中大道的长 15 米宽 4 米的天桥，使南校区与北校区相连接。2012 年 9 月，北校区东割地 1400 平方米让珊瑚中心幼儿园独立建园。2013 年 11 月，上级拨款 80 万元，拆除北校区已属危房的 1989 年所建三层 6 间砖混结构教室，新建建筑面积为 480 平方米的三层框架结构学生食堂宿舍综合楼。2015 年 11 月，上级拨款 120 万元，拆除北校区已属危房的 1989 年所建三层 6 间砖混结构教室，新建建筑面积为 648 平方米的三层框架结构学生宿舍楼。

至 2015 年年底，珊瑚中心小学的校园面积 6460 平方米，其中体育场面积 3716 平方米。有校舍面积 3140 平方米，有藏书量达 10895 册的图书馆，还有计算机教室、音乐室、美术室、书法室、科学实验室、劳技室等各种器材室。各式仪器均按一类标准配备。建起了校园网，实现了班班通。有教师专用电脑 23 台，有 118 平方米的多媒体教室和七个功能齐全的教室、电子阅览室等，为教育现代化提供良好的条件。中心小学南校区、北校区都建有围墙、校门。

珊瑚中心幼儿园设施详见幼儿教育。华竹小学、下坑小学、彩坑小学设施，详见小学简介。珊瑚中学设施，详见中学教育。

附：珊瑚乡教育基金会

1989 年，经珊瑚乡人大会议讨论通过，决定成立珊瑚教育基金会，以助教奖学。基金会由陈增初（珊瑚乡原副乡长）任会长。基金会资金来源主要有两个方面：全乡农户每个人口缴稻谷 1.5 公斤；在珊瑚乡工作的公职人员每人每年交 50 元。1991 年，将教育基金总金额 7600 元借给珊瑚中学，用于中学基建等，后因中学未偿还，乡教育基金中断运作。

2007 年 10 月，在陈育红、胡铨通、陈利洲、胡庆梅、陈育辉、陈伟文等教师积极倡导，珊瑚乡党委书记刘喜华、人大主席林水仁、副乡长陈德连等大力支持下，开始筹建珊瑚乡教育基金会。

2007 年 12 月 31 日，由陈德连牵头召开会议，研究筹办事宜。2008 年 2 月 2 日，刘喜华在年终总结会上向到会乡村干部作捐资动员，现场捐得 6550 元；之后，陈德连与陈育红又赴上杭参加同乡会，向乡贤们提出捐资倡议，得到乡贤支持，至 2 月 19 日，共筹集 12800 元。3 月 1 日，刘喜华、林水仁、陈育红赴龙岩参加官庄珊瑚同乡会，筹集 5900 元。此外，陈育红利用春节及节假日走家串户筹措资金，至 3 月中旬，筹集到 18750 元。至此，共筹集到 44000 余元，为基金会的设立奠定一定基础。

2008 年 3 月 21 日，乡党委、政府召开会议。刘喜华、林水仁、陈德连等出席。会议研究确定了珊瑚乡教育基金会理事会成员、基金会宗旨、资金筹集渠道、资金管理原则等事项。会议决定：1.刘喜华、林水仁为珊瑚乡教育基金会名誉会长，陈德连为会长，陈育红为常务副会长，胡铨通、陈利洲为副会长；胡庆梅理事负责财务，陈育辉理事保管银行存折。其余各村现任村主任为理事。2.基金会宗旨：一是以奖励考取大学的家乡学子，补助其中特困家庭学生为主，同时，对本乡中小学获得县以上各项比赛二等奖及以上的学生和指导教师给予奖励。二是所有理事会成员均为义务工，筹资及参加相关活动不计报酬。3.资金筹集渠道。乡政府以本金10万元的10%利息金的形式，每年拨转1万元给基金会；上珊瑚、下珊瑚村以本金1.5万元的10%利息金的形式，每年拨转1500元给基金会；华竹、下坑、彩坑村以本金1万元的10%利息金的形式，每年各拨转1000元给基金。这1.6万元作为该会可动用资金。其他资金向社会筹集。4.资金管理原则。资金由筹资人交存折保管人存入珊瑚信用社（后为农商行）；密码由财务管理人设定。需要支款时，财务与存折保管人同时前往支取。基金可以月利率1.20%贷出，分季度交息，但受贷人必须是珊瑚乡60岁以下成年人，并要有一名以上60岁以下在珊瑚境内的珊瑚籍国家工作人员做担保人，方可贷出。

2008年6月，基金会开始正常运转。2008—2011年，乡村每年投入基金16000元。2011年，由于人事变动及理事会成员年龄原因，对理事会成员进行调整。由乡长蓝春金任名誉会长，乡党委宣传委员蓝瑞洲为会长，陈育红继续负责筹资、奖教助学金发放并保管存折，中心小学陈启通协助财务结算。

2012年起，乡党委、乡政府对乡村投入进行改革，不再以本金付息形式拨入，而根据社会生活水准的提高逐步增加。2013年，乡投入2万元。2014—2015年，乡政府拨入基金会2万元（2016年，乡政府拨基金会经费增至3万元）。各村投入也随之翻倍。珊瑚籍企业家、乡贤以及外籍企业家捐款增加。

2007—2016年，基金会奖励考上本一的学生80人、本二的200人；扶助特困生15人；奖励教师144人次，学生90人次。现存基金34万余元。

珊瑚乡教育基金会得以正常运作，得益于历届乡党委、政府和各村“两委”的关心与扶持，父老乡亲的尽力相帮，外出乡贤的鼎力赞助，县内外有识之士的慷慨解囊。这一“以教兴乡”的善举，极大地激励家乡学子勤奋学习、奋力拼搏和教师们安心山区教育的积极性。

第八节　学校管理

民国时期，小学行政事务、教学业务由上杭县教育主管部门负责管理。

新中国成立后，小学行政事务、教学业务由上杭县教育主管部门负责管理。

新中国成立后，珊瑚与官庄分分合合。1987年前的学校管理主要由官庄、珊瑚的教育辅导站、学区负责。

1987年7月，复设珊瑚乡。1988年1月成立珊瑚学区，学区设校长、党支部书记、总务、语文、数学辅导员各1人，负责行政领导、教师人事安排、教学业务辅导等。1988年3月，珊瑚学区提出了拓宽珊瑚中心小学北校园、调整华竹小学等部分完小和教学点的校址、建好珊瑚中心小学及设立中心幼儿园，完善其余各完小和教学点的建议。此办学意见得到县政府、县教育局的批准，得到珊瑚乡党委、政府及所在村“两委”的大力支持，并付诸实施，为后来珊瑚教育事业的发展打下坚实的基础。

2003 年 9 月，珊瑚学区归并到珊瑚中心小学。由珊瑚中心小学行使原学区行政管理职能，实行一套机构两种职能。中心小学设校长、副校长；下设教导处、德育处、总务处、办公室。各小学设校长、教导主任、总务主任，少先队辅导员。

中学实行党支部领导下的校长负责制，下设教务处、政治处、总务处。

珊瑚中学历任领导名录

表 14–7

姓　名	职　务	任职时间
陈贵坤	副校长兼党支部书记	1989.01—1990.08
罗元春	校长兼党支部书记	1990.08—1993.08
胡发俊	校长兼党支部书记	1993.08—1997.08
林华春	校长兼党支部书记	1997.05—2002.10
范怀琳	校长兼党支部书记	2002.10—2008.08

珊瑚学区历任领导名录

表 14–8

姓　名	职　务	任职时间
陈　尧	校　长	1988.01—1992.09
胡集阳	书　记	1988.01—1989.07
陈伟文	书　记	1989.05—1992.09
陈利洲	书记、校长	1992.10—1993.08
陈启斌	校　长	1993.09—2003.08
陈利洲	书　记	1993.09—2003.08

珊瑚中心小学历任校长名录

表 14-9

姓　名	任职时间	姓　名	任职时间
张极昌	1932.08—1945.08	罗开桃	1971.02—1972.08
张广厚	1945.09—1947.08	胡集金	1972.09—1976.08
陈兴麟	1947.09—1949.08	蓝振钦	1976.09—1982.08
钟绍文	1949.09—1950.08	胡集阳	1982.09—1985.08
胡步青	1950.08—1954.08	林锦先	1985.09—1986.08
何恒馨	1954.09—1959.08	陈子香	1986.09—1987.08
吴银发	1959.09—1962.08	胡集阳	1987.09—1987.12
蓝道生	1962.09—1965.08	陈启斌	1988.01—1992.08
蓝永良	1965.09—1966.07	陈育红	1992.09—1998.08
胡思汉	1966.09—1967.08	陈汝钰	1998.09—2003.08
陈祥钦	1967.09—1968.08	蓝文桥	2003.09—2006.10
胡思汉	1968.09—1969.08	林桂龙	2006.11—2012.07
王世贤	1969.09—1971.01	蓝桥春	2012.08—

珊瑚华竹小学历任校长名录

表 14-10

姓　名	任职时间	姓　名	任职时间
钟日民	1968.09—1977.08	胡建生	1989.09—1991.08
蓝道生	1977.09—1979.08	蓝炳兴	1991.09—2001.08
梁振斌	1979.09—1986.08	陈启通	2001.09—2002.08
张集从	1986.09—1988.08	胡庆灿	2002.09—2003.08
胡庆梅	1988.09—1989.08	张晚生	2003.09—2005.08

珊瑚下坑小学历任校长名录

表 14–11

姓　名	学校名称	任职时间
石玉明	光辉小学	1969.09—1974.08
胡思汉	光辉小学	1974.09—1979.08
陈福和	光辉小学	1979.09—1980.08
陈加玉	光辉小学	1980.09—1983.08
陈兆金	下坑小学（1984 年更名）	1983.09—1991.08
胡建生	下坑小学	1991.09—1994.08
陈汝钰	下坑小学	1994.09—1995.08
张集从	下坑小学	1995.09—1997.08
胡建生	下坑小学	1997.09—2005.08

珊瑚彩坑小学历任校长名录

表 14–12

姓　名	学校名称	任职时间
李崇章	前进小学	1969.09—1971.08
林桂兴	前进小学	1971.09—1972.08
张集从	前进小学	1972.09—1982.08
陈永华	彩坑小学（1984 年更名）	1982.09—1986.08
梁华福	彩坑小学	1986.09—1988.08
陈相健	彩坑小学	1988.09—1990.08
梁华福	彩坑小学	1990.09—1992.08
胡庆梅	彩坑小学	1992.09—1995.08
陈汝钰	彩坑小学	1995.09—1996.08
梁华福	彩坑小学	1996.09—2003.08

第十五章　文　化

珊瑚文化源远流长，已发掘面世的夏商周时期牛笼岗、新寨子岗遗址网络格纹陶片，显示出古越族人创造的文化。宋元以后，随着客家人从中原南迁，中原文化与土著文化、畲族文化逐步融合。随着汀江航道的贯通、驿道的开辟、教育的发展、科举制的推行，文人学子队伍不断壮大，推动文化的发展繁荣。

民国时期，毛泽东、朱德等无产阶级革命家率红军到珊瑚从事革命活动，同时传播先进文化，“梦宏居”“思龙堂”、下田心围屋等红军驻地，留下大量红军标语，它们是书写在墙壁、木板上的史诗。珊瑚革命群众利用民间文艺宣传革命道理，激发乡民参军参战、建设苏维埃的热情，留下了弥足珍贵的红色文化财富。

新中国成立后，隶属官庄乡（公社）时，官庄设立文化站，建立有线广播站，组建电影队，文化事业得到不断的繁荣发展。

1987 年 7 月珊瑚恢复乡建制后，文化机构逐步健全，文化活动中心（站）、农村图书室、老人活动室、老人俱乐部、电视差转台等文化设施不断完善，文化事业呈现繁荣景象。

第一节　民间文艺

一、民间文学

（一）民　歌

民歌又称山歌。珊瑚民歌是运用客家方言的口头文学，具有客家人的语言特色、鲜明的地方特色和浓郁的乡土气息，成为民间表达思想感情的文艺形式，在群众中世代相传，表现出强大的艺术生命力。

传统的山歌题材以抒发男女之间的爱情为主题，亦有控诉封建婚姻、阶级压迫等，内容丰富多彩。山歌的语言朴素生动。歌词主要是七字一句的“四句头”山歌，一、二、四句押韵，通俗高亢，音调宛转、节奏优美。山歌手广泛运用“比”“兴”的修辞手法，通过形象的比喻、恰当的夸张达到很好的艺术效果。优秀的山歌手大多即兴编唱。

山歌的演唱形式有单唱、对唱等。有时男女在山上田间劳作，兴趣所至便对唱起来。“千家村人爱唱歌，好比秤杆不离砣；唱得凤凰来相对，唱得汀江也来和”。山歌以风情浓郁的乡土气息、形象逼真的比喻夸张、精炼流畅的方言俚语、婉转悠扬的韵调，唱出人们的心声，增添了许多乐趣，丰富了村民的文化生活。“口唱山歌走四方，只带山歌唔带粮；肚饥山歌当粥饭，口渴山歌当茶汤”，充分反映了珊瑚人对山歌的喜爱。珊瑚山歌中，数量最多且最富艺术性的就是情歌。如：“郎有心来妹有心，铁杵磨成绣花针；郎系针来妹系线，针行三步线来寻。”这首山歌直接把男女不分离的恋情比作“针”和“线”，通俗易懂，情真意切，形象生动。山歌有时还成为解开夫妻心中疙瘩的妙药。有这样一对，有一天，丈夫见到妻子砍柴回家，上衣后背有黄泥，怀疑妻子有外遇，于是便放声而唱：“今朝斫柴咁昼归，斫担柴子两头齐；嘴子微微有道理，背脊心里有黄泥。”妻子知道老公怀疑自己，张口便回：“阿哥讲话莫敢癫，今朝碰上落雨天；上岭斫柴冇容易，一淌一滑面向天。”老公见老婆如此灵通，回答得天衣无缝，一场误解便烟消云散。

土地革命战争时期，珊瑚人民创作不少革命民歌，内容有劝郎当红军、拥军优属等，如“红旗插出五角星，送 偓情郎去当兵；到哩前方爱勇敢，练好本领杀敌人”。下珊瑚村蓝五姑组织的一支民歌队，借唱民歌常串演于乡间，宣传革命道理。

新中国成立后，人们经常利用民歌宣传中国共产党的方针政策、法律法规，宣传男女平等、尊老爱幼、计划生育、改革开放等。

20 世纪五六十年代，民歌唱得较好的有胡明现（显）、蓝六妹、陈启昌、林雨连、陈兰金姑、陈三妹等。

2013 年，上杭县举办山歌大赛，珊瑚乡获全县第三名，陈作球、郭立华分别获“优秀山歌手”称号。

（二）童　谣

珊瑚童谣具有童谣、客家童谣的基本特征，又有珊瑚地方特色。它以客家话为创作、演唱语言、强调格律和韵脚，取材于日常生活事务，通常以口头形式流传；具有句式多样、声韵活泼、情趣盎然、意境清新、朗朗上口，易记易传等特点；表现手法有拟人、对答、比喻、夸张、顶针、排比等。它往往以奶奶教孙儿、母亲教儿女、一代一代往下传。吟唱中，优美的旋律、和谐的节奏、真挚的情感、神话般的意境，给儿童以美的享受和情感的熏陶。童谣为儿童的启蒙诗歌，在开发儿童智力、激发儿童的想象力等方面起重要作用。《月光光》等为童谣佳作。

（三）故事传说

珊瑚的民间故事传说，以口头叙述的形式流传，题材广泛，内容多样，富含哲理。《毛泽东、朱德在千家村》《学台过珊瑚》《胡月广、陈瑞玉、陈书香欲实现珊瑚北水南引》《陈福兴、陈贵兴同胞兄弟分别中文武秀才》《钟宝三的故事》《九一和尚的故事》《陈相彝单枪匹马进武北抓土匪》《陈继昌乐善好施》《软角牛硬角牛》《陈必正巧医疑难杂症》等故事，深受老少喜爱，广为流传。这些故事，或警示后人、催人奋进、启迪智慧，或宣传忠厚廉洁、乐善好施、知恩图报，或宣传革命道理，无不给人以裨益。茶余饭后，村民在树荫底下，或月明之夜，三五成群聚在一起，讲故事，听故事，精神抖擞，余味无穷。

（三）谜　语

民间猜谜活动俗称“打典”。谜语通常分“谜面”和“谜底”两部分。谜面是将谜底的特征用非常概括的几句话说明；谜底是指所猜中的东西（通常指物品或字）。如谜面“爬篮般大，爬篮般圆；拿来一称冇一钱（打一物）”，谜底是“蜘蛛网”。

珊瑚流传的谜语，有的为当地人士创作，有的从外地传入，其中如谜底为蜘蛛网、老鹰、十分好笑、连登科甲、筷子、吸水烟筒等谜语，贴近生活、生动形象，通俗浅显，阅（猜）后，余味无穷。

（四）民间熟语

珊瑚流传的民间熟语有谚语、歇后语。

谚语内容丰富，有的反映人情世态和社会生活，如“吃唔穷、着唔穷、冇划冇算一世穷”“人恶人怕天唔怕，人善人欺天唔欺”“你有初一，我有十五”；有的总结人类对自然规律的认识，如反映气象类的“朝霞雨、晚霞晴”“初一落雨初二晴，初三落雨烂泥坪”；有的反映时令节气类，如“春分秋分日夜平分”“大雪小雪，烧火冇停歇”；有的总结人类日常生活和生产经验，如：“子女唔读书，不如养大猪”“学懒三日，学勤三年”。这些谚语含义深刻、短小精悍、生动形象、富含哲理，在群众中广为流传。

歇后语可分为前后两部分：前面叙述事情、现象；后面指出结果、实质。如“老鼠钻进风箱——两头受气”“猫公抓到糍巴——唔脱爪”。歇后语因其具有浓郁的生活气息，幽默风趣，为珊瑚人民所喜爱。

二、民间音乐

（一）十 番

十番又名“十班”，即农村的器乐演奏组织，它的演奏形式多为坐姿。基本乐器有竹笛、洞箫、琵琶、三弦、扬琴、二胡、大小嗙（pang）胡、吊龟、秦琴（亦称六角琴、鼓子琴）、筝、夹板等。20世纪80年代后，有的班子还增加电子琴、吉他等西洋乐器。笛子为领奏乐器，掌板者指挥、掌握节奏。与十班相配套的打击乐器有碗锣、小钹、铜钟、碰铃等。珊瑚的十班音乐除了坐姿演奏外，在迎神扛佛、婚丧喜庆时也有边行进边演奏的。乐队在进行比较正规的演奏时，在开头每曲之首一般都有演奏《八板头》。

十班音乐的“串曲”代表曲目有《南祠》《北调》《过江龙》《春串》《刮耳风》《关公巡城》《状元游街》《迎仙客》《渔家思》《八角楼》《上上尺》《麻姑晋酒》《赏花》《水波浪》等；民间小曲有《十二月古人》《瓜子仁》《十月怀胎》《卖杂货》《补缸》《九连环》《洒金扇》《螃蟹歌》《姑嫂看灯》《孟姜女》《凤阳花鼓》《湘子化斋》《大小风筝》《闹五更》《割韭菜》《排十字》等。

20世纪80年代后，乐队经常演奏一些经典歌曲，如《十送红军》《南泥湾》《红梅赞》《敖包相会》《茉莉花》《九九艳阳天》《阿里山的姑娘》《走进新时代》《春天的故事》《为了谁》《天路》《我的中国心》等。

90年代后，上级文化部门重视农村文化建设，拨款村级购置一些乐器。

珊瑚民间十番音乐爱好者代表人物主要有：上珊瑚村的陈香生、陈洋文、胡培胜、胡庆文、胡先玉、胡先富、胡发春，下珊瑚村的主要有陈相健、陈作球、陈利书，陈利英。陈相健组建的珊瑚民乐队较为活跃。每遇村里迎神扛佛、春节喜庆、结婚、乔迁、欢送新兵入伍，民乐队提供服务。

进入 21 世纪后，十番音乐爱好者大都是六七十岁的老人，年轻人大多不愿意学习乐器演奏，后继乏人。

（二）五音鼓乐

五音鼓乐珊瑚俗称“鼓手班”，它起源于明末清初，为乡间民俗祭祀、庙会、婚丧喜庆所用之民乐，是广大群众喜闻乐见的民间乐器演奏形式。主要乐器是唢呐。五音鼓乐每班 6~8 人，唢呐主奏，分上手、下手，民族管弦乐器协奏。演奏的曲牌大都是民间小曲、汉剧西皮、二黄声腔以及各种串调，适合于婚丧喜庆活动演奏。喜事吹奏《郭子仪拜寿》《天官赐福》等；丧事吹唱《三十六哭》《八角楼》《唐太宗游地府》《焦赞祭主》等。代表曲目有十番音乐用的串调和民间小调。鼓乐班属职业性的音乐组织，一般在人们婚丧喜庆时受雇演奏，亦常在传统节日或迎神打醮时演奏。

进入 21 世纪，活跃在珊瑚境内的主要有陈元林与官庄林玉能等人组建的鼓乐队。

（三）树叶吹奏

树叶吹奏是民间艺人的特技。他们随便摘一片树叶便能吹出十分动听的歌曲，一般较薄、有弹性的冬青树叶是树叶吹奏的首选材料。上珊瑚村的陈香生、下珊瑚村的陈相健、陈利书对树叶吹奏艺术深有研究。陈相健技艺较高。

三、戏剧 · 曲艺

珊瑚当地没有发展形成独特的戏剧、曲艺艺术形式，往往是通过学习借鉴外地的艺术形式进行文艺宣传活动。

（一）戏　剧

20 世纪五六十年代，县、乡政府重视通过文艺宣传队宣传党的的方针政策，珊瑚掀起组建文艺宣传队排演歌话剧的热潮。当时，上杭文工团还特地到上珊瑚文艺宣传队教了三天，乡村文艺宣传队搞得红红火火。较有代表性的是 1967 年由陈作球、陈相健、胡先富、陈兰金姑，珊瑚小学教师刘裕良等组成珊瑚文艺宣传队，刘裕良任导演。当年，编排《江姐》参加上杭文艺会演大赛获一等奖，随后还到官庄、武平中堡等周围乡村演出，备受观众赞誉。

1972 年，由陈相健、陈作球、胡庆梅、陈富贞等人组成珊瑚文艺宣传队。陈相健为《杜鹃山》谱曲并担任导演。《杜鹃山》在本域及官庄、中堡、悦洋等地演出，观众啧啧称羡。

另外，20 世纪六七十年代珊瑚小学还与上珊瑚、下珊瑚合作，由陈作球、陈相健、陈利书、胡先富等 20 人组成文艺宣传队，编排《长征组歌》到武平、长汀、本县多地演出；编排现代京剧《红灯记》《智取威虎山》《沙家浜》（时称“样板戏”）及歌剧《刘三姐》等片段，在本县及武平、长汀演出，深受赞誉。

1976 年 12 月，上珊瑚文艺宣传队（由陈尧、胡富德、胡桥春、胡怀春、陈金玉妈、胡紫金、胡新新等人组成）在上珊瑚竹背队演出《智取威虎山》《刘三姐》《红灯记》《沙家浜》等片段，获群众好评。

(二) 曲　艺

1. 竹板歌

竹板歌系用客家方言演唱故事的一种民间曲艺。旧时竹板歌的演唱者多为走村串户的乞丐或盲人，故亦称讨食歌。歌词多用七字句，四句为一段。它在说唱时带有竹板伴奏，歌曲悠扬、动听。一般由一人或一男一女演唱。传统的伴奏乐器为四块竹板、双手分执，有单击、联珠、拉锯、刮板等击板手法，音乐清脆悦耳，偶尔还加一把二胡伴奏。演唱内容分短歌和长歌：短歌以互不关联的单首为主，多为祝贺吉祥如意的话语；长歌以叙事体的有人物、有情节的长篇故事为主。传统节目有《赵玉麟》《梁山伯与祝英台》《十里亭》《十劝郎》《十劝妹》《排十字》《倒十字》《佛教劝世文说唱》等。新中国成立后，人们给竹板歌注入了新的内容，用竹板歌宣传党的方针政策，歌唱家乡新面貌等，增强了宣传效果，深受人们的喜爱和欢迎。

2. “三句半”

“三句半”为珊瑚民间群众喜爱的传统曲艺表演形式。“三句半”由四人表演，前三句每人一句，叙事，后半句一人点题。前三句一般每句七字，后半句通常是二三字。一、二句与后半句尾音押韵。演者朗朗上口，听者舒心惬意。陈育红创作兼导演，陈作球、胡建生、陈富贞、陈利光主演的《政策惠民万家乐》《万众一心奔小康》，2012 年 12 月 28 日在通贤乡举办的上杭西北片区农民文化体育节上表演；《追梦路上凯歌扬》，2015 年 9 月 22 日在珊瑚乡举办的上杭西北片区农民文化体育节上表演，均获好成绩。

四、民俗歌舞

(一) 龙　灯

元末明初，舞龙灯在珊瑚民间盛行。舞动的龙，一般由龙头、龙身、龙尾三个部分组成。有九节黄龙、七节龙和五节龙。龙头为一节，龙尾为一节，龙身若干节。各节由竹篾扎成，色纸粘贴，配有图案，黄布连接，各节有木棍支撑，每节由一人舞动。

新中国成立后，龙灯作为一种体育与舞蹈相结合的娱乐活动，境内一直流行，尤其是每年春节，上珊瑚胡氏裔孙的“七节黄龙”，活跃在境内外各个村庄。1956 年、1957 年正月，珊瑚龙灯队在珊瑚陈姓、胡姓打醮时演出精彩的节目。“文化大革命”期间，龙灯活动停止；1976 年后恢复。由 7~9 人舞动的长龙在大街上游行时，家家户户燃放爆竹迎接。龙灯在鞭炮声中起舞翻腾热闹非凡。表演时，还配有鼓、大钹、铜钟、梆子等配乐。龙灯入屋时则由领队高呼：“龙灯入屋、买田造屋”等好话，房主则送红包挂于龙头酬谢；退出房主家时则由龙尾先行。“黄龙入屋”象征吉祥，深受人们的欢迎。旧时，表演者一般没有统一的服装；改革开放后有统一的服装，一般表演者扎头巾，着缀有花边的便衣，裤子短、大，脚穿布鞋。

上珊瑚胡氏裔孙的龙灯队主要成员有胡思光、胡思彝、胡思义、胡思成、胡瑞春、胡革春等人。1988—1990 年正月陈姓、胡姓打醮时，珊瑚龙灯队举行了舞龙灯活动。

(二) 船　灯

清嘉庆（1796—1820 年）后，珊瑚境内始有“打船灯”。

船灯用竹片或木条（21 世纪后，多用铝合金管焊接）制成船的形状（无底），长约 3 米，宽约 1 米，船桨大小、厚度、长短适当。船身由布或彩色纸粘贴，画上各种图案，装扮华丽。

珊瑚人“打船灯”，主要为了表达“接丰收、庆太平、度佳节”的喜庆之情，反映青年男女的爱情故事等。船灯一般由四人表演，一人藏于“船舱”操纵“船只”，“船头”为艄公，“船尾”为艄婆，一个丑角扮纤夫。表演时以“船模”“船桨”为道具，说唱和音乐相互配合。通过四人高度默契的一系列动作，传神地表现“江上行船”的艺术效果。

船灯调式通俗，常以《八板头》起奏，《渔家乐》《上滩》《下滩》为主歌，穿插演奏《十二月古人》等几十种小调。伴奏乐器主要有二胡、扬琴、笛子、六角琴等。

船灯在表演艺术形式上不断创新，不但以老调配新词，宣传党的方针政策，而且在表演技巧上也力求做到喜闻乐见，喜形于色，即兴而作，间有道白，诙谐可笑，深受群众喜爱。船灯的表演时间多在节假日的白天进行。春节期间，船灯表演尤为活跃，从大年初一开始，一直到正月底，除在本地演出外，还到外村演出。

1953 年，上珊瑚村、下珊瑚村合作办起珊瑚船灯队，随后华竹村也由蓝子光等人组建船灯队。珊瑚船灯队当初主要由胡才英、胡芬现、胡富昌、胡培胜、陈炳初、陈洋文、陈三妹、胡德光等人组成。

1954 年正月初十日陈屋打醮时，珊瑚船灯队在背屋（珊瑚小学）演出；同年，该队参加上杭县政府举办的全县船灯大赛，获第一名。1956 年，该队参加才溪区公所举办的船灯大赛获第一名。1955—1957 年，珊瑚船灯队除在当地打醮等重大活动时演出外，还到上杭湖洋、才溪、旧县、白砂、城郊和武平的中堡、永平、桃溪等地演出，深受群众欢迎。1958 年因“大跃进”，珊瑚船灯队活动暂停。

1958 年，珊瑚小学组建船灯队（由胡开宗、胡桂英、郭芳华、陈瑞有等人组成）到回龙、官庄、新风、华竹、下坑、彩坑演出获好评。

1972 年后，珊瑚小学重新组建船灯队，参加该船灯队先后有陈相健、陈育红、陈富贞、胡新新、陈春金妹、胡秀金妹、胡荷秀等人，陈相健任教练。

1976 年后，上珊瑚、下珊瑚、华竹又组织起船灯队。下珊瑚的船灯队由陈占金、陈育红、陈相健、陈作球等人组成。1976—1985 年，上珊瑚、下珊瑚船灯队每年正月初七（圩天）参加官庄公社（当时珊瑚隶属官庄）文化站组织的船灯会演，多次获第一或第二名。其间，船灯队还给单位及群众拜新年。

1987 年珊瑚恢复乡建制后，船灯队一直活跃在境内。1988 年、1989 年、1990 年正月在珊瑚陈姓、胡姓打醮时也举行舞龙灯活动。他们还到旧县、湖洋、城郊和武平的中堡等地演出，受到当地群众的欢迎。

2015 年，在珊瑚举办的上杭西北片区农民文化体育节上，珊瑚船灯队（陈富贞扮艄公、蓝莲香扮艄婆）出席表演，获得好评。

附：关于船灯起源的传说

一、清代顺治帝祭澄江毕，急回京都。忽然风浪大作，无法过江，渔翁奋勇摆渡送帝至对岸。帝回京后便命乐府作《渔家乐》曲牌，并赐金匾“渔家乐”一块和夜明珠一颗，为渔家造福。渔家为了感谢皇恩，便编成渔歌，乘水路至京都盛赞皇上，皇上龙颜大悦，遂准其在民间广为传播。于是，便渐渐演化成客家独特的民间娱乐戏目。

二、清乾隆皇帝微服私访巡游江南，来到福建沿海某地时，投宿于一渔船上，船夫和其孙女俩盛情接待。闲聊之中，乾隆皇帝获悉渔家饱受渔霸欺凌，不得温饱，动了恻隐之心，特赠夜明珠一颗，还亲笔题赠“渔家乐”金匾和“圣旨”金牌各一悬挂于船头，在金匾下两旁各竖龙柱，以示威严，并把夜明珠挂上船尾。尔后，渔霸不敢再欺凌渔家，渔家因有夜明珠之光，即使黑夜也可出海捕鱼。后人根据这一传说，设计出“船灯”歌舞表演。

（三）舞　狮

舞狮分双狮、单狮、青草狮等数种。双狮由二人组合而成：一人擎狮头；一个牵狮尾。单狮只有一人掌控。珊瑚一带均属双狮。

舞双狮前台由四人操作，一人擎狮头、一人牵狮尾、一人扮猴子、一人扮大头禾。后台锣鼓三人，一个掌鼓、一个打锣、一个击大钹。狮锣鼓一般分紧板、慢板两种锣鼓点，紧板紧促；慢板舒缓。先打紧板，狮子按鼓点的快慢进行舞蹈。进入“驯狮”阶段改用慢板，大头禾手持一支小扫帚（代表灵芝草）与狮子“梳理鬃毛”、“搔痒”。狮子也和大头禾嬉戏。有时大头禾骑在狮子背上，有时狮子把大头禾掀个四脚朝天。到猴子上场，舞狮就进入了高潮。猴子狡猾，大头禾憨厚，每次较量，大头禾输多赢少，引来观众阵阵笑声。

舞狮完毕，进行“练打”（兵器格斗）。他们用的兵器主要有耙头、钩刀、铁尺、藤牌等。开头由耙头对钩刀或钩刀对铁尺。打到精彩处，刀光闪闪，甚为惊险。藤牌状如农民用的斗笠，中间有一把柄便于抓握。藤牌手右手握短刀，左手持藤牌。高明的藤牌手，能把整个身子缩进藤牌内，像一阵旋风向前滚动，滚入骑兵阵内，专砍敌方马足，使敌骑兵闻风丧胆。

清嘉庆年间（1796—1820 年），下珊瑚坎下的陈思光武功好，善打狮，他挑选陈振辉裔孙组成舞狮队，传授舞狮技艺。其舞狮队常到长汀、武平、连城及本县各乡村演出，受到赞誉。这支舞狮队的第六代传人有陈继良、陈继存、陈继坤等人。新中国成立前失传。

清末民初，珊瑚的舞狮活动活跃。20 世纪 20 年代，官庄、回龙、珊瑚三乡雄狮比赛，官庄一个狮队、回龙两个狮队、珊瑚一个狮队（下坊舞狮队，陈必得为头），比赛场几十个木桩，高的两三米，珊瑚狮队武功高强，大显身手，上下飞腾，获得第一。

彩坑有两支舞狮队。一支是张姓舞狮队，这支舞狮队的最后传人是张百松、张百天、张银茂等人。另一支是梁姓的能金细哥等人组织的舞狮队。每年春节或逢重大节日除在当地进行舞狮活动，还到才溪、通贤、南阳等地表演。

上述舞狮队在新中国成立前失传。

1957 年，珊瑚小学胡集阳、陈相健、胡开宗、陈必科、陈启有等人曾组建舞狮队，到回龙、官庄一带演出，获得好评。1958 年停办。

第二节　文化设施 · 主要活动

一、设　施

新中国成立前后，珊瑚群众利用住房众厅或露天大坪搭舞台以作演出之用。1967 年，上珊瑚村、下珊瑚村在村部各建演出台一个。1970 年，上珊瑚村与下珊瑚村将拆去半天山庵和庙坝五谷庙的砖瓦木料搬到珊瑚小学北邻建土木结构礼堂一栋，可安座位 1300 个，供放电影和剧团演出。1989 年因建珊瑚小学拆除。1967 年，下坑建土木结构礼堂一栋，可安座位 500 个。后因建下坑小学拆除。

1995 年，上级拨款新建占地 200 多平方米的珊瑚综合文化大楼一栋（2015 年此文化综合大楼改作珊瑚农商行使用）。2003 年后，上杭县文化部门给各行政村拨款 2~3 万元，建老年活动室和农家书屋，上珊瑚、下珊瑚、华竹、下坑、彩坑村都设有老年活动室和农家书屋，备有扑克、棋类、报纸、杂志，安排人员值班定期开放。

上珊瑚村退休老人胡景光，自己花钱在家中办起“科技书屋”。读书屋有各类科技藏书 400 多册和农科教 VCD，订阅《闽西日报》、《科技报》等报刊近 10 种，年接待农民读者 2000 余人次。2004 年，该书屋被市委宣传部、市文明办和文化出版局联合授予“龙岩市基层文化中心示范户”。

2015 年，有广播电视站 1 个。

二、会演 · 调演

1976 年 5月，由老师陈育红组织珊瑚小学文艺宣传队参加上杭县会演，获县农村组一等奖。

2011 年 11 月，珊瑚中心小学文艺队由指导老师张丽云带队，参加上杭县文艺会演，获二等奖。

2012 年，组织珊瑚乡代表队参加上杭县第一届西北片区农民文化体育节，珊瑚表演太极拳、船灯、舞蹈、三句半等文艺节目。

2013 年 11 月，珊瑚中心小学文艺队由指导老师林利秀带队，参加上杭县文艺调演，获二等奖。

2015 年，珊瑚中心小学文艺队由指导老师林利秀带队，参加上杭县中小学生会合唱比赛，获农村小学组三等奖。

三、外来剧团演出

1988 年，安徽马戏团到珊瑚演出马戏、杂技一场。

1991 年，河南杂技团到珊瑚演出马戏、杂技一场。

1996 年 6 月，河南杂技团到珊瑚演出杂技一场。

2010年，河南杂技团到珊瑚演出杂技一场。

2011年，安徽马戏团到珊瑚演出马戏一场。

四、创　作

（一）诗　文

明崇祯甲申年（1644年），胡应春（字念山）作仙师宫运气签诗30首，珓签诗28首。

清顺治七年（1650年），临济宗僧九一到圆通寺，著有《圆通山各咏》七律32首。

康熙十九年（1680年）、二十年（1681年），上杭籍著名诗人刘坊两次到圆通寺，写诗赞美珊瑚自然风光和圆通寺寺庙建筑。

清嘉庆五年（1800年）前后，魏紫作风吹伞亭赋诗，此诗载民国版《上杭县志》，诗人描述了山野美景和重修成功风吹伞亭的喜悦心情。

清末民初，胡见新作《珊瑚十二景》诗。民国时期陈惟占作《七言俚句三首》。

第二次国内革命战争时期，毛泽东、朱德等老一辈无产阶级革命家，数次率中国工农红军到珊瑚，宣传中国共产党的方针政策，宣传土地革命和建立苏维埃政权，梦宏居、思龙堂、下田心围屋等红军驻地，留下大量红军标语，它们是刻在墙壁、木板上的史诗。

下珊瑚村人陈东彩，1987年龙岩师专毕业后，利用教学之余进行文学创作，在《南疆诗刊》《中国诗歌》《闽西日报》等报刊发表诗歌及对联20余首。

下坑村人张荣华，1996年起在部队服役期间及转业地方工作后，发表新闻稿件、散文、诗歌、杂文等上百篇。

20世纪80年代中期起，部分外籍人士创作反映珊瑚名胜古迹、风土人情的故事传说等作品。主要有钟巨藩的《圆通山胜景话今昔》，温云远的《上杭“珊瑚”地名的来历》（刊于2006年3月31日《闽西日报》）、《诗话圆通山》（刊于2015年3月28日《闽西日报》）、《亲民知县——胡月广》等。

2015年8月16日，龙岩市作家协会、上杭县文联、上杭县作家协会、上杭县摄影家协会和珊瑚乡党委、乡政府在珊瑚乡联合举办“清新水源·和谐珊瑚”文学笔会，30多名本籍和外籍作家、摄影家参会。期间，他们创作了许多反映珊瑚名胜古迹、风土人情的诗文。主要有刘少雄作《珊瑚之歌》，温文茂作《雨中梦宏居》，余小明作《红军标语》，游阶章作《传奇珊瑚》，邹泉生作《圆通山怀古》，江启文作《圆通山上说圆通》，唐宝洪作《只缘身在此山中》，傅林清作《诗意栗子湖》，黄镇坤作《怀水一样的情怀》，张强福作《清新珊瑚》，华敏作《栗子湖随想》。

（二）对　联

对联创作讲究平仄与对仗。对仗有“工对”与“宽对”之说。“工对”要求每个字平仄、词性、词结构都要相对（相同或相反）；“宽对”则要求不那么严格。对联的上联（也叫出句）最末一字一般用仄韵，下联（也叫对句）最末一字用平韵，不能两字同时用平韵或仄韵。

珊瑚人民素有创作对联的传统，各村均有喜爱撰写对联的人士，其中有不少佳作，有的在龙岩市、上杭县举办的对联竞赛中获奖。同时，珊瑚运用对联十分普遍，每逢春节，家家户户都要张贴春联；婚丧喜庆、人事应酬都广泛运用；庵堂庙宇、风景名胜楹联亦琳琅满目。这些楹联集教化、观赏、审美于一体，有着深厚的文化底蕴，有的体现敬祖重教、崇先报本的理念，有的展示淳朴厚重的民风，有的激励后代子孙“修身齐家”的美好愿望。

（三）书　法

明代至清中期，珊瑚经济文化发展水平较低，文盲、半文盲人口占绝大多数，识字者、能用毛笔书写应用汉字者甚少。清中期至民国时期，随着经济社会的发展，少数有一定文化的人逐渐对书法艺术产生兴趣，涌现一些有较高书法水平的人士，这可以从现存古民居的石刻楹联、牌匾中得到体现。珊瑚小学教员、千家村上畲陈贵阑（1911—1952），善行草书、隶书等，在下珊瑚的陈兴麟厅堂、上珊瑚的陈永禄、陈永樟厅堂墙壁等处留有他民国29年（1940年）左右的手书真迹。

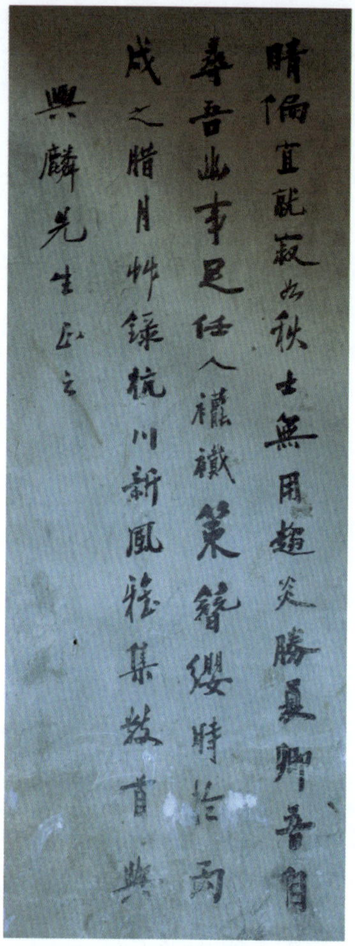

陈贵阑作于下珊瑚陈兴麟厅堂的书法真迹

新中国成立后，随着人们受教育程度提高，书法爱好者增加，逐步涌现出酷爱书法并有较高艺术水准的人士。其中，彩坑村梁星华，书法作品参加全国性征稿中多次获奖，现为全国书法家协会会员。福建省书法家协会会员、上珊瑚籍陈文祥（1959—2009），书法作品多次在福建省公安系统书法、美术、摄影作品展览中获奖。福建省书法家协会会员、下坑村人张家贤，书法作品多次参加书法赛事并获奖，入编多部书法作品集，部分作品被海内外书法爱好者收藏，现为上杭县政协书画室特聘书画家。江西省书法家协会会员陈易伦（祖籍珊瑚），长期临毛泽东诗词字帖，对毛体书法情有独钟；2011年，被中国毛体书法家协会评为“现代中国毛体书法名家”；书法作品多次参加全国性书法赛事并获奖。下坑村人张集从，作品多次参赛获奖，部分作品入选《全国书画大赛作品集》，现为龙岩市老年书画艺术协会会员。

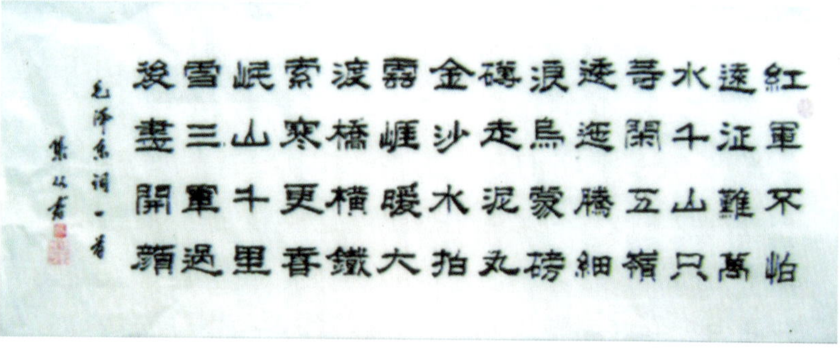

张集从书法作品

（四）美　术

民国时期，下坑张子贞（1916—1968，号化然）擅作画，鸟兽花卉人物，点染入神。民国30—31年（1941—1942年），他与蓝家渡画家合作在珊瑚陈文玉祠厅堂两侧画有《二十四孝图》。张子贞还在上珊瑚陈永华、胡增有、胡宝进厅堂两侧画有《八仙过海》图。曾在厦门、漳州、泉州和台湾等地举办个人画展。

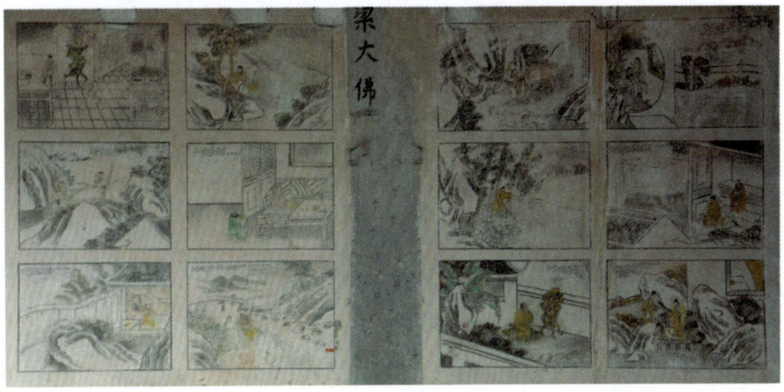

张子贞绘于陈文玉祠堂内的二十四孝图

新中国成立后，逐步涌现有较高艺术水准的美术人才。其中下珊瑚村人陈祥伦，教学工作之余潜心钻研画艺，其作品连续入选第一至第五届福建省教师书画展并获奖，多幅作品入选全国展、省展，并见诸省内外报刊。出版有《陈祥伦画集》《陈祥伦山水画集》。（参见本志彩页及人物章第二节）

毕业于集美大学美术学院、祖籍珊瑚的胡益通，师从著名花鸟画家林金定，画艺超群，其作品获多项较高层次奖励。出版有《兰花》《胡益通写意花鸟画精品集》《胡益通写意紫藤》。中国美术家协会主席刘大为评价其“善画禽鸟，笔墨运用娴熟、造型准确灵巧，多有任伯年、华新罗遗风”。（参见本志彩页及人物章第二节）

（五）音　乐

1971—1978 年，珊瑚学校老师陈相健多次创作歌曲，其中《广积粮》《毛主席话儿记在心》等在《上杭文艺》《龙岩文艺》刊登，1972 年为《杜鹃山》谱曲。

（六）摄　影

下坑村人张兴，上珊瑚村人胡康福，业余喜好摄影，部分摄影作品在《闽西日报》等报刊发表，多幅作品入选县级以上摄影展或在县级以上摄影大赛中获奖。（参见本志彩页及人物章第二节）

五、谱牒编修

（一）陈氏族谱编修

珊瑚陈氏开基祖陈三十四郎于宋末（1270 年前后）从长汀濯田陈屋村偕眷而来。清雍正十三年乙卯岁（1735 年）至乾隆十年乙丑岁（1745 年）曾修宗谱，主修陈奎英。历时十年方成。此版谱牒佚，仅存《谱序》4 篇、《流源》1 篇。

民国 11 年至 30 年（1922—1941 年），又曾修谱，历时近 20 年乃成。

原任主修陈炳黎（又名福兴），晚年感怀宗谱未成曾作七律：古稀有七是今年，万卷经文架上湮；只惜谱篇犹散落，几番订校未修成。虽因世乱乏余橐，亦恨管员少着鞭；耐得康强加锡纪，当偕昆季辑完编。族中重务在修谱，起议多年未辑编；自惭衰老无能力，仰望中英猛着鞭；千秋血脉存此稿，百代精灵记乃篇；幸得完成告列祖，流传亦世颂君贤。

继任主修陈惟占、陈瞻韩。

此谱注：“凡谱成书必标识字号而注其部某领於领卷瑞，俾一览了然，所以杜窃冒昭慎重也，此次合修三十四郎宗谱共分二十三卷，合刻壹佰贰拾伍部，其字号则以千字文为标识。”分 14 本线装。此版谱遭 20 世纪“文化大革命”浩劫，幸存无几。

20 世纪 90 年代，各支脉又曾多次修谱。2007 年夏，族中部分退休人员合议修谱，陈增初、陈占园任编委主任，陈贵坤任主修，陈伟文、陈育辉、陈利洲任副主修，编修人员义务劳作，不取报酬。2009年冬，谱竣付梓。此谱系电脑制版印刷，由武平县方圆印刷有限公司承印。大16开本，916页（含彩页），共印500本。斯谱以民国版谱为蓝本，吸纳《中华义门陈大成谱》部分内容。本谱曾送市县方志委、图书馆、上杭县族谱馆等单位收藏。

（二）胡氏族谱编修

清康熙五十八年（1719年），珊瑚胡氏最早与长汀县胡岭胡氏联修族谱。此后谱牒失修。

民国10年（1921年），上杭、武平胡氏族人筹备修谱，后因北伐战争停修，形成部分谱稿（存上迳）。

民国36年（1947年）春，上杭、武平胡氏族人议修宗谱，设筹备会。八月初七日，在珊瑚召开第二次会议。此后，派员至长汀、建宁等县，得岭南胡氏老谱、江西瑞金桂竹坑胡氏谱（以子清公为始祖），辗转参照，旁征博引，残缺得以补正。十二月初四日，在上杭召开第三次会议。民国37年（1948年）二月，筹备就绪，成立修谱局（局址设上杭县城东街升生公祠），胡锦峰（珊瑚）为总理，胡永年（黎畲）为总纂，编辑22人，经理15人。次年夏脱稿。计五卷13本册（共印90部）。历时两年，花费金钱合稻谷三百石（约22500公斤）。胡锦峰为该谱作序。

1997年，珊瑚胡氏成立“千九郎公宗谱续修委员会”，胡思斌、胡玉现为总理，胡庆文为总纂，设协纂4人，顾问2人，财务1人，协助10人。宗谱续修委员会确定将珊瑚始祖千九郎脉下编入《闽杭胡氏族谱》。全体编修人员旁搜博引，大量参阅有关资料，对原谱进行校对校正，对续修部分进行户口登记落实，尽心尽责，辛勤劳动，尽量做到详尽准确。为便于查阅，该谱将原版直排改为横式排列，将以世系排列改为以房次排列；世系计算仍沿原谱以胡岭五郎为一世祖，以珊瑚开基祖千九郎为四世祖。

该谱从筹备到印刷成册，历时一年半。

（三）蓝氏族谱编修

1995年，蓝念一郎裔孙决定重修《蓝氏族谱》。九月二十三日，召开首次修谱会议，成立修谱筹备小组，确定修谱室执事。蓝滨标（号明华）任主修，蓝思煌任总理，蓝子珍任副总理，蓝启扬任主编。

该谱史底册以《蓝氏族谱》原谱四本（居始地宗亲执受的蓝氏谱二本，福建省建阳县蓝氏族谱过抄本及江西省宁都县蓝氏族谱六届联修本）为蓝本，经考证后入谱。

全谱装封分为两册，三本成一部，前册自昌奇受姓至一百廿七世大一郎生七子为第一册，内含前言、修谱执事鸿名、修谱事记、垂谱流述、编修之述、修谱兴（捐）资芳名、执谱字号、蓝氏宗源、蓝氏族谱序、蓝氏家规、畲族图誊（腾）、祠图坟图、七大房分居住所、源流世系等共二十七篇。一百二十八世大一郎之长子及其四子千八郎迁居竹子垄至当辈竹子垄开基二十五代为第二册，其中分二本封装，即葱公系、菁公系各一本，内含千八郎迁居竹子垄简述、开基嗣孙蕃蔓录传、诸祖续业行录、诸祖迁徙异乡列载，祖业黄梅山史纪、世系分脉列载（生男生女、招赘均予入谱）等共八篇。

该谱经审定后，1996年7月送官庄四通印刷厂，11月初印完并装订成册。11月15日举行隆重发谱仪式。

（四）梁氏族谱编修

珊瑚梁氏开基祖梁子贤（梁忠九世孙，讳诚，三世和字号均庆后裔），于明景泰元年(1450年）从上杭东门徙珊瑚彩坑（含彩坑、三潭两个自然村）寨子背上梁屋开居，已有500多年的历史。

梁氏入杭忠公八世裔孙宽公等先辈，曾先后数次编修和续编族谱。最后一次近两百年，所存谱本极少，且残缺不全。

1996年，正值金山电站建设工程建设需要彩坑村民移居之际，村里贤达人士提出编修族谱之愿。于是，由梁清文和梁冠英主持编写彩坑《梁氏族谱》。该谱于1997年冬脱稿成书(手抄本)。全谱一册，内含国家档案局等部门文件，序，村史，地图，题词，捐资芳名，人物简介，移居录，山东、浙江辈列，上杭、彩坑辈列等。

1997年初，入杭世祖第廿二代裔孙梁长沙等人，也提出重修安定郡入杭忠公系《梁氏族谱（安定郡忠公系)》的倡议，得到梁氏同仁的广泛支持，并成立族谱理事会。编纂人员主要由上杭县湖洋乡古楼村人组成。彩坑村梁清文、梁冠英、梁能康（财务核算小组组长)。该族谱设有族徽、祖先像，谱系资料涉及梁氏“天地人和”四大房系（含台湾省仲尧公系。至修谱时，大陆部分繁育至30代，台湾省更快至33代)，配有入杭始祖忠公及郭太安人墓图和修谱人员照片，最后还附有“安定郡闽杭梁氏宗支”“九族五服正服图”等资料，其内容涵盖面较广，追溯流源也较远。该谱到2001年6月脱稿成书，前后经历三年多时间。

（五）张氏族谱编修

2005年，上杭张氏裔孙成立上杭张氏联谱编纂委员会，着手编修《上杭张氏族谱》。彩坑、下坑张氏编入该谱。彩坑村张桐辉为编辑人员之一。

该谱为联谱，凡上杭县境内，不论何枝宗脉世系一并入谱，按当时人口世系，男女都均登入谱。各姓氏世系以吊线谱为主。2008年仲冬月出版，总页数1268页，为首卷。

由于从回龙、龙角开基始祖小十八郎（讳鼎）的裔孙，分布上杭县的通贤文坑大部分宗亲世系、才溪贵竹村廷俊世系、华寿（益生）居才溪大地、秀塅的宗亲世系没有参加上杭联谱，为了完善小十八郎在上杭分布各地的裔孙族谱体系，2015年冬，开始编修小十八郎直接世系家谱（至2016年已完成初稿，已打印，将进行核对、增补，计划在2017年上半年全面完成此次修谱工作)。

（六）林氏族谱编修

柴林世系长汀、上杭、武平等县林姓始祖林融之子九郎裔林祖良六世孙林永春，自武平下堡青迳徙武平悦洋开基。林永春九世孙林凤其（林祖良十四世孙）由悦洋迁珊瑚三潭头河东牛山峪开基。

2011年，林凤其裔孙林远洪（二十二世，林祖良二十四世）等，着手编修《(济南林氏)宗训公→九郎公→永春公后裔孙八世廷裕公房谱》。经一年多的努力，旁证博采，几易其稿，至2012年秋编修成册。该谱设“开篇”“概论”“九郎公位下悦洋始祖祖良公宗支”“八世廷裕公房世系”“十五世仕鹏公房世系”“十五世仕鸿公房世系”“十五世仕鸣公房世系”等。（该谱尊林祖良为太始祖，伯一、伯二、伯三郎为始祖，太一郎等为一始祖)。

第三节　广播・电影・电视

一、广　播

珊瑚自1965年4月至1987年6月并入官庄公社（乡）的一段时间里，官庄为珊瑚片的5个村架设广播线，50%以上的农户先后装上广播、喇叭。当时由博爱（今新风）电站负责送电，官庄公社广播站每天早、中、晚三次负责进行有线广播。2003年初，乡政府投入资金2万多元，在每个村人口较密集的地方安装高音喇叭，建“村村响”广播室，每天早晚向全村广播。

二、电　影

20世纪50年代至1972年，先后有太拔、才溪等外乡电影队到珊瑚放电影。1972—1984年，官庄公社电影队到珊瑚各大队（村）自然村放电影。1983年，陈占金、陈利仁组建电影队，放映持续至1997年。1985年，陈育华组建电影队，放映持续至2008年。2008年开始，由胶片电影改为数字电影。此后，由上杭县广电局安排湖洋的陈伟遥到珊瑚放映电影。

三、电　视

1992年，珊瑚设立电视差转台，向集镇周边村庄转播中央一套、中央三套节目和省台各有线电视节目。1996年开设闭路电视。1997年，村及各单位创办有线电视室。2000年实现全县有线电视联网。2008年开始，从网络电视进入数字电视。

第四节　文物・宗祠

据上杭县第三次全国文物普查资料，珊瑚有夏商周时期古遗址2处，古墓葬2处，明清时期古建筑6处，近现代重要史迹及代表性建筑1处。

一、文　物

（一）古遗址

境内夏、商、周时期的古遗址为上珊瑚村宫边自然村的牛笼岗遗址，商、周时期的古遗址为上珊瑚村下溪自然村的新寨子岗遗址。

（二）古墓葬

境内现存古墓葬2处：元代的陈三十四郎墓，明代的胡彦博墓。

1. 陈三十四郎墓

陈三十四郎墓位于下珊瑚村忆子树岗，墓主陈三十四郎（1239—1311）系陈姓得姓始祖舜帝后裔妫满第91世孙，颍川陈实、江州义门东坡庄人后裔。南宋末年（1270年左右），陈三十四郎从长汀濯田陈屋村偕眷入山瑚肇居。

该墓建造于元武宗至大四年（1311年），坟坐庚山兼酉毕宿4度。墓碑碑文为“宋一世祖考三十四郎公妣石十五娘之墓”，墓联为“颍水流五湖四海、义门衍万户千家”，横批：“大邱遗徽”。墓碑左右角钳一对石雕伏状麒麟（犀虎子）和雄狮一对，墓前方广场立狮子头华表一对。墓穴后龙植有一株乌柏树（俗称鸟金子树），后人又续种香树、竹柏等。随着岁月轮回，其树已长成参天大树，枝繁叶茂。曾多次修葺，其中2002—2004年大修一次，并增旧制。今占地面积为1118平方米。

陈三十四郎墓

陈三十四郎裔孙播居浙、赣、两广、黔、蜀及八闽大地乃至海外异邦。每年春分时节，外地裔孙云集珊瑚祭典先祖。

2. 胡彦博墓

胡彦博墓位于珊瑚黄竹潭面上（自葬彦博坟后称广公山）。墓主胡彦博，原名月广，讳广，号光太，是珊瑚胡姓开基始祖千九郎（1304年由长汀胡岭迁入珊瑚）的第五世孙，生于明永乐七年（1409年）闰四月十七日。明天顺六年至成化二年（1462—1466年），胡广任广东省惠州府海丰县知县。任职期间，“有为有守，治民事神政”，其卓著的政绩和高洁的人品在海丰留下积极的影响。

胡广卒年不详。该墓建造时间待考。明崇祯庚辰岁（1640年）仲春月，胡广后裔对原墓进行重修。墓碑碑文为“明五世祖奉政大夫考彦博胡公妣陈太夫人合墓”。墓左右两角配有一对蜗牛样石雕饰物，双座石，双角石。

胡彦博墓(2014年4月，胡康福摄)

胡广裔孙分发至国内多地，有部分移居国外。

（三）古建筑

境内现存明清时期古建筑6处，明清时期的1处，下珊瑚崩龙角的仙师宫。清代的5处，分别是：珊瑚水口的珊瑚水口桥，上珊瑚陈屋古井，上珊瑚村上溪自然村的梦宏居，下珊瑚田心里的田心里围屋，下珊瑚圆通山的圆通寺。其中，梦宏居2011年7月被上杭县政府列为第九批县级文物保护单位（2016年7月，被上杭县政府列入第一批特色建筑保护名单）。

上珊瑚陈屋古井（胡康福　摄）

（四）近现代重要史迹及代表性建筑

珊瑚列入近现代重要史迹及代表性建筑的为杨梅山水库。

珊瑚乡不可移动文物一览表

表15-1

类　别	名　称	时　代	地　址	所有权	保存现状
古遗址	牛笼岗遗址	夏、商、西周、东周	上珊瑚村宫边自然村	国家	差
	新寨子岗遗址	商、西周	上珊瑚村下溪自然村	国家	一般
古墓葬	陈三十四郎墓	元	下珊瑚村	私人	较好
	下坑胡彦博墓	明	下坑村广公山	私人	较好
古建筑	仙师宫	明、清	下珊瑚村崩龙角	集体	较好
	水口桥	清	下珊瑚村水口	集体	一般
	古　井	清	上珊瑚陈屋	集体	较好
	梦宏居	清	上珊瑚村上溪自然村	集体	较好
	田心里围屋	清	下珊瑚下田心	集体	一般
	圆通寺	清	下珊瑚圆通山	集体	差
近现代重要史迹及代表性建筑	杨梅山水库	近现代	杨梅山	国家	较好

说明：据《上杭县第三次全国文物普查不可移动文物名录》。圆通寺初建于明成化六年(1470年)

二、宗　祠

（一）陈氏宗祠

1. 陈三十四郎祠

宋末（约1270年前后），江州义门陈群后裔陈十二郎（讳珍，又名大益郎）之子陈三十四郎，由长汀濯田陈屋村迁徙至山湖（后称珊瑚）开基。

陈三十四郎宗祠位于上珊瑚俞子堂，清乾隆三年（1738年）陈功乔等人牵头建造。祠正栋立庚山兼酉毕宿1度（山水蒙卦抽六二爻）砖木结构、青瓦屋面，深（包檐）三丈七寸（鲁班尺，下同。鲁班尺全称“鲁班营造尺”，为建造房宅时所用的测量工具。古代鲁班尺长46.08厘米，现代两种鲁班尺长度分别为42.9厘米和50.4厘米）。宽（包墙）三丈九尺二寸，内高一丈七尺，左有横屋一摆，正栋厅堂前有余坪一块，余坪前有厨房一摆，后有花台一块，祠门前坪左角有外门楼一座，立子山兼壬向（坤卦抽六三爻），栋高一丈一尺。四周筑有屏墙，屏墙砖体，石板盖顶。

“文化大革命”期间，陈三十四郎祠被拆除。

1992年冬至1994年春，陈祥明、陈启昌等人牵头，在原地重建陈三十四郎祠，砖木结构，青瓦屋面。重建后的正堂坐向依旧，深宽不变（现祠实际深含墙8.4米，宽含墙8.9米），祠高比原来增加一米。外门楼改为向癸兼子山雷颐卦六四爻。陈三十四郎祠占地800余平方米。（2017年初春，陈占金等人牵头，将青瓦屋面改为琉璃瓦屋面）。

陈三十四郎祠

2. 陈文玉祠

陈文玉为陈三十四郎六世孙，陈文玉祠（庆基堂）位于下珊瑚神坛头。民国26年（1937年）建成，民国27年（1938年）正月廿四日为该祠落成庆典，坐乾山兼戌奎宿9度。祠宇为土木结构，青瓦屋面，墙面粉刷。祠宇内部布局为：正栋中间设中厅（开口厅堂），两侧各设横屋一摆。正厅前余坪外设围墙一堵，将左右横屋工整地连成一线，南边（余坪的西

陈文玉宗祠

南处）设祠堂的出入大门一座，坐乾山兼戌奎宿 4 度，向巽轸宿 12 度。中厅两侧栋墙画有二十四孝图，祠宇横宽（含墙）27 米，纵深（含墙）16.6 米。祠宇占地面积约 1000 平方米。新中国成立后，陈文玉祠先后被用来设过珊瑚粮站、粉干厂。（2016 年政府拨款 10 万元，2017 年初春，陈占金等人负责实施，重新装修，换成琉璃瓦屋面、木制品盖漆、墙壁重新粉刷）。

3. 陈千圣祠

约于元至正年间（1341—1367 年），江州义门陈魁后裔陈千圣（号十三四郎，字河清），从溪南里（今永定县仙师乡）迁入珊瑚开基。其祠宇建在塘背（初建时间不详），祠宇坐西向东（立庚山甲向），土木结构，青瓦屋面，墙面粉刷，一连三间，中间是开口厅堂，厅堂两侧为大屋间。1974 年，因下珊瑚六队扩大晒谷场，该祠被拆除。1994 后，珊瑚陈千圣后裔供奉祖先一事合入上珊瑚俞子堂陈三十四郎祠。

（二）胡氏宗祠

1. 胡千九郎祠

胡氏，安定郡。元大德八年（1304 年），胡千九郎从长汀胡岭迁至山湖（后称珊瑚）开基。民国 31 年（1942 年），由胡锦峰牵头，在上珊瑚上田心建胡氏宗祠，历时两年竣工。自此始有胡千九郎总祠。该祠坐西山卯向。

2015 年改建后的胡氏宗祠

该祠原为土木结构、青瓦屋面，后因年久失修，土墙倒塌。2015 年，由胡和顺等人牵头，将该祠改建成砖墙，钢筋混凝土加贴琉璃瓦屋面。改建后的胡千九郎祠，建筑面积约 280 平方米，总占地面积（含祠前余坪等）约 600 平方米。

胡氏宗祠落成庆典（胡永奎　摄）

2. 胡月广祠

胡千九五世孙胡月广（又称胡广，字彦博），曾任广东海丰县知县。据传，原在月广读书处“爱溪书屋”（今人称下珊瑚村大弯桥面上的广公崀上）建有广公祠，后因年久失修倒塌。民国 28 年（1939 年），其裔孙又择在与原祠相隔一崀的乌干坝下建造月广新祠。新祠背枕高栋寨，面朝木马山上方。祠分正栋三间，中间是开口厅，左有一摆横屋。土木结构，青瓦屋面。祠前还有余坪。

新中国成立后，广公祠被用来设榨油厂。“文化大革命”期间，广公祠被拆除。

3. 胡氏大成祠

胡氏大成祠又称三公祠。为胡千九五世孙月明、月广、月满三房裔孙共建。清乾隆元年（1736年）动工，乾隆三年（1738年）建成，清光绪二十年（1894年）重建。胡氏大成祠坐落于珊瑚大塘门南，五峰书馆北，砖木结构、青瓦屋面。祠分上下厅，左右横屋，祠前有余坪，余坪北方有外门楼一座。旧时，余坪围墙外还有鱼塘三口（鱼塘被用来开路后，下厅门前余坪扩宽，余坪外又再增了一块余坪，并筑围墙），前后所筑围墙均为砖墙石板盖顶。大成祠的正栋坐酉山兼辛。外门楼向丑兼癸。全祠占地面积近900平方米。20世纪70年代，大成祠厅堂被用来设碾米厂，后又设榨油厂。

胡氏大成祠

相传，该祠的月广后裔胡祥瑛（宗銮），清乾隆年间（1736—1795年）中过科举，在大成祠前左右两侧竖石桅杆（旧时功名的象征）一对。今人称此祠地址为“桅杆树下”。

（三）朱氏宗祠

明代，朱仕达从才溪湖田迁入珊瑚开基。朱氏宗祠建在横圳头当时朱姓聚居的中央地点，建造时间不详，坐西向东，土木结构、青瓦屋面。祠分上下厅（含有左右两侧厢房、大屋间）。前有余坪，坪外有池塘一口，后有花台一块。1975年开村中公路时拆除。至2015年，朱氏裔孙未再建有祠堂。

（四）蓝氏宗祠

明洪武三年（1370年），蓝念一郎四子千八郎从长汀水口迁竹子垄（今华竹村）开基，在华竹尊为一世祖。千八郎五世孙蓝福新生二子：蓝葱、蓝菁。今华竹村居住的蓝姓族人均是蓝葱、蓝菁的裔孙。蓝葱、蓝菁的裔孙在竹子垄分别为上祖建有宗祠。

1. 蓝葱公祠

该祠初建时间不详，正栋坐亥山兼壬，厅堂（开口厅）前有余坪一块，余坪外筑有围墙，余坪西南方（正栋右前侧）有外门楼一座，向坤兼申。原祠为土木结构，青瓦

蓝氏葱公宗祠

屋面。2005 年，改为砖墙，屋顶为钢筋混凝土结构，加盖琉璃瓦屋面。宗祠占地面积 300 余平方米。

2. 蓝菁公祠

该祠初建时间不详，坐落在蓝葱公祠右侧，正栋坐亥山兼乾，厅堂（开口厅）前有余坪一块，余坪外筑有围墙，余坪西南方（正栋右前侧）有外门楼一座，向坤兼申。原祠为土木结构、青瓦屋面。2005 年改为砖墙，屋顶为钢筋混凝土结构，加盖琉璃瓦屋面。宗祠占地 300 余平方米。

蓝氏菁公宗祠

（五）张氏宗祠

1. 下坑张氏宗祠

明万历年间（1573—1619 年），张化孙十五世孙张日玉（字德，号永定）从通贤衍村（又名王坑、今称文坑）迁入夏康（今下坑）开基。下坑张氏裔孙建有张氏宗祠，初建时间不详。该祠坐辰山兼乙，原祠土木结构，青瓦屋面。因年久失修，2015 年，张广炘等人牵头重建，改为砖墙，屋面是钢筋混凝土结构加贴琉璃瓦，正栋三间，中间为开口厅堂，两侧为大屋间。厅前余坪一块，坪外筑有屏墙，占地约 400 平方米。

下坑张氏宗祠

2. 彩坑张氏宗祠

约于明末清初，张化孙第十八世孙张子能从通贤衍村茶头背迁入彩坑开基。彩坑张氏裔孙在彩坑的下良子老园里建造土木结构祠宇一间（初建时间不详）。1995 年因建金山水电站，库区蓄水淹没祠宇。1998 年，在原祠后坎上新建祠宇一栋。宗祠坐午山兼丙，土木结构，青瓦屋面，三间，中间为开口厅堂，两侧为大屋间，厅前余坪外筑有屏墙，占地面积约 160 平方米。

彩坑张氏宗祠

（六）高氏宗祠

明弘治年间（1488—1505年），高十郎八世孙高何贵（百二郎脉）从上杭胜运里曹田乡（今上杭蓝溪曹田村）迁往江西义宁，后迁入夏康（今下坑），生下次子高仕政后，高何贵又迁回蓝溪，高仕政在夏康开基创业，后被夏康高氏尊为一世。高仕政裔孙，在下坑建有高氏宗祠（初建时间不详），祠坐乙山兼卯，祠宇为正栋三间，中间的为开口厅，两侧是大屋间，土木结构，青瓦屋面，正栋前有余坪，余坪外有屏墙，屏墙外有池塘一口，占地约为300余平方米。

下坑高氏宗祠

（七）梁氏宗祠

明景泰年间（1450—1456年），梁忠九世孙梁子贤从上杭东门迁珊瑚彩坑寨子背上梁屋开基。梁子贤之孙梁万材迁下梁屋弯里，创建梁家祠（初建时间不详），祠坐甲山兼寅，上下厅，左右两侧有大屋间、厢房，砖木结构，青瓦屋面。民国23年（1934年）重修。祠宇占地面积300多平方米。

彩坑梁氏宗祠

（八）三潭头梁、林、谢“三姓祠”

明成化年间（1465—1487年），梁继宗（梁子贤次子）从彩坑上梁屋迁三潭头河东片湖子里开基。二十世梁昌仁、梁昌合从河东迁河西墓子岗背（岗背）开基；梁昌武、梁君盛后裔亦财、亦远迁河西猪仔石下开基。

清代，柴林世系林九郎裔林永春九世孙林凤奇，由悦洋迁三潭头河东牛山峪开基。林永春十六世孙林德良、林德模迁三潭头河西墓子岗下开基。

三潭头的梁姓、林姓与谢姓（谢姓住三潭头河东，归才溪管辖）世代和睦相处。三姓在三潭头河东合建家祠（初建时间不详），立巽山乾向。1995年因建金山水电站，

1997年重建的“三姓祠”

“三姓祠”被淹没，1997年就地提高位置重建。新“三姓祠”坐向同原祠，砖木结构，青瓦屋面，前有余坪一块，余坪外筑有围墙，占地约150平方米。进入21世纪，因三潭住户基本外迁，此三姓祠未再使用。祭奉祖先一事，梁姓归入彩坑梁氏宗祠，林姓归入悦洋林氏宗祠，谢姓归入才溪谢氏宗祠。

1987—2015年珊瑚乡文化站负责人名录

表15–2

姓　名	职　务	任职时间
朱杏春	站　长	1987.10—1997.12
蓝伟平	站　长	1998.01—2010.12
吴荣春	站　长	2011.01—2011.12
刘华侨	站　长	2012.01—2013.12
李金茂	站　长	2015.03—2016.06

第十六章　艺　文

珊瑚开发较迟，宋元时期，尚无本籍作者的著作问世。明代，珊瑚涌现胡广等一批贡生、举人、秀才，他们不断接受中原文化的熏陶，汲取中华文明的乳汁，取得较大成就，并为珊瑚的文明传播和文化发展起重要作用。清代至民国时期，珊瑚文风渐盛。清顺治七年（1650年)，临济宗僧九一到圆通寺，著有《圆通山各咏》七律32首。以诗文闻名的布政司参政黎士弘清康熙十八年（1679年）辞官还乡后，数次到圆通寺游览，作《寄圆通山半石堂头》等诗三首。康熙十九年（1680年)、二十年（1681年)，上杭籍著名诗人刘坊两次到圆通寺，写诗赞美珊瑚自然风光和圆通寺寺庙建筑。清末民初，胡见新作珊瑚十二景诗。

第二次国内革命战争时期，毛泽东、朱德等老一辈无产阶级革命家，数次率中国工农红军到珊瑚，宣传中国共产党的方针政策，宣传土地革命和建立苏维埃政权，“梦宏居”等红军驻地，留下大量红军标语，它们是刻在墙壁、木板上的史诗，为后人留下了弥足珍贵的红色文化财富。

新中国成立后，珊瑚人弘扬优良文化传统，在社会科学、自然科学领域有不少作品问世。20世纪80年代中期始，下珊瑚村人陈东彩、下坑村人张荣华等，在报刊发表不少散文、诗歌、对联、杂文等作品。部分外籍人士创作一些反映珊瑚名胜古迹、风土人情的文学作品。书法美术人才辈出。涌现中国美术家协会会员、国家二级美术师胡益通，中国书法家协会会员梁星华，福建省美术家协会会员陈祥伦，福建省书法家协会会员陈文祥、张家贤等一批书画名家。他们的书画作品多次参加全国或省级展览，并获得较高奖项，具有较为鲜明的艺术风格。中国美术家协会主席刘大为赞誉胡益通的花鸟画“多有任伯年、华新罗遗风”。

2015年8月16日，龙岩市作家协会、上杭县文联、上杭县作家协会、上杭县摄影家协会和珊瑚乡党委、政府在珊瑚乡联合举办“清新水源·和谐珊瑚”文学笔会，30多名作家、摄影家参会，他们用脍炙人口的诗文和摄影作品，描绘和赞美珊瑚的水光山色、民俗风情，成为珊瑚文化中光彩照人的一部分，提升了珊瑚的知名度。

为反映珊瑚文化概貌，本章选录珊瑚人士诗文辞赋、美术书法摄影、联对歌谣、故事传说等作品，并选录外籍人士在珊瑚或以珊瑚的人物、事物为对象的作品。为方便读者阅读，部分古文、诗词、客家方言等，编者做必要的注释。

第一节 诗词选

一、九一僧咏圆通山诗

（一）珊瑚乡

二水萦漪正复斜，千山分合几人家；停歇樵竖争黄叶，脱轭牛童喘白沙。
蠡泽秋风怀范远，船山落日忆岩赊；堡门高锁人归后，赢得珊瑚挂晚霞。

（二）化 城

屋后云屏远接天，前溪猊象抱溪眠；墙开短竹分花露，树泊归鸟乱晚烟。
乍宿尘心闲一梦，初登佛地息千缘；夜深更问松头月，月下何人解赠鞭。

（三）宜若亭

谁谓天高不可谋，从来步步自相求；高低树色樵阴夏，远近禅声竹径秋。
倦倚松悬红日脚，闲持佛坐白云头；扶摇六月风原劲，何事讴歌动晚愁。

（四）且坐处

荒径新开树未孩，松风动便叨陪；山怜远色分青照，石选重阴拂紫苔。
月韵秋空溪路绕，笛声灯火竹门开；相呼相唤云深处，明月还登问古台。

（五）从者桥

苍茫树色走溪声，倚仗披烟一问津；断岸桥联天上客，空潭石度影中身。
翩翩急浪翻晴雨，款款流云设主宾；纵步直前从者去，莫教回顾更频频。

（六）寻思桥

溪头触目意何深，望远怀思天外寻；养母构堂堪尚古，归真有塔不惭今。
石头路滑机缘绝，略彴人孤独步吟；未到圆通金玉贵，须知到后失黄金。

（七）古黄梅

几亩荒畬一曲溪，断桥深树白云低；门悬古篆人青眼，殿印新苔虎赤泥。
陈事废兴何足问，先贤名迹不胜悽；横江宵度人归后，野老今知无姓兒。

（八）白拂泉

泉飞白拂挂山眉，法雨人人得见之；无尽源头归大海，几多玉线到天池。
光分龙象腾高步，气化鬼神出暗痴；昔日官庄亲记语，罗侯先识利机宜。

原抄附注：明崇祯杭宰罗万藻过官庄，见此山，问父老，山中有高僧住持否？对曰：未有。宰曰：后当有千僧阐化。至僧九一开成丛林，应邑宰语云。

编者注：罗万藻于明崇祯十七年（1644 年）任上杭县知县。

（九）又 桥

山桥何足挂琴书，为傍幽居可坐予；明月清风羞姓字，缘杨乌鹊忍吹嘘。
眼青有阮三春柳，友净来周九夏蕖；漫爱前溪舒眺好，天光云影亦欤欤。

（十）小　桥

小桥偃卧小溪冲，岸有芙蓉岭有松；曲杖芒鞋予独往，高车驷马客从容。

钟声冷浸蛾眉月，竹影横穿象鼻峰；珍重小溪溪下水，行行莫负岭头龙。

（十一）观树楼

土墙素栋枕辰荛，桂魄松风缫晚潮；独想未堪人共语，隐忧曾与佛同条。

光摇逝水悬双镜，头点千峰印九霄；寥落不春秋自好，好观风雨夜潇潇。

原注：观树楼即藏经阁

（十二）试僧堂

说道试僧僧尚存，无根病气散孤云；全心死处千心歇，无念真时十念勤。

窗破一生窥影寂，檐处双鼠斗钱纷；客来不必多相慰，套语闲情多厌闻。

（十三）念佛鸟

当年岂亦悔眉攒，今日无辞过语烦；三径春深悲暮草，半溪月冷助哀猿。

总将五斗闲情绪，并作千秋不死魂；况有催归归去乐，声声唤起旧王孙。

（十四）上下幽篁

涧道泉声曲径幽，安居于此复何求；无言顽石听来韵，有趣古松诵不休。

阅遍物情都似梦，能行喜舍实良筹；可中坐卧非他术，大化生生土一丘。

（十五）一退轩

草堂深僻隐丘阿，截树留云挂薜萝；五子高低芸外见，双溪回合槛前过。

闲游已觉难离别，一退安知更若何；夜半林钟惊梦起，不知底处足婆娑。

（十六）多兰坞

何山有草不青芊，此独多兰厌老馋；仄经一枝斜倚月，高坡两岸舞悬岩。

春来岂但骄梅柳，雪后还将笑柏杉；细语山童知惜福，对人记取口缄三。

（十七）白华庵

一石当门激怒湍，寻山何必定深峦；河汀草嫩牛初足，树底歌酣日未阑。

片月溪声兼汉冷，孤灯云影伴僧寒；圆通已到今何处，万岭千峰任意看。

（十八）卓锡泉

一泓滚滚净而甘，流出丘山过吉潭；曲浍方塍青似锦，苍溪古涧碧如蓝。

偶然一卓闲生活，谁道千秋作美谈；好却懒龙深处睡，山空月冷暮云憨。

（十九）登圆通山过菊花石有感

谁把黄花石上载，千积万古向天开；心坚粉蝶寻无隙，性毅金鸡采不回。

只是骨中生宝瓣，岂同膜外生青苔；渊明到此应惊羡，笑问何时种得来。

注：以上第一至十八首载《杭川新风雅集》，该书称，九一僧原诗尚有《长松径》《风吹伞》《蠡湖》《九折坡》《可以泉》《更衣亭》《象坪》《大树》《洗月池》《七星冈》《合壁涧》《犁云峰》《笔塔》《大顶》，合 32 首。第十九首转引自温云远《诗话圆通山》，该文称，《登圆通山过菊花石有感》为九一僧咏圆通山三十二景诗之一。九一僧事迹，参见本志《人物》。

二、刘坊游圆通山诗

（一）黄梅山拜九一和尚塔兼呈其法嗣幻机大师二首

何事归太早，不待远游人。池草空含意，松风冷结因。
山灵存仗几，著述想精神。且喜庭前柏，斑玉刷羽鳞。

两次登兹地，逢师入梦来。敢云神暗契，还觉唱如雷。
潭月慈容寂，山花笑口开。三生旧石上，无语共徘徊。

作者自注：师建法幢吾杭三十里，唯寒山片石来与往还。洎予归杭，师已圆寂。庚申夏游黄梅，梦师黄衫褊袒，揖予就座，劳苦甚悉。辛酉秋，予避暑圆通。幻公邀予游黄梅，其夕复梦如前，岂师未白之衷，欲待予一启耶？何相须殷，而相遇疏耶？屈子云：“往者不可待兮，来者吾弗与闻。”予与九一师，实抱兹憾云。

（二）辛酉季夏避暑圆通寺四首

祝融方鼓焰，避地入云关。谷鸟催诗健，溪声待梦闲。
疏宜风过竹，浓爱雨归山。静阅人间世，劳劳未可删。

山容当晚洁，群木意萧条。雁去随天阔，云归隔岭遥。
诗成池上草，愁减月中潮。向夕寒烟起，斜阳入断桥。

庄严贞帝座，殿阁逼三台。窗启群峰入，天空孤月来。
暮蝉依古木，暗露湿苍苔。欲寄无生偈，松涛冷喷雷。

荷香清可嗽，松韵冷浇眸。红落海棠晚，青齐芳草秋。
野苹豪伏鹿，山木稳啼鸠。慰寂频高卧，怀人独倚楼。

编者注：刘坊（1658—1713 年），原名琅，字季英，别号鳌石，祖籍上杭县在城里（今临江镇）人，生于云南永昌县。由于身世悲凉，幽愤郁结，于是发愤读书。22 岁回到上杭，借住在伯父家里。23 岁时，他辞别杭城，遍历名山大川，写下不少诗文。有《三才指掌》《八家翼》《前八家》《古诗盼》等，均已失传，仅存《天潮阁集》7 卷。

清康熙十九年（1680 年）夏、二十年（1681 年）夏，与九一和尚一样对清朝有国仇家恨的刘坊，两次到圆通寺，写下诗六首，表达诗人对九一和尚的敬仰和爱慕，对圆通寺自然风光、寺庙建筑的赞赏和喜爱。

三、黎士弘诗三首

（一）寄圆通山半石堂头

拟从春半下轻舟，次第名山偿旧游。前曲浪传穷塞主①，新衔爱缀老堂头。
定知煨芋分僧供，不待烧猪劝客留。愿大漫疑贪作佛，只教来往记风流②。

作者原注：①范希文作边城小曲，欧阳永叔目之为穷塞主，予亦入载西陲也。②杜工部与赞公诗云：与子成二老，来往亦风流。

编者注：半石堂头，居圆通寺，为九一法嗣。

（二）圆通归重寄半石老人

俨然无着与天亲[①]，爱就春山与结邻。兴尽回船殊坦率，攒眉入社笑逡巡。

三时齑粥留单满，五尺琅函妙墨新。留取他年好重到，不烦问路自知津[②]。

作者原注：①时翯评到山开讲；②山中常住，淡薄日出，九一老人手写经卷相示。

编者注：1. 半石老人指半石堂头。2.齑（jī），斋，素食。

（三）寄翯坪老人

汉岩曾细与题诗，四十年间鬓素丝。得就公谈今老大，问何人在旧交知。

故山鱼鸟欢前席，敷坐威仪振一时。对面风光仍浪掷，归来尽月重经思[①]。

作者原注：①翯公住汉仙岩静室，汉岩予旧游地。偶询昔日交游，无一人在者。

编者注：1. 翯（hè）坪，原居汉仙岩静室，后到圆通寺讲经，为九一法嗣。 2.汉仙岩位于江西省赣州会昌县筠门岭境内，因相传八仙之一的汉钟离在此修炼成仙而得名。

黎士弘（1618—1697），字愧曾，长汀濯田陈屋人。36 岁中举人。先后任广信府推官，江西省永新县令，巩昌、甘州司马，常州知府，洮岷（今甘肃临洮县、岷县）副使，布政司参政。士弘还以诗文闻名，被誉为“海内名士”。清康熙十八年（1679 年），士弘辞官还乡，居家 18 年，常赋诗作文。其间，曾数次到圆通寺游览。以上三首诗载黎士弘《托素斋诗集·卷四》。

四、魏紫风吹伞亭赋诗

峰头重复见康逵，共羡经营焕旧基。且喜亭堪留客坐，因知伞不晨风吹。千家烟火凭舒眼，四面云山自入诗。到此有茶清可饮，行人何用望梅思。

编者注：魏紫的籍贯及生卒年待考。珊瑚胡朝圣八十寿辰时（1801 年），魏紫曾作诗祝贺。风吹伞亭始建于明正德十六年（1521 年），上杭佥事周期雍建。后由珊瑚监生胡映文重建，清乾隆甲寅（1794 年），其子重修。《风吹伞亭赋诗》载民国版《上杭县志》，作者描述了山野美景和重修成功风吹伞亭的喜悦心情。客家人的热情好客、热心公益在诗中有相当真诚的体现。

五、胡见新珊瑚十二景诗

（一）千家烟火

排门比户似鱼鳞，辟处当初岂为秦；二水萦漪清且浅，鱼郎何事问前津。

（二）珊瑚夜望

荧光火影两纷纷，大小人声听不分；狗吠鸡鸣相应答，归来始识本榆枌。

（三）南山豹变

箕星朗朗树苍苍，雾隐千层豹在藏；拟向明离常照耀，干城有赖庆明良。

（四）北岭龙吟

乍听当门啸远岑，俄然云际又传音；声清不许樵歌和，独对南山伴虎吟。

（五）屏嶂双峰

双峰秀出插云霄，雾影沉沉午未消；天舒化日晴岚起，长庚朗朗草夭夭。

（六）平岗走马

步射无如马射难，驰驱迅速胜貔豻；才优逐电人休异，气可凌云自觉安。

（七）砌栏夜月

水底南山山外天，水光映月月沉渊；风吹水面天浮动，水月随天动万天。

（八）爱溪古迹

乐水先公志，人才萃一方。文章称富美，古迹尚堂皇。

燕翼贻孙久，鸿图启后昌。刑清斯政简，源远自流长。

恺泽滋滨海，覃恩拟沔阳。天机徵活泼，帝治赞汪洋。

昔日遗真像，先灵祀故乡。几时能报德，春露与秋霜。

（九）九曲回澜

悠悠北边九曲溪，蓝天月淡星光辉；迁眸远望回栏处，多少西施在浣衣。

（十）船寨朝霞

船子摇摇入水边，朝霞托日东边天；鸟出林樾空中过，黄牛背上送笛音。

（十一）西山采樵

西山林深不见天，曲径幽幽数不清；欲问樵夫有多少，且听林间砍柴声。

（十二）古木欒青

后龙山上后龙天，古木萦萦欲遮天。代代养育后龙树，子孙昌盛亦绵绵。谁要毁树毁祖业，留下臭名遭祸延。

编者注：作者胡见新（1855—1928），讳以铭，号肖盘。民国版《杭武胡氏族谱》第二册载其前八首诗，并按：肖盘公原作有珊瑚十二景，其中《九折回澜》《船寨朝霞》《西山采樵》《古木欒青》四首，间有句子不明，恐传抄讹误，为慎重起见，故未录入。修1999年版《闽杭胡氏族谱》时，胡庆文补录《杭武胡氏族谱》未录入的后四首。收入本志时，编者对《古木欒青》作个别文字修改。

六、陈惟占七言俚句三首

（一）司马教人学吃亏，观今鉴古是箴规；浸凌宽处无含怨，默化强梁不复欺。

（二）人生骨格贵坚贞，履雪冰霜澈底清；喜怒不形空色相，乐夫天命勿纷更。

（三）食力耕田无倦勤，青精久饭不飧荤；当为义事相扶助，筋骨难劳亦喜欣。

编者注：作者陈惟占，民国版《陈氏三十四郎公一脉宗谱》继任主修。

七、珊瑚八景诗

横滩美景

高峡平湖淹横滩，杜鹃翠竹衬青山；竹篙小舟轻荡漾，鸟鸣鱼跃醉心欢。

栗湖览胜

峭壁千仞一线天，源头活水涌其间；半亩方塘映云月，浮光胜境醉九仙。

梅山飞瀑

帝驾神驹飞云间，马尾扫峰峰成渊；引得飞泉成银瀑，飞花碎玉落九天。

天湖佳境

白云丽日映青山，深林鸟语唱悠闲；绿树红花生奇趣，木排竹筏荡秋千。

圆通胜景

翠峰层峦叠成盆，九寺八刹通天门；皇封绿茶馨香醉，寺中灵佛佑苍生。

远眺杭城

日朗天晴望铁杭，碧水丹山全不茫；汀河如带绕城阁，紫金护驾气昂扬。

东山日出

层峦层翠云海天，旭日喷薄朝霞妍；珊瑚丽日相辉映，千家喜气见炊烟。

夕照千家

残阳一道映千家，南北两流铺红霞；连绵山野垂翠幕，千户青烟绘奇花。

编者注：珊瑚八景诗由陈育红搜集整理。

八、追梦路上凯歌扬

锣鼓一打响四方，
传统节目演一场；
四人凑成三句半，
开场！

西北五镇并两乡，
兄弟欢聚珊瑚乡；
举办文化体育节，
赛一场！

友谊第一情意长，
取长补短理应当；
全民健身是目的，
高尚！

珊瑚人民心欢畅，
欢迎嘉宾来赏光；
欢迎领导来指导，
应当！

当年红军驻我乡，
红色标语写满墙；
一代伟人留足迹，
荣光！

一九八七重建乡，
二十八年大变样；
山水林路披锦绣，
漂亮！

如今面貌尽春光，
水源之乡美名扬；
生态文明跻全国，
响彰！

产业结构大变样，
开心果园茶叶香；
烤烟仙草槟榔芋，
妙方！

美丽乡村谱新章，
蓝图绘出时代妆；
火树银花不夜景，
辉煌！

社会和谐百业旺，
追梦路上凯歌扬；
紧跟英明共产党，
奔前方！

编者注：《追梦路上凯歌扬》为2015年9月22日（农历八月初十）在珊瑚举办的全民健身与青运会同行、八闽百村行（上杭站）暨上杭县第十届西北片区农民文化体育节表演的

“三句半”。由陈育红创作，陈作球、陈育红、陈利光、陈富贞演出。

九、陈东彩诗一首

九月，我回来了
——毕业分配回官庄中学有感

踏着九月的落叶
我回来了
五年前我走出了
你的摇篮
带着白发谆谆的嘱托
带着清泉般的希冀
我走了
而今我又回来了
回到了你温暖的怀抱
九月的第十天
我和你站在一起
我也是一股清泉
愿把校园的花朵
浇灌

踏着九月的落叶
我回来了
为了枝头的绿叶
我愿在九月的风中飘落

十、张荣华诗二首

（一）尘土飞扬

回忆是一本尘封已久的书
一本写着很多故事的书
书中的一切
一群笑容逐渐淡化的人
一些如碎片般飞扬的事
一段像旧影片般的记忆
似模糊又似清晰
品尝过的酸甜苦辣

刻画下的喜怒哀乐
曾经的岁月
曾经的风雨
曾经的故事
也只能感受
却难以书写
星月朦胧，照在曾经田野的小路
和风熏人，吹过曾经偏僻的校园
蝶舞翩然，飞越曾经安静的家院
门前的桉树是否依旧茂密青翠
校园里的知了是否依旧长鸣嘶哑
水田旁边的水渠是否依旧清澈见底
孩提时的游戏是否依旧趣味无穷
昔日的笑容是否依旧灿烂无邪
是谁来了
又是谁走了
我迷失在梦里头
想伸手抓住过去
却发现过去已经被写成厚厚的一本无字书
书中的主角
在时间的流逝中挥发着自己的青春
今天
我拿起这本书
吹一吹封面的落尘
尘土飞扬
迷离了我的视线
抑制不止心中的情感
泪盈满眶
(原载 2001 年 8 月《空军报》)

(二) 是 否

是否
有这样一个路口
为我撑起多年的问候
长长的巷子　不散的朋友
最失意是让我握紧你的手
是否

有这样的一盏窗口
为我打开一生的温柔
涔涔的溪流 无语的追求
最真的情谊是心与心的合奏
是否
有这样一瓶老酒
为我酿四季的风流
浓浓的香味　薄薄的乡愁
最真的情结总在当兵漂泊之后
(原载 2002 年 11 月《解放军报》)

编者注：作者张荣华，作此诗时在空军某部服役，现供职于厦门快速公交场站嘉庚中心站，任副站长，党支部书记。

十一、珊瑚采风诗选

2015 年 8 月16 日，珊瑚乡党委、乡政府举办“清新水源·和谐珊瑚”文学笔会。本目选录部分参会作者的作品。

（一）珊瑚之歌

千家村故事流传千里万里路
胡月广美名光耀千百年史书
爱民的清官牵挂百姓疾苦
百姓用珊瑚报以海的情愫

珊瑚　珊瑚
传奇的珊瑚根植大山深处
珊瑚　珊瑚
圣洁的珊瑚蕴含多少祝福
英雄的足迹铭刻红色征程
为了同一个梦展开宏伟蓝图

弯弯的山路伴着流泉和飞瀑
行走青山顶拥抱祥云和瑞雾
晨钟与暮鼓呼唤人间净土
圆通看世界丈量灵魂高度

珊瑚　珊瑚
美丽的珊瑚　你是绿色明珠

珊瑚　珊瑚
清新的珊瑚　你是生态宝库
在复兴路上开启新的征程
为了同一个梦展开宏伟蓝图

编者注：作者刘少雄，龙岩市作家协会主席，《闽西日报》副刊部主任。

（二）雨中梦宏居

婉约的民乐中　一场秋雨
不期而至
像千万双纤纤巧手
却翻不动一本线装书
也掀不起梦的一角
书中蕴藏着密码
梦里变幻着祈愿
今人只能
一知半解的猜着
一声声呐喊　浓缩成
墙上或浓或淡的墨痕
那些歌谣
在当年的旗帜上　猎猎作响
那些标语
从热血沸腾的胸腔里　脱口而出
躲在角落的农具　器皿尘封着
如同孤独落魄的留守老人日渐老去
推磨的人　编草鞋的人
大都老去
喝着米浆成长的一代代后裔
不再穿着草鞋
走向山里或走出山外
古树在屋背苍翠着
不断地增加年轮
竹头下
明年又将长出新笋
一眼梦泉
依然在墙角边上
汩汩流淌
是唱着永不停歇的歌

还是延续着先人的梦
其实　一座古宅
就是一部厚重的书
就是一个幽深的梦
我无法穿越　无法解读
只好蘸着潮湿的心事
写下一个大大的梦字

编者注：作者温文茂，中国书法家协会会员，上杭县文联主席。

（三）红军标语——写在上杭珊瑚乡“梦宏居”

红军的宣传方式
是从墙开始的

那斑斑驳驳的红军标语
铭刻着久远的光阴和光荣的痕迹
此刻　蓝天丽日　美且宁静
红军标语 在墙上
犹如久别的亲人
发出灿烂的笑容

我想知道　书写标语的红军战士
一定很年轻吧
匆忙的字迹透露着行军的急促
歪斜的笔画绽放出小战士未脱的稚气

那高擎红旗行走在逶迤山道的是你么
那打着绑腿穿着草鞋急行军的是你么
在战场上吹响激昂军号的是你么
也许　那面红旗　那双草鞋
那把系着红穗的军号
今天　都已静静地陈列在
革命历史博物馆
但你书写过的红军标语
象苏区的血脉
澎湃着中国革命走过的印迹

红军标语　朴素而又鼓舞人心

谁能说清　它与革命胜利的关系
我坚信　当年的“扩红”
就是从这一笔一划开始的
我分明听到正义的呐喊声
足以摧枯拉朽
革命的火种如燎原的星火
在中国的农村大地上繁衍　蔓延……

轻轻抚摸墙上的红军标语
指尖　掠过岁月风云
我闻到了血与火的气息
看　红军的队伍要开拔了
我听见那渐行渐远的脚步声
红军的旗帜　正在风中飒飒作响……

编者注：作者余小明，中国音乐家协会会员，福建省作家协会全委会委员。

（四）传奇珊瑚

绿海一珊瑚，
汀江河畔嵌明珠。
清新水养育，
一展风姿入画图。
风生水起奔大路，
水的文化我做足。

圆通山寻古，
铜钟敲响大彻悟。
山风洗尘埃，
富氧清心在净土。
任凭绿意多浸染，
绿的文章我做主。

梦宏居读书，
红色文化最鼓舞。
军魂筑梦远，
共和国擎天一柱。
新农村魅力无穷，
年复一年总幸福。

珊瑚亮处火如荼，
一日千里路。
求和谐发展，
乡村处处有龙虎。

注：游阶章，龙岩市楹联学会会长，龙岩市对联书法研究会会长。

（五）圆通山

一场禅意的秋雨
轮回着一场重逢的愉悦
我以虔诚的心
又一次走进你
温暖的山坳　袅袅的梵音
木鱼声声　素心渺渺
我用探寻的双眼
寻你三百年的繁华
烟雾缭绕处
繁华散尽
寻你八百里的极致
只遗两株繁茂的桂树
满庭幽香
古老的练武场
芒花飞扬　轻烟漫笼
半月形的放生池
一株灿烂的金针菜花
娇艳了一池的芬芳
天湖静默　水中　孤树枯亡
青鸟的飞翅 掠起薄薄青岚
圆通山　我是你多年前的过客
匆匆的步履抖不尽落落风尘
而你以云的静默水的轻柔
沉淀了我浮躁的心
给我一片澄明
云淡　风清　月明
流岚飘逸　时光愉悦　岁月静好
圆通山　你可否赠我一叶轻云
让我在你的怀中
一生终老

编者注：作者林华春，龙岩市作家协会常务理事，上杭县作家协会主席。

（六）圆通山怀古

圆通仙境雾侵衣，桂馥兰馨入翠微。古寺尘空清可醉，逃禅一鸟破云飞。

将军决意绝尘居，归卧仙山几客知？暮鼓晨钟残垢荡，半联笑待故人迟。

编者注：作者邹泉生，福建省书法家协会会员、龙岩市作家协会会员，华嵒书画社社长。

第二节 文 选

一、序

陈氏族谱序

水有源、木有本，理固然也，若人之有祖犹水木有本源也。知其理者则孝弟之心岂不油然动哉！此族谱之所宜作也。夫族之有谱，所以原本系、序昭穆、拜亲疏、别同异，述其分派，记其宗枝，使氏族之可明、支派之不紊；苟若不修，尊卑失序，昭穆莫分，人伦因之而废坠，祖免视之如路人，谱之所以不可不作也。杭有陈姓，乃颍川之世家也，其始祖三十四郎公，由汀州迁至杭之乡开基，其处号曰珊瑚，稽其系江州旭公之分派，自宋元明迄今代传二十世矣，而簪缕累累，代不乏人，豪杰贤才，踵相接武，宜绍儒，祖舜恐其显扬之未逮，惓惓以修谱为已任，其谱以始祖三十四郎公开基起，观其编次，井然有条，灿然明晰，至于生平之寿夭、卒葬之山向、移寓之处所，靡不具哉，是知尊祖敬宗睦族之道矣。若绍儒、祖舜殆谓之孝弟之君子矣，乎继自己往，将见珊瑚陈氏，光前裕后，其奕叶蕃衍，门闾益大，人文之蔚起，得泽之绵延，固既先有以肇其基也，后之贤子孙诵斯文、览斯谱者，吾知其必有所感发兴起而知本源也，于是乎序。

雍正拾叁年乙卯岁端阳之吉

文林郎署长汀武平两县事、上杭县丞年家侍教弟徐淮顿首拜撰

注：雍正十三年（1735 年），珊瑚陈氏曾修族谱，今佚。

陈氏修谱序

从来经纶之远大，莫重于敦伦，风俗之休明，莫先于睦族，顾数十代派别支分，宗教綦广，而欲使亡而若存，涣而仍萃，而修谱不为功。我陈氏系原浚哲，夏商之世，聿隆追报，周先王典崇三恪，始封于陈，传至春秋，敬仲由陈奔齐，卜之曰，八世莫之与京；嗣是子孙蕃衍，遂以陈为氏。千百年来，奇人杰士，时或间生，论者谓神明之食报长矣，英为党国效劳，驰驱国内，凡血统攸关，未尝不触宗盟之感！辛巳秋，在部公余，有同事陪英君，相与促膝谈心，因述其梓乡修谱之举，以珊瑚开基三十四郎公为始，并呈其稿，英为之悠然神倾，叹曰：自古族之有谱，意之美，法至良也。借载笔之详明，祖宗虽遥，恍觉精神之可接，子

孙虽众，居然血脉之相通，甚至椒聊远条，分处异方，皆得追渊源而联骨肉，则是修谱之不可缓也明甚；且也节廉忠孝之坚贞，纪实于简编，皆足示云礽准则，学问事功之卓越。标名于卷帙，隐然为子弟楷模，世系之昭彰，即为世教之铺翼，其所关非浅鲜也。今阅珊瑚之稿，序昭穆，析干枝，褒懿行，录科名，教家有法，训俗有词，俾食旧德者，穆然念高曾烈，服先畴者，蔼然有仁让风，殚一族之心思，以成昭兹耒许之典，不诚为家乘大观耶？英虽远居浙省，然上溯本原，已系同祖，睹此鸿文润色，谊重笃亲，夫亦共叨光荣矣；爰不揣固陋，书数语以弁于简端。

闽浙监察使、中国国民党福建省党部执行委员会主任委员 陈肇英

注：陈肇英此序为民国29年（1940年）版《陈氏三十四郎公一脉宗谱》所作。

陈氏族谱新序

夫谱之修，子姓皆有之。其修之法各有不同，有修自远族者，有修自近脉者，有仿庐陵欧(欧阳修）修者，有仿眉山苏（苏轼）修者，各从所宜，不强彼而同。吾族肇自满公封陈，子孙以国为氏，自敬仲奔齐，种族于东，自楚灭，陈族入于南轸为楚相，封颍川侯，世犹可稽秦汉，而后于魏。于晋六朝，于隋唐五代，其见于史传者，迁移转徙，虽在皇家显宦，子孙不无散落，殊难统稽。至赵宋江州陈氏十四世同居，家口数千，仁宗为之分庄，散居各省，魁公率家口入汀，修谱者恒以为入汀之始祖，乃查汀之南寨坊有群公之坟，为唐代之祖，是入汀不自魁公始也。且旧谱徐淮作序，载由吉水入闽汀，而陈屋村称大益郎为三十四郎之祖，有坟穴借彼祭管，世系俱欠叙明，吾族前清雍乾间纂谱，只溯本支以卅四郎为始祖，前乎祖者不溯，昭敬慎也。昔狄武襄不认狄梁公为祖，君子是之；郭崇韬冒认郭汾阳为祖，义士非之。余后生小子何敢或异哉，况吾族开自宋世，子孙流寓赣浙粤楚，不能统而溯之，即近在汀属之支派，尚多漏载，族人恒歉简略，思增入而不得，逮今百有余年，旧谱剥落，前辈起议复修，爰遍合远近，凡在三十四郎遗下宗支，旧谱未及修者，概准增入之。余年近古稀，忝膺修谱之责，幸赖族贤之褒助，竭力奔走，广事搜罗，不惟我祖三十四郎公一脉子孙昭穆分明，即溯上列祖列宗有条不紊，世系均获明悉，源流已收一贯，因新谱所载倍增于旧谱，谨述数语以著于简端，俾后之览谱者得知其由来云。

二十三代裔孙 炳黎敬述

注：陈炳黎(陈福兴)为民国29年(1940年)版《陈氏三十四郎公一脉宗谱》原任主修。

《杭武胡氏族谱》序

锦少时闻诸先祖曰：族自千九郎公辟址珊瑚，传十二余世，各房祠宇分立，而总祠独缺；且自清康熙后谱牒失修，文献莫考；斯二者吾遗恨也。尔曹其勉之，余闻之恻然。十余年来耿耿在心，未敢一日忘；然事功浩繁，一木难支，心余力绌，每增渐赧。岁次癸未，杭武本

族议建五郎公总祠于珊瑚。命余司其事，赖祖宗之庇佑，父老之热心，甲申十二月，工程粗告完成。越二载，丁亥春，族人议修宗谱，设筹备会。八月初七日开第二次会议于珊瑚，翌日赴上迳整理民十旧稿。旋派员至长汀、建宁等县，旁搜博采，得岭南胡氏老谱（以五郎公为始祖，重修于清康熙间，残缺不全，）及江西瑞金桂竹坑胡氏谱（以子清公为始祖，三本简略不全），辗转参照，残缺得以补正。各县同宗相继联修。十二月初四日，开第三次会议于上杭。戊子春二月，筹备就绪，成立修谱局（局址设上杭县城东街昇生公祠），董其事者，编辑二十二人，经理十五人（姓名详编修人员栏），并推永年为总纂，思敬、益志为协纂，杏林为绘图，先尧、思禹等为文书、校对，惨淡经营，至己丑夏月脱稿。计五卷十三本（共印90部）。历时二载，费金钱合稻谷三百石。锦不才，蒙父老不弃，忝充总理，受命以还，夙夜忧虑，恐有失坠，无以副族人之望，今幸编辑告竣，印刷完成，爰叙其颠末，亦以慰先灵于万一云。

民国已丑岁孟夏廿三世孙锦峰谨序

注：胡锦峰为民国38年（1949年）版《杭武胡氏族谱》所作。“民十”指民国10年（1921年）。民国戊子岁为1948年，己丑岁为1949年。

《蓝氏族谱》前言

国之有史，族之有谱，国昌族旺，乃我众民所欲。尊祖敬宗，壮已以志，清源流，述先祖之德，表孝悌之义，撰修谱史，核其本原，详其事实，我氏宗谱皆赖列祖之诚，纂著明鉴，然而年久失修，故拥我辈修谱之大责。此次重修谱牒，继大一郎公生七子之续志，念一郎及之四子千八郎，系我竹子垄开基始祖是也！迄今六百二十六年之历史，此间宗祖迁徙靡常，繁衍甚广，且有诸多祖伯失祀无取而不可考，恕不能全录，惟现居始地一脉列修，来日他乡宗亲回籍寻根问祖，应以热诚欢谒，同就我氏谱牒。

本室此次重修蓝氏族谱，自昌奇公受姓至大一郎生七子为前册，念一郎及其四子千八郎迁居竹子垄至守业裔孙为后册。纂修中，蒙始地守谱叔伯及江西省宁都县和本省建阳县宗亲提供原始谱史，在此表示敬意。念我等后辈尊祖敬族，鉴古知今，行其事实，详其所载，守其勿失。

重修过程中，由于原谱遭受蛀失或某种原因，故之有欠缺之处。望后辈加以协力修整，每逢甲子年撰修一次，我氏族谱必完整无缺，嗣裔兴旺，百世流芳。

公元一九九六年丙子岁仲春月

《蓝氏族谱》修谱室

二、记

重建儒学记

惠之海丰邑，阻山濒海，地势蜿蜒，扶舆清淑之气，于是焉，钟长才秀，民往往继出亦由学校之政，修明而然也。学居邑之左，宋淳祐间，邑判郑梦翀所建；元因之，后毁于兵。国朝洪武十二年，再建于知县邓源；二十七年，知县李严重修之。正统五年，知县林渭礼士敬贤，兴废补敝。自时厥后，为令者漫不加意，废弛日深，栋宇朽烂，墙壁倾颓，栏不蔽影，户不留风，刘碍荒榛，雀凷穿突，神无栖止之宫，士无遊息之所。天顺六年，汀之上杭胡侯来宰斯邑，下车谒庙，顾瞻徘徊，叹曰："化本在是，其敢缓乎?"乃劳心焦思，募财鸠公，樽节羡余，不殚民力，芟荒芜䂮瓦砾突者夷之使平，溷者益之就隆，朝夕程督，吏趋民劝。先建明伦堂，东西斋；其次为棂星门，易以石柱，开凿泮池；而大成殿、两庑、文昌祠、庙宇、牲房、戟门、号舍、仓库、射圃，以次而成。仍迁学门于西。土燥而材良，瓴厚而甓坚，制度规模，井然有条。至于笾豆罍爵仪文度数，焕然一新。师生得优游于采芹，来歌弦诵之声洋洋盈耳；礼让之风行，浇漓之倍革；人物改观，山川增色；圣贤有所尊崇，士类为之兴起；皆侯力也！庠之师生，请刻石以纪其实，侯止之，曰："兹有官守分内事，何功之敢云?"止之愈坚。请之数至，乃不远数百里，价生员彭祚、徐辅徵予记焉。

夫道之大原出于天，人君体天以立，教人臣代君以辅，教士子明道适用一理而已。在上有劳来匡直之功，在下有会极归极之效。然后，人君无负上天之付托，人臣无负人君之付托，士子无负君相之乐育，学校所系不亦重哉！夫唐虞三代之君臣，道同德合，上继天心，下立人极，人人有士君子之行，比屋有可封之俗，雍熙太和之治，后世莫及。孔子有德无位，施杏坛之教，振木铎之音，天以之而道明，地以之而理察，人以之而极立，所以维持世教功不少矣。汉唐宋君臣建学，非不广养士，非不勤，然无躬行道德之实，故所用非真才，治道不古，若安能副天心而建皇极耶！我朝圣圣相承，道德隆盛，克享天心，仁渐义摩，海滨之俗几及邹鲁，建学育才之效，陋汉唐而比隆，虞周倚欤！盛哉！又得宪臣提调其教，贤守令以作兴之宜，其文教之行也，令邑庠士子鼓舞，涵泳于光天化日之下。而侯又作新宫舍，激励士行，为士子者，岂徒播弄笔墨以文章谋利禄而已哉！其必诵读诗书，真知实践，孝如鲁闵，忠如契皋，志伊尹，学颜子，德崇业广，向用于时。吾道有光，斯无负所学，无负贤令，无负于君，无负于天矣。

侯名广，字彦博，有为有守，治民事神政，有可观云。协谋相厥事者，县丞大庾林茂、典吏武陆卢清，出入计划终始；赞成其事者教谕莆田林渠、训导三山龚鑑、北流梁瑛，好学尚文；捐财助后，则有正千户刘瑳、副千户王能虞，皆可书。

注：作者吴高，字志高，生卒年不详。广东归善县（今惠州惠城区）人。明宣德八年(1433年）进士。官至刑部主事、福建左参政。致仕后回故里，常"幅巾杖履，徜徉山间水际，惠阳风物，陶写殆尽"。曾参与编纂明天顺《惠州府志》。明、清《惠州府志》和康熙《博罗县志》存其《第一江山亭记》等作品。

《重建儒学记》载于明万历《惠州府志》。该"记"详细记述了胡广重建海丰先师庙（学宫）的原因、过程，反映了重建后海丰学风和社会风气发生的深刻变化，充分肯定并高度概括了胡广在海丰的政绩，道出了“名宦”的真谛，赞誉胡广“有为有守，治民事神政”。细读此文，有助于细化、深化对胡广“兴文教”“崇祀名宦”的认识。

三、散　文

圆通山胜景话今昔

钟巨藩

上杭县城西北面的珊瑚乡，有一名山——圆通山，海拔 1041 米，顶形呈圆状，故有其名，山的东侧为珊瑚乡千家村，西侧为武平县境。

圆通山巍峨挺拔，景色秀美。自珊瑚乡华竹村沿盘山公路而上，沿途风光旖旎，像在观赏一幅长长的山水画卷。有镶嵌在峭壁上，落差 160 米的扬梅山水电站；有飞流直泻的白水漈；有或蹲或踞，欲飞欲跃，形态各异的岩怪石；有浓郁封闭的松树林和高耸的千年古树；有半山峡谷中的人工湖——杨梅山水库……

杨梅山水库大坝长 116 米，高 39 米，顶宽 5 米。伫立在大坝顶部放眼望去，只见山风吹皱一湖绿水，山上绿树繁花交相辉映，岸边垂钓渔翁悠然自得。水库于 1979 年冬天动工兴建，400 名官庄 (是时珊瑚属官庄公社) 儿女发扬愚公移山精神日夜奋战在深。山峡谷之中，仅用两年多的时间胜利建成了库容为百万立方米、灌溉面积 1300 亩的水库，随后又利用水力发电，建成 225 千瓦的杨梅山电站。如今，珊瑚乡又想建水上游乐场，让水库发挥更大的效益。

沿着杨梅山小溪而上，山上林木茂密，树种繁多，有锥栗、榛子、松树、杜鹃等等，针叶阔叶混交，浓阴蔽日。溪中溪水潺潺，五颜六色的河石清晰可见，鱼儿在嬉戏，青蛙在竞技，山蛇在觅食，螃蟹在筑巢。“杨梅飞瀑群”地处 700 多米高的杨梅山，一条瀑布从 10 多米高的山上飞也似的俯冲下来，上有飞瀑，下有龙潭，身临其境，如雷轰鸣，一条瀑布接一条瀑布，气势磅礴，蔚为壮观，真可和庐山三叠泉相媲美。

过杨梅山水库大坝沿着公路再往上，走不了多远就到了圆通寺。圆通寺海拔 740 米，前有黄梅山，后靠圆通顶，左右群山相拥，涓涓山泉汇进圆通湖然后再流向杨梅山水库。进口处有数十亩大的练兵场、九一祖师坛、六角亭等景点。“天下名山僧占多”，明朝成化六年(1470 年)，宗鉴和尚在这里建寺庙并命名为圆通寺。明末清初，曾经考取明朝进士，做过明朝官员的江南人士九一（不知其俗名和籍贯），在遭受到国破家亡的惨变后，祝发出家成为临济宗僧人，九一和尚于清朝顺治七年（1650 年）来到圆通山，他阐扬佛理，广布功德，四方僧徒云集，最多时达 90 余人。九一和尚修筑了十分壮观的宝殿层楼，华堂宽敞，菩萨林立；创建了泗州亭、洗月池、白拂泉、梨云亭、七星岗、佛子水诸多胜地；开垦了寺庙周围百余亩良田，种植稻谷和经济作物；山中所产“圆通茶”是茶中珍品，“食在圆通山，玩在紫金山”在民间广为流传。此后，九一和尚的徒弟幻机法师和半石堂头及来自江西汉仙岩静室的鬲坪上人都是圆通寺的高僧，这里成了闽西、粤东、赣南的著名丛林。

明朝遗民，与九一和尚一样对清朝有国仇家恨的杭籍著名诗人刘坊（别号鳌石，著作有

《三才指掌》《八家翼》《前八家》《古诗盼》《天潮阁集》等）于清康熙十九年（庚申岁1680年）、二十年（辛酉岁，1681年）两次来到圆通寺，写下了《黄梅山拜九一和尚塔兼呈其嗣幻大师二首》《和辛酉秀夏避暑圆通寺四首》等诗，表达了诗人对九一和尚的敬仰和爱慕以及对圆通寺自然风光和寺庙建筑的赞赏和喜爱。

历史走到清末，同治三年（1864年），寺殿被太平军烧毁，光绪三年（1876年）珊瑚乡的胡、陈两姓群众集资修复后堂。光绪六年（1879年）曾任福建水师提督的上杭石砌人钟宝三捐资修复前堂。光绪九年（1883年），不满官场尔虞我诈的汀郜福宁各弟子，也留下了不少的传奇故事。清光绪三十年（1904年），广东大埔范荑香女士有《赠钟军门》诗：

一代勋名百战身，今朝了悟脱红尘。

青天欲广西方佛，选到皇家柱石臣。

圆通寺前殿悬“大边横宝殿”巨匾，不知何人何时所书，字迹雄浑有力，字体金光闪闪；左边横梁悬一口洪钟，虽锈迹斑驳，然镗镗钟声响亮悠扬，巨匾.洪钟是弥足珍贵的历史文物，可供考古学家作为研究之材料。

“山不在高有仙则名”，圆通山风景佳丽.美不胜收；圆通寺历史悠久，著名禅林；九一和尚、宝三居士文化底蕴深厚，深研佛理弦机，著书写诗作词，给后人留下了丰富的文化遗产；藏经阁珍藏各类秘籍万余册；寺的四周有可种稻、种茶、种药材的良田，是禅农结合、绿色观光旅游的好地方。当地政府已把圆通山景区的开发，摆上议事日程，并得到上级有关部门的支持。可以相信，不久的将来，圆通山风景区，将出现更多的新景点，游览条件将会明显改善，届时一定会成为上杭又一颗璀璨的旅游明珠。

注：钟巨藩，福建省作家协会会员。

诗话圆通山

温云远

谁把黄花石上栽，千积万古向天开。

心坚粉蝶寻无隙，性毅金鸡采不回。

只是骨中生宝瓣，岂同膜外生青苔。

渊明到此应惊羡，笑问何时种得来。

上杭珊瑚乡圆通山有“九寺八刹三十二景”，既有浓厚的宗教文化底蕴，又有神奇秀美的自然景观，历代文人骚客纷纷吟诵咏叹，留下了许多堪称历史文化遗产的名篇佳作。其中至今在民间流传一本释九一所著的《圆通山各咏》诗集，俗称“圆通山计三十二景诗”。本文开头的诗《登圆通山过菊花石有感》便是其中的代表作。

释九一，又称九一僧人、九一和尚，俗名及生卒不详。明朝进士，做过明朝官员，为明遗良。临济宗僧，清江南人［顺治二年（1645年）置江南省，辖今江苏、安徽两省］。曾习儒业，顺治七年（1650年）到上杭县太平里（今珊瑚乡）圆通山。此山跨越杭、武两县界，山顶宽阔平坦。九一僧来此，创建宝殿、层楼，辟有泗洲亭、洗月池、犁云亭、佛子山、冷石泉等名胜，还在山上垦田百余亩。经其苦心经营，所建圆通寺成为闽粤赣边有名的大寺院之一。其遗著《圆通山各咏》，在当地争相传抄，一时洛阳纸贵，至今在民间仍有遗存。笔者曾于2002年7月从千家村人陈兰祥处看到清末民初时期的《圆通山各咏》手抄本。

《圆通山各咏》三十二首，每首以景入诗，都是七言绝句，并有简要的跋语。正如作者在序中所言："古圆通，景趣无量，随关先师取其胜景境共得三十二首，以倡记之。予山行时，观景玩偈。不觉情境两得，故于每景偈以跋数语，俾观览者，发圆通幽胜之缘，庶笔底兴艺于天地间也。"诗中还反映了当时的社会情态，民间习俗以及作者爱国忧民、安贫乐道的高尚情操。

释九一，明遗民而逃禅者，从安徽远道而来，在圆通山过着避世隐居的生活，但他的心胸坦然，怡然自得，怡情山水，在《登圆通山过菊花石有感》一诗中反映了这种思想："渊明到此应惊羡，笑问何时种得来。"

释九一，颇有诗才，他的诗寓景抒情，清新明丽，胸怀豁达，托意深远。《圆通山各咏》在诗的艺术风格上有它的独到之处，语言优美，通俗晓畅，具有浓厚的山野况味，读来令人感到平易亲切，轻松活泼，甚至朗朗上口，易记易晓、过目难忘，难怪在民间流传甚广。且读本文开头诗："谁把黄花石上载，千积万古向天开"。一语破的，描写菊花石的神似与形态，具有很强的艺术感染力。此外，《圆通山各咏》的很多诗中，巧妙引用典故，左右逢源，属辞比事，赋诗咏唱，触类旁通，信手拈来，自然而成，也令人叹服。

客家硕儒丘复先生说："读其诗知其非常僧人，盖一奇人矣"。《圆通山各咏》被收入"客家诗经"《杭川新风雅集》。丘复在《念丰楼杂记》中对"九一和尚"作了较为详细的记述。

注：作者温云远，中国民间文艺家协会会员，龙岩市作家协会会员，上杭县政协文史委员会副主任、主任科员。收入本志时，编者对原文作个别文字修改。

圆通山上说圆通

季　仙

登圆通山，从福建省上杭县珊瑚乡华竹村开始，沿水泥路蜿蜒而上。杨梅山水库，一池绿水，满山苍翠，空气清新，让人心旷神怡。水泥路曲曲折折，呈"之"形向上延伸。弃车步行，大约二十分钟，到达山口。山脚下有一条小溪，溪水清澈见底。四周山峦围拢，高山上出盆地，幽静、宜人。举目远眺，一大片平缓的坡地杂草丛生，仅对面山脚下有几间屋宇，孤单、冷清。

从山口下来，过了水泥桥，看见右侧几十米外有一棵大树，树荫下有三间小屋。站在山口没看见这三间小屋，是因为被这棵大树遮掩住了。同行的一个朋友笑朗朗地说，钟宝三把儿子杀掉，不圆通。他有专用的佛堂，应该是这儿。走过去一看，此屋泥墙泥瓦，一层，简陋，估计是二三十年前建的。居中一间，半截的门关上了，还系着绳子。屋内供奉有菩萨。朋友解开绳子，我们迈了进去。仔细一瞧，供奉的是定光佛。

从小屋出来，沿着水泥路，信步向有屋宇的方向走。我一边走，一边在头脑中思考，钟宝三是不"圆通"的人吗？

圆通山，海拔 1041 米，曾是闽粤赣边的佛教圣地、闽西著名的旅游胜地。史籍记载：明朝成化六年（1470 年），宗鉴和尚创建圆通寺。清朝顺治七年（1650 年），曾考取明朝进士、担任过明朝官员的九一和尚到圆通寺，阐扬佛理、广布功德，四方僧徒云集，最多时有九十多人。其时，宝殿壮观、菩萨林立，建有泗洲亭、洗月池、白佛泉、犁云亭、七星岗、佛子水等九寺八刹三十六景。

清朝光绪九年（1883 年），闽浙水师提督钟宝三退隐于圆通山。相传，十七岁那年，祖父病故、父亲阵亡，两张袭职状同时到了他手里。家人、族人都要求他续祖父宫廷侍卫职，而他却不听劝阻，丢下一句“无功不受禄”，放弃京城的优裕生活，奔赴广西边关续父亲云骑尉职。儿子自恃有袭职特权，不学无术、游手好闲。他公务繁忙，把儿子送回农村老家管教。儿子调戏妇女，酿成命案。收到状纸，他“固执己见”，不理会夫人的哀求、众乡亲的求情，以“谁宽容谁同罪”之决心，命令部属核实案情、处斩主犯。听到怨声载道的民谣，他不顾情面，对闽浙总督、福建巡抚等同僚直言相劝。在提督任上即封存一“锦囊”，交代说去世后才能打开。入寺后在佛堂上亲笔书写上联“天地有情容我老”，下联空着。清朝光绪三十年(1904 年)，他在佛堂盘腿伏案升天。老方丈从神龛顶上取下“锦囊”，原来是一副正楷对联：“夫人死百官临门，将军亡一卒不至。”一位老和尚云游到圆通山，看见上联“天地有情容我老”，挥毫写下“子孙无用惹人嫌”。老方丈从袖内掏出纸卷，展开，亦是“子孙无用惹人嫌”。云游和尚献出化缘所得银子，为他塑一尊戎装“金身”供后人瞻仰。

圆通寺壮观的庙宇已退入历史中了。现在仅有一间大雄宝殿，不大，估计也是二三十年前所建。前殿供奉的菩萨与其他寺庙大雄宝殿供奉的菩萨差不多。后殿，供奉观世音菩萨。旁边有几间附属生活用房。九一和尚、钟宝三等历史名人已寻不到一丝踪迹。

简朴的寺庙、杂乱的荒草，与我登山前的期望相差悬殊。殿内殿外转了一圈，坐在屋檐外的一张凳子上，我苦苦思索，何谓圆通？如何圆通？原本是阴天，突然间，一缕阳光照射在对面的山脊上，云蒸霞蔚，金光闪耀。感叹之时，心里豁然开朗。

有山有水，世间的路，不可能一直平坦，一定有上坡、下坡。点与点之间的直线距离虽然最近，却不是最佳选择。正如登山的路，若要最近，必然太直，肯定陡峭，上时吃力，下时危险，一不小心会摔得粉身碎骨。变通一下，走“之”字形的路，曲折盘旋而上，同样能够到达目的地。每到曲折尽头，疑似无路，折个头、转过弯，又是一片新天地。走这样的路，上时不吃力，下时不危险，即使摔倒，仍在脚下，至多翻滚几米，不至于伤筋动骨。而且，一路是不断变换的风景，身心更加愉悦。可见，受些挫折，多拐几个弯，不是什么坏事。圆通，指为人、做事灵活变通，不固执己见。我想，只要不是直接冲着目标而去，有所变通，皆属于“圆通”。

京城人才济济，祖父在世时仅仅是一个底层职员，钟宝三没有多少施展身手、出人头地的机会。而边关，更有底层人物施展才能的机会。不出所料，立下战功，从云骑尉一路擢升为参将、福建汀（州）漳（州）道总兵、闽浙水师提督。不“圆通”会如此选择、有如此成就吗？儿子犯法，如果不“提督斩子”，能挽回残局、安度晚年吗？时至今日，有多少领导干部因为没有管好亲属和身边工作人员而身陷囹圄、不能善终？身在官场，自知明规矩、潜规则都得遵循。以他的聪慧，早已预见，随波逐流不是良策，墨守成规也不是良策；趋炎附势没有好结果，自我清高也难取得好效果。闻听总督、巡抚的劣迹，倘若直接上奏朝廷查办，守了明规矩却坏了潜规则，不是明智的选择。既不敢承担责任，也不想同流合污，只求明哲保身，只好借民谣相劝总督、巡抚。这不是“圆通”吗？清朝末年的时局，他再“圆通”，终究避免不了“夫人死百官临门，将军亡一卒不至”的结局。遁入空门，还心有余悸，仍不敢面对“子孙无用惹人嫌”，祈祷、企盼“天地有情容我老”。一百多年，几代人过去了，民众还记得他，说明他还是成功的。想至此，我脱口而出，钟宝三时时处处讲“圆通”、用“圆通”，只是他的“圆通”更深了一层，一般人一眼看不出来而已。朋友扭头看我一眼，未置可否。

朋友招呼下山。我站起来，伸一个懒腰，慢悠悠地向停在草坪上的汽车走去。车内开着空调，凉爽、惬意，感受到了现代科技给生活带来的好处。我在心里说，我们身处的不是没有尘埃、没有噪音的理想世界，而是纷繁复杂、五彩缤纷的现实世界。无规矩难以成方圆。如果人人随心所欲，不把规矩、法律当准绳，时时处处讲圆通、作变通，必然造成社会秩序混乱，最终结果，自己既是作孽者，也是受害者。文明社会，有社会运行规律，必须人人讲规矩、人人守法律。当然，面对不断变化、发展的社会现实，我们也不宜僵化守旧、一成不变，而要与时俱进，因时因地因事对规矩作适当的改进、变通，既享受人生的自由、乐趣，又保证整个社会有良好的秩序。在利己的同时，不损害他人。最高境界是，外圆内方。无论是生活，还是工作，在随机应变、灵活变通的同时，绝不突破道德底线、绝不突破法律底线。

正低头沉思，邻座的朋友在肩上拍了我一下，问，游圆通山有什么收获？我在头脑中理了一下头绪，说，老实人圆通不起来，能圆通的都是那些比较聪明的人。圆通不同于圆滑。没有违反原则的圆通，不仅不应该受到指责，还要给予支持、鼓励。

车窗外，树木、杂草一闪而过。感觉心里空荡荡的，无牵无挂，浑身轻松。我心里想，一地、一事的兴盛，需要天时、地利、人和。天时是大前提，顺时而动易得力，背时而动难为功。事在人为，人的能动性、个体差异性巨大，相同天时，关键是人和。如果加上地利，事半功倍。天时、地利、人和相互影响、相互促进，人若圆通，天时、地利可发挥到极致。古代主要靠水运，珊瑚乡处于汀江岸边、三县交界之地，是水、陆交通要道，才成就了圆通山的繁华。随着生活水平的提高，发展文化、旅游等生态产业正逢其时，但现在水路已荒废，到县城是三十多公里的乡村公路，投资开发圆通山，恢复昔日的繁盛，恐怕尚需时日。或许，我们应该从今昔变化中得到更多的启示。

下山，汽车平稳、快速。不多时，离开了宁静、清新的圆通山，融入轰隆隆一路向前的车流中。

注：季仙，本名江启文，福建省作家协会会员。

只缘身在此山中

唐宝洪

何谓“圆通”？《现代汉语词典》释义如下：（为人、做事）灵活变通，不固执己见。我对“圆通”的真正参悟，始于圆通山之旅。

圆通山偏居闽西上杭珊瑚乡一隅，海拔千余米，形如巨桶，旧时文人会意取名“圆桶山”，后又改为带谐音带禅意的“圆通山”。清光绪九年（1883年），闽浙水师提督钟宝三隐居圆通庵，带发修行。

走在逼仄的山径上，令人怀想钟宝三的风采。钟宝三出身将门之第，祖父荣任宫廷侍卫，父亲官至总兵镇守边关。钟宝三17岁那年，祖父病故，父亲阵亡，两张袭职委令状同时抵达钟宝三的手里，一张是续祖父宫廷侍卫职，另一张续父亲边关武职。钟宝三的母亲和族中长辈及各路亲友，都力劝进而强令钟宝三入宫侍卫皇帝，而钟宝三却不“圆通”，他淡然地鄙弃玄歌笙影的安乐窝，执拗而又毅然地奔赴刀光剑影的镇南关。将门虎子钟宝三在战术上擅于圆通，初战即用竹尖阵大破叩关犯境之敌，手刃敌酋报父仇，令敌闻风丧胆。钟宝三靖敌有功，从云骑尉提为参将，连升两级。他24岁时，又从参将擢升为福建汀（州）漳（州）道总兵，并摄理漳州知府职。

钟宝三在漳州知府的任上，摒弃“官场哲学”，为人处世不谙圆通之术。漳州一有大背景的张员外，强抢良家女子做妾，导致人命。众官慑于张员外的背景和财势（有的收受贿赂而为虎作伥），不敢也不愿为民做主。钟宝三却大义凛然，处决了案犯张员外。

钟宝三33岁时，升任闽浙水师提督，敕建提督府。在修建提督府的过程中，钟宝三一方面严惩了仗势压人的管家；另一方面，他又行圆通之道，视宏伟壮观的提督府缺一角为无妨，并谓曰：官者，欲叫百姓不说其坏话，应先叫自家不做坏事。“提督怕庶民”，今古难寻。

我一路采撷着钟宝三的传奇故事，不知不觉来到圆通寺。据民国版《上杭县志》载，圆通寺“丹墙映碧瓦，绿树掩宫观”，似天府神阙。山中有泗洲亭、雷音寺、洗月池、佛子水、冷石泉、练兵场、马尾瀑、圆通岩等九寺八刹三十六景。圆通寺外群山环拱成一块聚宝盆。盆地辟有百亩良田，历史上农禅两旺，饭僧多时达三百余人。站在圆通寺门环望，九寺八刹三十六景，难觅当年的光景。风中，稻香袭人，茶香四溢，令人有如置身于桃源洞的感觉。

人世间毕竟没有桃源洞。凝眸间，身心疲惫的钟宝三穿过历史的风雨，颤巍巍地跌入我的视野。

如果说官场是一座山，那么身在此“山”的钟宝三不愧为屈原笔下的兰蕙长剑。

官场“山”上，圆通之道畅通无阻。君不见，对作奸犯科之亲属，或百般怂恿，或竭力包庇，使之逍遥法外者，大有人在。举世皆醉，斯人独醒。某年，钟宝三的三儿子凌辱邻村一新娘子，新娘子投河自尽。钟宝三速派随员查实案情，颁下“谁宽容谁同罪”的将令，含泪处斩三公子。钟提督“固执”的大义灭亲，可谓晚清污浊的官场暗流中少而又少的一滴清水。

官场“山”上，官官相护是彼此心照不宣的游戏规则。钟宝三与同僚、上司相处，有悖“圆通”之道。是时，闽浙总督与福建巡抚广施虐政，鱼肉百姓，怨声载道，钟宝三独善其身倒也罢了，偏偏心直口直，直面相劝那以腐败为日常工作的总督巡抚，最终落得罢官归田的结局。尽管翌年朝廷昭雪钟宝三的冤情，并委任钟宝三为汀漳道总兵，但他最终看破红尘，身入圆通山。一位叱咤风云的战将终为虔诚的佛门弟子！

远去了，金戈铁马！远去了，功名利禄！钟宝三潜下心来，参禅悟佛，修圆通之气，闲暇时著起了《圆通茶经》。

我向圆通寺住持打听钟宝三当年坐禅悟佛之所，住持答不上来。不过，住持向我诉述了钟宝三年前身后的遭遇。

钟宝三在闽浙水师提督的任上，原配夫人李氏在住所病故。治丧期间，百官皆来吊唁，烛礼成山。钟宝三在圆通寺圆寂之时，未有官府衙门一士一卒登场吊唁。他早有预见，在为原配夫人治丧期间就奋笔疾书一联："夫人死百官临门，将军亡一卒不至。"这铁划银钩的犀利笔锋，无情地刺向炎凉世态。

钟宝三生前，在佛堂挂出"天地有情容我老"的上联，下联却空白着。钟宝三死后，一位云游四方的高僧续出下联："子孙无用惹人嫌。"此联道出了钟宝三心头之痛：钟家三代武将，上报国家万民，下可光宗耀祖，可钟宝三的三个儿子在母亲的宠溺下，有恃无恐，不学无术，为害乡里。钟宝三挥泪处斩三公子后，他的大儿子和二儿子都吓得逃离家门，堂堂提督府就此冷寂落寞。

钟宝三生前身后的遭遇令我感慨万端。假如他为人处世能"圆通"一些，假如他敢于腐败乐于腐败善于腐败，他的光景何至于此，说不定，他能步步高升，子孙满堂，富可敌国，心腹同僚遍天下。这样想着，我又为他感到欣慰。他最终走向"圆通"，超然物外，以其高洁的品行赢得了无数后来者的心仪。

参悟"圆通"，只缘身在圆通山。正当我神思飘逸之际，山中居士捧上热气腾腾的圆通茶。相传乾隆皇帝对圆通茶情有独钟，圆通茶一度成为贡品。我倚着圆通寺的廊柱，一边品茗，一边欣赏着眼前大坪的景致。大坪中，有一只雄赳赳气昂昂的大公鸡，如一位傲视万物的隐士，旁若无人地踱步。我想，如果这只鸡知晓钟宝三的故事，定会参悟圆通，诵经向佛。

那只高傲、威武、美丽的大公鸡当然不会诵经。圆通山中，倒有"念佛鸟"会诵经。据民国版《上杭县志》载："圆通福地，山深树老，僧人诵经，鸟语酬呼，如学念经，皆语急而连，名曰：'念佛鸟'，是圆通奇境也。"走在圆通山的路上，我脑子里塞满了钟宝三的传说，我心房里盛下了圆通的禅意，我的目光执着地寻觅"念佛鸟"。寻寻觅觅，终不见有"念佛鸟"。怅惘之余，忽生感叹，身在此山，参悟圆通，自己不就是一只"念佛鸟"吗？

注：作者唐宝洪，福建省作家协会会员，闽西作家协会常务理事，现任《环球客家》杂志编辑部主任、《文化闽西》杂志编辑部主任。

第三节 艺术作品选

一、美术作品选

（一）胡益通作品选

觅

梨园春趣

春暖花开

密叶隐歌鸟

春雨

花开富贵

独立春风

春江水暖

（二）陈祥伦作品选

江山如此多娇

武夷晨曲

银河出昆仑

溪山春韵图

二、书法作品选

(一) 梁星华作品选

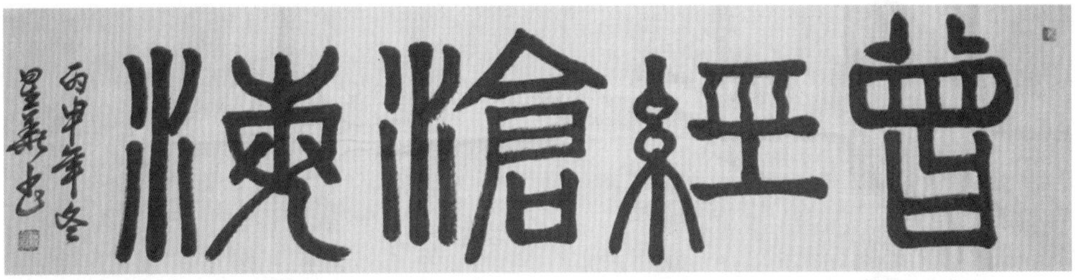

(二) 陈易伦作品选

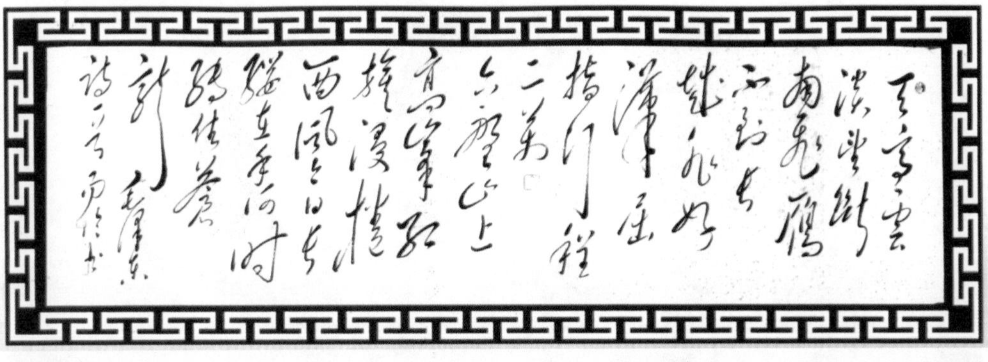

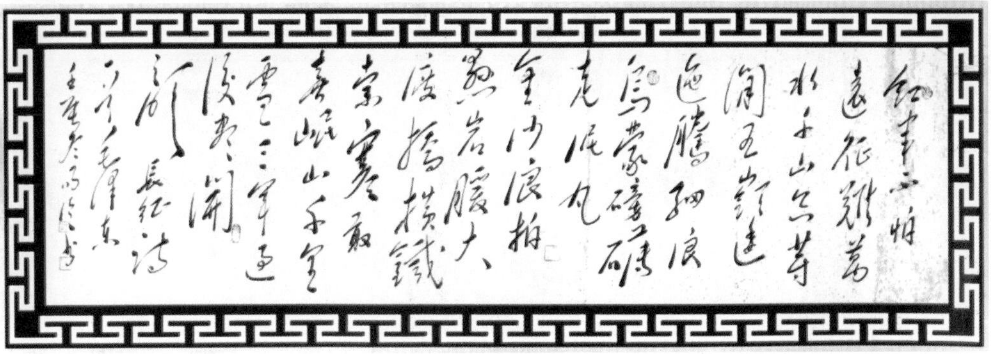

（三）陈文祥作品选

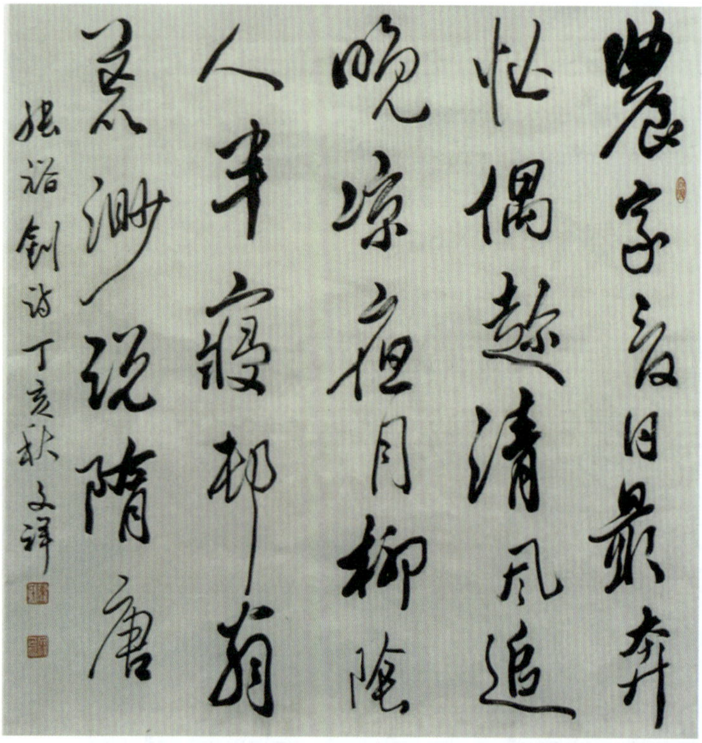

（四）张家贤作品选

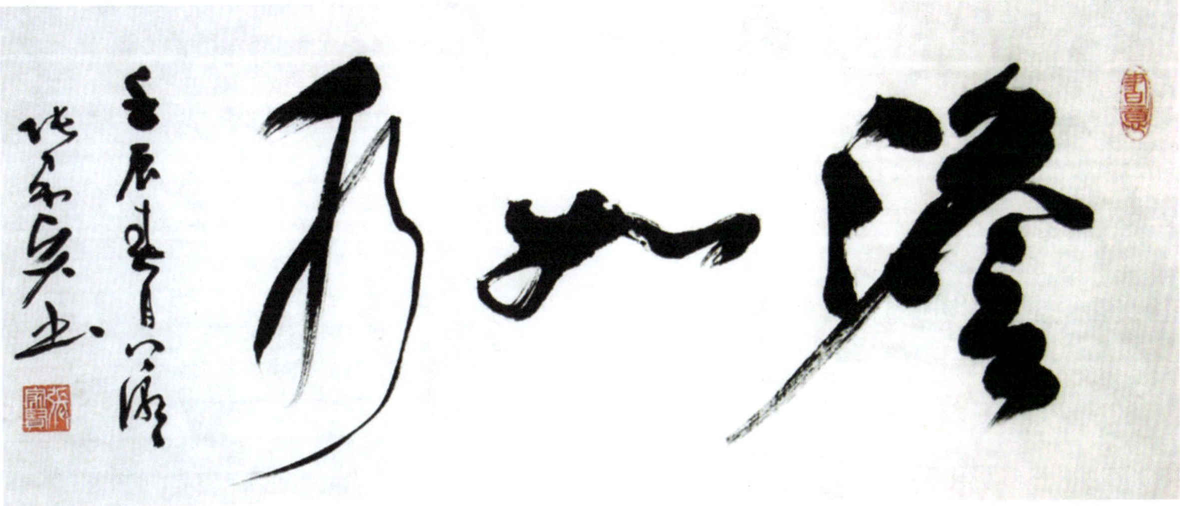

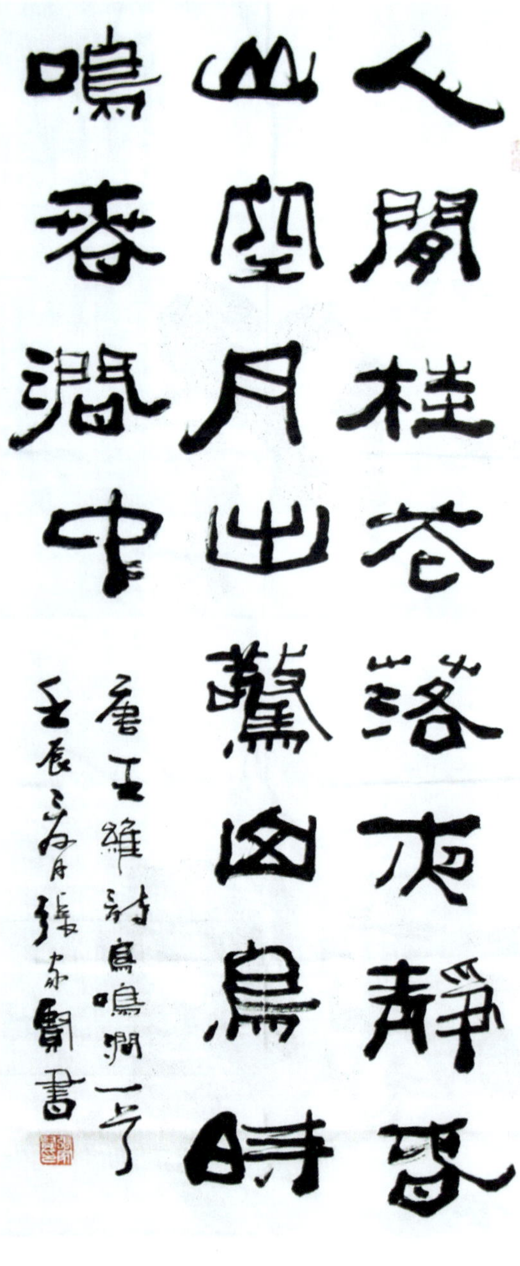

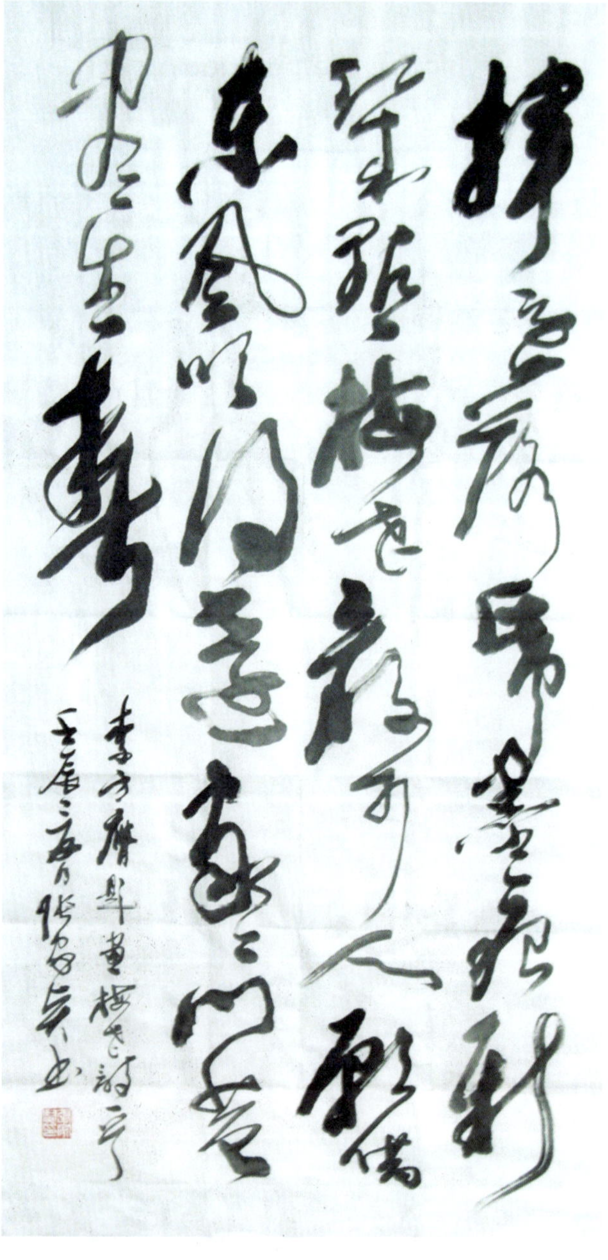

三、摄影作品选

(一) 张兴作品选

霞映春归

樟树林里的畲族布娘们

畲乡秋韵

（二）胡康福作品选

才溪乡调查会址——列宁堂

仰望树王

楼上楼下

多彩汀江

长虹卧波

第四节 楹 联

一、嵌名联

圆转西山千古月，通开南海九重天。

——圆通寺门联

彩羽锦鳞凌云跃浪浑自在，坑竹岭松耸壑昂霄任天然。

——彩坑村牌楼联

增福起宏图肯构肯堂真得所，有嗣承祖业够完够美复何求。

——上珊瑚大塘门上胡增有厅联

必孝必顺亦必让，正心正德更正仁。

——上珊瑚下坊陈必正厅联

荣居福厅连紫气，能创德堂纳朝阳。

——上珊瑚上塅胡荣能福德堂联

石门灵秀千秋英俊，楼中书声万代承传。

——下珊瑚石门楼下陈俊传公厅下外大门联

二、居家联

系由安定文宗第，族啟晋陵吏部家。

古色新香辉相暎，月光新气景宜人。

高超雕作梦宏居千年留杰构，神通祥和溪背人万事续家风。

——以上为上珊瑚上溪背梦宏居联

八牧传徽光宅第，五峰总绩振家声。

五峰秀气瞻长应，四面晴岚拱彩园。

——以上为上珊瑚竹背胡朝涌厅联

均和气象怀仁里，熙泰文光垂礼门。

——上珊瑚胡宝进下厅大门联

旭日祥临光下榻，德星瑞聚耀义门。

——上珊瑚俞子堂陈永华厅联

德八公业绩传千古；杨将军神光照万家。

——下珊瑚永兴坊（围里）大门联 。杨赐将军神阁为陈德八世业。

满室常留新月色，一门犹守旧家风。

祖德溯饶州曾旌孝友，家声传蒲坂景仰文明。

——以上为下珊瑚坎下陈振辉下厅大门联

义门由义路，仁里择仁居。
人间阅尽浮云厚，世事经过蜀道平。
尽坐自然有得，虚怀初若无能。
富不读书纵有银钱身何贵，贫而好学虽无功名志自高。
——以上为下珊瑚“陈纪昌屋下”下厅大门联
积德前程大，存仁后步宽。
——下珊瑚陈尧屋后门联
竹柏旷怀心神共远，智仁雅乐山水同深。
——下珊瑚陈光福大门联
金屋荣华千秋盛，玉堂富贵万代兴。
——陈作球厅堂联

三、祠宇宫庙联

颍水肇源长昭穆匀分俨若群流见汇；义门遗泽远孙枝繁衍无非一脉潜通。
德泽祖宗创惟盼后裔传孝义，书田子孙作但愿吾辈尚读耕。
人文地里香火旺，孝义堂中世泽长。
行敦孝悌九重天上书声贵，家传礼仪千古人间姓字香。
——以上为上珊瑚俞子堂陈三十四郎总祠联
陶正佐周分姓氏，西汉建公辟圣地；忠简辅宋繁宗支，元朝千九衍神州。
登堂谒祖传孝悌，入宇祈孙盼荣昌。
安居乐业惟和谐憨厚，定志依仁于善德谦恭
继承祖业一脉真传勤和俭，教育子孙两行正路读与耕。
弘扬祖德宗功振千秋伟业，传承华夏文明开百世雄风。
——以上为上珊瑚田心里胡氏家庙（千九郎祠）联
南朝西天佛祖回光照，山寺九品莲花世代香。
——南山寺下厅柱联
文星高照传万代，金玉满堂遍千家。
——下珊瑚神坛头陈文玉祠联
满公瓜瓞传万代，义门浩气贯千秋。
义聚三千口天下第一，同居五百年世间无双。
——以上为上畲陈寿清祠联
金鼎焚香香结彩，银台秉烛烛生花。
秋霜春露怀先泽，霞蔚云蒸起人文。
五德传千载，七昆播九州。
起宛丘满公裔孙遍天下，盛江州义门家声贯神州。
——以上为下珊瑚东门下陈五七郎祠联

宛丘绵绵传百世，德安脉脉聚千家。
妫水颍水瑾水源流远，旺公群公道公德泽馨。
谦祖世泽流芳百世，道公家声绍兴千秋。
颍川郡承先启后千百载，义门陈繁子衍孙亿万秋。
世祖千秋绵祀典，嗣孙万代绍书香。

——以上为下珊瑚踏下陈道公祠联

宗传八牧追前哲，门映三莹启后贤。

——上珊瑚桅杆树下胡氏三公祠联

嘉族兴旺千秋盛，禄运亨通万代昌。

——上珊瑚大塘门上胡嘉禄祠联

淮海清声分派远，苏湖教泽溯源深。

——上珊瑚竹背胡升生祠联

祖德流芳思木本，宗功浩大想水源。
日公居福堂千秋安逸，玉祠佑后裔万代荣昌。
九居世泽传名远，百忍家声播惠长。

——以上为下坑张氏总祠联

守先世一脉真传立心立德，教后人两行正道惟读惟耕。

——竹子垄蓝葱祠联

菁宇重辉蓝天增彩，公德再焕汝水流芳。

——竹子垄蓝菁祠联

金炉烟篆平安宅，玉盏灯开富贵花。

——彩坑张氏祠联

沂渭源流远，夏阳世泽长。

——彩坑梁氏祠联

济美衣冠承恩宠，南郡品格世泽长。

——三潭梁、林、谢三姓祠中的林姓堂号联

有进士有将军文武两僧圆本寺；无念嗔无邪念灵犀一点通西天。（蓝砚田撰）
九品莲花狮吼象鸣登宝座；三尊金身龙吟虎啸出天台。
妙观自在穷三际，正觉圆通纳太虚。
观音誓念弘深普门亦现，菩萨慈悲广大救苦寻声。
爽借清风明借月，动观流水静观山。

——以上为圆通山寺庙联

观音持宝瓶一枝杨柳遍洒尽大千世界，
佛母端严坐九品莲台佛光显亿万沾恩。

——下坑净土庵联

仙德恩深披四海，师功义重沛千家。

风调雨顺物阜民康蒙神佑；百业兴旺家国咸宁托圣扶。
三圣灵威祈保百姓四时康泰，仙师泽沛护佑万民五谷丰登。
磬音警醒名利客，经声唤回迷路人。
——以上为仙师宫联
坤德毓莆川共戴声灵昭渤澥
风涛恬海国咸钦禩典肃冠裳
——胡光峰题天后宫圣母联 （载民国版《杭武胡氏族谱》第三册）
庆圣诞祈保风调雨顺，感恩德护佑国泰民安。
——合水口天后宫联
半山建庙妈祖坐，天空架桥圣母临。
庙貌巍峨天上圣母临善地，威灵显赫人间福主降祯祥。
积德虽难人见，存心自有天知。
——以上为半天山天上圣母庙联
山间法雨沛润护万物，寺中慈云广被佑众生。
山观灵境众神鸿恩施福泽，寺庵圣地诸佛大慈降祯祥。
有虔诚朝拜佛祖，用真心孝敬双亲。
众佛祥机导善信返璞归真，诸神法度引众生离苦得乐。
我念弥陀归心似箭，弥陀念我望眼欲穿。
——以上为山寺庵联
神农制五谷德垂千古，炎帝创耕耘物阜民丰。
——神农庙联
日耀紫徽迎瑞气，天开黄道集佳祥。
天官地官水官火官官星显耀，上元中元下元乾元元气流行。
——以上为竹背四官大帝联
土地护法香烟旺，龙神下降佛业兴。
——圆通山土地亭联
福主定乾坤恩施福地，公王照日月泽被万民。
——合水口福主公工阁联
福庇方中年丰岁稔，主持境内物阜民康。
公德宏施苏庶类，王灵丕振伏群邪。
——神坛头陈文玉祠内福主公王阁联

四、打醮用联

迎佛仙祈保风调雨顺，建清醮护佑物阜民欢。
谨涓良辰集百福，虔修清醮保平安。
万众诚心迎佛驾，千般瑞气降人间。

敬神明常添百福，迎佛驾永纳千祥。

五、其他联

美继两难兄弟联辉纬武经文夸夺锦，
名齐九老罔陵叶颂金枝玉叶舞斑衣。

——张秉贞、胡锦峰等人为陈福兴八十寿辰赠联。上联赞当年陈福兴与其兄分别中文武秀才

圆通登山斯歇脚，山庄耕稼此纳凉。
驻足观壮景，舒心朝圣山。

——下珊瑚长岭岗亭联

一阵乳香知母至，半窗故纸防风来。

——珊瑚一药商为老母祝寿联；乳香、知母、故纸、防风均为中药名。(温云远供稿)

稚子牵牛耕熟地，将军打马过常山。

——珊瑚一药农自撰联；稚子、牵牛、熟地、将军、打马、常山均为中药名。(温云远供稿)

白头翁，持大戟，跨海马，与木贼草寇战百合，旋复回朝，不愧将军国老（甘草）；
红娘子，插金簪，戴银花，比牡丹芍药胜五倍，从容出阁，宛若云母大仙。

——珊瑚中药店联。(温云远供稿)

两岸携手共商千秋伟业，十亿同心统筹四化宏图。
日照紫金山金铜炫彩，春临棉花滩水电生辉。

(以上二联由陈东彩撰)

第五节　民间文学作品选

一、歌　谣

(一) 民歌(山歌)

千家村人爱唱歌，好比秤杆不离砣；唱得凤凰来相对，唱得汀江也来和。

口唱山歌走四方，只带山歌唔带粮；肚饥山歌当粥饭，口渴山歌当茶汤。
注：唔，国际音标〔N〕，不、未的意思，此处指不。

山歌一唱心花开，一曲解得千般愁；山歌好比春风到，吹得云开见月头。
注：月头，太阳。

客家山歌绝有名，首首山歌有妹名；首首山歌有妹份，一首冇妹唱唔成。
注：冇，汉语拼音 mǎo，没有。

荷树叶子叶荷荷，大家听 侄 唱山歌，客家妹子声音亮，一人唱来万人和。
注：侄，国际音标〔Nai〕，我。

山歌爱唱唱大来，唔敢牙齿咬着来，唱到鸡毛沉河底，唱得石头浮起来。

山歌紧唱心紧开，唱得云开日出来，唱得云开月头出，唱得老妹坐前来。
注：紧，越的意思。
汀江河水水流长，妹在河边洗衣裳，唱首山歌丢落水，妹爱恋郎赶少年。

老妹生得嫩葱葱，唔曾食酒面咁红，牙齿好比高山雪，嘴唇好比月月红。
注：唔曾，未曾、没有；面，脸；咁，汉语拼音 gǎn，这样、那么。

挖笋唔到腾竹根，连妹唔到出外村，外村老妹系较好，两日唔见会来跟。
注：腾，跟寻；系，是；跟，寻找。

天上乌云配白云，地下石子配泥尘。田里禾苗配稗草，问你阿哥配幔人。
注：幔人，谁。

风吹竹叶车对车，见到老妹去过家，只爱老妹唔嫌弃，香篮手帕郎来车。
注：前一个“车”，串；最后一个“车”，提。

新打酒壶耳咁高，今朝来个靓阿哥；保佑老妹连得到，三餐食饭唔莫坐。
注：靓，漂亮；唔莫，不要。

东边落雨西北晴，新作田塍唔敢行；灯芯造桥唔敢过，心肝想妹唔敢声。

哥在上坵妹下坵，两人目珠溜对溜；保佑上天落大雨，冲撇田塍共一坵。

鸡公头上开红花，鸡嫲生蛋叫呱呱；阿哥老妹共行走，就像鸡公带鸡嫲。

山歌唱在人村边，对得老人对得天，老人话 侄 咁大面，风流日子你在先。
注：话，说；大面，不要脸。

喊 佢 唱歌就唱歌，归去唔敢嘴咁多，朝晨冇个供鸡米，旁人话 佢 死安乐。

黄昏想郎到天明，泪水滴答流唔停；流到床下鞋冲走，流到门外族死人。
注：族死，淹死。

高山顶上一株梅，手攀梅花等妹来；十朵梅花开九朵，留朵梅花等妹开。

高山顶上种头桃，年年摘得箩打箩；老妹想 佢 桃子食，佢 哥想伊做老婆。
注：箩打箩，一箩又一箩。

八月十五赏月华，月光底下泡酽茶；阿哥好比长流水，老妹好比嫩细茶。

月头咁大冇笠庥，嘴里咁燥又冇茶；老妹拿来凉井水，赛过洋参蒸鸭嫲。

月光冇油样咁光，井水冇风样咁凉；老妹今年十七八，身上冇花样咁香。

汀江流水到潮州，咁好老妹难得有；咁好老妹连得到，阿哥煮菜唔用油。

八月十五赏月华，阿哥出饼妹出茶；阿哥可比深山长流水，妹妹好比深山嫩细茶。

八月十五是中秋，阿哥送饼老妹收，月饼当中七个字，千年万古情莫丢。

郎有情来妹有情，两人有情赛赢人；黄鳅生鳞马生角，海枯石烂不变心。

郎咁魂来妹咁魂，溪里石头作到银；三月清明作到五月节，风吹门环作到郎敲门。
注：魂，痴情；作到，以为。

新做布鞋鸡心花，时时穿在哥脚下；阿哥着哩要忍净，舍妹唔得望脚下。
注：忍净，保持干净；哩，汉语拼音 lí，了；望，看。

潮州柑子上杭梨，郎食柑子妹剥皮；老妹好比柑子样，郎有一个足够哩。

男：脱撇袜子着草鞋，世上老实就是 佢；
　　嫖赌两门 佢 唔晓，冇个旁人讲坏 佢 。
　　注：脱撇，脱掉。

女：十八哥，样咁靓，你今出来咁后生；
斜晡前日在妹门前过，手拿花鞋做唔成。
注：斜晡，昨天。
男：十八妹，你爱做鞋就做鞋，抬起头上莫望佢；
佢今还是大细子，还有爷娘管束佢。
注：大细子，此处指少年男子。
女：十八哥，讲你听，唔怕爷娘管束你；
只爱两人感情好，还有铜钱倒贴你。
男：妹妹讲事咁逍浮，再多铜钱佢唔嫖；
有朝一日被人捉呀到，祠堂冇上壁上出逐条。
注：逍浮，夸张；逐条，驱赶的文告。前一个“上”念平声，后一个“上”念去声。
女：十八哥，佢教你，壁上逐条扒撇伊；
哪个旁人出来做昂主，两条性命奈何伊。
注：扒撇，撕掉；伊，它、他（她）。
男：妹妹讲事咁有情，讲得佢哥开哩心；
手上金戒掠个去，约个日子来交情。
女：哥哥讲事咁有情，讲得老妹开哩心；
头上金簪邦个去，即时即刻就交情。
注：邦，拔
男：老妹爱嫁唔曾讲哥嘀，唔曾买有行嫁拜堂衣；
佢哥屋下还有九匹毛蓝布，送给老妹做棉衣。
注：嘀，听、知道。
女：多谢哥哥多谢你，多谢哥哥拿了咁多行嫁拜堂衣；
佢妹家中唔曾出有秀才子，唔曾出帖来请你。
男：多谢老妹多谢你，妹妹家中么哩东西佢哥食到哩；
老妹家中有百客，问起哥哥样般来嗯伊。
注：么哩东西，此处指任何食物；样般来嗯伊，怎样来回答他们。
女：十八哥，讲你嘀，拿包橘子拿包针；
来到我家婆婆前，认佢家娘做母亲
注：家娘，婆婆。
女：拿包橘子拿行裙，同佢老公甲同年；
日上喊佢同年嫂，暗晡喊佢嫩娇莲。
注：甲，结拜；同年，同庚；暗晡，晚上。
女：老妹爱嫁唔奈何，双脚跳到轿里坐；
亲爷亲娭都舍得，十分难舍有情哥。
注：爷、娭，指父母。

男：十八妹，老公打你倨也嘀，倨在门前壁背企；又想入来救开打，又想入来赠妹威。

　　注：壁背，屋后面；企，站。

男：十八妹，讲你嘀，策塞耳朵装唔嘀；

　　日上爱骂寻穑做，暗晡爱骂装作睡着哩。

　　注：策塞，塞住；作，装；穑，活，寻穑做，找活干。

男：今朝斫柴咁昼归，斫担柴子两头齐；

　　嘴子微微有道理，背脊心里有黄泥。

女：阿哥讲话莫咁癫，今朝碰上落雨天；

　　上岭斫柴冇容易，一淌一滑面向天。

阿哥出门到南阳，买包橘子买包糖；橘子倒撇老妹捡得起，白糖倒撇满地烊。

注：倒撇，倒掉

阿哥出门到石溪，又想去来又想归；又想出去赚钱用，又想归来同妹聊春尾。

注：聊，读去声，玩；春尾，彻底、到底。

风吹竹叶满天飞，有情哥哥来去归；哥哥同妹行一段，当过骑马坐轿归。

深山竹子咁直条，哥哥咁靓咁娇苗；唔见哥哥还较得，一见哥哥心肝脉脉条。

注：脉脉条，心里怦怦直跳。

有胆连郎有胆当，唔怕门前挂刀枪；唔怕颈上架刀子，再多事情妹担当。

有胆连郎有胆行（háng），唔怕血脉流脚 zāng；唔怕血脉流脚趾，两人有情都爱行。

注：脚 zāng，脚后跟。

火暗一冲冲上天，同郎共屋唔共间；木匠师傅唔才料，唔曾给妹做个穿窿间。

注：火暗，火烟；才料，聪明。

火暗一出青溜溜，别人话倨同郎有；话妹同郎十分好，讴横结舌天会收。

注：有，此处指有不正当关系；讴横结舌，诬陷、冤枉别人。

门对门来窝对窝，对门也有嫩阿哥；有情哥哥过来聊，膝头留郎当凳坐。

郎有心来妹有心，铁杵磨成绣花针；倨系针来妹系线，针行三步线来寻。

红旗插出五角星，送倕情郎去当兵；到哩前方爱勇敢，练好本领杀敌人。

做双鞋子八寸长，全心全意送倕郎；嘱咐倕郎爱勇敢，打败日本野心狼。

河里咁深冇比海般深，爷娭咁亲冇比郎般亲。一周三岁爷娭带到大，还爱同郎较入心。
(部分情歌由蓝张连口述，陈作球记录整理。本志编辑作文字修改)

(二) 童 谣

月光光

月光光，走四方，四方暗，走田坎，田坎阴，捡枚针，针有眼，交脚伞，伞有头，交只牛，牛有角，交条桌，桌有铫，交个盎，盎有口，交只狗，狗有尾，交只鸡，鸡有髻，两子同年学唱戏，唱戏难打锣，不如学补箩，补箩会刺手，不如学蒸酒，蒸酒会蒸酸，不如学印砖，印砖会印缺，不如学打铁，打铁难邦炉，不如学打屠，打屠难捉猪，不如学读书，读书难认字，不如捡狗屎，捡狗屎喷喷臭，屎缸门口哭哩一上昼。

注：交（方言读去声），指交换；脚，指一把；铫，指桌面底下的横木；盎，小口大腹的容器；髻，指鸡冠；邦炉，指拉风箱。

月光光，秀才郎；骑匹马，过莲塘。莲塘背，种韭菜；韭菜花，结亲家。亲家面前一口塘，打条鲩鱼八尺长。大头拿来煮汤食，尾巴拿来入学堂。入个学堂四四方，兜条凳子读文章。文章读哩几多本？读哩一屋另三墙。四书五经记落肚，诗书礼乐都在行。他年上京去赴考，一举高中状元郎。骑马坐轿回家转，荣宗耀祖有名扬。邦直村中九曲街，招来金鸡配凤凰。

注：兜，搬；邦，拉。

月光光，月华华，驮根竹子钓蛤蟆；蛤蟆背上一本书，送给哥哥去读书；读书只顾聊，乌字当作鸟；读书读得多，料字当作科；读书唔认字，不如夹狗屎。

注：聊（方言读去声），玩。

月光光，秀才郎；才郎妹，摘韭菜；摘一皮，留一皮，留来归去等大姨。

番椒子

番椒子，辣死人；七岁仔，送别人；灶头较高倕较矮，兜条凳子贴脚底，水爪较长倕较短，水桶较大倕较细。

注：贴，垫；水爪，此处指挑水用的带长钩扁担。

阿阿嫁

羊角花，逗阿阿；阿阿嫁，倕也嫁。阿阿着新鞋，倕着烂草鞋；阿阿睡新床，倕睡烂斗楻；阿阿盖花被，倕盖烂蓑衣。

注：阿阿，指姐姐。

萤火虫

火萤虫，滴滴红，夜夜下来点灯笼；飞到西，飞到东，飞过墙头吾见踪。

落雨子

落雨子，落巴巴，深山窝里放鸭妈；保护鸭妈唔敢走，留 偓 归去拿笠麻。

禾 wei 子

禾 wei 子，嘴牙牙；冇米食，碓寮下；冇盐食，砂坝下；冇屋住，屋檐下；冇被盖，树叶遮。

注：禾 wei 子，麻雀；嘴牙（方言读平声）牙，指嘴巴张开。

唔莫喔

唔莫喔，唔莫喔，你要粄子 偓 来磨。

唔莫喔，唔莫喔，屎缸门口捡到一顶烂毡帽，戴呀前去堪堪好。

注：喔（方言读去声），此处指哭；唔莫喔，意为不要哭；堪堪好，刚刚好。此为哄幼儿童谣。

二、民间熟语

（一）谚 语

1. 自然（气候、节令）谚语

懵懵懂懂，惊蛰落种。

正月惊蛰迟浸种，二月惊蛰早撒秧。

初一落雨初二晴，初三落雨烂泥坪。

一鹭晴，二鹭雨，三鹭茫茫做大水。

春暖春晴，春寒春雨。

月头（太阳）出来探一探，一日落雨落到暗（晚上）。

清明断雪，谷雨断霜。

谷雨莳田散秧花，立夏莳田一抓拉（把）。

立夏小满，盆满钵满。

四月日子长，煮粥见屋梁。

芒种夏至天，行路爱人牵。

夏至晴，蓑衣笠麻爱先行；夏至雨，蓑衣笠麻爱挂起。

有个天晴五月节，有个落雨八月半。

鱼在伏里大，人在伏里坏。

好愁唔愁，愁个六月冇月头（太阳）。

雷打秋，对半收。

雨打秋头，冇秆（稻草）供（喂）牛。

立冬油菜小雪麦。

小雪大雪，烧火冇停歇。

冬年（冬至）出月头，明年冻死牛。

差一千，差一万，唔差冬至一餐粄。

冇霜唔冬年，冇雪唔过年。
雷打冬，十个牛栏九个空。
正月雷鸣二月雪，十二月雷鸣贼打劫。
一年之计在于春，一日之计在于晨。
春冇三日晴，冬冇三日落
雨打雪，冇停歇。
朝霞雨，夜霞晴。
朝霞夜霞，冇水煎茶；朝变夜变，冇水洗面。
日担（日环食）长江水（雨），夜担（夜环食）草头黄（晴）。
雷公先唱歌，有雨落唔多。
一年逢两春，油菜麦子变灯芯。
年廿七八，三刨两刮。

2. 社会生活谚语

一生之计在于勤。
男爱勤，女爱勤，三餐茶饭唔求人。
人勤三春早，地肥五谷丰
学懒三日，学勤三年。
早起三朝当一工，早起三年当一冬。
春上一镢头，冬下一碗头。
食唔穷，着吾穷，冇划冇算一世穷。
种一斗，打八升，唔种冇尝新。
家有百头桐，一世唔会穷。
家有千头棕，年年不落空。
小钱唔想赚，大钱赚唔到，一生世人穷到老。
从俭入奢易，从奢入俭难。
失落黄金有处找，失落光阴冇处寻。
读书肯用功，茅寮屋里出相公。
爱想食肉就养猪，爱想出息就读书。
捡漏趁天晴，读书趁年轻。
六十六，学唔足。
人唔读书冇文化，鸡毛上称人看轻。
千金万典，孝义为先。
养子爱教，养老爱孝。
敬禾得谷，敬老得福。
树老怕枯，人老怕孤。
为善最乐，为恶难逃。

千跪万拜一炉香，不如生前一碗汤。
兄弟齐和得富贵，姊嫂齐和得春光。
好子唔在多，一子当十哥。
有水唔怕寒露风，有子唔怕老来穷。
买屋爱看梁，娶妻爱看娘。
饭桌前教子女，眠床头喻丈夫。
一夜禾苗一夜根，一日夫妻百日恩。
好马唔在鞍，人靓唔在衫。
兄弟分开成邻舍，上昼分开下昼借。
兄弟前，朝朝算伙钱　。
人情还人情，财上爱分明。
有钱心肝叔，冇钱老鸦啄。
想人一尺布，去撇哩一腰（条）裤。
便宜莫捡，浪荡（不明白的）莫收。
随田比大坵，随村比大户。
出门看天色，入门看面色。
人要打扮，田要做坎。
讲古莫讲柄，讲人莫讲姓。
人比人，气死人。
吃得苦中苦，方为人上人。
人要灵通，火要窿空。
壁上画马唔好骑。
死爷死娭三年衰。
一人冇二人计，三人可以做把戏。
敬酒不吃吃罚酒，兜凳唔坐讨凳坐。（“兜”，端）
放牛得聊，放马得骑，放羊跌烂膝头皮。（羊随处跑路）。
晓算唔晓除，白米交番薯。
入乡随俗，入庵随佛。
黄狗偷食，白狗受罪。
伯公唔开口，老虎唔敢打狗（“打”，吃）。
鞋莫洗，袜莫浆，荷包洗哩冇钱装。
上屋搬下屋，唔见三箩谷。
烂衫烂裤唔好丢，留来老哩好遮羞。
身上冇条纱，冷到心肝下。
上身十二重，下身吊灯笼。
还细生白头，　老哩唔莫愁。

从细食到老，唔晓食得几多倒。

冇面冇皮，捡兜食哩；拘拘理理，捡兜饿哩。

有样照样，冇样看世上。

千日琴，百日箫，学晓胡弦来食朝。

朝食姜，变仙汤；夜食姜，变砒霜。

冬吃萝卜夏吃姜，不劳医生开处方。

隔夜茶，毒过蛇。

隔夜茶，当过洋参燕鸭嫲。

有食就有补，冇食空心肚。

猪闯衰，狗闯富，猫公闯来着麻布。

打鼓买田偷葬地（墓）。

第一苦，镬头里冇米煮；第二苦，挑担行长路；第三苦，钩牛栏上芋卵土；第四苦，破柴拉锯路；第五苦，蒸酒作豆腐。

（二）谜 语

一片明镜卧江中，照过渡船和艄公；名中含有带刺果，上去长汀下广东。（猜珊瑚一名胜景观名）——栗子湖。

浸白米，磨白浆，蒸好一簸满屋香；包好料，搽好油，送到嘴边就吃光。（猜珊瑚等地一地方食品）——簸箕粄。

一叶小舟地上行，妹站船头哥拉纤；说唱逗乐十番配，引得大家笑盈盈。（猜珊瑚一民俗歌舞名称）——打船灯。

像个电珠子，五只耳朵子；身着紫衫子，八月猴死大细子，摘来一吃乌嘴子。（猜一野果）——山茄子

（以上由珊瑚中心小学供稿）

头大尾细，满身是蚁，主人吊（佢）耳朵，问佢几多岁。（生活用具）——称。

企（站）也企，坐也坐。（打一小动物）——青蛙。

行（走）也行，睡也睡。（打一水中动物）——鱼。

一点周瑜不亮，三国刘备关张，口说英雄曹操，十万大军难挡，四川刘备作主，目见火烧赤壁，八百诸侯全亡。（打一繁体字）——讀。

半片衣衫一口田，女人开口笑连连，一木穿在田中过，三子跪在母面前。（四字俗语）——福如東海。

东南西北角叉叉，八仙带刀在身下，男女两人分左右，天子站在竹头下。（四字俗语）——十分好笑。

铜锣般大，铜锣般圆，拿来一称冇一钱（一物）——蜘蛛网。

双胞兄弟，同乡同里，至死不见，各住东西（一人体器官）——耳朵。

三、故事传说

（一）革命故事

高举红旗革命到底

1929 年 11 月，红四军在回师闽西的路上，来到上杭的千家村，在一个树林子里休息。

只见天空灰蒙蒙的，乌云翻滚。猛地刮过一阵旋风，把军旗刮倒了!

几个老兵凑在一起，议论起来："行军就怕倒旗，这是不吉利的。"这话立刻在战士中传开了。

忽然间，响起集合号，指战员奔向朱德军长，很快就整成了队伍。

"同志们！刚才几个老战士的议论，我听见了。"朱德军长铜钟似的声音在空中回旋："刮风下雨是自然现象。旗杆没稳牢靠，被风刮倒，这有什么稀奇？"他顿了顿，清了清嗓子，继续说："前段时期，为什么有人怀疑红旗能打多久呢?就因为他们是唯心主义者，既不调查，又不研究，常常被表面现象迷惑，而不能掌握它的实质。打了胜仗就觉得了不起，是常胜将军，打了败仗，就看不起自己，觉得总有一天会被消灭。殊不知敌人虽然占优势，但是同床异梦，互相倾轧，这就输过我们的团结一致，同心协力。还有一点更重要，他们跟老百姓做死对头，谁不恨他们呢！什么也不给他们讲，讲的也是假的，因此，他们像盲人骑瞎马，怎么不碰得头破血流呢？而我们呢，到处的老百姓欢迎，把敌情告诉我们，从各方面支持我们，所以打起仗来，得心应手。我们这杆红旗永远飘扬在中国的土地上，这是肯定的了!"朱德军长讲到这儿，声音特别高昂，指战员们连连点头。

这时旋风过去，乌云散了，天边烧着一片晚霞，衬着朱德军长的魁伟的身躯，战士们脸上泛着红光。朱德军长庄重地伸出一个指头，语气非常坚定地说："同志们，我还要讲一点。自十月革命以后，世界上除了俄国的红旗以外，又增加了中国的红旗，就是我们工农红军的这面红旗。这是全世界人民都注目的。这面红旗胜利了，全世界都跟着竖起他们的红旗；全世界红旗胜利，那就是全人类得到解放的一天。"

注：摘自吴仁声《我们这杆红旗是全世界注目的》。原载《福建党史月刊》2009 年第 2 期

糟蹋粮食就是对群众犯罪

——军长罗炳辉吃"沙饭"的故事

1932 年 2 月底至 3 月上旬，中国工农红军第十二军军长罗炳辉率部在千家村休整。

有一天傍晚，罗炳辉的警卫员小张去给他打饭，回来时由于不小心饭盆碰到门框上，发出"当啷"声，不仅饭菜撒倒一地，而且还惊动了还在办公的罗军长。小张急得不知所措，罗炳辉听到响声，便走了出来，弯下腰把比较干净的饭一点一点拾起来又放回饭盆里，剩下比较多沙子的饭菜，叫小张扫起来，送给房东喂鸡。然后自己走进办公室准备吃饭。小张急忙转身要去夺饭盆，说是要为军长重打一份饭菜，罗军长拉住小张，并指着饭盆说："不必了！这饭不是挺好的吗？有时打仗，连这样的饭都还吃不上呢!"说着便津津有味地吃起饭盆

里的沙饭来。小张是聪明人，心里很过意不去，晚上主动向罗军长作了检讨。罗炳辉听后语重心长地说："小张同志，你不要为我吃了点沙子饭而难过啦，今后做事小心点就是了。不过作为一个红军战士，首先要知道粮食是宝中之宝。我们生活在根据地内，群众千方百计支援我们，所以我们才有饭吃。但老百姓生活还挺艰苦，特别是遭到敌人的破坏，粮食十分紧张，许多人一年还没有半年粮食呢！所以每粒米饭都很珍贵。如果我们把粮食糟蹋了，那我们就是对群众犯罪呀……"小张感动得哭了，从此他做事就比较稳重了，对粮食也更加珍惜了。

注：摘自刘宝联、苏俊才《罗炳辉：福建军区首任司令员》，原载《无产阶级革命家在闽西》，社会科学文献出版社2001年版第274~275页。收入本志时略有删改，标题为编者所加。

罗炳辉（1897—1946），云南彝良人。1915年，入滇军当兵，因作战勇敢升至营长。1922年，参加了讨袁护国战争、东征战争和北伐战争。1929年7月加入中国共产党，同年11月在江西吉安领导靖卫大队士兵起义，参加中国工农红军，历任团长、旅长、第六军第二纵队长等职。1932年2月，任福建军区司令员兼红十二军军长。

1932年2月23日，罗炳辉指挥全军克复武平，2月26日，罗炳辉和谭震林率领红十二军克复上杭。随后，罗炳辉率领红十二军在千家村休整。

1989年11月30日，罗炳辉被中央军委认定为中国人民解放军36位军事家之一。2009年9月14日，罗炳辉被评为100位为新中国成立做出突出贡献的英雄模范之一。

（二）民间故事

九一和尚撑月头

圆通山历来种单季稻，端午节后正是插秧季节。某年端午节后，山下村民上山帮寺里莳田（插秧）。一日半下午时分，九一僧来到田头，笑眯眯地问莳田的农民：

"老哥，今日能莳完?"

"师傅能把月头（太阳）撑住，我们就莳得完。"莳田的回答。

"果真?"九一僧说。

"当然!"农民说。

于是，九一僧便回寺里拿出禅杖，立在地头，禅杖披上袈裟，口头念念有词，随后便回殿上念经敲木鱼了。莳田的农民莳啊莳啊，莳到腰酸背痛，骨都要散了，太阳还不下山，一直到莳完，不见了太阳，而东方放白了，又快要天亮了。一伙人叫苦不迭，大骂九一和尚缺德作恶。

九一僧圆寂时，便坐在山口五里黄梅山九一塔中，嘱咐徒弟们锁好塔门，三年后启封。

三年后，打开塔门，徒弟们惊讶地看到师傅的一只手臂被蛀虫吃完，其余皆完好无损。消息传出去，人们议论纷纷，说九一作了恶，累坏了莳田的山下人，受到佛祖惩罚。

钟宝山的“一副半对联”

曾任漳州知府、厦门水师提督、浙江宁波水师提督，福建水师提督、汀漳道总兵等职的上杭在城里石砌村（今旧县镇石砌村）人钟宝山，自清光绪九年（1883年）辞职返乡后隐居圆通寺带发修行，直至光绪三十年（1904年）在圆通寺圆寂，留下许多传奇故事。其中，宝山“一副半对联”的故事最典型并发人深醒。

钟宝山的一副对联被称为“锦囊”。原来，宝山在任提督时，原配夫人病故，治丧期间，热闹非凡，百官奔丧，烛礼成山；丧事毕，钟提督面对万两烛礼白银，看出人间势利，便奋笔疾书一纸，密封授予管家，吩咐道：“待我钟某人升天之日，拆开悬挂之，切记勿误”。同时叫管家将全部烛礼银两运回家乡上杭，资助慈善事业。光绪三十年（1904），钟宝三73岁时在佛堂盘腿伏案升天，老方丈为他设置“升天灵堂”，超度佛事七天七夜，其间除钟宝山宗亲和四方善男信女外，未见官府一士一卒登场吊唁，在第七天午后，老方丈虔诚地从灵堂神台上取下当年老管家背地里叫他保存的“锦囊”，这是一个油纸捆扎的纸卷，拆开一看，原来是一副正楷对联，写着：“夫人死百官临门，将军亡一卒不至”。老方丈感慨万千，交代该对联作为寺院宝藏留下，并刻在门柱上警示世人。相传，在祥云瑞气的日子里，可见金顶佛光，在殿前大柱上可看到钟宝山的“锦囊”墨宝，那铁画银钩的犀利笔锋，无情地刺向炎凉世态。

钟宝三的“半副对联”是怎么回事呢？原来，宝三的祖父钟虎翀曾任玉泉营游击，父亲钟炳斋袭父职官至总兵，到他这一代，已三代为官。但是，到宝三的儿子这一代，三个儿子却自恃有袭职特权，不学无术，不务正业，游手好闲。三儿子调戏民女，酿成命案，宝三拒绝夫人的哀求和族人、下人的求情，以“谁宽容谁同罪”之决心，挥泪处斩三儿子。因此，大儿子、二儿子吓得逃离家门，堂堂提督府从此冷寂落寞。想到官场尔虞我诈，想到不成才不成器的儿子，他看破红尘，到圆通寺隐居带发修行，青灯古佛，晨钟暮鼓，读书品茶，以木鱼经书为伴，宝三感慨地写下“天地有情容我老”的上联挂于佛堂，却没有下联。相传，在一个云淡风轻的阳春，一位老僧人云游至圆通寺，看到佛堂上“天地有情容我老”的上联，合掌轻声道：“师兄，贫僧冒昧续联了。”当即要来笔墨，挥毫书下“子孙无用惹人嫌”的下联，并从褡裢里取出银两献在佛案说：“钟宝三非平庸之辈，当有一尊金身供后人瞻仰，谨此薄资，聊表寸心”。尔后，飘然而去。

钟宝三任提督时封存一副对联，隐居圆通寺后仅书半副对联，留给后人续联，给人留下无限遐思。

第十七章　卫生·体育

新中国成立前，珊瑚卫生事业发展缓慢，医务人员寥寥无几，药品缺乏，人们饱尝疾病之苦。

新中国成立后，人民政府重视提高人民的健康水平，逐步发展医疗卫生事业。1958 年初，在下珊瑚庙坝设村级保健室。1970 年，开始实行农村合作医疗，每个村设合作医疗站。1987 年复设珊瑚乡后，1989 年 1 月正式设立珊瑚卫生院。1992 年始，把初级卫生保健纳入乡经济社会发展规划，2000 年基本达到初级卫生保健标准。主要传染病的发病率和病死率、孕产妇和婴幼儿死亡率等大幅度下降。至 2015 年，全乡有 95.8%的人口喝上了安全卫生饮用水，健康素质提高。人均预期寿命由 1949 年的 51.6 岁延长至 2015 年的 76 岁。

明清时期，珊瑚开展武术、踢毽子、放风筝、象棋、游泳等民间体育活动。清光绪年间（1875—1908 年），出有武秀才陈贵兴。清末民初，新学兴起，学校始设体育课。新中国成立后，群众性的体育活动广泛开展。进入 21 世纪，全民健身活动深入开展。广场舞、健身操在境内逐步兴起。珊瑚中小学生参加上杭县举办的历届体育比赛，获得较好成绩。2015 年，全民健身与青运会同行、八闽百村行（上杭站）暨上杭县第十届西北片区农民文化体育节在珊瑚举行，珊瑚代表队获团体总分第一名。

本章第一至第五节记述卫生，第六节记述体育。

第一节　机构·队伍

一、机　构

清末至民国时期，珊瑚陈兆元（1835—?）在横圳头设诊所及药铺；陈香生（1924—2002），在下坊开药铺；下坑村的张德润（约 1855—1927）在上杭开设诊所。

1958 年年初，随着官庄联合诊所改制为乡保健站，珊瑚开设保健室。1961 年，珊瑚公社成立，同期设立保健站，1965年珊瑚公社并回官庄，珊瑚站属官庄公社分设的保健站，直至1970年，保健站改制，办起了合作医疗站；1983年始，各村纷纷办起了村卫生所（含药店）。1987年珊瑚从官庄划出，复设珊瑚乡；1988年筹建珊瑚卫生院，1989年1月正式批准成立珊瑚卫生院。1994年，珊瑚乡有村卫生所（室）7个，个体开业户一家。

2015年年底，全乡共有村卫生所8家，其中华竹村1家，上珊瑚村2家，下珊瑚村3家，下坑村1家，彩坑村1家。

上珊瑚横圳卫生室

二、队　伍

清末至民国时期，珊瑚的民间医生主要有珊瑚的胡见新、陈兆元、陈香生、陈必正，下坑村的张德润及其儿子张开芳、孙子张拜昌、张恭昌等。

新中国成立后，人民政府着力发展医疗卫生事业。1965年，官庄公社在保健院培训了一批半农半医的“赤脚医生”和大队卫生员、接生员；1970年，各大队（村）办起了合作医疗站，由县卫生局和县医院培训了一批“赤脚医生”、接生员和卫生员。

1989年1月设立珊瑚卫生院后，卫生技术人员逐步增加。1993年，乡卫生院卫技人员中有中级职称1人，初级职称5人；全乡有乡村医生9人，接生员3人。2015年乡卫生院卫技人员中有中级职称3人，初级职称7人，全乡有乡村医生10人。

若干年份珊瑚卫生院床位、人员情况一览表

表17–1

年份	床位（张）	职工数（人）	卫生技术人员（人）						
			合计	中级			初级		
				临床	护理	医技	临床	护理	医技
1991	5	9	5	1			2	1	1
1996	5	8	5				4	1	
2001	5	7	6				3	2	1
2006	6	7	5				3	2	
2013	10	14	11	3				3	5
2015	10	14	10	3				3	4

1988—2013 年珊瑚卫生院负责人名录

表 17-2

姓　名	职　务	任职时间	姓　名	职　务	任职时间
黄万长	院　长	1988.09—1991.03	林元生	院　长	1998.02—2001.03
温定华	院　长	1991.04—1993.07	陈祥福	副院长	2001.04—2003.12
邓建齐	院　长	1993.08—1995.12	陈利祥	院　长	2004.01—
赖洪增	院　长	1996.01—1998.02			

第二节　防　疫

一、爱国卫生运动

珊瑚爱国卫生运动始于 1952 年。当年，响应中央“动员起来、讲究卫生、减少疾病，提高健康水平”的号召，在官庄乡党委政府的领导下发动群众扑灭“五毒”（鼠、蝇、蚊、虱、蚤），开展全民爱国卫生运动。1956 年，响应党中央号召，全民动手，开展除“四害”（苍蝇、蚊子、臭虫、老鼠）运动。1958 年，开展“卫生之家”及创“卫生村”活动，发动群众铲除房前屋后杂草，扫除垃圾，填平积水坑洼，开展评比竞赛，促进人人爱清洁，户户讲卫生。1982 年起，爱国卫生工作与“五讲四美”（讲文明、讲礼貌、讲卫生、讲秩序、讲道德；心灵美、行为美、环境美、语言美）活动相结合，以治理“脏、乱、差”为突破口，开展以改善环境、加强环境卫生管理为重点的群众爱国卫生运动。

1987 年珊瑚复设乡后，爱国卫生运动得以持续开展。1989 年始，认真贯彻国务院发布的《关于加强爱国卫生工作的决定》，坚持“政府组织、地方负责、部门协调、群众动手、科学治理、社会监督”这一爱国卫生工作的基本方针和方法，改善卫生条件，提高卫生水平。针对珊瑚市场的环境卫生状况，1998 年以后，乡党委、政府制订“整环境、美家园”创建文明卫生乡镇实施方案，成立了以党委书记、乡长为正副组长，有关站所负责人及村主任为成员的领导小组，组建了一支专业环卫队伍，建立垃圾池 28 个，现配备垃圾车 6 辆，建集中销毁垃圾点 1 处。市场、街道都有专人负责清理。

进入 21 世纪，政府实施“九亿农民健康教育活动”努力提高农村人居住环境质量，创建卫生乡、村。人民群众的生产、生活、工作、学习处于较为清洁、优美、舒适的环境。

二、传染病防治

明清至民国期间，境内疟疾、天花等多种危害人民健康的传染病时有发生和流行，新中国成立后，坚决贯彻“预防为主”的方针，50年代初官庄乡在珊瑚片区开展牛痘等多种疫菌苗接种。1953年起，一些流行性疾病如天花、疟疾、霍乱、伤寒、白喉、麻疹等，逐年得到控制，发病率明显下降。

天　花　俗称乌痘。民国34年（1945年）8月，千家村发生40余例，约占总人口的20‰；1949年天花又暴发，不少人因医治无效而死亡。民间中医进行“人工种痘”防天花，把含痘毒疤的药料研磨成粉，在上臂阳面划口敷上即可。1952年后通过普种牛痘等，未再发生天花。

疟　疾　俗称“打摆子”。每年秋末到冬天流行，有的病人脸部甚至全身水肿。直至1991年省卫生厅专家组织认定当地已达到消天疟疾的标准。

流行性脑脊髓膜炎　简称流脑。1967年4月，官庄、珊瑚发生流脑，官庄公社成立灭病小组，派员到珊瑚片开展“早发现、早报告、早隔离、早治疗、早预防”的群众性运动，控制了流脑的蔓延。1972年首次接种“流脑”疫苗后，发病减少。主要采取疫点消毒，密切接触者服药，流行区在流行季节用药物喷射滴鼻，服草药，消除人群部分健康带菌者，同时，提倡开展群众性以“三晒三开”（晒衣服、晒被褥、晒太阳和开门，开窗、开蚊帐）为主要内容的爱国卫生运动预防措施。80年代中期始推广使用A群脑膜炎球菌多糖体疫苗，90年代后，发病率一直控制在1/10万以下。

结核病　2004年，开展结核病线索调查，加强结核病的发现、转诊与普查督导工作。2013年，结核病由政府免费检查治疗，患病率降低。

麻风病　1950—1990年，对病人主要采取收容隔离治疗，药物以氨苯砜（DDS）为主。1990年以后，新发现病人以门诊治疗为主，治疗采用世界卫生组织（WHO）规定的联合化疗（MDT）方案。1992年，全乡达到卫生部规定的基本消灭麻风病的标准。

三、地方病防治

血丝虫病　俗称大脚病。1970年10月，红庄卫生院组织有关人员成立普查小组，到珊瑚片区各大队开展丝虫病普查登记工作，查出农民发病率高，同时采取防治措施。

碘缺乏病　也称地方性甲状腺肿（简称地甲病），俗称“大脖子病”。主要原因是由于环境缺碘，造成人体碘元素摄入量不足。1981年进行碘缺乏病普查，1988年基本控制地甲病。在普及碘盐供应的基础上，为确保新婚育龄妇女、孕妇、哺乳期妇女、婴幼儿等特需人群和7岁—14岁儿童重点人群的缺碘需求，1990—2011年，按全省统一要求，在教育部门和计生部门的配合下，先对上述人群辅服碘剂5.68万人次。

四、“非典”预防

2003年5月，部分省、市地方发生非典型肺炎（简称“非典”）疫情。珊瑚乡按照省、市、县防治“非典”指挥部的统一部署，扎实抓好“非典”预防工作。乡成立防治“非典”工作领导小组，设立防治“非典”隔离点，乡卫生院和村卫生所工作人员通过发放宣传单、宣传画、出版墙报等，向全体村民和中小学师生宣传防治“非典”的有关知识，做到家喻户晓。同时，组织广大干部职工、中小学师生、村民开展环境卫生大清扫，疏通沟渠，清理污垢，进行药物消毒。经跟踪管理、观察，珊瑚未发现“非典”疑似病例。

第三节 保 健

一、妇幼保健

（一）新法接生

新中国成立前，产妇多由接生婆接生，由于当时医疗条件及设备差，常造成产妇患“产褥热”或因生婴儿而死亡，婴儿患“新生儿破伤风”而死亡。

新中国成立后，大力推行和普及新法接生。至1960年，官庄培训了一批农村接生员，其中珊瑚4名，新法接生率逐年上升。1985年后，进行妇幼卫生工作改革，逐步完善管理办法，建立健全责任制，落实孕产妇检查随访制度，新法接生率和产妇安全率均有显著提高。2010年，全乡产妇113人，产前检查的有112人，其中检查5次以上的有95人，占84.1%；活产115人（含双胞胎），活产率100%；在县级住院分娩活产数113人，乡卫生院住院分娩的有2人，未出现产妇死亡和新生儿破伤风死亡现象。

（二）妇女保健

1952年后，农村生产大队对参加农业劳动的妇女在经期、孕期、哺乳期，给予“三调三不调”（即调干活不调湿活、调轻活不调重活，调近活不调远活）照顾，并配有不脱产妇女干部负责抓此项工作。

1976年始，开展妇女“两病”（子宫脱垂和尿瘘）普查普治工作。经多年多次查治，妇女“两病”患病率逐渐下降，2007—2011年，全乡没有发现子宫脱垂和尿瘘病例。

2010年始，每年对低保户妇女进行常见妇女病免费检查。当年共普查358人，检出患者80人，疾病检出率22.3%。2011年共普查696人，检出患者119人，疾病检出率17.1%。

（三）儿童保健

儿童系统保健 1952年起，对儿童实行传染病预防接种，逐步推行新法接生、育儿，加强新生儿、体弱儿保健。常见的小儿传染病得到了不同程度的控制或消灭。1980年后，幼儿保健工作全面开展，加大儿童保健和幼儿园（班）的管理力度，普及科学新法接生，提倡住院分娩。努力降低婴幼儿死亡率和预防新生儿破伤风发生；做好幼儿学前的体格检查和指导。

若干年份珊瑚乡儿童保健情况一览表

表 17–3

年份	儿童保健覆盖率（%）	儿童系统管理率（%）	体弱儿童管理率（%）	体重<中位数–2SD比率（%）	托幼机构卫生保健管理率（%）	新生儿死亡率（‰）	婴幼儿死亡率（‰）	5岁以下儿童死亡率（‰）	新生儿破伤风发生率（%）	母乳喂养率（%）
2007	95.2	75.8	2.9	1.6	100	0	1.8	2.5	0	100
2010	95.1	79.2	2.3	1.6	100	8.7	4.7	6.43	0	100
2011	95.12	94.59	1.75	0.43	100	9.6	1.5	2.02	0	100
2013	95.42	95.42	2.5	0.7	100	0	1.4	1.6	0	100
2015	95.43	95.43	2.2	1.16	100	8.1	2.0	1.44	0	100

儿童计划免疫　1978年以前防疫和妇幼保健多是无偿服务。1978年以后进行改革，变为有偿服务，实行收费制。1987年始，推行儿童计划免疫保偿制，主要以“百白破、小麻、麻疹、卡介苗、乙脑疫苗等定期给婴幼儿接种。1995年，珊瑚乡实现儿童“四苗”（麻疹、百白破、脊髓灰质炎、卡介苗），接种率达85%目标。2000年麻疹疫苗注射352人次，小麻糖丸口服321人次，乙脑疫苗注射113 人。2004年后，乡卫生院预防接种门诊按省定标准进行规范化建设，继续推行并完善集中式接种，严格按照规范化程序操作。小儿麻痹症、流行性乙脑等传染病不再发生。

若干年珊瑚乡卫生院预防接种情况一览表

表 17–4

年 份	2007	2010	2011	2015	年 份	2007	2010	2011	2015
免疫接种卡（张）	82	87	104	123	流脑苗（人）	80	84	100	120
建卡率（%）	100	100	100	100	接种率（%）	97.5	96.6	96.15	97.56
百白破（人）	81	84	102	121	卡介苗（人）	82	87	104	123
接种率（%）	98.7	96.6	98.1	98.37	接种率（%）	100	100	100	100
乙肝疫苗（人）	80	84	104	123	糖丸(人)	81	85	103	122
接种率（%）	97.5	96.6	100	100	接种率（%）	98.7	97.7	99.03	99.18
乙脑苗（人）	79	84	101	121	强化麻疹（人）	259	262	219	178
接种率（%）	96.3	96.6	97.12	98.37	接种率（%）	96	97.88	98.2	97.9

（四）孕产妇系统保健

1988年始，官庄乡卫生院组织妇幼保健人员做好孕产妇孕产期保健工作，珊瑚当时仍隶属官庄乡。主要重点抓住院分娩，出台促进住院分娩优惠政策，开展婚前健康检查，在婚检收费时一并办理产妇系列保偿服务，要求新婚对象在怀孕后，定期到乡卫生院妇幼保健科检查并建立孕管卡等措施，重点筛查高危孕产妇，建立妊娠报告卡、随访卡，实行高危产妇的产前、产后监护。2015年，全乡孕产妇保健覆盖率达98%，未出现孕产妇死亡。

若干年珊瑚乡孕产妇保健情况一览表

表17-5

年份	产妇总数(人)	活产数(人)	孕产妇保健覆盖率(%)	产前检查率(%)	孕<13周检查率(%)	高危孕产妇检查率(%)	高危孕产妇管理率(%)	高危孕产妇住院分娩率(%)	产后访视率(%)	住院分娩率(%)	新法接生率(%)	孕产妇系统管理率(%)	孕产妇死亡率(%)	围产儿死亡率(‰)
2007	82	82	97.56	93.9	91.2	100	100	100	95.12	100	100	90.25	0	
2008	110	108	97.3	97.3	94.5	100	100	100	90	100	100	93.2	0	12.1
2010	113	115	99.12	99.12	92.9	100	100	100	92.9	100	100	92.9	0	8.7
2011	104	105	96.2	96.2	91.35	100	100	100	91.35	100	100	91.35	0	9.6
2015	124	124	95.16	100	97.58	100	100	100	100	100	100	95.16	0	8.0

二、初级卫生保健

1990年始，珊瑚乡根据龙岩地区、上杭县制定的规划及实施办法，把初级卫生保健（简称初保）纳入乡经济社会发展规划和政府工作目标，集中人力、物力、财力加强卫生院建设，健全村级卫生组织，稳定乡村卫生队伍，依靠三级医疗预防保健网，加强农村医疗卫生工作，推动初保工作深入开展。此后，乡初保工作按达标进程分批逐步实施。1996年10月，乡初保工作顺利通过县级达标验收。1997年，全乡形成以初保为“重中之重”的农村卫生工作新格局。1998年始，乡政府把“123健康工程”（即实现人人享有卫生保健；加强卫生人才培养、加强卫生网络建设；重点发展农村、搞好预防保健、振兴中医药）列入工作考核内容。根据市、县规划目标要求，初保工作已继续深化为内涵，主抓乡村一体化办医、甲级村卫生所建设、农村改厕、巩固合作医疗制度等工作，加大政府行为力度。

第四节 医 疗

一、设施·设备

珊瑚乡卫生院建址在下珊瑚村原五组谷场，于1988年冬筹建，1990年验收使用，建筑面积为496平方米，卫生院总占地面积约1100平方米。因卫生院初建，设备非常简陋。1996年，卫生院新建一座348平方米的楼房，当时拥有1台100毫安X光机，开设了内科、外科、预防接种科、妇幼保健科。1998年新开设五官科。由于人员调动，2000年五官科未再开设。

2010年，卫生院添置了黑白B超仪1台，200毫安X光机1台，由于专业人才缺乏，未能开设科室，安装后未能使用。2013年，卫生院建造一座病房综合楼，面积1032平方米。2013年后，卫生院新配置30多万元的全自动生化分析仪，10.7万元的五分类血细胞分析仪，1万多元的尿液分析仪、心电图机、心电监护仪、中医科器材等，增设检验室，改变了卫生院无检验检测的落后状况。

全自动生化析仪等设备

二、诊疗护理技术

（一）中 医

清代，胡传奎（1776—1860）从事中医，并著医宗案24条；其子胡芳茂（1807—1859）亦从医，著医鉴二卷。胡增奇（1823—1898），著医学捷录；其子胡见新（1855—1928），擅长麻痘、小儿等科，曾著《医学录分注》，附医案22条。陈兆元（1835—?）在横圳头设诊所及药铺，以擅治伤寒病及跌打损伤、小儿科疾病闻名邻里。据其医案录载：一武平吉湖亲戚蓝某，病已两月有余，语言低沉、发热无定、渴喜热饮、舌苔淡白，再诊其脉，实属湿温也。用甘露清毒丹治之，七日愈。胡某，因纠纷被他人打成重伤，气息奄奄，用羌活、血蝎、丹皮、红花等药物治之，一月伤愈。治小儿吐泻，用酒饼、砂仁，神效。

下坑村的张德润，以医治疑难杂症及狂犬咬伤出名。相传，清同治年间（1862—1874年）在上杭开诊所时，因治愈一位全身严重肿胀病人而名噪一时，自此张德润善治疑难杂症迅速传开。其治狂犬咬伤的药方疗效明显，代代相传。20世纪70年代，下坑村妇女高某、何某、陈某均被狂犬咬伤，高某、何某服用张德润曾孙张广家给的祖传治狂犬病药后安然无恙，未吃的陈某死亡。下珊瑚陈姓两儿童常抱同一只带有狂犬病毒的小狗，其中一儿童因中狂犬病毒死亡，另一儿童服用张广家给的祖传治狂犬病药后幸免于难。（张德润的儿子张开芳，孙子张拜昌、张恭昌，曾孙张广家、张广居，玄孙张佐从、张惟从均从医）。

上珊瑚陈必正（1919—1988）善用中医为人治病。上珊瑚胡某头上长癞头疮（秃疮）几十年，后陈必正免费为其治好。下珊瑚林某（女），16岁（1965年）患骨髓炎，上杭县医院称无法治疗，陈必正用其独特的医疗方法挽救了她的生命，至今健在。下珊瑚陈某，一次喝酒后洗澡导致牙关紧锁、人事不省，生死垂危，陈必正嘱咐其家属用人中白（尿垢）烤干研末泡开水灌其服下后，牙关打开，人事清醒。陈某因洗澡，不慎受了风寒，产后风发作，大汗淋漓不止。陈必正见状，嘱其立即喝人参汤，汗即止。

上珊瑚陈香生，1949年放弃上杭经济建设科科员的工作，在家开中药铺，不但药物齐全，物美价廉。他精通中医医理，讲究辨证论治，对症下药，善治疑难杂症。下坑一妇人陈某，宫颈糜烂，交接出血，经多处治疗效果不明显，后在陈香生处开了几贴中药服用，病愈。上珊瑚的胡某腹痛经县医院住院治疗又复发，陈香生诊断为虚寒型腹痛，用几剂中药治愈。一挖煤工人，小便尿道热涩疼痛并排出粘腻之物，医院说是性病，患者自知无性病来源，后找到陈香生，经诊断属湿热下至膀胱所致的淋症，仅用一剂中药，病愈。

新中国成立以后，中医作为祖国传统医学受到政府的高度重视。平安区（今官庄）政府贯彻上级加强中医药工作的指示，广泛宣传中医政策和实行中西医团结合作的方针。1955年，官庄成立联合诊所，把分散于民间的中医人员组织起来，互相学习交流，使中医技术得到挖掘和发展。

（二）西　医

民国时期，珊瑚无西医人员。

1989年1月开办珊瑚卫生院时，只具备一般诊疗服务及预防接种服务。1996年后，卫生院通过添置设备，招聘人才，增设科室，医疗条件逐步改善，医疗水平不断提高。常见病的诊断符合率达95%以上，危重病人的抢救成功率也在不断地提高。

（三）护　理

民国时期，珊瑚的医疗事业不发达，医生护理一人兼。

1989年，建院时护理人员为医生兼职，至1991年由卫校专业护理人员分配1人专职从事护理工作，直至2010年后不断充实护理队伍，护理人员发展至3人，护理科室有专人负责，逐步建立和完善护理人员学习和技术考核制度，护理质量逐步提高。

三、农村合作医疗

1968年，农村实行合作医疗制度。办站的方式有公社、生产大队、生产小队合办，公社、生产大队合办，生产大队和生产小队独办3种。合作医疗站的费用主要由社员、生产大队、生产小队共同分担。社员负担部分于年终收益分配时统一提留，提留金额一般为0.5~3元。生产大队、小队负担部分从公益金中提取适当的补助经费。有的还采取集体搞副业、采药、种植中药材等办法解决经费。赤脚医生和卫生员，由卫生主管部门组织培训，其报酬按略高于当地同等劳力待遇评给劳动工分，以分计酬，年终核算。

1993年11月14日，中共十四届三中全会通过了《中共中央关于建立社会主义市场经济体制若干问题的决定》中，提出“发展和完善农村合作医疗制度”。1996年，上珊瑚村、下珊瑚村按照乡村医生一体化办医原则开办联合诊所，1997—1998年度，全乡实行合作医疗制度，全乡参加合作医疗人数约占全乡人口的60%，在一定程度上解决了当地参合群众治病经费的补偿。后因政府投入资金不充足、农民资金难筹集、合作医疗总费用少制度不健全等因素的影响，乡农村合作医疗基本解体。

2007年11月始，实行新型农村合作医疗制度。新型农村合作医疗基金筹集标准每人每年50元，其中各级财政按参合人员每年补助40元，农村居民以家庭为单位个人缴费每人每年10元，参合人员年度内住院符合目录范围规定的医疗费用按乡镇卫生院70%、县级医院60%，县外医院40%的比例给予补偿。2011年，参加新型农村合作医疗1841户，7001人，参合率94%；2015年，参加新型农村合作医疗1842户7356人，参合率96.6%。

2008—2011年珊瑚乡新型农村合作医疗保险情况一览表

表17-6

年份	每人年缴费(元)	住院报销(%)	单次最高报销金额
2008	10	70	30000
2009	20	80	40000
2010	30	80	40000
2011	30	80	70000
2015	120	90	100000

附：民间传统疗法

祖传健脾散 上珊瑚村陈香生有祖传的“健脾散”秘方，专治小儿“疳”（疳积），方便了许多人。其以小儿饭量是否少、面色是否发黄、形体是否瘦小、小儿肚皮是否膨大等症状，来判定是否为“疳”。其疗法是：配给他自制健脾散若干包，空腹冲服，每日2~3次。健脾散主方为参苓白术散。

拔火罐 拔火罐是通过局部的温热和负压作用，促使该部位的经络通畅，气血旺盛，驱邪外出，具有活血行气、止痛消肿、拔毒散结、退热散寒、祛风除湿等作用。适用于治疗外感、咳嗽、头痛、肚痛、风寒湿痹等多种内外科疾病患者。其方法是：用小纸片（多习惯用草纸）点燃后投入米升（竹筒）内或瓷器内，待火旺而纸片尚未燃尽时，迅速将米升口或罐口罩合在肚脐、背部或疼痛处。因罐内（或米升内）加热空气排出，外部空气的压力就会把升或罐紧紧压在身体拔罐部位；同时，被升或罐压住的部位因升内或罐内缺少空气就会产生吸力，从而把体内的湿毒、风痹等毒吸入罐内。经过几次吸拔后，就可以吸尽身体内部的湿毒和风痹等，使血脉贯通，病源消除。操作时要注意不可将升或罐烧得过热，且动作要快，以免烫伤皮肤。

刮　痧　刮痧对人体具有活血化瘀、调整阴阳、舒筋活络、排除毒素等作用，是一种既可保健又可治疗的民间疗法。其方法是：盛一盆清水，用食指和中指在颈部、鼻梁上、脊背等部位夹起一小块肌肉用汤勺等物进行刮拭，根据患者的病情和忍受程度把握好力度和时间的长度，每刮到之处，便泛起一浪一浪的红块，痧的颜色浓淡，可以看出病情的轻重，轻者痧色水红，重者痧色黑红，刮拭皮肤至出现紫黑色瘀点为止。

淬　火　淬火是民间疗法的一种，它具有阻止病毒蔓延之作用，专治单纯疱疹、带状疱疹等疑难杂症。其方法是：盛一小碟食油（均为食物油）、一根灯芯备用。先将患处用尿或水浸的湿布垫，然后将灯芯一端放置在油中浸润，再点燃，待火力适当立即点在患处，如果发出“啪”的一声响，说明淬火成功。可阻止病毒蔓延，有根治病源之功效。

附：仙师宫药签

第 一 签　龙眼肉一斤，牛乳一斤，煎膏，每次用烧汤随时调服。

第 二 签　芥穗炒，研末，每用二钱，绍酒（浙江绍兴出产的黄酒）调服。

第 三 签　独活二钱、绍酒一碗，煎取半碗，另炒黑豆一合研末，入混服。

第 四 签　松叶二两（细切）、绍酒二碗，同煎减半，热服。

第 五 签　生姜二钱、葱白二根、茶叶一钱、黑糖（红糖）一钱，水煎热服。

第 六 签　苏叶一钱、胡桃肉两个、生姜三片、葱白两根，水煎热服。

第 七 签　芝麻一两，炒黑研末，热酒冲服。

第 八 签　橘红一钱、生姜二钱，水煎，徐徐服之。

第 九 签　木通一钱、甘草梢七分，竹叶九片，水煎服之。

第 十 签　白糖五钱、山楂七粒，水煎服。

第十一签　大黑豆一两、炒生粉干一钱，水煎温服。

第十二签　贯众一钱、生甘草一钱，水煎服。

第十三签　青黛二钱、白酒一杯、鸭蛋一只，搅匀服。

第十四签　生藕汁一碗、白蜜半杯，调匀服。

第十五签　扁豆一两、炒神曲一钱，水煎服。

第十六签　香薷、荆芥各七分，水煎服。

第十七签　青木香五分，水磨服。

第十八签　金银花炒黑研末，每用开水温服。

第十九签　生米仁一两、木瓜一钱，水煎服。

第二十签　炒白术五分、苍耳子一钱，水煎服。

第二十一签　麦冬去心一钱、竹叶七片，水煎服。

第二十二签　荆芥一钱、灯芯二十根，水煎服。

第二十三签　神曲一两、山楂七粒，水煎服。

第二十四签　生麦芽一钱、六安茶一钱，水煎服。

第二十五签　山楂肉一钱、陈皮五分，水煎服。

第二十六签　白芥子、紫苏、莱菔子各七分，水煎服。

第二十七签　制半夏五粒，研末，陈皮五分，防风、炙甘各四分，水煎服。

第二十八签　梨浆一杯、姜汁一匙，温汤炖服。

第二十九签　杏仁七粒去皮尖、胡桃肉三枚，共研末，入蜜糖少许，蒸服。

第 三 十 签　豆腐一块，放碗内挖开一孔，入白糖一两，锅内蒸熟，见有糖处先食用，后食用肉（豆腐）。

第三十一签　煅牡蛎粉每服三钱，粥汤调服。

第三十二签　桔梗一钱、甘草五分，水煎服。

第三十三签　每早用薏米仁一合、糯米一合，合煮粥食之。

第三十四签　蛤粉二钱，粥饮调服，多服无妨。

第三十五签　鸡蛋一个，开孔入人中白末五厘，调匀，用湿纸裹衣放烧灰中炙熟食。

第三十六签　胡桃肉一两、细芽茶（嫩茶）二钱，加蜜糖五匙，捣成丸含化。

第三十七签　饴糖一两、豆腐浆一碗，蜜糖烊化，炖服。

第三十八签　砂糖一两、烧酒二两，汤一滚随量饮之。

第三十九签　川贝母去心一钱，制半夏二钱，研末，五更开水调服。

第 四 十 签　乌梅去核烧存性为末，每用二钱服下，多服多效。

第四十一签　冬瓜仁不计多少，焙干为末，开水调服，每次二钱，多服多效。

第四十二签　生姜、红糖各二钱，细茶一钱，水煎服。

第四十三签　山楂三钱、砂糖五钱，水煎服。

第四十四签　萝卜汁、砂糖、白蜜各一钱，饭锅里蒸，服之。

第四十五签　五谷虫炒黄为末三钱，黄糖搅匀，新波水服之。

第四十六签　荷叶烧灰存性研末，每服二钱，红糖汤送下。

第四十七签　车前子五钱、炒白术五钱研末，每服三钱，米汤送下。

第四十八签　陈仓米炒研末，黑糖调开水服。

第四十九签　藿香叶、陈皮各一钱，水煎温服。

第 五 十 签　砂仁五分、陈皮一钱，木瓜一钱，水煎温服。

第五十一签　绿豆粉、白糖各五钱和匀，新波水调服，每服二钱。

第五十二签　柿蒂七个烧存性，研末，开水冲服。

第五十三签　鸡金皮十个，不落水者晒干为末，每早晨烧酒送服之，每服六分。

第五十四签　柿饼三枚切碎，杂干饭内同蒸熟，不用水，勿服他药，多服见效。

第五十五签　甘蔗绞汁多服妙，近水芦根五钱，水煎服。

第五十六签　黄牛粪（男用雌牛，女用雄牛）阴干焙黄为末，每服一两，三碗水煎一碗，滤去渣取汁服之。

第五十七签　大红绢二尺、月季花一朵，水煎，用烧酒半杯冲服。

第五十八签　槐花、木耳各一两为末，每服三钱，酒下。

第五十九签 百艻一两为末，每服用童便调服一钱。

第 六 十 签 黑豆一两二钱，炒黑研末，以熟酒淋之，去豆饮酒。

第六十一签 暑毒在脾、湿气连脚，不泻则痢，不痢则疟，独炼明雄黄拌面灰作饼，和甘草汤服之，安乐。

第六十二签 香橼叶、梧桐枝、淡竹叶、木瓜、金针菜、菊花各一钱，水酒煎服。

第六十三签 白菊花三钱，用水煎服。

第六十四签 白芷三钱，水酒各半煎服。

第六十伍签 决明子研末，水调涂两太阳穴，露服之。

第六十六签 刺蒺藜六钱，炒熟去刺水煎服。

第六十七签 人中白煅研末，用开水送服一钱。

第六十八签 炒山枝子为末，良姜各八分，水煎服。

第六十九签 台州乌药（即台乌）二钱、苏叶八分，水煎服。

第 七 十 签 川芎、香附各一钱，神曲二钱，水煎服。

第七十一签 绿豆四十九粒、瓜蒌一钱，水煎服。

第七十二签 小茴香一钱，砂仁壳十枚，水煎服。

第七十三签 茯神、白术各一钱，九节石菖蒲三分，水煎服。

第七十四签 石菖蒲五分，炙甘草、远志各四分，水煎服。

第七十五签 百部二两煎汁，以新白布一尺渍之，乘热取白布覆，患虚冷再易，愈。

第七十六签 当归一钱、紫草茸一钱二分，水酒各半煎服。

第七十七签 茜草一钱、大红绢二钱，水酒各半碗煎服。

第七十八签 柴胡一分、首乌一钱、姜一片，水煎服。

第七十九签 苏叶五分、百合五分，水煎服。

第 八 十 签 麦冬去心一钱、钩滕一钱、炙甘五分，水煎服。

第八十一签 杜仲炒断丝二钱，烧酒煎服，小儿减半。

第八十二签 茵陈蒿一钱，水煎服。

第八十三签 灶心土一撮，和水搅匀，澄清水服下。

第八十四签 川升麻、郁金各五钱，研末，水调服。

第八十五签 生半夏为末如豆汁，纳入鼻内，即愈。

第八十六签 鸡金皮、茯苓、神曲各一钱，水煎服。

第八十七签 海金沙一钱，麦冬去心七粒，水煎服。

第八十八签 白马粪一两，和水一碗绞汁服之。

第八十九签 红花一钱，煎服，病愈。

第 九 十 签 益母草三钱，水酒各半煎服。

第九十一签 元胡索一钱为末，酒冲服。

第九十二签 当归二钱、川芎一钱，水煎服。

第九十三签 生甘草二钱、黄土一两，水煎温服。

第九十四签　金银花二钱、生甘草一钱，水煎服。

第九十五签　蒲公英二钱，酒煎服。

第九十六签　赤小豆二钱、金银花二钱，水煎服。

第九十七签　竹茹三钱，水煎服。

第九十八签　地浆水一杯服之。取地浆之法，取洁净地土掘尺汁，水冷搅，令人搅千余转，即将浆泥水用碗盛起，澄清饮之。

第九十九签　生地黄捣汁服之。如无鲜者，用生地二两，用钢刀切碎入水一碗，槌如泥，绞汁可服。

第 一 百 签　青布一尺，茶叶三钱，水一碗半，煎减半，热服之。

注：

1. 该药签处方何人拟写待考。

2. 在医疗条件较差的明清至民国时期，民间不少患者只好求助神灵，服用签中所提供的药方；新中国成立后，仍有一些患者到仙师宫求签问药。部分患者有疗效，个别患者疗效明显。今将药签附于此，仅供研究参考。

3. 1 斤=500 克；旧时 1 斤为 16 两，1 两=31.25 克，1 钱=3.125 克，1 分=0.3125 克。1 升=10 合。1 米=3 尺。

第五节　中草药

珊瑚乡地处亚热带低丘陵地带，气候温和，雨量充沛，土地肥沃，适宜多种药材生长，有着丰富的药材资源和药用矿物。新中国成立前，由于生活贫困，缺医少药，患病者大多用中草药治疗。民间盛行于每年的五月五日（端午节）到田间地头或深山老林采“百样茶”（草药），平时也采摘。这些草药经晒干收藏备用。较为常用的有：鹅不食草（猪屎草）、鱼腥草、仙鹤草（毛草子）、夏枯草、小铜钱草、金线莲、银线莲、灵芝、麦冬、益母草、鸭脚草、车前草（白葡勺草、红葡勺草）、刀豆（当机壳）、毛桃树（根）、异叶榕（奶子树根）、宝珠茶花、鸡金籽、鸡金籽树（根）、艾根、山苍子（根与果）、香花树（根）、马齿苋、毛算盘子（算盘子根）、鬼针草、溪黄草、乌蕨（池鸡尾）、山荔枝（根）、灯芯、蛇衣、蜂巢、土茯苓、桔梗、风车子、石榴、金钩藤、蝉蜕、野菊花、一把抓、山杜仲、半枫荷、金樱子、白头翁、薄荷、葛藤根、山药、七叶一枝花、猴尖丹（三叶青）、铁树花、山白术耳、白花败酱（苦斋）、金银花、水杨梅、石衣子、枇杷（叶）、地胆草、南蛇藤（穿山桐）、香藤子根、芙蓉花（根）、天冬、龙鹅掌金星（鸭脚飞扬）、五叶金花（藤子飞扬）、穿破石（黄鸡子根）、梅子树（根）、马甲子（双叉腊根）、多花勾儿茶（毕柏子根）、络石藤（墙梆根）、石菖莆（石香糊）、山奈等。

新中国成立后，民间中草药仍为中西医的辅助药品。一般是自采、自制、自用，也有少数人采些草药到集市上交易。随着草药的市场交易量不断增大，80 年代始，部分农民在田里栽培草药（如夏枯草、鱼腥草、仙鹤草等）出售。2005 年始，珊瑚开发药材基地，种植有杜仲、射干、泽泻、淮山等药材。

第六节 体 育

一、群众体育

清光绪年间(1875—1908 年)，珊瑚出有武秀才陈贵兴。

新中国成立后，珊瑚群众体育项目主要有跑步、踢毽子、放风筝、篮球、乒乓球、象棋、游泳等。

2005 年，各村建有健身场所，配备单杠、双杠等健身器材。

2007 年 3 月后，随着乡、村老年体育协会的完善，老人们开展适合老年特点的健身活动。

2007 年至 2011 年，珊瑚每年组团参加上杭西北片区（湖洋、珊瑚、官庄、才溪、通贤、南阳、旧县 7 个乡镇组成）的农民文化体育节活动，均获团体三等奖。

2015 年，乡政府请上杭县职业中专老师李雪红到珊瑚教授太极拳，自此，中老年人中逐步掀起太极拳热。同年，广场舞、健身操在珊瑚境内流行并健康发展。

2015 年 9 月，全民健身与青运会同行、八闽百村行（上杭站）暨上杭县第十届西北片区农民文化体育节在珊瑚举行，官庄、才溪、通贤、南阳、旧县、湖洋、珊瑚 7 个乡（镇）代表队参赛，共设篮球、拔河、蒙眼敲锣赛、夫妻合力摘百香果、端水接力、单手举板车轮、八字跳绳、乒乓球、垃圾分类、定点抛秧 10 个项目，珊瑚队获团体总分第一名。

农民文化体育节拔河比赛
（2015 年 9 月 24 日 胡康福 摄）

二、学校体育

清末民初学校始设体育课，活动项目主要是队列、跑步、田径、篮球、乒乓球、拔河等。中共十一届三中全会后，中小学体育运动正常化。学校每周安排体育课，不定期举办各种运动会、各类体育比赛，体育活动蓬勃发展。

1997 年，珊瑚中心小学陈启芹参加上杭县第十届中小学田径运动会，荣获 200 米赛冠军。

2002 年，彩坑小学梁丽芸参加上杭县第十五届中小学生田径运动会，获小学高年级组女子跳高第二名。

2003 年，珊瑚中学梁丽芸参加上杭县第十六届中小学田径运动会，获初中组女子跳高第三名。

2005 年，珊瑚中学梁丽芸参加上杭县第十八届中小学田径运动会，获初中组女子跳高第二名。

2008 年，珊瑚中心小学陈美桦参加上杭县二十一届中小学田径运动会，获小学高年级组女子跳高第二名、跳远第三名。

2012 年，珊瑚中心小学胡艳参加上杭县第二十五届中小学生田径运动会，荣获小学女子组垒球赛第五名。

2014 年，珊瑚中心小学胡秀芳参加上杭县第二十七届中小学生田径运动会，荣获小学女子组 100 米比赛第五名。

第十八章　习俗·宗教信仰

据考古资料，珊瑚乡最早的居民为古越族，其文化遗存成为珊瑚习俗的重要渊源。唐代，即有畲民定居，其生产生活习俗独特。宋代，中原汉族移民辗转迁徙逐步进入境内，他们与古越族土著民、畲民杂居。恪守中原传统文化的汉族移民，以中原汉族民俗为基础，但由于与畲族（民）长期共同生产、共同生活，两个族群的习俗相互影响，相互融合。伴随着畲族（民）的“汉化”进程，畲族除保留少数特有的习俗外，与汉族习俗边界相当模糊，两者难分彼此。本章重点记述汉族与畲族共有的习俗。

珊瑚境内有道教、佛教、基督教多种宗教教派。道教、佛教宋代传入，信仰者较多；基督教近年传入，信仰者较少。珊瑚宗教道、释并行，寺庙里往往道释杂处，仙佛同堂，共享香火；同时与民俗信仰混杂，道教、佛教信徒多有参与民间多神信仰活动。民间信仰具有多教合一、多神崇拜的特点。没有整姓、整族、整村同信一种教、一尊神的。不管是定光古佛、五爷古佛，还是三大仙师、妈祖娘娘等，见神即拜，见神即敬。迎神打醮，则把附近的菩萨、神仙，甚至公王爷爷通通请到一起，和尚、道士同时请来念经作法。新居“出煞”，可以道士出煞，也可以地理先生出煞。

第一节　生产习俗

一、种植收成

（一）农作物种收

1. 动牛工

耕牛为农家之宝。开春后首次使用耕牛，农户先在《通书》上择好良辰吉日，煮几样粥汤、薯干汤，配上米酒，在祭祀之后让牛饱食一顿，然后才牵牛下田，祈求神农保佑丰年大熟。农历三月，春耕正忙，耕牛负重不已，农户更是爱惜。农历三月三为牛生日（一说清明日）。是日，养牛户要以鸡蛋煮黄酒并加些活血通筋的药如穿山龙、毛子藤等喂牛，为耕牛做生日，并规定这一天歇耕，以示优待。农业集体化以后，此俗有所淡化。

2. 祭祀田伯公

旧时，人们为了获得农作物的丰收，播种或插秧后，会在田头较显著的位置选一棵树或一块石头，压上纸，插上香，摆上供品，所谓立“田伯公”，口中念念有词。大意是祈求“田公”保佑庄稼不受病虫害的侵袭和野兽的糟蹋，五谷生长丰稔，劳动平安。俗传五月节保“苗”时，农夫都应去田头烧香，念调祈佑，调词是：“田伯公呀田伯公，日夜巡回在田中，保佑禾苗大成熟，驱逐虫兽影无踪”。

3. 祈　雨

旧时遇干旱，每逢久旱不雨，即有烧香许愿、叩跪到河头求龙王降雨。

4. 尝新禾

俗称荐新或吃新。一般是在小暑前后的卯日，也有提前或挪后的。俗话说：“六月日日好尝新，十二月天天好讨亲”。是时，新谷登场，各家自备新谷米饭、新菜等供品敬奉神农田伯公等神，农民吃新米饭，并做粄子尝新。如未开镰收割，则先割下一把将要收割的禾谷做出大米，再和着上年的大米做“新饭”。尝新禾实则是吃夏收夏种的开工饭。20 世纪 80 年代后此俗淡化。

（二）树木种伐

民间于新春择日挖穴种植果树或松杉等树木。每年正月二十日为百花生日，意为该日前后是造林成活率最高的时令，俗语云：正月二十日，擂锤（捣衣杵）落地有根生。林木成材待伐时，需置备三牲、果品、香烛，敬山神，酬谢护林功德。伯公树和祠堂、寺庙、住宅后山及村子水口等处的风水林不能随意砍伐。

二、养　殖

（一）养　猪

农民上市买仔猪回家，倘若只买一只，那么一头装小猪，另一头用未经烧烤的土砖头持平，忌用石头，传说若用石头，猪就会像石头，难长大。主人清扫猪栏，垫上稻草，再放猪入栏，口中说：“快长快大，日大千斤，夜大八百”，次日还要备供品香烛到福主公王或仙师宫拜叩，谓之“筛猪酒”，求神保佑快长快大。除夕，猪牛栏门上粘贴红纸条或“六畜兴旺”红联。旧时，若遇村猪瘟，人们便在猪栏门上特别是关母猪的猪栏门上书“姜太公到此”。传说姜太公封神，诸神均归其管辖，瘟神自然在其中。

（二）养　牛

耕牛被称为农家之宝，农户爱牛如命。新买的耕牛入栏时，主人会把一小红布条系在牛头绳上志喜。当地也有“筛牛酒”习俗，做法与“筛猪酒”相同。农忙时节，耕牛负重不已，农人更是爱惜，常以精饲料、地瓜、稀饭、鸡蛋、米酒、伤药喂牛。母牛怀孕和产仔时，加添米酒、鸡蛋、稀饭等精细料细心养护。

三、狩　猎

旧时，民间狩猎分配习俗有奇特的“见者有份”。凡有猎获，则让鸣第一枪击中野兽之枪手多得一份（俗称中头铳），古时则多赏兽头或一只兽脚，其余猎者与猎狗各得一份。半途闻“放狗”声而入狩猎队伍的，甚至闻枪声赶至现场的，均可分享。但以绑好猎物上肩为限，迟到者则无享受权。政府严禁猎捕受保护的野生动物后，野猪、獐、麂、山鸡、蛇等动物仍保护不严，尤其是野猪，因对农作物破坏严重，山村民间仍时有捕猎。

四、经营交易

圩集是群众历来从事商品交换的场所。圩期一般为五天一次。珊瑚逢农历五、十为圩(注：月小时，月末逢九)。圩集中的猪、牛等买卖，有专门的“中人”(俗称“牙人”) 作中介，他们评价牛猪的好坏及买卖的价钱，常操外行人听不懂的暗语行话，称“江口”(即行话)。比如：1 叫“尖”；2 叫“么”……等等。一旦买方露出购买之意，牙人便会要买方先付定金（交头)，金额不限。牙人握着交头，磨牙擦舌，极力撮合双方成交。待双方谈妥，牙人们七手八脚，掌称的掌称，计费的计费，点钱的点钱。一手交钱，一手交货，牙人从中收取双方的手续费。至 2015 年，圩集在农村商品交易中仍占有重要地位。

旧时，理发有“扎头”(定剃头) 之俗。由师傅定期到扎了头的主顾户理发，并按规定由“扎头”户轮流供给师傅饭食，工资常以稻谷计算。如果年底最后一次没有再叫师傅剃头，则表示来年不再“扎”了。20 世纪 90 年代后，行动不便的老年人仍“扎头”。

行业开业有一定俗规，如选择吉日，目的是图吉利。修建阳宅坟墓都要树“菩顶”，破土动工前，要将一根 2 尺 4 寸或 2 尺 8 寸长（鲁班尺)、上端 1.33 平方寸、下端削尖，上书“杨公仙师神位”字样的木杆，打入拟建物的后方土中，摆供焚香点烛。建造期间，主人每天早晨上工前、晚上下工后要到“菩顶”前焚香，祈求工期顺利平安吉利。进入 21 世纪，树“菩顶”之俗淡化。(注：2 尺 4 寸隐意管 24 个山头，2 尺 8 寸隐意天上 28 个星宿)。

五、学　艺

拜师学艺一般都要先写拜师帖，学徒期多为三年，头一两年干粗活、练基本功，到第三年才传授技艺秘诀。师傅不供饭食、不给工资（有的发一点生活费)，逢年过节还要给师傅送礼，出师时要设宴谢师。有的学徒学成出师，每到年终还要送礼谢师，一日为师，终身为父。要学泥匠、木匠、石匠、裁缝、理发的，出师时师傅多有送给一套工具。学徒如果是随师傅外出做工，一般由东家供给饭食，但工资则归师傅 (有的给学徒一点零花钱)。

第二节　生活习俗

一、服　饰

珊瑚传统服饰主要有客家、畲族两大系列。明清后，客、畲两系列服饰渐趋同一。由于生活水平低下，服饰以方便、实用、耐穿为原则，表现出色彩单调、造型单一，只求蔽体御寒而不求奢华的特征。农民多穿黑、蓝土布制作的右襟大边中式短衫，冬春季穿长衫大褂。妇女多穿右侧开襟的大面襟衫，既长又宽大，有的在袖、襟、领边还镶有大条花边。民国以后才逐渐改制狭小边衫，对胸开襟，口袋两大一小，直领、布扣（类似今日之唐装)。部分文化人开始穿中山装；妇女仍穿侧襟衫，镶边、捆边或缝花小边，裤子统称“大裆裤”，裤宽裆深，另接四五寸（1寸≈3.3厘米，下同）阔次布裤头，穿时折紧裤头，用带系住。

新中国成立后，男女裤为围腰窄裤头、直裆，男裤前开加纽扣，女裤侧开加纽扣。“文化大革命”期间盛行绿军装。改革开放后，西装及各式时装流行，形式花样日新月异。男女老少穿着均开始讲究质料、式样，并逐渐向购买成衣套装发展。男青年喜穿西装、牛仔裤、夹克、T恤衫、风衣；少数女青年始有穿低胸衫、春秋衫、紧身衫、连衣裙、百褶裙；喇叭裤也曾风靡一时。男性中老年仍喜穿中山装，老年妇女还是以侧襟衫为主。童装变化更大，除成人流行的款式外，还出现海军衫、背带裤、蝴蝶裙、小披风等式样。服装色调丰富。

20世纪80年代前，男子除老人或小孩戴便帽外，基本没有头饰。女性头饰主要有几种简单的发型、发髻、发辫。老年妇女冬日戴帕，称“冬头帕”，帕多用青布或黑布、灰色布做成。妇女劳动时有带凉笠（亦称“苏公笠”），笠沿周围垂下长约五寸的四块彩色布条，微风吹来，彩条飘拂，别有一番风韵，表现出平淡朴实的自然美。首饰主要有发簪、发夹、耳环、手镯以及近代传入的戒指、项链等；衣饰主要有男人用的腰带、背包和伞袋、烟筒和烟袋，女人用的围裙，围裙多用蓝、黑布裁成，上段嵌有彩条，用白线绣成图案，劳动时系在胸前(旧时多用银链)。80年代后，随着生活水平的提高，居民使用金首饰、珠宝首饰逐渐增多，但银首饰如发簪、系围裙用的银链已极少见。

二、饮 食

（一）日常饮食

境内民众习惯日食三餐，20世纪70年代前通常为早晚两餐稀饭、中午一餐干饭。新中国成立前农民收获的大米不够填饱肚子，只好代之以杂粮、瓜菜；遇灾年或青黄不接时还得以糠粄、野菜充饥。新中国成立后，粮食产量持续增长，大米成为群众的主食，杂粮以地瓜、芋子、大薯为多；副食有各类薯粉、面、豆制品、禽蛋等。面制品、禽蛋等旧时常为飨客上席之物，现已成为日常主食。肉类以猪肉为主，牛肉、鸡鸭肉为辅。水产品主要为当地产淡水鱼如草鱼、鲢鱼、鲤鱼、鲫鱼、鲶鱼、泥鳅、河虾等，也有沿海贩来的海鲜及各类鱼干、海带、紫菜等。山货有竹笋、香菇、木耳和其他菌类。蔬菜种类繁多，有大豆、绿豆、四月豆、长豆、花生等；有芥菜、白菜、萝卜、空心菜、包菜、芹菜；瓜果类有南瓜、冬瓜、丝瓜、葫芦瓜、茄子、西红柿（番茄）等。水果主要有桃、李、梨、杨梅、柿子、柑、柚、枇杷、板栗、香蕉等，80年代后，增加外地引进的葡萄、西瓜、油奈、杧果等。

打糍粑（2015年8月16日 张强福 摄）

农闲或节日，农村通常做簸箕粄（俗称带子粄）、搅粄子、苎叶粄、糍粑、禾米粄（黄米粄）等，颇具地方风味。簸箕粄以上等籼米磨成浆，取适量盛于簸箕置大锅中用猛火蒸成薄皮，割成小块，用瘦肉、虾米、花生米、香菇及蔬菜等熟馅均匀地撒在粄皮上，卷成条状，外涂油葱等佐料，风味独特。搅粄子是珊瑚一种传统的大米制品，其制作过程是：先将大米浸泡磨浆，再将米浆下锅用文火边煮边搅动成粄团，而后用手将其搓成约3厘米长1.5厘米大圆条状，下锅再煮，配以猪肉、牛肉、香菇、鱿鱼、虾米、葱蒜等料，脆嫩鲜滑。因其在锅里边煮边搅，故名。带子粄、搅粄子，均为珊瑚特色小吃，尤其是带子粄，远近闻名。

禾米粄更是珊瑚的传统米制品的一大特色。其制作方法：先将上好大米（禾米或K28、籼米中掺些糯米）浸泡于粄柴灰水中，然后磨成米浆，再将米浆下锅用文火边煮边搅动成熟粄团。再做成圆块或圆长条，要吃时，圆块的用刀切成小块，圆长条的用线勒断成（或用刀切成）小段，蘸加有油葱等佐料的浓液或蘸上白糖等。吃起来香、甜、脆、嫩、滑、爽。

（二）宴　席

传统民间宴席均以土特产品为主料，多请名厨掌勺，有清炖、蒸煮、煎炒、油炸、红烧等多种烹饪，盛以大盘大碗，多至十几二十道菜。总的特征是刀功粗犷、菜质求纯、菜量求多、重油偏咸，讲究鲜香、原色、本味、醇厚的风味。旧时宴席以“八大碗”为丰盛，常用米面肉菜烹就，但肉须全碗，鸡鸭也须全碗，鱼须整条。20世纪90年代后，宴席向菜品多、菜量少、质量优发展。具有地方特色的名菜有白斩鸡、白斩兔、白斩鸭、煮狗肉、褒羊肉、炆牛肉等。

宴席上菜有序。关键顺序常常是先上肉、鱼垫后、甜汤终席，俗云“鱼来菜止”，借谐音寓“饮宴有余”，且越吃越甜，取好“彩头”。一般将鸡头、鱼头朝向席首，表示对贵宾或长者的礼貌和尊敬，但宾客一般不对鸡头动箸，其余菜肴则各取所需，席首动箸以后，其他客人才动箸。

宾客亲友遵循“喜事要人请，丧事主动到”的习俗。喜事宴席从丰，无论主人宾客皆可狂吃畅饮，有时甚至非得将宾客劝饮至一醉方休。丧席则从简，一般不饮酒，即便饮酒，也不畅饮嬉闹。

附：猜　拳

猜拳亦称划（huá）拳，传统斗酒博戏风俗。一般由两人对阵，行令开始，每人喊零至十的数，并相应伸出手指对应，谁喊的数符合双方手指之和，即为赢，对方喝一杯酒。拳的喊数用不同的吉祥词、祝贺词相配，依次是：零（双方都不伸出手指）为宝对拳，一为一心敬、一定敬、一定高升；二为两相好、两家要好、双生贵子；三为三连升、三星高照；四为四季发财、四逢大喜；五为五金魁、五魁首、五子登科；六为六六顺、六高升；七为七巧、巧七；八为八福寿、八仙长寿；九为久久长、快发财；十为满堂福禄、十马齐到。三杯或六杯酒为一轮。如果六拳全输，还得“奖”一杯酒。发起人对全桌宴友按顺序轮流猜拳，称“打通关”。第三者介入支持输方，称“挡拳”。挡拳者出拳代输方与对方猜拳，重新决定双方的输赢。

(三) 调味品

普遍使用盐、糖、味精、酱油、鱼露、醋、酒等调味品。特制调料则有姜丝汁、薄荷汁等。

(四) 饮　料

招待客人，无论丰盛与否，皆谦称以“粗茶”“淡饭”“淡酒”招待。其中，“粗茶”“淡酒”指饮。民间饮料以茶水、家酿米酒为主。

当地自产茶叶主要有绿茶，清香甘醇、生津润喉，适合于泡大壶、大杯茶。

家酿酒以糯米酿造。每年冬至前后，家家户户都要酿造，逢年过节家家美酒飘香。糯米酒酒精度不高，含糖量较高，甘甜香醇，不易醉人，偶醉则难醒。其中未掺水的“酒娘”更是酒中上品，浓郁香醇。

随着市场经济的发展和人们生活水平的提高，饮料也趋向多样化、高档化。20 世纪 90 年代后，茶叶逐步流行安溪“铁观音”等，啤酒、可乐、橙汁等饮料逐渐进入普通家庭。

三、民　居

旧时，传统民居大多为石料墙基、生土夯墙的土木瓦房，外墙和承重墙由生土夯筑，内部隔墙和房间门面墙有的由木柱和木板构成。建造房屋讲究风水吉利，选择宅基地，常要请堪舆先生勘踏方位，以坐北朝南、依山傍水的方位建房为佳，房屋格局具有客家建筑特色，多由上下厅、左右厢房、横屋组成，有的还有后栋，要求左右房屋不能高于上厅房，后栋要高于前厅前栋，上厅高于下厅；此外还有围屋等，多属土木结构的瓦房。民国后期，农村出现四扇三间或六扇五间式，中间为厅堂，左右两侧为房间，前面两边建“伸手子”作厨房，有条件的前面再做围墙或回廊屋。此为左右对称的建筑。新中国成立后，新建房子增多，但多数仍为土木结构的高大宽敞瓦房。1980 年后，农村新居迅速增加，大部分农户已由砖木结构和钢筋混凝土结构的楼房代替土木结构的低矮平房，并不拘泥于左右对称和前厅后堂格局，设计科学，造型美观，水、电、卫生设备配套，居住条件得到很大改善。

四、行　乘

境内山重水复，层峦叠嶂，山径崎岖，行乘不便。旧时官员出入境域、差役邮传、学子应试、商贾贩运、苦力肩挑等，历来行多乘少。南宋嘉定六年 (1213 年) 开通回龙—上杭—峰市段汀江航运后，往上杭多乘船。

20 世纪 70 年代后，随着珊瑚—上杭、珊瑚—官庄—才溪、珊瑚—官庄—宣成—长汀公路相继开通，民众出行以乘车为主。80 年代后乡村公路四通八达，自行车、摩托车等逐步进入普通农户，小轿车逐步进入富裕家庭。2010 年后，小轿车逐渐进入寻常百姓家。

五、器　具

传统器具大都就地取材，以境内盛产的木、竹、石、藤、草、棕、铁为基本原料，经手工加工，制成各种生产生活器具。一般的器具，制作工艺简单粗糙，品质纯正，经济耐用。

木、竹、棕、草、藤制品较为常见。主要的木制品有桌椅板凳床柜，还有谷斗、粮仓、木楻、饭甑，小至木勺及船形棕带的木拖等。主要的竹制品有竹椅、竹床、竹席，还有船缆、谷笪、畚箕、竹篮、爬篮、簸箕、米筛、糠筛、斗笠等。主要的藤制品有藤椅、藤箱、藤篮，以藤椅为多。主要的棕制品有棕绳、蓑衣、棕床垫等。主要的草制品有草席等。火笼是珊瑚人尤其是老人小孩冬天御寒取暖的平常器物；它用竹篾编成圆柱形的身子，里面是陶土制的大钵，用来盛“火屎”（木柴烧尽后的火炭）。长期以来，民间一直使用这些器具。清代始，日用舶来品陆续传入境内，如手电筒、手表、时钟、汽灯、钢笔及各种橡胶制品、玻璃制品。

新中国成立后，传统器具不断发展，品种样式不断更新。同时，搪瓷制品、塑料制品、铝制品、化纤制品陆续输入。80 年代后，家用电器如电风扇、洗衣机、电视机、电冰箱等日渐普及，日用器具更新换代的速度加快，具有民俗特色的传统器具，随着生产生活方式的改变而逐渐减少。

第三节　节令习俗

传统节日主要有春节、元宵、端午、中元、中秋、重阳节和除夕等。据史料记载，南宋景炎二年（1277 年）正月，元兵进占汀州。由于元朝统治者实行民族歧视政策，大肆屠杀汉人，致使汀江流域人口锐减，田园荒芜，生产萎缩，经济衰退。有一天，汀州人正在过节，元兵猋至，抢掠一空，于是人们暗下串通，约定以后要提早一天过节，有吃不能给“鞑子”（鞑靼，对北方民族的称呼）吃。于是，部分客家地区端午节、中元节、中秋节、重阳节，均提早一天过节，珊瑚为提早一天过节的地区之一。

一、春　节

正月初一，各家择定吉时开门，说“开门大吉”；走出大门又说“脚踏四方，方方得利”，燃放长挂鞭炮；然后，焚香点烛，敬拜祖宗。有的还向不同的方位拜财神、喜神、贵神。早餐吃素食。餐后，全新打扮的村民，走家串户互相拜年。各家大多摆出花生糖、兰花根、杨梅酥、糖果、蜜饯等茶点招待前来拜年的亲朋。孩子们亦成群结队去亲房叔伯那里给长辈拜年，并附带“打马荠豆子”“打饼子”（每家每户会准备好荸荠、炒熟的黄豆、小饼等，分发给来拜年的孩子，20 世纪 80 年代后已基本无此俗）。

新中国成立后，在政府及村组织下，集体敲锣打鼓向烈军属拜年，洋溢着热烈、喜庆、文明的气氛。随着电信的普及，人们从大年初一凌晨开始便通过电话、短信等向亲友拜年。

初一，人们不扫地，忌钱财扫地出门。亲族内晚辈给长辈拜年。

初二、初三，女婿到岳家拜年，岳家热情款待。对新女婿或外孙，特有鸡腿招待。外甥为舅舅拜年。

初三，称吃“岁饭”，将过年敬神敬祖宗的“岁饭”吃掉（“岁饭”，除夕将大米浸泡，到初三早晨将米淘净，用饭甑蒸熟，盛上一碗，送到灶君及五谷神、福主公王等诸神前供奉，祈求一年禾谷大熟。吃了“岁饭”，开始划算当年生产、生意。

初五，“出年界”，谓之“开正”。“赴了初五圩，各各寻生意”，一般都要开始新一年的生产经营。

二、元 宵

农历正月十五日为“元宵”，俗称“正月半”。珊瑚境内元宵节较平淡。

三、二月二

农历二月初二，民间要做苎叶粄、“白头翁粄”，即由苎叶、白头翁（草本植物）捣烂渗入糯米粉中蒸熟制成的米粄。苎叶具凉血止血、散瘀消肿解毒功效；白头翁亦清热凉血、解毒。养了猫的家庭大多会做白头翁粄。

四、清明节

清明节一般进行缅怀先辈、祭奠祖宗的祭墓活动。珊瑚境内祭墓有春祭、秋祭两次。春祭选择在“春分”至“清明”进行，规模较大，比较隆重，祭祀的祖先追溯到开基始祖。秋祭在“秋分”、中秋节前后，范围较窄，一般只祭祀曾祖父以下的墓地，部分村不进行秋祭。祭墓一般带猪肉、豆腐粄，有的带鸡、鸭到坟宰杀和香烛等祭品，先清理坟场，再“挂纸”上供，跪拜祈祷，最后焚烧纸钱、放鞭炮、“辞坟”。

五、端午节

农历五月初五为端午节。珊瑚初四过节，俗称“五月节”。此时，因气候转暖、病菌易于流传，人们会采一些艾叶、青枝、石菖蒲挂在大门两侧，以“避病祛疾”；煎艾汤沐浴，用雄黄点头，喝鱼腥草等中草药煎成的“百草汤”，墙根壁角撒上石灰，以避瘴疠，祛百病。大部分农户蒸簸箕粄或包粽子。

六、中元节

农历七月十五日为中元节，珊瑚十四日过节，俗称“七月节”。此时，夏收夏种已毕，民间有“禾了一臼糍，田了一只鸭”之俗，即割完早稻，家家做糯米糍粑；插完晚稻，户户杀鸭子加餐，以庆丰收。

七、中秋节

农历八月十五日为中秋节，珊瑚十四日过节，俗称“八月节”。节前，群众大多购买月饼。境内有外公外婆给 16 岁以下的外孙送月饼之俗。月饼多以冬瓜条、糖、花生、肉为馅，大小不等。有的饼面上印制人物，有“嫦娥奔月”“苏武牧羊”等。人们购买互赠。是夕，家家团圆，设案供饼，先敬月神；然后赏月吃饼闲谈，称为“聊月华”；儿童捧月饼游戏欢歌，称“逗月华”。

八、重阳节

农历九月初九为重阳节，珊瑚初八过，俗称“九月节”，较隆重。如果“霜降”节气与重阳节重合的话，就是所谓的“霜降对重阳”，俗语云“霜降对重阳，十家烧火九家亡”，所以旧时人们会在前一天备好干粮，留作第二天食用，当天不生火做饭，或在房前空旷之地几块砖头垒个灶，简单煮点吃的。

1988年，福建省确定重阳节为“敬老节”，俗称“老人节”。此后，乡村举行爱老尊老宣传和适合老人的文体活动。90年代后各村为80岁以上老人发放钱物。2010年始，国家为60周岁以上的老人每月发社会养老金。此后，养老金也在逐年增加。

九、十月半

农历十月十五日，珊瑚人过“十月半”。俗语说，“十月半，煎粞豆腐砌田坎”。是日，家家户户炰煎粞，做豆腐，宴请宾客，同庆丰收。

十、冬　至

冬至日称“冬年”。此日始，进入数九寒天，有进补之俗，民谚有“冬至羊、如参汤”之说。家酿米酒亦于冬至日前放水，据说此日的水较平时为胜，酒质更佳，谓之“冬酒”，酒味醇厚浓郁，久藏不坏。旧时，珊瑚多数人家冬至日都会做粄，民间有“差一千差一万，唔差冬至一餐粄”之说。

十一、入年界

农历十二月二十五日称“入年界”。此日始，室内外要彻底大扫除，挂祖宗遗像，洗涤器物衣被，备办年货，添置衣服鞋帽，炰煎粞、豆腐、花生、黄豆等食品。亲友之间牲馐相赠，称为“馈岁”“送年”。外出人员大多回家准备“过年”。

十二、小年・除夕

除夕前一日，珊瑚有过小年的习惯，气氛及晚餐的丰盛程度仅次于除夕。

农历十二月三十日（月小为廿九日）称“除夕”，俗称“过年”，是一年中最为隆重的传统节日。家家户户贴春联、门神，以红纸条贴于门框上方，贴三张的称“三星高照”，贴五张的称“五福临门”；红纸条还贴于各种用具，称“上红”，以祈求新岁吉祥。旧时在中庭置方桌，摆上各种酒菜果品祭天，称“敬天神”，还备办香烛，祭祀土地公，祈求新年五谷丰登、六畜兴旺。

是夜，家家户户团圆，共进最丰盛的年饭（称“团圆饭”）。餐毕，晚辈给长辈送“压岁钱”，长辈给子孙送“压岁钱”。合家品尝茶点话家常，谓之“守岁”。房间里灯火彻夜不熄，俗称“照岁”，象征处处光明。80年代末90年代初开始，全家围坐观看中央电视台春节联欢晚会的越来越多。

子时后，人们燃放烟花爆竹开门迎新。

下珊瑚陈秀容裔孙，有年初一过年的习俗。，其原因是，清朝中期，陈秀容户比较富裕，放债给他人，过年前，收债正忙。有一年，未赶上回家吃上除夕的年饭，于是年初一补过年。自此，年初一过年的习俗一直延续。

附：公历节日　外来节日

1. 公历节日

元　旦　1月1日为一年之始，称元旦，又称新年，俗称“新历年”。机关、团体、学校等悬灯结彩，张挂“庆祝元旦”等大字横幅，举办文娱活动。农村原对新历年不重视，中共十一届三中全会后，随着生活水平的提高，农民也逐渐接受这一节日，并于是日改善生活。90年代后，青少年在新年之前互寄贺年卡片成为新风尚。近年来人们使用手机发短信、微信互祝新年快乐。

国际劳动节　5月1日为国际劳动节，是普天下劳动者的节日。

国际儿童节　6月1日为国际儿童节，是孩子们的节日。为关心下一代健康成长，是日，党政部门、社会团体及部分社会贤达人士向幼儿园、小学赠送节日礼品；家长为小孩备新衣、买玩具、购新书，幼儿园和小学生，载歌载舞，欢庆自己的节日。

中国共产党诞生纪念日　7月1日是中国共产党成立纪念日，俗称“党的生日”。乡、村党组织举行纪念会，表彰先进党组织和优秀共产党员，请老党员作报告，回顾党的历史，进行党员教育。

教师节　1985年1月21日，第六届全国人大常委会第九次会议通过《关于教师节的决定》，规定9月10日为教师节。教师节期间，学校举行庆祝活动，乡党委、乡政府表彰尊师重教先进单位和教育先进工作者，慰问离退休老教师，社会各界开展各种尊师重教活动。

国庆节　1949年10月2日，中央人民政府通过《关于中华人民共和国国庆日的决议》，规定每年10月1日为国庆日。从1950年起，每年的10月1日成为全国各族人民隆重欢庆的节日。珊瑚各单位升国旗、挂彩灯，张贴标语，组织各种国庆庆祝活动。

此外，尚有3月8日的国际妇女节，5月4日的青年节，8月1日的中国人民解放军建军节等。乡妇联、团委、武装部等举行相应的庆祝活动。1999年起，国家机关、事业单位实行统一的年、节纪念日放假制度，2008年又作新的调整。

2. 外来节日

情人节　2月14日，20世纪80年代后由国外传入。21世纪初逐步成为青年男女时尚浪漫的节日。

母亲节　5月的第二个星期日，是敬重母亲、弘扬母爱的节日。20世纪80年代由国外传入，21世纪初逐步在珊瑚民间流行。节日里，儿女们通过各种方式向母亲致意，表达对慈母的感激之情。

第四节 礼仪习俗

一、称 谓

民间家族亲属间称谓，恪守排行辈分。同姓族人一般按辈分称呼，对辈分低的年长者亦可称“哥”，但该年长者却要称辈分高于自己的年少者为“叔”或“公”；对于娶入的媳妇，有“白头哥，坐地叔”，“大阿哥，细阿叔”等说法，意思是对夫家兄弟辈亲属，比丈夫年长者可称“哥”，比丈夫年少者则应称“叔”；此外，娶入的媳妇生孩子后，要降低一辈跟着子女称呼男方的亲属，甚至祖父母也可跟着孙辈称呼，极为谦恭。新中国成立前，直接叫父母为爸爸、妈妈的甚少，大都疏称父亲为“叔”“伯”“哥”“满”，称母亲为“娓”“嫂”“伯娓”等，以避免“相冲”或“相克”。新中国成立后尤其是70年代后，叫父母为爸爸、妈妈的逐渐增多。

非家族亲属间或陌生人见面、问路、问事，主要视年龄差距称呼。尊称男性老人为“公公”或“叔叔”，称呼男性中年人为“叔叔”“哥哥”，称男性少年为“老娣子”；尊称女性老人为“婆婆”或“伯娓”“娓娓”，称呼女性中年人为“伯娓”“娓娓”或“大嫂”，称已婚女青壮年为“大嫂”，称小姑娘为“老妹子”。新中国成立后，一段时间无论男女统称“同志”，甚至对少年人也称“小同志”。90年代后，则多以师傅、老板等称呼男性中青年。

二、婚 嫁

（一）提 亲

珊瑚婚姻形式以嫁娶婚为主，男方向女方求婚，女方嫁入男家成婚。男女及笄，有心媒人看到两个年龄相当、人才相配的少男少女，便主动上门说合，或男家托媒人寻找门第相当的合适女子，备礼到女家说合。女家如有意，媒人便向其索要用红纸开具的女子出生年、月、日、时（旧称“八字”）送到男家，称之为“问名”。

（二）小定与“探人家”

男家将男女双方的生辰八字请算命先生合卜，如无冲克，称为“合婚”，双方交换“庚帖”（“八字”），即为小定。在确定联婚前，男方带上鸡、肉等礼物在家长、朋友及媒人陪伴下到女家相亲，看看女子模样，男女双方可单独面谈，男方要送给女方红包，俗称“见面礼”（或“面花钱”）；女方也要在家长、朋友及媒人陪伴下到男家考察男方品貌和家产。这种相互间的专程察访，男到女家俗称为“看妹子”，女到男家俗称为“看屋”“看婿子”。

（三）定亲与约婚

男女双方合意，就可定亲。男方到女家议亲行聘，称为“大定”“扎定”。由媒人作中介双方议定，或双方直接商定，写成婚约。婚约中要写入男方须给女方的聘金、付款方式，其他物品如猪头、猪肉数，归门时间等内容。男方也可向女方商谈事宜。旧时嫁妆多为衣物、首饰、鞋帽、箱笼之类，富裕户还有陪嫁的田地、山场，谓“随娘田、随娘山”。

20 世纪 70 年代始，嫁妆有“三大件”之说，即嫁妆中需有“单车（自行车）、手表、收音机”，但很快又升级为“三转一机”，即增加缝纫机。90 年代，随着经济的发展，发展为电视机、洗衣机、摩托车等。嫁妆一般都由男方出钱购买。21 世纪，变为“大包干”，一切包括在聘金中。聘金从 70 年代的几百元升至 2015 年的十几万元。也有女方不谈聘金数，随男方雅意即可，也有免聘金的。嫁妆亦在聘金中提留，一般聘金高的嫁妆亦多（价值高），反之亦然。男方送聘礼和聘金到女方称为“过彩”，女方送妆奁到男家称为“纳吉”。“约婚”即择吉完婚，男方选择好结婚的“吉日良辰”提前一个月左右通知女方，俗称为“送日子”“报佳期”。男方要带上礼金、米糍、猪牛肉等，将红纸写成的“佳期预报”帖子送到女方。女方用笔、墨、书、纸、鞋、帕、手巾、足圈等回礼以示接受婚期。

(四) 迎　亲

迎亲前十天半个月左右，男方请女方长辈若干人来吃饭，商讨归门迎亲具体事宜及习俗，称“商量酒”

婚期前一天，男方依约置备肉、鱼、菜肴、米面和“红婚帖”及习俗礼包如红婚礼、润笔礼、司厨礼、梳妆、整容、金剪等红包，迎亲队伍到达女家后，到女方宗祠烧香，女方长者在祖宗前为女姑祝福，祝她到婆家后，生活幸福，儿孙满堂。送到女家的馈品数量尾数多以“9”为佳，因为“九”为客家吉祥数字，寓意“结亲长长久久”。双方亲朋必须在婚前将贺礼送达，男方给女方的礼数多由迎亲队带去，女方亲朋送簪、环、衣料和代金等；男方亲友送喜幛（轴）、画屏、热水瓶和代金等。女方或让男方带回嫁妆或派人直接送达。婚礼前夕，男家布置“新娘房”，安床挂帐，贴新婚对联。出闺阁在夜间。新娘出门前要抱着母亲大哭，称为“哭嫁”，寓意难舍爹娘。邻近预定出门时间，男方不时燃放鞭炮催促。新娘出门时，迎亲者点着灯笼，燃放鞭炮。待新娘出门后，女方把家中的灯火全部熄掉，并把大门关上。送嫁者有新娘的弟弟、伴娘等，人数视迎亲者多少而定，总数一般合 9 人。新娘古时坐花轿或步行；20 世纪 50 年代后步行；80 年代后逐步乘车；2000 年后普遍乘彩车（小汽车加以装饰）。新娘择吉时入门。新娘床上撒枣子、花生、桂圆等，寓“早生贵子”。21 世纪后，迎亲礼数趋于简化，少了许多烦琐。

(五) 婚　礼

由礼生唱赞，新婚夫妻跪拜天地、祖宗、父母，后对拜。拜堂后，夫妻双双入洞房，由福寿老人点燃红烛，给新娘揭开红盖头，讲吉利话。新娘房中，用碗盛了 2 个红蛋（涂有食红的熟蛋），夫妻俩要各吃一个，寓意夫妻俩红红顺顺，团团圆圆。近年，“拜堂”风俗淡化。

新婚庆典，男方大排筵宴，宾客的座次有严格的惯例，一般以厅首第一桌为主宾席，左位为大，由女家的大宾公就座。其余亲朋以各自的辈分、年龄、亲疏就座。20 世纪 90 年代后，婚礼有越来越奢华之势，聘礼和嫁妆的花费急剧上升，亲朋的贺礼也越来越重。有的婚宴在酒店举办。

21 世纪后，婚宴宾客排座次也趋于简单、随和，没有以前那么讲究。

新婚之夜，男女双方亲友聚集新房与新郎新娘说笑嬉闹逗乐，称为闹洞房。闹洞房气氛热烈，不摆酒席只上茶烟、糖果，以给新人出难题逗乐为主，如要新郎抱新娘咬红花（红包）、让新郎新娘合吃一个糖果，请新娘为客人点烟而客人故意摆架子，或摇头晃脑；要新郎新娘唱歌跳舞等。洞房往往因幽默谐谑的说笑和或文明或粗俗的捧逗而高潮迭起，热闹吉祥。近年，闹洞房习俗亦淡化。

（五）“转门”“三朝”

婚后第二天，母亲要为女儿送旧时衣服，俗称送落魂衫。

婚后第三天，新娘要携带礼品由婶婶、嫂嫂诸人陪同回娘家，称“转门”。新娘必须当天返回。

附：旧时特殊婚姻

童养媳 旧时，婚娶费用高昂。穷人家庭往往为幼子抱养别人的女婴或幼女抚育，长到十五六岁便在岁末圆房完婚。这种婚姻，礼仪简约，花费极少。但这种婚姻常常造成早婚早育，束缚婚姻自由，夫妻感情不好的现象极为常见。不少童养媳形同奴婢，遭受虐待。

等郎妹 旧时，夫妻数年未生或迟生儿子，即抱养别人女婴或幼女，名之“摘花”，希望招来弟弟，等待弟弟长大后成婚或无子者招赘嗣祧。这种婚姻，大都老妇少夫，多无幸福可言。客家山歌唱道：“十八妹配三岁郎，手提灯盏牵入房。等到郎大妹又老，等到花开叶又黄”；“十八妹配三岁郎，兜屎兜尿抱上床。睡到半夜思想起，唔晓是仔还是郎”。虽然有夸张，却形象地表现出这种不合理婚姻之下女子的痛苦。

再嫁妇 旧时，妇女要恪守“三从四德”，寡妇改嫁被认为不贞不节。但珊瑚与闽西其他客家地区一样，寡妇再嫁现象较为普遍。一般由媒人、亲友介绍撮合，男女双方在集市或村野幽会，再征得家长、族人同意后议亲。有子女者要商定子女的抚养问题，男孩一般不让随母，要留下由家人抚养。再嫁妇所收财物多归原夫家所得，出家时须从后门走出，于僻静处上便轿，亦不得吹打张扬，婚礼简朴。有的寡妇因婆（翁）媳情深，或舍不下儿女，不愿改嫁，则托媒招赘，称为“入家”。

一子承两房 旧时，未生有儿子者，求得本族人（辈分相当）之子过继来当儿子，过继之人便是“一子承两房”。有的双方家庭都为其娶妻，有的只有一方为其娶，但所生儿女要双方分，以延续香火。

打合同 旧时，无力娶妻者或错过最佳结婚年龄依然独身的男人，选有女孩或等郎妹的家庭，愿与其女孩或等郎妹结婚，但不入赘其家，所生子女各家一半，先期生下的归女方家，随女方家姓；后生的归男方，随男方姓。双方后继有人。

转亲婚 旧时，兄弟妯娌丧偶成为一鳏一寡，经人撮合成婚，或嫂与叔结合或弟媳与大郎(夫之兄）结合为夫妇，谓之“转亲”。弟媳转给大郎谓“小转大”，嫂嫂与小叔结合谓之“大转小”。

三、生　育

生育礼俗是人生第一大礼。在人生诸礼中占有重要位置且持续时间长。它包括未孕前的祈子习俗、怀孕习俗、分娩习俗和诞生礼俗等。

(一) 祈　子

常见的有三种：一是乞求神佛。迟孕夫妇常进寺庙上香，祈求观音菩萨（多为送子观音)、吉祥菩萨赐子，有的地方也向妈祖、公王等神祇祈求赐子。二是求告自然物。有“培茶树，正胎根”求子法，祈子妇女由巫婆带领，深夜去给开白花的油茶树培土（茶树多子，俗语，茶头无空树)，希望得生男孩。典型的是到上珊瑚三胞胎树下朝拜、祈祷（参见民间信仰节)。三是崇拜男性生殖器象征物。如“石柱”“石笋”“摸子石”等，妇女见到这些象征物，或边摸边往自己肚皮上擦或直接以肚皮擦之，口中念叨：“吉祥子、吉祥哥，到佴肚里坐”，以吸其阳刚之气，祈求得子。第一、二种仍存，第三种今已少见。

(二) 怀　孕

围绕保胎、保孕妇和胎教三方面进行，主要表现为对孕妇饮食、行为的约束和禁忌。如孕妇不可见“天狗食月”（月食)，否则胎儿会被吃；不能看宰杀牲畜，否则会冲胎气；不可看木偶戏，不可去神庙；跨踩牛绳会难产，吹竹筒孩子出生后会流口水；钉铁钉、敲家具等孩子会天生残疾；坐米筛孩子会麻脸等。孕妇饮食也有禁忌，如孕期吃兔子孩子会患兔唇，吃生姜孩子会多指，吃蛇孩子会生“癞皮”，吃乌龟孩子会短脖，吃狗肉孩子会咬人等。孕妇本身也被视为忌讳的对象，不能抚摸或抱别人的孩子，否则会“争花”，使别人的孩子夜卧不安或难养；不能看别人办喜事，否则主家会倒霉背时；更有俗话说“撞死不撞生”，即宁愿碰上人死不愿碰上孕妇分娩。女儿不能在娘家生育，如来不及送走，也要让其到厕所或“粪寮”生产，因为产妇之血会断娘家“龙”根。此为陈规陋习，已除。今妇女怀孕均科学养胎保胎。

(三) 生　产

包括催生、接生、胞衣（胎盘）处理、产房禁忌和产妇保养等，为的是保证顺利生产，母子平安。

催生由娘家负责，母亲知女儿怀孕9个月后，把事先准备好的干糯米粉、老阉鸡、鸡蛋等，邀近亲的婆婆、娓娓一同送去女儿家，为女儿分娩以后食用。如果女儿流产，分娩不成功，做娘的会买一个猪小肚子（膀胱）或猪肚，蒸烂煮熟以后挑到女儿家，口中说：“担杆头上背猪肚，替女哩换肠又换肚”，意为将流产之肚换成顺产之“新肚”。

旧时，接生大多由接生婆土法接生，缺少医学科学常识，婴儿死亡率高，遇难产则用迷信方法处理，如在产房外放铳以驱邪，杀雄鸡、杀狗，以血涂于产房之外辟邪驱鬼，家人到寺庙、公王坛等处上香祈求平安等，常常错过施救时机，产妇婴儿悲惨死去。婴儿死亡，草草掩埋，产妇死亡，要在产房后墙打一个洞，把产妇尸体托出，不得在产房正门而出。意为不准这种人再投胎，危害下一代人，做法十分落后腐朽。推行新法接生后，到医院待产渐成习惯，难产有医生处置，婴儿死亡率较低。旧时胞衣（胎盘）处理充满神秘色彩，将胞衣封入罐中，埋于床底土中，婴儿有疾病时可拿出加热变暖放回原处以保婴儿平安。20世纪70

年代后，胞衣被认为是上等滋补食品，早早就被定购。旧时，产房禁忌也大多充满迷信色彩，主要在产房悬挂避邪物，如禾刀子、捞箅、杉技；产房窗户要用白纸糊得严实，房门要挂上布帘和刀剑等。产妇保养的关键是避邪避风，增加营养，不论严冬酷暑，产妇都要包头巾，穿衣裤和鞋袜，有的还要贴头风膏药，洗脸用温开水，洗澡用布荆煮的开水，三餐肉食禽蛋不断，要吃姜糖豆子、糖姜鸡、黄酒鸡等，忌食青菜及一切寒凉之物。

20 世纪 80 年代后，大力开展孕产妇系统保健，提倡产妇住院分娩，产妇及婴儿死亡率大大降低。

（四）诞　生

诞生礼俗主要为生男孩而设。

婴儿出生后，满月之前一定要备礼到外婆家报喜 (俗称“报姜酒”)。礼物是鸡公炖补药配以少量黄酒、姜糖豆子 (黑豆)，用酒壶装的补药汤及猪肉等。汤中有鸡腿和鸡肉，视娘家亲戚的辈分、声望，或送有鸡腿的酒壶或送有鸡肉的酒壶，鸡肉不够就用红蛋代替。外婆、亲房家接礼后，便要操办婴儿全套衣物、用品等作为贺礼，待外孙家择定做满月的日期或逢九的日子送去。

婴儿出生三天 (称“三朝”)，举行“洗儿”仪式，给婴儿洗澡安名。用香芋、茶子饼、桃叶等熬水，木盆中放一个鹅卵石和三四个红蛋，鹅卵石寓意“做胆”，祈孩子将来胆大；婴儿入水边洗边说吉祥话，洗毕用葱叶捅婴儿鼻孔令其打喷嚏，寓意长大更聪明。民间有“三朝命名喊到老”之说。男孩命名会叫算命先生看生辰八字，倘若“五行”有缺，则在名字中补上所缺五行的偏旁，再与族中的辈分联在一起。除正式命名外，还有给婴儿取乳名或小名的习俗。乳名和小名一般贱称较多，马、牛、羊、猪、狗、兔等动物，松树、樟树、荷树等植物，桥、路等建筑物，日、月、水、火、石、田、土等自然物都会成为取名的素材，之所以这样，流传是叫得“贱”好养。女孩子取名比较简单，旧时常按出生顺序，一为大、二为细，三三、四四接着叫，妹、娣、连、金、玉、秀等为常用名，如大妹、细金、二 (读女) 娣、三金、四玉等。

诞生礼仪最隆重、最热烈的仪式是“做满月”。主家要请“满月酒”，各方亲朋皆来祝贺，来客备红包、衣帽饰物作婴儿“见佩”礼。外婆家的贺礼最为丰厚，有衣服、鞋帽、披风 (俗称被子) 背带和金银镯子，还有开斋的鱼肉、鸡鸭等。仪式开始，婴儿被抱到厅堂接受亲友的祝贺，还要被抱到天井或大门口见天日，俗称“开门”。做满月时还有开斋仪式。整个满月仪式充满喜庆吉祥的气氛。2000 年后，做满月之俗已渐消退，常与“过周”合二为一。

周岁时有“抓周”的习俗。中午，抱婴儿坐于摆放在厅堂的爬篮中，爬篮里放有书籍、文房四宝、玩具、食品、钱币等物，任小孩抓取，以先抓取之物，预示其将来志向前程，如摸取书笔则预示好文读书郎，摸取算盘则预示经商，虽不足信，但增添了乐趣和喜庆气氛。“抓周”后，入席宴饮，尽欢而散。珊瑚有“满月推后，过周提前”之俗。

家里添了男丁，一般在翌年春祭时便要“出新丁”。做法如下：在宗祠贴出“新丁告”，内容为“我祖第××代裔于某年某月某日喜添男丁，取名某某。特告喜”；主家要做“新丁粄”，一般为禾米粄或灰水粄，形状象征男性生殖器，以示对男性的崇拜；“新丁粄”要散发邻居，邻人便说“恭喜添读书郎”之类好话；“新丁粄”要交一定数量给祭场，供祭祖用及参与扫墓者食用；交钱若干，供祭祖等开支；必须参加扫墓并主动挑篮。有的房脉另有规定如扫墓祭祖做头、宴请房亲等。

四、寿　诞

寿庆，民间从人们的周岁开始，每年以农历诞辰日做“小生日”（俗称“闲生日”），通常以面条（或米粉）煮蛋，全家简单庆祝。寿庆，素有“一十二十无人知，六十七十打鼓震天地”的说法。60岁以上称为上寿，讲究“男做齐头女做一”，男逢60、70、80、90岁，96岁便可以提前做百岁大寿；而女性则被认为“命轻”，需加一岁，逢61、71、81岁，91岁则为“大生日”。“大生日”比较隆重热烈。

寿庆一般由子孙筹办，布置寿堂，宴请亲友，表示孝心。嫁出之女则要于寿诞前备送寿礼，礼品有高台寿烛、鞭炮、鸡、蛋、肉、寿面、寿桃、粉干和寿星穿的衣服鞋帽等，祝福长者健康长寿。一般亲友送鸡、蛋、酒、寿炮、寿联、寿（轴）幛、寿匾等，也可以寿金代替。

寿庆请柬必须由后辈出（不能自己出请柬），老师寿庆请柬由学生出，珊瑚境内出请柬庆寿不多，大部分口头相约。

寿堂要悬挂《寿星图》或金寿字，设香案礼品，先由子孙点燃寿烛、鞭炮，拈香敬拜天神祖宗，再请寿星夫妇端坐堂中。拜寿时，衣冠整齐依长幼内外为序排列，在寿星面前行鞠躬礼或下跪叩拜，寿星点头还礼，寄语子孙，并分送红包（称“拜钱”）、花生、黑豆等。中午举行寿筵，宴请祝寿亲朋，头道菜一定是寿面，寓意福寿长存。寿烛不得中途熄灭或燃尽，礼仪结束留下烛头珍藏。

设堂拜寿者多为高官、富翁、名流，穷人、平民极少。

寿庆只可提前，不可推后。

五、丧　葬

人老谢世，男称“寿终正寝”，女称“寿终内寝”。老人谢世后，亲房叔伯成立一个临时治丧组织。治丧组织派人往择日先生处择定入小殓、大殓、出殡、起灵的时刻表；择日者归来后，根据日程安排，治丧组织着人通知至亲好友，告知丧事安排情况。也有人出“讣告”。实行火化前，着人落实“扛丧夫子”、鼓手、道士人选。实行火化后，则和殡仪馆联系，请殡仪馆按时派人接尸。珊瑚人重视死葬，把丧葬看得重。

（一）小　殓

老人断气后，立即为死者穿寿衣（旧时，人到60岁后便择日做寿衣，谓之“驳长寿”），同时，逝者家属中之女性号啕大哭以告知乡邻，并携香、纸及逝者生前穿过的鞋一只，用过的火笼一个到水口溪（河）畔，把纸摊开，插上香，把鞋倒扣于纸上，口中念念有词，告知本村水神，某某已经去世，此后不再享用水神的恩赐，并希望水神保佑逝者西去途中一路平安，再丢几文钱于溪（河）中，用火笼砵顺水舀水，带回到逝者床前，用草纸装作往砵中蘸水，给逝者擦脸洗身，此谓“卜水”，亦称“买水浴尸”（此俗为中原之俗吸收古越之俗）。同时，需整容（妇女梳头，戴上凤冠或包以罗帕），翕闭双眼和嘴唇，盖面冥巾，移尸厅堂，祠堂入棺但棺盖不盖严实，垫上“菱角枕”，蒙上“景生褥”，垫上“斗尸被”（斗尸被底下垫，景生褥面上遮），男执白扇，女握手巾，用一叠草纸嵌在棺盖与棺槽之间，待有关人员验视，称为“小殓”。

（二）大 殓

把棺盖盖严实，打“子孙钉”，也要择吉时此谓“入大殓”（若逝者是女的，由逝者娘家来吊唁的人打“子孙钉”；若逝者是男的，由丈母娘家亲戚或由本族长者打）。丧家要给打“子孙钉”的人一个红包，谓之“增官礼”；给外氏（死者娘家或死者妻子娘家）来人每人一个红包，谓之“白头礼”或“烧香礼”。“子孙钉”打完后，众人用双手把棺材托出大门架在两条板凳上，扛丧夫子（八仙）绑扎停当后八个人抬着把棺材送往落葬地点。实行火化后，尸体由亲人托至厅堂中央的担架上，殡仪馆的来人包好尸体连同担架送往灵车（今多把尸体放在纸棺里，送上灵车）。

（三）出 殡

尸体（棺木）移出厅堂（祠堂）时叫出殡。灵柩或担架托出大门口架在两条板凳上，孝子孝孙在道士的带引下（道士执幡），按男顺女逆的方式绕灵柩（担架）几圈，叫“践材”（绕棺材）。“践材”完毕，8 个人扛扶起灵柩，灵车发动慢速行驶。撒纸钱的人走在最前面，凡遇沟、渠之处都得用香插一张草纸在旁边，鞭炮、乐队紧随其后，接着是灵柩（灵车）。送葬者中之孝子孝孙头戴白帕，一路啼哭，到村口处，灵柩（灵车）又须停顿一会，孝子孝孙在道士（执幡）的带引下再一次践槽，然后跪地目送灵柩（灵车）远去，此举谓“别棺”。旧时，“别棺”要祭奠，称“别棺祭”。“别棺”后，灵柩抬至事先选好的地点挖坑下葬。火葬以后，灵车则开往殡仪馆，逝者家属随灵车到殡仪馆取回骨灰。此后，祭日有“圆坟（三日）”“三七”“五七”“七七”“百日”“周年”“三年”等。珊瑚还有“周年前”（一个儿子则提前一天，以此类推）、“百日后”（死者一个儿子则推后一天，以此类推）、“三年要对日”（意即刚好三年这天，时间按算虚岁之法计算）之俗。做祭日都在祠堂举行，儿子、媳妇、女儿参加。

（四）做法事

做法事也叫超度，俗称“开冥路”。具体做法是：按日程安排，孝子孝孙（民国以前要披麻戴孝）随鼓手道士，亲房提鸡笼往本家族的祠堂内，设灵堂离祠堂远的，灵堂设在自己厅堂，灵堂内摆放死者生前遗像及灵屋等。摆供点烛焚香后，道士诵念经文、割鸡（有的杀猪）、宣布超度仪式开始，俗称“起灵”。“起灵”要择吉日吉时，孝子孝孙要把上衣脱下来反穿，权当孝服，腰缠稻草绳，脚穿稻草鞋，头上戴白帕，谓“顶冬（戴）白头”，这一过程叫“成服”。“成服”后，孝子孝孙、孝男孝女不得离开灵堂，其他事宜都由治丧组织或亲房处理。20 世纪 90 年代特别是 21 世纪后，单位、亲朋送的花圈摆放于灵堂内外；灵屋的设计和造型也不断更新；汽车、家用电器等也用纸扎的方法造就，摆放于灵堂中。法事开始，道士诵经、鼓手（乐队）奏乐，孝子孝孙啼哭，三班人马轮番上阵，使道场不至冷清。若逝者是男性，道士、鼓手（乐队）就吟唱悼念父辈的歌词，如“十二月古人”；若逝者是女性，则吟唱悼念母辈的歌词，如“十月怀胎”。歌词本身凄切，加上鼓手道士形声兼备的表演，更增加了几分悲哀肃穆，令孝子孝孙甚至旁观者都潸然泪下。法事做完，三班人马把灵位送至祠堂焚入阴炉，谓之“入香火”（当喜事论），道士诵经，宣告逝者灵魂已入祠堂安顿。祠堂门口焚烧灵屋、钱担及其他供做法事用的物品，供极乐世界的阴魂享用。孝子孝孙的上衣由母舅来人帮他们重新穿好，全场法事到此结束。

（五）祭（奠）

“祭”是逝者家属为了隆重悼念死者而举行的一种追悼活动。有起灵祭、堂奠、别棺祭、拦路祭多种。由礼生主持，孝子孝眷反复进行跪、叩首、释杖、酹酒、上（进）香、献（进）爵、献（进）茶（牲、果等食物），程序繁杂，劳民（孝子孝眷）伤财。祭仪在不断改革，多去繁就简，并逐步减少。

（六）“筛七”及送“七饭”

老人去世后，在49（“七七”）天内，每七天其家属会携香、纸、蜡烛、鞭炮及三牲供品，一路哭哭啼啼到祠堂去上供焚香筛酒，表示为逝者送饭，叫“筛七”。逝者出嫁的女儿在第二个七天的时候，会备酒、饭及猪肉、鸡鸭等送回娘家，请娘家的亲房叔伯吃一顿饭，感谢他们帮自己的哥哥（弟弟）办完了丧事，对他们的付出表示谢意，俗称送“二七饭”。

（七）“拣金”“二次葬”

死者葬下若干年“化尸”后，须开棺捡骸骨，称“拣甄”“拣金”。捡骸骨一般选择在“天赦日”。据说“天赦日”诸事无妨。骸骨拣取后，经炭火微烘，抹油，放入“金斗”内，以脚趾骨置金斗最底层，按人体自下而上依次将骸骨装入，最上层是头盖骨。排骨时还要呼叫排骨仙人来排妥。金斗的内盖上写明逝者姓名、辈分、出生年月。再择吉日择“坟地”(有的在原址）把骸骨或骨灰盒置于墓碑后面形似龟背的墓穴内，称“二次葬”（此俗源于蛮俗和古越俗，是客家先民与包括畲族先民在内的闽赣粤土著互相融合和同化的产物)。墓碑上署明逝者生年、国号、世系、姓名，写姓名时男的考字当头，女的妣字为先。落葬前，地理先生行“出煞”仪式。完毕，把杉毛（杉枝）在墓穴内点燃，烘烤墓穴四壁泥土，叫“暖金”。落葬时最重要的一个环节是“进金”（装有骸骨的金斗或骨灰盒放进墓穴内)，金斗或骨灰盒由孝子端着，若有三兄四弟的则由几个人传递至墓穴边缘，如果是单丁独子，则一个人端至墓穴边缘，再由泥匠师傅按地理先生的指点放进墓穴内。掩土后地理先生、泥匠师傅轮番呼龙发粮米。此时，鞭炮齐鸣，鼓乐喧天。当地人对二次葬极为看重，亲戚亲房多送礼来到坟墓焚香叩拜，主人要设宴感谢。稍有家资之人要办得极为隆重。。

“二次葬”要择吉日吉时，以“进金”时为要。

实行火葬后，已有部分村、家族或个人建骨灰堂存放骨灰盒。未建的，死者骨灰盒入土再葬，葬仪同“二次葬”。

第五节　宗教信仰

珊瑚境内有道教、佛教、基督教多种宗教教派。道教、佛教大约于宋元时期传入，信仰者较多；基督教于2001年传入，信仰者极少。珊瑚宗教的主要特点是道释儒教并行，寺庙里往往道释杂处，仙佛同堂，共享香火；同时与民俗信仰混杂，道教、佛教信徒多有参与民间多神信仰活动。民间信仰具有多教合一、多神崇拜的特点。没有整姓、整族、整村同信一种教、一尊神的。不管是定光古佛、五爷古佛，还是三大仙师、妈祖娘娘等，见神即拜，见神即敬。迎神打醮，则把附近的菩萨、神仙甚至公王爷爷通通请到一起，和尚、道士同时请来念经作法。新居“出煞”，可以道士出煞，也可以地理先生、泥匠木匠师傅出煞。

明清时期，陆续建寺庙，宗教活动较多。圆通寺一度成为闽西最早的佛教道场和上杭县有名的大寺院之一。清末至民国初期，社会动乱，民不聊生，宗教活动衰落。20世纪30年代，逐渐恢复。20世纪中叶，宗教活动一度中断。1980年后，宗教活动逐渐增多。

2015年，珊瑚境内经登记的宗教活动场所仅有圆通寺；活动较正常开展的有仙师宫、山寺庵、南山寺、半天山庵、净土庵、天后宫等处；有宗教教职人员20余人。

一、佛　教

佛教传入珊瑚具体时间待考。

明成化六年（1470年），僧宗鉴募修圆通寺（位于圆通山），并建轮藏。清顺治七年（1650年），曾考取明朝进士、做过明朝官员的江南人（顺治二年即1645年置江南省，辖今江苏、安徽一带）九一（临济宗僧，俗名不详）不仕清，到圆通寺，在山上开辟宝殿层楼，泗洲亭、犁云亭、洗月池、泠石泉、佛子水诸胜景；周围垦植农田茶山百余亩，给养僧人（多时，饭僧数百众）。光绪六年（1880年），闽浙水师提督钟宝三退隐到圆通寺带发修行。

明弘治二年（1489年）八月，陈得八在上畲建太平庵，并购禾田二处，供僧人管业为祀奉诸佛香灯之需，后因火灾，寺庙被烧毁，被抢救出的佛像送往山寺庵供奉。

山寺庵，在上珊瑚山寺头。民间有“山寺庵是圆通寺脚庵”说法，说圆通寺住和尚、山寺庵住尼姑。据此，建庵时间可能略迟于圆通寺。

南山寺，在上珊瑚南山，2009年建，供奉观音等菩萨。寺中无和尚尼姑主持。

佛教的主要活动为拜佛、诵经、讲经、受戒、灌顶、朝圣、开光等。

二、道　教

民间流传道教属正一派，祀太上老君，信奉天师。教务活动有画符、诵经、念咒、祈祷、驱魔、结幡、做道场。其活动多与多神信仰相结合，有迎神打醮、祈雨保收、安神请神等活动。民间丧葬仪式，也请道士设堂诵经，超度亡魂。有的病家也请道士“驱魔”。

三、基督教

2001年传入珊瑚，先在上珊瑚竹连背租民房作教堂，翌年因该地规划建民宅，教堂迁到下珊瑚八组原碾米厂，后在下珊瑚村口饶屋购一处旧房（砖混结构一层）作教堂。因教徒素质较低，组织活动少，也没有做礼拜。2015年，珊瑚的基督教近于名存实亡。

四、寺庙简介

（一）圆通寺

圆通寺在珊瑚西北部的圆通山上。寺址地貌似一巨大的“圆盆”。明成化六年（1470年），宗鉴和尚到此建轮藏并命名为圆通寺。清顺治七年（1650年），临济宗僧九一，在遭受国破家亡惨变后，弃官入佛，祝发出家到此寺，阐扬佛理，广布功德，创建宝殿层楼，辟建泗洲亭、洗月池、犁云亭、佛子水、冷石泉等胜景，并在山上辟数十亩大的练武场、修武库（山洞），江西幻机法师和半石堂头法师等四方僧徒云集，鼎盛时饭僧数百众。圆通寺成为闽西最早的佛教道场、上杭县有名的大寺院之一。清乾隆十五年（1750年）版《上杭县志》（知县赵成 修）称圆通寺：“宝殿层楹，禅堂楼阁，宏阔壮丽，饭僧数百众，固一大松林也。”（松林，佛教名词。佛教多数僧众聚居的寺院。意为比丘和合处，有如众木相依为林。）

圆通寺具有浓厚的宗教文化底蕴。九一僧作《山中三十二景偈》（《圆通山各咏》七律诗32首，今存18首，收入《杭川新风雅集》）。曾任常州知府、布政司参政的长汀濯田人黎士弘，康熙十八年（1679年）辞官还乡后，曾到圆通山并作《寄半山堂头》《圆通归重寄半石老人》《寄嵩坪老人》诗。康熙十九年（1680年）、二十年（1681年），上杭籍著名诗人刘坊到圆通寺，作《黄梅山拜九一和尚塔兼呈其法嗣法机大师二首》《辛酉夏避暑圆通寺四首》，赞美自然风光和寺庙建筑。

同治三年（1864年），圆通寺毁于太平军。光绪三年（1877年），珊瑚陈胡二姓募资修复后堂。山口五里黄梅山有九一僧化塔。光绪六年（1880年），曾任闽浙水师提督的上杭旧县石砌村人钟宝三捐资修复前堂。光绪九年（1883年），钟宝三辞官，隐居圆通寺，带发修行，从一位叱咤风云的战将成为虔诚的佛门居士。

九一僧在圆通寺期间，还垦田百亩、种稻种茶，产粮甚丰，古有“食在圆通山、玩在紫金山”之说。“圆通茶”为茶中珍品，驰名汀、杭、武。钟宝三隐居期间，晨钟暮鼓、读书品茶，曾著《茶经》（失传）。

今圆通寺交通便捷，景色秀美，风光旖旎，香火极盛，是集旅游拜佛于一体的胜景名刹。

（二）山寺庵

清光绪四年（1878年）上畲太平庵烧毁后，则在山寺头建庵，以供奉定光古佛。山寺庵先建在今人叫老庵场的位置，因朝拜的人少，无法供养僧人、尼姑，后来（据说是胡增集等人牵头）将庵迁到今址。庵有田120担，上坪坑尾、下坪坑尾、庵门、下路山各30担。20世纪40年代，坪坑尾田荒芜，50年代被武平中堡上寮人垦去。20世纪中后期，山寺庵一度没落。2012年，上珊瑚李振炬（原籍广东省，又名李玟）等热心人士牵头倡修，上珊瑚、下珊瑚众人拥赞，捐资投工，开简易公路，新建一座观音堂，供奉送子观音等佛。

（三）太平庵

太平庵又名上畲庵，明弘治二年（1489 年），陈得八（又名六八）出资在上珊瑚上畲村尾构筑。厅上下二栋，护屋左右两摆，塑诸佛像（定光古佛等）招僧侍奉。清光绪四年（1878 年），因回禄（相传因炸供品引起火灾）废圮未即修复。传说是时抢救到一尊三古佛，移到山寺庵供奉。庵址至今仍叫“庵下”。

山寺庵佛堂

（四）仙师宫

仙师宫在下珊瑚半天山（长岭岗）麓崩龙角。据今嵌入宫内下厅墙壁上的“奕世流芳”功德碑文推算（碑文中有“祖彦博公　广东海丰县令　塑三仙敕封牌一尊回任请入仙师宫供养”），仙师宫约建于明天顺（1457—1464 年）至成化初（1465 年为成化元年）。内供黄倖三仙师（黄七郎、黄十三郎、倖八郎，当地人称三大仙师）。因庙坝的五谷庙被毁，五谷神也寄居仙师宫东侧上过道。康熙、乾隆年间曾两次修葺。1994 年、1997 年曾修葺。2015 年扩建东面横屋及卫生间。

注：三大仙师，有三尊菩萨，中间持鞭的为仙师老大黄七郎，左边执刃的为其儿子黄十三郎，右边握锡壳的为女婿倖八郎。清康熙版《上杭县志》载：黄七翁，本邑人。宋时钟寮场未立县，石峡间两山如束，中通一径，有山精虎狼为害。翁偕其子婿有异术，以符法治之，群妖屏息，因隐身入石，现象于石壁间。每风雨，石隐隐闻钟鼓声，民敬畏之。立祠香炉石岩下，遇岁灾旱祷之则应。县既迁，改建祠宇于今县治之西南。旧志称黄倖三仙师，倖其婿姓也。

（五）其他寺庙

宝华庵　九一僧建，今无存。其遗址在今半天山庵左下侧约 100 米处田面上。

五谷庙　五谷楼，珊瑚村口，众姓建。此楼为塔式，木结构，底层供奉五谷神，第二层供奉魁星，故亦称“文昌阁”，建于清代，毁于 20 世纪 50 年代破除迷信时。

天后宫　清同治季年，众姓在镬锋滩东侧往才溪路旁建鲤子湖天后宫。1996 年因建金山电站，移至下珊瑚村口合水口建造，移民局补助 3400 元人民币。不足者众人捐资，上园生产队捐拆晒谷场的桁、桷、瓦。

半天山庵　民国 6 年（1917 年）建，供奉天上圣母（又叫仙娘太母）。

泗洲庵　九一僧建，清季陈达明重修，施田供香火。

南山寺　又名观音寺，在上珊瑚南山麓，2009 年陈必桃等人倡建，供奉观音菩萨等佛。

下坑净土庵 在下坑村口，始建于明正德八年（1513 年），2013 年重修，供奉观音、定光古佛、三大仙师诸神。

华竹五谷庙 在九华铺村口，何时初建无考，1990 年重建。

华竹仙师宫 在大门背水口山，21 世纪初扩建，供奉三大仙师等诸神。

九华铺观音庵 在珊瑚通往官庄路上九华铺观音茶亭边，何时初建无考，今无存。

下坑净土庵

三潭仙师宫 1996 年（金山电站水库蓄水后）新建（地址猪脚坝），供奉三大仙师诸神。

彩坑仙师宫 彩坑张屋原建有仙师宫，安放有三大仙师等诸神，建造时间未详。1996 年金山电站水库蓄水后，彩坑张梁等众姓在原张姓仙师宫址（地名宫边）重建，供奉有三大仙师等诸神。梁屋水口，建有罗墩，罗墩上安放有三大仙师等菩萨。1990 年，教育部门要实现“一无二有”，拆罗墩、建彩坑小学，原罗墩上的菩萨暂时安放上梁屋，后搬入与张姓合建的仙师宫。

善化坛（堂） 在千家村仙师宫西侧，供吕洞宾祖师，民国时期建，常有人到此扶乩。20 世纪 50 年代被毁（2017 年已由珊瑚众姓重建）。下坑（张姓祠西南侧）亦有善化坛，20 世纪 50 年代被毁。

此外，珊瑚村口庙坝也曾建仙娘太母庙宇，已废。

五、民间信仰

（一）定光信仰

定光信仰起源于宋代。定光佛又称定光古佛，是历史上唯一被朝廷正式赐封“定光佛转世”的高僧。定光佛俗姓郑，名自严，泉州府同安（今厦门市同安区）人，生于五代闽国龙启二年（934 年），圆寂于宋大中祥符八年（1015 年）。自小有“奇识”，闽王延政天德九年（944 年），时 11 岁出家修行，皈依当地建兴寺契缘法师席下；17 岁时游豫章（今江西南昌），过庐陵（今江西吉安），契悟于西峰园净大师，“由此夙慧顿发”，然后云游四方。宋乾德二年（964 年），而立之年的郑自严来到武平，立下“我愿委身此地，以度群品”的誓言，随后在武平岩前狮岩建寺庙设道场，弘法传道达 50 多年，一方面宣传佛教的轮回报应学说，使百姓“畏业报而息冤愆”；另一方面，倾注更大的精力，为民兴利除害。在闽粤赣周边留下除蛟伏虎、疏通航道、活泉涌水、祈雨求阳、赐嗣送子、筑陂止水以及屡显神异护国佑民的传奇故事。因“大师生前乐为善举，有求必应，且法力无边”，故在其寂化后，则认为其神灵不死，仍神通广大，因而把他奉为神明、佛祖，视作自己苦难生活的救星。在当时朝廷和文人的推动下，宋熙宁八年（1075 年），定光被号为“定应大师”，而后朝廷曾 5 次敕封，最终敕赐“定光园应普慈通圣大师”，实现由僧人向人格神的转化，从而形成定光信仰。

据一些史料推算，定光信仰在明初传入珊瑚境内。在圆通寺、上畲太平庵、山寺庵、下坑净土庵等寺庙都供奉定光古佛化身的雕像，视定光古佛为保护神，备受崇拜和尊敬，常有村民去朝拜，每逢迎神打醮，定光古佛会被乡民抬到醮坛供奉，享受信徒香火斋供。

（二）妈祖信仰

妈祖，姓林名默，宋建隆元年（960年）农历三月廿三日生，南唐清源军莆田县湄洲（今福建省莆田市秀屿区湄洲岛） 人。长大后，她决心终生以行善济人为事，矢志不嫁，专心致志地做慈善公益的事业，平素精研医理，为人治病，教人防疫消灾。林默还洞晓天文气象，熟习水性。湄洲岛与大陆之间的海峡有不少礁石，在这海域里遇难的渔舟、商船，常得到林默的救助，因而人们传说她能“乘席渡海”。她还会预测天气变化，事前告知船户可否出航，所以又传说她能“预知休咎事”，称她为“神女”“龙女”。宋雍熙四年（987年）九月初九，年仅28岁的林默与世长辞。这一天，湄洲岛上群众纷纷传说，他们看见湄峰山上有朵彩云冉冉升起。此后，航海的人又传说常见林默身着红装飞翔在海上，救助遇难呼救的人。林默羽化升天后，曾先后被敕封为“天妃”“天后”“天上圣母”，成为举世闻名的“海上女神”，历代船工、海员、旅客、商人和渔民共同信奉的神祇。

随着南宋嘉定六年（1213年）汀州知州赵崇模开辟回龙至峰市段河道、明嘉靖三十年（1551年）汀江航道全线贯通后，汀江成为闽粤赣客家地区交通大动脉。珊瑚栗子湖（河头）成为货物中转站；境内村民撑船、放排者甚多，为祈保水上谋生安全，起源于闽南、有着明显海洋文化特征的妈祖信仰，传入珊瑚。清同治季年（同治年间为1862—1874年；季年有两个说法，一指第三年，二指晚年、末年），珊瑚众姓在镬锋滩（后称锅锋滩）东往才溪路旁建天后宫，供奉“海神”妈祖娘娘神像。船舶经过此地，船老大们都会携香烛到宫中朝拜妈祖神像，祈求出行顺利、回家平安，妈祖成为汀江保护神。20世纪90年代，因建金山电站，原天后宫被淹，在下珊瑚村口（合水口）建天后宫，供奉妈祖，近年香火愈来愈旺。

20世纪90年代中期迁建于下珊瑚合水口的天后宫

珊瑚胡姓打醮醮坛（胡康福 摄）

（三）迎神打醮

打醮是一种民间信仰，是村民祈求平安福寿（或对神佛的护佑表示感谢）的一种活动，醮名主要有平安醮、保苗醮等。

古时打醮特别隆重，醮前，打扫卫生，厨具、餐具都要洗刷干净，醮日不许沾惹荤腥，香手公（端香炉）、陪香人于醮前五六天甚至上十天不吃荤。珊瑚陈胡两姓还互相攀比，谁的马多（到城郊租马，除神马外，那些富豪子弟都骑马游境摆阔）、灯笼多、鼓手班多、戏班多。期间，还舞龙舞狮，成为一种文化活动。20世纪50年代后，打醮被视为迷信活动而被禁止。20世纪八九十年代后，人们的信仰自由得以恢复，迎神打醮活动又活跃起来。

胡姓打醮游境场面（胡康福 摄）

附：珊瑚醮事

1. 上珊瑚、下珊瑚（千家村）

正月初六，山寺庵打古佛菩萨下山醮，邻近乡村众姓参与。

正月初十日，珊瑚陈姓、饶姓打平安醮，醮坛设在下珊瑚神坛头陈氏宗祠，有游境。

正月十四日，珊瑚胡姓、朱姓打平安醮，醮坛设在上珊瑚胡氏宗祠，有游境。

三月廿三日，珊瑚众姓在天后宫打醮，庆贺妈祖娘娘诞辰。

四月十三日，胡姓、朱姓打保苗醮，在上珊瑚胡氏宗祠，近年取消游境。。

四月十六日，陈姓、饶姓打保苗醮在神坛头陈氏宗祠，近年取消游境。

五月廿五日，珊瑚众姓在五谷庙打醮，庆贺五谷真仙诞辰。

六月六日，珊瑚众姓在仙师宫打醮，庆贺三大仙师诞辰。

七月十三日，陈姓、饶姓打保苗醮，在神坛头陈氏宗祠，近年不再游境。

七月十六日，胡姓、朱姓打保苗醮，在胡氏宗祠，近年不游境。

七月十九日，珊瑚众姓半天山打醮，庆贺天上圣母诞辰。

十一月初七日，邻里乡村的众姓到山寺庵打醮，庆贺定光古佛诞辰。

十一月十七日，上畲、桐树园打野猪醮（意为求神驱逐野猪，现改为平安醮，因村民外迁多，近年规模及热闹程度趋减）。

2. 竹子垄（在竹子垄祠堂设醮坛）

正月十一日，打平安醮。

四月十四日，打保苗醮。

八月十三日，打保苗醮。

3. 九华铺（在民宅老屋设醮坛）

正月初十日，打平安醮。

八月十五日，庆贺古佛菩萨诞辰。

八月十六日，打保苗醮。

4. 下坑（夏康）

正月初七日，打平安醮。

四月十五日，打保苗醮。

八月十五日，打保苗醮。

十月十六日，打公王醮。

张、高两姓村民参与，醮坛设在水口净土庵。

5. 彩 坑

正月十三日，彩坑众姓打平安醮。

十一月初二日，彩坑众姓打谢恩醮。

除此，各村各寺庙还有临时发起的醮事。

(四) 杨赐崇拜

生于明正统二年（1437 年）下珊瑚人陈得八（又名六八），一次外出带回一尊杨赐将军菩萨。在围里建阁供奉，称杨赐将军阁，为珊瑚独一无二。至今 500 多年，其众后裔一直尊崇供奉。将军阁经多次修葺，2015 年募资重建，改木结构为砖墙加钢筋混凝土屋面。

附：杨 赐

杨赐 (?—185)，字伯献 (又作伯钦或子献)。弘农华阴 (今陕西华阴东) 人。杨震之孙、杨秉之子，东汉时期名臣。

少时研习儒学，常常隐居教授弟子，不应州郡礼命。后为大将军梁冀所征辟，又出任陈仓令，因病没有出发。连续推辞三公的礼命。后以司空所举高第，迁任侍中、越骑校尉。建宁初年，在华光殿中侍讲，教授汉灵帝刘宏。历少府、光禄勋，升任司空，因灾异罢免。后再拜为光禄大夫，又代袁隗为司徒，因直言劝谏被免，拜光禄大夫，因屡现灾异而与议郎蔡邕等人入金商门上奏，陈述时事。后为国三老，迁少府、光禄勋、太常。光和五年 (182 年)，升任太尉。

光和七年 (184 年)，黄巾起义爆发，杨赐因与灵帝争辩而被罢免。后灵帝移居南宫，得到杨赐在事前关于防范起义的上书，感悟之下封其为临晋侯。又拜尚书令、廷尉，被杨赐推辞，以特进身份回府。中平二年 (185 年)，代张温任司空，不久即去世。追赠骠骑将军，谥号文烈。

(五) 敬 神

旧时，珊瑚人长期处于恶劣的自然环境和社会环境中，为求得心灵的满足，只得托附神灵，寄望神灵庇佑。故境内民众普遍崇尚神灵，敬神活动频繁。一年中的大部分节令都要敬神，每月的初一、初九、十五、十九、二十九日为敬神日。玉皇大帝、如来、观音、关帝、妈祖甚至灶公、公王，都可接受人们祭拜，猪头五牲、斋盘果品、香烛纸钱，多多益善。每年农事之始，需备果品、香烛，要祀奉土地伯公；播种时要在田头烧纸钱，禀告田头伯公；

人们每逢经商、求学、谋职、求婚、营造、远行等大事，总是要求神问签，祈求神灵保佑诸事顺利。若遇病灾，同样求神拜佛，祈求祛病消灾。这五天，人们于早饭前会在灶君菩萨前点烛、焚香、筛茶娘，在坪中空旷之地燃放鞭炮，祈保平安。每年正月，很多人都择日到各寺庙朝神拜佛，远至武平的梁野山、中堡关西山等，祈保平安。珊瑚境内有种独特的敬神形式—集福。一些村民在正月择日迎得三大仙师、五谷神、本境福主公王诸神到家，请道士来击鼓颂经一日，事毕，宴请邻居一顿，谓之消灾纳福。

（六）信风水

珊瑚民间极注重住居、祖墓的风水，所谓“一屋场，二坟堂”。修造房屋、坟墓都要请地理先生“看风水”。地理先生根据龙脉（地脉）、峰峦（或高大的建筑物）、水（路）的方向，用罗盘确定住宅坟墓的坐向。信风水的人认为风水好坏可以影响其家族、子孙的盛衰吉凶。

（七）三胞胎树崇拜

在千家村黄牛坪北边黄泥岭子下，生长着一棵古老而神奇的马尾松树。该树胸径（距根茎 1.3 米处的直径）约 1.74 米，高约 50 米，同根三叉，俗称三胞胎树。

珊瑚许多人视该树为“神树”，把对自然、生命、未来的理解，渗透在对该树的崇拜之中，把对生活、事业、爱情和理想寄托在枝繁叶茂的大树上，形成与人们生活、生产包括人类自身的生产有关的自然崇拜——“三胞胎树崇拜”。

三胞胎树崇拜源于何时待考，与三胞胎树有关的神奇故事可溯至清末民初。

20 世纪三四十年代，在离三胞胎树不远阿梨屋下出生的三妹，出嫁前怀着一颗虔诚的心，带着大姑娘的羞涩，来到三胞胎树下祈祷：树爷爷、树奶奶，我要出嫁了，你可得保佑我嫁个好男郎、早生贵子、儿孙满堂。三妹果真生了 5 个男儿、4 个女儿，其中一对龙凤双胞胎。三妹侄女宝娃也像姑姑一样，出嫁前拜别三胞胎树，喜得一对双胞胎男孩，两个女儿。陈李氏，外地嫁入，从未见过如此奇树，夫妻双双到树下叩拜祷告，祈求早生贵子，子孙满堂。婚后果然生了 5 个儿子、3 个女儿，最后一对双胞胎。陈胡氏，本地人，夫妻青梅竹马、感情笃深，生有三个儿子，两个女儿，其中一对双胞胎男孩，他们说要感谢三胞胎树的神灵。离三胞胎树不远的上畲，一个人口不上三百的小山村，在近四五十年里娶进的媳妇、嫁出的姑娘，因婚前婚后到树前朝拜许愿而生双胞胎的就有 6 人，其中磨石子边不足 10 户，就有 3 人生了双胞胎。

三胞胎树的“灵验”，诱使那些婚后多年未育的大龄阿姨、将要出嫁的大姑娘、刚办完喜事的新郎新娘，常提着不同供品，怀着共同的目的——早得贵子到此朝拜、许愿，把对自身繁殖力的想象化为对三胞胎树的崇拜。

此外，周边的那些大娘、阿姨，碰上家里小孩发烧、咳嗽、啼哭之类的小毛病，也到此焚香叩拜，再给孩子取个“松树根”“松树头”“松树妹”之类的小名，祈求树爷爷、树奶奶护佑孩子消灾消难，健康成长。有时也真神奇，就这么一祈祷，那些孩子真的就平安无事了。

如愿以偿的爷爷、奶奶、父亲、母亲，会提着红绫、供品、香烛去还愿。于是，三胞胎树树干上挂满了鲜艳的、褪了色的红布，树下地上插满了燃尽了的或未燃尽的香杆、烛杆，旁边常有朝拜者留下的苹果、花生、糖果之类的供品。

（八）福主公王

境内村民十分信仰福主公王，每个小村落都在村口建设福主公王，谓“本境福主”，大小事情都求福主，是供奉最常的村主、村神。一般是不建房屋，仅用五块石板搭成小屋，内放一块石板，刻上“本境福主公王神位”。集福打醮都离不开福主公王。

（九）算　命

“命运”包括富贵贫贱、祸福吉凶、荣辱忧喜，是“命”和“运”的组合。旧时，算命先生多为盲人。求算者先报出生的年、月、日、时，说明所问之事如生子或婚娶或经商等。算命先生就按天干、地支依次掐算，排列组合为“八字”，再用该干支五行来反映吉凶、推断祸福，回答求算者所问之事。

（十）占　卜

旧时，不少珊瑚人相信占卜，婴儿出生、男女婚嫁、赴考升学、因事出门、家中遇到灾难等，都要占卜。常见的方式有纸牌占卜、求签、跌珓等。从事占卜行业的人，有学艺不精者，或一知半解者，更有巧舌如簧者，根本不懂易经术数，专靠揣摩求占者言谈和心理活动进行“占卜”骗财。新中国成立后，破除封建迷信，公开占卜活动大为减少，至20世纪60年代后期已基本停止。80年代后，此俗又重兴。

纸牌占卜　俗称“拔书子”。卜者自备一套纸牌，内有描摹的历史故事图，如“姜太公八十遇文王”“刘关张桃园三结义”“张飞卖豆腐”等。求卜者先抽一牌，根据纸牌中的故事与人物，由卜者分析吉凶祸福。

求　签　为占卜方式之一。旧时，乡民如有所求，往往去寺庙求签，祈神析解凶吉。签，为竹制卜具，贮于签筒，其筒多置于神案上，供香客或求卜者占卜之用。每一竹签上都刻有号数，另备纸片，写上诗语，编号与竹签相符，或悬挂在庙壁上，或放特制柜中，俗称“签诗”。求签时，求卜者先点香焚烛，虔诚地向神像或佛像磕头祷告，详诉欲求何事，尔后从签筒中任抽一签，也有不断摇动签筒，取先掉出筒外的竹签，即按签上号码去取签诗，凭其语以卜休咎。一般庙宇的签诗，分为九等（上上，上中，上下；中上，中中，中下；下上，下中，下下），签上诗文字无标点，一般为四句七言或五言诗，可作多种解释，以适应不同求签者的心理需要。俗传求得上签得福，求得下签有祸。一般的签诗有“婚姻”“求子”“杂解”等三类。仙师宫有专门的药签（签文附于本志第十七章）。求签之俗，寺庙尚存。

跌　珓　跌珓也是占卜的一种。珓，当地选取较小老竹的根部削成圆锥状，再从中将其剖为两半，珓也多放于神案上。跌珓前，求卜者在神佛前烧香跪拜，将两珓合起在香烟中不断转圈，口中念念有词，向神佛详诉欲求之事，祝毕将两片竹珓向上抛起，待其落地，一般会出现三种情况：两块背部（削圆的那一边）都朝上为“阴”；两块背部都朝下为“阳”；一块朝上，一块朝下为“圣”。一人问卜只能抛掷三次（有可能是阳圣阴；阴阴圣；圣圣圣等，有多种排列），珓书（相当签文）上也有与之相对应的诗句。如跌到“圣圣阳”，就取“圣圣阳”那首诗句。按珊瑚习俗，阴、阳、圣三珓中，以圣珓为吉利，另有冲天珓（两片竹珓直立），最吉利。庵庙中有重大抉择（如修寺庙、迁徙寺庙、重塑金身、给神佛换袍等），也要在神佛前跌珓，如跌得“圣”珓，即表示神佛已允诺。

附：签文　校文

1.仙师宫签文

第一签

紫气腾腾贯玉宸，普天匝地奉明君；讴歌鼓腹民安乐，天啟丰年享太平。

第二签

金有真金有假金，真金日炼日精灵；真金原是无贵贱，真假难瞒昧本心。

第三签

山原一卷石之多，岭崖峭壁起巍峨；崎岖险道帮扶过，出斯险峻得停妥。

第四签

上天湛湛不敢欺，依天作事任施为；荣华皆是前因定，丝毫报应不差移。

第五签

黄卷青灯守数年，今朝喷吐数千篇；玉带缠腰袍挂体，五百题名独自先。

第六签

云从龙出虎生风，龙虎风云际会中；桃花浪里春雷动，怕逢秋九忌三冬。

第七签

洞中有仙人不信，时人不识大罗仙；真心肯学神仙法，入圣超凡在眼前。

第八签

中天雨露四时新，百事亨通福惠临；满门忠孝兼廉节，臣报君恩子报亲。

第九签

敕符斩鬼救良民，驰雷掣电扫邪精；风调雨顺民安乐，开导愚人祀奉神。

第十签

封书朝奏九重天，御笔亲题钧旨宣；时人莫讶登科早，月里嫦娥爱少年。

第十一签

仙师命令统天兵，雷公电母雨随行；霹雳一声云散尽，满天星斗照天然。

第十二签

师人学道想长生，熬炼灵丹及汞铅；若得功成完就日，阆苑蓬莱有日登。

第十三签

黄榜开时御墨鲜，绿袍着体谢恩君；丹墀早上辞官表，身在王边伴虎眠。

第十四签

七星朗耀在天宫，吉宿照临百事通；桂子兰孙名利遂，南山寿算福如东。

第十五签

郎子操心要出游，游遍南城及北洲；知机安分身无辱，事总由天莫强求。

第十六签

黄庭经诵几千篇，诵得须眉白半边；教君立志宽心诵，到老终有功成年。

第十七签

十载灯窗受苦酸，案头石砚险磨穿；幸得名登龙虎榜，先把泥金报喜欢。

（泥金：这里指用金粉装饰过的泥塑佛像）

第十八签

三迁孟母世间稀，教子成名配仲尼；亘古亘今文章祖，世悠世久圣贤师。

第十九签

牛郎七夕出银河，须邀织女弄金梭；一年一度天仙会，乞巧奇逢这一遭。

第二十签

幸得中有一救星，险遭吃苦累其身；想是自家时不顺，急须作福保安宁。

第二十一签

八仙下凡济度人，点死回生石化金；有缘快受灵丹药，悔后难逢吕洞宾。

第二十二签

郎君伶俐最喽啰，今日奔驰水面波；标名不似埋名好，出仕无如隐士高。

第二十三签

灵山有佛不须参，远在天涯近此间；若得此心平正直，何须念佛去参禅。

第二十四签

应念消灭果是灵，殄秽息苦念宏深；公王随叫随身应，虔诚日敬日精灵。

第二十五签

新月才出似弯弓，缺折团圆一样同；轮满待逢三五夜，九州四海照无穷。

第二十六签

签本代神断吉凶，人意虔诚神意通；双日上神全大利，但遇逢单半吉凶。

第二十七签

胡不错出君子言，神仙秘诀任君辨；会透真机玄妙法，元勋世爵子孙传。

第二十八签

念念不忘天地德，心心思报祖宗恩；神明拥护人兴旺，赐福临门百事亨。

第二十九签

山上桃红又一春，世间难遇武陵人；宽心放下随缘等，自有渔人来问津。

第三十签

题起念头依靠神，神灵显佑保我身，一笔春风无阻滞，四海扬名福无疆。

注：此签文由胡应春（字念山）作。

2. 仙师宫珓文

圣圣圣　第一签　法字

法鼓咚咚如雷震，神旗焰焰似云腾；和风荡荡人康泰，时雨霏霏万物全。

圣阴阴　第二签　力字

力有拔山匹夫勇，才疏智浅少机谋；八千子弟兵吹散，匹马乌江自刎休。

圣圣阳　第三签　灵字

灵芝出土不用栽，根从屡刬种将来；感得苍天亲济拔，心花朗朗自然开。

圣阳阳　第四签　通字

通今博古奇男子，足智多谋大丈夫；有日名登三及第，鸿雁首唱动皇都。

圣圣阴　第五签　降字

降龙伏虎是神仙，阆苑蓬莱自在行；可惜世人缘分薄，对面相逢不相识。

圣阳阴　第六签　伏字

伏龙三顾出茅庐，未出先知蜀魏吴；三分天下安排定，辜负先生八阵图。

圣阳圣　第七签　石字

石中有玉人不识，丹凤来仪石上立；卞和三献受三刑，方显其中真宝璧。

圣阴阳　第八签　魔字

魔王束手邪魔灭，凶秽消荡道常存。凡是营谋无障碍，管教人享太平春。

圣阴圣　第九签　之字

之子于归窈窕娘，宜其家人匹配当，百年夫妻同偕老，子长孙生世吉昌。

阳阳阳　第十签　鬼字

鬼才出来遇三阳，三阳开泰鬼潜藏；事若先凶后化吉，灾消祸散降祯祥。

阳阳圣　第十一签　威字

威风凛凛人须畏，劝君还要德服人；一时运限横行去，时衰终久丧其身。

阳圣圣　第十二签　光字

光阴易度如梭过，人在浮生似梦中；知机安分身无辱，切莫奸污受牢笼。

阳圣阳　第十三签　广字

广开方便慈航路，积善须存自本心；口若如蜜心似蝎，远报儿孙近害身。

阳圣阴　第十四签　大字

大学之道在明德，道德双全是圣人；先齐其家方治国，国治而后天下平。

阳阴圣　第十五签　救字

救人须救苦中苦，济人须济急时无；居家坐享安乐国，何须向外画葫芦。

阳阳阴　第十六签　除字

除灾祛疾保良民，莫谤仙师筈不灵；自古神明隔张纸，来不殷勤不报君。

阳阴阳　第十七签　尘字

尘埃滚滚出尘嚣，事到头来不自由；临渴之时方掘井，采砍生柴带叶烧。

阳阴阴　第十八签　世字

世事茫茫不可逃，阴多阳少浪波涛，东奔西逐难遂意，空走人间这一遭。

阴阴阴　第十九签　之字

之乎者也属三阴，古言恶妇破家门；骄奢淫逸生盗贼，贫浅悔之受苦辛。

阴阴阳　廿签　灾字

灾非瘟疫到门庭，早宜和解免遭遁；莫道阴阳无报应，举头三尺有神明。

阴阳阴　廿一签　崇字

崇福烧香第一高，欺心自古祸难逃。人心需要回头想，方晓西天路不多。

阴圣圣　廿二签　祯字

祯祥瑞气霭门庭，财源遂意日归程；兴家创业从今泰，花发馨香月又明。

阴圣阴　廿三签　甲字

甲是天下第一先，六十花甲遍周天，自家命运生成定，何必灵山去问神。

阴圣阳　廿四签　申字

申天入地无人见，前人遗下后人传；正谓作客莫在后，谨慎官司莫向前。

阴阴圣　廿五签　年字

年年一度庆长生，喜庆长生日日新；桂子兰孙绕膝下，一门和孝胜千金。

阴阳阳　廿六签　应字

应一声来叫一声，声声唤醒梦中人；有缘早赴龙华会，切莫踌躇落后程。

阴阳圣　廿七签　春字

春风处处同舒畅，万物业生和气中；做事施为如皎月，九州四海照无穷。

冲天上珓　廿八签　撰字

撰成以课奉神明，感谢神明济度人；拥护人民生吉庆，合家大小得安平。

注：此珓文由胡应春（字念山）作于明崇祯十七年（1644年）。

3. 半天山庵签文

第一签

上有青天万类涵，圣神仙佛在其间；世人肯把诚心向，一炷清香达帝关。

第二签

杭济行人是善心，难将一笔渡迷津；风波水浪腾天涌，点祷神灵可保身。

第三签

珊珊徐步拜神前，叩了头来敬了仙；一片慈云随降下，官民男女得安全。

第四签

瑚琏之器重庙堂，公侯将相并增光；时人不识非凡宝，岂知此宝近帝王。

第五签

乡人好恶本难凭，借之安知宝当名；公论可能平坦坦，务将真假看分明。

第六签

西山爽气豁入怀，后有长庚夜照来；洵是梨园修福地，众生步上乐徘徊。

第七签

北斗煌煌南斗辉，注生注死两难违；荣枯得失皆前定，信命何须请祷祈。

第八签

半吉之余有半凶，吉人天相恶难容；唯有回头归正道，免教失足祸相逢。

第九签

天缘有假是前因，春到门庭喜气新；五百年来天注定，任他论说也相亲。

第十签

山前山后雾浓浓，峡水漂流几万重；肯把清香呈一片，贵人相处可相逢。

第十一签

新月为弓岂是弓，弦分上下一般同；一圆一缺因将变，缺缺圆圆在化工。

第十二签

迁南迁北迁东西，迁得忙忙无所栖；世运或衰原有数，何须此碌惹人气。

第十三签

仙身道骨本天生，怎得凡夫学得成；百炼苦功坚忍下，始得脱迹上瑶京。

第十四签

娘恩浩荡大无边，一切灾殃力解捐；信是圣神功德厚，俾慈庶类得周全。

第十五签

太古之时风俗淳，浑浑噩噩乐天真；后来世变人心幻，自是浊气布玉宸。

第十六签

母德原同父德深，岂容忤逆佛亲心；从来孝子天庇佑，忤逆儿孙难及身。

第十七签

庙堂本属帝王居，运际夏虞亦歉饮；尚得贡才相辅治，自能扒乱清神兴。

第十八签

宇内何人尽孝忠，敦伦饬纪挽颓风；于今雅化难逢日，满目疮痍到处同。

第十九签

灵山本是在人心，仿若圆光日照临；善恶几微能自辨，一生祸患不相侵。

第二十签

感德不忘君子人，浇漓世界谁依然；旁人煽感君休信，自得亨通百福臻。

第二十一签

应多反复小人心，阳顺阴迷假作真；鱼目混成珍珠卖，一时做去后来嗔。

第二十二签

现前指点是灵签，嘱尔今生好好占；或吉或凶由已定，神祈有意任君拈。

第二十三签

敬天敬地敬神明，敬长敬亲要立诚；一片诚心通上界，降祥赐福日昌荣。

第二十四签

撰出灵签三十枝，枝枝字字醒世迷；编成句句传神语，语汝来人当慎思。

第二十五签

签代本神断吉凶，凶人来问吉连凶；吉人问着凶翻吉，不吉人来吉反凶。

第二十六签

判字原来半与刀，利分善恶莫能逃；凶机吉兆由君定，仔细思量不差毫。

第二十七签

文章自是本天成，妙手得来独至精，荐达皇庭身价重，和声鸣盛奏升平。

第二十八签

三光灿烂照天堂，亘古长明宇宙中；照耀乾坤同覆载，生成万物日滋丰。

第二十九签

十载窗中人不知，一举成名四海驰；赐爵朝中官极品，封妻荫子正其时。

第三十签

首出庶民是帝王，垂裳端冕座朝堂，八方四面威归顺，中外群黎得永康。

注：此签文由陈福兴撰

（十）事鬼邪

旧时，事鬼活动在民间盛行。除丧事期间要请僧道大做法事、超度亡灵外，人们还惧怕邪鬼、孤魂。家人尤其是小孩生病、受惊吓，更是要在夜晚备祭品到三岔路口焚香祭拜或请巫婆神汉驱鬼。遇有自杀或非正常死亡者，则认为是凶鬼作祟，要请巫婆神汉作法。此外，民间还流行问仙、请亡魂、招魂、扶乩送五鬼、送白虎等事鬼迷信习俗。新中国成立后，破除封建迷信，事鬼活动大为减少。

（十一）禁　忌

乡民凡事都图个吉利，沿袭形成种种禁忌。这些禁忌，与原始崇拜密切相关，与民间信仰相伴相生。新中国成立后，提倡移风易俗，这些禁忌，有的在人们（尤其是年轻人）的观念中渐趋淡漠，有的则作为民间礼俗仍在流行。境内民间禁忌主要表现有：

原始崇拜产生的禁忌　民间相信万物有神有灵，由此产生对神灵化身的畏惧和禁忌。如禁砍“伯公树”及神坛、寺庙、宗祠、住居后山的“风水树”“风水林”；寺庙、祠堂禁养家禽家畜，忌打入屋蛇，入屋的黄猄不能捕杀，要给上红，送其归山等。

冲克禁忌　人们逢婚嫁、祝寿等活动，择定吉日时特别注意避免与当事人及直系亲属冲克的时日。妇女怀孕禁忌敲打穿钉，忌搬卧室家具，以免伤犯胎神。房屋坟墓选址忌宫前庙后，在宫庙近旁也忌前墙和高度超过宫庙，惧怕冲犯神灵。房子大门忌正对路、桥，忌正对去水。新娘出嫁忌见孕妇，忌迎面过来另一支送嫁队伍，若途中不巧遇上，要互赠礼品，新娘入门翁姑至亲均应暂避，以防“入门冲”。外出谋生等出门时忌见孕妇；远道归来进门时孕妇亦应暂避。小孩冲克禁忌更多，“八字”中与父母相冲者应“过房”或“喊疏”；小孩应少进宫庙，忌看鬼戏，忌指月亮，忌看“天狗食月”（月食），禁数星星等。

不吉利言语禁忌　民间逢年过节、婚嫁、寿诞等重大吉庆日子，忌说不吉利的话，尤其忌说死、病、冇、了（完）等不吉利字眼及其谐音。“舌”“蚀”谐音，屠户便将猪舌称为“猪赚”“猪利”。如开船之前不许喊“陈老板”，因为陈与沉同音，船上有人问姓，如姓“陈”的要说成姓“浮”，乘船忌说沉、翻、停、破、漏和与其谐音的字；忌妇女站、坐船头或小孩在船头撒尿；忌鞋底朝天。此外，还要禁忌与不吉利言语相关的举动，如新正期间忌打钉、破柴（劈柴），因“钉”与“丁”同音，“柴”与“财”同音，打钉怕损丁，破柴怕破财；新正期间忌剃头（理发），尤其忌剃光头，因为怕“断发”，即断了发财的运气。年初一不扫地，忌钱财被扫地出门。

时间禁忌　农历初一、十五，忌办喜事、出远门、探望病人。

其他禁忌　给人倒茶忌壶嘴朝客人，茶要斟浅，酒要斟满（茶满赌气，酒满客气）；饭粒不许落地、践踏，否则会遭雷击。吃饭或宴客，忌用筷子敲空碗，不许蹲在门槛上或倚柱、靠壁谓是“讨食相”。忌从窗户口递饭吃；忌筷子架在碗上或插入饭中，谓向亡人摆供，不吉。筷子忌单支放置，“筷 (快) 分了”寓意不佳。出入忌踩门槛。女子出嫁，三日“转门”，忌在娘家与夫同房；婚后第一个节及每年过年，忌住在娘家，以避免“家不团圆”。旧社会歧视妇女，故忌妇女跨过扁担、锄头、犁耙、秤杆、斗笠、草帽，亦忌妇女坐门槛、磨石。忌说“百岁”，百岁要说“九十九”岁；人死了应说人“老了”或“过身了”，忌直说“死”。孩子入学后，家长禁孩子吃鸡爪或猪脑髓、猪尾巴，谓防孩子“抓破书”“写字手颤”“呆头呆脑”。小孩换牙拔下的牙齿，上牙往床底下扔，下牙往屋顶上扔，忌随意乱扔。

第十九章　人　物

珊瑚开发较迟，宋元时期，迁入闽粤赣边的北方汉族移民后裔逐渐移居珊瑚，但由于当时的经济社会环境以及珊瑚的自然、地理等因素制约，经济落后，百姓贫穷，珊瑚人很难跻身于科举、官场。但奇山秀水孕育许多优秀人才。早在明天顺六年（1462 年），胡广出任广东省惠州府海丰县知县，成为一位既受朝廷褒奖又受百姓爱戴的官员而名垂青史。

第二次国内革命战争时期，珊瑚儿女在共产党领导下，为了翻身解放，当家做主，用鲜血和生命谱写了一曲可歌可泣的英雄史诗，其中壮烈牺牲的烈士 88 人，他们将流芳千古。

新中国成立以后，珊瑚儿女艰苦奋斗，励精图治，为建设美好的家园而呕心沥血，涌现出不少党政军领导干部、专家、学者、英雄模范，在政治、经济、文化领域出类拔萃、各有建树，为社会主义建设做出重要贡献，他们将为民称颂，光耀桑梓。

本志分别以人物传、人物简介、人物表列载已知并收集到资料的珊瑚籍有关人物。人物传按传主出生年月先后为序；人物简介分类(党政军界分级）以生年为序。

第一节　人物传

陈文玉

陈文玉（1402—1479），珊瑚陈氏入村始祖陈三十四郎六世孙。

据《珊瑚陈氏宗谱》载：陈文玉“庐墓孝行，绩详邑志”。该谱录明弘治十一年（1498 年）举人周辂（号石潭，曾任江西上饶知县）撰《明征孝行陈文玉先生传》载：“……先生守素封，业儒博，高尚旷怀，乐泌潜修而隐，……构别墅延师课子。余尝就其西席，令弟子执经问难，暇与先生谈易，发现奥理而深意焉！先生性孝友，事年老母亲，为捧盥浣衣涤器，不烦仆隶服役，母卒躬自负土筑茔，结庐于侧，恸泣咽咽而殆息，且卧薪枕块，茹素断荤，三年无易，服阕而归，即见家人，犹恋恋慕亲，终身不移。当道以孝行避举，先生固辞不就，遂乐志林泉，不求闻达，抚景感慨，不外孝思诚笃，为世所仰焉……”。

陈文玉卒于明成化十五年（1479 年），享年 77 岁。其尊长爱幼、孝顺父母之美德，好学博学、尊师重教之精神值得学习和弘扬。

为追文玉盛德，嗣裔于民国 26 年（1937 年）夏于下珊瑚神坛头建祠宇一所，名“庆基堂”。正厅左右壁上精绘二十四孝图。

胡　广

（画　像）

胡广（1409—?），名月广，字彦博，号光太，珊瑚人。生于明永乐七年（1409年）农历闰四月十七日。父亲胡子清以种地和爻像（即看相）为业，母亲谢氏从事家庭手工劳动。

胡广幼即负笈“爱溪书屋”，整日把《四书》《五经》、“诸子百家”等展书不释，至八岁能文、十岁会诗，十八岁考取秀才。明正统十二年（1447年）拔贡。

天顺六年（1462年），胡广被任命为广东省惠州府海丰县知县。任职期间，“有为有守，治民事神政”。他广施仁政，息诉赈饥，兴利革弊，兴修路桥，开垦农田，当地生产力得到发展，百姓安居乐业，社会安宁祥和。

胡广上任伊始，“盗案盈尺、法不胜诛”，影响社会的安定和谐，他“集邑士民，导之以孝悌，训之以忠信”，民间纠纷“悉劝平之”。次年，为了让民众便于进县城，他筑堤于交通要道龙津桥两岸。

胡广谨记明太祖朱元璋“治国之要，教化为先；教化之道，学校为本”的诏示，以“兴文教、敦教化”作为第一要务，重建海丰先师庙（学宫）。这是胡广任职期间的突出政绩之一，也是后来“崇祀名宦”的主要原因。

海丰学宫因20多年未修缮，致使“废弛日深，栋宇朽烂，墙壁倾颓，襕不蔽影，户不留风，刘碍荒榛，雀鼡穿突。”天顺八年（1464年），胡广作出重建学宫的决策并付诸实施。其间，他“劳心焦思”，一方面筹集资金，并考虑如何节约开支，杜绝浪费，减轻民众负担；另一方面，对工程进展和质量“朝夕程督”。不到一年时间，工程竣工，“土燥而材良，瓴厚而甓坚，制度规模，井然有条”，“笾豆罍爵仪文度数”（祭祀用品、标准规则）亦焕然一新。

学宫重建后，促进海丰儒学教育的发展。“师生得优游于采芹，来歌弦诵之声洋洋盈耳。”从此，海丰“礼让之风行，浇漓之倍革”，“圣贤有所尊崇，士类为之兴起”，“人物改观，山川增色”。

胡广重建学宫，深得民心，功不可没。“庠之师生，请刻石以纪其实”。然而，胡广却说，“兹有官守分内事，何功之敢云?”坚决制止他们为其刻碑纪念。其忠于职守却淡泊名利的品德，可见一斑。

胡广任海丰知县至成化二年（1466年）。相传，胡广告老还乡时，海丰百姓为表达对他的敬爱和感激之情，精选数枝象征幸福与永恒、绚丽多彩的精美特产——“珊瑚”送给胡广。胡广把它带回家乡后，乡亲们如见珍宝，亦备受感动，在耆老提议下，遂把村名改为珊瑚。

胡广卒年不详。

胡广卓著的政绩、高洁的人品在海丰留下积极的影响。

广东归善县（今惠州惠城区）人、明宣德八年（1433 年）进士、曾任福建参政的吴高作《重建儒学记》（载于明万历《惠州府志》。原文影印件见本志《附录》），详细记述胡广重建学宫一事。

明嘉靖十八年（1539 年）前后，由海丰士民举荐、知县具文呈报，经广东省总督、巡抚会同学政审核批准，胡广牌位入祀海丰先师庙名宦祠。成为自宋康定元年（1040 年）至清乾隆十四年（1749 年）间 117 位海丰知县（宋为县令）中的 6 位“名宦”之一。由此可见，胡广是一位既受朝廷褒奖、又受百姓爱戴的官员。

珊瑚胡氏裔孙曾建广公祠， 可惜“文化大革命”期间视之为封建官吏树碑立传之物被拆除。

九一僧

九一僧，俗名及生卒年不详。江南人 (今江苏、安徽境域)。明末清初，曾考取明朝进士。做过明朝官员的九一，在遭受国破家亡的惨变后，弃官入佛，祝发出家，成为临济宗僧人。清顺治七年 (1650 年)，九一僧到珊瑚圆通山圆通寺，他阐扬佛理，广布功德；创建宝殿、层楼，辟建泗洲亭、洗月池、犁云亭、佛子水、冷石泉等名胜；还在山上开垦良田百余亩，种植稻谷和茶叶等作物；所产“圆通茶”为茶中珍品，驰名县内外。经其苦心经营，圆通寺成为闽西最早的佛教道场、上杭县有名的大寺院之一，鼎盛时“饭僧数百众”。著有《圆通山各咏》七律 32 首，今存 18 首载《杭川新风雅集》 (参见本志艺文章)。

钟宝三

钟宝三（1834—1904），字泮宗，号鉴堂，上杭在城里石砌村（今旧县镇石砌村）人。祖父钟虎翀曾任玉泉营游击，父亲钟炳斋袭父职官至总兵。宝三幼年喜欢练武，12 岁就读于旧县河西福仙庵私塾。他身材魁梧，膂力过人，人称“将门虎子”。

清咸丰元年（1851 年），祖父病故，父亲在镇南关 (今友谊关) 殉职，两张袭职状同时到钟宝三手里。家人、族人都希望他续祖父宫廷侍卫职，年仅十七岁的宝三却未听他们劝阻，放弃京城优裕条件，毅然奔赴广西边关续父亲云骑蔚职，任金门镇石营守备。在任期间，初战即用竹尖阵大破叩关犯境之敌，手刃敌酋报父仇，令敌闻风丧胆。宝三靖敌有功，从云骑尉提为参将，连升两级。后摄理漳州知府职，其间，漳州有一员外，强抢良家女子做妾，导致人命。众官慑于员外的背景和财势，不敢也不愿为民做主。钟宝三却大义凛然，处决了案犯张员外。后以清剿“海盗”有功，升任海坛总兵、厦门水师提督，尔后调浙江宁波水师提督，平定倭乱，使海疆得以安宁。咸丰七年（1857 年），任福建水师提督（次年改为闽浙水师提督），接连攻下被太平军占领的泰宁、建宁、邵武等县城；随后，又“征剿”宁化和龙岩的太平军。钟宝三在闽浙水师提督任上敕建提督府过程中，曾严惩仗势欺人的管家，又视宏伟壮丽的提督府缺一角无妨，并说：“官者，欲叫百姓不说其坏话，应叫自家不做坏事”。“提督怕庶民”，今古难寻。

光绪六年（1880 年），钟宝三捐资修复于同治三年（1864 年）被太平军烧毁的珊瑚圆通寺前堂。后因与总督王懿德不和，解甲归田。

光绪九年 (1883 年)，徐宗干继任巡抚，认为宝三是个将才，乃修本上奏朝廷，让其担任汀漳道总兵。同年，不满官场尔虞我诈的宝三辞职返乡，隐居圆通寺带发修行，成为虔诚的佛门居士。被时人称为“近代岭东三大女诗人”之一的广东大埔范荑香（女）有《赠钟军门》诗：“一代勋名百战身，今朝了悟脱红尘。青天欲广西方佛，选到皇家柱石臣”。

钟宝山隐居圆通寺长达 21 年，晚年，撰写《圆通茶经》。其间，留下不少传奇故事。其中，“一副半对联”的故事最典型，并发人深醒（参见本志《艺文》）。

清光绪三十年（1904 年），钟宝三在圆通寺圆寂，享年 71 岁。

胡集辉

胡集辉（1897—1933），上珊瑚村人。民国 18 年（1929 年）参加革命，同年加入中国共产党，任珊瑚乡粮食科长、赤卫队长。

民国 18 年（1929 年）秋的一天，胡集辉得到中堡、吉湖、千家村及下坑的民团纠集在珊瑚土豪胡某家中策划屠杀赤卫队及革命群众的信息，马上组织人马包围了胡某家，先用土炸药炸开了门，赤卫队员们用土枪、鸟铳、长矛、大刀同民团进行一场恶战，打死打伤民团 20 多人，大挫反动民团嚣张气焰，大长赤卫队革命志气。

民国 21 年（1932 年）3 月，中国工农红军第十二军驻扎珊瑚。4 月，胡集辉任珊瑚乡苏维埃政府主席。珊瑚乡土地革命又出现高潮。红十二军撤离后，国民党民团疯狂反攻倒算、大肆屠杀革命党人，气焰十分嚣张。下坑村民团头子恶霸张元昌发布悬赏令：“取胡集辉头颅者赏光洋三百块，取其弟胡集珠、其子胡思深头颅者赏光洋一百五！”民团放火烧了胡集辉及宗亲的三栋厅堂及 22 间房屋。革命力量被迫转入地下或上山打游击。胡集辉在袭击武平中堡、吉湖民团时受伤，随后转入曾子坑（今官庄曾泗村）赵屋。民国 21 年（1932 年）秋，胡集辉调任上杭任工农检察科长，因伤情得不到疗养，加之工作转移劳累，伤情恶化，组织上强制他到曾子坑赵屋养伤。此事被叛徒温湘子告密，同年 12 月 26 日子夜时分，珊瑚民团头目三哥头率人包围胡集辉住处，匪徒先用匕首刺伤胡集辉颈部，然后拖至门槛上砍下头颅，挂在珊瑚至官庄大道上的春风亭示众，还用其鲜血写下“此乃胡集辉头”。胡集辉牺牲时，年仅 30 岁。

新中国成立后，胡集辉被人民政府追认为烈士。

张荣宝

张荣宝（1907—1934），彩坑村人，生于清光绪三十三年（1907 年）农历五月。

民国 18 年（1929 年）在家乡参加赤卫队。民国 20 年（1931 年），由梁秀文介绍在官庄啄木寨加入中国共产党，同年担任官庄区武装部部长。民国 21 年（1932 年），任珊瑚乡苏维埃政府主席。民国 23 年（1934 年）初，红军主力部队开始撤离闽西苏区，珊瑚一带陷入白色恐怖。张荣宝等人遵照上级指示转入地下斗争，曾到同康、曾泗一带开展地下活动。杭武两地国民党势力联合，疯狂摧残地下革命力量，用设暗哨等手段搜捕革命党人。民国 23 年（1934 年）4 月 28 日（农历三月十五日）夜，张荣宝潜回彩坑，但当即被国民党武平县联四乡民团抓捕。第二天，在彩坑村西邦皮形岗，张荣宝被民团枪杀，并被残忍至极地剖腹掏心，目不忍睹。时，张荣宝年仅 27 岁。（之后，张荣宝之妻游玉娣遭强行改嫁，三岁儿子张福光被贩卖到连城，再转卖到潮州，此后下落不明）。

2013 年 12 月，上杭县颁发“张荣宝烈士墓　上杭县人民政府立”石碑，安葬费 2000 元。2014 年 6 月，重修张荣宝墓，与胞弟张荣珊（山）烈士合葬于彩坑村东莲塘夹、河临线公路东侧山坡上。

张荣玉

张荣玉（1910—2002），张荣宝之二弟，务农兼做泥匠。

民国 21 年（1932 年），张荣玉加入赤卫队，曾参加刘永生领导的革命暴动。次年 4 月，参加红四军运输队，编入政治部运输二队二班，肩挑物资不辞辛苦，辗转上杭、长汀、漳州、江西瑞金、广东南雄等地。后来，张荣玉响应扩大红军号召，参加红军。民国 23 年（1934 年），在湖南溪口战斗中，队伍被冲散，在无法找到部队的情况回到上杭，但随即被抓，关入上杭县国民党监狱达 4 个月之久，母亲游宝秀以卖田地借债，通过宗亲疏通关系，保释出狱。迫于白色恐怖，再次辗转江西山区边做泥匠边寻找部队党组织，终究未果。民国 29 年（1940 年）回到家乡，从此以耕田、做泥匠维持生计。

1987 年 10 月，张荣玉被民政部门认定为失散红军，享受国家固定生活津贴。

2004 年 4 月，张荣玉辞世，享年 92 岁。

陈国祥

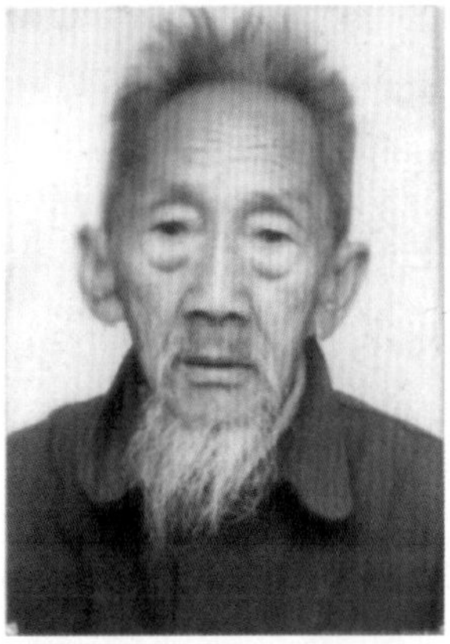

陈国祥（1910—1993），下珊瑚村人。幼年家境贫寒，无力上学，15岁学艺木工，16岁母亲病故。

民国18年（1929年）在家乡入伍，在上杭西二区十一大队当游击队员。翌年6月，游击队改为闽西工农红军第三路军（总指挥张赤南），陈国祥在该部当传令兵。

民国20年（1931年）加入中国共产党，曾任党小组长。同年春，回珊瑚任乡苏维埃军事科干事，领导少先队，发动群众，斗地主恶霸。6月，到杭武游击队当传令兵。在上杭回龙同钟绍葵部作战时右脚大腿中弹后，到才溪中医疗伤。次年2月，到上杭游击队，又因伤口发炎不能作战，回乡任珊瑚乡苏维埃政府主席，边疗伤边工作。

民国22年（1933年）10月，伤情好转，到福建省保卫队任第十一大队第二中队队长。

民国23年（1934年），编入福建省军区十九团二营四连，连长。其间，在武北湘坑湖作战时右腿中弹负伤，送到长汀四都红军医院治疗，遭国民党军袭击，转入群众家中，再遭追捕，转移到大山里。此时，与共产党组织失去联系。4月，历尽艰辛回到家里，后到才溪疗伤两个月，又遭到民团追捕，躲到宁化县下洋陈必东（珊瑚梓叔）家。此后，在宁化一带做木匠达八九年之久。民国33年（1944年）回到珊瑚耕田。

民国33年（1944年）5月，到永定县峰市为患脚疾的舅舅代当邮差。1950年，转为永定邮政正式职工，曾当邮递员，大部分时间当话务员，直到1973年退休回家。

陈国祥被民政部门认定为失散红军，三等甲级伤残军人。

1993年12月15日（农历十一月初三），陈国祥病故，享年83岁。

张荣珊

张荣珊（山）（1914—1934），彩坑村人，张荣宝之三弟，曾当汀江船工。

民国18年（1929年），张荣珊在上杭白砂参加游击队。民国20年（1931年），编入红军第十二军三十四师一〇八团。民国21年（1932年），参加广东南雄之战。民国23年（1934年），在长沙作战时牺牲（连长职务），年仅20岁。

1953年12月，上杭县人民政府确认张荣珊为革命烈士。

胡明显

胡明显（1914—1961），上珊瑚村人。

民国18年（1929年），胡明显参加革命，在珊瑚和武平北部等地多次参加跟反动民团的战斗。新中国成立初，任珊瑚农会主席，积极发动群众，斗地主恶霸，分田分地，鼓励农民发展生产；自家种的大薯(土菜）一条有七八公斤重，送县参加展览。1950年夏，境内发生蟒象虫灾，当时还没有农药，便发动群众用手捕捉，家家动员，人人动手，小学师生、男女老幼齐上阵，捕捉的病虫（蟒象）集中起来有三斗楻，再撒上石灰，及时灭了虫灾，夺取当年的粮食丰收。同年，被评为福建省和上杭县的劳动模范，出席了福建省1950年战斗英雄、劳动模范大会。后调任第十区区公所生产助理员，1951年4月调任第八区区公所任生产助理员。由于家里小孩多，劳动力少，家庭拖累大，胡明显提出辞呈，上杭县政府同意其辞职。回乡后，在家积极劳动生产，搞互助合作运动，曾任农业社干部。

1961年，胡明显因病逝世。

陈瑞春

陈瑞春（1915—1985），下珊瑚村人(生于武平县中堡乡夜地村蓝家，自幼在珊瑚长大)，高小文化。

民国24年（1935年）至27年，陈瑞春参加珊瑚民团。民国31年(1942年）被“抓壮丁”，在国民党军队中服役，曾任国民党军19师师部特务连班副。民国37年（1948年）12月淮海战役中，陈瑞春被中国人民解放军“解放”。民国38年（1949年）1月，在中国人民解放军第三野战军27师237团服役。1950年参加中国人民志愿军入朝作战，在237团轮训队（一说重炮连）任班副。1951年3月5日加入中国共产党。入朝作战期间，荣立三等功2次，四等功1次。

1952年8月，陈瑞春为27军二营六连学员；同年9月，转业回乡，任珊瑚乡乡长兼党支部书记。1955年，调任官庄供销社主任兼才溪区区委委员。1956年，调任上杭县供销社任干事。

1958年4月，陈瑞春因在家当民团期间“捆绑吊打、敲诈勒索、诬告陷害他人”，以“反革命罪”被判管制三年。1980年1月，经复查，上杭县人民法院改为伤害罪，免于刑事处分。1986年11月4日，念其在淮海战役中被中国人民解放军“解放”后表现尚好，参加赴朝志愿军期间立过功，上杭县人民法院宣告陈瑞春无罪。

1985年11月8日，陈瑞春在家乡病逝。

陈必正

陈必正（1919—1988），上珊瑚村人。福建三明幼师毕业。

民国38年（1949年）春夏，国民党胡琏兵团先后两次到珊瑚。当时，当地社会贤达推举陈必正出任珊瑚乡乡长，与胡琏兵周旋。共产党上杭第四工作团为了保护珊瑚人民利益，信复陈必正，同意其出任胡琏兵团建立的珊瑚乡公所乡长，保护百姓利益，与共产党游击队保持联系。1950年，陈必正以“伪乡长罪”被捕，后经第四工作团原团长黄廷光证明，予以释放，到上杭县兽医站任职，后又到官庄珊瑚卫生院任职。“文化大革命”期间又被开除公职接受管制。“文化大革命”结束后，陈必正被宣告无罪，平反昭雪，恢复名誉。

必正自幼聪慧，后从其兄必连手学到阉割技术，又自学成才学得医术，中西医兼备，擅治疑难杂症，在当地及周边乡镇堪称德技双馨。患者求助，有求必应，为人治病，收费随和。珊瑚闻名的赤贫樵夫胡某头上长癞头疮（秃疮）几十年，后陈必正免费为其治好，仅收其一担柴火。农妇周某患病危在旦夕，家人已准备她的后事，在绝望之中抱着一线希望请必正医治，必正准确诊断为肾盂肾炎，为其打针用药，不久痊愈，再活了20多年。林某（女），16岁（1965年）患骨髓炎，上杭县医院称无法医治，陈必正用其独特的医疗方法挽救了她的生命，至今健在。

1988年，陈必正因病医治无效在天津逝世，享年69岁。

胡亮光

胡亮光（1931—2011），上珊瑚村人。1952年考入厦门大学。1954—1960年赴苏联留学，就读于莫斯科动力学院（一说莫斯科大学莫洛托夫动力系）深造，是新中国培养的第一批高级热动专家。1960年归国，在天津大学任教，教授、硕士生导师。江西华电电力有限责任公司总设计师。1966年起，参加铁道部列车空调试验研究，取得大量的科学资料；主持试制成功两种新型高效汽轮机并获省级科技进步奖。1982年后，攻克适应中国地热资源特点的汽液全流动力机及发电前沿技术，获得成功，填补了国家空白，达国际先进水平。曾承担国家“八五”科技攻关，“低温余热发电汽水两相螺杆膨胀机研制”，通过国家验收，得到专家高度评价。在国内外刊物上及学术研讨会上发表论文20多篇，编写《蒸汽原动机》等高等院校教材。

2011年1月2日，胡亮光因病医治无效在天津逝世，享年80岁。

陈先通

陈先通（1932—2016），下珊瑚村人。1957 年南京航空学院（南京航空航天大学前身）毕业后，分配到航天部三院（今航天科工集团第三研究院）从事航天制造工艺工作。1967 年加入中国共产党。

陈先通工作兢兢业业，承担多个型号的工艺攻关，解决了弹体协调对接和异形舱段装配等一系列技术难题，成为单位的技术骨干，多次荣获航天科技奖，评为高级工程师、国家级专家，为航天事业做出杰出贡献。

1995 年陈先通退休后，，由于技术过硬，单位返聘他作为技术顾问，继续在航天制造工艺岗位工作了三年，继续做新航天工作者的老师和朋友。

2016 年 7 月，陈先通因脑血管疾病去世，享年 84 岁。

陈嘉珍

陈嘉珍（1934—2011），原名陈亨兴，号加珍，下珊瑚村人。1953 年 10 月应征入伍，1956 年 11 月加入中国共产党，1957 年入上海陆军学校外语专业就读，专科学历，1968 年 3 月任畹町边防检查站调研股股长，1973 年 7 月任畹町边防检查站副政委，1978 年 3 月兼任瑞丽边境工作站站长，1979 年 4 月任瑞丽边防检查站长，1980 年 11 月改任瑞丽边防站政委，1985 年 4 月任云南省武警总队边防局副局长（师职），1991 年退休。

云南瑞丽地理位置特殊，改革开放初期，境外各种敌对势力活动猖獗。毒品、枪支渗透严重，是有名“文物出口多，走私贩毒多，偷渡外逃多”的边境地区。陈嘉珍在瑞丽边防打击内潜外逃成绩突出，1979—1985 年，先后破获敌特案件 15 件，外逃案件 11 起，抓获特务资敌犯 31 人，外逃人员 24 人，有效地维护国家安全和边境稳定。其中，1984 年 7 月，陈嘉珍亲手抓获境外特务头子罕特，摧毁一个长期隐藏在大陆的境外间谍网络。陈嘉珍在保卫边境斗争中贡献突出，1985 年 3 月，被中国武警部队政治部记二等功；1987 年 10 月，被中国武警部队政治部记三等功。云南武警部队边防局的人说：陈嘉珍是个传奇式的人物，是云南边防的功臣。

陈嘉珍还注意开源节流，勤俭办站。1983—1984 年，筹措 40 多万元资金建设了瑞丽边防站，新建 6 套团职干部住房，22 套家属房；并对一些老旧破损营房进行维修，营防设施也逐步完善，为部队节省经费 1 万多元。

陈文祥

陈文祥（1959—2009），上珊瑚村人。中央党校函授学院法律专业毕业。中共党员。1975年7月参加工作，曾任永定培丰煤矿团委副书记、连城县劳动局服务公司党支部副书记，连城县公安局交警大队办公室主任，龙岩市公安局交警支队办公室主任、龙岩市交警支队副支队长、龙岩市公安局交警支队副支队长兼直属大队大队长（正科）等职。1995年2月，获福建省交警总队授予“优秀交通民警”荣誉称号；1998年3月，获龙岩市委、市政府授予“精神文明建设先进工作者”荣誉称号；2004年3月，获龙岩市“安全生产先进工作者”荣誉称号；2005年1月，被龙岩市人民政府授予“个人嘉奖”；2005年12月，获龙岩市公安局授予“先进个人”荣誉称号；2006年3月被龙岩市公安局授予“个人嘉奖”。

陈文祥系福建书法家协会会员。2003年8月，获福建省公安厅、福建省美术家协会、福建省书法家协会、福建省摄影家协会授予“联通杯”第四届福建省公安系统“卫士之光”书法、美术、摄影作品展览书法类“铜奖”；2005年12月，获福建省公安厅交通警察总队授予全省交通安全摄影、书法、美术大奖赛书法类“三等奖”；2007年11月，获2007年“红七匹狼杯”福建省公安系统书法、美术、摄影作品展览书法类“三等奖”。

陈文祥因病医治无效于2009年11月8日逝世。

第二节 人物简介

一、党政军界

陈景长 民国30年（1941年）4月生，下珊瑚村人。1966年毕业于福州大学数学系计算机专业。随后分配到中国科学院武汉分院中南研究所，后又转到机械工业部第七研究院709研究所。其间，主要从事计算机维护和研制工作，1975年评为软件工程师。1983年，被空军桂林高炮学院（后称桂林空军学院）特招入伍。期间，担任计算机教学，为军队中高级干部进行计算机应用培训，同时进行计算机软件研发。1985年，评为副教授，任地面防空研究员。研发《急腹症诊治》和《蛇伤整治》软件，获军级科技进步奖。1986年始，参与军队要地防空研究，根据部队训练需要，研发模拟训练器材软件，其中《空情模拟器》获科技进步三等奖，在防空部队推广应用，效果甚佳。1988年始，参加高炮导弹射击指挥决策系统研究，主要担任总体设计及部分软件编制，先后研发成功《空军高炮团射击指挥辅助决策系统》《导弹营射击指挥决策系统》《空军导弹旅射击指挥辅助决策系统》等软件，以上研发项目成果均获军级科技进步三等奖。荣获各等级科研奖 14 项。1995 年评为教授。先后荣立三等功 2 次。

2002 年，在桂林空军学院退休，时为军队文职 3 级（大校），技术 5 级。

詹玉胜 1958 年 5 月生，下坑村人。南昌陆军指挥学院政治工作专业毕业，大专学历。1978 年 2 月应征入伍，在陆军第 29 军 87 师 259 团服役，1981 年 5 月考入陆军第 29 军教导大队财会班学习。1982 年 4 月任 259 团 8 连排长，同年 11 月任 87 师政治部财会管理员。1985 年 11 月至 1991 年 5 月任炮兵第三旅司令部副连职、正连职财会管理员，1991 年 6 月任炮兵第三旅后勤部副营职财务助理员，助理会计师。1994 年 2 月调任龙岩军分区司令部副营职财务管理员，1995 年12 月任龙岩军分区后勤部正营职财务助理员，会计师。1999 年 4 月任龙岩军分区离职干部休养所（简称干休所）副处级所长（副团），文职 5 级（中校）。2005 年 12 月任龙岩军分区干休所正处级所长（正团），文职 4 级（上校）。2012 年 2 月任龙岩军分区干休所副局级所长（副师），文职 3 级（大校）。

詹玉胜军旅生涯 39 年，主要从事军队训练、国防施工、后勤保障和老干部服务保障工作。1978 年 8 月，因参加驻军射击场建设、江西永修县国防通信工程建设完成任务出色，入伍仅 6 个月就荣立“三等功”（32383 部队）。1980 年 12 月，因完成后勤保障任务好，又荣立“三等功”（32383 部队）。1984 年 10 月，因参加福州军区野战拉动演练完成任务突出，荣立“三等功”（87 师政治部）。1990 年 11 月，因高标准完成年度各项保障任务，荣立“三等功”（32380 部队政治部）。1999 年 4 月任龙岩军分区干休所所长后，认真履行职责，扎实做好老干部服务保障工作，深受老干部和上级的好评。在他的带领下，干休所先后被评为全军“干休所医务室达标先进单位”、南京军区“营房营院整治工作先进单位”和“园林式营院”；福建省军区“先进干休所”“营房营院整治先进单位”、部队“安全管理先进单位”。詹玉胜 2002 年 1 月被福建省军区评为“先进老干部工作者”；2004 年 4 月和 2007 年 12 月被南京军区评为“先进老干部工作者”；2005 年 12 月、2012 年 2 月两次高配提升职务。

梁星华 1958 年 6 月出生，彩坑村人。1976 年 12 月应征入伍，1978 年 10 月加入中国共产党。曾就读于南京工程兵学院工民建专业，获本科学历。2000 年获广西师范大学中国现代史中国现代经济研究生学历。入伍后，历任战士、班长、排长、副连长、连长、股长。1994 年 4 月至 1997 年 3 月，任 53508 部队营房科长（副处），中校军衔。1997 年 4 月至 2000 年 8 月，任四十一集团军后勤部营房处处长，上校军衔。2000 年 9 月至 2006 年 7 月，任广州军区装备部营建办主任，大校军衔。其间，2003 年 12 月评为营房工程专业高级工程师。2006

年 8 月至 2010 年 8 月，任阳江军分区副司令员。2010 年 9 月至 2011 年 12 月，任广东省军区装备部副部长兼高级工程师。2012 年 1 月起，任广东省军区装备部高级工程师。专业技术 4 级。

梁星华军旅生涯 40 年，主要从事作训、后勤保障等工作。1979 年 2 月至 1986 年 4 月，先后 6 次参加中越边境自卫还击和其他作战。其中，1986 年 3 月 14 日，梁星华带领的车队在经过某高地时遭遇敌方炮火袭击，他临危不惧、机智灵勇，按时将战斗物资送到前沿高地，荣立战功一次。实施“营房建设配套，营区设施设备建设配套，军事训练设施建设配套，各项管理制度建设配套”的经验做法被全军推广，并在中央电视台七套作连续报道。率先在全军采用“营房营产营具计价挂账、计价押金、水电管理当月当面兑现”的房地产正规化管理新模式。先后被全国、全军、广州军区评为“房地产正规化管理先进单位”。由于出色完成各项任务，梁星华先后 28 次立功受奖，其中荣立三等功以上 10 次，战功 3 次，6 次被评为优秀共产党员，3 次被评为优秀标兵干部。被全军评为“营房工程先进个人”“绿化先进个人”“房地产正规化管理先进个人”；被广州军区评为“住房整治先进个人”“房地产管理先进个人”“装备训练先进个人”等。2001 年，获全国绿化委员会、人事部、国家林业局颁发的“全国绿化劳动模范奖章”。（立功受奖的详细情况，参见本章第三节人物表·已知珊瑚籍获县团级以上表彰的先进人物名表）

2011 年起，梁星华作为主要科技研发带头人先后研发“武器零配件发蓝槽精准控温加热装置”“海岛风光互补发电海水淡化系统”“边海防部队大功率电磁灶”“船艇大门液压系统改造”“船艇装备传感报警装置”等，为提高部队战斗力发挥重要作用。其中，“武器零配件发蓝槽精准控温加热装置”获 2013 年军队科技进步三等奖。

梁星华重视结合部队管理实际进行理论研讨，在省级以上报刊先后发表学术论文 116 篇，其中获三等奖以上的 22 篇。主要有：1997—2014 年，在《军队基建营房》先后刊登《浅谈强化师以下作战部队营房管理工作》《落实营房工作要克服“三多三少”》《浅谈部队房地产正规化管理》《我军营房保障社会化浅议》《浅析军队工程施工质量的原因及对策》；在《华南装备》刊登《以“科学发展观”为指导推进装备保障设施配套建设又快又好地发展》《浅谈部队装备技术人才资源的开发利用》《科技装备动员工作应把握的几个问题》《省军区支援海上作战装备保障问题研究》等；在《后勤学术》《广东武装》等先后刊登《营房保障社会化改革亟待深化》《军队建筑装饰工程存在问题及其对策》《积极推进营房保障社会化改革的思考》《后勤管理干部要在提高保障能力上下功夫》等。2004 年，《科学组织施工，铸造优良工程》入编《中国改革开放的理论与实践》（大地出版社）。

梁星华酷爱书画，为中国书法家协会会员，中国书画家协会理事，中国楹联协会会员。被中国书画家资质评审委员会、中国当代艺术家协会授予 2009 年度“中国书坛百杰”称号。艺术作品参加全国性征稿的画展中多次获奖。2015 年 6 月，在由新华人物网和北京爱国画院共同主办的“百姓心中的人民艺术家”评选活动中，荣获“十大人民艺术家”称号。（代表作及获奖情况参见本志卷首彩页、文化章、艺文章）

陈荣和 1960年8月出生，下珊瑚村人。中共党员，中共中央党校本科（函授）学历。1982年8月至2002年2月，历任福建省公安厅科员、副科长、科长、副处长、处长。2002年3月入伍，任福建省公安厅现役办公室副主任（副师职），武警上校警衔。2004年8月，任福建省公安厅现役办公室主任（正师职），武警大校警衔。2011年12月，任山东省公安厅政治部副主任、现役办公室主任（正师职），武警大校警衔。2015年10月退休。

陈荣和参加工作以后，就与政治工作结缘。他牢记职责使命，孜孜不倦、无怨无悔，带领他的团队攻坚政工难题20余项，承办全国重要试点工作10多项，圆满完成全国、全省层面的重大政治专项工作30余项，被称为政工“老黄牛”。

陈荣和敢于向政工“新领地”进军。2002年，提出并实施政治主官任书记工作，后这一做法在全国推广。他在全国首创举办公安现役部队军体运动会，发展繁荣警营文化。经多年培育，福建三都边防派出所被国务院、中央军委授予荣誉称号。2012年，在山东提出“转变公安现役政治工作模式”这一概念；2013年，推行“干部选拔任用全程纪实”；2014年，在全省公安现役部队推行“党建项目化管理”，并在消防部队提出创新干部档案信息化管理，被全国消防部队推广应用；创新引领山东公安现役政治工作。

陈荣和敢于破解政工难题，福建公安现役部队干部转业移交安置率连年达到100%。2001年被国务院军转安置领导小组等4个部门联合评为“全国军转安置工作先进单位”。陈荣和到山东任职后，经7个月的努力，圆满解决公安部督办的已积压20年之久的56名离退休老干部移交地方安置任务这一“老大难”问题。公安部专门在山东召开会议推广其经验做法，单位被公安部政治部评为老干部移交安置工作先进单位。

陈荣和注意紧密联系实际，积极谋划为公安现役部队选好干部、用好干部。先后在福建、山东两地制定出台40多项制度规定，稳妥推行“双考”选拔模式，推进专业技术干部由“数量型”向“质量型”转变，高标准建设集信息化、智能化、可视化的干部档案管理系统，创造、积累许多先进经验和做法，公安部先后在其任职的两地召开现场会近20次，近100项工作建议进入省公安厅党委重点推进和高度关注的层面。

陈荣和为人正直，“在敏感岗位上不做敏感的事”是他的从警信条，做事坚持原则，部队反响良好。2001年，陈荣和被评为福建省公安厅优秀公务员；2002年、2003年，陈荣和连续被福建省公安厅评为优秀共产党员。2013年，被山东省公安厅评为优秀党务工作者。

陈添贵 1967年5月生，下珊瑚村人。1988年6月福建师范大学政教系毕业，获教育学学士学位。1991年6月获河南大学经济学院经济学硕士学位。1991年7月至1995年11月，在福建省委讲师团工作。1995年3月加入中国共产党。1995年11月至2003年3月，先后任省委宣传部研究室副主任科员、主任科员、副主任（2002年1月—2004年12月，任宣传部青年工作委员会主任、机关团支部书记）。2003年3月至2006年9月，任宣传处副处长(2004年12月—2006年12月挂职任永泰县委常委)。2006年9月至2008年3月，任理论处副处长；2008年3月至2010年5月，任办公室调研员。2010年5月至2015年10月，任省委文明办创建处处长，2015年10月起任省委宣传部办公室主任（2016年9月任省委文明办常务副主任)。曾获全省政研系统先进工作者，全省党委宣传部门先进工作者，省委宣传部机关优秀党员、优秀党务工作者、优秀公务员、精神文明先进个人等荣誉称号。

陈昆和 1975年7月19日生，下珊瑚村人。1993年考入南京解放军通讯学院就读，同年入伍。1997—1999年，在解放军海军舟山基地通讯团工作。1999—2000年，解放军理工大学（原通信工程学院）研究生，获硕士学位。2002年到中央军委装备发展部任职。立三等功一次；军队科技进步二等奖2项（高性能微波功率放大器系列）（2008年10月）、“战地通信高效射频发信单元关键技术”研发（2015年10月）；三等奖一项（225MHZ-512MHZ发信前立组件，2009年11月）。发表论文20余篇，其中有《热播技术在通抗干扰的应用》《并联谐振可调波滤器设计》（2014年第15届微波集成电路与移动通信学术年会)。参与“北斗二代卫星导航与定位系统”“战术通信装备数字功放核心技术”等多项通信型号项目研究。现为专业技术8级、文职4级（大校)。

张锦辉 民国30年（1941年）8月生，彩坑村人。1966年厦门大学外文系英语专业毕业，分配到农业部外联局工作。

1972年起，任援助索马里农业专家组、援斯里兰卡渔业专家组、联合国粮农组织驻土耳其蚕桑顾问组的英语翻译。1983—1986年，任意大利罗马联合国粮农组织总部中文组笔译。1990年起，三度担任世界粮食理事会部长级会议中文笔译组组长。1991年起，先后担任农业部外事翻译室副主任、主任，农业部国际交流服务中心副主任等职。1992年、1999年经农业部评聘为副译审、译审专业技术职务。

任职期间，曾十几次担任农业部领导出访及中国农业考察组赴英、美、加拿大、澳大利亚、荷兰、印度等二十几个国家的随团翻译。每年，还担任各国来华访问的部长级团组及专家组考察的会谈口译、陪团翻译以及大量的外事外经文稿翻译和审校工作。

2001年退休后，参与《汉英农业分类词典》的主编和审校及《中国农业年鉴》（英文版）的审校工作。2002年4月起，担任厦门大学北京校友会副会长及二分会会长等社会工作。2004年起，担任北京团结湖社区“迎奥运，北京市民讲外语”志愿者（教师）工作。

已出版200多万字的编、主编、翻译、审校等专著。主要有：1991年，与人合编《汉英蚕丝词汇》（杭州大学出版社出版）。1995年，审校《发展中的中国农业》（部分）中英文本（中国农业出版社出版）；审校联合国粮农组织《植物检疫条例汇编》（部分）（英译中）（1995年中国农业科技出版社出版）。审校联合国粮农组织编著《沿海地区综合管理》（英译中）（1996年中国农业科技出版社出版）。英文审校《国际农业发展基金会在中国》中英文本（1996年中国农业出版社出版）审校联合国粮农组织《1996年粮食和农业状况》（部分）（英译中）（1997年粮农组织罗马出版）。部分审校联合国粮农组织《世界森林状况》（英译中）（1997年英国牛津文字出版社出版）。担任《汉英农业分类词典》编委、主编、审校（2005年中国农业出版社出版）。审校《中国农业年鉴》（英文版）（2003年、2004年、2005年、2006年卷）（中国农业出版社出版）。

梁华琪 彩坑村人，1964年9月生，大专学历，经济师。历任中国人民银行福建省分行、福建省银监局、福建省农村信用社联合社副主任科员、主任科员、副处长、处长等职。现任福建省农村信用社联合社合规与风险管理部总经理、福建省银行协会行业自律委员会和法律维权委员会副主任委员，先后在《中国金融》《福建金融》发表多篇论文。

蓝和金 女，1958年10月10日生于官庄树人村。1978年12月至1988年7月，在上杭县官庄公社（乡）工作，曾任团干、妇联副主席。其间，1985年7月至1987年7月在福建省妇女干部学校读书。1988年8月至1997年10月，在上杭县城关镇（今临江镇）任妇联主席。1997年11月至1998年11月，任广西柳州市鱼峰区箭盘山街道办事处副主任科员。2003年至2012年9月，任广东省广州市天河区前进街道办事处妇联副主席、主席、残联理事长。2012年10月至2013年6月，任前进街道办副调研员（副处级）。

蓝和金在上杭工作期间，曾先后被福建省政府、上杭县委、县政府评为“军人好妻子”“军人好家属”“好军嫂”；1992年被福建省妇联评为“三八红旗手”。1997年被龙岩市委、市政府评为“模范优抚对象”。

蓝和金随军后，1999年被广西壮族自治区柳州市鱼峰区委、区政府评为“先进工作者”。2000年，被柳州市鱼峰区委、区政府评为“先进工作者”，被柳州市鱼峰区委评为“优秀共产党员”；被陆军第四十一集团军政治部评为“优秀军嫂”。2001年，被柳州市精神文明办评为“精神文明先进工作者”。

陈亨祥 1964年10月生，上珊瑚村人。中共党员，在职本科学历。1982年10月应征入伍，在福建空军后勤部水上运输队服役。1986年10月退伍后，历任连城县姑田镇人民武装部副部长、部长，姑田镇党委副书记等职。1996年4月至2005年11月，历任龙岩军分区连城人武部后勤科科长（正营），军分区后勤科科长（副团）；其间，1997年10月晋升中校军衔。2005年12月后，任龙岩市公安局禁毒支队侦察员(副处)，现任龙岩市公安局副调研员。

1992年1月被龙岩地委、龙岩军分区评为民兵政治教育先进个人；同年，被龙岩地委、行署评为农村社会主义教育优秀队员。2003年12月，受龙岩军分区嘉奖。2004年7月，被龙岩军分区评为优秀共产党员。2004年12月，荣立福建省军区三等功。

胡金祥 1964年12月出生，上珊瑚村人。1990年10月加入中国共产党，2007年5月取得高级会计师职称。1985年8月集美财经学校毕业后，分配到上杭县财政局工作，历任副股长、股长、副局长、局长(兼任县国资办副主任、主任，闽西兴杭国有资产投资经营有限公司副董事长、董事长)。其间，先后获得厦门大学财政专业自学考试专科毕业、中央党校函授学院经济管理专业本科毕业、厦门大学工商管理专业网络教育本科毕业、厦门大学EMBA工商管理专业在职硕士研究生证书。2007年12月，任上杭县委办公室主任。2011年12月起，任上杭县政协副主席、党组成员（兼任县委办公室主任至2013年1月)。龙岩市第三次、第四次党代表，龙岩市第三届人大代表；上杭县第十次、第十一次、第十二次党代表，第十届县纪委委员，第十一届、十二届县委委员，十四届、十五届县人大代表；县政协八届委员、常委，县政协十一届委员、副主席。

《对公费医疗过渡医疗保险探索》刊登在《卫生经济研究》并在1993年5月“全国卫生经济管理研讨会”上交流。《对部门专项周转金管理的调查及几点意见》、《浅议新形势下行政财务改革的若干思考》、《适应市场经济需要　改革事业会计制度》、《浅议财政职能如何适应市场经济要求》、《加强支出管理　提高财政工作质量》、《上杭县实施项目带动战略的调查与思考》刊登在《闽西财会》。其中《浅议财政职能如何适应市场经济要求》被编入《中国时代战略文库》及《世界重大学术成果精选》，《上杭县实施项目带动战略的调查与思考》被评为2003–2005年度《闽西财会》优秀论文二等奖，《加强支出管理　提高财政工作质量》被编入中国财政经济出版社《支出改革纵横谈》。与刘荣善同志合作撰写的《落实科学发展观做大县乡财政》编入经济科学出版社《公共财政建设与改革实践》，与吴锡荣合作撰写的《关于项目开发的财政思考》、自行撰写的《在县域经济发展中发挥财政职能作用的若干思考》分别获得上杭县“财税与上杭经济发展论坛”一、二等奖。

1988年4月，被县政府评为“1987年度财政、财务工作先进工作者”。1993年5月被省卫生厅、财政厅评为“全省公费医疗管理先进工作者”。1997年，被福建省政府税收财务物价大检查领导小组评为“1996年税收财务物价大检查工作先进个人”。2002年3月被县政协授予“2001年度政协委员为促进上杭经济和社会发展贡献奖”。2003年6月被中共龙岩市委授予“优秀共产党员”。2005年1月被县人大常委会授予“2004年度优秀县人大代表”。2006年2被省财政厅、人事厅评为“全省财政系统先进工作者”；同年4月被省总工会授予“五一劳动奖章”；同年12月被龙岩市委、市政府评为“龙岩市第九届（2003—2005年度）精神文明建设先进工作者”。2010年11月被上杭县委授予“三等功”。

陈日耀 1965年10月11日生，上珊瑚村人。1988年7月西南政法学院法律系法律专业毕业后，分配到龙岩地区（今龙岩市）中级人民法院工作。历任书记员、助理审判员、审判员、副庭长、庭长。现任龙岩市中级人民法院审判委员会委员、民事审判第一庭庭长、副处级审判员、四级高级法官。结合工作实际，重视理论研究，撰写部分论文。其中，在学术刊物发表或学术会议获奖的论文主要有：2000年，《熊晓光等16人诉武平县教育局不履行行政合同案》发表在《龙岩法官论坛》（2000年第二期），《保证人的抗辩权》发表在《法学杂志》（2000年增刊），《未提出异议的案件管辖权的确定及二审法院的处理》发表在《福建法学》（2000年第二期）；2002年，《民事上诉制度的改革》荣获全市法院系统第十届学术讨论会二等奖；2003年，《评价、分解、重构——中国劳动教养的出路》被福建省法学会评为优秀论文；2004年，《论独立审判》在全省法院系统第十六届学术讨论会上荣获三等奖。由于工作表现突出，2000年、2002年被龙岩市中级人民法院评为优秀共产党员；2001年，被龙岩市中级人民法院评为先进工作者；2007年，被龙岩市委、市政府评为龙岩市信访工作先进工作者；2009年，被龙岩市社会治安综合治理委员会、龙岩市人事局评为龙岩市社会治安综合治理先进工作者。

二、科技界

陈祥寿 民国21年（1932年）2月生，下珊瑚村人。毕业于上海体育学院。曾任南京航空航天大学（原南京航空学院）体育部党支部书记、副教授，国家级田径裁判，江苏省田径协会副理事长。多次担任全国运动会裁判，培养国家一级田径运动员多名。编写有《田径》等高等学校教材。发表主要论文有：《对中长跑教学的几点体会》（1981年第5期《体育与科学》）；《对高效中长跑教学的创新研究》（《南京体育学院学报》，1982年第3期）；《改革创新提高田径全能裁判水平》《北京师范学院学报》（自然科学版，1989年第6期）。

陈嘉仁　曾用名陈加仁、陈亨盛，民国26年（1937年）2月23日生，下珊瑚村人。1962年毕业于无锡轻工业学院粮食工程系（前身是南京工学院食品工业系）。同年分配到北京市粮食局任技术员。1976年8月加入中国共产党。1977年调至商业部任工程师。1989年，因机构调整被派往中国商业对外经济技术合作公司任经理（正处级）、高级工程师，曾兼任中外合资华商航石材有限公司副总经理，1988年被评商业部办公厅优秀共产党员。1997年退休。

北京市粮食局工作期间，参与机械化养鸡养猪指挥部工作，负责月产万吨级全价饲料厂的设计、安装、调试工作。在商业部任职期间，主要从事与外国经济技术交流合作，曾多次受派赴美国、英国、法国、意大利、加拿大等国访问、交流活动，曾经办援助阿尔及利亚斯基达克米厂、赞比亚钦戈拉玉米面厂、索马里费储力米厂、苏里南稻壳煤气发电厂等工程项目，出色完成任务。曾任多届北京上杭智力支乡会理事、北京闽西老区建设促进会理事、顾问，为家乡政府赴京办事牵线搭桥。1989年，上杭遇特大洪灾，发动在京会员捐资万元援助家乡抗洪救灾；曾发动会员捐资交宋庆龄基金会购买书籍捐赠珊瑚中心小学。

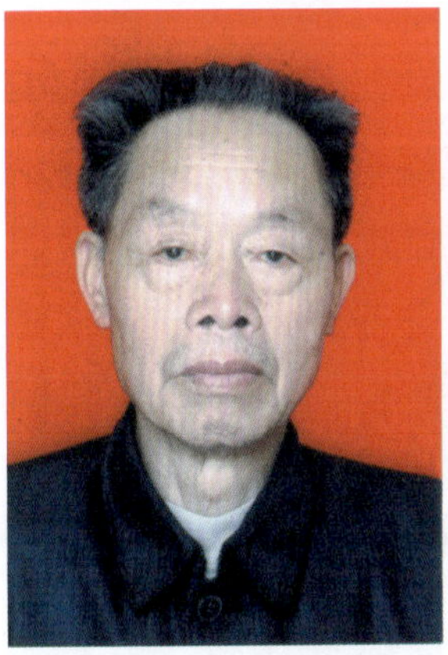

陈亨和　民国26年（1937年）10月出生，下珊瑚村人。农艺师。1959年8月龙岩农校作物栽培专业毕业，1959—1966年，在上杭县农业局任技术员。1966年加入中国共产党。1966—1970年，任通贤公社农林站技术员。其间，筹办了良种场，任技术副场长。1970—1980年，任南阳公社农技站副站长。其间，1976—1977年，赴海南岛培育杂交水稻品种。1980—1988年，任官庄乡（公社）农技站副站长，1987—1998年，任珊瑚乡农技站站长。1998年10月退休。

在良种场工作期间，负责品种对比、试种、示范、推广和选育种工作，兼任上杭县农业学校教师。在水稻人工杂交、育种2个组合40个品系中部分得到推广应用。在通贤公社任良种场副场长期间，建立种子基地，在13、14、15三个生产队联合办良种场，到闽侯、福清等地取经，引种。引进品种150多个，培育、繁殖、提纯、复壮高产稳产优良品种，推动全社串换、精选，提纯、复壮中矮秆水稻良种，改变粮食生产的落后状况，粮食产量和社员口粮提高，通贤第15队口粮标准从100多公斤提到300多公斤。在南阳公社任农技站副站长期间，筹建公社三级农科网络和微生物厂（后改为二土厂），先后二次创办公社农科队，培训大队生产队农技骨干，推动科学种田。先后引进500余个品种系，推广高产品种50余个，选育水稻新品种10多个品系。积极推广杂交水稻，前后四年推广杂交水稻12个组合72801亩，年平均亩产从原来的239公斤提高到504公斤。同时做杂交水稻三系繁殖制种工作，3年共实施繁殖田160余亩，收获不育种子380公斤，制种田2500余亩，收杂交一代种子186800公斤，除满足当地需求，还支援兄弟省、市、县。实验推广新化肥、新农药、土化肥、土农药、作物激素“九二0”“七二0”“5406”增产灵，腐殖酸等，对粮食增产起促进作用。在官庄珊瑚工作期间，负责农技推广和杂交水稻三系繁殖制种工作。1971—1979年，连续9年评为社（乡）级先进工作者，1977年，评为县科技战线先进工作者，出席县劳模会，1978年、1981年、1983年被地区农业局评为农技推广先进工作者。1985年，荣获农牧渔业部“长期坚持农村农牧渔业技术推广工作，做出了成绩”的荣誉，获荣誉证书和奖章一枚。

陈光荣 民国27年（1938年）11月生，下珊瑚村人。中共党员，1962年毕业于北京地质学院第三系铀矿普查勘探系专业。曾任山西省化学矿产公司总工程师（教授级高级工程师，享受厅级待遇）。曾连任两届山西化工学会理事。曾被山西省政府经济技术咨询委员会聘请为专家组专家。

1962—1974年，在青海、甘肃、陕西等地区从事铀矿普查勘探工作期间，组织编写并提交铀矿普勘报告四个，找到铀矿带八条，参加了对某地的铀矿大会战。提出用“S”形找矿方法，打破了苏联专家传授的完全用直线方法找矿的束缚，大大提高找矿效果。荣获多次表彰奖励。

在化学矿产公司工作期间，曾先后组织过国家和省重点工程项目建设，并解决过不少关键技术问题。组织了国家45亿吨化肥专项灵、交、汾硫铁矿改扩建工程建设，矿产公司总承包，总投资4178万元（包括11个项目），为山西增加标矿22万吨，发运能力30万吨。组织建设过灵丘磷矿采、选、肥结合配套企业。提出“贫中求富”“把山西省建设成北方硫铁矿基地”等较有影响和对实践有一定指导意义的见解。组建省硫铁矿质量监督检验站，主持制定山西省硫铁矿标准，得到化工部具有专业标准解释权部门及省标准局认可批准，已由山西省化工厅发布实施。组织过由国家计委、国家环保局、化工部下达的关于机械制硫磺研究试验工作。组织编制沸腾焙烧半水煤气还原硫磺工业示范试验方案，得到国家环保局〔87〕环建字第267号文批准，国家计委、环保局拨款几十万元，山西省化学矿产公司和省应化究所合作，圆满完成前期试验工作。在负责全省化学矿产行业管理期间，实现全行业两年无死亡事故的突出成绩，被部矿山局授予“七五”期间安全先进单位称号，其本人被评为先进个人。

曾撰写专业技术论文十九篇，先后在《人民日报》《中国地质》《化工矿山技术》《山西化工》等报刊上发表。参加编写由省计委、省地矿局主编的《山西省矿产资源对经济建设保证程度研究报告》、由省政协主编的《化学工业发展战略研究》等论著。参加由省计委、地矿局主编的《山西省地质矿产资源》一书的编写工作，该书获省部级地质科技三等奖。参加《山西通志·化学工业志》编审。撰写的《对山西煤系硫铁矿标准的思考和建议》一文，在全国硫铁矿标准工作研讨会发表，被化工部标准归口单位评为优秀学术论文，会后对其中的主要建议予以采用，并已实施执行。还组织编写有关开发利用山西代县金红石矿开发利用的可行性报告，吸引澳大利亚、英国等国专家、企业家到实地参观考察。另外，陈光荣曾于70年代向上杭县政协提出“尽快勘探开发利用上杭县紫金山金矿”的建议，得到县政协有关负责同志的肯定。

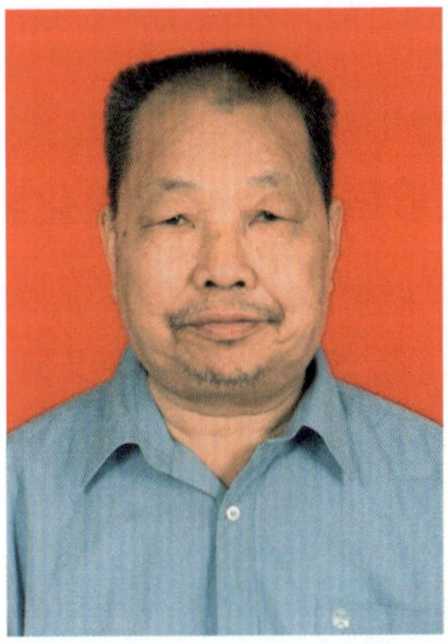

胡庆安　民国 29 年（1940）5 月生，上珊瑚村人。1965 年 7 月天津大学动力系毕业后一直在四川省攀枝花市电业局和攀枝花钢铁厂任职。1973 年 8 月加入中国共产党。1989 年 5 月退休。高级工程师、攀枝花钢铁厂副总工程师。

1981—1990 年，先后对攀枝花市内诸多小水电站及县电网并入国家电网做研究，进行大量计算，提出多个方案，进行技术、经济比较，最终为县电网顺利并入国家大电网得到技术、经济、安全提供依据。并入国家电网后一直安全运行，为攀枝花市的经济发展发挥重大作用。

1982 年 2 月，在《四川电力技术》上发表《电度表接线分析及现场检查》。1988 年，作《电压互感器二次导线压降对电触计算量影响的测试及计算机管理》。1991 年，《微机信息管理系统》被四川省电力局评为 1991 年度科技进步四等奖。1992 年，《微机计量管理系统及微机各变电站主结线图》软件，被攀枝花市供电局评为微机优秀软件；同年，《攀枝花钢铁公司发电厂并入国家电网的计算咨询报告》为攀钢电厂并网提供技术依据。

陈明和　1962 年 3 月生，下珊瑚村人。毕业于南京航空航天大学航空宇航制造工程专业，研究生，工学博士。现任南京航空航天大学教授，博士生导师，中国机械工程学会高级会员，中国航空航天学会高级会员，中国材料研究学会高级会员，高等学校机电类学科教学委员会材料成型及控制学科委员会委员。主要从事飞机（飞行器）精密制造及抗疲劳制造技术、钛合金及航空宇航难成形材料成形制造技术、材料成形性能分析与评价、板材成形 CAE 技术、集成计算材料工程（ICME）、材料超塑性及 SPF/DB 技术等方向的教学科研工作。主要承担过国家“863”项目、总装备部重大预研项目、国家重大型号攻关项目、国家自然科学基金、工信部民机专项、江苏省科技支撑项目、航空基金、中美合作研究项目及厂企合作研究项目百余项。

在主要研究领域撰写专著《飞机钣金数控成形设备》，2012 年 8 月由国防工业出版社出版；发表学术论文 100 余篇，其中被 SCI（美国《科学引文索引》）收录 30 多篇，EI（《工程索引》）收录 40 余篇；获省部级科技进步一等奖 1 项，二等奖 2 项，三等奖 5 项，校科技进步三等奖 2 项，获得国家发明专利 5 项、实用新型专利 10 余项；获得省部级教学成果奖二等奖一项，校级教学成果一等奖一项、二等奖 2 项、三等奖 2 项；已指导培养硕士研究生 40 余名、博士研究生 7 名。

“陶瓷材料超塑性研究”获 1992 年中国航空工业总公司科技进步二等奖。“恒应变速率控制超塑胀形试验机”“恒应变速率控制超塑胀形试验机”，分别获 1998 年中国航空工业总公司科技进步三等奖。“钛板热成形技术在空空导弹中的应用研究”获 2001 年国防科技工业科技进步三等奖。“某型空空导弹钛合金舱体及翼面舵面制造技术”获 2006 年教育部科技进步奖一等奖。

主要代表作：《反应烧结方法在碳化硅陶瓷航天器燃烧室研制中的应用研究》载 2002 年《材料加工技术》；《基于模糊神经网络方法的 TC4 钛合金的升温超塑胀形的工艺参数优化》《基于应力成形极限的板成形有限元分析程序开发与应用》《铝镁钪合金的高应变速率超塑成形数值模拟与试验研究》，分别载 2004 年、2007 年《材料科学论坛》；《板料应力成形极限判据的有限元分析程序》载 2005 年《南京航空航天大学学报》；《铝镁钪合金的超塑性及超塑成形性能》载 2006 年《中国有色金属学报（英文版）》；《T 型截面铝合金型材的拉弯成形及回弹数值模拟研究》载 2006 年《关键工程材料》《先进加工与制造技术》；《成形极限应力图在汽车面板多步成形中的成形极限预测研究》 载 2007 年《材料加工技术》；《人工神经网络方法预测 TC21 钛合金工艺参数与性能关系研究》载 2009 年《关键工程材料》；《TC4-DT 钛合金在不同热变形条件下的流变应力》《6061 铝合金的同步冷却热成形工艺研究》分别载 2012 年《南京航空航天大学学报》《先进材料研究》；《复杂外形航空发动机 TC4 钛合金宽弦空心风扇叶片弯扭成形》《薄板高速冲裁的热效应的有限元分析》《C5210 磷青铜薄板的尺寸效应及变形行为》《TC1 钛合金的高温流变行为》《GH600 合金薄板成形极限研究》《高应变率下 TC4-DT 钛合金的动态力学性能及塑性本构关系》《微细 C5210 磷青铜板料的尺寸效应研究》《AA2024 铝合金的同步冷却热成形工艺及其应用》《三种不同类型钛合金在 NaTESi 电解液环境中的阳极氧化的表面特性及粘着强度研究》，分别载 2015 年《航空学报》《先进制造技术》《中国有色金属学报（英文版）》《机械工程材料》《航空材料学报》《中国有色金属学报》《塑性工程学报》《表面工程与涂覆技术》。

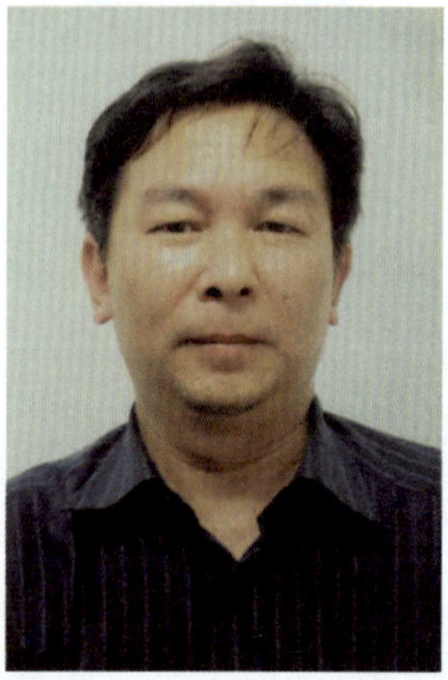

陈瑞毅 1963 年 8 月 2 日生，下珊瑚村人。1983 年 7 月毕业于安徽理工大学机械制造及修配专业，本科学历，学士学位。同年到省煤建公司工作，主要从事机电安装及机电管理工作。1988 年评为工程师，1996 年评为高级工程师。先后担任安装队副队长，建筑工程处副主任。1998 年到联美建设集团公司任职。先后任项目经理，工程部安监室副主任、主任等职。2010 年 6 月加入中国共产党。

1985 年评为煤建公司先进工作者。1986 年，被团省委评为重点工程献青春新长征突击手。1987 年评为煤建公司劳动模范，新长征突击手。1988 年在煤建公司立三等功，获三明团市委“五小”智慧杯二等奖。1989 年被三明团市委评为“改革开放先锋”。1998 年、1999 年评为联美公司先进生产者。2010 年、2014 年、2015 年，评为联美公司优秀党员。

《如何做好建筑施工农民工管理工作》被收入联美集团施工管理优秀论文集。《浅谈建筑施工安全生产标准化建设》在华东地区建筑安全联谊会上交流获奖。（《论安全培训不到位是重大安全隐患》刊于《福建建材》2016 第 9 期）

陈雨田　1968 年 9 月出生，下珊瑚村人。1990 年毕业于福建医学院临床医学专业，医学学士。1990 年 8 月至 1995 年 8 月，在上杭县南阳卫生院从事内科临床医师工作。1995 年 9 月起，在上杭县医院内科临床工作，历任内科主治医师、神经内科副主任医师、神经内科主任医师。2005 年，任神经内科副主任；2009 年，任神经内科主任。对内科常见病及神经内科多发病、危重急症具有丰富临床工作经验。1998 年参加了“第二项中国急性心肌梗死治疗究”协作医院临床研究工作，完成研究病例 60 余例。2000 年，在上杭县医院开展“急性脑梗死超早期尿激酶静脉溶栓治疗”，取得较好临床疗效和临床经验。曾在省部级医学杂志发表论文多篇：主要有：2001 年，在《中国乡村医生》杂志上发表论文《激烈运动致急性肾功能衰竭例》《肺癌肺外临床表现分析》；2006 年，在《中国实用乡村医生》杂志上发表论文《生脉注射液治疗心力衰竭 52 例分析》《药物致椎体外系不良反应 32 例误诊分析》。（2016 年，在《中国社区医师》发表论文《进展性脑梗死尿激酶静脉溶栓治疗 46 例分析》）。2001 年、2003 年，两次被评为上杭县卫生系统先进工作者。

陈　彦　1970 年 10 月生，下珊瑚村人，博士、副教授、中共党员。1991 年福州大学化学工程专业专业毕业，获学士学位；2004 年福建农林大学木材科学与工程专业毕业，获硕士学位；2012 年福州大学化学工程专业毕业，获博士学位。任福建农林大学材料工程学院化工系副教授。

主要从事林木资源化工、煤化工的胶体与表面化学研究。完成（第二完成人）国家自然科学基金、国家支撑计划等项目研究，负责间歇松香蒸馏微机自动监控系统的研制（95-16-8，福建省林业厅项目）课题的现场调试、软件编制及硬件设计；课题被评审为“国内领先” ，2000 年 6 月获福建省林业厅科技进步二等奖。完成（第二完成人） “膨化纸浆做工业缓冲包装材料的研制与开发 (2000Z014， 省科委重点项目)”课题的研究。课题被评审为主要技术国内领先，关键技术国际先进。完成（第二完成人）国家自然科学基金项目“超轻质植物纤维材料结构特性影响因素的分析研究”。获授权专利：植物纤维液体发泡包装材料的制备方法ZL200610045408.6。在《化工学报》《燃料化学学报》等刊物发表论文 10 多篇，其中 5 篇论文被 SCI、EI、ISTP 收录。主要有：《钠离子分散度对福建高变质无烟煤催化气化特性的影响》（第一作者） [J]．《燃料化学学报》，2014， 42 (11)：1302-1308。《催化剂对福建高变质无烟煤比表面及气化反应特性的影响》（第一作者），《化工学报》，62 (10)：2768-2775，2011. (EI)。《福建高变质无烟煤 Na_2CO_3 催化气化过程的比表面变化特性》（第一作者），《化工学报》，63 (8)：

2443-2452，2012. (EI)。《福建高变质无烟煤催化气化动力学及补偿效应》（第二作者），《燃烧科学与技术》，18 (1)：23-27，2012. (EI)。《有机钠催化剂对福建高变质高变质无烟煤催化气化动力学研究》（第二作者），《燃烧科学与技术》，18 (6)，539-544，2012. (EI)。《催化气化工业化展望》（第二作者），《煤炭转化》，33 (4)：90-97，2010. (CSCD)。

胡富钦 1971年4月11日生，上珊瑚村人。中共党员，高级工程师。1993年浙江大学能源系电厂热能动力专业毕业后，先后在福建漳平火电厂、莆田湄洲湾火电厂、华电运营印度尼西亚公司、中国华电集团发电运营有限公司等单位工作。先后任莆田湄洲湾火电厂副总经理、华电运营印度尼西亚公司总经理、中国华电集团发电运营有限公司人力资源部副主任和安全生产部主任等职务，现任中国华电集团发电运营有限公司办公室（法律事务部、国际合作部）主任（正处级）。2006年，获北京大学光华管理学院企业管理硕士学位。

胡富钦主要技术专长为大型火电厂安全生产技术管理。发表如下论文：2004年6月在《福建电力与电工》发表论文《无除氧器热力系统运行实践》；同年7月在《华东电力》发表论文《燃用高挥发份烟煤时磨煤机内部爆燃分析及防范》。2005年9月在《商场现代化》发表论文《生产企业以现场为基础的安全管理探索》。

2006年，胡富钦被华电福建公司授予“防汛防台先进个人”称号。2009年，被中国华电集团公司授予“安全生产先进个人”称号。

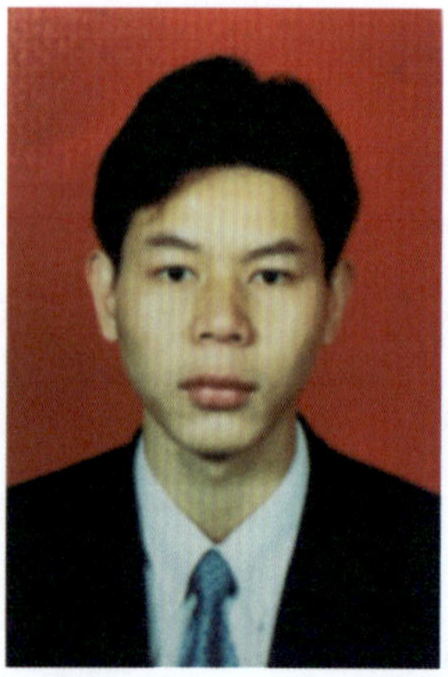

胡庆堂 1973年10月生，上珊瑚村人，中共党员。毕业于无锡轻工大学（今江南大学）精细化工专业，本科学历。化工高级工程师，注册质量工程师。福建省科技厅专家库专家。

在福建福人木业有限公司工作期间，先后任技术员、研究所所长，负责企业核心技术人造板胶粘剂技术和人造板新产品的研究开发。主持研制的环保及超环保低甲醛释放量的家具用人造板、防水板、防火板达国内的领先水平。为“福人”中纤板、强化木地板、刨花板获中国名牌产品、中国驰名商标、福建名牌产品等称号。与北京林业大学合作的《多功能无毒胶粘剂技术的引进》项目获2002年国家林业局重点科技成果奖。主持的《防潮型地板用纤维板胶粘剂的研制》项目获由省总工会、科技厅、经贸委、劳动和社会保障厅颁发的2005年福建省职工优秀创新成果二等奖，2006年福州市职工优秀技术创新成果一等奖。作为第一发明人，《E0级中密度纤维板用胶和板的研制》项目获2007年“6·18海峡两岸职工创新成果展”金奖，获得由福州市总工会、科学技术局、知识产权局颁发的优秀创新成果奖。领导的“福人木业公司研发部QC小组”获福建省经贸委、省总工会、省科协、共青团福建省委员会、省质量协会颁发的 2007 年“福建省优秀质量管理小组”称号。

2009 年，任福建建瓯顺鑫刨花板有限公司技术总监。2013 年，创立福州超越环保科技有限公司，致力于环保、超环保低甲醛释放量的家具和装修用人造板制胶和制板技术的创新研究和技术服务。

《E1 级三聚氰胺改性脲醛树脂的研制》在《人造板通讯》2005 年第 9 期发表，《环保型阻燃刨花板生产工艺研究》在《中国人造板》2006 年第 5 期发表。

陈书贵 生于 1977 年 2 月，下珊瑚村人。2000 年毕业于厦门大学化学系，获学士学位。2003 年获厦门大学硕士学位。2008 年获美国东北大学博士学位。尔后在美国凯斯西储大学医学院生理学与生物物理系从事博士后研究。博士和博士后期间，在白血病、阿尔茨海默症、朊病毒疾病和企业疾病领域的成果发表于《生物化学杂志》《蛋白质科学》《影响因子》《分子生物学杂志》（Journal Biological Chemistry，Protein Science ，Biochemietry，Journal of Molecular Biology）等国际著名学术刊物，其中以第一作者在国际一流学术期刊上发表多篇论文。曾获得科学研究等多项奖励，多次应邀在国际学术会议以及高等院校和研究机构做学术报告。目前在世界知名生物制药公司担任高级科学家，进行创新药物研发工作。

蓝林祥 生于 1980 年 6 月 11 日，华竹村人。2003 年 7 月毕业于中央民族大学生命与环境科学院， 获理学学士学位。2006 年 7 月毕业于北京大学药学院，获理学硕士学位。2006 年 8 月至 2009 年 7 月，在北京大学肿瘤学院 & 北京肿瘤防治研究所任助理研究员；其间，2007 年起，为中国细胞生物学会会员，2007 年 12 月，获北京大学肿瘤医院优秀员工奖。2013 年 11 月毕业于马克思·德尔布吕克分子医学中心（MDC）& 柏林洪堡大学（HU），获理学博士学位，并获 MDC 国际博士项目奖学金。2013 年 12 月至 2015 年12 月，在马克思·德尔布吕克分子医学中心任博士后研究员。2015 年 9 月起，为欧洲生物化学联合会（FEBS）会员。（2016 年 1 月起，在马克思·德尔布吕克分子医学中心和弗兰西斯·克里克研究所任资深研究员）。

2014 年 7 月，在柏林 MDC 肿瘤学术俱乐部，作《酪氨酸磷酸酶 Shp2 抑制乳腺癌细胞衰老》报告。同年 11 月，在海德堡第二届德国干细胞年会上，作《Shp2 信号对抑制小鼠乳腺癌干细胞衰老起必要功能》报告。

发表的主要论文有：《新型硒氧还蛋白酶抑制剂抑制细胞生长和诱导细胞凋亡》（第四

作者)，《肿瘤通信》）2006；236 (1) :46–53。《新型磁氧还蛋白酶抑制剂诱导细胞凋亡的机制》（第一作者)，《欧洲药理学》2007；555 (2–3) :83–92。《新型磁氧还蛋白酶抑制剂诱导 HL–60 and K562 细胞凋亡》（第二作者)，（《浙江大学学报》）2008；9 (1) :16–21。《小鼠抗人 Myosin Va 多克隆抗体的制备和鉴定》（第二作者)，《细胞与分子免疫学》，2009 年 05 期。《Myosin Va RNAi 慢病毒载体的构建及对肺癌 PG 细胞运动和迁移能力的影响》(第一作者)，《解剖学报》2009 年第 40 卷第 6 期。《小鼠抗人Myosin Va 多克隆抗体的制备和鉴定》（第二作者)，《细胞与分子免疫学》2009 年 05 期。《慢病毒载体的构建及对肺癌 PG 细胞运动和迁移能力的影响》（第一作者)，《解剖学报》2009 年第 40 卷第 6 期。《Snail 上调 Myosin Va 并参与细胞迁移和转移》（第一作者)，《国际肿瘤学》，2010；126 (1) :53–64。《信号通路调节毛发周期和毛发干细胞》（第五作者)，《细胞报告》2015；13 (3) :561–72。《Shp2 信号在 PyMT 诱导的乳腺癌发生发展中抑制细胞衰老》（第一作者）《EMBO 杂志》2015；34 (11) :1493–508。

陈新伟 生于 1984 年 9 月，下珊瑚村人。2006 年毕业于南开大学计算机科学与技术系，获工学学士学位。同年保送至南开大学机器人与信息自动化研究所，2009 年获硕士学位，2012 年获博士学位。毕业后进入福建省闽江学院计算机科学系任教，同时与南开大学成立福建省索利普计算机科技发展有限公司，共同开展国家 863 项目——“三维喷绘机器人”产学转化工作。现任福建省信息处理与智能控制重点实验室副主任、福建省机器人技术应用高校工程研究中心主任、福州市工业机器人应用联合实验室主任、福建索利普计算机科技有限公司董事长、解放军信息工程科技创新工作站进站专家、解放军 68029 部队博士后科研工作站指导老师。2015 年，入选南京“321”科技领军创业人才、宁波保税区高端科技创业团队。

主要研究领域为智能机器人系统、三维喷绘、机器视觉。截至 2015 年，以第一作者或通讯作者发表论文 20 余篇，其中 EI 检索 10 余篇；获得国家发明专利授权 2 项，软件著作权 4 项。以课题负责人或主要完成人参与国家 863 项目、国家自然科学基金、省级自然科学基金、省科技引导性课题等科研课题 10 余项，其中，国家 863 课题“三维喷绘机器人”科技成果获天津市科技局“国际先进”鉴定。

发表的主要论文有：

《基于 NURBS 的机器人雕刻方法研究》，机器人与仿生技术国际会议 (2007，三亚)。

《工业机器人三维地形模型制作方法》 [C]，第七届全球智能控制与自动化大会 (2008 年，重庆)

《三维喷绘中墨滴着色及颜色失真建模研究》 [C]，第八届全球智能控制与自动化大会 (2010 年，济南)。

《基于曲面特征的三维半色调处理算法》 [J]，《高技术通讯》， 2011.2 (21) :215–221。

《三维喷绘机器人》[J]，《制造业自动化》，2011.8 (33) :13–18。

《三维喷绘模型优化与图像补偿》[C]，2011 年中国控制会议。

《三维喷绘误差统计及角度优化方法》[C]，2011 年中国控制与决策会议。

《3D 喷绘机器人：模型优化与图像补偿》[J]，《控制理论与应用杂志》，2012.10 (3) :273–279。

《大型实景地理模型 3D 喷绘机器人及其喷绘方法优化》[J]，《自动化学报》，2012.1 (38) :23–30 。

《单张图像深度提取及立体照片制作方法》、《基于虚拟运行的三维真彩色喷绘机理研究》，2012 年第三十一届中国控制大会。

《基于 FPGA 的大型三维真彩色喷墨控制系统》[J]，《自动化与仪表》，2012.7。

《基于模块化的三维真彩色喷绘软件系统的设计与实现》[C]，2013 年中国控制大会。

《面向数据过程的机器人 3 维喷绘作业工艺的设计与优化》[J]，《机器人》，2013.11 (35) :25–30。

三、教育、文化艺术、工商界

陈祥伦 字子予，号武夷山人，民国 29 年（1940 年）生，下珊瑚村人。1964 年 7 月毕业于福建师范学院（福建师大前身）数学系，随即分配到崇安县（今武夷山市）一中任教。1970 年被派创办星村中学，历任副校长、校长、书记等职。陈老师善于教学，教学成绩多年在全地区第一。1988 年后调南平市教育局任副调研员，市政府教育督导室主任。福建省美术家协会会员、福建省海峡百姓书画院画师，福州市人大画院画师、南平市武夷山画院研究员。

陈祥伦早年授业于著名画家宋省予，在武夷山工作期间，结识一批书画工作者。教学工作之余潜心钻研画艺，笔耕不辍，积淀了深厚的艺术功力。其绘画作品注重于画面的整体张力，对比强烈，大虚大实，虚中有实，实中有虚，注重泼墨泼彩与皴法线条的有机结合，注重线条的书法美和画境的文学美。其作品连续入选第一至第五届福建省教师书画展并获奖，许多作品入选全国展、省展，并见诸省内外报刊。出版有《陈祥伦画集》《陈祥伦山水画集》。

张家贤 1949 年 11 月 5 日生，下坑村人。1986 年毕业于无锡书法艺术专科学校。1988 年创立贤艺书画社，从事书画装裱和推介工作，长期致力于书法创作研究。2013 年，参加中国书法家协会书法培训中心培训并获结业证书。现为福建省书法家协会会员、上杭琴岗诗社社员，上杭县政协书画室特聘书画家。书法作品多次参加书法赛事并获奖，入编多部书法作品集。部分作品被海内外书法爱好者收藏。

2003年，行书作品入选龙岩市工商行政管理局主办的“首届个私经济美术、书法、摄影作品展”。2007年，作品入选龙岩市委宣传部、市文联举办的“迎市庆、展未来”建市十周年书法展；行草书作品入编作品集《国际书画名家、名作博览》。2008年，隶书作品入编龙岩市老年书画艺术协会第三次代表大会纪念集《枫韵》；书法作品入编《闽西书法家协会会员书法作品展》；隶书作品毛泽东主席诗词《沁园春·雪》在《中国书画报》发表并获专家点评；书法作品入编《当代中国老年书画名家作品集》；书法作品获福建省财政厅书画摄影展特邀作品精品奖。2009年，书法作品获上杭县第四届农民文化体育节优秀书法作品奖。2011年，草书作品入编龙岩市老年书画艺术协会《书画诗第三集》。2013年，作品入编龙岩市《纪念毛泽东诞辰120周年书法作品集》。2014年，行书作品入编龙岩市老年书画艺术协会《书画诗歌作品集》。

陈相健 1949年11月生，下珊瑚人。中师毕业，龙岩市民间文艺家协会会员。

1971—1978年多次创作歌曲，其中《广积粮》《毛主席话儿记在心》等在《上杭文艺》《龙岩文艺》刊登。擅长吹树叶、吹唢呐、拉二胡等。1972年参加县文艺会演，表演吹树叶获二等奖。1996年、1999年参加县客家文化大展演，表演“树叶、秦琴”“树叶、二胡”均获三等奖。2000年、2004年参加县农民文艺会演，嘴里吹树叶、手上敲钟琴演奏《怀古》《翠子登潭》，获行家赞赏。2003年参加圆通山笔会演出，表演“点蜡烛、吹唢呐”，用鼻孔、嘴，同时吹奏三把唢呐，还分别在头顶、两臂、手腕上平放5根蜡烛，别有一番风采。2004年在上海参加“东方欣康”文艺晚会，以“点灯、吹唢呐”“水烟筒吸烟吹奏”等民间绝技，演奏日本歌曲《北国之春》《红蜻蜓》。2013年，在“全国著名诗人走进上杭诗词采风活动”开幕式上表演“树叶、唢呐”获得好评。

陈育红 1957年9月生，下珊瑚村人。1976年长汀师范学校毕业后参加小学教育工作，坚持农村教育38年，其中任班主任29年。由于过度劳累，两次患上肺结核住进县医院，因大量服药留下后遗症（声带麻痹萎缩），全靠服药止痛，但从不落下一节课。他特别关注残缺家庭的孩子和留守儿，先后资助学生数十人，精心照顾多名残疾儿修完小学学业。为抢救失足落水的留守儿童和火灾中的多名学生而身上多处受伤。2006年“六一”，因连日暴雨造成宿舍楼倒塌，冒险救出学生多人。2007年冬，主动向乡党委、政府请缨筹措资金成立“乡教育基金会”。任基金会常务会长8年，牺牲节假日，走村串户，筹款20多万元，先后让238位学子得到奖励或资助。育红用自己所获奖金设立“家乡‘希望之星’”专项奖励，在每年“六·一”期间，购置适合儿童阅读的书籍赠给家乡小学生。他注重教学研究，先后在《小学语文教学》《福建教育》《中学语文教学》等刊物发表论文百余篇；悉心培养指导数十名中青年教师，他们中有的成了省内外颇受赞誉的特级教师，有的成了小学、中学高级教师或市、县名师，有的成为一线教学骨干。

陈育红由于教书育人成绩斐然，教研成果颇丰，1994年9月，获全国“希望工程”园丁奖；1998年9月由福建省政府授予“特级教师”称号；2001年8月，评聘为小学中学高级教师；2009年，被龙岩市确认为首批名师；2012年9月，被福建省委、省政府授予“福建省第三届杰出人民教师”称号；2013年12月，获福建省委宣传部授予的“福建省基层最美人物——最美教师”提名奖；2015年，被评为2014年度“感动福建十大人物”。

陈利华 1958年生，下珊瑚村人。1975—1977年，参加回龙水轮泵工程建设。1978—1980年，在官庄建筑公司工作。1982年，创办上杭县珊瑚建筑队，带领大批劳力从事建筑行业，解决当地村民就业问题。1987年复设珊瑚乡后，上杭县珊瑚建筑队改为上杭县珊瑚建筑公司（乡镇企业），陈利华任建筑公司经理。在职期间，承接珊瑚乡政府综合楼、珊瑚中心小学教学楼、电信工程、乡林业站、县委常委楼、县林业局丁家山宿舍楼、漳平永福三级水电站（装机容量3860千瓦）等工程，为家乡培养大批建筑人才。1990年，被上杭县人民政府评为先进工作者。1992年评为建筑工程师。2003年，投资珊瑚寨上水电站（股份制）。2008年，原珊瑚建筑公司改制为福建华龙建设工程有限公司，陈利华任董事长。2012年，华龙公司升级为二级资质企业，公司涵盖房建、市政、钢结构、装修设计、消防、城市照明、园林绿化等行业。2015年，创办恒旺建设工程有限公司，带动珊瑚乡6家建筑企业，为珊瑚打造“建筑之乡”贡献力量。创办企业致富后热心教育事业，连续三年每年捐资上杭一中5万元。

陈易伦 祖籍珊瑚，1962年出生于江西瑞金。现任中国毛体书法家协会常务理事，江西省书法家协会会员。曾任中学教师、县委报道组组长、市政协办公室副主任、市委办副主任兼政研室主任、市政府城管办主任兼城管局长、市交通局党委书记、瑞金报社社长、市委宣传部副部长、市城投（国资）公司董事长。现任瑞金市国有资产经营有限公司董事长。

自幼酷爱书法。长期以来坚持临怀素、孙过庭、王铎字帖，擅长草书。从小怀着对毛泽东主席的崇敬和爱戴，长期临毛泽东诗词字帖，对毛体书法情有独钟。

作品先后多次参加全国书法展并获奖：2010年，作品《凉州词》

获纪念毛泽东诞辰117周年“廊坊杯”全国书画展大奖赛奖。2011年，被中国毛体书法家协会评为“现代中国毛体书法名家”和“全国红色文化创作先进个人”；同年7月，作品获纪念中华苏维埃共和国诞辰80周年全国书法赛奖。2012年11月23日，作品入展江西省第六届临帖书法大赛；同年12月，作品获第三届“华夏情”全国书画艺术大赛金奖，编入《中国书画名家大典》，同时授予“中华文明使者”称号；同年12月24日，历时10余天创作的纪念毛泽东诞辰119周年长达119米的大型巨幅毛体书法在瑞金一中展出，新华社发通稿，先后在新浪、搜狐、中国收藏、中国书法、中国名人书法网以及范曾个人官网、《香港成报》等150家权威网站和报纸转载和推广，引起书法艺术界的强烈反响。

胡益通 又名一通，1963年10月生，祖籍珊瑚。1983年毕业于集美大学美术学院，师从著名花鸟画家林金定。现任闽西书画院院长、中国美术家协会会员、福建省花鸟画学会副主席、国家二级美术师、福建省美术家协会理事、福建省画院特聘画师、福建省开明画院副院长、龙岩市美术家协会副主席、龙岩市政协委员。

1988年、1989年，被龙岩市人民政府授予文艺“创作成果奖”。1993年，被龙岩地区文联授予“龙岩地区十项文艺创作成果奖”。1997年，被中共龙岩市委，龙岩市人民政府授予“文艺创作百花奖二等奖”。2012年，被龙岩市委宣传部、市人事局、市文联等部门评为“优秀文艺工作者”。在龙岩市委、市政府首届、二届、三届“闽西文化奖”评选中获二等奖、三等奖。

1988年，作品《密林春深》获“福建省第四届青年美展”优秀作品奖（最高奖）。1992年，创作大型作品《浴春》，入选由中国美术家协会主办的“全国首届中国花鸟画展览”，并入编大型画集《中国花鸟画》。1996年，作品《清风悠远》参加文化部中国展览交流中心等单位主办的“中国当代著名花鸟画家作品展”，获优秀奖。1997年，作品《醉春》参加文化部、河南省人民政府主办的“全国牡丹竞选国花画展”，获优秀作品奖。1999年，作品《三月晨风》入选中国美协主办的“中国画三百家”展览。2002年，作品《春晓》入编人事部等部门主办的“当代中国画杰出人才奖”。2005年，作品《青霞紫雪》入选福建省委宣传部、省文化厅主办的“福建省第二届社区文化艺术节画展”，获银奖。2008年，作品《沐春》获“全国第十四届群星奖”比赛福建省选拔赛银奖。2009年，作品《冬之韵》获“青海省第十二届美展”金奖。

2009年，编著花鸟画学谱《兰花》，由河南美术出版社出版。2010年5月，福建美术出版社出版唯美新势力《胡益通写意花鸟画精品集》。2014年，编著当代名家画范《胡益通写意紫藤》，由福建美术出版社出版。

胡和春 1964年4月生，上珊瑚村人，汉语言文学本科毕业，特级教师，中学高级教师，龙岩市普通教育教学研究室小学、幼儿教研室副主任。福建省小学语文教学委员会（简称“小语会”）副会长、龙岩市特级教师协会副秘书长，龙岩市高级教师职务评审评委，人民教育出版社教材培训专家。

教研成果颇丰。共撰写120余篇论文分别在《中国小学语文教学论坛》《小学语文教学》《小学语文教师》《福建教育》《小学教学参考》《小学教学研究》《小学教学》《上海教育》等26家CN级教育刊物发表；3篇论文在全国论文评奖中获奖：《作文课堂教学结构试析》1995年获中国教育学会十年教学成果优秀论文，《充分利用教材，加强语言文字训练》1998年10月获全国“小语会”论文评奖二等奖，《活——作文教学追求理想境界》2000年9月在全国“小语会”成立20周年大会上获一等奖。担任人民教育出版社《语文练习》、福建人民出版社《顶尖语文训练》、福建教育出版社《小学作文评改练》《小学生学习指导丛书》、福建少年儿童出版社《乡土教材》、海峡文艺出版社《快乐语文同步作文》、鹭江出版社《小学生读写算》等24套教学用书的编委、编写工作，总撰稿约200余万字；主持10项教育部、省、市重点教育课题研究的具体实施工作；指导20位教师课堂教学获全国、省一、二等奖；曾多次到浙江、深圳市、云南及全省各地市讲学、指导。教研成果曾在《福建教育》、河南《小学教学》、浙江《教学月刊》等作介绍。获得50多次县级以上教育、教学荣誉，主要有：2006年被评为福建省特级教师，2010年被评为全国“小语会”“先进工作者”，2011年被评为福建省“小学语文学科带头人”，2001年被评为福建省“优秀教研员”，2012年获“龙岩市名师”称号，1998年、2003年被评为“市管优秀青年专业人才”。2005年5月，《福建论坛》以《难得糊涂，活得明白》为题，专版报道其个人成长小记，影响较大。

胡康福 1965年7月生，上珊瑚村人。业余喜好摄影，现为福建省旅游摄影协会会员、福建省建设摄影协会常务理事、龙岩市摄影家协会会员、上杭县摄影家协会理事。擅长建筑和风光摄影，并以此呼吁古建筑保护、探索古建筑文化内涵。摄影作品主要获奖、参展情况：2012年，《长虹卧波》获上杭县“水利杯”摄影比赛二等奖。2013年8月，《才溪列宁堂》《临江楼》获龙岩市首届古建筑摄影大赛优秀奖；同年，《山城大道》获龙岩市“创森杯”森林城市摄影大赛三等奖。2015年6月，《梦宏居》入选由福建省文化厅主办的“忘不了的乡愁—派江吻海、山水相依的八闽古村落古民居摄影展”；同年9月，《多彩汀江》获上杭县美丽库区摄影赛三等奖；同年12月，《仰望树王》获上杭县“秀美杭川·森林上杭”创森杯摄影赛一等奖。

林兆才 1966年6月生，彩坑村三潭人。2007年加入中国共产党。市政一级建造师。1989年赴深圳特区就业，1993—2003年，在港资企业任高级主管。2004年，在龙岩市经济技术开发区创办闽西唯一起重机制造企业—龙岩市恒力起重机械有限公司，任公司法人代表、董事长。凭借起重机械的专业水平和成熟技术，该公司在起重机械行业迅速崛起，产品供应网络遍及全国各地。公司以一流的产品质量和精湛的技术服务受到省、市技术监督部门和用户的一致好评。

陈东彩 1967年8月出生，下珊瑚村人。1987年龙岩师专毕业后分配到官庄中学工作，后参加福师大自学考试获得本科文凭 ，1997年调回珊瑚中学工作，2001年考入上杭县第三中学工作，现为语文科中学高级教师。工作认真负责，兢兢业业，善于培优创新，多次指导学生参加作文竞赛或科技创新大赛荣获国家级和省市级各项奖励。在第九届全国新课标中小学生作文大赛中，陈东彩被全国新课标教育研究中心和中国青少年写作研究中心评为全国优秀指导教师。平时注重教学经验总结，先后在《中学语文教学》《文学教育》等刊物发表教育教学论文十余篇；业余还进行文学创作，在《南疆诗刊》《中国诗歌》《闽西日报》等报刊发表诗歌20余首。此外，他还利用业余时间自学科学知识，从事科学研究，于2008年开始将创新研究成果申报国家专利，至今已有一百余项获得国家知识产权局颁发的专利证书，其中，“可拆换的两用锅刷”“溺水救生包”等国家专利在海峡两岸职工创新成果展中荣获金奖银奖或铜奖，其事迹经县市电视台、《闽西日报》、闽西新闻网、豆丁网、福建之窗、应用技术网等新闻媒体多次报道及转播，媒体称之为“最牛语文老师”“发明达人”，广为传颂。

张　兴 1973年生，下坑村人。政协上杭县第十一届委员会委员。业余喜好摄影，为福建省摄影家协会会员，上杭县摄影家协会常务副会长。部分摄影作品在《闽西日报》等报刊发表，多幅作品入选县级以上摄影展或在县级以上摄影大赛中获奖。2005年9月，张兴创办上杭网(www.364200.cn)。该网已成为上杭了解世界，世界了解上杭的开放式网络平台，成为上杭名副其实的第一网媒。

第三节　人物表

一、已知明清至民国时期珊瑚籍任乡科级以上人员名录

表 19-1

姓　名	村　别	主要职务	附　注
胡　广	珊　瑚	广东省海丰县知县	明天顺六年至成化二年（1462—1466 年）
张开茂	下　坑	清光绪年间驻台湾总兵	下坑《张氏族谱》，下坑村提供
陈　会	珊　瑚	明正德年间禀生，任崇安训导	民国《上杭县志》P404，（陈百菜采访）
张仰高(翘然)	珊　瑚	直隶曲周承审员	民国《上杭县志》P478
张清源	珊　瑚	清同治间由行伍任营千总，加都司衔	民国《上杭县志》P452
陈平策	珊　瑚	清乾隆年间禀生，任瑞金教喻	民国《上杭县志》P464，（陈百菜采访）
陈国桢	下珊瑚	五品军衔	民国《上杭县志》P461，P902。咸丰十一年(1860 年)，太平军犯境，力战不敌死亡，同治八年(1869 年)给云骑尉世职
陈旺儒	下珊瑚	从九品	民国《上杭县志》P461，P902。咸丰十一年(1860 年)，太平军犯境，力战不敌死亡，同治八年(1869 年)给云骑尉世职
陈承恩	珊　瑚	六品军功	民国《上杭县志·勇烈传》P902。咸丰十一年(1860 年)，太平军犯境，率乡民防御有劳，同治八年(1869 年)给六品军功
陈　群	下珊瑚	庠生，钦加六品	珊瑚《陈氏族谱》（陈天禄第三子）
张国桢	下　坑	黄埔军校第 4 期学员，曾任红军大队长	1932 年 10 月，打瑞金城牺牲。居官庄曾泗，列入官庄烈士英名录（下坑村提供）
陈瑞玉	下珊瑚	民国时期珊瑚乡乡长	采访录
张极昌	下　坑	民国期间代上杭县临时参议员	下坑村提供
胡锦峰(荣现)	上珊瑚	民国时期珊瑚乡乡长、平安乡民代表会主席	《杭武胡氏族谱》
胡丽峰(胡维容)	上珊瑚	民国时期珊瑚联保办事处主任	《杭武胡氏族谱》
陈国祥	下珊瑚	省军区十九团，连长	据上杭县档案馆资料
胡兴孝(胡家瑞)	上珊瑚	国民革命军新编第一师上校	《杭武胡氏族谱》
陈必正	上珊瑚	珊瑚乡乡长（民国末期）	
张荣宝	彩　坑	官庄区武装部部长、珊瑚乡苏维埃政府主席	

二、已知新中国成立后珊瑚籍处级以上干部名录

表 19–2

姓　名	村　别	工作单位及职务	附　注
陈嘉珍	下珊瑚	云南武警总队边防局副局长	正师级
陈景长	下珊瑚	桂林空军学院教授，文职三级	大校军衔
陈荣和	下珊瑚	福建省公安厅现役军人办公室主任	大校警衔
詹玉胜	下　坑	龙岩军分区干休所所长，文职三级	大校军衔
梁星华	彩　坑	广东省军区装备部副部长	大校军衔
陈昆和	下珊瑚	总参谋部 63 研究所，文职四级	大校军衔
陈添贵	下珊瑚	福建省委宣传部办公室主任	2016 年 10 月任省委文明办常务副主任（副厅）
陈加仁	下珊瑚	中国商业对外经济技术合作公司副经理	正　处
张锦辉	彩　坑	农业部国际交流服务中心副主任	正　处
陈祥伦	下珊瑚	南平市教育局督导室主任	正　处
陈畹晨	下珊瑚	云南畹町经济开发区党委书记	正　处
陈秀梅	下珊瑚	昆明海关财务处处长	
胡金祥	上珊瑚	上杭县政协副主席	
陈亨祥	上珊瑚	龙岩市公安局副调研员	
胡富钦	上珊瑚	中国华电集团发电运营有限公司办公室主任	正　处
陈日耀	上珊瑚	龙岩市中级人民法院副处级审判员	四级高级法官
梁华琪	彩　坑	福建省农村信用社联合社合规与风险管理部总经理	正　处
蓝和金	彩　坑	广州市天河区前进街道办事处副调研员	副　处

三、已知珊瑚籍高级专业技术职务人员名录

表 19–3

姓　名	性别	村　别	职　称	认定时间	工作单位
张磷书(瑞从)	男	下　坑	教　授		台南师范学院
胡亮光	男	上珊瑚	教授、硕士生导师		天津大学热能研究所
胡生明	男	上珊瑚	教　授		浙江大学土木系
陈先通	男	下珊瑚	高级工程师		航天科工集团第三研究院
陈祥寿	男	下珊瑚	副教授		南京航空航天大学
陈品玉	男	下珊瑚	高级经济师		宝鸡市
蒋爱芬	女	下珊瑚	高级工程师		宝鸡市
陈光荣	男	下珊瑚	教授级高级工程师		山西省化工厅化学矿产总公司
胡庆安	男	上珊瑚	高级工程师	1988	攀枝花电业局、钢铁厂
陈利科	男	下珊瑚	高级政工师	1992	龙岩被单厂
陈振生	男	上珊瑚	高级农艺师		长汀县农业局
陈景长	男	下珊瑚	教　授	1995	桂林空军学院
张锦辉	男	彩　坑	译审（正高级）	1999	农业部国际交流服务中心
陈明和	男	下珊瑚	教授、博士生导师		南京航空航天大学
陈　彦	男	下珊瑚	副教授		福建农林大学
蓝林祥	男	华　竹	博士后研究员	2013	德国
陈瑞毅	男	下珊瑚	高级工程师	1996	福建联美建设集团
陈富芳	男	下珊瑚	高级工程师	1998	三明钢铁厂
陈云龙	男	下珊瑚	高级工程师	1999	国土资源部
陈光绍	男	下珊瑚	副教授		集美大学
胡富钦	男	上珊瑚	高级工程师	2004.12	中国华电集团发电运营有限公司
胡庆堂	男	上珊瑚	化工高级工程师		福建福人木业有限公司
胡金祥	男	上珊瑚	高级会计师	2007.05	上杭县政协
陈景和	男	下珊瑚	高级工程师	2009	福建省特种设备监督检验所
胡永权	男	上珊瑚	高级工程师	2013.12	福建启光工程设计公司
蓝秋玲	女	上珊瑚	高级工程师	2013	上杭县水利局
胡康福	男	上珊瑚	高级工程师(工程检测)	2016	上杭县建设工程质量安全监督站

续表 19-3

姓　名	性别	村　别	职　称	认定时间	工作单位
梁星华	男	彩　坑	高级工程师	2003.10	广东省军区装备部
陈雨田	男	下珊瑚	主任医师	2009	上杭县医院
陈新伟	男	下珊瑚	副教授（博士）	2012	闽江学院
胡桂福	男	上珊瑚	高级工程师		厦门天垣项目工程管理公司
张荣华	男	下　坑	高级政工师	2013.03	厦门快速公交场站嘉庚中心站
陈祥伦	男	下珊瑚	中学高级教师	1988	南平市教育局督导室
陈育民	男	下珊瑚	中学高级教师	1990	上杭县教师进修学校
陈正元	男	下珊瑚	中学高级教师	1995	上杭县职业中专
陈渭文	男	上珊瑚	中学高级教师	1996.05	珊瑚中学，1979–1983 年任官庄中学校长兼书记
陈育辉	男	下珊瑚	中学高级教师	1996.05	官庄中学，1982–1999 年任官庄中学副校长
陈贵坤	男	上珊瑚	中学高级教师	1996.05	珊瑚中学，1989.01—1990.08 年任珊瑚中学书记兼副校长主持工作
陈利洲	男	下珊瑚	中学高级教师	1997.05	珊瑚中心小学
胡和春	男	上珊瑚	中学高级教师	2000.01	龙岩市教育局普教室
胡凤祥	男	上珊瑚	中学高级教师	2000	上杭五中
陈育红	男	下珊瑚	中学高级教师	2001	珊瑚中心小学
陈洪祥	男	上珊瑚	中学高级教师	2003	珊瑚中学
胡铨通	男	上珊瑚	中学高级教师	2004.09	珊瑚中心小学
胡根春	男	上珊瑚	中学高级教师	2005	珊瑚中学，曾任珊瑚中学副校长
陈东彩	男	下珊瑚	中学高级教师	2005	上杭三中
胡长华	男	上珊瑚	中学高级教师	2006	官庄中学，曾任回龙中学副校长、官庄中学副书记、副校长
陈福添	男	下珊瑚	中学高级教师	2006	上杭一中
蓝启茂	男	华　竹	中学高级教师	2007	上杭县教育局教仪站
蓝思华	男	华　竹	副教授		闽西职业技术学院
胡喜嘉	男	上珊瑚	中学高级教师	2008	官庄中学
陈耀华	男	下珊瑚	中学高级教师	2013.07	上杭五中
胡思贤	男	上珊瑚	中学高级教师	2013.11	明强中学
胡　炜	男	上珊瑚	中学高级教师	2013.11	官庄中学

四、已知珊瑚籍获县团级以上表彰的先进人物名录

表 19–4

姓　名	村　别	所在单位	荣誉称号	授奖机关	获奖年份
陈瑞春	下珊瑚	志愿军 237 团	三等功 2 次、四等功 1 次	志愿军 237 团政治处	1950
胡明现	上珊瑚	上珊瑚	福建省劳动模范	福建省人民政府	1950.09
			上杭县劳动模范	上杭县人民政府	1951
陈亨和	下珊瑚	珊瑚乡农技站	科技战线先进工作者、县劳动模范	上杭县政府	1977
陈亨和	下珊瑚	珊瑚乡农技站	农技推广先进工作者	龙岩地区农业局	1978
詹玉胜	下　坑	龙岩干休所	三等功	福州军区	1978、1980、1984
陈　妹	华　竹	华竹村	全国三八红旗手	全国妇联	1979
梁星华	彩　坑	广东省军区	二等战功（中越边境自卫还击）	53027 部队	1979
梁星华	彩　坑	53508 部队	二等战功（中越边境自卫还击）	53027 部队	1982、1983
梁星华	彩　坑	广东省军区	三等战功	53027 部队	1984、1986
陈作球	下珊瑚	珊瑚中心小学	先进工作者	上杭县政府	1984
陈亨和	下珊瑚	珊瑚乡农技站	长期坚持农村农牧渔业技术推广工作做出成绩	农牧渔业部	1985
陈嘉珍	下珊瑚	云南边防局	二等功	武警总队政治部	1985
陈景长	下珊瑚	桂林空军学院	科技进步三等奖	广州军区空军	1985、1986、1987
陈瑞毅	下珊瑚	福建省煤建公司	先进生产者	省煤建公司	1985
陈瑞毅	下珊瑚	福建省煤建公司	新长征突击手	团省委	1986
陈光荣	下珊瑚	山西化学矿产公司	“七五”期间安全先进个人	化工部矿产局	1987
陈嘉珍	下珊瑚	云南边防局	三等功	武警总队政治部	1987
陈瑞毅	下珊瑚	福建省煤建公司	劳动模范	煤建公司	1987
陈瑞毅	下珊瑚	福建省煤建公司	三等功、先进生产者	煤建公司	1988
胡金祥	上珊瑚	上杭县财政局	财政财务先进工作者	上杭县政府	1988
陈嘉仁	下珊瑚	中国商业外经公司	优秀共产党员	商业部	1988

续表 19–4–1

姓　名	村　别	所在单位	荣誉称号	授奖机关	获奖年份
梁星华	彩　坑	53207 部队	优秀共产党员	53027 部队	1988
陈　尧	下珊瑚	珊瑚学区	优秀教师	龙岩地区行政公署	1989
梁星华	彩　坑	广东省军区	优秀党员	123 师	1989
张清从	下　坑	空军雷达 26 团	三等功	87088 部队	1989
蓝和金	彩　坑	上杭城关镇政府	好军嫂	上杭县政府	1989
陈瑞毅	下珊瑚	福建省煤建公司	改革开放青年先锋	共青团三明市委	1989
陈启彬	下珊瑚	珊瑚中心小学	优秀共产党员	中共上杭县委	1989
陈启彬	下珊瑚	珊瑚中心小学	优秀教师、先进教师	上杭县政府	1989
梁星华	彩　坑	53023 部队	优秀党员	53023 部队	1990
陈利华	下珊瑚	珊瑚建筑公司	先进工作者	上杭县委、县政府	1990
陈利洲	下珊瑚	珊瑚学区	学雷锋先进个人	上杭县政府	1990
刘松金	下珊瑚	珊瑚中心小学	优秀班主任	上杭县委、县政府	1990
胡先富	上珊瑚	珊瑚学区	优秀班主任	龙岩地区行政公署	1990
蓝和金	彩　坑	上杭城关镇政府	优秀妇女干部	上杭县委、县政府	1991
陈明和	下珊瑚	南京航空航天大学	科技进步二等奖	中国航空公司	1992
陈松林	下珊瑚	步兵 5811 师通信营三连	三等功	54642 部队司令部	1992
蓝和金	彩　坑	上杭城关镇政府	三八红旗手	福建省妇联	1992
胡华新	上珊瑚	上珊瑚村	先进工作者	上杭县委、县政府	1992
蓝和金	彩　坑	上杭城关镇政府	军人好妻子	福建省政府	1992
胡宁春	上珊瑚	上珊瑚村	先进工作者	上杭县委、县政府	1992
陈亨祥	上珊瑚	连城姑田镇	民兵政治教育先进个人	龙岩地委、龙岩军分区	1992
陈亨祥	上珊瑚	连城姑田镇	社会主义教育优秀个人	龙岩地委、行署	1992

续表 19-4-2

姓　名	村　别	所在单位	荣誉称号	授奖机关	获奖年份
陈增初	下珊瑚	珊瑚乡政府	先进个人	上杭县委、县政府	1993
胡金祥	上珊瑚	上杭县财政局	省公费医疗管理先进工作者	上杭县委、县政府	1993
张清从	下　坑	空军高炮团	三等功	86640 部队	1993
胡庆生	上珊瑚	珊瑚中心小学	先进教师	上杭县委、县政府	1993
胡庆梅	上珊瑚	珊瑚中心小学	优秀教师	上杭县委、县政府	1993
陈育红	下珊瑚	珊瑚中心小学	希望工程园丁奖	中国青少年发展基金会	1994
胡华新	上珊瑚	上珊瑚村	先进个人	上杭县委、县政府	1994
胡铨通	上珊瑚	珊瑚中心小学	农村优秀教师	上杭县委、县政府	1994
陈启彬	下珊瑚	珊瑚中心小学	实施义务教育先进工作者	上杭县委、县政府	1994
梁星华	彩　坑	广东省军区	三等功	1647 部队	1995
蓝和金	彩　坑	上杭城关镇政府	军人好家属	上杭县委、县政府	1995
梁星华	彩　坑	5380 部队	优秀党员	5380 部队	1995
梁华福	彩　坑	珊瑚学区	先进教育工作者	上杭县委、县政府	1995
胡华新	上珊瑚	上珊瑚村	先进个人	上杭县委、县政府	1995
陈文祥	上珊瑚	龙岩地区交警支队	优秀交警	省交警总队	1995
陈利洲	下珊瑚	珊瑚学区	优秀共产党员	上杭县委、县政府	1995
胡华新	上珊瑚	上珊瑚村	民兵科技致富带头人	上杭县人民武装部	1995
陈启彬	下珊瑚	珊瑚学区	先进教育工作者	龙岩地区行署	1995
陈万生	下珊瑚	中山市人民检察院	先进工作者（多次）	中山市人民检察院	1995—2015
胡华新	上珊瑚	上珊瑚村	优秀党员	上杭县委	1995
胡华新	上珊瑚	上珊瑚村	先进个人	上杭县委、县政府	1996
陈加练	下珊瑚	上杭县人民检察院	“严打”先进个人	中共龙岩地委	1995—1996

续表 19-4-3

姓　名	村　别	所在单位	荣誉称号	授奖机关	获奖年份
胡华新	上珊瑚	上珊瑚村	新长征突击手	共青团福建省委	1996
梁星华	彩　坑	广东省军区	优秀党员	41 集团军	1996
胡金祥	上珊瑚	上杭县财政局	税务财务物价大检查工作，先进个人	省政府大检查领导小组	1996
梁星华	彩　坑	广东省军区	三等功	41 集团军	1997
蓝和金	彩　坑	上杭城关镇政府	模范优抚对象	龙岩市委、市政府	1997
陈启彬	下珊瑚	珊瑚学区	先进教育工作者	上杭县委、县政府	1997
胡先富	上珊瑚	珊瑚学区	优秀教师	上杭县委、县政府	1997
陈育红	下珊瑚	珊瑚中心小学	特级教师	福建省政府	1998
梁星华	彩　坑	23010 部队	优秀党员	23010 部队	1998
陈明和	下珊瑚	南京航空航天大学	科技进步三等奖	中国航空公司	1998
张荣华	下　坑	空八军	团级个人三等奖	86506 部队	1998
张荣华	下　坑	空八军	集体二等功	空八军	1998
陈育红	下珊瑚	珊瑚中心小学	优秀教师	上杭县委、县政府	1998
陈文祥	上珊瑚	龙岩市交警支队	精神文明先进工作者	龙岩市委、市政府	1998
蓝和金	彩　坑	广西柳州鱼峰街道办事处	先进工作者、城市绿化先进工作者	鱼峰区委、区政府，柳州市绿化委	1999
陈启通	下珊瑚	珊瑚中心小学	优秀教师	上杭县委、县政府	1999
陈加练	下珊瑚	上杭县人民检察院	省林业检查先进个人	福建省人民检察院	2000
梁星华	彩　坑	广东省军区	全国绿化奖章	国务院绿化委	2000
梁星华	彩　坑	41 集团军后勤部	三等功	53010 部队	2000
蓝和金	彩　坑	广州天河街道办事处	优秀军嫂	陆军第 11 集团军政治部	2000
陈日耀	上珊瑚	龙岩市中级人民法院	优秀党员	市中级人民法院党委	2000
梁星华	彩　坑	广东省军区装备部	三等功	广东省军区装备部	2001

续表 19–4–4

姓　名	村　别	所在单位	荣誉称号	授奖机关	获奖年份
蓝和金	彩　坑	广州天河区前进街道办事处	精神文明先进工作者	柳州市精神文明办	2001
蓝和金	彩　坑	广州天河区前进街道办事处	城市绿化先进工作者	柳州市绿化委	2001
陈雨田	下珊瑚	上杭县医院	卫生系统先进工作者	上杭县委、县政府	2001
梁星华	彩　坑	广东省军区	全国绿化劳动模范	全国绿化委员会、人事部、国家林业局	2001
胡和春	上珊瑚	龙岩市教育局普教室	优秀教研员	福建省政府	2001
梁星华	彩　坑	广东省军区	全国绿化先进工作者	全国绿化委员会	2001
胡长春	上珊瑚	珊瑚中心小学	优秀教师	上杭县委、县政府	2001
陈芹生	下珊瑚	珊瑚中心小学	优秀教师	上杭县委、县政府	2001
梁星华	彩　坑	广东省军区装备部	优秀共产党员、三等功	广东省军区装备部	2002
詹玉胜	下　坑	龙岩军分区	先进老干部工作者	福建省军区	2002
陈荣和	下珊瑚	福建省公安厅	优秀共产党员	省公安厅	2002
梁星华	彩　坑	广东省军区装备部	优秀共产党员	广州军区装备部	2002
梁星华	彩　坑	53010 部队	三等功	53101 部队	2002
梁星华	彩　坑	广东省军区装备部	绿化先进个人	广西区政府	2002
陈雨田	下珊瑚	上杭县医院	优秀共产党员	上杭县委	2002
陈日耀	上珊瑚	龙岩市中级人民法院	优秀共产党员	市中级人民法院党委	2002
胡锦春	上珊瑚	龙岩市经委	信息宣传先进工作者	省乡镇企业局	2002
张荣华	下　坑	86506 部队	三等功	86506 部队	2002
胡金祥	上珊瑚	上杭县财政局	2001 年度政协委员为促进上杭经济社会发展贡献奖	上杭县政协	2002
胡金祥	上珊瑚	上杭县财政局	优秀共产党员	中共龙岩市委	2003
陈荣和	下珊瑚	福建省公安厅	优秀共产党员	省公安厅	2003
陈雨田	下珊瑚	上杭县医院	县卫生系统先进工作者	上杭县委、县政府	2003

续表 19-4-5

姓　名	村　别	所在单位	荣誉称号	授奖机关	获奖年份
梁星华	彩　坑	广东省军区装备部	三等功	广州军区装备部	2003
陈福文	下珊瑚	珊瑚中心小学	优秀教师	上杭县委、县政府	2003
梁华福	彩　坑	珊瑚学区	先进教育工作者	上杭县委、县政府	2003
张清从	下　坑	陕西陆军预备役高炮师	基层优秀工作者	省委、省政府、省军区	2003
陈文祥	上珊瑚	龙岩市交警支队	安全生产先进工作者	龙岩市委、市政府	2004
詹玉胜	下　坑	龙岩干休所	老干部先进工作者	福建省军区	2004
梁星华	彩　坑	广东省军区装备部	优秀共产党员	广州军区装备部	2004
陈亨祥	上珊瑚	龙岩市公安局	三等功	福建省军区	2004
陈文祥	上珊瑚	龙岩市交警支队	个人嘉奖	龙岩市政府	2005
胡水祥	上珊瑚	珊瑚中心小学	优秀少先队辅导员	共青团龙岩市委	2005
胡金祥	上珊瑚	上杭县财政局	优秀人大代表	县人大常委会	2005
陈荣和	下珊瑚	福建省公安厅	优秀共产党员	省公安厅党委	2005
张荣华	下　坑	厦门快速公交场站嘉庚中心站	宣传工作先进个人、先进工作者	厦门市公路局	2005
陈文祥	上珊瑚	龙岩市交警支队	先进个人、个人嘉奖	龙岩市公安局	2005，2006
胡金祥	上珊瑚	上杭县财政局	五一劳动奖章	福建省总工会	2006
			龙岩市第九届（2003–2005 年度）精神文明先进工作者	龙岩市委、市政府	2006
			全省财政系统先进工作者	省财政厅、省人事厅	2006
陈福文	下珊瑚	珊瑚中心小学	优秀班主任	上杭县政府	2006
胡富钦	上珊瑚	华电集团发电运营公司	防汛防台先进个人	华电福建公司	2006
陈明和	下珊瑚	南京航空航天大学	科技进步一等奖	教育部	2006
胡宁春	上珊瑚	珊瑚乡政府	2004—2005 年度“三进农家”系列活动先进个人	上杭县委	2006
胡和春	上珊瑚	龙岩市教育局普教室	省特级教师	福建省政府	2006

续表 19-4-6

姓　名	村　别	所在单位	荣誉称号	授奖机关	获奖年份
胡长春	上珊瑚	珊瑚中心小学	优秀教师	上杭县委、县政府	2006
张荣华	下　坑	厦门快速公交场站嘉庚中心站	先进生产工作者，优秀共产党员	厦门市公路局，局党委	2007
胡　建	上珊瑚	龙岩市森林公安局梅花山分局	创建农村机制先进工作者	龙岩市委、市政府	2007
胡锦春	上珊瑚	龙岩市经委	红土先锋先进个人	龙岩市委、市直机关工委	2007
陈日耀	上珊瑚	龙岩市中级人民法院	信访先进工作者	龙岩市委、市政府	2007
陈万生	下珊瑚	广东省中山市人民检察院	三等功	中山市人民检察院	2008
胡庆煌	上珊瑚	湖洋乡政府	农业普查先进个人	省第二次农业普查领导小组	2008
陈昆和	下珊瑚	总参谋部 63 研究所	三等功	总参谋部 63 研究所	2008
陈添贵	下珊瑚	福建省委宣传部	省政研系统先进工作者	省委宣传部	2008
陈芹生	下珊瑚	珊瑚中心小学	优秀教师	上杭县委、县政府	2008
胡　建	上珊瑚	龙岩市森林公安局梅花山分局	个人三等功	福建省森林公安厅	2009
陈日耀	上珊瑚	龙岩市中级人民法院	社会治安综合治理先进工作者	龙岩市人事局	2009
陈昆和	下珊瑚	总参谋部 63 研究所	三等功	总参谋部 63 研究所	2009
陈添贵	下珊瑚	福建省委宣传部	优秀共产党员	省委宣传部	2009
胡富钦	上珊瑚	华电集团	安全生产先进个人	华电集团公司	2009
陈育红	下珊瑚	珊瑚中心小学	教书育人先进个人	上杭县委、县政府	2009
陈育红	下珊瑚	珊瑚中心小学	龙岩市名师	龙岩市政府	2009
胡金祥	上珊瑚	上杭县委办	三等功总参谋部	中共上杭县委	2010
陈裕元	上珊瑚	珊瑚乡政府	县劳动模范	上杭县人民政府	2010
胡庆煌	上珊瑚	湖洋乡政府	经济普查市级先进个人	市经济普查领导小组	2010
胡和春	上珊瑚	龙岩市教育局普教室	先进工作者	全国“小语会”	2010
陈云彩	下珊瑚	官庄乡水利工作站	先进水利工作站站长	福建省水利厅	2011

续表 19-4-7

姓　名	村　别	所在单位	荣誉称号	授奖机关	获奖年份
梁星华	彩　坑	广东省军区	民兵报废弹药销毁先进个人	广州军区	2011
胡和春	上珊瑚	龙岩市教育局普教室	小学语文科带头人	福建省政府	2011
陈添贵	下珊瑚	福建省委文明办	精神文明先进个人	福建省委宣传部	2011
陈瑞珍	下珊瑚	珊瑚中心小学	优秀班主任	上杭县委、县政府	2011
胡和春	上珊瑚	龙岩市教育局普教室	龙岩市名师	龙岩市政府	2012
胡　建	上珊瑚	龙岩市森林公安局梅花山分局	省公安民警荣誉章（银质）	福建省公安厅	2012
张荣华	下　坑	厦门市公路局	先进个人	厦门市园林局	2012
陈添贵	下珊瑚	福建省委文明办	优秀公务员	中共福建省委	2012
陈育红	下珊瑚	珊瑚中心小学	福建省第三届杰出人民教师	福建省政府	2012
陈育红	下珊瑚	珊瑚中心小学	全县创先争优优秀党员	上杭县委	2012
胡　建	上珊瑚	龙岩市森林公安局梅花山分局	个人三等功	中共福建省委	2013
陈添贵	下珊瑚	福建省委宣传部	优秀党务工作者	福建省委宣传部	2013
梁星华	彩　坑	广东省军区	军队科技进步三等奖	广东省军区	2013
陈荣和	下珊瑚	山东省公安厅	优秀党务工作者	山东省公安厅党委	2013
张荣华	下　坑	厦门市公路局	优秀党务工作者	厦门市轨道集团	2013
陈育红	下珊瑚	珊瑚中心小学	福建省最美人物——最美教师提名奖	福建省委宣传部	2013
胡庆煌	上珊瑚	上杭县人事局	先进工作者	上杭县委、县政府	2013
张家福	下　坑	上杭县公安局	全国打击食品犯罪保卫餐饮安全专项行动成绩突出个人	公安部	2014
胡　建	上珊瑚	龙岩市森林公安局梅花山分局	优秀党务工作者	中共福建省委	2014
张荣华	下　坑	厦门市公路局	优秀基层党组织书记	厦门市轨道集团党总支	2014
梁星华	彩　坑	广东省军区装备部	装备训练先进个人	广州军区	2014
梁华福	彩　坑	珊瑚中心小学	优秀共产党员	中共上杭县委	2014

续表 19-4-8

姓　名	村　别	所在单位	荣誉称号	授奖机关	获奖年份
胡锦春	上珊瑚	龙岩市经委	优秀党务工作者	龙岩市直机关工委	2014
陈国柱	下珊瑚	珊瑚中心小学	优秀教师	上杭县委、县政府	2014
胡庆生	上珊瑚	珊瑚中心小学	优秀教师	上杭县委、县政府	2014
陈书强	下珊瑚	上杭职业中专	优秀班主任	上杭县政府	2015
陈育红	下珊瑚	珊瑚中心小学	感动福建十大人物	福建省委宣传部	2015
陈昆和	下珊瑚	总参谋部 63 研究所	三等功总参谋部	总参谋部 63 研究所	2015
胡锦春	上珊瑚	龙岩市经委	服务项目先进个人	龙岩市委、市政府	2015
胡庆生	上珊瑚	珊瑚中心小学	优秀教师	上杭县委、县政府	2015
胡宁春	上珊瑚	珊瑚乡司法所	2011—2015 县法治宣传教育先进工作者	上杭县委、县政府	2015
胡瀚元	上珊瑚	上杭县人民法院	省优秀少先队志愿者辅导员	团省委、省教育厅省少工委	2015
			第十二届精神文明建设先进工作者	上杭县委、县政府	

五、已知珊瑚籍获博士、硕士学位人员名录

表 19-5

姓　名	性别	村别	学　　位	工作单位
陈明和	男	下珊瑚	工学博士 (博士生导师)	南京航空航天大学
陈书贵	男	下珊瑚	博士（2008 年）	美国凯斯西储大学医学院
陈新伟	男	下珊瑚	博士（2011 年）	闽江学院
陈　彦	男	下珊瑚	博士 (2012 年)	福建农林大学
蓝林祥	男	华　竹	博士（2013 年）	德国马克思·德尔布吕克分子医学中心
陈　霆	男	下珊瑚	博士（2015 年在读）	
张健华	男	下　坑	博士（2015 年在读）	厦门大学
胡国锋	男	上珊瑚	博士（2015 年在读）	
张康从	男	下　坑	南卡罗莱纳大学新闻硕士 卡耐基梅龙大学商业硕士	美国邮政西郊区

续表 19–5

姓　名	性别	村别	学　　位	工作单位
胡金祥	男	上珊瑚	硕　士	上杭县政协
胡水秀	女	上珊瑚	硕　士	上海科技大学
胡富钦	男	上珊瑚	硕　士	中国华电集团发电运营有限公司
陈云彪	男	上珊瑚	硕　士	龙岩学院
胡开兴	男	上珊瑚	硕　士	龙岩市中医院
胡斌昌	男	上珊瑚	硕　士	泉州市中医院
温龙珍	女	上珊瑚	硕　士	福建师范大学
陈添贵	男	下珊瑚	硕　士	福建省委宣传部
陈　岚	女	下珊瑚	硕　士	浙江宁波海军医院
陈喜贞	男	下珊瑚	硕　士	华为集团研发部
陈昆和	男	下珊瑚	硕　士	总参谋部 63 研究所
陈万生	男	下珊瑚	硕　士	广东中山市人民检察院
陈振兴	男	下珊瑚	硕　士	福建海峡银行
李　英	女	下珊瑚	硕　士	上　海
陈汝珍	男	下珊瑚	硕　士	上　海
陈伟峰	男	下珊瑚	硕　士	厦门咪咕动漫文化科技公司（中国移动）
梁星华	男	彩　坑	硕　士	广东省军区装备部
张家彦	男	下　坑	硕　士	旅美
张茶英	女	下　坑	硕　士	龙岩市第二医院
陈紫云 （陈颖辉）	男	上珊瑚	硕士（2015 年在读）	福建省司法厅
陈　铭	男	下珊瑚	硕士（2015 年在读）	
陈宇凯	男	下珊瑚	硕士（2015 年在读）	澳大利亚
陈天明	男	下珊瑚	硕士（2015 年在读）	南京航空航天大学
蓝梅金	女	华　竹	硕士（2015 年在读）	龙岩市第二医院

六、已知珊瑚籍科级干部名录

表 19-6

姓 名	性别	村 别	单 位	主要职务	附 注
蓝明华	男	华 竹	上杭县委统战部	副部长	
蓝瑞洲	男	华 竹	珊瑚乡政府	乡党委委员、副乡长	
蓝启炎	男	华 竹	上杭县民政局	副 科	
蓝 长	男	华 竹	官庄乡武装部	部 长	
兰启贵	男	华 竹	航空兵 49 师宣传科 龙岩卷烟厂保卫科	营级 科长	
胡加春	男	上珊瑚	上杭老区扶贫办	副主任	
胡庆安	男	上珊瑚	四川攀枝花电力局	科 长	
胡锦春	男	上珊瑚	龙岩市经委办公室	主 任	
陈乔文	男	上珊瑚	南阳镇政府	党委委员	
陈文祥	男	上珊瑚	市交警支队	副支队长	
陈仰粦	男	上珊瑚	清流县农业局	副局长	下坊
胡华新	男	上珊瑚	古田镇	副镇长	2016 年任
林晓军	女	上珊瑚	闽西革命历史博物馆	馆长助理	
陈颖辉	男	上珊瑚	福建省司法厅监狱管理局	正 科	
詹翠丹	女	上珊瑚	福建省监狱管理局	副 科	
胡华俊	男	上珊瑚	湖北宜昌市政法委	副 科	
陈清文	男	上珊瑚	福州城门中学	书记、副校长	
胡 建	男	上珊瑚	龙岩市森林公安局梅花山分局	分局长	
陈 霖	男	上珊瑚	上杭县人民法院立案庭	副庭长	享受副科级职级待遇
胡庆煌	男	上珊瑚	上杭医保中心	副 科	
陈相承	男	下珊瑚	珊瑚乡政府	乡 长	1953.11—1956.04

续表 19–6

姓　名	性别	村　别	单　位	主要职务	附　注
陈瑞春	男	下珊瑚	珊瑚乡政府	区委委员，乡长	
陈衡州	男	下珊瑚	珊瑚乡政府	乡　长	新中国成立初
陈继旺	男	下珊瑚	平安区珊瑚乡政府	区委委员，乡长	
蓝五姑	女	下珊瑚	珊瑚乡政府	副乡长	
陈祥顺 （陈育麟）	男	下珊瑚	才溪公社	革委会主任 税务所所长	离休干部
陈添养	男	下珊瑚	上杭县计委	副　科	
陈增初	男	下珊瑚	珊瑚乡政府	副乡长	
陈利羊	男	下珊瑚	上杭县环保局	副局长	
陈富山	男	下珊瑚	上杭县教育局督导室	副　科	享受正科级职级待遇
陈加练	男	下珊瑚	上杭县人民检察院	副　科	享受正科级职级待遇
陈万生	男	下珊瑚	广东中山市人民检察院	主任（正科）	
陈德连	男	下珊瑚	珊瑚乡政府	副乡长	
陈耀钦	男	下珊瑚	珊瑚乡政府	副乡长	2016 年任
陈有成	男	下珊瑚	清流县里田公社	党委书记	
陈　建	男	下珊瑚	林业局党组成员	副科级	
梁华桂	男	彩　坑	珊瑚乡人大主席团	常务主席	
梁能康	男	彩　坑	双坑乡 银行营业所	乡长 主任（正科）	
张德辉	男	彩　坑	珊瑚乡政府	乡长	1953.11
梁贺华	男	彩　坑	珊瑚乡人大	主席	
张清从	男	下　坑	陕西陆军预备役高炮师	营长	
张荣华	男	下　坑	厦门快速公交场站嘉庚中心站	副站长、党支书	

七、已知珊瑚籍中级专业技术职务人员名录

表 19–7

姓 名	职 称	认定时间	单 位
陈德昌	中学一级教师	1988.04	上杭一中
胡天赐	中学一级教师	1988.09	官庄中学
陈富山	中学一级教师	1998.01	官庄中学
梁启芳	中学一级教师	2001	上杭三中
胡秋香	讲 师	2008.09	福建师范大学
陈书强	讲 师	2010.05	上杭职专
胡庆煌	中学一级教师	2001.08	上杭职业中学
胡钊生	中学一级教师	2005.03	珊瑚中学
胡永荣	中学一级教师	2006	珊瑚中学
陈万斌	中学一级教师	2006	官庄中学
陈松香	中学一级教师	2006	才溪中学
陈耀洪	中学一级教师	2008	才溪中学
陈荣祥	中学一级教师	2009.10	南阳中学，2012 年起任南阳中学副校长
陈德珍	中学一级教师	2009.10	古田中学
胡灿开	中学一级教师	2010	官庄中学
陈刘妹	中学一级教师	2010	上杭一中
叶友琼	小学高级教师	1988	南平市实验小学
黄毓璋	小学高级教师	1988	上杭县实验小学
陈福磷	小学高级教师	1988	珊瑚中心小学
胡庆文	小学高级教师	1988.04	珊瑚学区
胡集金	小学高级教师	1988.05	官庄学区
陈伟文	小学高级教师	1988.3	珊瑚学区
胡集阳	小学高级教师	1988.09	珊瑚学区
陈亨长	小学高级教师	1991.09	珊瑚学区
陈兆全	小学高级教师	1991.09	珊瑚学区
蓝炳兴	小学高级教师	1993.03	珊瑚学区

续表 19-7-1

姓　名	职　称	认定时间	单　位
陈相健	小学高级教师	1993.03	珊瑚学区
胡庆梅	小学高级教师	1996.04	珊瑚学区
陈启彬	小学高级教师	1996.04	珊瑚学区
陈贵发	小学高级教师	1996.04	珊瑚学区
陈利书	小学高级教师	1996.04	珊瑚学区
张集从	小学高级教师	1997.06	珊瑚学区
陈　尧	小学高级教师	1997	珊瑚学区
刘松金	小学高级教师	1998	上杭县实验小学
蓝和标	小学高级教师	1998	珊瑚学区
陈玉荣	小学高级教师	1998	珊瑚学区
胡建生	小学高级教师	1998	珊瑚学区
梁华福	小学高级教师	1998	珊瑚学区
胡庆生	小学高级教师	1998	珊瑚学区
陈作球	小学高级教师	1999.09	珊瑚中心小学
胡先富	小学高级教师	2000	珊瑚学区
胡庆灿	小学高级教师	2001	珊瑚中心小学
胡雄现	小学高级教师	2001	下坑小学
陈瑞珍	小学高级教师	2001	彩坑小学
胡坤开	小学高级教师	2004	上杭县实验小学
陈加铭	小学高级教师	2004	珊瑚中心小学
陈芹生	小学高级教师	2005	珊瑚中心小学
陈金火	小学高级教师	2006	珊瑚中心小学
陈启通	小学高级教师	2006	珊瑚中心小学
陈福文	小学高级教师	2007	珊瑚中心小学
陈节娣	小学高级教师	2007	珊瑚中心小学
胡长春	小学高级教师	2007	珊瑚中心小学

续表 19–7–2

姓　名	职　　称	认定时间	单　　位
陈仙娟	小学高级教师	2007	上杭县实验小学
陈武生	小学高级教师	2009	珊瑚中心小学
陈丽梅	小学高级教师	2009	珊瑚中心小学
胡水祥	小学高级教师	2009	珊瑚中心小学
胡　忠	小学高级教师	2009	珊瑚中心小学
陈冬香	小学高级教师	2009	珊瑚中心小学
陈祥元	工程师	1982	上杭县气象局
陈金标	会计师		上杭县林业局
陈亨隆	会计师		龙岩林业局
陈亨和	农艺师	1987	珊瑚农技站
陈必芹	农艺师	1987	连城农业局
胡纪攸	农艺师	1987	龙海农业局
陈伦起	经济师	1988	上杭县国税局
陈加练	工程师	1989	上杭县林委
陈利洪	工程师	1993	武平县林业局
胡和斌	工程师	1994	上杭县制药厂
詹玉胜	会计师	1995	龙岩军分区
陈永泰	采矿工程师	2001	官庄乡矿管站
胡康福	工业与民用建筑工程师	2001	上杭县建设工程质量安全监督站
	工程检测工程师	2012	
陈武强	兽医师	2002	官庄乡兽医站
陈万昌	兽医师	2002	官庄乡兽医站
陈　萍	会计师	2002	上杭县林业局
陈占园	工程师	2002	珊瑚乡农机站
胡金春	农艺师	2002	上杭县农业局
陈云彩	工程师	2003	官庄乡水利工作站
陈必众	会计师	2003	建筑公司

续表 19–7–3

姓　名	职　　称	认定时间	单　　　位
胡荣庆	经济师	2003	上杭县农行
陈裕高	工程师	2003	上杭建筑公司
陈仁锋	工程师	2003	建筑公司
陈廷武	工程师	2004	福建宏冠建设工程有限公司
张清从	工程师（通讯）	2004	陕西高炮师预备役高炮师
梁启东	工程师	2004	福建春宏建设工程有限公司
陈添富	工程师	2004	广厦建筑公司
梁喜财	工程师	2004	广厦建筑公司
陈　群	工程师	2007	赣龙铁路公司
陈启钦	主治医师	2008.05	珊瑚卫生院
陈利祥	主治医师	2010	珊瑚卫生院
陈祥福	主治医师（内科）	2012	珊瑚卫生院
陈新发	主治医师（普外科）	2012.05	上杭县医院
陈琼英	主管药师		上杭县中医院
林兆才	一级建造师		龙岩恒力起重机械有限公司
陈裕源	工程师	2010	珊瑚乡水利工作站
陈廷忠	工程师	2011	福建春宏建设工程有限公司
梁启升	工程师	2011	福建“同源”建设工程有限公司
陈慈祥	工程师(建筑给排水)	2012	福建春宏建设工程有限公司
胡标丁	工程师	2012	福建春宏建设工程有限公司
胡和国	一级建造师	2011	福建省人力资源开发公司
胡和国	监理工程师	2012	龙岩建筑公司
胡和国	造价工程师（土建）	2014	龙岩建筑公司
陈增辉	工程师	2015.12	上杭县环保局

八、珊瑚乡革命烈士名表

表 19–8

姓　名	性别	出生年月	所在村	入伍时间	原工作单位及职务	是否党团员	牺牲时间、地点及原因
蓝振华	男	1904	华　竹	1929	上杭县西二区上珊瑚乡苏维埃政府赤卫队班长	党员	1929 年在珊瑚与敌作战牺牲
蓝胜桥	男	1880.4	华　竹	1929	上杭县西二区上珊瑚乡苏维埃政府赤卫队队员	党员	1929 年在珊瑚与敌作战牺牲
蓝登发	男	1873.6	华　竹	1929	上杭县西二区上珊瑚乡苏维埃政府赤卫队队员	党员	1929 年在珊瑚与敌作战牺牲
蓝应良	男	1893	华　竹	1929	新杭县官庄区九竹乡苏维埃政府主席	团员	1934 年在朱堡朱紫岩被敌捕后在九华铺水口牺牲
蓝元洲	男	1908	华　竹	1930	红军第四军班长	团员	1930.8 在上杭县南门与敌作战牺牲
蓝榜标	男	1912.3	华　竹	1929	上杭县西二区上珊瑚乡赤卫队队员		1931 年在上杭县古田吊钟岩作战牺牲
蓝发生	男	1904.5	华　竹	1929.1	上杭县官庄区苏维埃政府裁判部长	党员	1930.3 因误为“社会民主党”而被杀害于上杭县旧县，1955.7 追认烈士
陈喜星	男	1908	上珊瑚	1929	新杭县官庄区工人纠察队大队长		1934 年敌人进攻上杭县官庄千家村被俘后在呆婆岭就义
胡集能	男	1912	上珊瑚	1929	红军第十二军三十四师一〇二团排长		1932.11 在长汀县新桥作战牺牲
胡集辉	男	1897	上珊瑚	1929	上杭县西二区上珊瑚乡苏维埃政府主席		1933 年在官庄曾泗村被敌潜入暗杀
胡思庭	男	1905	上珊瑚	1929	红军第十二军独立团事务长		1930 年在上杭县庐丰与敌作战牺牲
陈必贞	男	1905	上珊瑚	1929	上杭县杭北游击大队队员		1929.9 在上杭县白砂与敌作战牺牲

续表 19–8–1

姓　名	性别	出生年月	所在村	入伍时间	原工作单位及职务	是否党团员	牺牲时间、地点及原因
胡思万	男	1904	上珊瑚	1929	红军独立第十师三团排长		1932 年在南阳马洋洞与敌作战牺牲
胡集道	男	1900	上珊瑚	1929	上杭县西二区上珊瑚乡赤卫队队员		1933 年在珊瑚塘里与敌作战牺牲
胡富唐	男	1902	上珊瑚	1929	红军第十二军三十四师一〇一团战士		1930 年后无音讯，1955.2 追认烈士
胡玉明	男	1905	上珊瑚	1933	福建军区教导队排长		1933 年后无音讯，1955.2 追认烈士
胡德明	男	1905	上珊瑚	1929	上杭县西二区游击队队员		1932 年后无音讯，1955.2 追认烈士
胡占盛	男	1885	上珊瑚	1933.2	红军第十二军三十六师一〇七团炊事员		1933.10 在长汀县松毛岭作战负伤于长汀四都医院牺牲
胡养贤	男	1912.3	上珊瑚	1933	红军第十二军三十五师基干连文书		1936 年在江西省于都县作战负伤回家后牺牲
陈贵有	男	1890.3	上珊瑚	1929.6	上杭县西二区珊瑚乡十一游击小队队员		1929.12 在上杭县回龙与敌作战牺牲
胡耀田	男	1907.1	上珊瑚	1930	红军第十二军一〇一团三连战士		1930 年后无音讯，1955.2 追认烈士
胡启富	男	1906.3	上珊瑚	1930	红军第十二军一〇四团连长	党员	1930 年后无音讯，1955.2 追认烈士
胡富兴	男	1913.3	上珊瑚	1929	红军第十二军医院交通员	团员	1933 年在江西省会昌县作战负伤转长汀四都医院后无音讯，1955.2 追认烈士
陈占阶	男	1910.10	上珊瑚	1930	红军第四军一纵队号兵	团员	1930 年后无音讯，1955.2 追认烈士
陈尼妈子	男	1912	上珊瑚	1929	上杭县西二区上珊瑚乡赤卫队队员		1932 年被敌抓去后无音讯，1955.2 追认烈士
陈仲芹	男	1908.10	上珊瑚	1930.9	红军第十二军战士		1930.9 后无音讯，1955.2 追认烈士

续表 19-8-2

姓　名	性别	出生年月	所在村	入伍时间	原工作单位及职务	是否党团员	牺牲时间、地点及原因
陈传星	男	1901	上珊瑚	1929	红军第十二军战士		1930 年后无音讯，1955.2 追认烈士
胡思贵	男	1911	上珊瑚	1932.5	红军独立八团理发员		1935.5 在漳平县永福与敌作战牺牲
胡兴高	男	1912	上珊瑚	1929	红军第十二军机枪连战士		1934 年在长汀县与敌作战负伤后回家牺牲
陈先延	男	1904	上珊瑚	1932.2	福建军区第十师一团三连战士		1932.5 在武平县永平寨与敌作战牺牲
胡维麟	男	1914.12	上珊瑚	1932	红军第十二军一〇一团三连战士		1932 年在武平县万安寨与敌作战牺牲
胡维奎	男	1910.4	上珊瑚	1931.4	红军第十二军一〇一团三连战士		1931 年后无音讯，1955.2 追认烈士
胡维汉	男	1908.11	上珊瑚	1931.4	红军第十二军一〇一团三连战士		1931 年后无音讯，1955.2 追认烈士
陈贵题	男	1908.2	上珊瑚	1932	上杭县官庄区游击队队员		1932 年后无音讯，1955.2 追认烈士
胡启佳	男	1911	上珊瑚	1932	红军第十二军一〇一团三连战士		1932 年后无音讯，1955.2 追认烈士
胡胜忠	男	1900.4	上珊瑚	1929	上杭县独立团副营长		1933 年在上杭县白砂作战牺牲
胡可观	男	1907	上珊瑚	1929	红军第十二军三十四师一〇二团战士		1930 年在武平县吉湖与敌作战牺牲
陈贵禄	男	1913.4	上珊瑚	1932.5	上杭县官庄区游击大队队员		1933.6 在武平县新湖与敌作战牺牲
胡启和	男	1910	上珊瑚	1934.4	红军第十二军战士	党员	1934.10 在长汀县苦竹山与敌作战牺牲
胡作田	男	1916.9	上珊瑚	1934	红军第十二军三十四师一〇一团战士	团员	1934.11 在江西省兴国县与敌作战牺牲

续表 19-8-3

姓　名	性别	出生年月	所在村	入伍时间	原工作单位及职务	是否党团员	牺牲时间、地点及原因
胡大树	男	1914.8	上珊瑚	1934	红军第十二军一〇一团四连战士		1934 年在江西省湖州与敌作战牺牲
陈贵如	男	1905	上珊瑚	1933	红军第十二军一〇一团三连战士		1933 年在上杭县梅溪寨与敌作战牺牲
胡明春	男	1907	上珊瑚	1933	福建军区政治保卫局战士		1933.11 在连城县与敌作战牺牲
胡耀庆	男	1905	上珊瑚	1930	红军独立第十师三连战士		1930 年送饭上火线时与敌作战牺牲
陈仲森	男	1907	上珊瑚	1930	上杭县西二区上珊瑚乡赤卫队队员		1930 年在珊瑚和尚垅与敌作战牺牲
胡作善	男	1908.6	上珊瑚	1932	红军第十二军一〇一团三连炊事员		1934.10 在武平县永平寨与敌作战牺牲
胡日珍	男	1902	上珊瑚	1934	新杭县通贤区游击队队员		1934 年在珊瑚作战负伤抬到长汀县四都牺牲
胡日珍	男	1902	上珊瑚	1933	红军第九师一支队战士		1933 年在江西省龙南县与敌作战牺牲
胡兴其	男	1902	上珊瑚	1929	上杭县西二区游击队队员		1929 年后无音讯，1955.2 追认烈士
胡芳现	男	1912	上珊瑚	1929	红军第十二军三十四师理发兵		1929 年后无音讯，1955.2 追认烈士
陈癞古子	男	1903	下珊瑚	1933	上杭县官庄区珊瑚乡游击队模范连战士	团员	1933 年在珊瑚与敌作战牺牲
陈占继	男	1894	下珊瑚	1929	上杭县西二区下珊瑚乡赤卫队十一小队队长		1930 年在珊瑚呆婆岭与敌作战牺牲
陈先官	男	1887	下珊瑚	1929	上杭县西二区下珊瑚乡赤卫队十一小队队员		1930 年在官庄石屋角与敌作战牺牲
陈善兴	男	1895	下珊瑚	1930	上杭县西二区赤卫队十一大队队员		1930.7 在珊瑚火烧坪与敌作战牺牲

续表 19-8-4

姓　名	性别	出生年月	所在村	入伍时间	原工作单位及职务	是否党团员	牺牲时间、地点及原因
陈有中	男	1898	下珊瑚	1929	上杭县西二区赤卫队十一大队事务长		1929.11 在上杭县回龙与敌作战牺牲
陈善作	男	1905	下珊瑚	1929	红军第十二军战士		1934 年在上杭县白砂与敌作战牺牲
陈占茂	男	1889	下珊瑚	1929	上杭县西二区下珊瑚乡苏维埃政府主席		1931.11 在上杭县官庄珊瑚被民团抓捕于坪埔岗杀害
陈维正	男	1883	下珊瑚	1929	上杭县西二区下珊瑚乡赤卫队队员		1933 年在上杭县官庄珊瑚守卫时中弹牺牲
陈　明	男	1902.10	下珊瑚	1929.1	上杭县官庄游击队第十一大队大队长		1930 年因误为“社会民主党”而被杀害于上杭县官庄，1955.7 追认烈士
胡远妹	女	1913	下珊瑚	1929	红军第十二军医务员		1930 年后无音讯，1955.2 追认烈士
陈相喜	男	1913	下珊瑚	1929	上杭县官庄区游击队排长	团员	1929 年后无音讯，1955.2 追认烈士
陈禄长	男	1913	下珊瑚	1930	红军第十二军管理排长	团员	1930 年后无音讯，1955.2 追认烈士
陈亨贵	男	1901	下珊瑚	1930	红军第十二军战士		1930 年后无音讯，1955.2 追认烈士
陈善元	男	1913	下珊瑚	1932	红军第十二军战士		1932 年后无音讯，1955.2 追认烈士
陈荣贵	男	1908	下珊瑚	1930	红军第十二军战士		1930 年后无音讯，1955.2 追认烈士
陈加銮	男	1900	下珊瑚	1929.10	福建军区保卫大队机枪连副班长		1933 年在长汀县美西角与敌作战牺牲
兰银娣	女	1912	下珊瑚	1930	红军第十二军医务员		1930 年后无音讯，1955.2 追认烈士
陈太祥	男	1908	下珊瑚	1929	红军第十二军战士		1930 年后无音讯，1955.2 追认烈士

续表 19-8-5

姓名	性别	出生年月	所在村	入伍时间	原工作单位及职务	是否党团员	牺牲时间、地点及原因
陈喜中	男	1914	下珊瑚	1930	红军第十二军战士		1930 年后无音讯，1955.2 追认烈士
陈镜昌	男	1912.5	下珊瑚	1929	红军第十二军班长		1930 年后无音讯，1955.2 追认烈士
陈发中	男	1908	下珊瑚	1930	红军第十二军炊事员		1930 年后无音讯，1955.2 追认烈士
陈国新	男	1909	下珊瑚	1930	红军第十二军司号员		1930 年后无音讯，1955.2 追认烈士
张和昌	男	1890	下　坑	1929	上杭县西二区下珊瑚乡赤卫队队员		1931.7 在珊瑚埔云岗与敌作战牺牲
张广森	男	1908.8	下　坑	1929.5	上杭县西二区少先队大队长	团员	1931.11 因请假回家被敌抓捕在上杭县官庄珊瑚坪埔岗杀害
张石昌	男	1901	下　坑	1928.6	杭武县赤卫团班长	党员	1930 年在武平县桃地与敌作战牺牲
张采昌	男	1899.4	下　坑	1929	红军第十二军战士	党员	1930 年在武平县武北与敌作战牺牲
张广姚	男	1912.3	下　坑	1929	红军第十二军战士	党员	1935.3 在江西省与敌作战牺牲
张林昌	男	1901.8	下　坑	1929.4	红军新编第十二军三十四师一〇一团通讯兵	党员	1931.4 在连城县横岗与敌作战被俘后就义
张保生	男	1913.12	下　坑	1929	红军第十二军战士	党员	1930 年后无音讯，1955.2 追认烈士
高才辉	男	1902	下　坑	1929.3	红军新编第十二军事务长	党员	1931.9 在才溪燕子寨与敌作战负伤抬回家后牺牲
张广安	男	1911	下　坑	1929.7	杭武县西二区苏维埃政府政治保卫队文书	团员	1931.8 在回龙濯岭与钟绍葵匪部作战牺牲
梁秤中	男	1875	彩　坑	1931	上杭县官庄区下珊瑚乡赤卫队队员		1933.8 在珊瑚彩坑与敌作战牺牲

续表 19-8-6

姓　名	性别	出生年月	所在村	入伍时间	原工作单位及职务	是否党团员	牺牲时间、地点及原因
梁明文	男	1899	彩　坑	1931	上杭县官庄区下珊瑚乡赤卫队队员		1933.8 在珊瑚彩坑与敌作战牺牲
梁质文	男	1911	彩　坑	1930	红军新编第十二军一〇八团排长	团员	1933.8 在宁化县与敌作战牺牲
梁星中	男	1909	彩　坑	1929	红军新编第十二军一〇八团战士		1930 年后无音讯，1955.2 追认烈士
梁华丰	男	1912	彩　坑	1929	红军新编第十二军一〇八团战士	团员	1933 年在江西省与敌作战牺牲
张荣山（珊）	男	1911	彩　坑	1929	红军新编第十二军三十四师一〇二团二营三连连长		1934 年在湖南省长沙与敌作战牺牲
张百香	男	1907.6	彩　坑	1929.3	红军第十二军连长	党员	1930.10 在长汀县与敌作战牺牲

说明：据《上杭县革命烈士英名录》

第二十章　行政村简介

第一节　华竹村

华竹村位于北纬25°15′28″，东经116°20′23″（村部所在地），地处珊瑚乡东北部。东与官庄畲族乡的曾泗村隔江（汀江）相望，南和下珊瑚村相连，西与武平中堡镇的新化村毗邻，北与官庄畲族乡璜头村、七里村接壤。距乡政府4公里。2015年，全村辖7各村民小组，228户，882人，居民分布在九华铺、大门背、茶头下、白水礤、下东坑5个自然村，聚居清一色蓝姓村民，是珊瑚乡唯一的少数民族村。全村总面积约4平方公里，其中耕地750亩，林地7500亩。

民国25年（1936年），九华铺、竹子垄村隶属珊瑚乡联保处。新中国成立初，境域为华竹村，隶珊瑚乡。1958年10月，境内分别为九华（九华铺）、九竹（茶头下、竹子垄）生产队，隶珊瑚大队。1961年分设珊瑚公社时，九华和九竹两个生产队合并成华竹大队。1965年珊瑚公社并入官庄公社，为官庄公社华竹大队。1984年改为官庄乡华竹村。1987年珊瑚恢复乡建制，改为珊瑚乡华竹村。1987年12月，蓝姓居民恢复畲族成分，更名为华竹畲族村。

华竹村为蓝姓少数民族聚居村。明洪武三年（1370年），蓝念一郎四子千八郎从长汀水口迁竹子垄开基。清康熙三十年（1691年），蓝菁八世孙蓝明生从竹子垄迁九华铺定居，建占地2000多平方米的三栋厅堂。明清时期，境内畲族先民在艰苦的环境下拓荒殖土。蓝葱、蓝菁（六世）等裔孙在黄梅山（今杨梅山）“开垦田亩，育林耕山”，“栽种薯姜芋菽稻麦及栽培松杉竹木”，山区得到开发。清雍正九年（1731年），黄梅山宗祠及偿田偿山曾租借给圆通庵僧人居住耕种。山田水冷地寒，畲民使用石灰、火烧土（俗称火粪）以提高地热，促进禾苗分蘖长叶（采用撒石灰、火烧土以提高地热的做法，沿袭至20世纪六七十年代）。畲民亦利用山区木竹资源制作生产工具、生活用具。明清时期，畲民曾在烂泥迳子里一带建造砖瓦窑，

蓝氏开基祖千八郎墓

用柴草作为燃料烧制砖瓦。但封建统治者实施民族歧视政策，长期受歧视受压迫的畲民讳言自己的民族属性，过着贫困的生活。畲民在与南迁汉人交往中，接受并弘扬崇文重教、耕读传家精神。随着畲族先民与南迁汉人交流交往，畲汉文化逐步融合，畲民生产、生活方式日渐“汉化”。但某些具有民族特质的东西至今仍然保留。1987 年 12 月 26 日，上杭县人民政府发出《关于恢复我县部分群众畲族成分的通知》（杭政〔1987〕263 号），至此，聚居在境内的蓝姓群众畲族成分得到恢复。此后，珊瑚乡党委、乡政府认真贯彻落实国家的民族政策，因地制宜地发展经济和社会事业；上级人民政府加大帮扶力度，促进民族经济和教育、文化、卫生等各项事业健康发展，畲族村民生活水平明显提高。

华竹人民具有光荣的革命传统。在第二次国内革命战争时期，红军曾在九华铺古民居内驻扎，并在墙上书写标语口号。在革命大潮的影响下，有许多热血青年踊跃参加红军。在长期的革命斗争中，蓝发光等 7 人为人民解放事业献出宝贵生命，新中国成立后被追认为烈士。

新中国成立后特别是中共十一届三中全会后，华竹村根据地处山区、耕地偏少的实际，调整产业结构，拓宽就业门路，经济发展较快。20 世纪 80 年代落实生产责任制后，村民承包耕地，除种植水稻、地瓜等传统作物外，还种植桑树、田七等。90 年代后，种植了 100 多亩烤烟和 100 亩槟榔芋。还有 2 户养殖大户，分别养了 60 多头牛（母牛、肉牛）和 50 多头山羊。1995—1997 年，由乡经委牵头，联合华竹、上珊瑚、下珊瑚村创办一家股份制机砖厂，年产机砖 100 万块。2009 年，村委会与福建山宝油茶公司签订为期 40 年的油茶种植承包合同，种植油茶 300 余亩，除部分劳力从事农业生产外，其余大部分青壮年长期外出务工经商，每年创收几千万元。

华竹村基础设施、公共设施不断完善。明成化十年（1474 年），置九华铺。约于明正德年间（1521 年前后）修成上杭县至汀州府的驿道，经九华铺，华竹成为官方及民间往来汀州、上杭的必经之地。1975 年通车的杭庄公路穿村而过。

20 世纪 70 年代，华竹村在九华铺建一座装机 7 千瓦的小水电站，用于碾米和照明。1984 年建成的杨梅山水库左干渠，主要供华竹村 300 多亩耕地灌溉。20 世纪 90 年代后，得益于党和政府的少数民族政策。1993 年始，华竹村在龙岩地区行署办的支持下，开始实施“人饮工程”。1995 年，开通九华至九竹机耕路。2005 年 11 月，开通华竹村有线电视网络。2006 年，扩宽改造九华自然村村中道路并铺上水泥路面。2007 年，华竹畲族村被省列为扶贫开发重点村，由省委宣传部挂钩帮扶，省下派集美大学干部陈杰到该村任党支部第一书记，在省委宣传部和集美大学的支持帮助下，投入

华竹畲族村村部

资金50多万元，装修村部、扩宽改造村中大道和大门背通自然村公路。2011年实施“小农水”项目，该村大部分水利设施得到除险加固和节水改造。2013年实施“农村饮水安全”项目，使全村95%以上的村民喝上清洁卫生的自来水。2015年，福建中医药大学附属人民医院派出干部许均西到该村驻村蹲点帮扶；省中医药大学党委副书记谭卫星到该村调研后，帮助该村解决茶头下路段路灯建设缺口资金，并协调争取该村“美丽乡村”建设项目。该项目投入60万元，实施硬化村中大道，修复危桥一座，新建篮球场一个，清理河道1500米，筑砌护岸300米，建造垃圾池10个，安装太阳能路灯50盏，新架设电力型路灯，整治破旧空心房，废弃住房1000平方米。生产生活条件改善，面貌焕然一新。

华竹村村民崇尚文明，逐步形成勤劳善良、和谐向上的优良民风；良好的崇文重教环境，造就不少人才和突出贡献者。新中国成立初，华竹村设立珊东初级小学。1968年，九华校本部扩大为完小，更名为华竹小学，还办了九竹分班。90年代初，校本部搬迁新建校舍，设有7个班，学生100多人。1995年，时任龙岩地委书记赵觉荣到华竹视察，亲自为学校题写校名。1999年，省地税局投入30万元，将校舍改建为一栋占地200平方米的砖混结构二层教学楼，并配齐各种设施设备。1979年9月，陈妹被全国妇联授予“三八红旗手”称号；1979—1982年杨梅山水库建设过程中，以陈妹为首的女子打石班，食宿在工地，开山炸石，美名远扬。2003年7月毕业于中央民族大学的蓝林祥，2013年11月在德国获理学博士学位，后在德国马克思·德尔布吕克分子医学中心任博士后研究员。此外，还有留美研究生蓝子鉴，东南民族大学毕业的蓝子香、蓝子健，福建省医科大学毕业的蓝亮光，硕士蓝梅金等。据统计，全村有副科级以上干部5人，高级职称3人。他们，是华竹村的自豪。

2015年，村民95%以上盖上砖混结构的住宅，电视、冰箱、洗衣机等家用电器进入普通百姓家，除摩托车普及外，部分村民还拥有运输汽车和小汽车，村民的整体生活水平正向全面小康迈进。

华竹村多次荣获上级表彰奖励。2004年，获上杭县委、县政府“人民调解先进集体”称号；2007年，被上杭县人民政府授予“信用村”；2009年，被上杭县委、县政府授予第十届（2006—2008年度）“文明村”称号；2012年，华竹村党支部被上杭县委授予“全县创先争优先进基层党组织”称号；2013年，被龙岩市人民政府、龙岩军分区授予2012年度“民兵营部规范化建设达标先进单位”称号。

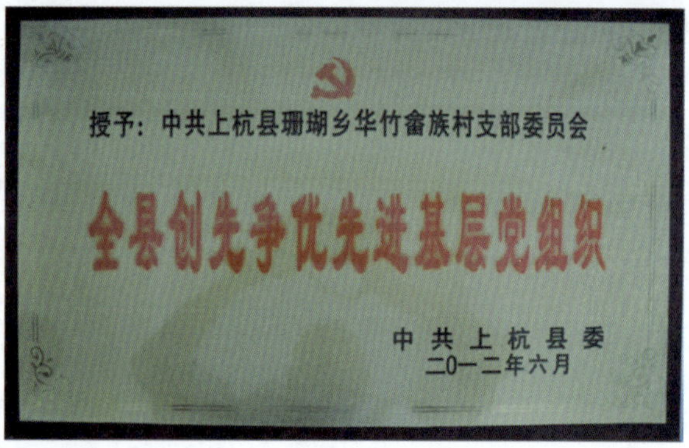

华竹村历任村主干名录

表 20-1

名称	姓　名	职　务	任职时间	名称	姓　名	职　务	任职时间
党支部负责人	蓝良兴	书　记	—	大队、村委会负责人	蓝启森	大队长	—
	蓝启能	书　记	—		蓝添标	大队长	—
	蓝作标	书　记	—		蓝琳兴	大队长	—
	蓝思煌	书　记	1984—2003		蓝瑞洲	主　任	1984—1989
	蓝子洪	书　记	2003—2008		蓝子珍	主　任	1989—2003
	蓝启亮	书　记	2008—2012		蓝贵兴	主　任	2003—2009
	蓝子先	书　记	2012—2014		蓝尧芳	主　任	2009—2015
	蓝子洪	书　记	2014—		蓝华兴	主　任	2015—

第二节　上珊瑚村

上珊瑚村位于北纬25°13′51″，东经116°19′10″（村部所在地），地处珊瑚乡中西部，与下珊瑚村合称为珊瑚，又称千家村。东与下珊瑚村相连，西、南与武平中堡镇远富村毗邻，西北与武平中堡吉湖村接壤。全村总面积18217亩，其中山林15580亩，耕地2505亩。2015年，辖18个村民小组，736户，2690人，胡姓人口约占人口的70%。

上珊瑚村历史悠久。据考古发现，早在夏商周时期，境内新寨子岗、牛笼岗就有人类活动。宋朝末年（1270年前后），陈三十四郎由长汀濯田陈屋村迁徙至山湖（后称珊瑚）黄牛坪开基。元大德八年（1304年）胡千九郎从长汀童坊镇胡岭迁徙到山湖开基。明代，朱仕达由才溪湖田迁入山湖开基。明清时期，珊瑚曾居住陈、胡、雷、林、梁、饶、华、张、周、郭、王、罗、朱、潘、石十五个姓氏，由于历史的变迁，现只有陈、胡、朱、饶、雷五个姓氏。而上珊瑚村仅有胡、陈、朱三个姓氏。

上珊瑚村具有光荣的革命传统。第二次国内革命战争时期，毛泽东、朱德、陈毅、叶剑英等老一辈无产阶级革命家在珊瑚留下征战足迹。民国18年（1929年）红四军“七月分兵”时，红四军第一纵队第一支队支队长王良，率部到千家村（今上珊瑚、下珊瑚村），进村入户发动群众，宣传土地革命，支持发动“六三暴动”，枪毙恶棍陈如珠等3人。同年11月，朱德、陈毅、朱云卿等率领红四军到千家村。民国19年（1930年）6月9日，毛泽东在江西寻乌县开展社会调查后从武平到千家村，住在上珊瑚溪背。民国21年（1932年）2月下旬，红十二军克武平、上杭后，军长罗炳辉率部到珊瑚休整，同期，福建省军区独立第二团亦驻扎千家村。同年6月6日，毛泽东、叶剑英率红军东路军回师赣南途中到千家村。其间，红军在驻地书写大量标语。老一辈无产阶级革命家和红军到珊瑚，唤醒了民众的心灵。上珊瑚人民掀起如火如荼的革命高潮，打土豪，分田地，建立苏维埃政权，热血青少年踊跃报名参加红军，奔赴前线，在长期的革命斗争中，上珊瑚村有43人献出宝贵生命。2010年7月，“梦宏居”被上杭县列为第九批县级文物保护单位。2015年1月9日，“梦宏居”被中央苏区（闽西）历史博物馆列入“红色文化研究基地”。

上珊瑚村自然条件较好，气候温和，土地肥沃，灌溉便利，适宜种植各种农作物。中共十一届三中全会后特别是落实家庭联产承包责任制后，调动农民的生产积极性，除种植双季稻外，每年还种植七八百亩烤烟。2000年以后，调整农业结构，推进土地流转，促进种植业、养殖业规模经营，“鸿运农场”“桥万农场”等家庭农场应运而生，百香果、仙草、槟榔芋等效益较好的经济作物成为家庭农场或农户种植业的首选。全村80%以上的青壮年劳力，除了部分劳力从事农业生产外，大部分外出务工或经商，农民收入大幅提高。

上珊瑚村基础设施不断完善，村民生活水平不断提高，正向小康生活迈进。电力供应方面，1975年回龙水电站向该村送电；1977年上园水库电站建成后，上珊瑚村有了加工和照明用电。交通设施方面，1975年开通村中主干道，与杭庄公路相连接。20世纪90年代至21世纪初，实施自然村通路工程，逐步开通、拓宽并硬化村中主干道、北溪路、上园、竹背、村南、村北段道路。1998年，村中大道开始安装路灯。2013年，集镇道路一期改造项目中新建标准化路灯120盏。2015年，与下珊瑚村共同在主干道安装路灯350盏，太阳能路灯230盏。人饮工程方面，1996年后，采取集体与个体相结合的办法，多方筹资，选择水源点，建蓄水池，铺设自来水管道，逐步解决上珊瑚村居民饮用水问题。2012年，实施农村安全饮水工程，新建后龙山集镇供水厂，上园供水点、大坪岗供水点，改造三头树下供水点和南片供水点，全村的供水网络基本覆盖，95%以上的村民喝上安全卫生的自来水。

上珊瑚村村部（胡康福　摄）

2007年，上珊瑚村被定为新农村建设试点村。该村以楼下小区为试点进行空心房改造，实施村部十字路（向南、向北）拓宽改造以及竹背至大坪岗村道硬化，完成村部办公楼加层装修，设立村民法治学校、文化中心、村级医疗诊所等。安装路灯，实施村户亮化工程；建水冲式公厕一所，新建垃圾池3个。2014年，上珊瑚村被列为市级贫困村，挂钩帮扶单位龙岩市国税局派出傅林清任上珊瑚村党支部第一书记。在市国税局和上级的大力支持下，该村组织实施村部修缮，自然村亮化、道路硬化，“梦宏居”基础设施建设、村中道路拓宽改造、老人活动中心修缮、北溪防洪堤建设等15个重点项目，村级基础设施建设上了一个新台阶（2016年上珊瑚村被列为全国乡村旅游扶贫重点村）。

上珊瑚村人秉承耕读家风，尊师重教、崇尚文明，人才辈出。早在明朝初年，胡氏家族就创办“爱溪书屋”，清朝创办“五峰书馆”，聘请先生授教，培养人才。小时就读于爱溪书屋的胡月广，18岁考取秀才，38岁成为拔贡，任广东省海丰县知县后，“兴文教，敦教化”，“有为有守，治民事神政”，成为一位既受朝廷褒奖、又受百姓爱戴的官员，其牌位入祀于海丰先师庙“名宦祠”。清乾隆年间(1736—1795年)，胡月广裔孙宗銮、宗器均考取科举，为褒扬其人，昭示后人，宗亲在胡氏大成祠和升生公祠门前各竖立一对桅杆。胡传奎四代从医，医术精湛，均著书立说，被誉为“医药世家”。新中国成立后，上珊瑚村涌现一大批优秀人才。1950年，胡明显被评为福建省和上杭县劳动模范，出席了福建省战斗英雄、劳动模范大会。至2015年，上珊瑚籍任处级以上干部4人，科级干部15人，获得高级专业技术职称20人，取得博士、硕士学位9人。新中国第一批热动力专家、天津大学教授、硕士生导师胡亮光，上杭县政协副主席胡金祥，福建农林大学副教授、博士陈彦，热能动力专家胡富钦，化工专家胡庆堂，高级工程师胡庆安，高级法官陈日耀，国家二级美术师胡益通，“龙岩市名师”胡和春，“现代中国毛体书法名家”陈易伦，龙岩市公安局副调研员陈亨祥……是上珊瑚人的骄傲。此外，胡耀庆、胡耀田兄弟土地革命时期参加红军牺牲后，革命传统代代相传，一家四代七位军人，被誉为“军人世家”。上珊瑚还有胡兴秀及4个儿子3个孙子从事木匠，号称“一家八担脚篮”（八套木匠工具），技艺远近闻名。医药高手陈兆元、陈必正、陈香生，医术精湛，医德高尚，为人称道。

据上杭县文物普查资料，上珊瑚有夏商周时期古遗址2处（牛笼岗遗址、新寨子岗遗址），明清时期古建筑2处（陈屋古井、梦宏居）。此外，在黄泥岭子下，生长着一棵古老而神奇的同根三叉松树，俗称“三头树”。许多人视该树为“神树”，形成“三胞胎树崇拜”，衍生不少神奇故事传说。

上珊瑚村2000年12月被上杭县依法治县领导小组授予“全县民主法治示范村”称号；2004年，被上杭县委、县政府授予“2002—2003年度文明村”称号；2005年，被上杭县人民政府授予“2004年度烤烟生产收购工作先进村”称号。2012年被福建省环境保护厅授予“福建省生态村”；2016年被上杭县委授予“先进基层党组织”。

上珊瑚村历任村主干名录

表20-2

名称	姓　名	职　务	任职时间	名称	姓　名	职　务	任职时间
党支部负责人	钟裕富	上北大队书记	1961—	大队、村委会负责人	胡书现	上北大队队长	—
	胡书现	上北大队书记	—		胡清贤	上北大队队长	—
	胡聪丰	上南大队书记	—		胡东现	上南大队队长	—
	胡光仁	书　记	1965—1969		胡东现	大队长	—
	陈启祥	书　记	1973—1979		陈启祥	革命领导小组组长	1969—1972
	胡培宝	书　记	1979—1984		胡书现	大队长	1973—1979
	陈必贵	书　记	1984—1987		陈必贵	大队长	1979—1984
	陈启祥	书　记	1987—1993		胡书现	主　任	1984—1987
	胡华新	书　记	1993—2000		胡宁春	主　任	1987—1993
	陈必贵	书　记	2000—2006		胡元开	主　任	1993—2000
	胡光生	书　记	2006—2009		胡和顺	主　任	2000—2009
	陈云凤	书　记	2009—2012		胡华新	主　任	2009—2010
	胡普春	书　记	2012—		胡普春	主　任	2010—2012
					陈凤祥	主　任	2012—2015
					胡发标	主　任	2015—

第三节　下珊瑚村

下珊瑚村位于北纬 25°13′56″，东经 116°19′30″（村部所在地），为珊瑚乡政府所在地。东临汀江，南、东南与武平中堡镇芳洋村、珊瑚下坑村毗邻，西与上珊瑚村接壤，北与华竹村相连。20 世纪 60 年代，珊瑚公社的下南和下北大队合并成下珊瑚大队，1984 年恢复乡建置时改称下珊瑚村，一直沿用至今。2015 年，全村辖 14 个村民小组，700 余户，2682 人；耕地面积 2076 亩，林地面积 14032 亩。

下珊瑚村历史悠久。早在夏商周时期就有人类活动。宋朝末年（1270 年前后），江州义门陈东陂庄陈群第八世陈三十四郎（1239—1311）由濯田陈屋村迁徙至山湖黄牛坪肇居。元至正年间（1341—1367 年），江州义门陈汀州庄陈魁后裔陈千圣（号十三四郎，字河清），迁山瑚开基。明清时期，珊瑚（指上珊瑚、下珊瑚村）共有陈、胡、雷、林、梁、饶、华、张、周、郭、王、罗、朱、潘、石等 15 姓。下珊瑚村现以陈姓人口最多，胡姓和饶姓次之，雷姓最少。2015 年年底，陈姓人口 2500 余人，占人口总数的 97%以上。

下珊瑚村村部（胡康福　摄）

下珊瑚村人具有光荣的革命传统。清咸丰十一年（1861 年），太平天国起义军由武平到珊瑚、官庄、回龙一带活动，下珊瑚武生陈旺儒、陈国桢、陈承恩率乡民防御。在第二次国内革命战争时期，热血青少年踊跃报名参加红军。民国 22 年（1933 年）5 月 29 日，中华苏维埃共和国临时中央政府机关报《红色中华》以《回答中央总队部号召》为题，报道官庄、才溪区扩大少先队的成绩，指出："其中最有成绩的是官庄的珊瑚，三天内发展了二百余人，给中央总队部扩大一百五十万少先队的号召，予以洪亮的响应"；同年 11 月 17 日，《红色中华》以《官庄区扩大红军热潮》为题，报道下珊瑚乡整排游击队自愿参加红军、勇赴前线的情况。在长期的革命斗争中，许多有志青少年投身革命，全村有 22 人为革命事业光荣牺牲，新中国成立后被追认为烈士。

下珊瑚是珊瑚的政治经济文化中心。下珊瑚村为珊瑚乡人民政府（公社）驻地，乡直单位也基本驻该村。明代，曾在今"铺里"设铺。清代，曾在瓦子坪、庙坝设圩，下珊瑚成为珊瑚境域最早的小商品交换场所和物资集散地。民国 32 年（1943 年）前后，庙坝建有十多家店铺客栈。1959 年，官庄供销社在庙坝设分销处。1991 年，乡政府扩大庙坝圩市场规模。

2001年，乡政府在井下垄新建农贸市场，周边乡镇客商云集，市场繁荣。此外，粮站、信用社（农商行）等机构，均设在下珊瑚。清代的“观东书馆”，民国时期的“联英初小”“珊瑚小学”以及新中国成立后的“珊瑚中心小学”“珊瑚幼儿园”“珊瑚中学”等教育设施和2013年冬竣工的珊瑚文化广场，均坐落下珊瑚。良好的外部环境促进下珊瑚经济社会发展。

下珊瑚人弘扬崇文重教、耕读传家精神，历代人才辈出。入村始祖陈三十四郎六世孙陈文玉（1402—1479年）尊长爱幼、孝顺父母之美德，好学博学、尊师重教之精神，一直为后人传颂。清光绪十二年（1886年），陈宗荣、陈宗华兄弟的裔孙在中央背屋陈世礼、陈世达祖祠后创立观东书屋，聘请老师，授业解惑。位于野羊坵下的“思龙堂”，被誉为“书香门第”。清道光十一年（1830年），福建省布政使司为监生陈庭杰立“蜚声璧水”的烫金牌匾。陈思龙四世孙福兴、贵兴同期分别考取文秀才和武秀才，有“文武秀才兄弟占”之说。新中国成立后，得益于政府重视教育事业的发展，优秀人才脱颖而出。坎下陈祥寿为南京航空航天大学副教授，其子陈明和博士毕业后，亦在该校任教授、博士生导师，被人们称为“父子同教授”。桂林空军学院教授、大校陈景长，福建省公安厅现役军人办公室主任、大校陈荣和，总后勤部63研究所大校陈昆和，被人们称为“一门三大校”（3人均系陈文玉裔孙）。涌现云南武警总队边防局副局长陈嘉珍，福建省文明办常务副主任（副厅级）陈添贵等杰出人才。据不完全统计，下珊瑚村有副处以上干部9人，科级干部12人，教授5人，高级工程师9人，中学高级教师9人。

下珊瑚村基础设施、公共设施不断完善，人民生活水平不断提升。交通设施方面，明弘治至正德年间（1488—1521年）修筑的上杭县通往汀州的驿道经下珊瑚，该村为官方及民间往来汀州、上杭的必经之地；民间古道四通八达。1975年通车的杭庄公路穿村而过，同年，开通珊瑚村中主干道。1997年，村中主干道拓宽至12米路基。此后，陆续开通南北主干道和北溪路，并逐步路面硬化、道路绿化亮化。电力设施方面，1976年，回龙水电站向珊瑚供电，下珊瑚告别无电时代。1984年杨梅山水库电站建成特别是1994年合水口电站建成并与大电网并联后，基本满足珊瑚加工照明用电。此后几经农电改造，村民生产生活用电有了保障。农田水利设施方面，明清时期主要有食水陂、窑前陂、逕陂等陂圳灌溉农田。1984年建成杨梅山水库，其右干渠主要灌溉下珊瑚村农田。2011—2013年，实施“小农水”工程，使全村大部分陂圳得到节水改造。2014年3月，实施下珊瑚段北溪堤防5222米。新农村建设和其他设施方面，2006年10月始，实施下田心灾后集中安置建设，2007年冬，10户重建户迁入新居。2010年，把原珊瑚学区办公楼改造成新村部，完善办公和配套设施。2011—2012年，在岗背实施“造福工程”集中安置小区，统一设计住房21栋。2012年年底，20户农户搬入小区安置落户。2012年始，分别建成珊瑚广场、农民公园、庙坝农民公园；开展美丽乡村建设，实施村旁、路旁、屋旁、溪旁“四旁”绿化，植树1100棵；2013年，安装标准化路灯120盏。2015年，村主干道安装路灯350盏，太阳能路灯230盏，在庙坝农民公园和下珊瑚村部各安装一盏广场灯。

在相当长的时期内，村民以自给自足的小农经济为主，以农为业，部分村民从事煎糖子（谷芽糖）、作粉干、做豆腐或外出打工（主要是泥水匠），以增加收入，但生活仍相对贫困。

改革开放后，调整农村体制，调整产业结构，大力发展个私经济，先后办起建筑队（后升级为公司）、机砖厂、大型碾米厂、养牛场、养猪场等，政府引导村民进行土地流转，大力发展烤烟、槟榔芋种植，农民收入大大增加。至2015年，全村95%以上的村民建起砖混结构住房，家用电器齐全，村民生活总体向小康迈进。

下珊瑚村文化生活丰富多彩。唱民歌、山歌是该村的一项传统。早在土地革命战争时期，就创作不少民歌，内容有劝郎当红军、拥军优待等，蓝五姑组织的一支民歌队，借唱民歌宣传革命道理。新中国成立后，涌现钟新凤等一批民歌手。“打船灯”是群众喜闻乐见的一项文艺活动。早在清嘉庆（1796—1802）年间，境内就已开展。1953年，上珊瑚村、下珊瑚村合作办起珊瑚船灯队，在同年的上杭才溪第十届船灯比赛中荣获第一名。1976年后，两村再度合作办起船灯队。每年正月初七（官庄圩）参加官庄公社（当时境内隶属官庄）船灯会演，多次获得第一、二名。1987年，珊瑚恢复乡建置后，船灯队一直活跃着。村部设有老人活动室和农家书屋，备有图书报刊，有电视、音响和乐器，配有健身器材，供人们活动。

下珊瑚文物古迹主要有：建造于元至大四年（1311年）的珊瑚陈氏开基祖陈三十四郎古墓葬，初建于明天顺（1457—1464年）前的崩龙角仙师宫，初建于明成化六年（1470年）的圆通寺，初建于康熙末年至雍正初年（1720年前后）、完善于民国19年（1930年）的下田心土围屋；始建于清嘉庆五年（1800年）前后的思龙堂；建于清代、位于汀杭驿道的合水口石拱桥（又称佛子凹背桥）。

下珊瑚村2006年被上杭县委、县政府授予“上杭县2003—2005年度打造诚信上杭先进单位”称号，同年9月被上杭县依法治县领导小组授予“民主法治示范村”称号；2007年被上杭县政府授予“信用村”称号；2008年9月被上杭县“平安家庭”创建活动领导小组授予“上杭县‘平安家庭’创建活动优秀示范村”称号；2012年被上杭县委、县政府授予“2011年度平安和谐村”称号。2012年，下珊瑚村被福建省环境保护局命名为“福建省生态村”。

下珊瑚村历任村主干名录

表 20-3

名称	姓　名	职　务	任职时间	名称	姓　名	职　务	任职时间
党支部负责人	陈必照	书　记	1965—1970	大队、村委会负责人	陈必照	大队长、革命领导小组组长	1965—1970
	陈增初	书　记	1970—1975		陈增初	革命领导小组组长	1970—1975
	陈启琳	书　记	1975—1988		陈森标	大队长	1975—1982
	陈文彩	书　记	1988—1991		陈　勤	大队长、主任	1982—1990
	陈启琳	书　记	1991—1997		陈友相	主　任	1991—1997
	陈书扬	书　记	1997—2009		陈芹明	主　任	1997—2006
	陈赐发	书　记	2009—2012		陈　勤	主　任	2006—2009
	陈光福	书　记	2012—2015		陈光福	主　任	2009—2012
	陈书扬	书　记	2015—		陈洪贞	主　任	2012—2015
					陈德书	主　任	2015—

第四节　下坑村

下坑村位于北纬25°13′36″，东经116°20′13″（村部所在地），地处珊瑚乡中南部。东临汀江，南与武平县中堡镇毗邻，西、北与下珊瑚村接壤，距乡政府2.5公里。2015年年底，全村辖8个村民小组，242户，1106人，分布在下坑、河头、横滩三个自然村。境内聚居张、高、陈、胡、詹、林6个姓氏，张姓人口约占总人口的83%；张、高姓聚居下坑自然村，陈、胡、林姓居住河头自然村，詹姓居住横滩。

下坑全景图（张　兴　2014年10月18日航拍）

下坑村明清时称夏康村，为平安里珊瑚乡夏康平一图七甲，民国时隶"彩坑保"，新中国成立后农业社时为光辉农业合作社，人民公社化后改为光辉大队，取消公社恢复乡制时（1984年），改为下坑村。

下坑人具有光荣的革命传统，栗子湖印记着一代伟人毛泽东的足迹。在第二次国内革命战争时期，有许多热血青年投身革命，在长期的革命斗争中，张林昌等10人为新中国的解放事业献出宝贵的生命（9人见本志人物章"烈士名表"，张国珍随母迁官庄曾泗村，毕业于黄埔军官学校第四期，曾任朱毛红军大队长）。民国19年（1930年）6月9日，中共红四军前敌委员会书记毛泽东，在江西寻乌县开展社会调查后，从武平到千家村，第二天经栗子湖渡口往才溪做社会调查。民国21年（1932年）6月6日，中华苏维埃共和国临时中央政府主席毛泽东、中华苏维埃共和国中央革命军事委员会总参谋长叶剑英率红军东路军回师赣南途中，从才溪经栗子湖渡过汀江到千家村，出席6月8日在官庄东路军总司令部召开的军事会议。2015年9月，老红军谢毕真为该渡口题写"栗子湖红军渡口"。

下坑村自然条件良好。气候温和，阳光充足，土壤肥沃，灌溉便利，广大农户除种植水稻外，具有种植中药材的传统。20世纪八九十年代，农田和山坡上种植大量的射干、茱萸、杜仲、玫瑰茄等中药材。21世纪，每年种植上百亩的烤烟和槟榔芋等。境内有养豪猪专业户1户，存栏300余只；养羊专业户1户，存栏50余头。

2009年，下坑境内的汀江横滩确定为上杭城区新水源取水点。2011年1月，日供水6万立方米的上杭城区横滩饮用水源建设项目竣工，正式向上杭城区供水，让上杭10万城区居民喝上天然的"放心水"。汀江栗子湖及周边地区被福建省人民政府列为横滩饮用水源一级保护区。

下坑人崇文重教，人才辈出。清代，张德润以医治疑难杂症及狂犬咬伤名噪杭城，医德高尚，医术精湛，求医问药者络绎不绝，其子孙五代秉承家风，堪称“医药世家”。民国5年(1916年)，即在石背坑创办联英小学。学校校址和体制虽多次变更，但下坑人传承崇文重教思想，培育造就不少优秀人才。民国初期，有大学毕业生张仰高任长汀县司法官，张旭昌、张极昌分别毕业于福建省三甲种蚕业本科及福建私立法政预科，曾任珊瑚乡民代表会主席和上杭县临时参议员等职。民国20年（1931年），张磷书毕业于福州美术学院，曾任教长汀一中、上杭一中，民国36年（1947年）赴台，任台南师范学院教授。民国时期，张子贞善作画，在珊瑚陈文玉祠厅堂画有《二十四孝图》，在陈永华、胡增有、胡宝进厅堂画有《八仙过海》图；后曾在厦门、漳州、泉州和台湾等地举办个人画展。新中国成立后，福建省书法家协会会员张家贤，创办“贤艺书画社”；其子张兴，2005年9月创办上杭网，该网已成为上杭的第一网媒，业余喜好摄影，为福建省摄影家协会会员，部分作品在报刊发表或参展、获奖。龙岩市老年书画艺术协会会员张集从，部分作品入选《全国书画大赛作品集》。毕业于南昌陆军指挥学院的詹玉胜，出色完成军队训练、国防施工、后勤保障和老干部服务保障工作等任务，多次立功受奖，后荣升龙岩军分区干休所所长，副师级，大校军衔。还有毕业于军事院校的张清从，留美双硕士张康从，北京协和医院整形外科博士张健华，毕业于北京理工大学的张茂华等。他们，是下坑的骄傲。

下坑交通便捷。随着南宋嘉定六年(1213年)汀州知州赵崇模开辟回龙至峰市段航道，汀江成为闽粤赣客家地区交通大动脉。鲤子湖（今栗子湖）设渡口、码头，成为货物中转站；清康熙八年（1669年），鲤子湖设塘房。明弘治至正德年间（1488—1521年）修筑的上杭县通往汀州的驿道经厦康，厦康为官方及民间往来汀州、上杭的必经之地。明正德十六年(1521年)，上杭佥事周期雍甃山路建风吹伞亭。风吹伞前后古道是汀杭驿道上最险要路段之一，辖驿道之咽喉，具有重要的战略地位。风吹伞前后古道现存路段基本上保存旧时原貌，是研究古代交通等方面珍贵的历史佐证。1964年开始通行的回龙至上杭客运机动船（俗称汽船），在栗子湖设停靠点。1975年通车的杭庄公路穿村而过。2007年，开通往武平中堡的珊中水泥路面公路。

新中国成立后，基础设施、公共设施不断完善，村民生活水平不断提高。1999年始，逐步建立完善通水、通电、通电视广播、通电话及通路的“五通”村。2003年始，逐步开通村中大道、通长窖里、横滩自然村大道，并硬化。至2015年年底，全村90%以上的村民都盖起砖混或框架结构的住房；摩托车、电视、电冰箱、洗衣机、空调、热水器

下坑村村部

已基本普及，30%以上的家庭拥有小汽车，全村正向小康社会迈进。

清同治季年，珊瑚众姓在镬锋滩（后称锅锋滩）东往才溪路旁建天后宫，供奉“海神”妈祖娘娘神像。20 世纪 90 年代，因建金山电站，原天后宫被淹（在下珊瑚村口重建）。民国 14 年（1925 年），村东南半山腰上集资建有“善化坛”，占地 200 平方米，以儒家孔圣人为主，道友遍布周边各村。教旨是忠孝廉洁，遵纪守法，反对偷盗淫赌。村中神坛岗曾有一棵千年老樟树，直径 2.8 米，外围需 6 人伸手环抱，枝繁叶茂，座如交椅，下侍奉福主公王。“善化坛”、古樟树均在“文化大革命”期间遭破坏，已荡然无存。

2007 年，下坑村被上杭县人民政府授予“信用村”称号。

下坑村历任村主干名录

表 20–4

名称	姓　名	职　务	任职时间	名称	姓　名	职　务	任职时间
党支部负责人	张善从	书　记	1958—1961	大队、村委会负责人	陈瑞祥	大队长	1958—1969
	陈继旺	书　记	1961—1965		张发达	革命领导小组组长	1969—1972
	张发达	书　记	1965—1969		张建从	革命领导小组副组长	1969—1972
	张发达	书　记	1972—1979		张玉达	大队长	1972—1984
	张通达	书　记	1979—1980		张辉从	主　任	1984—1993
	张发达	书　记	1981—1984		张家喜	主　任	1993—1997
	张玉达	书　记	1984—1993		张选从	主　任	1997—2000
	张秀达	书　记	1993—1997		蓝瑞章	主　任	2000—2003
	张家春	书　记	1997—2000		张龙从	主　任	2003—2009
	张秀达	书　记	2000—2012		张建华	主　任	2009—
	张家雄	书　记	2012—				

第五节　彩坑村

彩坑自然村全景图（2014年10月21日　张兴　航拍）

彩坑村位于北纬25°11′56″，东经116°21′08″（村部所在地），地处珊瑚乡东南端，东临汀江，南与中堡镇悦洋村交界，西与武平中堡镇芳洋村毗邻，北与下坑村接壤。距乡政府12公里。2015年，全村辖4个村民小组，303户，1062人，分别居住在三潭、彩坑两个自然村。境域内有梁、林、张等3个姓氏，以梁姓人口最多，张姓次之。

明清至民国时期，彩坑称杉坑。新中国成立后，人民当家做主，生活多姿多彩，因此更名彩坑。新中国成立初隶属珊瑚乡，1952年10月隶属双坑乡（辖下坑、彩坑），1956年隶属才溪区三康乡，1959年改为官庄公社双坑大队，1961年改为珊瑚公社前进大队，1965年为官庄公社前进大队，1984年为官庄乡彩坑村，1987年7月起为珊瑚乡彩坑村。

彩坑人民具有光荣的革命传统。第二次国内革命战争时期，在张鼎丞、刘永生等老一辈革命家的领导下，彩坑人民组织赤卫队、儿童团，开展革命斗争，进行暴动，活捉了伪保安团团总林福康、当地恶霸乔妹子等人。许多有志青年积极投身革命，为新中国的解放事业抛头颅洒热血。其中张荣宝、张荣玉、张荣珊兄弟，被誉为“红色三兄弟”（事迹参见本志人物章）。直接投身参加红军的有张百香等6人。民国18年（1929年）十一月初六，赤卫队员梁彩文因顽强抵抗国民党地方武装壮烈牺牲，妇女干部罗福娣被国民党地方武装以“共产妈子”的罪名杀害在罗墩坝里。妇女同志积极参加革命斗争。游四秀、美子和满姑三人在运送布匹、食盐等封锁物资到苏区时，在大陂头潭上被埋伏的反动民团伏击，美子和满姑被当场打死，游四秀受伤后乘黑夜逃生。民国22年（1933年）4月，赤卫队员张荣玉、梁能桔、梁能平、梁斐文、梁兴文等人，为支援红军，主动报名参加运输队，从才溪经长汀到江西瑞金。此后，他们均参加红军。据统计，彩坑村在第二次国内革命战争时期有7人英勇牺牲，新中国成立后被追认为烈士。

彩坑村水陆交通便利。南宋嘉定六年（1213年）回龙至峰市段航道，汀江成为闽粤赣客家地区交通大动脉。凭借临江优势，三潭、彩坑人历代以撑船航运为主业之一，三潭自然村的男青壮年90%以上以撑船为业。腊子岭是明正德年间（1506—1522年）修成的上杭县至汀州府驿道的珊瑚段入口，彩坑为官方及民间往来汀州、上杭的必经之地。1964年开始通行的回龙至上杭客运机动船（俗称汽船），在三潭头设停靠点。1975年8月竣工通车的杭庄公路(后改为河临线）穿村而过。

彩坑民风淳朴，各姓裔孙和睦相处，并乐善好施，素有家国情怀。明成化年间（1465—1487年），三潭开基始祖梁、林、谢三姓在湖子里合建一座家祠——三和堂。1997年因建金山水电站被淹没而三姓人再一次合作就地靠后重建家祠。“三姓共祠”作为“和谐”的象征，被传为佳话。清康熙四十四年(1705年)，园墩下梁应玉，为解决“隔河千里”的交通困难，在三潭渡口施舍一只渡船；并捐资在武平中堡三井建造一座石拱桥，方便了邻近乡村民众耕作和出行，这一功德无量的义举被世人所称赞。

保存完好的三井石拱桥

新中国成立后，彩坑人民继承和发扬光荣传统，积极投入社会主义革命和建设。基础设施不断完善，各项事业不断发展，一代新人不断涌现。

能源方面，1968年，彩坑大队用群众投工投劳和集体资金投入的方式开始筹建彩坑水电站，1974元旦竣工发电，结束村民用松枝、竹篾和煤油灯照明的历史。1986年与才溪电站联网，进一步解决彩坑村包括三潭自然村的生产生活用电。以后经几次农电改造，生产生活用电有了保障。

交通设施方面，1975年杭庄公路开通后，彩坑大队立即组织劳力将沿溪的石砌路拓宽改造成机耕路，完成从河边岗上至彩坑园墩下的路基工程，全长500多米，宽1.5米，并在塘下坝石角边新建水泥拱桥一座。1995年，金山水电站建成后，原进村机耕路淹没，上杭县移民局于1998年从河临线公路旁重开一条至园墩下的村道。2000年，开通大塘尾至邦皮形岗上路基；2004年开通邦皮形至芳泽村口的村道，与武平县中堡镇等周边乡镇相通。2012年10月始，在县移民局的支持下，全面拓宽改造进村大道，从村口河临线至邦皮形岗上，路面扩宽至5米，全面铺设水泥路面。县移民局出资安装110盏路灯，从三潭自然村至彩坑自然村均有路灯照明。

公共设施方面，1996年，香港同胞沈炳麟捐资20多万元，在彩坑村纸田冈建一座希望小学，教学大楼命名为“恩美楼”，占地300多平方米，为砖混结构三层，共12间标准教室。2012年，投资90多万元在罗墩背新建一栋砖混结构的移民文化活动中心，占地面积200平方米，共三层。有办公室、接待室、图书室、乒乓球室、棋牌室等，为村民提供良好的文化活动场所。同年12月，上杭县移民局投资30万元在河临线公路旁（彩坑自然村村口）建一座高大的石门楼。最上面正中用镏金大字写着“彩坑移民村”。上联是“彩羽锦鳞凌云跃浪浑自在”，下联是“坑竹岭松茸錾昂霄任天然”，横批是“政通人和”。背面上联“庄里农家张灯结彩”，下联“村前汀水满江盈坑”，横批“出入平安”。

移民文化活动中心（2015年7月11　胡康福摄）

生产方面，彩坑村本来就有得天独厚的自然环境，东临汀江，彩坑溪穿境而过，盛产鱼虾，肉嫩味美。1997年金山水电站大坝建成之后，彩坑为电站水库库区，水域面积扩大数十倍，形成许多天然的库湾，库区移民政策扶持新建大陂下库湾和宫边大坝，此后，水上养殖迅速发展，库湾养鱼、网箱养鱼快速兴起，鼎盛时期，发展到网箱200个，水面养殖上万亩。村民张民桃水产养殖场，承包经营大陂下和宫边两个库湾，养殖桂花鱼、石斑等名贵鱼类，年产鱼250吨左右，销往龙岩、漳州和广东等地，产值400多万元。至2015年，依然保留着库湾养鱼的规模。

石门楼

居住条件方面，金山水电站建设，淹没彩坑村耕地208.6亩，淹没大量的房屋，使彩坑成为“移民村”。彩坑自然村，拆迁房屋170多间，迁移34户，170多人。三潭自然村，拆迁房屋80多间，迁移24户120多人。由于补偿标准低，除外迁至临城镇城东移民新村24户110人，大部分移民户就近后靠建住房。据上杭县库区移民局数据，全村就近后靠安置76户426人，在后靠的屋背头山上、上家、岭子上、赤路岗上、溪口山上、河边岗上、三潭下、凹垢下等地建房居住。2000年，“8·25”洪灾后，彩坑村完成10户分散安置户重建。2010年“6·15”洪灾后，彩坑村选址在上塅作为灾后重建集中安置点，进行统一规划、统一设计、统一建好基础设施（地基、圈梁、路、水、电等）、统一外墙装修的建设。2011年秋，11户受灾户全部迁入新居。

彩坑村优秀人才不断涌现。1959年参军、1964年复员的梁华桂，先后把三个儿子、一个孙子送入军营，一家三代五人参军，被誉为“军人世家”。1966年厦门大学毕业后分配到农业部工作的张锦辉，先后担任农业部外事翻译室副主任、主任，国际交流服务中心副主任等职，译审职称，出版200多万字的专著，为中国农业发展及国际交流贡献聪明才智。1976年12月应征入伍的梁星华，先后6次参加中越边境自卫反击战和其他作战，先后28次立功受奖，2006年升任阳江军分区副司令员，2010年任广东省军区装备部副部长，高级工程师，大校军衔。他还酷爱书画，为中国书法家协会会员。三潭人林兆才，2004年在龙岩经济技术开发区创办闽西唯一的起重机制造企业——龙岩市恒力起重机械有限公司，凭借雄厚的技术力量和极高的信誉度，产品销往全国各地。据不完全统计，至2015年，全村有厅级干部1人，处级干部3人，科级干部3人。

2015年9月，上杭县人民政府发出（在彩坑张贴）通告，紫金矿业集团公司拟在彩坑村建设尾矿库，划定村口门楼以内为规划使用的“红线”，“红线”以内（彩坑自然村）的村民又一次面临移民搬迁。（2017年，彩坑搬迁工作已实施）。

彩坑村2007年1月被上杭县人民政府授予“信用村”称号，2012年2月被县委、县政府授予“2011年度平安和谐村”称号；2015年8月被县委、县政府授予“第十二届（2012—2014年度）文明村” 称号。

彩坑村历任村主干名录

表20–5

名称	姓　名	职　务	任职时间	名称	姓　名	职　务	任职时间
党支部负责人	张善从	书　记	1961—1961	大队、村委会负责人	梁树鸣	大队长	1961—1961
	梁永谦	书　记	1961—1965		张太光	大队长	1961—1965
	张太光	书　记	1965—1969		梁冬鸣	大队长	1965—1969
	张太光	书　记	1969—1977		梁华远	革命领导小组组长	1969—1977
	张太光	书　记	1977—1981		梁开兴	大队长	1977—1981
	梁开兴	书　记	1981—1997		梁炳生	大队长	1981—1984
	梁亮明	书　记	1997—2012		张民珍	主　任	1987—1990
	张启发	书　记	2012—2015		梁炳生	主　任	1990—1997
	梁茂福	书　记	2015—		梁立仁	主　任	1997—2012
					梁福兴	主　任	2012—

附　录

一、文献选录

（一）1987 年设立珊瑚乡的有关文件

福建省民政厅文件

闽民民〔1987〕159 号

关于同意上杭县增设珊瑚乡的批复

龙岩地区行政公署：

岩署〔1987〕综 156 号《关于上杭县增设珊瑚乡的报告》收悉，经研究同意从上杭县官庄划出华竹、上珊瑚、下珊瑚、下坑、彩坑等五个村民委员会，另设上杭县珊瑚乡建制，乡人民政府驻下珊瑚村。

福建省民政厅

一九八七年七月二十一日

龙岩地区行政公署文件

岩署〔1987〕综 207 号

关于同意上杭县增设珊瑚乡的通知

上杭县人民政府：

据省民政厅闽民民〔1987〕159 号文批复，同意从官庄乡划出华竹、上珊瑚、下珊瑚、下坑、彩坑等五个村民委员会，另设珊瑚乡建制，乡人民政府驻下珊瑚村。

特此通知

龙岩地区行政公署

一九八七年八月一日

上杭县人民政府文件

杭政〔1987〕154号

关于设立珊瑚乡建制的通知

官庄乡人民政府：

根据省民政厅闽民〔1987〕159号文批复和地区行署〔1987〕综207号通知，同意从官庄乡划出华竹、上珊瑚、下珊瑚、下坑、彩坑等五个村民委员会，另设珊瑚乡建制，乡人民政府驻下珊瑚村。

为了做好建乡工作，请你们抓紧建立筹备机构，确定专人负责。在县直等有关部门协助下，制订建乡方案并尽快予以实施。在分乡、建乡工作中要顾全大局，加强团结，做到不影响生产，不破坏资源，不挥霍浪费。县直各有关单位、部门也应同时密切配合支持，争取早日完成建乡任务。

以上通知，望即研究贯彻。

上杭县人民政府

一九八七年八月八日

（二）历代《海丰县志》对知县胡广主要事迹的记述

有橋十五東門在縣東門外原係拱橋弘治十七年千戶虞鳳倡建嘉靖乙酉僧德廣改建西
門在縣西門外嘉靖三年署縣事訓導徐淹建龍津在縣東一里唐初建天順七年知縣胡廣修加築兩
岸弘治七年知縣劉璿以岸圯改造石橋尋圯嘉靖三年訓導徐淹復改培堤岸赤岸在縣東十里嘉靖中
水衝圯尋編

名宦祠在戟門左祀縣尉鄭菱翀知縣林渭胡
廣劉璿陳一善縣丞鍾鑑陳日光訓導宋秩凡
八人

東曰東門橋在城外弘治間千戶虞鳳建嘉靖乙
酉僧德廣改建一里曰龍津橋唐初建天順間
知縣胡廣築堤兩岸弘治間知縣劉璿補其齾
餘壬午訓導徐淹甃兩堤以石十里曰赤岸橋

午知縣胡廣易櫺星門柱以石有吳高記成化十八
年巳亥縣丞陳日光修之久而且圯嘉靖元年
壬午教諭周㬅訓導徐淹宋秩協相學宮宜乾
巽向改卜曰吉遂倡士民新之其制廟一五楹
東西廡各五楹戟門五楹櫺星門一徙建

龙津桥　在县东一里，明天顺七年，前令胡广修。万历四十四年，桥毁，邑人姚恭、苏炤、吴志高，架木以渡。崇正十

龙津桥　位于海城，跨龙津溪，唐初建，明天顺七至十年（1463～1466）胡广任知县时筑堤两岸，明弘治七至十二年（1494～1499）间，刘璇任知县时修补，后将河堤改

文　同	广　西	不　详	天顺元年（1457）	
胡　广	福建上杭	不　详	天顺六年（1462）	兴言教、敦教化，始修龙津河，崇祀名宦
王　楷	广西马平	举　人	成化三年（1467）	

（三）明嘉靖《沔阳州志》《秩官表》相关部分

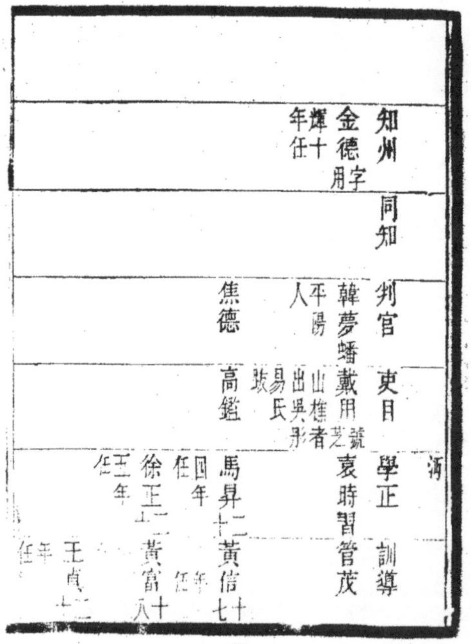

49

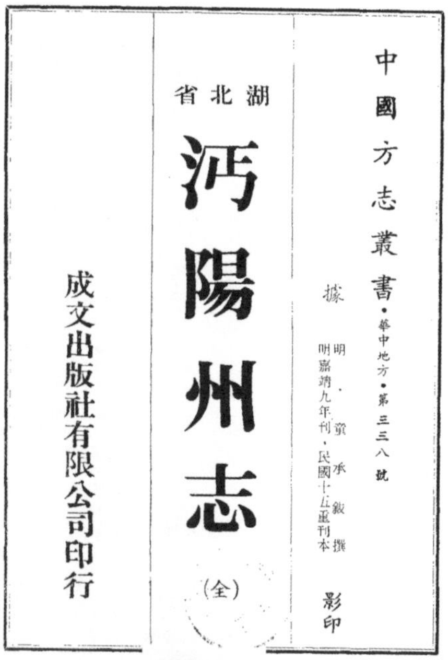

中國方志叢書·華中地方·第三三八號

湖北省

沔陽州志（全）

據 明·童承敘撰 明嘉靖九年刊·民國十五年重刊本 影印

成文出版社有限公司印行

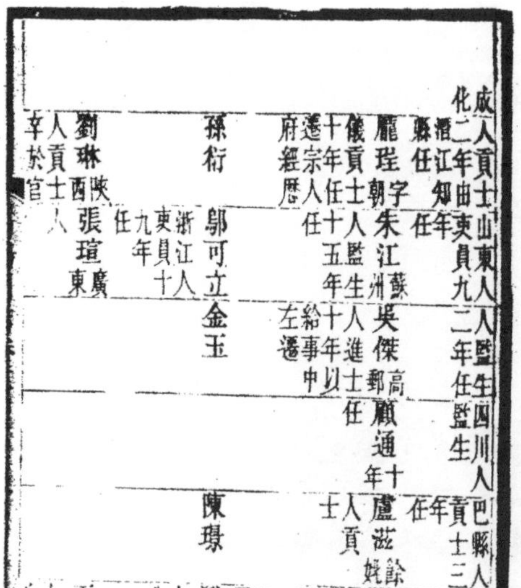

55

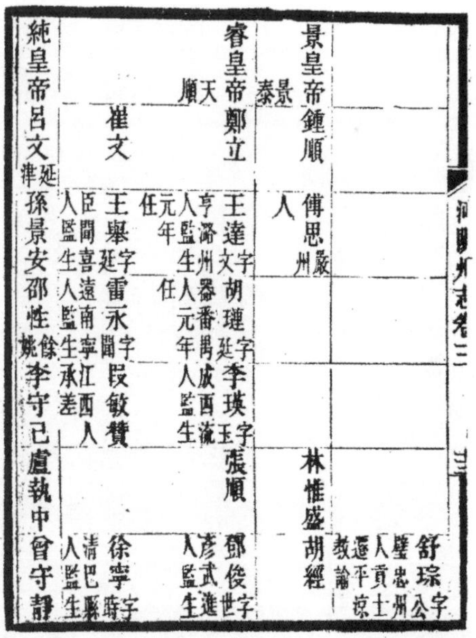

54

注：明天顺六年至成化二年（1462—1466年），胡广任海丰知县。珊瑚民间有胡广“升任沔阳知州”说。《亲民知县——胡月广》等文称：胡月广“明成化十年（1474年）升任为沔阳知州”，又说“天顺十八年（1484）升任为沔阳知州”（编者注：天顺只有八年即1457—1464年），“任知州不到一年就告老还乡”。据明嘉靖《沔阳州志》，成化年间，没有胡广任知州的记载，可以认定，胡广未到任沔阳知州一职。当然，这并不排除朝廷有委任而胡广未赴任的情形。

（四）明万历《惠州府志》载吴高所作《重建儒学记》

重建儒學記

吳高

惠之海豐邑阻山瀕海，地勢蜿蜒，扶輿清淑之氣於是焉鍾，長才秀民往往繼出，亦由學校之政修明而然也。學居邑之左，宋淳祐間邑判鄭夢𦬊所建，元因之，後燬于兵。國朝洪武十二年再建于知縣鄧源，二十七年知縣李嚴重修之，正統五年知縣林渭禮士敬賢，興廢補敝。自時厥後為令者漫不加意，廢弛日深，棟宇朽爛，墻壁傾頹，欄不蔽影，户不留風，劉凝荒榛，雀鼠穿突，神無棲止之宮，士無遊息之所。天順六年，汀之上杭胡侯來宰斯邑，下車謁廟，顧瞻徘徊，嘆曰：化本在是，其敢緩乎？乃勞心焦思，募材鳩工，撙節羨餘，不殫民力，芟荒蕪，葺瓦礫，突者夷之，使平窪

惠州府志卷之二十　詞翰　廿四

者益之，就陞朝夕程督，吏趍民勸。先建明倫堂東西齋，其次為櫺星門，易以石柱，開鑿泮池，而大成殿、兩廡、文昌祠、廨宇、牲房、戟門、號舍、倉庫、射圃以次而成，仍遷學門于西。土燥而材良，瓴厚而甓堅，制度規模井然有條。至於籩豆罍爵，儀文度數，煥然一新。師生得優游于采芹，來歌絃誦之聲洋洋盈耳，禮讓之風行，澆漓之俗革，人物改觀，山川增色，聖賢有所尊崇，士類為之興起，皆侯力也。庠之師生請刻石以紀其實，侯止之曰：兹有官守分内事，何功之敢云。止之愈堅，請之數至，乃不遠數百里价生員彭祚、徐輔徵予記焉。夫道之大原出於天，人君體天以立教，人臣代君以輔教，士子明道以適用，一理而已。在上有勞來匡直之功，在下有會極歸極之効，然後人君無負上天之付托，人臣無負人君之付托，士子無負君相之樂育，學校所係不亦重哉！夫唐虞三代之君臣道同德合，上繼天心，下立人極，人人有士君子之行，比屋有可封之俗，雍熙太和之治，後世莫及。孔子有德無位，施杏壇之教，振木鐸之音，天以之而道明，地以之而理察，人以之而極立，所以維持世教功不少矣。漢唐宋君臣建學非不廣，養士非不勤，然無躬行道德之實，故所用非真才，治道不古若，安能副天心而建皇極耶？我朝　聖聖相承，道德隆盛，克享天心，仁漸義摩，海濱之俗幾及鄒魯，建學育才之效陋漢唐而比隆虞周，猗歟盛哉！又得憲臣提調其教，賢守令以作興之，宜其文教之行也。令邑庠士子鼓舞涵泳於光天化日之下，而侯又作新宮舍，激勵士行，為士子者豈徒播弄筆墨，以文章謀利祿功名而已哉！其必誦詩讀書，真知實踐，孝如曾閔，忠如契皋，志伊尹，學顏子，德崇業廣，嚮用于時，吾道有光，斯無負所學，無負賢令，無負於君，無負於天矣。侯名廣，字彥博，有為有守，治民事神，政有可觀云。協謀相厥事者，縣丞大庾林茂、典史武陵盧清，出入計畫，終始贊成。其事者教諭莆田林渠、訓導三山龔鑑、北流梁瑛，好學尚文；捐財助役則有正千户劉瑩、副千户王能震，皆可書。

（五）龙岩地区处理山林纠纷工作小组文件

福建省龙岩地区 处理山林纠纷工作小组文件

（88）岩地处理山林纠纷字第 003 号

转发湖椒凹山场山林界线协议书的通知

上杭、武平县人民政府：

湖椒凹（又称胡焦凹）山场位于上杭县行政界内。1982年12月10日该山场原纠纷当事人上杭县官庄公社上珊瑚大队与武平县中堡公社远富大队经过充分协商，签订了湖椒凹山林界线《协议书》（协议书全文附后）。协议书签订后，因协议书上划定的界址即："确定以上坪坑尾田坎以三丈左右横路以下为上杭官庄上珊瑚管理，以上为武平中堡远富管理"。根据此写法，与实地辨认不甚明确，协议又没有附示意图，双方要求地区处理山林纠纷调处办出面进一步明确界线。地区山林纠纷调处办于1988年1月召集双方到现场核对，双方一致确定湖椒凹争议山场四至是：东至远富村到千家村大路，南至湖椒凹山脊（两县行政界），西至湖椒凹坑坑尾，北至湖椒凹坑为界。（见示意图）

为维护上珊瑚、远富大队1982年12月10日签订的协议，湖椒凹在上述范围内山林归上杭县珊瑚乡上珊瑚村集体所有。原协议对湖椒凹争议山场的山界划分，在文字提法上以及四至范围上写法与本通知有出入的，均以本通知为准。

附：(1)《协议书》全文

(2)湖椒凹争议山场示意图

—1—

（此页无正文）。

一九八八年四月廿九日

抄报：省山林纠纷调处工作小组，林副专员

抄送：上杭、武平县林委、处理山林权纠纷办，上杭县珊瑚乡、上珊瑚村，武平县中堡乡、远富村，地区林业局、信访办、林业法庭。　存档　　（共印20份）

—2—

附件：1

协　议　书

为了更好地发展林业生产，这次地区在上杭县召开有关大队山林纠纷调处会议，经过上杭县官庄公社上珊瑚大队与武平县中堡公社远富大队湖椒凹（上珊瑚大队叫）又名甫云岭（远富大队叫）的山界双方协议如下：

(一) 按上杭县林业基本图39林班，21小班以行政区界西南角上珊瑚远富大队双方叫上坪坑尾，上横田尾，北界双方大队代表实地划清界址。

(二) 经双方1982年12月18日到实地划定界址，确定以上坪坑尾田坎以三丈左右横路以下为上杭官庄上珊瑚管理，以上为武平中堡远富管理。

(三) 以湖椒凹大岗至上坪坑尾路凹止岗背以北为上杭县上珊瑚管理，以南为武平县中堡公社远富大队管理。

协议单位：上杭县官庄公社上珊瑚大队代表陈必性。

上杭县官庄公社代表陈增初。

武平县中堡公社远富大队代表刘华坤。

武平县中堡公社代表胡启庭。

武平县踏山代表：石善安、刘华坤、尧清华、林求生、石才良。

上杭县踏山代表：兰成米、胡[illegible]、陈必性、胡[illegible]、胡荣忠。

[illegible]十二月十[illegible]日签订

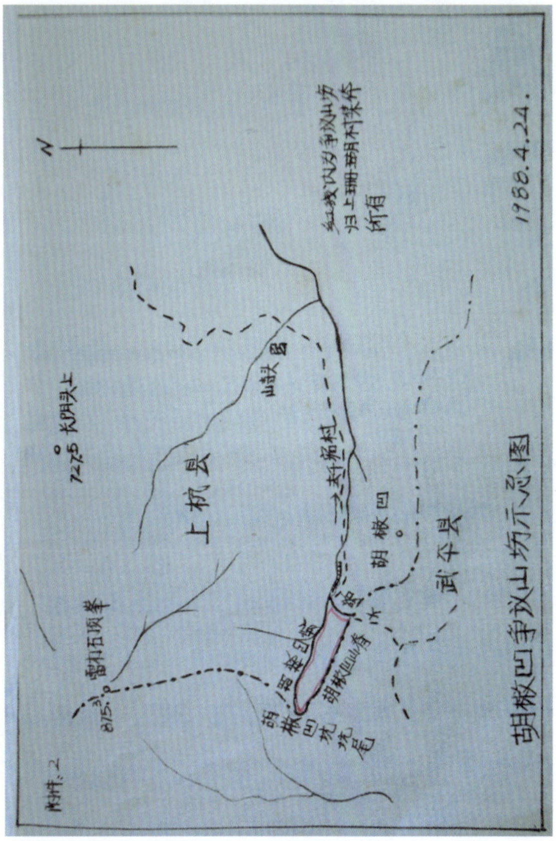

(六)龙岩市处理山林纠纷工作小组文件

714

珊瑚乡人民政府
收文 139 号
2007年6月12日

福建省龙岩市
处理山林纠纷工作小组文件

龙处纠〔2007〕1号

关于武平县中堡镇芳洋村与上杭县珊瑚乡下珊瑚村之间“金窝子”等争议山场的现场调解协议纪要

武平县中堡镇芳洋村、上杭县珊瑚乡下珊瑚村:

武平县中堡镇芳洋村与上杭县珊瑚乡下珊瑚村之间关于“金子窝”和“松杵斗子里”至“水口烟灯艮”争议山场曾于1982年12月10日，在上杭县第一招待所，由双方所在的公社和大队代表签署了一份《山林纠纷调解协议书》，因两村权属界只有示意图,双方对权属界存在歧义而再次发生纠纷。由上杭县相关的村、乡、县向市人民政府调处申请，市人民政府处理山林纠纷领导小组办公室人员于2007年5月30日组织双方县、乡(镇)、林业站、村法人代表、部分村民代表一同到争议山场，现场调解该争议案件，双方本着尊重现实、充分协商、互谅互让、便于管理、相对集中连片的精神，现达成现场调解权属界线(见附图，原件保存在市人民政府处理山林纠纷工作领导小组办公室)，请双方当事人依法据此向有权机关申请林权登记发证，并共同维护两县交界林区的和谐与稳定。

— 1 —

现场调解参加人员:

芳洋村代表: 周大正(村主任)、周福庆(村林业副主任)

中堡镇林业站:杨华元(站长)、武平县调处办:谢晓明(主任)

下珊瑚村代表:陈勤(村主任)、陈书杨(支书)

珊瑚乡林业站:温宋传(站长); 上杭县调处办:阙雄剑(主任)

市政府处纠办: 熊庆强(主任)、吴玉钱

附: 现场签订的《武平县中堡镇芳洋村与上杭县珊瑚乡下珊瑚村关于“金子窝”山场和“松杵斗子里”至“水口烟灯艮”之间山场争议现场调解权属界线图》

二〇〇七年六月五日

主题词: 林业 林权 调解协议 纪要

抄送: 省政府处纠办，市政府严副市长、市林业局、调处办，武平县人民政府、林业局、珊瑚乡和中堡镇人民政府、林业站

龙岩市林业局办公室 2007年6月5日印发

— 2 —

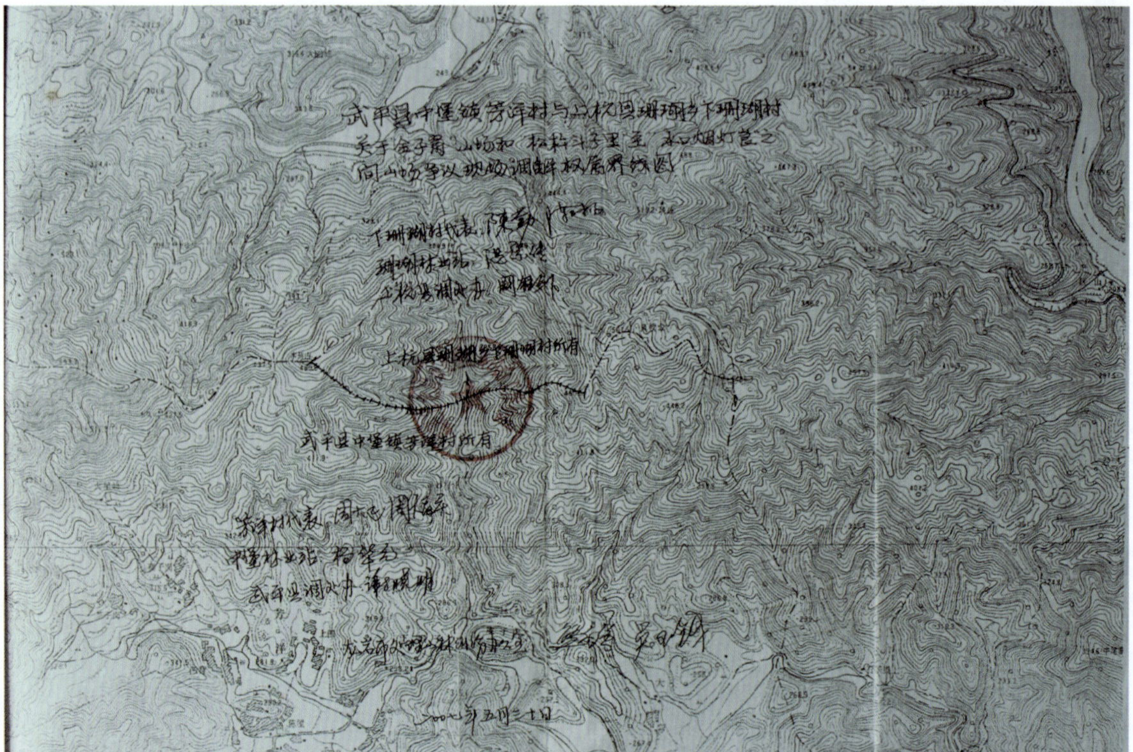

二、“千家村”更名“珊瑚”考

“珊瑚”并非由“千家村”易名而来

林汉扬

在编修《珊瑚乡志》过程中，笔者对“珊瑚”是在明成化初年（1465年为成化元年）由“千家村”更名而来的民间传闻存疑。本着实事求是、严谨务实，对历史负责、对珊瑚人民负责的精神，通过查阅康熙版、民国版、2015年版《上杭县志》，1949年版《杭武胡氏族谱》，2009年版《陈三十四郎公一脉宗谱》等大量文献，经分析研究，笔者认为：“千家村”名最早出现于清中后期，即在“珊瑚”名称之后，“珊瑚”并非由“千家村”易名而来。

一、易名说的流传

1985年前后，上杭文化馆干部苏剑通过调查走访石三（真实姓名待考），根据其口述，将民间流传整理成《“千家村”易名“珊瑚村”》一文（李伯庠、钟震东参与整理，发表时间及报刊待查）。文章指出，数百年来，珊瑚（指今上珊瑚、下珊瑚）“一直聚居着陈、胡、雷、林、梁、王、罗、朱、潘、石、饶、华、张、周、郭等姓氏，故称‘千家村’”。海丰知县胡月广“告老还乡时，沿途百姓十里相送，并捧上一盆盆琳琅满目的地方特产—珊瑚石赠与胡月广……月广公将珊瑚石带回家乡，分赠千家。从此，珊瑚的美称就取代了千家村”。

2006年3月31日，《闽西日报》刊登《上杭“珊瑚”地名的来历》一文。文章指出，以前，这里（指今上珊瑚、下珊瑚）一直聚居着……十五姓千户以上的人家，故称“千家村”。胡月广告老还乡带回珊瑚后，“在族长的提议下，村名由‘千家’改称‘珊瑚’，沿用至今”。

两篇文章的基本观点是：明成化二年（1466年）胡月广告老还乡时（胡月广任海丰知县为明天顺六年至成化二年即1462—1466年），今上珊瑚、下珊瑚境域居住着千户以上的人家，称“千家村”；胡月广带回珊瑚后，“千家村”易名“珊瑚”。

这一民间传说的主人公是珊瑚历史上知名的人物，事件发生有时间、有地点。苏剑等人的文章发表后，“千家村”易名“珊瑚”说广为流传，频繁见诸于报刊书籍和互联网，甚至还作为村名由来之一说编入学校乡土教材，以致妇孺皆知，给人以它是真实历史的错觉。

然而，传说毕竟是传说，它与严格意义的历史有本质的区别。

二、《珊瑚乡舆记》对“珊瑚”“千家村”名的记述

地名是一种社会文化现象，它从一个特定的侧面记录了人们的社会实践活动和独特的生命内容，体现了自然与文化的交融，反映了该地民众的生产状态、活动轨迹。地名主要以地貌特征或地理命名、以居民的家族或族群姓氏命名、以方位命名、以植物命名、以动物命名、以历史命名、以寓意命名等，还有合并或更改的地名。

珊瑚境域（为把珊瑚全乡与狭义的珊瑚即今上珊瑚、下珊瑚相区别，将今珊瑚乡境域称珊瑚境域，上珊瑚、下珊瑚称珊瑚，下同）的地名亦体现了命名的一般规律。如“三潭头”、“杉坑”（后更名为彩坑）、“塘背”“溪背”“井背”“庙坝”“船寨”“大磜”“小磜”“围里”等是以地形地貌特征或地理、方位取名。如“陈屋坊”是以居民的家族或族群姓氏命名。“上畲”，可能是畲族先民居住过的地方（早期畲族先民居住地大都带“畲”字），以历史命名。

《杭武胡氏族谱》第二册胡锦峰撰写的《珊瑚乡舆记》指出，“珊瑚一乡开辟久远”“尝闻诸传说，稽之古器，知珊瑚之乡古名上坑田，又名沙河铺；缘我五世祖彦博公贵，更名珊瑚；又以地广人稠，烟户千家，又名千家村”。

《珊瑚乡舆记》的这段文字明确表达了三层意思：珊瑚曾有上坑田、沙河铺古名；胡月广告老还乡后，乡（村）名更改为“珊瑚”；“千家村”是珊瑚的另一名称。

从第三层意思可知，“千家村”采用的是“寓意命名法”，即寓意“地广人稠，烟户千家”。当然，这里的“千家”是一个概数，并非一定真正达到千家，也许五六百家甚至三四百家，只要“人稠”，似乎就可以称“千家村”了。

《珊瑚乡舆记》的这段文字实际上还隐含了一条极为重要的史实：“珊瑚”并非由“千家村”易名而来。

胡锦峰是民国时期珊瑚的知名人士，曾任国民政府珊瑚乡乡长，熟悉珊瑚乡情，熟悉胡氏家族发展史（编修《杭武胡氏族谱》时担任修谱局总理并为该谱作序），熟悉胡月广的德政及相关传闻。因此，对于要代代相传的族谱，如何记述“珊瑚”“千家村”这些重要地名，他应该经过深思熟虑。假如“千家村”是“珊瑚”之前的古地名，他应该将“千家村”与“上坑田”“沙河铺”并列；假如胡月广返乡后，将“千家村”更名“珊瑚”，胡锦峰应该明确记述这一重要事件，比如表述为“缘我五世祖彦博公，将千家村更名珊瑚”。然而，他却仅记更名，未记将什么村名更名。紧接着的“又以地广人稠，烟户千家，又名千家村”，表明“千家村”是珊瑚的另一名称，可能命名于“地广人稠，烟户千家”之时。

笔者认为，胡锦峰的记述体现了尊重历史、实事求是的精神。

三、珊瑚“人稠”始于清朝中后期

珊瑚境域开发较迟，宋元时期，迁入闽粤赣边的北方汉族移民后裔逐渐移居珊瑚，安家落户，繁衍生息。但由于当时的经济社会环境以及珊瑚的自然、地理等因素制约，珊瑚人口增长缓慢。

明洪武十四年（1381 年），上杭县始颁“黄册”（户口版籍），其时，珊瑚共 2 甲（转引自中国闽台缘博物馆馆长、研究员杨彦杰《闽西客家地区的畲族》）。

明成化八年（1472 年），上杭县 6911 户 39897 人。按珊瑚境域人口占全县人口的多年平均比率约 1.7%（参见附）和全县家庭平均人口推算（下同），珊瑚境域约 117 户 678 人。按珊瑚人口占珊瑚境域人口的多年平均比率约 65%（参见附）推算（下同），珊瑚约 76 户 441 人。

明成化十八年（1482 年），上杭县 4655 户 28768 人，珊瑚境域约 79 户 489 人；珊瑚约 51 户 318 人。

关于明天顺至成化年间珊瑚的人口情况，可以在当地两个主要姓氏的族谱中得到佐证。据 1998 年版《闽杭胡氏族谱》，珊瑚胡氏第七世（以长汀胡岭胡五郎为一世，下同）胡子清生月明、月广等 6 子，月广六兄弟共生子（侄）10 人。据 2009 年版《陈氏三十四郎公一脉宗谱》，与胡月广同时代人，珊瑚陈氏六世陈文玉（明建文四年即 1402 年生），共有各房兄弟 8 人，子、侄共 14 人。也就是说，到胡月广告老还乡时，即使兄弟都分立门户，珊瑚胡氏家族（不含外迁，下同）最多不过 10 户，陈氏家族最多不过 14 户。何况当时人们崇尚“四代”“五代”同堂，家庭规模较大，户数肯定要少于这一数字。加上其他姓氏人口户数，可能不到百户。这种规模的村庄，不可能取名“千家村”。

由于战乱、自然灾害、疫病等原因，从明成化十八年（1482 年）至清顺治八年（1651 年）的 170 年间，上杭县人口不但没有增加反而减少。清顺治八年（1651 年），全县 4826 户 24536 人，比明成化十八年（1482 年）减少 4232 人；珊瑚境域约 82 户 417 人；珊瑚约 53 户 271 人。

清顺治七年 (1650 年)，进士出身、做过明朝官员的九一，祝发出家到圆通寺后作《圆通山各咏》，其中《珊瑚乡》一诗中称：“二水萦漪正复斜，千山分合几人家”，一个“几”字，是当时珊瑚人家不多的真实写照。

清初珊瑚村庄不大，知名度不高，可以从《上杭县志》得到印证。从明洪武十四年 (1381 年) 至清初，珊瑚境域隶平安里。但在清康熙二十六年（1687 年）版《上杭县志》“隶平安里的乡村”中，无“珊瑚”之名，还不如官庄的“蓝屋”（蓝屋圩）和才溪的“曾坑寨”(这两个地方均列入平安里所辖乡村)。过了 60 多年，乾隆十八年（1753 年）版《上杭县志》才将“珊瑚铺”列入“隶平安里的乡村”。而同时列入的还有增西坑（今官庄曾泗）、朱紫坑(今官庄朱堡)、浊里(今官庄濯坑)、袁坑(今官庄园坑)、蕉坑(属官庄)等不是很大的村庄。

清康熙、雍正、乾隆时期，是中国清王朝统治下的盛世，称“康乾盛世”，又称“康雍乾盛世”。雍正元年 (1723 年) 开始全面推行“摊丁入亩”（把丁税即人头税平均摊入田赋中，征收统一的地丁银，不再以“人”为对象征收丁税）等政策，以减轻贫民疾苦，稳定社会秩序。“盛世滋丁，永不加赋”，使百姓可以毫无顾忌的生殖繁衍。人口的大规模增长是康乾时期之所以能以盛世得名的主要因素。

上杭同全国一样，这一时期亦出现人口增长的高峰。清道光九年（1829 年），全县有 37925 户 153319 人，与顺治八年（1651 年）对比，户数增长 6.86 倍，人口增长 5.25 倍。按前法推算，珊瑚境域约 644 户 2606 人；珊瑚约 419 户 1694 人。

康雍乾时期珊瑚人口的大规模增长，在陈氏、胡氏等族谱中有详细记述。以胡月广后裔为例，据《闽杭胡氏族谱》不完全统计（不含外迁、失考，下同），第十一至十五世，男丁分别为 15 人、17 人、22 人、35 人、36 人。从十四、十五世起，人口繁衍增长较快。其中，仅第十五世胡嘉禄，子 6 人，孙 28 人（其中胡朝圣生于 1722 年），曾孙 67 人（其中胡宗器生于 1734 年），玄孙 105 人，呈几何级数增长。据《陈氏三十四郎公一脉宗谱》，第十四世陈见台后裔，十五世至十八世男丁分别为 3 人、2 人、6 人（其中陈功良生于 1667 年）、7 人，十九世 20 人，二十世 38 人（其中陈思龙次子陈天茂生于 1767 年），二十一世 54 人。

由于人口繁衍快，为解决人口大量增加带来的居住问题，当时，珊瑚建造了许多大型民居。其中，清康熙末年至雍正初年（1720年前后），陈功乔（1685—?）建下田心土围屋；清乾隆中后期（约1780年前后），胡嘉禄之孙胡朝涌、胡朝圣，胡朝瀚之子胡宗器等，均建造规模较大的三栋厅（参见《杭武胡氏族谱》）。嘉庆五年（1800年）前后，陈思龙偕子建“思龙堂”。

人口、户数的大规模增长，使珊瑚已具“千家村”雏形，文人墨客开始用“千家烟火”来描述这一变化。如魏紫的《风吹伞亭赋诗》云：

峰头重复见康逵，共羡经营焕旧基。且喜亭堪留客坐，因知伞不晨风吹。

千家烟火凭舒眼，四面云山自入诗。到此有茶清可饮，行人何用望梅思。

此诗载民国版《上杭县志》。中国作家协会会员、《福建文学》编辑部主任练建安认为，诗人描述了山野美景和风吹伞亭重修成功的喜悦心情。

魏紫的籍贯及生卒年待考，但他与珊瑚胡朝圣（讳莫润，号熙台，胡氏第十七世）有较深交情。据《杭武胡氏族谱》，胡朝圣八十寿辰时（1801年），魏紫曾作诗祝贺。民国版《上杭县志》载，风吹伞亭由珊瑚监生胡映文（第十六世）建（实际为重建），清乾隆甲寅（1794年），其子重修。据此，魏紫当属清乾隆（1736—1795年）至嘉庆年间（1796—1820年）人，《风吹伞亭赋诗》应作于1794年重修风吹伞亭后。

以上分析可见，清中后期，珊瑚不仅“地广”，而且“人稠”，“千家村”已具雏形，“千家村”名最早可能出现于这一时期。

四、“千家村”名盛行于民国时期

清末和民国初期，上杭县的人口数无考，无法推算出珊瑚境域人口数。

民国25年（1936年），全县49387户213137人，珊瑚境域约843户3623人；珊瑚约548户2355人。

这一时期，胡见新（1855—1928年，讳以铭，号肖盘，第二十一世）把“千家烟火”作为珊瑚十二景之一，并以它为题作诗赞美。《千家烟火》诗云：

排门比户似鱼鳞，辟处当初岂为秦；二水萦漪清且浅，鱼郎何事问前津。

该诗首句“排门比户似鱼鳞”，反映了清末、民国初期珊瑚人口稠密、烟户众多的状况。

民国时期，“千家村”名被地图采用。

第二次国内革命战争时期，毛泽东、朱德等老一辈无产阶级革命家、罗炳辉将军等率中国工农红军第四军（简称红四军）、第十二军（简称红十二军）等部队数次到珊瑚。但是，在对这些重大事件的记述中，地名均使用“千家村”而未使用“珊瑚”。如：“1930年6月上旬，毛泽东……经武平到达上杭千家村”“红四军又乘胜追歼敌军，把盘踞在上杭回龙、官庄、千家村的卢新铭残部，打得落花流水”“回龙战斗后，毛泽东从千家村到才溪”；1932年“6月初，毛泽东率领东路军离开漳州……接着，毛泽东由才溪到千家村”。（陈福才《上杭党史资料论文集》，鹭江出版社，1993年版）。1929年11月，朱德军长率红四军在回师闽西的路上，“来到上杭的千家村”（《福建党史月刊》2009年第2期）。再如，廖步云的回忆录《父母支持我当红军》记述：1932年2月，红十二军克复武平后“因形势发展，……后转往上杭千家村待命。”（廖步云，武平县人，曾任红十二军第三十六师政治部宣传员，1964年被授予少将军衔）。《武平县志》载：1932年3月，石寿才“率部队转移到上杭千家村……转战官庄一带”。《无产阶级革命家在闽西》载，福建军区首任司令员、红十二军军长罗炳辉率部“到千家村休整”（社会科学文献出版社，2001年版）。革命老前辈伍洪祥，也只知道“千家村”不知道“珊瑚”。究其原因，“千家村”为当时的军用地图所标注。

民国中期，“千家村”名被官方采用。民国27年（1938年）版《上杭县志》，在“第四区乡村·珊瑚乡联保处”隶属的乡村中，在“珊瑚乡”后加注“即千家村”。这是“千家村”一名首次出现在志书中。

民国时期，“千家村”名在民间广泛运用。邻近乡村许多群众甚至只知道“千家村”不知道“珊瑚”，或者只使用“千家村”不使用“珊瑚”。之所以如此，可能因为“千家村”真实反映了珊瑚经济社会的繁荣和各姓氏人丁兴旺的状况，人们以此引以自豪、感到骄傲。

五、“珊瑚”可能由“山湖”更名而来

既然“千家村”名可能始于清中后期，“珊瑚”并非由“千家村”更名而来，那么，是由什么地名更改为“珊瑚”的呢？

笔者认为，“珊瑚”可能由“山湖”更名而来。

今珊瑚，明初称“山湖”，这是经官方认定、载入“官书”的。清康熙二十六年（1687年）版《上杭县志》卷之五《武备志·邮传》记载，明洪武十年（1377年）置“山湖铺”。当时为什么取名“山湖”？这可能与地形地貌特征有关，珊瑚四周重峦叠嶂、“千山分合”，中间为一大盆地，似“山中之湖”，故取名“山湖”，与“圆桶山”的取名相类似。

“山湖”为什么会更名为“珊瑚”呢？这可能与胡月广有关。

明天顺六年（1462年）至成化二年（1466年），胡月广（胡广）出任广东惠州府海丰县知县。历代《海丰县志》记载，胡广任职期间，兴文教、敦教化，筑堤龙津桥两岸，重建先师庙（孔庙）。民间传说在其告老还乡之时，海丰百姓为表达对胡广的敬爱和感激之情，精选绚丽多彩的精美特产——“珊瑚”送给他，胡广把它带回家乡后，乡亲们如见珍宝。“珊瑚”象征幸福与永恒，又体现海丰百姓对荣归故里的胡广的爱戴，而“珊瑚”与“山湖”，无论是普通话还是客家话均同音，因此，胡月广（或经乡人提议族长同意）把“山湖”更名为“珊瑚”，似乎顺理成章。由于年湮久远，时至今日，胡月广是否带回“珊瑚”已无从考证，但这一民间传闻比较可信。

地名作为世代流传下来而反映一地品格的特殊信息系统，承载着千百年的历史、文化和社会生活，留存着人们对特定自然和人文环境的独到认识。每一个地名，或许附载着一个古老的动人故事，或许镌刻着一件不平凡的历史，或许彪举着一位杰出人物。了解“珊瑚”“千家村”的由来，对研究珊瑚文化和经济社会发展史具有重要的意义。

本文权当抛砖引玉，旨在引起“千家村”人的关注或进一步考证。

附一：若干年份珊瑚乡人口占上杭县人口的比例一览表

年 份	上杭县人口（人）	珊瑚乡人口（人）	珊瑚乡人口占全县的比例（%）
1953	238022	3910	1.88
1964	238022	3951	1.66
1987	412953	6749	1.63
1988	422543	6901	1.63
1990	447423	7258	1.62
2000	481445	6801	1.41
2013	483455	7742	1.60
2015	518803	8426	1.62

说明：1953 年、1964 年、1990 年、2000 年为人口普查数据。1953 年 8 月人口普查时，珊瑚境域设珊瑚乡、双坑乡，其中珊瑚乡 3014 人、双坑乡 896 人，合计 3910 人

附二：若干年份上珊瑚、下珊瑚人口占全乡人口的比例一览表

年 份	珊瑚乡人口（人）	上珊瑚、下珊瑚人口（人）	上珊瑚、下珊瑚人口占全乡人口的比例（%）
1964	3951	2659	67.31
1988	6901	4464	64.69
2000	8102	5143	63.48
2010	7738	5008	64.72
2014	8242	5264	63.86
2015	8411	5363	63.76

说明：1964 年、2000 年为人口普查数据

编 后 记

2015年12月4日，珊瑚乡党委、乡政府召开《珊瑚乡志》编修工作动员大会，乡领导、乡直单位负责人、各村党支部书记（主任）等40余人参加会议，龙岩市地方志编纂委员会(简称方志委）原主任林汉扬、上杭县方志委主任李兰香到会指导。会上，乡党委书记刘华荣作重要讲话，强调乡志编修的重大意义，安排部署编修工作。同时，成立《珊瑚乡志》编纂委员会、编纂办公室，乡志编修工作正式启动。

同月，乡党委、乡政府聘请林汉扬担任乡志总纂，陆续选聘编修人员，安排办公场所，添置办公设备，乡志编修工作起步运行。林汉扬整理地方志基础知识资料，供编修人员学习，以奠定业务基础。

2016年1月始，编修人员着手搜集资料。主要是走访县方志委、档案局、统计局等部门；整理资料征集提纲，发送至乡直单位、行政村；调查访问社会贤达人士，广泛搜集文字资料、口碑资料、实物资料。春节后，在搜集整理资料的基础上，编修人员着手编写志稿。

志书是传世之作。在乡志编修过程中，编修人员紧紧围绕乡党委、乡政府“编修佳志良志”和“2017年5月基本完成”的目标，加强学习，努力提高综合素质，增强事业心、责任感；同时，按照《地方志书质量规定》的总体要求，视质量为志书的生命，增强精品意识，力求做到观点正确，体例严谨，内容全面，特色鲜明，记述准确，资料翔实，表达通顺，文风端正。期间，编修人员注意挖掘和把握珊瑚是明清时期至20世纪70年代的交通要道、闽西革命根据地的重要组成部分（红色苏区乡）、国家级生态乡、上杭城区饮用水水源地、圆通寺为闽西最早的佛教道场和上杭县有名的大寺院等最能体现珊瑚特色的内容，并浓墨重彩地予以记述。

编修人员本着对历史负责、对珊瑚人民负责的精神，弘扬实事求是、严谨务实的作风，力求入志资料“真实、准确、全面、系统”。除常规性资料外，编修人员花费大量的时间、精力对涉及珊瑚重要人物、重要事件的资料进行考证、鉴别。主要有：通过查阅《毛泽东年谱》《朱德年谱》《叶剑英年谱》《毛泽东七次入闽》《闽西革命根据地史》《无产阶级革命家在闽西》《上杭党史论文资料集》等，理清了红军到珊瑚的次数，特别是核准了毛泽东、朱德、叶剑英、罗炳辉等红军将领到珊瑚的时间、任务；对“梦宏居”红军标语的书写时间有一个比较明确的结论。通过查阅明嘉靖三十八年（1559年）版、清乾隆十四年（1749年）版、2005年版《海丰县志》，查清了胡广（胡月广）任海丰知县的主要业绩；特别是通过广东省地方志办公室查找到鲜为人知的记述胡广重建孔庙、载于明万历《惠州府志》的《重建儒学记》；通过湖北省仙桃市（原沔阳州）方志办，查到明嘉靖九年（1530年）版湖北省《沔阳州志》（民国15年重刊本，台湾成文出版社有限公司1975年影印），使胡广“任沔阳知州”说，有一个可资鉴别的依据。通过查阅宋《临汀志》，确定宋代珊瑚境域的隶属（安丰上里）；查阅清康熙丁卯年（1687年）版《上杭县志》，核实了见诸文字的珊瑚最早地名——山湖。此外，通过查找多方资料，对“千家村”易名“珊瑚”说进行了初步探析。乡志编修的主要参考书还有：清《汀州府志》，清乾隆癸酉年（1753年）版、民国27年（1938年）版、1993年版、2015年版《上杭县志》，1993年版《龙岩地区志》，2006年版《龙岩市志》，《武平县志》《长汀县志》。《上杭人民革命史》，《福建党史月刊》2009年第2期，《中央红军攻克漳州资料选编》。《上杭县年鉴》1995—2016年各卷。《上杭县统计年鉴》1988—2016年各卷。《上杭县地名录》《上杭县民政志》《上杭县军事志》《上杭县粮食志》《上杭交通志》《中国共产党福建省上杭县组织史资料（1926年12月—1987年12月）》《上杭文史资料》。《闽西山歌歌谣选》《沧桑闽西》《杭川新风雅集》《杭川百韵》《琴岗对联选》《客家地名文化》。《官庄畲族乡志》《蛟洋镇志》。《客家百姓源流郘望堂联汇考》，民国29年（1940年）版《陈氏三十四郎公一脉宗谱》，2009年版《颍川江州义门上杭千家村陈三十四郎公一脉宗谱》，民国38年（1949年）版《杭武胡氏族谱》，1999年版《闽杭胡氏族谱》，1996年版《蓝氏族谱》，《福建上杭张氏联谱》等。

统稿总纂是保证志书质量的关键环节。总纂林汉扬，凭借扎实的地方志专业知识和丰富的修志经验，站在总体高度，统揽志稿全局，审查观点、确保无误，修订篇目、调整结构，核校史料、增补遗漏，权衡详略、处理重复，规范章法、熔裁词语，把好观点、体例、资料、记述、文字关，保证乡志质量。

经编修人员的辛勤笔耕，至2017年2月，乡志征求意见稿基本完成。3月初，乡志稿分送专家和相关人员审读。3月18日，召开《珊瑚乡志（稿）》评审会。龙岩市方志委科长游友荣、新罗区方志委副总编刘可明、上杭县方志委编辑蓝晓东、上杭县党史研究室李荣生等专家、学者，珊瑚乡党委书记阙镔锋、乡长梁尚荣，珊瑚乡前人大主席梁贺华、前副乡长陈增初，退休教师胡庆梅、胡铨通，村“两委”负责人等参加会议。与会人员充分发扬民主，畅所欲言，实事求是，在充分肯定志稿成功之处的同时，提出许多宝贵意见（上杭县政协副主席胡金祥、上杭县方志委主任刘昌发、上杭县党史研究室主任黄尔贤、永定区方志委林添茂、珊瑚退休教师陈利洲提交书面评审意见）。评稿会后，编修人员综合各方意见，认真分析，择善而从，进一步修改完善志稿。5月16日，《珊瑚乡志（稿）》寄送方志出版社审编出版。同时，送上杭县方志委、中共上杭县委宣传部、上杭县党史研究室、上杭县国家保密局审查验收。

8月30日，方志出版社完成审稿（9月2日寄达龙岩）。方志出版社对志稿的质量给予高度评价，同时对出版规范、行文规范等提出修改完善意见。初审王俊认为，《珊瑚乡志》突出珊瑚乡的悠久历史，着力表现文化古镇、红色名镇、生态名镇这三大特征。全书采用客观朴实的文风和理性的叙述，展现珊瑚自古至今发展和转型升级的历程，以开阔的视野审视珊瑚在历史上独特的地位和意义。全书有着强烈的文化和爱国主义意义，是一部具有出版价值的乡志，是一部有着精神情怀的乡志，是一部有着独特编纂思想的乡志。全书主旨明确，体例赅恰，结构严整，资料丰赡，语言简洁，集中体现了编纂者深厚的学术底蕴和优秀的文字功底。终审冀祥德（中国地方志指导小组秘书长、方志出版社社长）认为，“《珊瑚乡志》以图文并茂形式，生动记述了福建省上杭县珊瑚乡的基本情况，具有浓厚的地方特色和时代特色，突出记述了珊瑚乡的乡情特色等，对社会各界认识和了解珊瑚乡提供了翔实的资料，具有重要的出版价值。”

9月5日起，编修人员根据出版社的意见，对志稿作最后的修改；经乡党委、乡政府审定后，9月21日，《珊瑚乡志》正式交付由方志出版社委托的龙岩日升彩印有限公司印刷。

在《珊瑚乡志》编修过程中，乡党委、乡政府加强对修志工作的领导。2015年11月，成立乡志编纂委员会及其办公室。2016年，把编修《珊瑚乡志》作为一个项目，列入“项目落地战役”内容，摆上重要议事日程。4月后，由于人事变动，调整编委会主任、副主任和分管领导。9月，乡党委、乡政府聘请上杭县政协副主席、珊瑚乡贤胡金祥担任乡志编修顾问（胡金祥多次对编修工作进行指导，并提出许多建设性的意见）。11月，由于人事变动，调整编委会成员；乡政府发出《关于做好〈珊瑚乡志（稿）〉稿审核工作的通知》，发送各村、乡直各单位，对志稿内部审核工作提出具体要求。至2017年5月，乡党委、乡政府多次听取乡志编修工作情况汇报，研究解决有关问题。其中，2017年5月4日，乡党委召开扩大会议，研究《珊瑚乡志·人物》有关事项，审定立传和简介人员，并对其他人物入志问题提出原则性意见。主要领导经常过问编修工作情况，关心编修人员生活；分管领导工作抓得细、抓得实，及时协调解决编修工作中的具体问题。乡党委、乡政府的重视、关心和支持，保证编修工作的顺利进行。《珊瑚乡志》的编修，得到乡直单位、村“两委”、退休干部、外出乡贤和广大人民群众的关心、支持。其中，乡贤胡康福不仅为乡志提供大量有价值的图照，还数次特地回乡专门拍摄有关图片。乡贤张兴也为乡志提供不少有价值的图片。

自2015年12月启动至2017年9月出版，乡志的编修历时一年零十个月。《珊瑚乡志》的出版，是珊瑚乡党委、乡政府高度重视的结果；是龙岩市、上杭县方志委专家、学者悉心指导的结果；是社会热心人士关心支持的结果；更是乡志编修人员团结协作、默默奉献、奋力拼搏的结果。当志书出版之际，在此一并表示衷心的感谢！

本志凡例、概述、大事记、专记、第一章建置、第三章人口、图片、附录，由林汉扬负责编辑；第四章农业、第五章工业　建筑业、第八章财税金融　商贸服务、第十九章人物由陈贵坤负责编辑；第九章政党　社团、第十章政权、第十一章公安　司法行政、第十二章民政、第二十章行政村简介，由陈裕源负责编辑；第十四章教育、第十五章文化、第十六章艺文、第十七章卫生　体育、第十八章习俗　宗教信仰，由陈尧负责编辑；第二章环境　资源、第六章乡村建设、第七章交通　邮电、第十三章军事，由陈利羊负责编辑。全志由林汉扬负责统稿总纂。限于资料和水平，《珊瑚乡志》难免有疏漏和不尽人意之处。欢迎广大读者批评指正！

《珊瑚乡志》编纂委员会

2017年9月21日